中国供应链管理蓝皮书

（2015）

主　编　丁俊发

副主编　任兴洲　王　微　贺登才　丹下博文（日本）　魏际刚

雷马赫（德国）　梁超杰　王　辉　董天胜

策　划　北京中物联物流规划研究院《丁俊发工作室》

浙江供应链协会

香港冯氏集团

青岛日日顺物流有限公司

华瀚（上海）数据科技股份有限公司

《现代物流报》报社

中国财富出版社

图书在版编目（CIP）数据

中国供应链管理蓝皮书.2015／丁俊发主编.—北京：中国财富出版社，2015.5
ISBN 978-7-5047-5667-1

Ⅰ.①中… Ⅱ.①丁… Ⅲ.①供应链管理—研究报告—中国—2015 Ⅳ.①F259.22

中国版本图书馆 CIP 数据核字（2015）第 079567 号

策划编辑	葛晓雯　马　军	**责任印制**	何崇杭
责任编辑	葛晓雯	**责任校对**	饶莉莉

出版发行	中国财富出版社（原中国物资出版社）		
社　　址	北京市丰台区南四环西路 188 号 5 区 20 楼	**邮政编码**	100070
电　　话	010-52227568（发行部）		010-52227588 转 307（总编室）
	010-68589540（读者服务部）		010-52227588 转 305（质检部）
网　　址	http://www.cfpress.com.cn		
经　　销	新华书店		
印　　刷	中国农业出版社印刷厂		
书　　号	ISBN 978-7-5047-5667-1/F·2362		
开　　本	787mm×1092mm　1/16	**版　　次**	2015 年 5 月第 1 版
印　　张	40　　**彩　插**　4	**印　　次**	2015 年 5 月第 1 次印刷
字　　数	960 千字	**定　　价**	120.00 元

版权所有·侵权必究·印装差错·负责调换

中国供应链管理蓝皮书（2015）

编委会

学术顾问：

吴敬琏　著名经济学家，国务院发展研究中心研究员

冯国经　著名经济学家，香港冯氏集团主席、博士

樊　纲　著名经济学家，中国体制改革研究会副会长、深圳综合开发研究院院长、教授

魏　杰　著名经济学家，清华大学经济管理学院教授、博士生导师

编委会主任：

丁俊发　原中国物流与采购联合会常务副会长、国务院政府特殊津贴专家、研究员

编委会副主任（排名不分先后）：

洪水坤　中国诚通集团总裁

任兴洲　国务院发展研究中心市场经济研究所所长、研究员

吴清一　北京科技大学物流研究所所长、教授

王宗喜　解放军后勤指挥学院教授、少将、博士生导师

何明珂　北京工商大学国际部主任、教授

戴定一　中国物流学会常务副会长、研究员

汪　鸣　国家发展改革委综合运输研究所副所长、研究员

贺登才　中国物流与采购联合会副会长、研究员

朱道立　上海交通大学特聘教授、博士生导师

张家敏　全国政协委员，香港冯氏集团利丰研究中心董事总经理

黄有方　上海海事大学校长、教授、博士生导师

陈功玉　中山大学教授、博士生导师

姜超峰　中国物资储运协会会长、高级工程师

刘秉镰　南开大学校长助理，经济与社会发展研究院院长、教授

鞠颂东　北京交通大学教授、博士生导师

马士华　华中科技大学教授、博士生导师

翁心刚　北京物资学院副校长、教授

胡跃飞　平安银行副行长

沈绍基　中国仓储协会会长

王　佐　中国北方工业总公司高级工程师

王国文　中国综合开发研究院（中国·深圳）物流与供应链管理研究所所长、博士

李锦莹　北京中物联物流规划研究院院长

荆林波　中国社科院评价中心副主任、研究员、博士生导师

宋　华　中国人民大学教授、博士生导师

许建华　浙江供应链协会会长

王正刚　青岛日日顺物流有限公司总经理

蔡远游　华瀚（上海）数据科技股份有限公司（第 e 物流）董事总裁，亚洲物流与供应链管理协会（ACSC）副主席兼秘书长

赵成峰　浙江供应链协会常务副会长

张　炜　《现代物流报》副社长

编委（排名不分先后）：

李正平　新加坡科技研究局研究员

洪　涛　北京工商大学教授

林至颖　冯氏集团华南首席代表兼总经理

王庆东　泛华建设集团有限公司副总裁

魏际刚　国务院发展研究中心研究员

张晓东　北京交通大学教授

姜　旭　北京物资学院物流学院副院长、教授

房殿军　德国弗劳恩霍夫物流研究院中国首席代表，同济大学中德学院教授

孙建国　安吉汽车物流有限公司副总经理

文健君　深圳市创捷供应链有限公司总裁

杨　平　1 号店（纽海信息技术（上海）有限公司）副总裁、高级工程师

吕惠芳　浙江宏伟供应链股份有限公司常务副总经理

陈广一　上海钢铁交易中心有限公司副总经理

蔡春景　浙江九好办公服务集团有限公司市场总监

田学军　中国邮政速递物流股份有限公司总监

高　峰　京东集团仓储物流部库存与计划管理部总监

陈丽园　锐特信息技术有限公司总裁

刘　军　江苏苏州市南环桥市场发展股份有限公司董事长特别助理

陈礼豪　广东欧浦钢铁物流股份有限公司董事长

陈　虹　宁波余慈物流有限公司总经理

王　亮　安徽省徽商集团有限公司经营发展中心经理

肖　锋　阿里巴巴外贸综合服务事业部（深圳一达通企业服务有限公司）副总经理
赵　阳　太原钢运物流股份有限公司董事长
郑士南　河北中顺物流股份有限公司总经理
徐　军　物流搜索网 CEO
王继祥　中国物流技术协会副会长，《物流技术与应用》杂志社主编

编委会办公室：

主　任：马　军　《中国市场》杂志社中国市场研究院院长
副主任：周雪松　中国物流与采购联合会培训部主任
　　　　缪姬蓉　浙江供应链协会秘书长
　　　　张　丽　青岛日日顺物流有限公司战略部部长
　　　　杨向红　浙江供应链协会常务副秘书长

成　员：李　宁　北京中物联物流规划研究院《丁俊发工作室》助理
　　　　石书焕　北京中物联物流规划研究院《丁俊发工作室》助理

参加编写的人员还有（以姓氏笔画为序）：

卫晓菁、于明强、王佼、田占昌、许丰良、许志涛、朱本红、朱骏、朱曦冉、齐道清、刘京、刘晶、刘中豪、刘鑫、李培杰、李悦、李昂、李秋迪、吴艳芳、阮成裕、陈金晓、杨广君、金泽晖、张晋锋、张益刚、张霞、张海峰、张毅、金晓龙、林如锦、林桂平、郎茂祥、周志成、杨冠立、秦四平、秦钢、徐兴俊、黄萍、盛海锋、强益、潘小鹏、樊丽珊

序

世界因供应链而变

（2015 版）

大力推进中国供应链管理的发展，是中国物流业发展的新阶段，是改变中国经济发展方式的重大战略，是中国企业转型升级的必由之路。目前，我们经常讲到中国物流总成本与 GDP 的比率近五年一直在 18% 左右徘徊，比发达国家高出一倍。造成这一结果的原因是多方面的，特别与国民经济的结构有关，但与供应链管理的落后关系极大。根据中国物流信息中心计算，如果物流总成本与 GDP 的比率从目前的 18% 下降到 13%（发达国家工业化中后期的经验比率），可节省物流成本 2 万亿元人民币，如降到发达国家 8% 左右的水平，可节约物流费用 4.8 万亿元人民币。这反映中国国民经济粗放经营并没有完全解决，或者说问题依然严重。

——比如，2012 年我国工业企业产品库存率为 9.4%，而发达国家一般不超过 5%，如果把中国工业产品库存率降低一个百分点，可节约库存占用资本 9100 亿元人民币。

——中国企业“大而全”“小而全”的商业运作模式还没有完全改变，使企业无力打造核心竞争力，我从 2005 年就提出大力推进“第二产业的第三产业化”，即把第二产业中的服务业大部分分离出来，特别是把物流服务分离出来，同时延伸制造服务业，这样可以迅速增加第三产业在国民经济中的比重。

——中国工业企业、流通企业流动资产的年周转率为 3 次左右，发达国家为 10 次以上。

——中国工业与批发零售业的物流费用率为 9.2%，而发达国家一般不超过 5%。

——中国对物流基础设施投入不少，但由于没有形成综合运输体系，综合效率不高。目前，中国海铁联运为 2.6%，而国际上平均为 20%。载重汽车空载率仍高达 20% 左右。

——构成物流总费用中的运输费用占 GDP 的比率中国高于美、日 1.76 倍，保管费用高于美、日 2.2 倍，管理费用高于美、日 5 倍以上。

怎么办？解决这些问题绝对不是物流业本身能完全解决的，而要从国民经济的全局去考虑，推进物流业的现代化，特别是大力推进供应链管理是一服创新驱动的良方，是一把既能推动改革又能推动发展的“金钥匙”，是“中国制造 2025”的强大推进器，是“互联网 +”的另一个翅膀。

什么是供应链与供应链管理？根据《物流术语》国家标准，“供应链，即生产与流通过程中，涉及将产品与服务提供给最终用户的上游与下游企业所形成的网链结构”。“供应链管理，即利用计算机网络技术，全面规划供应链的商流、物流、信息流、资金流等，并进行计划、组织、协调与控制”。

我把供应链管理分为三个层次去理解。第一，供应链管理是战略思维；第二，供应链管理是模式创新；第三，供应链管理是技术进步。

2005 年，美国物流管理协会更名为美国供应链管理专业协会，标志着全世界的物流已进入供应链管理时代。美国每年发布总统的“国家供应链竞争力报告”，世界银行每两年发布《全球供应链绩效指数（LPI）报告》（2014 年中国在全球排名 28 位），亚太经合组织提出成立“亚太供应链联盟”，推进贸易便利化，不少国家都把供应链战略列为国家安全战略。美国经济学家弗里德曼在《世界是平的》一书中把全球供应链列为把世界夷为平地的十大力量之一。研究历史上世界三次经济危机与三次产业革命，美国就凭其研发基础、金融服务、新技术产业化、合理税收与移民政策等方面的优势，加上超强的全球供应链整合能力，使其始终走在世界的前列，美国始终把整合全球资源作为国家核心竞争力。2014 年 12 月 5 日，习近平同志在政治局第 29 次集体学习会上明确指出，中国要“勇于并善于在全球范围内配置资源”，在 2014 年 11 月召开的亚太经合组织第 22 次领导人非正式会议上指出，要打造全球价值链、全球供应链、全球产业链。中国已把供应链提升为国家战略。

许多国家也把供应链战略作为产业发展战略的重点，即以全球地域为空间布局，打造某些优势产业的“微笑曲线”，建立从战略资源、金融资本到制造生产再到销售与服务市场的全产业链与价值链。日本在第二次世界大战后迅速崛起，依靠的就是全球产业供应链战略。德国提出“工业 4.0”，不仅预示着一次新的工业革命，也是德国推出的产业供应链战略。

在互联网与物联网时代，人们开始研究与打造智慧城市，实际上一个城市的现代管理，是商流、物流、信息流、资金流、人流等各种资源的优化组合，以实现发展模式、产业结构、空间布局、运作流程的最优化。

英国经济学家克里斯多夫早就指出，“市场上只有供应链而没有企业”，“真正的竞争不是企业与企业之间的竞争，而是供应链与供应链之间的竞争”。研究世界五百强企业特别是外国企业无一不把全球供应链战略作为自己的核心战略，如美国沃尔玛、苹果、韩国三星、日本丰田、德国西门子、中国阿里巴巴、华为等。在经济全球化的今天，全球供应链战略已成为跨国公司的头号战略，优化供应链管理已成为成功企业的重要标志，实施与不断优化供应链管理已成为中国企业的必然选择。

所以我把供应链战略区分为国家供应链战略、产业供应链战略、城市供应链战略与企业供应链战略四个层面，在这四大层面战略中，企业供应链战略是基础，国家供应链战略是根本。

严格讲供应链管理也是一种模式创新，是移动互联网、大数据、云计算支撑下的模式创新。而模式创新在各种创新中，对传统模式最具颠覆性和最具冲击力。近三十年来，全球制造业、流通业、农业发生了革命性的变化，这种变化的核心内容是，由于分工的高度细化和信息网络技术的迅猛发展，使企业之间的竞争演变为供应链之间的竞争，也使许多企业从单纯生产或销售活动的组织者演变为链条的组织者和资源的集成者。供应链管理的发展正在改变传统的商流、物流、信息流与资金流的运作模式。如商流中的电商服务平台，物流中的供应链集成，资金流中的供应链金融，信息流中的大数据等。

供应链管理也是一种技术进步，包括供应链可视化、绿色供应链、协同供应链、供应链金融、供应链风险、服务供应链、智慧供应链等。目前最前沿的高新技术都在供应链中得到应用。

据美国物流咨询公司研究，一个企业如果只是简单地以第三方替代自营物流，借助第三方的规模效应和营运特点可节约成本 5%；如果利用第三方的网络优势进行资源整合，部分改进原有物流流程，可节约物流成本 5% ~10%；如果通过第三方物流根据需要对物流流程进行重组，使第三方物流延伸至整个供应链，可取得 10% ~20% 的成本节约。

总之，如果在全国推进和优化供应链管理，可以极大地改变中国经济的发展方式，改变产业发展方式，改变城市发展方式，改变企业发展方式，对中国经济从粗放经营到集约经营的转变做出不可估量的贡献。所以我认为，有了“互联网 +”，必须有“供应链 +”，世界因互联网而变，世界也因供应链而变。

丁俊发

2015 年 3 月

序

中国经济发展与供应链集成

（2011 版）

2008 年，由美国次贷危机引发的全球金融危机惊心动魄，在全世界的共同努力下，取得了阶段性成果，没有引发像 1930 年那样的全球大萧条。2010 年，中国率先复苏，世界各国也开始出现企稳迹象。但我们不能过于乐观，世界经济发展的不确定因素太多，美国、欧盟、日本三大经济体许多问题还没有完全暴露，所以这个复苏过程相当漫长。这个复苏过程对中国来说是一个非常重要的战略机遇期，我们必须抓住。从 2009 年和 2010 年的实际情况来看，中国政府应对全球金融危机所采取的措施起到了较好的效果，但其并不是十全十美，有正面影响，也一定有负面影响，从战略到策略还需要调整。中央提出，要以科学发展为主题，改变经济发展方式为主线，调整经济结构为主攻方向，我们要做的工作的确很多，很繁重。

比如调整经济结构。三次产业结构失衡，国务院要求加快服务业发展，特别是金融、交通、物流、商贸服务等产业，这是完全正确的，中国也到了服务业快速发展的时期。但中国有一个实际情况，就是工业化还没完成，中国还没有从制造业大国到制造业强国。世界制造业中心先是在欧洲，后来到美国，又到日本，现在转移到中国。这次金融危机发达国家都在反思一个问题，即虚拟经济与实体经济的关系问题，美国又开始强调制造业的发展。所以，中国的经济结构不可能马上跟美国一样，服务业占 70%，那样中国经济就麻烦了，这是一个循序渐进的过程。

又如城镇化，这里涉及城乡关系，现在中国城镇化水平还比较低，在工业化过程中，已有 1.5 亿农民进了城，还有大量农民要转移，所以中国的城镇化非常快，很多小的城市已经变成了中型城市，中型城市变成了大城市，有些城市已经变成了城市群、城市网络。城市化的发展，使基础设施的建设提上了日程。基础设施的建设非常重要，政府必须要考虑怎样进一步来满足这种日益增长所带来的城市需求。按国际经验，实现工业化，农村劳动力要从 30% 下降到 10%。为了实现这一目标，中国每年需要新增岗位 800 万 ~ 1000 万，要用 20 ~ 30 年才能完成，这对中国是必须面对的一个挑战。

又如经济发展速度。中国已进入一个新的稳定增长期，但这个稳定增长绝不是回到过热增长，而是 8% ~ 9% 的增长，重点要放在改变经济发展方式，提高国民经济发展的质量。中国经济发展已不是需求约束，而是资源、环境约束。中国许多资源还很缺乏，如石油、铁矿石等，中国必须与其他国家合作，通过进出口进行互补。

又如消费拉动。中国投资率太高，消费率太低，特别是居民消费率。中国目前的状况靠消费拉动不了现实，为了应对全球金融危机，只好靠政府加大投资来刺激经济，为了扩大消费，也出台了家电下乡、政府补贴等措施，但这不是促进消费的长效机制，消费涉及分配体制、工资制度、信贷政策等，这是一个比较复杂的问题，但必须解决。

又如东部、中部、西部的问题。中国经济先在东部发展，其中一个很重要的原因就是靠海，进出口物资要从海上来、海上走，物流费用低，供应链容易集成。但中部需要更多的发展空间，中央提出了东北振兴、西部大开发、中部崛起的战略，把经济发展的重心做适当的调整，内地也可以发展起来，但带来一个很大的问题就是物流费用问题，经营成本太高，这就要求加快交通运输基础设施建设，发展高速铁路，建设高速公路，优化内河航道，振兴航空事业，改变“蜀道难，难于上青天”的状况。中国目前储蓄率高，外汇储备多，国家财政有这个实力。

以上列举了一些中国经济的宏观问题，但这些问题多与现代物流业密不可分，与产业发展的供应链管理密不可分。要调整经济结构，而物流业是一个非常重要的生产性服务业，国际上把它称为国民经济发展的加速器。要改变中国经济发展方式，改善资源型约束，离不开进出口贸易，这就离不开国际物流。国际物流不仅是价格的竞争，更重要的是物流综合成本的竞争，物流服务能力的竞争。资源和能源是经济增长的引擎，也是动力。物流成本的降低，实际是提升了产业的竞争力和国家的竞争力。要城镇化，不仅要搞基本建设，发展工业、农业、服务业，更重要的是要保证居民的生活需求，物流要发挥为生产建设与人民生活服务的功能。

物流之所以重要，也跟中国区域发展不平衡的问题息息相关。随着现代化的进程，经济地理格局的变化，区域经济的发展，将导致人口的重新分布。对于大陆型的国家，它们在实现现代化的过程中，80%的人口都会迁徙到沿海的城市，美国、加拿大、澳大利亚以及其他的现代化国家都是如此。俄罗斯的情况有些不同，其有着自己的特点，因为历史的渊源不一样，计划经济体制对人口分布和工业分布有影响。但是中国的情况与上述国家又有所不同，沿海地区优先发展，而且还将继续发展，因为水运、海运在扮演着非常重要的角色。在未来的发展过程中，中国独特的地理经济格局如何变化，很大程度上将取决于物流和供应链管理扮演怎样的角色。如何把沿海的物流优势变成全国的物流优势，国务院发布的《物流业调整和振兴规划》给我们指明了方向，我们要为此做出努力。

在经济全球化的今天，全球供应链战略已成为跨国公司的头号战略，优化供应链管理已成为成功企业的重要标志。实施与不断优化供应链管理也已成为中国企业的必然选择。

为了普及供应链管理的基本理念，介绍国际上供应链管理理论研究的最新成果与成功实践，总结中国加入 WTO 以来供应链管理发展的成果，特别是介绍各行各业一些企业的优秀案例，由中国物流与采购联合会北京中物联物流规划研究院牵头，组织知名高校、研究部门、优秀案例企业参加，编写了《中国供应链管理蓝皮书》，填补了国内空白。《中国供应链管理蓝皮书》是研究供应链管理的必备工具，是物流研究生、高级物流师的必读教材，是企业家实施供应链管理的必选著作，它融理论与实践于一体，将成为中国供应链管理的有力推动者，将成为中外供应链管理交流的广阔平台。

樊　纲

2011 年 3 月 3 日

序

（2012 版）

随着全球经济形势转变，经济愈趋全球化，全球供应链也在不断进化。从亨利·福特的“T 型车生产模式”时代到最新的全球供应链网络系统，我们见证了从最简单的单个企业制造，到如今通过高效的投资和流畅的跨境贸易，以及网络化生产过程，从而创造更高价值。以苹果手机为例，全球供应链网络使专业化分工及大规模生产可以在全球范围内实现。产品设计可以在世界上最合适的研发基地（美国加州）展开，融资可以在世界上最合适的金融中心（美国纽约）实现，零部件可以在世界任何一个合适的生产基地生产（中国及亚洲其他制造业基地），再通过复杂的物流网络运送到世界任何一个合适的组装基地装配，最终产品在世界任何一个合适的销售基地发售给遍布全球的当地消费者。这个全球分工精细、紧密合作、规模巨大的供应链网络大大提高了生产效率，创造了大量就业、价值和激发创新。

全球供应链的发展趋势，有以下数点值得留意，因为它们可能改变三十年来形成的一些模式：

首先，亚洲的消费和高附加值产业可能会不断增长，而美国的高端制造业由于美国新能源的良好前景及运输成本的上升，可能回归本土。全球设计及消费、全球制造可能更符合未来趋势。

其次，日本福岛地震与核事故、泰国水灾等的发生，更突显出一时一地的灾害对周边地区以至全球，均可造成深远影响。因此，全球供应链地理位置分布将更趋多元，将巩固实体经济的全球化趋势，但也会改变过去单一关注成本而忽视各类风险的管理模式。

此外，全球多功能产业链发展创新的需求将提升通信技术、信息技术和交通技术的不断更新换代，不仅会巩固实体经济的全球化，也将使经济及贸易的国界变得更为模糊，而地理、人口及制度环境可能成为更重要的经济与企业发展因素。还有，由于新兴经济体巨大的人口规模，自然资源及可消耗能源的限制，企业及国家将不得不更加关注生产和消费的可持续性发展，这对全球供应链将来的分布与演变带来不确定因素，同时带来各种挑战及机会。

最后，金融及贸易监管与政策等宏观环境，对实体经济的冲击将越来越频繁及严重，国家及企业需要更加关注全球治理的问题，特别需要从国际政治、国际关系、国际经济、文化等各方面协调努力，维护我们正在享受的相对比较开放的国际贸易环境。

中国作为全球第二大经济体系，对于推动自由贸易体系发展、稳定全球经济，有着举足轻重的作用。有见于此，国家的“十二五”规划强调刺激内需，以改变过往依赖出口支撑经济增长的情况。

在国家层面，发展内需市场和鼓励更高增值，改善以往“重生产、轻流通”的状况，减低交易成本，是追求更为平衡以及可持续发展经济发展模式的必然方向，也是应对上述全球供应链发展趋势的重要策略。

在企业层面，面对激烈的全球竞争、日益严格的环保和企业责任要求，企业一方面必须运用供应链管理，以迅速行动提供质优价廉的产品，来满足瞬息万变的顾客需求，才能在国际市场上屹立不倒。而中国的企业更要顺应国家扩大内需的大势，做好战略部署，把握商机，配合内外贸一体化、扩大内需的国策，方能在瞬息万变的经贸环境中生存。而新世纪中国企业要与时俱进，则要注意以下七个供应链概念：

（1）以顾客为中心，以市场需求为原动力。以需求拉动供应的生产和流通模式，不但能快速地响应市场的变化、迅速满足消费者需求，而且可以减少因产品过时而要减价促销的风险，有利减少库存，促进企业资金流转，并增加企业赢利。

（2）强调企业应专注于核心业务，建立核心竞争力，在供应链上明确定位，将非核心业务外派。这样，企业才能够更有效地集中利用资源，强化主业，并通过企业间的合作增加业务的弹性。

（3）各企业紧密合作，共担风险，共享利益。从原料供货商到最终用户，供应链上成员除了追求自身利益外，还应该共同去追求供应链整体的竞争力和赢利能力。通过合作减少各环节的交易成本，有效提升供应链的长期竞争力。

（4）设计工作流程、实物流程、信息流程和资金流程并持之有效执行、检讨和不断改进，将各个流程有机地结合，提升供应链的整体效率。

（5）利用信息系统优化供应链的运作。利用先进的信息系统，使供应链各成员更快速地获得信息和处理信息，及时就最新的市场变化作出适当反应，从而使供应链做到实时回馈，以配合顾客的要求。

（6）缩短产品完成时间，使生产尽量贴近实时需求。使供应链各环节的企业实现按需生产，响应瞬息万变的市场，以减少存货积压的风险。

（7）减省在采购、库存、运输等环节的成本。通过企业合作和流程整合使供应链更有效率，提升企业以及整条供应链的竞争力。

可以说，现在企业与企业之间的竞争已发展为供应链与供应链之间的竞争。一件产品的价值是由整条供应链所创造的，该件产品的竞争力，实质上体现了整条供应链上各个环节的整体竞争力。当最终客户选择一件产品，整条供应链上的成员都会受惠；如果最终客户不要这件产品，整条供应链上的成员都会有损失。

供应链管理是一套企业的管理哲学，其实可以引申到任何行业。因此，供应链管理不单在各制造工业成为提升竞争力的重要手段，对第三产业的发展亦举足轻重。而本书广泛讨论了供应链管理的一些重要部分，包括供应链管理的精神，如以顾客为中心、专注发展核心业务和企业之间紧密合作等，贯彻可以为业界订立经营方针提供参考。而涉及流程的管理和信息系统的内容，则为供应链管理提供了确切可行的方法。总而言之，供应链管理的主要目标，就是缩短产品完成时间，使生产贴近实时需求和减省环节之间的成本，使整条供应链的竞争力得以提升，并在激烈的国际市场竞争中屹立不倒。相信 2012 年度《中国供应链管理蓝皮书》中的一些理论和企业实践的经验，在加深读者对供应链管理的了解之余，亦可使业界人士就企业如何加强竞争力、应对新世纪全球竞争等方面获得启发。

利丰集团主席　冯国经博士

2012 年 3 月 10 日

序

（2013 版）

最近30年来，全球制造业、流通业、农业发生了革命性的变化。这种变化的核心内容，是由于分工的高度和信息网络技术的迅猛发展，使企业之间的竞争演变为供应链之间的竞争，也使许多企业从单个企业生产和销售活动的组织者演变为链条的组织者和集成者。然而直到最近，中国企业对这种发展还跟进得很不够。中国供应链管理方面的落后在全球金融危机以来所遭遇的冲击中已经明显地表现出来。因此，发展现代物流业，把供应链管理确定为发展新的流通方式的首要任务，就变得十分紧迫。

现代经济学的鼻祖亚当·斯密早就指出，分工是经济效率提高的主要原动力。特别是第二次世界大战结束以后，越来越多的制造业企业把非本企业核心业务的作业“外包”（outsourcing）出去。企业越来越专注于自己核心能力（如某项产品的研发、生产、营销等）的发挥，而把非核心产品外包给其他供应商去生产。

诺贝尔经济学奖获得者道格拉斯·诺斯把生产的总成本划分为转型成本（transformation costs，也就是实现马克思所说的“物质变换”成本，或人们通常所说的制造成本）和交易成本（transaction costs，包括获取市场信息的成本、订立合同的成本、执行合同的成本等）两个部分。分工的深化大大降低了生产产品的转型成本；然而，随着分工的深化，人们之间的相互依赖关系加深，他们之间的交易关系越频繁，交易成本也就随之增加。诺斯指出，到20世纪70年代末，美国国民收入中有近一半属于交易费用。这样，降低交易成本就成为一项具有决定意义的任务。现代物流业及其应用的供应链管理正是降低交易成本的迫切要求下应运而生的。

在价值链细分的情况下，有大量的流通组织工作，如供应链设计、订单管理、元器件采购供应、仓储、报关、运输等工作需要由主营企业自己的物流部门或者委托给第三方物流企业去处理。这样，就发展起一系列高效的物流管理技术，涌现出一大批以高效的供应链管理（Supply Chain Management，SCM）作为自己的核心竞争力的企业，以至于供应链管理已经成为现代管理学的一个重要分支。

所谓供应链管理，就是把生产过程从原材料和零部件采购、运输加工、分销直到最终把产品送到客户手中，作为一个环环相扣的完整链条，通过用现代信息技术武装起来的计划、控制、协调等经营活动，实现整个供应链的系统优化和它的各个环节之间的高效率的信息交换，达到成本最低、服务最好的目标。一体化供应链物流管理的精髓是实现信息化，通过信息化实现物流的快捷高效的配送和整个生产过程的整合，大大降低交易成本。这种管理思维，已经在许多企业中得到应用，收到巨大的效益。当前制造业、流通业由单个企业的物流管理到一体化的供应链管理的革命，极大地降低了全社会的交易成本，提高了各产业的生产效率，成为20世纪末大规模产业重组的重要内容。所以，著名的物流专家马丁·克里斯多弗（Martin Christopher）提出："21世纪的竞争将是供应链与供应链之间的竞争。"

目前中国经济运行面临的一个重大问题是：虽然拥有工资成本低廉、素质良好的劳动力，产品的制造成本（转型成本）很低，但总成本的另一个组成部分——交易成本却很高。而且制造成本必然会随着经济的发展和工资水平的提高而上升。中国的交易成本过高，除了是由于市场制度还没有完全建立，经济活动缺乏规范，经济行为人缺乏诚信等原因外，流通业的效率低下也是一个重要原因。这样，如何通过与交易有关的各行业的现代化，降低交易成本，以提升本土企业的竞争力，便成为一个亟待解决的问题。由此看来，如何提高内地与交易有关的行业，包括制造业、农业、商贸业和物流业的效率，便成为一项十分紧迫的任务。

本书不但辑录了有关供应链管理的理论文献，还搜集了若干企业提升供应链管理的经验总结，值得在推进流通现代化的实践中进行探索和创新的企业学习参考。

吴敬琏

2013年2月28日

序

（2014 版）

我国自十一届三中全会实行改革开放以来，对如何建立有中国特色的社会主义市场经济体制进行了大胆的探索，“摸着石头过河”已经历了 30 多个年头。既有成功的喜悦，也有惨痛的教训。现在已进入社会与经济体制改革的深水区，已到达经济发展方式转型的关键期。十八届三中全会对下一步深化改革与经济发展进行了顶层设计，将开创一个新的历史时期。

长期以来，我国的国民经济增长和企业发展是依靠低成本生存和发展的，但自 2005 年以来，我国企业的总体生产成本正在急速上升，我国经济开始进入高成本时期，这主要有以下 6 个方面的原因：

第一，能源价格上升；

第二，原材料涨价；

第三，交通运输趋紧；

第四，土地和环保成本提高；

第五，第一轮人口红利已基本消失，推动人力资源价格上涨；

第六，国际大宗商品价格波动，贸易保护主义抬头，进出口需求受阻。

粗放的经济发展方式，必然带来资源约束，成本约束，生态约束，严重影响整体经济的运行效率与质量。随着高成本时代的到来，企业必须调整自已的经营战略，政府也必须调整宏观调控手段。为此，我们应采取以下有针对性的措施。

第一，转变经济发展方式。要从原来主要依靠投资与出口的增长方式转向消费、投资、出口并重的增长方式，充分发挥消费的基础作用、投资的关键作用、出口的支撑作用，千方百计提高经济的运行质量。

第二，实施创新驱动战略，推进技术进步。只要能给企业带来新价值的创新，就是技术创新。要把核心创新与非核心创新相结合。国家是科学创新中心，企业是技术创新中心，组织是技术创新的前提。中国千方百计要从制造业大国走向制造业强国。

第三，调整产业结构。当前中国的经济结构有很大的问题。从短期来看，两个产业的问题最严重，一个是房地产业，一个是服务业。对这两个产业进行调整是短期内最能够发挥作用的。房地产业背后是一个利益问题，它根本不是一个价格平均的问题，我们现在搞绝对化、“一刀切”是不行的，应该分类指导，区别对待。我国的服务行业正逐渐从劳动密集型、资本密集型向知识密集型过渡，发展越来越依赖于技术、知识和人力资本，以知识和技术为主的、高附加值的知识密集型的服务行业发展会十分迅速。在这一背景下，以服务为主导的产业供应链发展成为典型。实践证明，在世界经济发展中，服务业是增长最快的行业，越来越多的生产企业由提供产品向提供产品和服务转变，进而再向提供服务解决方案转变，服务化已成为制造业发展的重要方向，制造产业呈现出服务为主导的发展新趋势。

从中长期来看，结构调整也是两个产业，一个是制造业，一个是战略性新兴产业。这两个产业对中长期增长有巨大意义。从制造业来说，我国现在仅仅是一个传统制造业大国，而不是现代制造业强国。现在制造业市场被美国和欧盟这两大经济体瓜分。从未来增长角度来看，必须重视对现代制造业的发展，才能对传统制造业进行转型。许多传统制造企业从销售产品到销售服务，通过服务创造差异化优势，最终是通过提供比竞争对手更好的服务来吸引消费者。越来越多优秀的生产企业从“以生产为中心”向“以服务为中心”过渡，一方面，制造业和服务业的界限越来越模糊，最为明显的是通信产品，某些信息产品也可以像制造业一样进行批量生产；另一方面，制造业部门的功能也日趋服务化，以服务为导向的制造业还体现在越来越多的制造业务进行“外包”。

另外，一个中长期要发展的重要产业是战略性新兴产业。战略性新兴产业涉及：节能环保、新兴信息产业、生物产业、新能源、新能源汽车、高端装备制造业和新材料七个方面。从中长期来看，战略性新兴产业既是战略性的又是新兴的，在未来将有巨大的发展空间。

对中国经济进行深度调整都离不开供应链管理，因为当今世界的产业发展需要站在供应链管理的高度来考虑，这是发达国家经济发展实践所验证的。与传统的管理模式不同，供应链管理包括从原材料采购到最终消费整个过程中上下游所发生的与商流、物流、信息流、资金流相关的所有活动。

以制造业为例，我国的制造企业在供应链管理上面临着“牛鞭效应”困境，这个现象在中国很普遍。这是结构性的问题，是供应链中无法回避的问题。我国的制造业处于全球产业链的末端，市场需求的一点儿变化，给我们带来的骚扰却是放大的。这就要求我国的传统制造业从重视产品转向关注产品的整个生命周期，包括市场调研、产品研发、制造、营销、服务。从而实现整个供应链的信息管理，提高整个供应链的敏捷性与可视化。

为了克服资源约束、成本约束、需求约束，我国的制造企业必须对供应链进行有效的整合和管理，加强与上下游企业的协作，建立协同供应链，降低内外部供应链成本。通过信息技术，实现对采购、仓储、运输和配送等过程的有效规划、控制与管理。我认为，供应链管理是中国改变经济发展方式的必然选择。

近年来，供应链管理发生了一些新的变化，第一，从产品整合到上下游企业整合；第二，从企业内部资源整合到社会资源整合；第三，从注重市场价格到注重价值链；第四，从设计产品到设计与优化流程；第五，从技术创新到模式创新；第六，从单个企业管理到整个供应链协同管理。但从总体讲，中国的供应链管理刚刚起步，还比较落后，要引起经济界的高度关注。

为了更专业、更全面地介绍国际供应链管理理论研究的最新成果和成功实践，总结中国的供应链管理发展所取得的成就，特别是介绍各行各业一些企业供应链管理的优秀案例，中国物流与采购联合会顾问丁俊发研究员组织知名高校、科研单位、优秀案例企业参加，每年编写一本《中国供应链管理蓝皮书》，为我国供应链管理的理论研究和应用实践，提供了权威性的资料和知识，是一本不可多得的精品图书，它填补了我国供应链管理类图书的空白。

魏　杰

2014 年春节

目　录

第一篇　中国全球供应链体系战略研究

第二篇　工业领域物流与供应链管理研究

第四篇　中国商品批发市场供应链体系发展思考

第五篇　用供应链思维构建国家经济和区域经济

第六篇　全球供应链——从西方视角解读全球供应链

第七篇　日本城市共同配送的理论和实务

第八篇　优秀案例

第一篇

中国全球供应链体系战略研究

第一章　国家供应链战略

一个国家整个产业的安全，最高层次是供应链，供应链控制着国家经济的命脉。

《物流术语》国家标准（GB/T 18354—2006）指出供应链指“生产及流通过程中，涉及将产品或服务提供给最终用户所形成的网链结构。”供应链管理，即“对供应链涉及的全部活动进行计划、组织、协调与控制。”国际上把供应链管理分为三个层次理解，第一层次从战略思维的角度理解供应链管理，第二层次指出供应链管理是模式创新，第三层次指出供应链管理是技术进步。本文从战略思维的角度研究和分析供应链管理。

第一节　供应链管理历程

供应链是围绕核心企业，通过对物流、信息流、资金流的控制，从采购原材料开始，形成中间产品以及最终产品，最后由销售网络把产品送到消费者手中的将供应商、制造商、分销商、零售商、直到最终用户连成一个整体的网链结构模式。它是一个范围更广的企业结构模式，它包含所有加盟的节点企业，从原材料的供应开始，经过链中不同企业的制造加工、组装、分销等过程直到最终用户。

国际上对供应链管理的早期研究主要集中在供应链的组成、多级库存、供应链财务等方面，主要解决供应链操作效率方面的问题。近年来的研究主要把供应链管理看作一种战略型的管理体系，研究扩展到所有加盟企业的长期合作关系，特别是在合作制造和建设战略合作伙伴关系方面，而不仅仅是供应上的链接问题，更偏重于长期计划的研究。

几十年来，我国从计划经济走向市场经济体制，几乎所有商品都实现了由卖方市场向买方市场的转变，供应链相应地由生产者推动型转变为消费者拉动型。随着经济全球化程度的不断加深以及市场需求的多元化，以合作理念、双赢或多赢为目标的现代新型供应链管理模式逐步为企业所接受。供应链管理的发展经历了如下历程：

一、职能部门阶段，强调物流管理过程

第一阶段由 20 世纪 50 年代至 80 年代末。此时期的研究者认为：供应链是指将采购的原材料和收到的零部件，通过生产转换和销售等活动传递到用户的一个过程。因此，供应链仅被视为企业内部的一个物流过程，它所涉及的主要是物料采购、库存、生产和分销各部门的职能协调问题，最终目的是为了优化企业内部的业务流程，降低物流成本，从而提高经营效率。供应链管理的研究是从物流管理研究起步的。起初，研究者并没有把供应链管理和企业的整体管理联系起来，主要是进行供应链管理的局部性研究，如研

究多级库存控制问题、物资供应问题，较多的是研究分销运作问题，如分销需求计划等。基于这种认识，在早期有人将供应链仅仅看作是物流企业自身的一种动作模式。

产业环境的变化和企业间相互协调重要性的上升使人们逐步将对供应环节重要性的认识从企业内部扩展到企业之间，从而，供应商被纳入了供应链的范畴。这一阶段，人们主要是由某种产品从原料到最终产品的整个生产过程来理解供应链的。在这种认识下，加强与供应商的全方位协作，剔除供应链条中的“冗余”成分，提高供应链的运作速度成为核心问题。

在这一阶段，供应链执行决策是由各独立业务部门的核心管理人员制定的，很少考虑与其他部门的相互影响。由于业务信息缺乏标准化、数据完整性较差，分析支持系统不足、各自完全不同的技术系统，以及缺乏推动信息共享的激励机制，管理层在此环境下试图进行集中供应链计划的努力往往是徒劳无功的。

二、集成供应链阶段，强调价值增值链

第二阶段由20世纪80年代末至90年代后期。进入20世纪90年代，人们对供应链的理解又发生了新的变化：首先，由于需求环境的变化，原来被排斥在供应链之外的最终用户、消费者的地位得到了前所未有的重视，从而被纳入了供应链的范围。这样，供应链就不再只是一条生产链了，而是一个涵盖了整个产品“运动”过程的增值链。

所谓供应链就是原材料供应商、生产商、分销商、运输商等一系列企业组成的价值增值链。原材料零部件依次通过“链”中的每个企业，逐步变成产品，交到最终用户手中，这一系列的活动就构成了一个完整的供应链（从供应商的供应商到客户的客户）的全部活动。

从这一阶段开始，供应链管理进入了集成供应链阶段。高级计划排程（APS）系统、企业资源规划（ERP）系统与业务流程重组（BPR）相结合，是这次转变的主要推动因素。在20世纪80年代末到90年代初，随着BPR的出现，企业领导人逐渐认识到，把企业的组织结构与主管人员的相关业务目标和绩效激励机制结合起来，可获得效益。技术的进步以及计算处理成本的降低，加快了全企业范围的业务处理系统，如ERP系统的渗透。如今，高层管理者可以容易地得到标准化的业务信息，以及一套一致的不同业务、职能部门和地球区域的评价指标。随着APS系统的引入，供应链优化成为一项切实可行的选择。这也提高了日益集中的供应链计划流程效率。跨职能部门团队的协作推动供应链计划流程更加一体化，并将企业作为一个整体来看待。

各行各业的领先性企业均开始认识到，如果要尽可能地提高效益，需要将需求预测、供应链计划和生产调度作为一个集成的业务流程来看待。因此，越来越多的跨职能部门团队以定期开会的方式，相互协调，制订最佳的销售和运营计划行动方案。与供应链计划一样，供应链执行决策也逐渐朝跨职能部门的一体化方向发展。现在，采购和制造部门能够共同进行原材料的采购决策，从而实现产品总体生产成本的最小化。

三、价值链网络阶段，强调价值网络

第三阶段进入21世纪的今天，随着信息时代的到来和全球经济一体化的迅猛发展，供应链管理进入了一个新的发展阶段：价值链网络阶段。与此同时，人们对供应链的认识也正在从线性的“单链”转向非线性的“网链”，实际上，这种网链正是众多条“单链”纵横交错的结果。正是在这个意义上，哈理森将供应链定义为：“供应链是执行采购原材料，将它们转换为中间产品和成品，并将成品销售到用户的功能网链”。2001年《物流术语》国家标准（GBT 18354—2001）将供应链定义为：生产及流通过程中，涉及将产品或服务提供给最终用户活动的上游与下游企业所形成的网链结构。

供应链的概念更加注重围绕核心企业的网链关系，即核心企业与供应商、供应商的供应商的一切前向关系，与用户、用户的用户及一切后向关系。供应链的概念已经不同于传统的销售链，它跨越了企业界线，从扩展企业的新思维出发，并从全局和整体的角度考虑产品的竞争力，使供应链从一种动作工具上升为一种管理方法体系，一种运营管理思维和模式。供应链是一个范围更广的企业结构模式，它包含所有加盟的节点企业，从原材料的供应开始，经过链中不同企业的制造加工、组装、分销等过程直到最终用户。它不仅是一条增值链，物料在供应链上因加工、包装、运输等过程而增加其价值，给相关企业都带来收益。

现阶段的供应链更加注重围绕核心企业的网链企业战略合作关系。如核心企业与供应商、供应商的供应商乃至与一切前向的关系，与用户、用户的用户及一切后向的关系。此时的供应链概念形成为一个网链的概念，如丰田、耐克、尼桑、麦当劳和苹果等公司的供应链管理都从网链的角度来实施，强调供应链的战略伙伴关系问题。供应链中战略伙伴关系是很重要的，通过建立战略伙伴关系，可以与重要的供应商和用户更有效地开展工作（如表1－1－1所示）。

表1－1－1　　供应链管理发展的三个阶段

	职能部门阶段	集成供应链阶段	价值链网络阶段
时期	20世纪50年代至80年代末	20世纪80年代末至90年代后期	21世纪以来
供应链计划	在各独立职能部门内进行供应链计划	关注业务流程变革	协同计划
	信息缺乏横跨企业的标准，可视性有限，供应链计划的效率低下	由于企业内信息的标准化供应链效率得以提高	将企业计划流程扩展到企业之外，包括签约制造商、主要客户和供应商

续 表

	职能部门阶段	集成供应链阶段	价值链网络阶段
供应链执行	基于独立部门的供应链执行，通常是被动反应	集成的跨部门决策，仍主要属于被动反应模式	决策由企业内最适当的管理层制定
	决策通常由部门经理及其主要助手制定	有限的协作	更高比例的协同、预见性决策

资源来源：Aspen Tech《供应链管理的演变》，赛迪网。

第二节　全球供应链

一、全球供应链内涵

全球供应链（Global Supply Chain）是指在全球范围内组合供应链，它要求以全球化视野，将供应链系统延伸至整个世界范围，根据企业的需要在世界各地选取最有竞争力的合作伙伴，实现全球性的产品设计、采购、生产、销售、配送和服务客户，使整个供应链的成本和效率最优化。

全球供应链管理强调在全面、迅速地了解世界各地消费者需求的同时，对其进行计划、协调、操作、控制和优化，在供应链中的核心企业与其供应商乃至最终消费者之间，依靠现代网络信息技术支撑，实现供应链的一体化和快速反应，达到商流、物流、资金流和信息流的协调通畅，以满足全球消费者需求。例如，苹果公司分工精细、紧密合作、规模巨大的全球供应链网络极大地提高了生产效率，创造了大量就业、价值并不断激发创新（美国加州硅谷地区展开产品的研发设计，在美国纽约等金融中心完成融资，在中国及亚洲其他制造业基地生产零部件，通过复杂的物流网络运输到世界上任何一个合适的组装基地进行装配，目前大部分基地在中国），在世界上任何一个合适的销售基地将最终产品以及服务发售给消费者。

全球供应链是实现一系列分散在全球各地的相互关联的商业活动，包括采购原料和零件、处理并得到最终产品、产品增值、对零售商和消费者的配送、在各个商业主体之间交换信息，其主要目的是降低成本扩大收益（Hishleifer，1956）。

全球供应链系统的健康和有序运转，对全球经济发展和世界和平发展至关重要，它有利于保障商品的高效和安全运输、减少贸易壁垒、降低生产成本，在全球范围内合理分配资源。

二、全球供应链研究

（一）古典研究

全球供应链的古典研究以多厂企业为研究对象，重点研究企业决策模式，特别重视总部和分部之间的联系。在资本主义战后的黄金发展时间（1950—1970 年），跨国公司在全世界攫取生产要素，出于利润最大化的要求，公司总部赋予分部一定决策权以提高绩效，却又不愿意分部掌握太多决策权力而失去控制。因而决策权分配成为一个两难问题。同时，由于信息技术的应用和物流科技的发展，发展中国家利益集团的不断加入而变得更为复杂。

古典研究的背景和主要问题。20 世纪 50 年代起，跨国公司的地位和数量迅速增加。到 60 年代，发达国家跨国公司达 7000 家以上，海外子公司超过 27000 家，对石油、汽车、医药、计算机、重化学工业等主要工业领域实现跨国垄断。由于问题涉及跨国公司内部，相关研究工作多受到跨国公司的资助。发展中国家尚在革命战争中，无暇顾及国际经济局势。作为应用性研究，全球供应链研究工作以跨国公司的当前需要为导向，主要研究对于多国公司（Multi – Nation Company，MNC）在不同地区开展业务活动时，如何决策以实现最优的供应链，实际上是多国公司的决策问题。

问题的简化和解决。对 MNC 优化问题，最早的讨论限于在一国的不同地区，认为集中决策是最优选择（Hishleifer，1956）。后来问题扩展到不同国家，同时将问题简化为 MNC 应该采用决策模式还是分散决策模式（Horst，1977）。之后学界的争论比较激烈。部分学者支持集中决策（Hishleifer，1956），部分学者则支持分散决策（Marshak，1959）。最新的进展提出 MNC 在战略层面应选择分部分散决策，该观点得到了美国铝业公司和汽车制造集团在安全上的支持（F. Villegas，J. Ouenniche，2008）。

（二）现代研究

现代研究的背景和主要问题。1970—1990 年，发达国家集团内部就跨国贸易问题矛盾加深。受石油危机影响，美国政府再规划现有产业布局。在政府需求引导下，企业地理研究的重要力量华盛顿学派集体转向区位理论研究。而跨国公司的需求是，如何在有冲突的国际环境中实现生产要素配置，以实现自身利益最大化。至此，全球供应链的研究和企业地理的研究出现分化，开始探索自身的研究范式。这一时期，经济学一系列新理论有力地支持了全球供应链的研究工作。最主要的贡献来自国际分工理论、易费用理论、核心竞争力理论。跨国公司调整运营战略，将出口产品转变为出口工厂和出口资本，在全球寻找成本洼地。全球供应链研究工作需要解决一个具体问题，重新规划跨国公司的生产—配送网络，实现收益最大化，即全球物流系统（Global Logistics System，GLS）问题。

问题的解决和新工具的使用。全球供应链整合了分散在各国的从原料供应商到最终消费者的关键商业过程，用于向消费者和其他利益相关者提供产品、服务、增值和信息交换。对于全球物流系统问题，最主要的研究范式是规划方法（Mixed Integer Planning，MIP），占据约 50% 的成果。可用决策变量、业绩指标、供应链结构变量、国际因素来归纳 MIP 模型。

对于全球供应链的决策变量，这一时期的学者选择以工厂选址为主。部分原因是受到美国政府需求影响，部分原因是跨国公司有调整全球产能布局的需求。受此需求影响，产能和运输量也成为决策中的主要因素。学者将产能与运输能力平衡作为重点决策变量。为配合这一决策变量的优化调整，形成的模型中还伴随有对供应商的重新选择（Hodder and Dincer，1986）。

对于业绩指标，学者们比较认同的有三类目标函数。第一类为税后期望收益最大化（Hodder and Dincer，1986）。第二类为运作成本最小化（Haug，1992）。由于利益相关者理论的引进，出现了第三类目标函数，要求多方收益最大化（Hadjinicola and Kumar，2002）。

对应供应链结构参数，多数学者支持二层结构。而对于供应链的合作决策形式，无一例外都选择了多工厂多市场模式（Multi－Plants Multi－Markets Model，MFMM）。

作为全球供应链，需要考虑国际因素影响。关税、汇率、消费税是模型中不可缺少的三个重要因素。此外，也有考虑到工人技能、非关税壁垒以及运输时间，但未能形成统一认识。随实践工作展开，不断有新因素加入模式。2008 年 MIP 模式国际因素方面的变量超过 30 个。

1970—1990 年是全球供应链研究的黄金时期，MIP 工具得到广泛应用。变量复杂化导致计算规模爆炸，模型只能给出满意解。研究门槛较低，方法容易掌握，大量研究存在缺乏数据支持、模型雷同、观点接近的情况，存在严重的学术跟风。因而只有少数学者的研究得到跨国公司的支持。

（三）当代研究

20 世纪 80 年代以后，企业社会责任运动在欧美发达国家逐渐兴起。和平、环保、社会责任和人权等非政府组织也不断呼吁，要求社会责任与贸易挂钩。迫于日益增大的压力和自身的发展需要，跨国公司纷纷制定对社会做出必要承诺的责任守则，或通过环境、职业健康、社会责任来应对不同利益团体的需要。

1990—2008 年，是全球供应链研究的转型期。单一使用 MIP 工具缺乏平等视角，理论模型没有考虑相关群体。跨国公司迫切需要解决这样一个问题：如何平衡全球供应链上各个相关利益方的利益，更好担负起全球社会责任（Global Corporate Social Responsibility，GCSR）问题。

问题的探索和新理念的引入。为解决这一问题，社会责任理论、利益相关者理论被引入到全球供应链管理理论体系当中。全球供应链的利益相关方包括了股东、债权人、雇员、消费者、供应商等交易伙伴，也包括政府部门、本地居民、本地社区、媒体、环保主义等压力集团，还包括自然环境、人类后代等客体。这些利益相关者与全球供应链生存发展密切相关。全球供应链的经营决策必须考虑他们的利益或接受他们的要求。全球供应链的生存和发展依赖于对各利益相关者利益要求的回应质量，而不仅仅取决于股东。

对于 GCSR 问题，主要研究范式是案例分析方法，占据约 80% 的成果。但在具体研究过程中，学者们选取了不同的行业背景，因而对社会责任关注的重点不同。可用社会责任重点、业绩指标、案例对象和建议履行方式来归纳研究成果。

各国的经济发展水平不一。利益相关方的诉求不尽相同，因而对各国学者的研究需求也不一致。最终形成了三个主要方向：以研究环境无害化为主的环境学派，响应了发达国家压力集团的诉求，强调公司社会义务，要求建立产品回收系统和环境机油系统（Samir K – Srivastava，2008）。以研究社会福利整体改进为主的社会福利学派，响应了发展中大国压力集团的诉求，强调国家社会责任，要求政府干涉全球供应链的运作过程（Knut Bjrn Lindkvista，2008）。以研究劳工权益维护为主的劳工权益学派，响应了发展中大国劳工集团的诉求，强调劳工权益，反对全球供应链管理中的不平等现象，要求建立全球统一的劳工标准（Bin Jiang，2007）。由于研究出发点不同，三派学者在选取案例时，往往有倾向性。环境学派选取的案例为电子电器、汽车、核电、通信、医疗等高附加值产业，案例所属国家多为美国、欧洲、澳大利亚等发达国家和地区。社会福利学派选取的案例为粮农、化工、化纤、养殖、水产、纺织等关系国家经济安全的产业，案例所属国家多为东欧、东亚、东南亚等发展中国家。劳工权益学派选取的案例多为成衣、鞋帽、玩具、塑料制品、造纸、计算机组装、快餐、娱乐、零售等劳动力密集型产业，案例所属国家多为中国、越南、罗马尼亚等廉价劳动力国家。

发展中国家的全球供应链社会责任研究集中在社会福利提高和劳工权益保障方面，而发达国家则集中在环境和资源使用方面。随着研究工作的不断深入，在劳工集团和生产者集团之处，消费者、政府、学者集团也作为重要力量提出对应社会责任要求。

当代研究扩展了全球供应链的参与者集合，它把现代研究视为研究边界的公司环境也纳入到研究视角中来。这是一个巨大的进步，也是一个巨大的挑战，现代研究主流工具 MIP 不适合当代问题。设计新工具成为当代研究的当务之急。当代研究的服务对象也出现了多样化。有社会责任成本焦虑的跨国企业、希望改善国际贸易关系的本土企业、希望获得长期伙伴的本地企业成为引导研究的主流。当代研究开始脱离纯粹的经济目的。它介入到社会活动领域，为社会团体和政党服务，为政府改善人权和环保记录提供思路和方案。这是当代研究的泛化和深入的具体表现。

三、全球供应链的趋势和影响

全球供应链涉及运输和仓储等主要物流环节和基本业务的全球化，采购、外包、供应链流程的全球化。全球化的影响，从主要发达国家到南美、非洲、中东、亚洲等新兴物流市场，还涉及全球供应链安全的挑战、全球供应链的速度、敏捷性与成本效益优化等领域。

全球化在物流和供应链领域的影响日趋明显。全球供应链涉及运输和仓储等主要物流环节和基本业务的全球化，采购、外包、供应链流程的全球化。全球化的影响，从主要发达国家，到南美、非洲、中东、亚洲等新兴物流市场，还涉及全球供应链安全的挑战、全球供应链的速度、敏捷性与成本效益优化等领域。供应链全球化影响已经深入到企业商业活动的方方面面。

第一，物流外包已经发展到供应链管理流程的全球化外包。供应链管理是企业内部和企业之间所有物流活动和商业活动的集成。随着运输时效、信息技术的开展，运输、仓储等主要物流活动的全球化已经开始了很长时间，全球采购、全球配送等物流环节近年来的全球化趋势明显，而供应链商业过程，如制造、研发、IT、客户服务近年来外包发展迅速，供应链商业流程外包增加了企业的价值增值能力。

领先的全球化物流服务供应商，已经从提供全球物流服务，向提供全球供应链服务转化。仅仅具备资产和物流服务能力已经不能满足跨国企业的要求。物流企业要具备供应链管理技术，从提供物流能力，转化到提供知识管理服务的层面，其中涉及供应链战略、供应链网络设计、供应链流程再造和优化，为生产企业提供完整的供应链管理服务。锐得和戴姆勒 克莱斯勒的全球供应链合作，提供了典型的案例。

供应链全球化的趋势表明，物流企业的能力，必须从提供以资产为基础的物流服务，向提供以管理能力为核心的完整的供应链服务转型，才能在竞争中处于优势地位。

第二，跨国公司的全球供应链战略在不同的国家侧重点不同。跨国公司在实施供应链全球化战略的过程中，在不同的国家所考量的因素和重点不同，为中国更好地承接全球供应链外包提供了借鉴。

中国和印度是供应链流程全球外包的两个主要承接地，但两国的优势和承接外包的主要商业流程不同，跨国公司所考虑的侧重点也明显不同。中国在承接制造业外包方面有明显优势，印度在承接完整的供应链外包、承接 IT 外包和离岸业务外包方面有明显优势。而当跨国公司考虑供应链流程外包的时候，认为外包到中国要考虑到过热的经济发展所带来的风险、知识产权保护的问题、政府的政策和规则的影响等方面因素。在物流和供应链方面，跨国公司担心的是中国产业向内地转移的过程中，沿海地区的港口和物流枢纽与内地的连接度不足，而增加物流成本和时间成本。

供应链管理技术的应用和影响日趋深入。新的管理技术在供应链管理过程中得到广泛应用，精益供应链、闭环供应链、六西格玛、供应链流程标准、供应链运作参考模型等管理技术，正在提高企业的绩效。

四、全球供应链构建策略与原则

（一）构建策略

管理者构建全球供应链通常采取三种策略。

1. 生产专门化策略

生产专门化就是通过限制在单一生产工厂的产品种类和产品组合，使企业达到规模经济性。通常，面向国内市场的企业生产“本地生产、本地销售”的产品，其在每一个国家的工厂将生产出要在本国销售的产品的全部种类。而全球性的经营则需将整个国际市场视为一体，把产品生产合理化，这样保留下来的工厂生产产品的种类就会比原来少，但却能满足整个全球市场的需要。

生产专门化可能带来生产柔性的损失。首先，每个独立性市场的需求是千差万别的。比如生产专门化面临的本土化包装问题，对于同种商品、标签使用的是不同语言甚至不同商标名称，以及可能不尽相同的外包装，需要将产品包装延迟到邻近销售地完成。其次，生产专门化需要考虑运输成本和运输提前期之间的损益权衡。另外，客户在一张订单上订购的多种产品可能涉及这些产品本身是在不同国家或区域的工厂分别生产的，这时可以通过在途拼装或直接转运，将不同工厂生产的产品拼装在一起运输给客户。总体来说，生产规模经济性带来的成本降低，比生产柔性降低和供应链快速响应需求所带来的成本增加要多得多。

2. 库存集中化策略

因为把库存集中到少数地方能够有效地降低库存需求，许多跨国企业逐步关闭国家级别的仓库，它们集中到几个区域配送中心（Regional Distribution Center，RDC），由这些 RDC 为更广泛的区域提供服务。

库存集中化的优势大致可通过“平方根原则”进行量化，整个供应链系统的库存减少由库存集中化前后仓库数的平方根比值求出。例如，某跨国公司在某大洲有 36 个国家库，现在减少到 9 个 RDC，那么集中化前后的库存量之比是 $\sqrt{36}:\sqrt{9}=2:1$，因此库存集中化后的库存量减少了 50%。

完备的信息系统是库存集中化策略构建的重要前提条件，必须拥有完备的信息系统，才能提供从供应链一端到另一端完整的需求信息。库存集中化还可以通过“虚拟库存”或“电子化库存”模式实现。即通过信息的实时更新与充分共享，将库存战略性地配置在靠近客户端或者生产端进行统一管理和控制，而不是机械性地对库存进行集中化处理。这是一种较好的库存本土化的柔性系统，可以实现减少库存、共用库存的效果，同时也解决了实物库存集中化操作所带来的成本提高问题（重复装卸搬运、运输费用提高和更长的提前期）。

3. 产品延迟与本土化策略

虽然供应链在全球范围内进行，但客户和消费者的需求仍有明显的地区性差异。例如，北欧人民喜欢较大的冰箱以便一周采购一次食物，而南欧人民因采购频繁而更喜欢体积小的冰箱；英国人喜欢购买冷冻食物，所以需要有更大冷冻室的冰箱。

生产者都希望产品实现标准化能通过规模化生产降低成本，依靠产品的本土化措施最大限度地拓展市场。因此，延迟策略是一种比较好的方法，它使用公共的制造平台、相同的零件或模块进行产品设计以及标准化生产，当有了明确的最终用户需求时，产品的最后组配或个性化加工才得以实现。在全球供应链领域，对地域性需求的预测没有全球性需求预测的准确率高，通过延迟策略可先通过预测全球性需求来组织产品初始形态的生产，再根据各区域的实际需求来完成产品的最终形态。

延迟策略要求强化本土化设计的理念和流程，在尽可能少的标准化模块或零件基础上，半成品经过组装、配置和成型，能够给客户提供更多的个性化产品。很多情况下，产品的最终完成阶段是在本土市场中进行的（如在第三方物流的配送中心进行组装或增值加工）。

（二）构建原则

全球供应链的构建，关键要把握好国际化与本土化的平衡，通常遵循以下四项原则。

1. 决策与控制全球化

全球范围内合理的采购、生产、销售与配送，需要建立一个全球供应链的决策组织机构，进行集中计划、控制和协调。例如，在全球供应链网络中的选址问题对跨国多厂企业是否盈利起关键作用。制造、组装、储存以及运输、集货等的节点与线路选择，所有决策都会对跨国企业的盈亏起重要作用。除了物理意义的网络选址因素外，各国的基础设施条件不同，设施设备投资建设的成本及运营成本也有差异，同时全球供应链网络还受汇率波动、关税、消费税等因素影响，跨国企业越来越需要通过系统分析进行选址等决策。

2. 客户服务管理本土化

客户服务管理包括对服务需求和绩效的监控，并扩展到整个订单发行的管理，即从接受订单一直到货物送达客户。虽然订单履行系统趋向国际化，其管理更加集中化，但仍需高度本土化客户的服务管理。在供应链全球化的前提下制定不同的本土化市场策略，以满足各地市场特定的需求特征。尤其在客户服务管理活动中，当需要根据客户的需求而为其量身定制服务时，客户服务管理优势更为明显。

3. 外包最大化

全球化的供应链对企业在全球的资源配置能力提出了很高的要求，使得企业外包的现象越来越多，不仅外包原材料和零部件的采购，还外包产品设计、制造等。企业把重心越来越多地放在价值链上自身显著优势的运作活动，即企业的核心竞争力，而其他的一切全都外包出去。这种变化在物流中更明显，企业逐渐把运输、仓储、库存控制分包给更专业的物流服务商，或者整体外包给一体化物流服务提供商。集中化与本土化要共用，才能管理和控制好全球供应链网络的所有参与者。在集中制定战略决策的同时，企业对本土的供应商和服务提供商的绩效要进行监控，同时要与一体化物流合作伙伴保持频繁的沟通。

4. 供应链可视化

全球供应链流动时间长、空间大、不确定性因素多，需要从供应链起点到终端的全程可视化，以实时获取真实需求数据，进行及时的生产、补货、配送等活动。供应链全程可视化，可实现用信息替代库存，并为集中控制的全球供应链体系提供有效的管理工具。

全球供应链需要实现全球化协调与本土化管理的权衡。表1－1－2为权衡所需的一些必要活动。

表 1－1－2　　全球化协调与本土化管理

全球化协调	本土化管理
优化生产与运输的网络结构设计	客户服务管理
供应链管理信息系统的开发和监控	收集市场信息
供应链库存位置确定	仓库管理与本地配送
采购战略决策	客户营利性分析
国际运输模式与承运人选择	与本地销售人员及营销管理人员联系
权衡损益分析与供应链成本控制	人力资源管理

第三节　从全球价值链视角分析全球供应链

一、价值链

（一）简介

价值链是哈佛大学商学院教授迈克尔·波特于 1985 年提出的概念，波特认为，“每一个企业都是在设计、生产、销售、发送和辅助其产品的过程中进行种种活动的集合体。所有这些活动可以用一个价值链来表明”。企业的价值创造是通过一系列活动构成的，这些活动可分为基本活动和辅助活动两类，基本活动包括内部后勤、生产作业、外部后勤、市场和销售、服务等；而辅助活动则包括采购、技术开发、人力资源管理和企业基础设施等。这些互不相同但又相互关联的生产经营活动，构成了一个创造价值的动态过程，即价值链。

（二）价值链内容构成

企业要生存和发展，必须为企业的股东和其他利益集团包括员工、顾客、供货商以及所在地区和相关行业等创造价值。如果把“企业”这个“黑匣子”打开，我们可以把企业创造价值的过程分解为一系列互不相同但又相互关联的经济活动，或者称为“增值活动”，其总和即构成企业的“价值链”。

任何一个企业都是其产品在设计、生产、销售、交货和售后服务方面所进行的各项活动的聚合体。每一项经营管理活动就是这一价值链条上的一个环节。企业的价值链及其进行单个活动的方式，反映了该企业的历史、战略、实施战略的方式以及活动自身的主要经济状况。

价值链的增值活动可以分为基本增值活动和辅助性增值活动两大部分。企业的基本增值活动，即一般意义上的“生产经营环节”，如材料供应、成品开发、生产运行、成品储运、市场营销和售后服务。这些活动都与商品实体的加工流转直接相关。

企业的辅助性增值活动，包括组织建设、人事管理、技术开发和采购管理。这里的技术和采购都是广义的，既可以包括生产性技术，也包括非生产性的开发管理，例如，决策技术、信息技术、计划技术；采购管理既包括生产原材料，也包括其他资源投入的管理，例如，聘请有关咨询公司为企业进行广告策划、市场预测、法律咨询、信息系统设计和长期战略计划等，如图1－1－1所示。

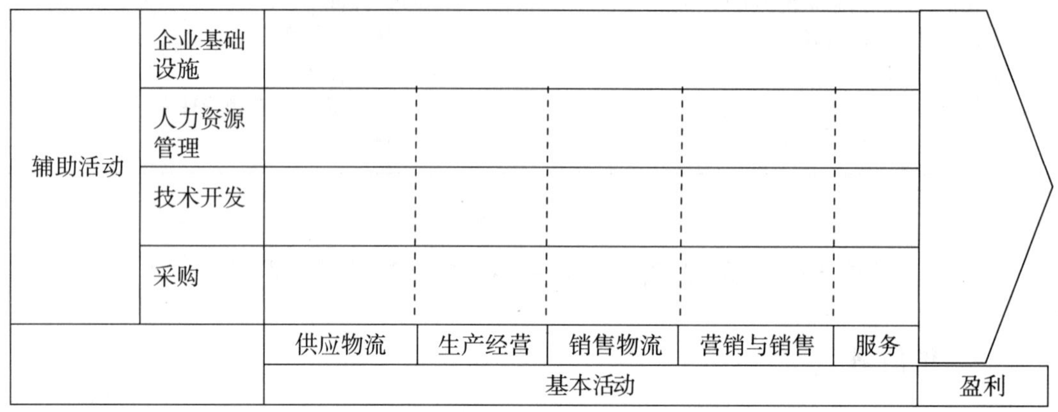

图1－1－1　价值链视角中的供应链

价值链的各环节之间相互关联，相互影响。一个环节经营管理的好坏可以影响到其他环节的成本和效益。比方说，如果多花一点成本采购高质量的原材料，生产过程中就可以减少工序，少出次品，缩短加工时间。

虽然价值链的每一环节都与其他环节相关，但是一个环节能在多大程度上影响其他环节的价值活动，则与其在价值链条上的位置有很大的关系。根据产品实体在价值链各环节的流转程序，企业的价值活动可以被分为“上游环节”和“下游环节”两大类。在企业的基本价值活动中，材料供应、产品开发、生产运行可以被称为“上游环节”；成品储运、市场营销和售后服务可以被称为“下游环节”。上游环节经济活动的中心是产品，与产品的技术特性紧密相关；下游环节的中心是顾客，成败优劣主要取决于顾客特点。不管是生产性还是服务性行业，企业的基本活动都可以用价值链来表示，但是不同的行业价值的具体构成并不完全相同，同一环节在各行业中的重要性也不同。例如，在农产品行业，由于产品本身相对简单，竞争主要表现为价格竞争，一般较少需要广告营销，对售后服务的要求也不是特别强烈，与之相应，价值链的下游环节对企业经营的整体效应的影响相对次要；而在许多工业机械行业以及其他技术性要求较高的行业，售后服务往往是竞争成败的关键。

（三）战略环节与竞争优势

“价值链”理论的基本观点是，在一个企业众多的“价值活动“中，并不是每一个环节都创造价值。企业所创造的价值，实际上来自企业价值链上的某些特定的价值活动；这些真正创造价值的经营活动，就是企业价值链的“战略环节”。企业在竞争中的优势，尤其是能够长期保持的优势，说到底，是企业在价值链某些特定的战略价值环节上的优势。而行业的垄断优势来自于该行业的某些特定环节的垄断优势，抓住了这些关键环节，也就抓住了整个价值链。这些决定企业经营成败和效益的战略环节可以是产品开发、工艺设计，也可以是市场营销、信息技术，或者认识管理等，视不同的行业而异。在高档时装业，这种战略环节一般是设计能力；在卷烟业，这种战略环节主要是广告宣传和公共关系策略（也就是如何对付各种政府和消费者组织的戒烟努力）；在餐饮业，这种战略环节主要是餐馆地点的选择。虽然如前所述不同行业有不同的价值链，同一环节在各行业的作用也不相同，但是，对于具有较大规模的企业，例如跨国公司则可以通过价值链上的关键环节也就是核心能力在相关行业中进行扩散和移植，从而提高企业尤其是跨国公司的竞争优势。跨国公司在国际营销活动中拥有全球跨行业营销的范围经济效应。这种范围经济效应是跨国公司通过最佳广度（范围）地使用通用型要素和资源而获得的。这种通用型要素可以是通用的生产设备、管理经验、营销技能和研究开发能力。由于在价值链的每一个环节几乎都能发现通用型要素的存在，那么，当两个行业的价值链上的关键环节也就是核心能力需要相同的通用型要素时，跨国公司就将自己在一个行业中的核心能力扩散到另一个相关行业，使得范围经济效应转化为范围经济优势。因此，跨国公司在一个行业的营销沟通活动中获得的先进知识、经验和技能，可以不需要很大的追加投资就能转移到其他相关行业。

价值链在经济活动中是无处不在的，上下游关联的企业与企业之间存在行业价值链，企业内部各业务单元的联系构成了企业的价值链，企业内部各业务单元之间也存在着价值链联结。价值链上的每一项价值活动都会对企业最终能够实现多大的价值造成影响。

波特的“价值链”理论揭示，企业与企业的竞争，不只是某个环节的竞争，而是整个价值链的竞争，而整个价值链的综合竞争力决定企业的竞争力。用波特的话来说：“消费者心目中的价值由一连串企业内部物质与技术上的具体活动与利润所构成，当你和其他企业竞争时，其实是内部多项活动在进行竞争，而不是某一项活动的竞争。”

（四）价值链分析法

价值链思想认为企业的价值增加过程，按照经济和技术的相对独立性，可以分为既相互独立又相互联系的多个价值活动，这些价值活动形成一个独特的价值链。价值活动是企业所从事的物质上和技术上的各项活动，不同企业的价值活动划分与构成不同，价值链也不同。

对制造业来说，价值链的基本活动包括内部后勤、外部后勤、市场营销、服务；辅助活动包括企业基础设施（企业运营中各种保证措施的总称）、人力资源管理、技术开发、采购。每一活动都包括直接创造价值的活动、间接创造价值的活动、质量保证活动三部分。企业内部某一个活动是否创造价值，看它是否提供了后续活动所需要的东西、是否降低了后续活动的成本、是否改善了后续活动的质量。

价值链的含义可以概括为：第一，企业各项活动之间都有密切联系，如原材料供应的计划性、及时性和协调性与企业的生产制造有密切的联系；第二，每项活动都能给企业带来有形或无形的价值，如售后服务这项活动，如果企业密切注意顾客所需或做好售后服务，就可以提高企业的信誉，从而带来无形价值；第三，价值链不仅包括企业内部各链式活动，而且更重要的是，还包括企业外部活动，如与供应商之间的关系，与顾客之间的关系。

每一种最终产品从其最初的原材料投入到达最终的消费者手中，都要经过无数个相互联系的作业环节，这就是作业链。价值链分析法由波特首先提出，它将基本的原材料到最终用户之间的价值链分解成与战略相关的活动，以便理解成本的性质和差异产生的原因，是确定竞争对手成本的工具，也是 SCM 制定本公司竞争策略的基础。我们可以从内部、纵向和横向三个角度展开分析。

1. 内部价值链分析

这是企业进行价值链分析的起点。企业内部可分解为许多单元价值链，商品在企业内部价值链上的转移完成了价值的逐步积累与转移。每个单元链上都要消耗成本并产生价值，而且它们有着广泛的联系，如生产作业和内部后勤的联系、质量控制与售后服务的联系、基本生产与维修活动的联系等。深入分析这些联系可减少那些不增加价值的作业，并通过协调和最优化两种策略的融洽配合，提高运作效率、降低成本，同时也为纵向和横向价值链分析奠定基础。

2. 纵向价值链分析

它反映了企业与供应商、销售商之间的相互依存关系，这为企业增强其竞争优势提供了机会。企业通过分析上游企业的产品或服务特点及其与本企业价值链的其他连接点，往往可以十分显著地影响自身成本，甚至使企业与其上下游共同降低成本，提高这些相关企业的整体竞争优势。例如，施乐公司通过向供应商提供其生产进度表，使供应商能将生产所需的元器件及时运过来，同时降低了双方的库存成本。在对各类联系进行了分析的基础上，企业可求出各作业活动的成本、收入及资产报酬率等，从而看出哪一活动较具竞争力、哪一活动价值较低，由此再决定往其上游或下游并购的策略或将自身价值链中一些价值较低的作业活动出售或实行外包，逐步调整企业在行业价值链中的位置及其范围，从而实现价值链的重构，从根本上改变成本地位，提高企业竞争力。四川峨铁的重组便是个典型的例子。川投集团整体兼并峨铁厂、嘉阳电厂和嘉阳煤矿，重组后占峨铁生产成本 60% 的电价将大幅降低，每年可节约成本几千万元。通过调整，峨铁的产量可以上一个台阶，实现规模经济，又可降低单位固定成本。而对嘉阳电厂和嘉阳煤矿而言，则有了一个稳定的销售市场，其销售费用亦大幅降低。同时川投集团还并购了长钢股份，为峨铁打开了销路。这一重组并购搞活了三家劣势国有企业。

如果从更广阔的视野进行纵向价值链分析，就是产业结构的分析，这对企业进入某一市场时如何选择入口及占有哪些部分，以及在现有市场中外包、并购、整合等策略的制定都有极其重大的指导作用。

3. 横向价值链分析

这是企业确定竞争对手成本的基本工具，也是公司进行战略定位的基础。

比如通过对企业自身各经营环节的成本测算，不同成本额的公司可采用不同的竞争方式，面对成本较高但实力雄厚的竞争对手，可采用低成本策略，扬长避短，争取成本优势，使得规模小、资金实力相对较弱的小公司在主干公司的压力下能够求得生存与发展；而相对于成本较低的竞争对手，可运用差异性战略，注重提高质量，以优质服务吸引顾客，而非盲目地进行价格战，使自身在面临价格低廉的小公司挑战时，仍能立于不败之地，保持自己的竞争优势。

（五）价值链特点分析

价值链分析的基础是价值，各种价值活动构成价值链。价值是买方愿意为企业提供给他们的产品所支付的价格，也是代表着顾客需求满足的实现。价值活动是企业所从事的物质上和技术上的界限分明的各项活动，它们是企业制造对买方有价值的产品的基石。

价值活动可分为两种活动：基本活动和辅助活动。基本活动是涉及产品的物质创造及其销售、转移给买方和售后服务的各种活动。辅助活动是辅助基本活动并通过提供外购投入、技术、人力资源以及各种公司范围的职能以相互支持。

价值链列示了总价值。价值链除包括价值活动外，还包括利润，利润是总价值与从事各种价值活动的总成本之差。

价值链的整体性。企业的价值链体现在更广泛的价值系统中。供应商拥有创造和交付企业价值链所使用的外购输入的价值链（上游价值），许多产品通过渠道价值链（渠道价值）到达买方手中，企业产品最终成为买方价值链的一部分，这些价值链都在影响企业的价值链。因此，获取并保持竞争优势不仅要理解企业自身的价值链，而且也要理解企业价值链所处的价值系统。

价值链的异质性。不同的产业具有不同的价值链。在同一产业，不同的企业的价值链也不同，这反映了他们各自的历史、战略以及实施战略的途径等方面的不同，同时也代表着企业竞争优势的一种潜在来源。

（六）识别价值

识别价值活动要求在技术上和战略上有显著差别的多种活动相互独立。如前所述，价值活动有两类：基本活动和辅助活动。

在每类基本和辅助活动中，都有三种不同类型。

（1）直接活动：涉及直接为买方创造价值的各种活动，例如零部件加工、安装、产品设计、销售、人员招聘等。

（2）间接活动：指那些使直接活动持续进行成为可能的各种活动，如设备维修与管理，工具制造，原材料供应与储存，新产品开发等。

（3）质量保证：指确证其他活动质量的各种活动，例如监督、视察、检测、核对、调整和返工等。

这些活动有着完全不同的经济效果，对竞争优势的确立起着不同的作用，应该加以区分，权衡取舍，以确定核心和非核心活动。

二、全球价值链

（一）全球价值链内涵

联合国工业发展组织指出全球价值链是指为实现商品或服务价值而连接生产、销售、回收处理等过程的全球性跨企业网络组织，涉及从原料采购和运输，半成品和成品的生产和分销，直至最终消费和回收处理的整个过程。包括所有参与者和生产销售等活动的组织及其价值、利润分配，当前散布于全球的处于价值链上的企业进行着从设计、产品开发、生产制造、营销、交货、消费、售后服务、到最后循环利用等各种增值活动。

2001 年，斯特恩（Sturgeon）提出从组织规模（organizational scale）、地理分布（geographicscale）和生产性主体（productive actor）三个维度来界定全球价值链。从组织规模看，全球价值链包括参与了某种产品或服务的生产性活动的全部主体；从地理分布看，全球价值链必须具有全球性；从生产性主体看，有一体化企业（如 HPhillips，原 IBM 等）、零售商（如 HSears，Gap 等）、领导厂商（如戴尔，耐克等）、交钥匙供应商（如 Celestica，Solectronic）和零部件供应商（如英特尔，微软等）。他还对价值链和生产网络的概念进行了区分：价值链主要描述了某种商品或服务从生产到交货、消费和服务的一系列过程，而生产网络强调的是一群相关企业之间关系的本质和程度。

（二）主要内容

全球价值链主要从纵向维度来研究全球经济组织，而全球生产网络则更倾向从纵、横两个维度来研究经济组织。产品越复杂，其生产包括的工序越多，其纵向维度更长；产业越庞大，专业化分工越有可能获得规模经济，其横向维度也会更发达，因而也更有可能形成规模宏大、结构复杂的生产网络。全球生产网络可以被认为是全球价值链发展的高级形式，而全球价值链既可以看作是生产网络的初级形式，也可以理解为是对全球生产网络的抽象和简化。因此，全球价值链治理可看作全球生产网络之治理。

目前对全球价值链的理论研究主要集中在三个方面：一是全球价值链的治理。全球价值链的治理是指价值链的组织结构、权力分配，以及价值链中各经济主体之间的关系协调。目前对全球价值链治理的理论研究主要集中在治理模式方面，虽然 Kaplinsky 和 Morris（2000）借鉴西方社会三权分立的原理提出了一个价值链治理的分析框架，即价值链中立法治理、执行治理和监督治理，其中的部分原理在实证研究中有所体现，但理论上还很不完善和系统。二是全球价值链的升级，主要研究升级的机制、类型和路径等。三是价值链中经济租金的产生和分配，包括进入障碍，经济租金产生的来源（如技术能力、组织能力、技能和营销能力等核心能力），租金的分配等。价值链研究的这三个方面是有机结合在一起的，其中治理居于核心地位，它决定了价值链中的升级和租金的分配。

三、从价值链角度分析供应链对产业布局的影响

基于全球价值链的治理模式的划分，对于研究目前国内比较关注的全球产业转移问题具有重要的意义。对于全球价值链治理模式的研究，始于对企业间关系的研究，一般都遵循从单个产业或产业集群到理论框架的归纳模式，因此早期的研究是从产业集群和生产网络开始的。不同治理模式下产业空间转移进程、结果和供应链模式是显著不同的：

模块型治理模式，各厂商是优势互补的关系，而非控制关系，厂商的市场适应能力较强，投资的专用性程度较低，具有很强的空间转移能力。

关系型治理模式，一般以中小企业为主，凭借信誉、相互信任而聚集，表现出较强的社会同构性、空间临近性、家族和种族性等特征，由于单个经济行为主体规模较小，对市场需求的识别能力较弱，其市场适应能力的强弱是以空间集聚为前提的，相比之下，其空间转移能力较弱。

领导型治理模式，显著特征是众多中小厂商依附于几个大中型厂商，这些大中型厂商对中小型厂商具有很强的监督和控制力，这种依附关系的改变需要较高的变更成本。

四、影响全球价值链治理模式的选择主要因素

首先，是交易的复杂程度，价值链中交易越复杂，各主体之间的交互作用越强。采取的治理模式越倾向于网络型治理模式（模块型、关系型和领导型）和等级制的治理模式。

其次，是交易的标准性，反映的是价值链中信息和知识的可获得性，及其传递效率和交易费用。某些行业的价值链中，关于产品、生产过程等的复杂信息经过编辑标准化处理后便很容易在价值链中传递，如果供应商有能力接受并实施这些标准化的信息，并且这些标准在价值链中被广泛采纳，则采用模块型治理模式；否则，价值链中的主导企业将垄断这些信息，对其他企业实施垂直一体化的控制，采用的是等级制治理模式，或者采取外包战略，但对承包企业实行紧密地监控，采用的是领导型治理模式。

再次，是供应商的竞争水平，接受和实施价值链中的主导企业所传递的复杂信息，要求供应商具有较高的能力。如果供应商的能力较低，主导企业只能实行垂直管理，价值链采用的是等级制治理模式；或者外包，采用领导型治理模式。

尽管全球价值链治理模式有不同，但其本质是世界经济关系不同模式的具体体现，也是市场经济机制在全球配置资源的结果。首先，各国由于历史、文化和经济基础的差异，决定了其整体的全球价值链层次。其次，每个国家的企业由于本身在本产业中的竞争能力差异也决定了其在全球价值链的等级。再次，国际政治的影响力也是一国及其企业在全球价值链等级的重要因素。总之，一国的政治、经济和文化的综合实力决定了其企业在全球价值链中的等级，而这种等级又影响了企业本身的竞争能力。

1990 年，网络学家普维尔（Powell，1990）将生产网络的治理结构分为三种：市场、

网络和层级组织，并从一般基础、交易方式、冲突解决方式、弹性程度、经济体中的委托数量、组织氛围、行为主体的行为选择、相似之处等方面对三种经济组织形式进行了比较。

John Zysman 等（1997）研究了亚洲跨国生产网络的类型和决定因素。他们发现，决定亚洲生产网络类型的是领导厂商的母国治理结构、领导企业的结构和海外生产动机。东道国的工业基础、资源禀赋等比较优势和政府政策对生产网络的影响很小，因为在全球贸易和投资自由化的大环境下，东道国很难控制外国投资的种类和网络主体之间的关系。他们从两个维度区分网络类型：垂直性/水平性，即网络中企业之间合作关系的持久性和力量对比；开放性/封闭性，即网络外企业进入的难度。据此可将亚洲生产网络分为四类：

（1）以日本、韩国为代表的垂直封闭式网络

日本公司的海外机构一般受总部的高度控制以维护总部的权威和核心技术能力，因此其治理结构是层级型的垂直一体化模式。以日企为主导的跨国生产网络一般由领导企业率先将低附加值的生产环节转移到发展中国家，然后日本供应商跟进投资。对东道国当地的采购仅限于附加值低的原材料和简单零部件，技术要求较高的零部件一般由跟进的日本供应商提供或从母国采购。

（2）以美国为代表的垂直开放式网络

供应商有较大的自主权，较高的市场灵活性，海外生产的附加价值较高。领导厂商愿意向东道国供应商提供较多的指导和技术支持以提高供应商的能力，将生产外包，自己则转向附加值更高的产品研发、系统集成和软件等环节。

（3）以中国台湾为代表的水平开放式网络

网络主体之间的关系比较灵活和复杂，经常变更合作伙伴。厂商的专业化程度较高，力量对比不很悬殊。

（4）以海外华人为代表的水平封闭式网络

共同的种族、文化、语言和人际关系为企业间的合作与协调带来了便利，同时也构成了网外企业的进入壁垒。企业之间的关系是平等的。

生产网络的封闭性问题很重要，这是因为与封闭型生产网络相比，开放型生产网络对发展中国家的产业升级更有利，例如，开放型的以美国企业为领导的全球生产网络对发展中国家的产业推动效应更大。而全球生产网络研究的一个重要课题之一就是生产网络对发展中国家经济发展的影响。

格里菲，等（Gereffi 和 Korzeniewicz，1994）在对美国零售业价值链研究的基础上，将价值链分析法与产业组织研究结合起来，提出全球商品链分析法，并区分了两类全球商品链：购买者驱动型和生产者驱动型。购买者驱动型商品链是指大型零售商，经销商和品牌制造商在散布于全球的生产网络（特别是奉行出口导向的发展中国家）的建立和协调中起核心作用的组织形式。购买者驱动型全球商品链是通过非市场的外在调节（explicit coordination）而不是直接的所有权关系建立高能力的供应基地来构建全球生产和分销系统，如沃尔玛、家乐福等大型零售商，耐克、锐步等品牌运营商和伊藤忠商事贸易

代理公司等跨国公司控制的全球生产网络。

生产者驱动型商品链是指大的跨国制造商在生产网络的建立和调节中起核心作用的垂直分工体系。在生产者驱动链中，制造先进产品如飞机等的制造商不仅获得了更高的利润，控制了上游的原料和零部件供应商、下游的分销商和零售商。通过比较生产者驱动型全球商品链中的非市场外部协调和传统的垂直一体化企业的内部协调，格里菲指出了生产者驱动在促进商品链中各国产业共同进步的重要作用。

格里菲的商品链分析方法的意义在于指出了某些类型商品链的驱动力。但是，全球价值链形成的动力机制是多种多样的，首先，有些全球价值链可能是多头驱动甚至购买者和生产者混合驱动的，而不是单头驱动的；其次，政府和大的供应商也可能成为价值链的驱动者，如 PC 产业的 Intel。此外，正如格里菲所指出的，商品链分析法太过简单，没有抓住价值链的主要特征，有许多已有的典型网络组织形式没有被包括进去。因此，这种商品链分析方法在实证研究中已经较少采用。

五、全球价值链治理范式

格里菲（Gereffi，2003）在普维尔与斯特恩等人生产网络理论的基础上，通过抽象，结合价值链理论、交易成本经济学、技术能力与企业学习等理论提出了一个比较严谨、完整的分析框架。他们首先归纳出五种典型的全球价值链治理方式，按照链中主体之间的协调和力量不对称程度从低到高依次排列为：市场，模块型，关系型，领导型和层级制。然后通过企业间交易的复杂程度、用标准化契约来降低交易成本的程度（对交易的标准化能力）和供应商能力三个变量来解释五种价值链治理方式：

市场：通过契约可以降低交易成本，产品比较简单，供应商能力较强，不需要购买者太多投入，且资产的专用性较低时，就会产生市场治理。这时，交易比较简单，双方只要通过价格和契约就可以很好地控制交易的不确定性，不需要太多的协调。

模块型：产品较复杂，供应商的能力较强，其资产专用程度较高，买卖双方的数量虽然有限，但仍有一定的市场灵活性，更换合作伙伴较容易。双方交流的信息量较市场型大、较复杂，但能够通过标准化契约来较好地降低交易成本，因此，需要的协调成本也不高。

关系型：产品复杂导致交易复杂，双方需要交换的信息量大且复杂，供应商的能力较强，领导厂商和供应商之间有很强的互相依赖。但双方可以通过信誉、空间的临近性、家族或种族关系降低交易成本。双方常常可以通过面对面的交流进行协商和交换复杂的信息，需要较多的协调，因此，改变交易伙伴比较困难。

领导型：产品复杂，供应商的能力较低，需要供应商的大量投入和技术支持，供应商为了防止其他供应商竞争，将其资产专用化。供应商对领导厂商的依赖性非常强，很难改变交易对象，成为“俘虏型供应商”。领导厂商通过对供应商高度控制来实现治理，同时通过提供各种支持使供应商愿意保持合作关系。

层级制：产品很复杂，外部交易的成本很高，而供应商的能力很低时，领导厂商不得不采用纵向一体化的企业内治理方式。因为交易可能涉及领导厂商的核心能力如隐性知识、知识产权等，领导厂商无法通过契约来控制机会主义行为，只能采用企业内生产。

此外，格里菲还研究了价值链治理的动态性问题。随着时间的发展，决定价值链治理模式的三个变量将发生变化，价值链的治理模式随之发生变化。这种动态变化在现实中是存在的，如在自行车行业，由于规模经济、标准化和供应商能力的提高使治理方式从层级型转向市场治理；服装行业由于交易复杂程度的降低和供应商能力的增强由领导型发展为关系型；在美国电子产业，分工和专业化的发展使治理方式从层级型（垂直一体化）发展为模块型。

三个变量产生变化的原因主要来自三方面：首先，领导厂商采购要求的提高相对降低了供应商的能力，同时增加了交易的复杂程度；其次，创新和标准化是一对矛盾，创新会降低标准化能力；最后，供应商的能力随时间会发生变化，学习会提高企业能力，引入新供应商竞争、新技术革命和领导厂商采购要求的变化都会影响供应商的相对能力。

格里菲的全球价值链治理范式是目前最严谨的一个，它涵盖了目前发现的多数典型的全球价值链类型，重要的是，格里菲不但研究了每种治理模式的特点，而且引入了更多的经济学分析方法，将特征变量化，具有较好的理论基础。但是，格里菲的范式仍然存在一些问题：第一，该理论中的治理模式仅限于领导厂商和较高级供应商之间的关系，但在具体的行业价值链中，可能包括更多的上游和下游主体；第二，模型中的前两个变量（交易的复杂性和交易的可标准化程度）有很强的相关性，实际上这两个变量都是通过影响交易成本来决定价值链的治理模式，但影响交易成本的重要因素不止这两个；第三，把三个变量简单地划分为高低两个维度可能不够准确，比如模块型中交易的标准化能力高于领导型，但低于市场型；第四，文化禀赋、公司战略、政府政策和国内和国际的制度对价值链的治理有重要的影响，但在格里菲的模型中却没有提及；第五，格里菲的模型没有说明价值链中各个链节（nodes）的区位问题，即为什么不同的链节会分布在不同的地区或国家。

六、基于全球价值链的供应链案例分析

（一）案例一：基于全球价值链的唐山陶瓷产业集群发展研究

唐山陶瓷业产业集群发展现状：唐山地处环渤海湾中心地带，南临渤海，北依燕山，东与秦皇岛市接壤，西与北京天津毗邻，交通发达，境内资源丰富，这些优越的自然条件成就了唐山陶瓷行业的迅猛发展。唐山陶瓷是传统产业所形成的产业集群，现聚集了唐陶集团惠达陶瓷集团、隆达、海格雷等大型陶瓷企业。陶瓷产业是唐山支柱产业之一，唐山市陶瓷工业的产值很大一部分来自于出口创汇。目前，唐山地区大中型陶瓷生产厂出口比例可达到70%～80%，中小企业也接近50%，个别品牌知名度高的则能达到全部出口。唐山陶瓷产业集聚很早，但产业集群却是近年才发展起来的，其发展还存在很多问题。

产品设计环节：唐山市陶瓷企业众多，但占大多数的是资金占有量不大的中小型陶瓷企业。由于资金和精力的限制，研发设计投入费用少，产品设计缺乏特色和个性，产品同质化、仿制严重。仅靠模仿而来的产品，其市场占有率非常之低。唐山市专业设计人才缺失，2004 年北京奥组委曾征集奥运旅游纪念品陶瓷，但是唐山市 200 余家陶瓷生产企业没拿出一个样品，失去了分享奥运经济的机会。

生产环节：唐山陶瓷出口企业大部分实行贴牌生产，唐山出口的上亿元建陶制品大约有 80% 是贴牌生产。我国单件陶瓷产品平均换汇多年徘徊在 0.20 ~ 0.25 美元，唐山陶瓷出口也连续多年维持微利。贴牌生产虽然使唐山陶瓷制品出口量快速增长，在一定程度上促进了唐山陶瓷业的短期发展，但是贴牌生产实质上就是把唐山众多陶瓷厂变成了贴牌商的“加工厂”，企业赚的只是低廉的加工费，高额附加值都被贴牌商拿走了，而贴牌生产的商品又在国际市场上抢占了不少市场份额。

营销与分销环节：唐山陶瓷在外销的营销策略上，通过一些大型的会展来扩大品牌在国际上的影响力，甚至完成订单交易。唐山的大多数企业都会参加每年 11 月的广交会、10 月的外销会和 5 月的上海展会，唐山历年举行的陶瓷博览会也吸引了众多的国内外投资者。

国内分销方式大多都是在全国各地建立自己的经销店，大规模陶瓷企业还会在大城市建立营销中心、体验店、形象店等，例如：惠达陶瓷在 2005 年用 2000 万元改造专卖店，100 平方米以下规模的全部取消，并在郑州建立了 1000 平方米的超大型门店。

对最终用户的支持与服务。唐山多数陶瓷企业在国内还没有较完善的服务体系。近年来，许多知名企业在品牌服务上不断推出新理念和新措施，无一不是创新服务的不息演绎。鹰牌陶瓷首创“家居咨询服务”体系，将传统的售后服务变革为售前服务；东鹏陶瓷全面导入 TCS 服务体系率先在陶瓷企业吹响服务大战的号角。唐山陶瓷若想在国内市场占据一席之地，则必须提升企业服务体系。

基于全球价值链视角的唐山陶瓷产业集群发展研究：

（1）产品设计环节

基于全球价值链理论，产业的各项活动环节并非都能创造价值。若想提升产业在全球价值链中所在环节，则必须在创造价值的环节上进行价值提升。对陶瓷产品来说，出色的设计意味着高额的附加值。

对陶瓷企业来说，设计是企业远离模仿，形成差异，走向创造，创立品牌的重要途径，设计可以创造市场。唐山陶瓷企业要注重引进、培养高端专业性陶瓷设计人员，关注国际市场需求。

若想在国际市场上占据较大的市场份额，已经不能仅靠原材料和制作工艺来赢得胜利，设计已经成为引领人们购买产品的主要因素以及提升产品设计环节价值的主要手段。例如：一款鹰牌智洁釉洁具，由于样式特别售价 4000 元；一款普通釉面的和成洁具，因为弧形造型售价 6740 元，而一款同品牌超洁釉洁具售价才 2200 元。由此看出，款式设计在很大程度上导致了价位的差异。设计是企业创立品牌的重要途径，品牌在产品价值提升上同样有着不可忽视的作用。例如以 TO－TO、科勒、箭牌、美标等为代表的几大卫浴品牌的产品售价往往是一些不知名品牌售价的几倍、个别款型产品甚至更高。

以马桶为例，一些不知名的产品仅标价几百元钱，而知名品牌、进口品牌则往往以千元计乃至上万元。提高陶瓷产品生产水平与档次，开发艺术瓷，研发新瓷种，走工业陶瓷道路，品牌陶瓷之路，是唐山陶瓷发展的关键所在，也是未来唐山陶瓷的发展方向。

（2）生产环节

唐山陶瓷需继续积极地学习、引进国外的先进生产工艺。生产技术的提高、先进设备的引进和使用提高了产品质量，有助于陶瓷产品标准化生产和量的推广。生产率的提高、技术的进步为高档品的研发、生产提供了技术支持。惠达陶瓷集团在20世纪80年代中期还是一家仅有两座倒烟窑的小厂，如今已经成为唐山最大的陶瓷生产企业。进入21世纪后，企业投资4.5亿多元，将原有燃煤隧道改造成了国内断面最大的天然气窑，并建成7个精品厂，使企业高中档陶瓷生产能力达到了800万件，先后获得中国驰名商标、中国名牌、国家免检产品称号，成为建筑卫生陶瓷行业首家同时拥有此3项殊荣的企业。

（3）营销与分销环节

唐山陶瓷业需广泛地开辟营销渠道。农村是个广阔市场，惠农政策使得农民生活水平稳步提高，低端产品已不再是主要消费产品了。开拓这个市场，需深入调查农村陶瓷制品的需求状况，做出具体的营销方案；企业需对销售人员加以培训，培养销售人员的职业道德和团队精神；在销售部门应分配专业设计师，对顾客给予专业的销售建议。

需加强网络营销的推广和使用。互联网的发展为企业提供了广阔的交易平台，虽然唐山个别大企业有自己的网站，但网站质量并不好，产品的图示、价格等信息过于粗糙。

（4）对最终用户的支持与服务

对最终用户的支持和服务很重要：它是保护消费者权益的最后防线，也是保持顾客满意度、忠诚度的有效举措；企业可以从这些服务中得到客户需求的改变和改进产品的信息，有助于企业的产品设计改善和销售量的增加。

对最终用户的支持与服务是对产品的意见和建议进行处理，它对其他创造价值的环节有重要的支持作用。一个企业的服务体系越完善，服务水平越高，则客户反映情况就更好。现今是个网络时代，人们对各种产品和服务的印象都能体现在互联网上，好的产品、好的服务自然让客户身心愉悦，在无形中提高了产品的知名度，拓展了更广阔的市场。

从全球价值链各个价值环节的等级体系来看，任何一个地方产业集群的发展战略只有一个选择，即不断朝着全球价值链的高附加值环节不断攀升。唐山市政府需要加强对其的发展进行引导、规划、支持，利用全球价值链理论对唐山陶瓷产业集群分析，找到提升唐山陶瓷产业竞争力的关键，引导唐山陶瓷产业集群健康、稳定、持续发展。

（二）案例二：基于全球价值链的温州制鞋产业转型与升级

1. 国际制鞋业概况

全球鞋业生产国集中在东亚、欧洲和南美的部分国家和地区，现共有各种制鞋企业3万~4万家，制鞋业及鞋材、鞋机等相关行业从业人员总计近1000万人，亚洲每年鞋产量约 120 亿双，占世界总产量的 70%。目前全球鞋业出口仅有中国大陆及越南维持正向成长，其他地区均面临衰退局面，其中中国大陆出口的鞋产量，约占全球总出口量的 53%。

全球鞋类产品主要消费市场集中在两类地区：一类是经济发达的国家和地区，如美国、欧盟、日本、加拿大等；另一类是人口众多的国家和地区，如中国、印度、巴西、印度尼西亚等。根据英国 SATRA（英国靴鞋业协会）预测，2010 年世界鞋类消费量将达 158.0 亿双；预计 2010 年世界运动休闲鞋的消费总量将达到 24 亿双，市场零售额将突破 100 亿美元。根据国际市场发展趋势来看，随着世界原材料价格普遍上涨，预计到 2010 年世界胶鞋及鞋类的消费零售价会上浮。

全球制鞋业的基本格局为：欧洲（意大利、德国、法国等）是世界高级皮鞋的研发、制造和潮流的引领者，垄断了许多国际知名品牌，其产品附加值高，位居全球价值链高端；亚洲（尤其是中国）仍然是世界制鞋业的加工制造基地，自主品牌缺乏，很多企业做贴牌生产，产品附加值低，处于全球价值链的低端。

据调查，温州现有 4500 多家制鞋企业，与制鞋业相关的鞋机、鞋材、皮革、合成革、皮革化工等企业 2500 多家，从业人员近 40 万，每年产量 10 多亿双，约占全国的 25%、全球的 1/8。2005 年至 2007 年，温州制鞋业总产值、出口值和出口量保持快速增长，受国际金融危机的冲击，2008 年温州鞋产品出口受到一定程度影响，但以内销为主的制鞋企业生产运行状况良好。目前，温州制鞋业已形成了独具特色的发展格局，出现了以康奈、奥康、柒度鸟、木林森、红蜻蜓等为代表的内销为主的企业，以东艺、帝邦、金帝等为代表的外销为主的企业；以康奈、奥康、红蜻蜓、东艺等为代表的男鞋，以爱美高、华峰、奥康等为代表的女鞋；瑞安的赛纳集团和温州汉森为代表的外贸劳保鞋。但从总体上看，温州制鞋业缺乏国际知名品牌，多数企业以贴牌加工为主，在国际市场走低价格路线，在全球价值链中处于低附加值环节。

2. 温州制鞋业存在三大问题

温州制鞋业在快速发展中遇到诸多问题，如土地成本高昂、原材料价格上涨、人才短缺、环境污染、贸易摩擦频繁等。本文主要探讨基于全球价值链的温州制鞋业在品牌、研发和营销等方面存在的问题。

自主品牌相对缺乏。品牌是企业和产品价值的集中体现，也是企业提高市场占有率、提高产品附加值的重要来源。温州目前虽然拥有“康奈”、“奥康”、“红蜻蜓”等一批国内知名品牌，但依然缺乏国际知名品牌，在国际市场上，出口鞋多以贴牌加工为主，价值链中的大部分增值部分被全球采购商获取；温州营销的绝大部分鞋类产品也是面向中低端市场，与意大利、美国品牌相比，利润相差十几倍到几十倍。

研发设计能力不足。在研发设计方面，温州制鞋产业主要存在两方面问题。一方面的问题是人才相对匮乏，尤其是制鞋的设计研发人才和管理人才缺乏。其主要原因有：一是温州中小制鞋企业制度不完善，人才培养不系统、不规范；二是温州城市人居环境欠佳，房价奇高，综合生活成本过高导致大部分专业人才流向宁波、杭州、上海等地；三是行业内存在严重的“挖人”现象，人才队伍建设不稳定，尤其是设计师的流动非常频繁。另一方面的问题是缺乏自主创新。由于难以有效杜绝设计的模仿甚至抄袭，绝大多数温州鞋企都走模仿之路，本地企业很少能独立开发和设计出有创意、高品位的鞋样，国内模仿广州鞋，国际模仿意大利鞋，目前这一问题已经成为温州鞋业自主研发、创自主品牌的重要“瓶颈”。

产业内部竞争过度。温州作为中国鞋业的主要生产基地，制鞋企业高度集聚和产品雷同，产业内部过度竞争的现象非常严重。在国内市场上，温州的中、高档皮鞋销售基本集中在二、三线城市的市场，产品细分不够，直接加剧了制鞋企业在同一层面上的过度竞争；在国际市场上，一些企业为了争抢出口市场，不惜成本竞相杀价，导致国际贸易摩擦事件频繁发生。

3. 温州制鞋业的转型升级

以品牌建设嵌入全球价值链。世界知名跨国鞋企占据了价值链的高端环节，制鞋业的中高端品牌也主要垄断在他们手中。温州制鞋业的升级应注重品牌建设，对于奥康、康奈等国内知名品牌企业，要加强与国外高端营销渠道的合作，突破国际品牌垄断，实现在全球价值链上的提升；通过自主创建或收购国际品牌，摒弃单一的低价竞争手段，为温州本土鞋企打造国际知名品牌奠定基础。

以研发提升产业竞争力。研发能力的强弱决定了企业在全球价值链中的利润空间。温州制鞋企业必须加大研发投入，逐步走向价值链的高端，推动产业不断升级：

（1）加大研发设计人才的培养。企业自身要重视研发设计人才的培养与引进，政府通过政策和资金扶持，设立制鞋生产培训和科研机构，提高整体研发设计水平，缩短与国际水平的差距。

（2）建设联合研发设计中心。推广康奈集团与 SATRA 合作建立鞋类研发设计中心的做法，通过与国外知名制鞋企业合作，设立联合研发设计中心，提升本土企业的研发设计水平。

（3）政府和行业协会要制定出台有关政策和行业标准，保护企业的合法权益，规范企业间的竞争秩序，鼓励创新，引导制鞋业健康持续发展。

以营销网络拓展产业升级空间。目前温州鞋业在国内营销网络建设方面已经形成一定优势，今后要继续拓宽渠道，在全国、全球建立更为密集高效的营销网络。首先，通过互利合作，利用国外企业的销售渠道，嵌入全球价值链的高端环节。如奥康集团与意大利鞋业公司的合作，康奈集团借助海外加盟商开设连锁专卖店的方式。其次，利用虚拟经营模式，主动对接国际供货商、采购商，借力整合外部资源，突破中小企业在资金、设备、技术等方面的瓶颈制约，开拓国际主流市场。最后，抓住国际金融危机带来的“机遇”，鼓励有条件的温州本土鞋企到国外收购拥有良好营销渠道的零售企业或制鞋企业，快速建立起海外分销渠道和网络，拓展温州制鞋产业升级的空间。

第四节　中国发展的驱动力与国家供应链竞争力

一、中国经济进入中速增长阶段

中国作为世界人口最多的大国在改革开放 36 年的时间里人均 GDP 由 1978 年的 154

美元上升到7485美元，由一个低收入国家跨入了上中等收入国家行列；由货物贸易占世界份额不足1%到成为第一货物出口大国；制造业增加值超过美国，成为全球第一制造大国；2014年GDP总量超过10万亿美元，连续5年保持世界第二大经济体的地位（2010年中国GDP总量超过日本，成为仅次于美国的全球第二大经济体）。

纵观工业革命以来各国（经济体）增长史，经济有起飞，就有降落，没有一个国家可以永续保持高速增长。中国作为一个追赶型经济体，在经历高速增长期后，增速已有所回落。未来10年中国经济将由过去年均10%左右的高速增长阶段转而进入6%～8%的中速增长阶段。当前中国经济回落具有混合特征，增长阶段转换已经开启。一是基础设施投资的潜力和空间明显缩小，二是东部发达地区经济增长明显回落，三是地方融资平台、房地产市场风险明显增加。

未来10年，投资率将触顶回落（由接近50%降至40%左右），消费率逐步上升（达到55%左右）超过投资率。中国经济将过渡到以服务经济为主的阶段，农业比重继续下降，投资需求和出口需求增长速度的下滑导致第二产业和服务业的增长速度都有所下降，但第二产业下降幅度更大；消费结构升级促进服务业较快发展，未来10年服务业比重不断上升逐步达到56%左右，如表1-1-3所示。

表1-1-3　　未来20年中国经济总量与社会结构变化趋势

年　份		2010	2020	2030
GDP（亿美元）		5.93	21.4	—
城镇化率（%）		51.3	60	67
经济结构（%）	工业比重	46.7	42	35
	服务业比重	43.2	52	60
	农业比重	10.1	6	5
	投资率	48.1	43	34
	消费率	48.2	55	66
主要工业品产量（亿吨）	钢铁	6.29	10.5	8
	水泥	18.6	20	15

注：根据国务院发展研究中心中长期增长课题组预测。

二、全球制造中心遭遇工业发展瓶颈

（一）全球制造中心在全球范围内转移是历史规律

在经济学领域尚无“全球制造业中心”的明确定义。一般认为“全球制造中心”是指为世界市场大规模提供工业品的生产基地。《经济学人》杂志发表的关于“第三次工业革命”的文章指出第三次工业革命是指以数字化、人工智能化制造与新型材料的应用为标志的工业革命，它直接的表现是工业机器人代替流水线工人，从而引起生产方式的根本改变，其结果将导致直接从事生产的劳动力快速下降，劳动力成本占总成本的比例越来越小，规模生产将不会成为竞争的主要方式，个性化、定制化的生产会更具竞争优势。虽然实现这一愿景所需要的时间还难以判断。这一论断或可以成为美国提倡“制造业回流”和“再工业化”的依据，而对中国目前作为“全球制造业中心”的地位则预示着潜在的威胁，需要我们认真对待。2015 年 1—2 月，老工业基地的辽宁省工业增加值增长率为 -4.5%，先进制造业集聚的上海市也仅为 0.8%，中国作为世界工厂的地位还能保持多久？英国、美国、日本都曾成为过“全球制造业中心”，且前者都是被后者所取代，全球制造业中心转移是历史的客观规律。让我们看一下“全球制造业中心”在国际间转移的历程。

19 世纪初，英国作为工业革命的先驱国在蒸汽机革命的带动下，以其发达的纺织业、采掘业、炼铁业、机器制造业和海运业确立了“全球制造业中心”地位，成为世界各国工业制成品的主要供应者。1820 年，英国在世界贸易总额中所占的比重为 18%，1870 年上升为 22%，其制成品产量占居全世界 40%，铁和煤产量超过全世界 50%，1837 年机器出口总值为 49 万英镑，而到 1866 年就达到 476 万英镑，美国和欧洲大陆工业革命所需要的技术装备基本都是来自英国。英国全球制造业中心的历程延续了 70 年，培育了全方位的优势产业，形成了发达的纺织、冶炼和机器制造业、采掘业和海运业，以及在此基础上形成的服务业。

19 世纪后期到 20 世纪中叶，在电力革命的带动下，美国取代了英国，成为世界工业强国，19 世纪 80 年代，美国制成品上升为世界第一位，1929 年达到了全球制造业 43% 的最高点。在钢铁、汽车、化工、机器设备、飞机制造、电气产品、医药以及军事装备等制造业的各个领域，其生产规模和出口份额都位居世界前列，成为世界工业品出口的重要基地。第二次世界大战后，美国凭借其“全球制造业中心”的地位，成为全球经济霸主，并确立了世界科技创新中心的地位。

第二次世界大战后，日本经济飞速增长，经过 30 年的发展，一跃成为世界第二大经济强国，成为历史上第三个“全球制造业中心”。20 世纪 60—80 年代，日本以“机械振兴法”和“电子振兴法”为推力，从以出口重化工业产品为主导逐步转向以出口附加价值高的机械电子产品为主导，成为机电设备、汽车、家用电器、半导体等技术密集型产品的生产和出口大国。日本经济年均增长高达 9.8%，20 年内制造业生产增长了 10 倍。20 世纪 80 年代中期，日本许多工业制成品的产量都名列世界前三名，在国际市场上具有很强的竞争力和很高的市场占有率，成为世界上家用电器、汽车、船舶和半导体的主要生产国。

20 世纪末，在改革开放的推动下，中国以土地、劳动力和规模经济为主导，形成了新的制造业优势，取代日本成为全球制造业中心。2007 年，中国的高新技术产品出口跃居世界第一位；2008 年，超过德国，成为世界第一大工业制成品出口国。截至 2011 年，中国出口占世界总出口的比重达到 10.4%，其中，电气机械及器材制造业出口的国际市场占有率为 18.49%，占全球第二位；电子及通信设备制造业的国际市场占有率达到 24.31%，已成为电子及通信设备制造业最大的净出口国。家电、皮革、家具、羽绒制品、陶瓷、自行车等产品占国际市场份额达到50%以上。同时，中国也成为全球最大的制造业生产国，产值占19.8%，工业品产量居世界第一位的已有210多种。数字表明中国已处于全球制造业中心的发展阶段。

（二）制造业竞争力分析

1. “中国制造2025”规划提出我国由制造大国向制造强国迈进

到2012年，中国制造业增加值为2.08万亿美元，占全球制造业20%，与美国相当，但却大而不强。主要制约因素是自主创新能力不强，核心技术和关键元器件受制于人；产品质量问题突出；资源利用效率偏低；产业结构不合理，大多数产业尚处于价值链的中低端。

“中国制造2025”规划应对新一轮科技革命和产业变革，立足我国转变经济发展方式实际需要，围绕创新驱动、智能转型、强化基础、绿色发展、人才为本等关键环节，以及先进制造、高端装备等重点领域，提出了加快制造业转型升级、提质增效的重大战略任务和重大政策举措，力争到2025年从制造大国迈入制造强国行列。

2. 制造业竞争力指数分析

2013年全球制造业竞争力指数研究显示，中国在当年及5年后位居首位。从制造业外部发展环境看，我国目前在全球具有一定竞争优势，这从2013年全球制造业竞争力指数研究的结论中可见一斑。但我们要清醒地认识到，我国制造业的资源利用效率、产业结构不合理，生产的产品本身在自主知识产权、品牌、质量、附加值等方面与发达国家的先进制造业仍存在较大差距（见表1-1-4）。

表1-1-4　　2013年全球制造业竞争力指数

当前竞争力			五年后竞争力		
排名	国家/地区	指数评分 10=高 1=低	排名	国家/地区	指数评分 10=高 1=低
1	中国	10	1	中国	10
2	德国	7.98	2	印度	8.49
3	美国	7.84	3	巴西	7.89
4	印度	7.65	4	德国	7.82
5	韩国	7.59	5	美国	7.69
6	中国台湾	7.57	6	韩国	7.63
7	加拿大	7.24	7	中国台湾	7.18
8	巴西	7.13	8	加拿大	6.99
9	新加坡	6.64	9	新加坡	6.64
10	日本	6.6	10	越南	6.5
11	泰国	6.21	11	印度尼西亚	6.49

续 表

当前竞争力			五年后竞争力		
排名	国家/地区	指数评分 10 = 高 1 = 低	排名	国家/地区	指数评分 10 = 高 1 = 低
12	墨西哥	6.17	12	日本	6.46
13	马来西亚	5.94	13	墨西哥	6.38
14	波兰	5.87	14	马来西亚	6.31
15	英国	5.81	15	泰国	6.24
16	澳大利亚	5.75	16	土耳其	5.99
17	印度尼西亚	5.75	17	澳大利亚	5.73
18	越南	5.73	18	波兰	5.69
19	捷克	5.71	19	英国	5.59
20	土耳其	5.61	20	瑞士	5.42
21	瑞典	5.5	21	瑞典	5.39
22	瑞士	5.28	22	捷克	5.23
23	荷兰	5.27	23	俄国	5.04
24	南非	4.92	24	荷兰	4.83
25	法国	4.64	25	南非	4.77
26	阿根廷	4.52	26	阿根廷	4.58
27	比利时	4.5	27	法国	4.02
28	俄国	4.35	28	哥伦比亚	4.01
29	罗马尼亚	4.09	29	罗马尼亚	3.98
30	阿拉伯联合酋长国	3.93	30	比利时	3.63
31	哥伦比亚	3.85	31	西班牙	3.63
32	意大利	3.75	32	阿拉伯联合酋长国	3.58
33	西班牙	3.66	33	沙特阿拉伯	3.46
34	沙特阿拉伯	3.57	34	意大利	3.45
35	葡萄牙	3.39	35	埃及	3.45
36	埃及	3.24	36	爱尔兰	3.03
37	爱尔兰	3.23	37	葡萄牙	2.87
38	希腊	1	38	希腊	1

注：全球制造业竞争力指数研究是美国竞争力委员会与德勤有限公司于2013年共同发起的研究项目，旨在了解首席执行官如何看待全球不同国家制造业的竞争力状况。通过一项全球性首席执行官调查，552名首席执行官和高管给出了回答，并就推动制造业竞争力的关键因素提出了自己的观点。

制造业竞争力指数研究指出中国的一些关键优势：劳动力及原料成本优势、政府大力投资制造行业、完善的供应商网络、科技投资、雇员教育和基础设施建设等。通过深入分析来自世界各地550多名制造业公司首席执行官和高管的调查反馈，报告明确指出制造业的竞争格局正在发生巨大变化。美国、德国和日本等20世纪的制造业中坚力量在维持其竞争优势方面将面临中国等新兴国家的挑战，印度、巴西将在5年后由现在的第四、第八位分别提升到第二、第三位，而德美两国将由现在的第二、第三位变为第四、第五位。同时，越南、印度尼西亚等亚洲边境市场正在崛起。制造商正在将发展的关注重点转向这些边境市场，以获取日益增长的本土消费需求并作为全球供应链的战略制造中心。

3. 制造业竞争力指数研究中驱动因素的不足之处

我们的制造业不仅规模庞大，而且竞争力真的如此强吗？

从该制造业竞争力指数研究的主要影响驱动因数分析可以看出，该指数重视的因素依次是：人才驱动的创新，经济、贸易、金融与税务体系，劳动力与原材料成本及其可获得性，供应商网络，法律法规体系，基础设施建设，能源成本与政策，本地市场吸引力，医疗保健体系，政府对制造业的投资。

这套驱动因素没有考虑制造业发展的其他一些关键因素（如表1－1－5第三列所示），例如制造业的边界与制约因素（比如资源约束、环境承载能力极限），没有考虑各国在制造业发展的阶段性和结构特征（如发达国家制造业产品的品牌优势与自主知识产权优势、信息化发展水平以及各国不同的产业结构），尤其没有考虑影响制造业发展的供应链管理模式。而这些因素恰恰是对中国这个新兴的世界第二大经济体在制造业发展中的重要制约因素。

从该套指标考虑的因素自身来看，我们真正具优势的是第6、第8、第10三项，而在其他因素方面我们离全球最佳还有一段距离。例如，就人才驱动的创新而言，我国还没有真正进入创新驱动阶段，而美、德、日等发达国家已经进入创新驱动阶段几十年；从经济、贸易、金融与税务体系来看，我们的制度建设方面还有许多不足；我们的劳动力成本已经大幅度上升，在人均大宗原材料方面也相对匮乏；我国的社会主义法制体系还很不健全，法制建设还需要不断改革完善；石油、天然气等资源短缺，能源成本没有绝对优势；前些年的医疗改革不甚成功，医疗保健体系仍在深化改革。综合来看，在10项指标中的多数因素我们与发达国家相比还有很多需要努力改善和上升的空间。

表1－1－5　　制造业竞争力指数驱动因素

	美国竞争力委员会与德勤纳入考虑的因素	未纳入对中国制造业发展起重要作用的因素
1	人才驱动的创新	资源约束
2	经济、贸易、金融与税务体系	环境承载力
3	劳动力与原材料的成本与可获得性	产业结构
4	供应商网络	品牌优势
5	法律法规体系	自主知识产权

续 表

	美国竞争力委员会与德勤纳入考虑的因素	未纳入对中国制造业发展起重要作用的因素
6	基础设施建设	信息化
7	能源成本与政策	供应链管理模式
8	本地市场吸引力	
9	医疗保健体系	
10	政府对制造业的投资	

三、新增长阶段、新增长点及改革推动

（一）中国经济由要素驱动向创新驱动转换

世界经济论坛（WEF）将经济增长阶段的划分为五个阶段：要素驱动阶段、要素驱动向效率驱动转换阶段、效率驱动阶段、效率驱动向创新驱动转换阶段、创新驱动阶段（见图1－1－2、表1－1－6）。

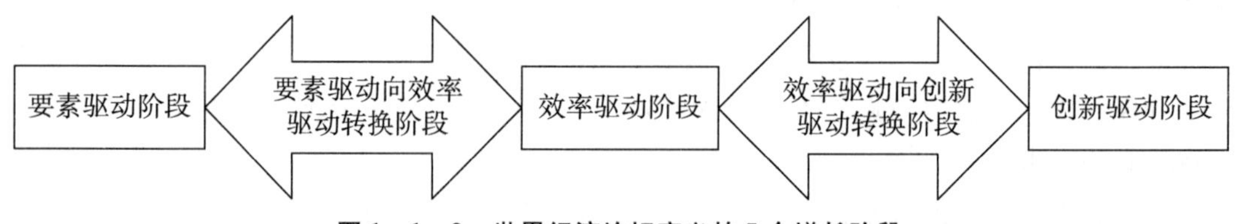

图1－1－2　世界经济论坛定义的5个增长阶段

表1－1－6　　世界经济论坛5个增长阶段划分标准与示例（2006年）

增长阶段	人均GDP		典型国家
	2006年现价美元	国际元	
要素驱动阶段	<2000	<1351	越南、印度
要素驱动向效率驱动转换阶段	2000～2999	1351～2026	埃及、菲律宾
效率驱动阶段	3000～8999	2027～6080	中国、马来西亚、南非
效率驱动向创新驱动转换阶段	9000～17000	6081～11486	巴西、智利、俄罗斯
创新驱动阶段	>17000	>11486	美国、日本、德国

按照以上标准，中国2011年人均GDP水平满足第四个阶段（即效率驱动向创新驱动转换阶段）进入要求。

按照WEF的标准，一个国家人均GDP超过17000美元（2006年现价美元），就进入

了创新驱动阶段。如果以国际元计算，美国、德国、日本和韩国分别在 1962 年、1973 年、1976 年和 1995 年进入创新驱动阶段。这些国家由效率驱动向创新驱动的转换阶段分别经过了 5 ~ 13 年的时间，且越是后发国家所用的时间越短。按照这些先进国家的经验，中国可能在 2016—2020 年间进入创新驱动阶段。

（二）新的经济增长关注点与改革落脚点

以往 30 多年的高增长阶段，主要由农业转向以工业为主的非农产业，一方面农村大量的潜在失业人口提供了就业机会和人口红利，另一方面大大提高了劳动生产率。进入新的增长阶段后，提升效率的重点将转向非农行业内和行业间。国际经验表明，行业内的竞争和重组淘汰低效率企业，能够显著提升生产率。下一阶段，我们将进入工业化、信息化、城镇化和农业现代化同步推进的过程。新增长阶段可能的新增长点有：

（1）基础设施投资。如高铁、地铁、中西部地区的交通设施等，以及伴随一带一路等国际区域合作战略产生的基础设施投资模式出口等。改革的重点可能在以放宽准入、引入外部投资者为突破口，发掘基础设施领域的投资潜力。

（2）城镇化。未来 20 ~ 30 年，中国的城镇化率仍有 20 个以上的百分点增长空间，涉及 2 亿多人口。现有城镇常住人口中，有近 20% 的非户籍人口。城镇化改革将以加快土地、户籍、财税体制改革，提高生产率为突破口。

（3）产业升级。与日本、美国相比，我们的工业增加值率还有 30% ~70% 的提升空间。工业增速放缓后，工业快速扩张期结束，产业内的竞争和重组将加剧，出现并购、重组的高峰期，从而产业集中度将大大提升。我国工业转型升级的四个关键点是自主知识产权、信息化、供应链管理模式、品牌提升与市场开拓（丁俊发）。而农业进入现代化和产业化发展关键期，用地红线将严格控制，推行土地流转、贫瘠土地生态改造、农业技术创新与应用推广，重点调整农产品生产供应销售相关利益分配格局。从国际经验来看，一个国家不可能所有行业都具有全球竞争优势，产业升级最终取决于国际国内市场竞争，将是一个产业内部和产业之间深度融合、提高效率的过程。能在全球范围内有效配置资源的全球供应链系统建设一定是产业界创新、发展的重点领域。

（4）消费升级。收入倍增规划的实施将有助于提升消费比重。中产阶级是拉动消费增长的主要力量，预计 2020 年中产阶级的比重将达到 45%。促进升学、就业、创业等方面的机会均等，提高社会的横向与纵向流动性，调整收入分配结构、完善公共服务、发展消费金融将是改革重点。

（5）创新。技术创新、商业模式创新是创新的两大重点领域。

（6）更大程度、更高质量融入全球分工体系。通过改进贸易和投资活动，提高在全球价值链中的位置，并在某些领域形成新的竞争优势，如与基本建设能力相关的对外贸易、劳务输出和投资等。要谋求更高水平和更高质量地融入全球分工体系。例如，以人民币国际化推动国内金融体系改革；以与有关国家达成自贸区协议和参与区域经济合作为契机，推动国内相关领域特别是服务业领域的改革；利用国际研发、人才等高级生产要素，并使之与国内产业链有机衔接。

四、国外对国家供应链竞争力的研究

国际国内市场竞争推动产业升级、技术创新和供应链绩效提高。国家供应链竞争力的评价是在理论分析的基础上，按照一定的体系对研究对象进行实证分析的实践过程。在这方面，世界银行会同国际运输代理协会等机构对全球150个国家和地区的物流业进行了分析评估，并根据货物清关速度、运费、基础设施质量、货物准时到达率、国内物流业竞争情况等指标进行全球物流业竞争力排名。《世界银行物流债效指数报告2012年》的研究报告表明：从国家贸易角度，物流和供应链可预见性和可靠性将变得比成本还重要，提高连通公司、供货商和消费者的能力（即贸易物流能力）对于各国物流业发展非常重要。该报告提出了一项“物流绩效指数”（LPI）的综合指标，并以此来衡量各国的物流绩效。在英国国际货运协会网站发表的《西欧物流》报告中，对西欧各国物流竞争力进行了详细的评价，评价指标主要是基于市场规模、市场分割、市场份额和外包率等方面。荷兰作为欧洲物流和供应链枢纽，其供应链竞争力在与其竞争对手——西欧的邻国做比较时得到了体现。2007年，荷兰国际物流协会将荷兰的物流节点在不同供应链结构下与国外竞争对手进行了细致的比较。该对比研究着重于成本与质量这两个基本指标的研究。其中成本因素涉及进货运输成本、在途库存持有成本、设备成本、原料处理、监督管理和配送中心雇佣的管理人员劳动力成本、其他区域性配送中心的补给成本、出货运输成本和税收成本。而质量因素包含物理准入性或运输、劳动力质量、劳动法规、运输解决方案的可用性、设施和场所及法规环境和关税等方面。研究结果显示，荷兰无论从质量还是供应链成本上都极具竞争力。

美国每年发布总统的“国家供应链竞争力报告”，世界银行每两年发布“全球供应链绩效指数（LPI）”报告（2014年中国在全球排名第28位），亚太经合组织提出成立“亚太供应链联盟”，推进贸易便利化，不少国家都把供应链战略列为国家安全战略。美国经济学家弗里德曼在《世界是平的》一书中把全球供应链列为把世界夷为平地的十大力量之一。研究历史上世界三次经济危机与三次产业革命，美国就凭其研发基础、金融服务、新技术产业化、合理税收与移民政策等方面的优势，加上超强的全球供应链整合能力，使美国始终走在世界的前列，美国始终把整合全球资源作为国家核心竞争力。

全球供应链绩效指数即LPI是一个国家或一个地区国内物流水平与参与全球供应链能力的国际性指数，由世界银行每两年发布一次，2012年参与的有155个国家和地区，2014年参与的有160个国家与地区。由6个指数构成，每个指数的满分为5分，2012年排名第一为新加坡，2014年排名第一为德国。中国全球供应链绩效指标如表1－1－7所示：

表1－1－7　中国全球供应链绩效指标

绩效指标	2012年	2014年
海关和边境管制机构清关的效率	3.25	3.21
贸易和运输基础设施的质量	3.61	3.67

续　表

绩效指标	2012 年	2014 年
安排具有竞争性价格货运的便利性	3.46	3.50
物流服务的竞争力和质量	3.47	3.46
追踪和追溯货物运输的能力	3.52	3.50
货物运输在既定或预期时间的到货率	3.80	3.87
总分	3.52	3.53
全球排名	26	28

中国的全球供应链绩效指数位于全球的第二梯队，即总分为 3 分以上的 51 个国家和地区的中间，高于所有的金砖国家。

世界银行 2012 年发布的报告指出，以下七个方面值得重视：一是物流的基础设施建设水平，特别是综合运输体系，是供应链绩效指数的基础；二是物流服务水平，核心物流提供商的服务和竞争力，是整个国家供应链绩效的另一半；三是海关和边境手续效率，这涉及交易所用的时间节约；四是物流环境的优劣，包括法制环境、政策环境、政府效率，是否存在腐败性支付等。五是区域贸易便利化和一体化水准，反对贸易保护主义，实现广泛的信息共享；六是供应链发展的可持续性，绿色物流必须提上日程；七是软硬同步发展，经验表明，软硬件干预措施，可以互为补充。

2014 年世界银行发布的报告又指出以下三点：第一，不同的国家都在采取措施提高国家的供应链绩效指数，低收入国家注重基础设施的改善与边境特别是海关管理的改善；中等收入国家注意力主要在改善物流服务特别是专业化物流服务；高收入国家主要关注绿色物流的改善对环境的影响。第二，全球金融危机以来，世界经济格局正在改变，互联网、大数据、新能源等使世界复杂多变，面临新的挑战，供应链绩效成为国家竞争力的重要指标。第三，贸易便利化可以降低交易成本，降低物流成本，提高全球 GDP，WTO 出台的《贸易便利化协定》显得格外重要。

五、中国供应链国家竞争力

（一）以往研究关注点

我国针对供应链竞争力以及绩效的相关研究目前集中于企业领域和相关产业链领域。

国家供应链竞争力的宏观研究目前重点集中在国家物流竞争力的研究上。

王圣云和沈玉芳对我国 1997 年和 2004 年省级区域物流竞争力进行定量评价，分析了我国区域物流竞争态势，划分出我国区域物流竞争力的动态类型，并对我国区域物流竞争力特征进行研究。韩彪通过在生产要素成本、组织成本和要素质量三个方面对深圳和香港物流业的竞争力进行了实证分析。研究表明深圳的要素成本比香港有明显的优势，但是深圳的制度成本比香港要高出很多。在生产要素质量方面，深圳与香港的“硬要素”差距不大，“软要素”差距比较大。深圳中低端物流业务的竞争力正在接近甚至超越香港，将促使原本在香港境内的此类业务向深圳、珠江三角洲等地区转移。宋则与张弘等人提出从物流总规模、对国民经济的贡献、流通效率、流通环境、流通效益、流通组织化程度、流通结构、流通人才素质、流通信息化水平、流通方式、流通资本等方面建立了中国流通现代化评价指标体系，但没有给出各个指标的权重及具体的评价方法。汪波与杨天剑等人提出从物流合理程度、物流子系统效率及服务水平、外部环境三方面建立评价指标体系。

姚建华提出从基础设施水平、产业基础水平、产业竞争潜力、产业经营效率等方面对物流产业竞争力进行测评，其评价体系影响物流产业竞争力的指标体系分解为4个一级指标，11个二级指标，13个三级指标，并对全国31个省、自治区、直辖市物流产业竞争力系数进行计算。所提出的评价指标体系有明显改善，但仍忽略了对区域物流竞争力影响较大的政府管理、制度、信息等指标，而且对所有指标都采用统计数据，没有考虑软指标。

邵万清从物流产业规模、物流产业效益、物流产业结构、物流产业资源、物流产业潜力五大要素，17项具体评价指标对物流产业进行综合评价。但由于物流产业数据的不完整，没有运用该指标体系对我国物流产业发展水平进行实证分析。

（二）国家供应链竞争力研究

陈功玉等曾对国家物流竞争力做出如下概念界定：国家物流竞争力指一国在经济全球化的背景下于国内和国际两个市场中体现出来的现有物流服务能力与未来发展潜力的总和，是一国物流业的市场占有能力和物流生产力水平的集中体现。

本文借鉴以上研究成果，将国家供应链竞争力界定为：国家供应链竞争力是指一国在全球供应链体系中的于国内和国际两个市场中体现出来的现在供应链服务能力与未来发展潜力的总和，是一国供应链组织与管理体系所体现出来的对资源的控制能力和对市场的服务能力的集中体现。

根据上面概念可知，国家供应链竞争力是国家参与国内、国际市场互动的国家能力的一种表现形式。概念中供应链服务能力又表现为服务实力和服务效率两个主要方面。随着国际市场的进一步开放，各国之间长期持续的竞争不可避免，这使得国家供应链竞争力不仅与本国的供应链发展水平有关，而且与国家参与市场竞争的深度及市场互动的激烈程度有关。所以，对国家供应链竞争力的衡量本质上是对该国供应链发展的稳健性和可预见性的一种量化诠释。更进一步地，根据以上的概念界定以及产业竞争力的一般表述，可以从现实和未来两个角度来刻画国家供应链的总体竞争力，而现实竞争力和未来竞争力又可以分别从软实力和硬实力两个方面来描述。整个概念可以用图1－1－3加以说明。

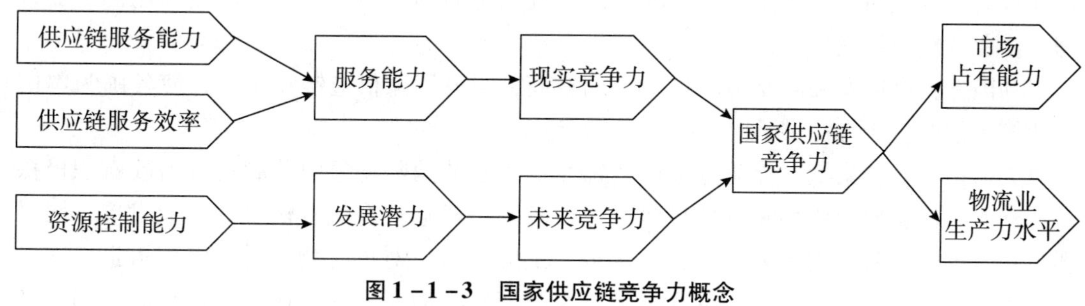

图1－1－3　国家供应链竞争力概念

六、提升国家供应链竞争力的动因

国家供应链竞争力成因与全球供应链环境下各国对于供应链优化与服务能力的追逐有关。全球市场、国家制度、产业转型升级以及企业市场行为等方面是推动供应链发展的原动力。从影响与推动便于供应链发展的宏观、中观与微观三个不同层面可以归纳出如下三大动因：

动因一：全球化的资源、生产与消费的时空分配不均衡，各国需要通过提升供应链竞争力以取得国际市场资源配置的有利地位。

不同国家气候、地理、矿产资源、生物资源位置等方面的差异，使得国家经济发展的起点大相径庭。各国根据自身的资源、资金与人力等的比较优势重点发展不同的产业，这直接形成了社会分工专业化程度的加深，已形成了国际产品供应和消费需求的不对称。全球统一市场中各种原料、产品时空分布的不均衡性以及市场需求的国际化，推动了全球供应链的活跃发展。现代物流与供应链管理一直被人们看成是实现物质资源配置的便捷渠道和最终途径。强有力的运输、仓储、配送能力，高效、协调、敏捷的物流供应链体系是各国在获取并控制资源之后必须从战略上考虑建立的“软环境”。

动因二：全球产业发展不断升级与转移，加强各国相关产业的竞争优势需依赖全球供应链服务能力的迅速提升。

产业竞争是国家竞争的主要战场，随着由资源、资金驱动的竞争发展到由创新、增值驱动的新型竞争，国际产业竞争日益加剧，竞争的广度与深度不断拓展。在这种情况下，产业升级是积极应变的关键。传统生产产业如制造业、采矿业以及加工工业，在技术进步导致总成本下降的同时，采购、运输和仓储成本所占比重却逐年上升。原材料运不进，产品运不出的矛盾时有出现。产品销售渠道的不畅通，物流配送组织的不力，则直接制约了企业客户服务水平的提高。物流不仅从整体最优的角度考虑产品的运输、包装和仓储，而且其目标是提高服务满意度，这将使具有优势的传统产业服务能力得以延伸，价值链也随之得到延伸。总之，传统生产企业的现代化转型依赖现代物流的发展。农业现代化的发展也急需物流业的大力支持。通过建立城乡一体的物流体系、农资配送体系等措施，现代物流在服务于新农村建设的同时，也为农业经济的发展拓展了空间。值得一提的是，随着第三方物流出现，企业物流需求向专业物流市场释放，更多的第一产业和第二产业向第三产业转移。因此，物流竞争力的加强将使三次产业的比例更加合理，产业结构得到优化。

动因三：企业发展需要不断寻求利润空间，提升国家供应链竞争力，使各国为本国企业挖掘新的生产力提供了机会。

如何摆脱资源禀赋、劳动力等自然属性在激烈的国际竞争中获胜是各国政府积极探寻的问题。根据比较优势和竞争优势理论，各国可以选择有比较优势的产业发展，同时通过技术创新、管理创新来获取竞争优势。供应链可以对传统物流进行流程再造，需要对技术和管理方式进行改革，而该领域的改革创新将提高相关产业生产资料的利用水平和劳动者的工作效率，从而释放出更多的生产力。突破现有的利润空间，并将这些潜力转变成综合实力。

影响国家物流竞争力的关键因素分析：

因素一：供应链绩效。

国家物流竞争力在国际市场上的最直观体现就是一个国家的供应链绩效如何。无论该国的物流设施网络资源如何丰富，组织上如何合理，信息技术如何先进，顾客所能感受到的只能是最终的服务。服务效率低下不利于产业的良性发展。

因素二：网络规模。

如果说效率指标带有一定的偶然性，那么供应链网络规模因素则是对国家供应链竞争力基础的客观度量。试想，企业为了向顾客展示其服务水平的高低，可以不计成本地通过挪用、暂借甚至冒用其他部门或者企业的人、财、物等来提高服务效率，从而取得短期的顾客信任并借此拿到价值不菲的订单。而这些表象并不是企业真正实力的体现，一旦遇到资金链断裂、客户需求调整等服务过程中的突然变化，企业却没有实力来适应这些变化。所以，企业自身资源局限和额外成本剧增的长期积累必然会带来服务效率的骤降。一个企业如此，一个国家也是如此。效率与规模的相互制衡是国家供应链竞争力研究必须考虑的问题。

因素三：发展潜力。

从竞争优势理论的观点出发，一国如果想摆脱资源禀赋因素的约束来提高自身竞争力，则需要以更加广阔的视野，通过主观能动性的发挥，在动态发展的竞争中取得优势。波特认为，除了资源要素外，需求要素、产业支持、企业战略、机遇和政府引导等多种因素将会从不同层面对国家整体竞争力产生影响。需求要素、战略以及政治环境等都是国家供应链竞争力产生和发展的基本土壤。这里强调的发展潜力，就是说竞争力的分析和评价不能只停留在现状上，而是考虑各国发挥主观能动性提升服务水平的积极作用。发展潜力因素所覆盖的指标将进一步刻画形成和发展国家供应链竞争力的间接基础。

综上所述，国家物流竞争力的分析和评价可以以三类主要因素为切入点进行全面、立体地剖析。

七、国家供应链竞争力评价指标体系

采用因子分析法对国家供应链竞争力进行综合评价。采用因子分析方法可以帮助人们建立起一个逐步优化，而且客观性较强的综合评价指标体系。这样的综合评价指标体系是由两部分构成，一部分是初步的指标体系，它根据关键因素分析和描述模型的结果，形成以效率、实力与潜力为大类的描述指标系统，每一大类指标系统中又有起主导作用的核心描述指标，其他指标起支持和补充作用。另一部分是在因子分析的基础上，将描述指标体系作科学的内部调整，最大限度地抽取有用信息形成解释性更强的竞争力综合指标体系，同时也能够对各指标进行客观的加权，得到最终的国家供应链竞争力综合得分。两部分是一个有机整体，形成了一个动态化的国家供应链竞争力综合评价指标体系，如表1-1-8所示。

表1-1-8　　国家供应链竞争力大类评价指标体系

<table>
<tr><th>类　别</th><th>评价体系</th><th>描述指标</th><th>相关指标</th></tr>
<tr><td rowspan="25">效率类</td><td rowspan="3">物流成本效率（核心指标）</td><td rowspan="3">物流总成本占GDP比重</td><td>物流总成本</td></tr>
<tr><td>国内生产总值</td></tr>
<tr><td>产业结构</td></tr>
<tr><td rowspan="6">资金效率</td><td rowspan="2">服务贸易的资金效率</td><td>服务贸易进口额</td></tr>
<tr><td>服务贸易出口额</td></tr>
<tr><td rowspan="2">投资回报率</td><td>流动资产总额</td></tr>
<tr><td>流动负债总额</td></tr>
<tr><td rowspan="2">偿债能力</td><td>流动比率</td></tr>
<tr><td>速动比率</td></tr>
<tr><td rowspan="9">设施设备使用效率</td><td>运输设备效率</td><td>运输车辆空驶率</td></tr>
<tr><td rowspan="2">仓储设施设备效率</td><td>仓储设施使用效率</td></tr>
<tr><td>仓储设备使用效率</td></tr>
<tr><td rowspan="2">港口设施设备效率</td><td>港口设施使用效率</td></tr>
<tr><td>港口设备使用效率</td></tr>
<tr><td rowspan="2">铁路设施设备效率</td><td>铁路设施使用效率</td></tr>
<tr><td>铁路设备使用效率</td></tr>
<tr><td rowspan="2">基础设施共享率</td><td>线路公共设施共享率</td></tr>
<tr><td>枢纽节点专业设施共享率</td></tr>
<tr><td rowspan="2">信息资源效率</td><td>信息资源访问率</td><td>物流信息资源日访问量</td></tr>
<tr><td>信息资源共享程度</td><td>物流信息资源共享率</td></tr>
<tr><td rowspan="5">流程运作效率</td><td>仓储运作效率</td><td>库存周期</td></tr>
<tr><td>运输运作效率</td><td>平均运距</td></tr>
<tr><td rowspan="3">进出口通关运作效率</td><td>通关时间期</td></tr>
<tr><td>进口时间期</td></tr>
<tr><td>出口时间期</td></tr>
</table>

续 表

类 别	评价体系	描述指标	相关指标
实力类	物流网络实力	物流网络连通度（核心指标）	网络节点和线路连接程度
	资金实力	资产总额	物流业固定资产总额
		供应链相关物流业投资规模	物流业投资总额
	基础设施实力	通道与枢纽基础设施规模	物流园区数量
			大型港口数量
		通道与枢纽基础设施密度	物流线路里程
			国土面积
	信息设施实力	客户端信息化实力	上网比率
			电话普及率
		服务端信息化实力	大型物流信息平台数量
	从业人员实力	从业人员规模	相关行业物流从业人员总量
			工业企业物流从业人员总量
		从业人员质量	核心行业物流人才比重
			核心行业中高级技术人员比重
潜力类	管理革新潜力	供应链管理水平（核心指标）	原材料供应企业供应链数量
			制造企业供应链数量
			服务企业供应链数量
	需求潜力	产业结构调整空间	产业结构比例
		需求产业资金投入	采矿业资金投入总额
			建筑业资金投入总额
			制造业资金投入总额
			服务业资金投入总额
	供应链科技潜力	技术发展潜力	国家专利数
		科学研究潜力	专业刊物发表数
	人才培养潜力	人才培养规模	物流专业教育招生规模
			物流专业在校生人数
			从业人员在职培训人数
		人才培养容量	相关专业高校数量
			相关职业培训机构数量
	发展环境潜力	政策法规完善程度	相关政策法规数量
		政策法规执行情况	相关政策法规数量
		行业标准化水平	行业标准数量

第五节　国家供应链战略

没有整个国家供应链的准确定位与成功运转，任何链条上的企业都不能持久获得成功。健康有竞争力的国家供应链网体系，不仅关乎产业的竞争优势、关乎链条上各企业的生死存亡，而且影响到相应客户市场的国计民生。

2014 年 12 月 5 日，习近平同志在政治局第 29 次集体学习会上明确指出，中国要“勇于并善于在全球范围内配置资源”，在 2014 年 11 月召开的亚太经合组织第 22 次领导人非正式会议上指出，要打造全球价值链、全球供应链、全球产业链。中国已把供应链提升为国家战略。

一、国家供应链战略定义

国家供应链战略，是指一国对本国供应链发展重大、全局性问题的总体谋划，是国家经济社会发展战略意图在供应链领域的具体化。

国家供应链战略既要考虑供应链绩效的提高与成本的降低，更要考虑供应链相关的价值链网整体效益最大化（即考虑在重点领域占领供应链制高点，同时使国家整体供应链网价值最大化）。国家供应链战略突出前瞻性、全局性、宏观性、指导性与政策性，充分体现国家发展对供应链的要求。

二、制定国家供应链战略对提高国家竞争力的影响

供应链战略对国民经济发展、社会进步、产业结构调整、改善投资环境和提高企业竞争力所具有的巨大作用越来越受到各界的关注。供应链竞争力已经成为衡量一个国家国际竞争力的重要标志。物流产业的繁荣对国家竞争力的提升有着巨大的作用。供应链竞争力对于国家竞争力的影响可从对国家经济实力和国际化竞争力两方面的影响来考虑：

（1）对国家经济实力的影响。国家经济实力主要反映一国宏观经济的总体状况。供应链绩效水平体现一国一、二、三产业的综合水平和能力，是一国经济发展综合实力的晴雨表。21 世纪的市场竞争将从企业之间的竞争上升到更高层次的“扩展的企业”——供应链之间的竞争。著名供应链专家马丁·克里斯多弗曾说：“市场上只有供应链而没有企业”，“真正的竞争不是企业与企业之间的竞争，而是供应链和供应链之间的竞争”。

（2）对国家国际化程度的影响。一国与世界其他各国的联系首先体现在两个环节：一是贸易，二是投资。贸易是产品的流动，投资是资金流动，两者都与供应链息息相关。推进供应链绩效会降低产品的成本，从而提高产品的国际竞争力，促进国际贸易，同时会加强基础设施建设，改善投资环境，提高产业吸引力，吸引国际资金的投入，促进国家的国际化发展。

三、影响国家供应链战略的国际因素分析

在经济全球化和互联网等信息技术迅猛发展的背景下，全球供应链体系在全球范围内不断为社会生产带来惊人的利润，供应链系统能力的高低已经成为经济全球化背景下反映各国综合实力的一个标志。

供应链涉及跨行业、跨部门、跨地区的系统功能链网，随着国际贸易和国际间合作的不断发展，国际环境的变化对全球供应链有着极其重要的影响，总体而言，影响一国供应链的国际因素主要有：

（1）国际贸易活动。经济全球化导致了国际贸易的全面繁荣，也导致了原材料和产品在全球范围的流动。由于各国对于贸易利润的不断追逐，国际贸易中对于原材料和产品的配置效率及流通效率也就有了进一步的要求。在这些要求下，各国开始重视并发展供应链，供应链理念、模式与实践在全球获得了难得的发展契机。

（2）国际经济同盟。目前，全球区域经济一体化进程加快，国际经济同盟在全球范围内得到发展，最大的经济同盟实体是以美洲、欧洲和东亚地区为主的三大自由贸易区。由于贸易区内关税减低或关税壁垒消除等原因，自由贸易区的形成会让经济同盟中的国家获得保护性的发展。由于区域内国家间保护性壁垒的消除，资源得以在区域内得到更好的配置。同时也由于国家间保护性壁垒的降低，商品流通效率得以提高。这些都对促进区域内供应链的发展起到了积极的推动作用。

（3）国际交通区位。国际交通区位对于国家供应链也有着重要的影响，不同的交通区位特点决定了该区域中的国家在国际供应链基础设施链网中的地位及其发展的侧重点。

（4）国际经济制度。国际经济制度的不同直接决定了市场的自由化程度，也影响了资源配置和流通的自由化程度，从而影响到各个国家供应链的绩效。所以，经济制度是国家供应链战略发展至关重要的外界环境之一。

（5）国际金融。商品与物流在价值实现这一环节都离不开资金流，资金链条的断裂必然影响物流运作。每当金融危机来临，物流服务需求应声锐减，各类物流量也随之出现明显的缩水。国际金融的风险转移到供应链领域，将严重影响到全球各国产业的繁荣与安全。2008 年爆发的全球性金融风暴使国际供应链断链。

（6）资源与环境。全球原材料的供给日益匮乏而需求却增长强劲，这有力地拉动了国际市场原油、煤、铁矿石、铜、锌、铝等产品价格持续大幅上扬。资源与环境问题也是世界性的难题，各国在供应链发展中要注重在节能减排、绿色供应链等全球性的产业环境保护运动中得到竞争力提升或者被淘汰。

（7）跨国公司发展。跨国企业的运营不仅涉及国与国之间的贸易、全球范围内的资源配置，而且将大力发展与所在国家的经济联系。全球化与本地化并存的全球战略已使与之相关的国家不由自主地参与到了国际竞争的“角斗场”。本土的供应链企业得到了参与跨国企业供应链的机会，同时伴随着服务跨国企业全球市场，许多国际供应链企业涌入世界各个角落。

(8) 国际性产业转移。在全球性的产业转移浪潮中，发展中国家得到了发展全球供应链的难得机遇。目前，以中国为代表的发展中国家正在由跨国公司的加工组装基地向制造基地转变，而与之密切联系的物流业因而获得了更加强大、稳定的市场需求。反过来，供应链的延长与完善又将有助于这些制造业国家发展成为制造业强国。

供应链的发展会受到来自国际、国内竞争的双重压力和挑战。由于供应链活动与国民经济、社会生活的方方面面深度融合，关系错综复杂，某一国家供应链发展的结果除了起决定作用的本国内部因素外，全球化层面的外部国际环境的影响已经越来越不容忽视。然而，供应链发展运行过程中出现的非效率（竞争力低下）之处总是不能被轻易发现，也直接影响了国际供应链的效率，这一问题已经成为各国管理者、研究者共同关注的焦点。如何识别国家供应链竞争力相关影响因素、构建国家供应链国际（国家）竞争力模型及评价指标体系，运用科学有效的方法进行国际（国家）竞争力评价，是解决这一问题的首要工作。

四、国家供应链战略主要内容

国家供应链战略的制定，需要科学、准确把握国家供应链发展的背景和总体情况、存在的主要问题和矛盾、全球供应链发展形势与趋势以及对本国供应链未来发展方向、目标与任务的预见和谋划。国家供应链发展战略的主要内容应包括：国家供应链发展战略的愿景与目标、国家供应链战略重点、战略实现途径、战略组织与实施、控制与评价、战略实现的支撑保障措施与条件。

五、国家供应链战略制定的原则

（一）服务经济，带动产业

国家供应链战略应从国家社会经济总体战略角度出发，以实现全社会资源的最优配置和经济社会的可持续发展为目标，推动经济产业转型与合理增长、提高产业竞争力、维护国家整体利益。

（二）全球视野，系统设计

国家供应链战略要求站在国家立场上放眼全球供应链体系，审时度势全面分析、谋划本国在全球供应链体系中的地位、优劣势与未来发展态势。同时要统筹兼顾、系统设计并完善总体战略和配套战略，考虑供应链系统的结构优化、合理布局，相关综合运输、财税、贸易、海关、金融、监管等配套，注意供应链系统的内外衔接。

（三）降本增效、永续发展

可持续发展要求减少对资源的浪费和对生态环境的伤害，国家供应链战略要考虑供应链整体成本的逐步降低和系统效率的提高，发展资源节约型、环境友好型的国家供应链系统。在制定国家供应链战略中要结合社会经济发展面临的实际问题，充分考虑人口、环境保护和产业结构、能源结构，重视发展高效节能型的供应链模式与技术。

（四）与时俱进，动态调整

国家供应链战略要具有一定的柔性，能够随着时间的推移、国家政治经济秩序变化、全球供应链体系的变更而做出适时的调整、完善，确保本国长期利益。

六、国家供应链战略制定的工作目标

总体目标：基于经济社会系统现在及未来发展需要，建立并保护全球供应链系统，使货物可以安全及时地在全球范围内运输，保障商业贸易、工农业生产有序运转，在优势产业领域形成全球供应链组织与服务中心，提升国家供应链的国际竞争力与可持续发展能力。

（1）建立具有全球竞争力的国家供应链服务保障体系；

（2）保障国民经济、社会发展和国防需要；

（3）保障供应链安全，尤其是应急保障能力建设；

（4）完善供应链服务体系；

（5）完善和优化基础设施优化布局；

（6）支持并提升供应链服务主体建设；

（7）建立并完善国家骨干供应链信息系统；

（8）推动金融、贸易、海关、监管等服务的功能完善与升级。

七、国家供应链风险管理

市场、资源、技术、成本、政治、经济、外交等诸方面都会给国家供应链带来巨大的风险。这些与国家供应链有关的机遇都伴随着供应链风险水平的提高。尤其是国家供应链跨越国界和各种地理环境，一旦发展突发事件，很可能会出现供应链中断。因此，国家供应链面临极大的挑战。风险因素如图 1－1－4 所示。

构建弹性供应链应对风险。不可预测的风险可能产生巨大的供应逻灾害。解决的方法有：进行供应链再造，投资不同地区的生产缓冲能力以防止可能的中断风险；提高供应链敏捷性，加快对供应商或市场突发事件的感应和应对速度；建立适应性强的供应链，以通过供应链成员的密切合作尽快从灾难中恢复等。弹性供应链有以下优势：

（1）生产转移。支持本土企业走出去在全球建立工厂，同时吸引国外企业集团到本国建立工厂，在全球范围内实现生产转移与协作。弹性供应链的柔性化工厂、富余的生产能力和多个供应商等特性，便于实现生产从一个地区向另一个地区转移，以利用各地区具有的不同优势，如基础设施、汇率、劳动力成本的变化等，进行生产的重新选址，

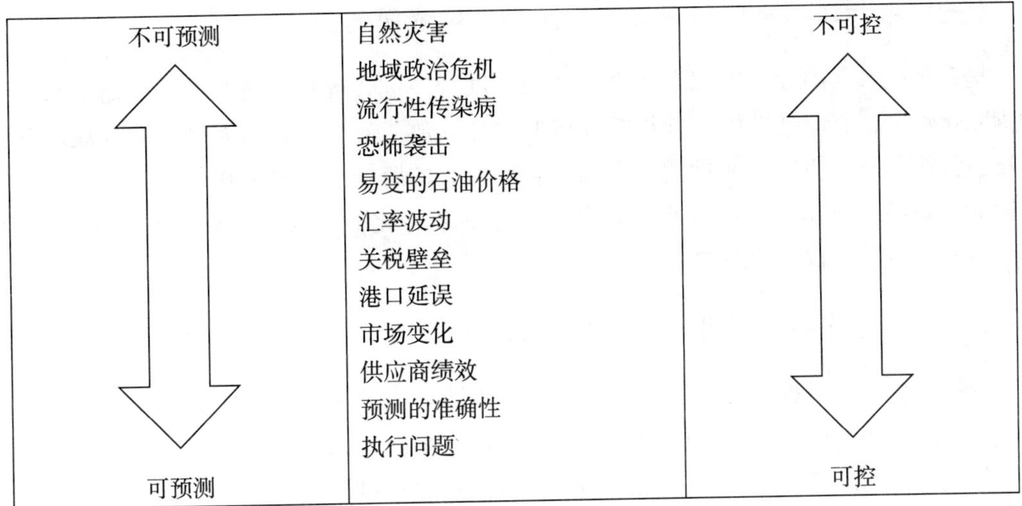

图1-1-4 风险源及其特征

将风险降低。

（2）信息共享。弹性供应链需要建立先进的信息系统，对跨越多个地区与市场的产品设计、采购、生产和订单履行等进行可视化管理。因此，可以通过供应链上下游成员间有关工厂、供应商和库存状态等信息的有效流通与共享，及时预测和快速响应市场变化，防范供应链中断风险。

（3）全球协调。弹性供应链能够形成全球工厂与全球市场。例如工厂分布在世界各地，从而具有市场规避和反击的机制。由于不同的宏观经济条件，在不同时期一些地区的工厂盈利较高，一些则较低，可以规避单个工厂出现巨额亏损的风险。如果竞争对手攻击其中一个工厂，可以调动其他市场的资源进行有效的协作反击。同时，全球市场资源的协调避免了一个区域市场需求的疲软带来的风险。

（4）政治杠杆。在供应链的国际运作中，国家可以通过国际合作等外交手段、关税等对外贸易政策措施，降低国家供应链的风险。

八、中国国家供应链战略关注重点

下一阶段中国国家供应链战略的重心应以提升竞争优势和建立长期稳定的全球供应链体系为主，积极主动参与并调整全球化参与方式。

主动调整供应链全球化参与方式，关键在于确立开放创新理念，更加积极、透明、可预见地融入全球分工进程；以供应链服务水平提升与效率提高为突破口推动贸易结构升级，全面提升配置全球资源的能力和竞争力；在全球供应链公共产品领域和全球供应链治理中发挥积极的建设性作用，承担与中国全球制造中心和第二大经济体相适应的全球供应链建设责任，逐渐形成有中国特色的、开放创新、优势升级、内外协调、互利共赢的全球供应链体系。

（一）增加通过全球供应链建设整合全球资源的能力

提升企业参与国际分工和全球供应链的深度和广度，提高制造服务业与商业服务业的国际化水平，有序推进供应链相关领域的对外开放。支持各种所有制企业开展国际供应链经营业务，加快培育一批竞争力强、影响力大的跨国公司及跨国供应链服务商。加强国际能源供应合作，实现重要战略资源供应的多元化。提高海外利益安全保障能力，加强对海外人员和投资的保护。

（二）有序实施金融开放和人民币区域化

按照“主动、可控、渐进”原则，推进资本账户完全可兑换，增加人民币在重点区域和重要商品的经济经济交往中的应用。有序推动金融市场的对外开放，提高外汇储备投资的安全性和战略效益，维护金融稳定和供应链领域金融安全。

（三）以全球供应链、全球价值链的共赢和发展为出发点，促进多边贸易体系发展，积极推动区域经济一体化、供应链服务一体化

在多边贸易体系中发挥更加积极的作用，推动商品和服务贸易自由化。加快实施自由贸易区战略，大力推动一带一路等区域经济合作。处理好与主要贸易伙伴的经贸关系与供应链联系，深化与新兴市场国家的供应链合作，协同推动沿海、内陆、沿边开放与供应链区域合作。

（四）积极参与全球供应链治理，争取有利的国际环境促进物流、资金流、信息流与商流的融合与一体化发展

按照“开放、公平、包容、可持续”原则，积极参与全球供应链治理及相关标准、规则的修订制定，推动全球供应链治理改革。在全球供应链基础设施与骨干信息平台建设中发挥建设性作用，提升我国官、产、学、研、商各界融入全球化的能力。在维护好自身利益的基础上，与全球供应链各方形成长期的、较为稳定的互利共赢格局。

（五）强化国际供应链组织中心与国际物流中心功能

从维持和提高我国国际竞争力的观点来看，要重点改善和提高大型国际交通枢纽、核心国际港口及大城市圈中心机场、高等级干线公路等网络与节点，畅通国际物流通道，并有效使用信息技术与大数据应用来提高现存设施的管理运营质量和能力，强化国际商流、物流、资金流、信息流汇聚功能。

（六）关注供应链治理模式创新、技术创新

虽然中国创新水平与发达国家的差距在缩小，但在创新效率和成果产业化方面不仅落后于发达国家当前水平，也低于多数发达国家在相同发展阶段的表现，创新对经济增长的促进作用还没有得到充分发挥。要在目前及将来有一定竞争力的产业领域营造公平、

宽松、有序的供应链模式创新、技术创新环境，大力推进新模式示范与应用。

第六节　美国的国家供应链战略

2012年1月23日，美国发布了《全球供应链安全国家战略》（以下简称战略），该战略清楚表达了美国政府的政策即加强全球供应链，保障美国人民的福利和权益以及国家的经济繁荣。战略重点不仅仅是全球交通、邮政网络以及运输途径、资产和可以确保货物从产出到送达最终消费者的基础设施，还有支持通信的设施和系统。战略内容如下：

一、介绍

全球供应链提供食品、医药、能源和产品来支持我们的生活。许多不同的实体负责或者依赖全球供应链，这些实体包括监管机构、执法部门，国营部门、私营企业和其他国内外合作者。全球系统依赖于运输基础设施和路线、信息技术、互联网和能源网络的相互关联。而这种关联性能够促进经济发展，同时存在风险。

美国政府会同国家、地方、州、国际和私营企业的利益相关者共同努力加强全球供应链。

二、战略目标

美国试图建立并保护全球供应链系统，使货物安全可靠并在国内以及世界各地及时运输。我们必须既要保护当前系统的连续性，又要考虑未来的建设和经济发展，增强全球供应链系统，并加快合法的全球贸易往来。

目标1：促进安全高效的货物运输。

促进及时高效的合法贸易的流动同时确保供应链的发展，并减少其薄弱环节的损坏。兼顾安全和效率，美国政府旨在强调安全是高效运行的供应链系统中的一个重要元素。

为实现目标，美国政府将寻求：

（1）提早解决威胁，加速合法贸易流动。通过将安全进程整合到供应链的运营中，确定并且尽早解决致命威胁。

（2）提高验证和检测的能力，识别仿冒的、污染的、未声明的、或被禁止的货物，防止货物在系统中受到损坏或遗失。

（3）加强基础设施和交通工具的安全，通过对货物、基础设施、交通工具和信息实施访问控制，以保护供应链系统及其关键节点。

（4）最大化合法贸易流，供应链基础设施和运营过程的现代化为有效把握市场机遇提供支持，发展新的机制来降低货物运输中的风险，简化贸易程序以及改善激励措施来鼓励提高利益相关者合作。

目标2：形成弹性供应链。

完整的供应链具有快速的优势，又有成本优势，但也容易受到冲击，以至于迅速从局部事件升级为更加广泛的破坏事件。美国力图开发一个全球的供应链系统，它可以预先做好准备，抵御威胁和危害并能很快从破坏中恢复。增强韧性和灵活动态的能力有助于提升国家抵抗冲击的能力，减少人员伤亡并最大限度降低破坏所带来的影响。

为了达到我们的目标，美国政府将力图做到：

（1）降低供应链系统缺陷，在系统遭到破坏之前利用风险管理原则识别并保护关键的资产、基础设施以及支持系统，促进可持续操作流程实现以及资产的合理备份。

（2）促进贸易恢复政策和措施，制定并实施国家和全球指南、标准、政策和程序来确保遭破坏的货物运输过程的可协调恢复。

三、战略方法

达到战略目标的方法由反映价值观、信仰和重要程度的原则所指示与引导。指导原则所定义的方法包括在整个联邦政府中使用的激励措施和有效的风险管理方法，这些将最大限度地降低风险。

本战略主要致力于世界范围内的交通、邮政网络以及运输路径、资产和可以确保货物送达最终消费者的基础设施。本战略的涵盖范围包括了商品的制造、装配、整理、包装、运输、仓储以及相应配套的通信设施和系统。

（一）激励措施

为了能够满足加强全球化供应链的挑战，我们必须提升各级政府、私营企业以及其他关键利益相关者的集体行动力。为了能够达到我们的战略愿景，必须争取：

（1）综合联邦政府努力。通过发现更加有效、经济的方法来处理安全威胁以及最大限度地利用来自美国各地政府的资源和专业知识。通过需求获取、精简过程以及加强信息共享机制来提高联邦政府的积极性和主动性。

（2）形成一个全国化的途径。影响这些在由州、地方、区域政府和私营企业伙伴所扮演的加强供应链的关键角色，授权一些利益相关方来完成各级州政府以及私营企业各项活动之间的衔接过程。这将形成责利共担的意识。

（3）全球化思考。加强与同样担负供应链重任的国外相关部门的合作。国际供应链的重要性超过国家边界问题以及联邦法院管辖等权利，认识到这一点，我们将力图制定并实施全球化标准，加强检测、封锁以及信息共享的能力，提升端到端供应链的安全性，积极与国际社会进行合作。

（二）供应链风险管理

全球供应链永远存在着大量的风险。国家竞争力依赖于供应链中物理设施的风险管理，同时确保货物、能源、人员以及信息从一个地方到另一个地方的运输。为了管理这些风险，应该力争做到以下几点：

（1）了解并处理来自供应链的缺陷。这些缺陷是在系统的使用中引进了有害产品，原材料或者是由一些国际的攻击、事故、意外以及自然灾害所引起的。我们必须努力致力于解决那些会给美国人民带来巨大伤害以及供应链系统带来重大隐患的风险。

（2）使用多层防御体系。保护自己免受各种不同种类的威胁。多层化防御体系应该包括：情报和信息的分析，技术的合理应用，相关的政策法规，受到正规训练的工作人员以及高效的合作伙伴。

（3）调整安全现状。预防进一步威胁。制订一个动态的灵活的风险管理方案，优先解决有着最大潜在影响的风险，方案同时必须能够根据新增威胁的影响程度来改变当前风险解决的优先次序，以实现动态性。

四、发展方向

本战略在它发布之后将会立即实施。近期对于该战略的发展，我们将优先致力于以下领域：

（1）综合美国各联邦政府的努力实现本战略的目标。

（2）完善对全球供应链风险的评估，改善对供应链威胁的认识。

（3）技术预研、开发、测试和评估，旨在保障货物空运、陆运、海运的安全性。

（4）确定基础设施项目，促进关键设施实践的研发。

（5）寻求机会把全球供应链的弹性目标融入联邦基础设施投资和评估中。

（6）由联邦部门和机构对本战略的实施进行必要的立法。

（7）与产业界以及外国政府共同开发一套定制的解决方案来尽快满足特定供应链的合法贸易进程，此举措被认为是低风险的。

（8）综合联邦机构所信任商人的交易需求，考虑标准化的程序、强化的信息共享协议以及由联邦管理实施安全审计的机制。

除了以上所讨论的领域之外，联邦政府同样会积极采纳来自国内外合作伙伴的建议和意见。美国已经建立了一个正规的途径来吸收国际供应链利益相关者的反馈。各界的建议和意见将会对本战略的实现有巨大帮助。特别的，美国将着重采纳来自在关键基础设施合作伙伴顾问委员会（CIPAC）之下的跨区域供应链工作组的企业，州、地方、区域伙伴的建议和意见。我们同样会征求来自国外政府以及感兴趣的国际组织的建议。

各部门机构由国土安全和反恐部门（Homeland Security and Counterterrorism）协助总统领导，在本战略发布后的一年内形成一个统一的实施情况报告。这个报告将会涵盖上述所提到的每个方面的细节，并且会涵盖未来实施步骤的行动准则。

五、结论

全球供应链系统将会极大地提升国内以及周边地区货物快速、安全、可信赖的运输。本战略告知所有伙伴以及警告所有敌人，美国对于关键系统建设的努力仍将继续。美国将会继续保护昨日努力所带来的基础，并建设未来。全球供应链系统将会极大地提升国内以及周边地区货物快速、安全、可信赖的运输。本战略是一种继续也是一种改变。全球供应链会遭到来自恐怖分子的攻击以及自然灾害的威胁。而美国的人民以及国家的安全是极为重要的，我们必须努力工作，继续向全世界开放贸易来促进美国未来的经济增长和国际竞争力的增加。

第二章　产业供应链战略

第一节　产业与国民经济发展

一、产业与产业供应链

一般来讲，产业是指国民经济中生产相同或相近产品的生产单位的总称。可以理解为由利益相互联系的、具有不同分工的、由各个相关行业所组成的业态总称，尽管它们的经营方式、经营形态、企业模式和流通环节有所不同，但是，它们的经营对象和经营范围是围绕着共同产品而展开的，并且可以在构成业态的各个行业内部完成各自的循环。

产业不是孤立的，产业内部和产业之间有着千丝万缕的联系，往往用产业供应链来表达产业内与产业间供需关系。具体来讲，产业供应链是指经济布局和组织中，产业内部、不同地区、不同产业之间或相关联行业之间构成的具有链条绞合能力的经济组织关系。一般来说，任何一个产业内的各个部门以及关联产业间的各个部门都具有供给者和需求者的双重身份，通过供应链相互联系、相互依存、相互影响，从而形成产业内部及产业之间有序的、协同的供需网链状关系。

从产业内部来看，产业内供需关系体现为垂直分工划分的产业上、中、下游关系，从产业之间来看，产业间供需关系体现为横向协作关系，即相关产业的服务与配套。从维度角度分析，产业供应链的长度是产业核心产品加工深度的体现。供应链越长，表明加工深度越深，产品延伸越好，附加价值越高。产业供应链的宽度则是产业核心环节协作程度的体现。供应链越宽，表明协作程度越高，产业整体规模越大，协作效应越明显。从功能角度分析，产业供应链有机地实现了企业内部、企业之间核心竞争力的整合以及产业内外部供应链的整合。通过这种整合将产业内的企业、同质企业集群以及产业间的相关企业形成一个集成性关联系统，实现产业各要素、功能、环节以及各企业组织之间的有机联系和高效协作，在产业的范围内实现资源、流程的优化以及功能、组织上的重组，从而可以产生单个企业甚至单个产业所不能实现的集成式规模经济效益以及协同价值效益。因此，产业供应链的目的在于在产业内及与关联产业之间，通过资源整合，降低各种业务运作成本、交易成本，杜绝无效资源内耗以及低效、重复使用现象，形成产业强大的聚集效应和竞争优势，有利于产业的结构调整和转型升级。

二、产业结构与国民经济发展

产业结构对国民经济的增长有着至关重要的作用。一个国家的产业结构合理程度，很大程度上决定了这个国家国民经济所能达到的高度。而产业结构的合理程度，一定是和本国的自然禀赋、人口状况、科技水平等比较优势紧密相连的。产业结构相对较合理的国家，经济就会健康快速的增长，而产业结构不尽合理的国家，经济增长就会受到很大的制约。

关于产业结构和国民经济发展之间关系的代表性论述主要是库兹涅茨产业结构演进规律和钱纳里工业化阶段理论。库兹涅茨产业结构演进规律指出：随着经济的增长，第一产业总产值占整个国民经济总产值的比重将不断下降，同时第一产业就业人数占全部劳动力的比重也随着下降，即农业在国民经济的作用越来越低。第二产业在国民经济中的比重随着经济的增长而不断上升，但第二产业就业比重基本保持不变或小幅度上升，表明工业对国民经济的作用越来越大。第三产业总产值占国内生产总值的比重随着经济的增长有上升趋势，却不是始终如一的上升，而第三产业的就业比重却一直保持上升趋势。钱纳里工业化阶段理论认为：随着人均国民收入的提高，产业结构呈现规律性变化，即工业在国民经济中的作用越来越大（即工业总产值占国民经济总产值的比重不断上升），农业所占的比重不断下降，第三产业的份额呈现缓慢上升。

因此，按照库兹涅茨产业结构演进规律和钱纳里工业化阶段理论，无论是发达国家还是发展中国家，其产业结构的演进都是有一定规律的。从纵向比较上来说，这种规律主要体现在第一产业、第二产业和第三产业的比重变化上。随着国民经济的发展和生产力水平的不断提高，第二产业、第三产业将会占据越来越大的比重，经济总量的增长主要依靠第二产业、第三产业的拉动。反过来讲，产业结构的变动，会对国民经济的增长产生显著而深远的影响。与单纯的经济增长不同，产业结构的变动，还会对国民经济发展的质量产生直接的影响。产业结构的不断优化，会提高人类开发和利用资源的合理化程度，使得国民经济增长动力持久而强劲。

中国在改革开放后，产业结构也经历着不断的演进。30 多年来，中国第一产业的比重在不断下降，让位于第二产业和第三产业。第一产业比重从改革开放初期的 30% 左右下降到目前的 10% 左右。工业化程度不断加深，第二产业逐步上升至 42% ~50%。第三产业也有较快发展，2014 年占整个经济比重达到了 48.2%。虽然经历了类似于发达国家的产业结构不断演进，但是中国的产业结构还存在着一定问题。如第一产业、第二产业比重仍然过高、第三产业内部房地产比重过高、除房地产之外的金融业、信息产业、文化产业等第三产业均与发达国家存在巨大差距。

此外，除了通过三次产业分类法，分析第一产业、第二产业、第三产业与国民经济发展关系，还可以通过基础产业、新兴产业和战略性产业分析与国民经济发展关系。

（一）基础产业与国民经济发展

基础产业是指构成国民经济各类生产活动以及居民生活的一般基础的部门，在国民经济发展中处于基础地位，对其他产业的发展起着制约和决定作用，是决定其他产业发展水平的产业群。如农业，制造业，重工业，能源，交通业，轻工业，运输业，建筑业，服务业等基础产业。在经济性质上，基础产业多属于自然垄断行业，一般包括供水、电力、煤气、热力供应、电信、邮政、铁路、航空、城市公交等行业。基础产业一般具有三个基本特征，一是具有比较明显的规模经济、范围经济效应，平均成本是产量的递减函数或至少在一定的产量下具有成本的弱增性，这意味着基础产业产品和服务提供者的数量不宜过多；二是投资的专用性和沉淀性，资金一旦投入就很难收回，也难以改为他用；三是提供的多是公众所需要的基本产品和服务，具有一定程度的公益性和外部性，要求厂商为社会提供普遍服务。

基础产业是国之根本，是支撑社会经济运行的基础，它决定和反映着国民经济活动的发展方向与运行速度。就我国而言，像能源、交通、运输、原材料这样的基础产业，就占我国国有资产总量的70%。因此，一个国家的基础产业越发达，其国民经济的发展后劲越足，国民经济的运行就越有效，人民的生活就越便利，生活质量也越高。因此，一国要使其国民经济保持长期、快速、协调和有效的发展，就必须首先发展其基础产业。

基础产业是国民经济的基础，在国民经济产业链中居于"上游"环节，为其他部门或产业提供条件和机会，在国民经济体系中处于重要地位。基础产业的产品通常要成为后续产业部门加工、再加工及生产过程中缺一不可的投入品或消耗品。如电信、电力、铁路等行业都是国民经济命脉行业，满足了其他产业发展的需求。除了重要的基础性之外，基础产业还有一定的公益性，其主要体现在基础产业所提供的产品和服务具有必需性和普遍服务的特点。随着社会经济的不断发展，尤其是工业化、现代化和城市化进程的推进，基础产业提供的产品和服务已经成为人们日常生活乃至维持生存不可或缺的必需品。

（二）新兴产业与国民经济发展

新兴产业是指相对传统产业而言，随着新兴技术应用而出现的、正处于初创期或成长期的、具有良好市场前景并代表产业未来发展方向的产业部门。新兴产业承担了新的社会生产职能，代表新的产业结构转换方向，也代表了新的科学技术产业化的水平，通常具有高智能、高投入、高风险、高回报等特征。目前世界上的新兴产业主要指电子、信息、生物、新材料、新能源、海洋、空间等伴随新技术的出现而产生和发展起来的一系列产业。新兴产业是动态概念，即某产业可能在某一时间段内（如几年或十几年）属于新兴产业，但当该产业应用的技术进入成熟期，预计未来不会再出现大的突破后，则该产业就不再属于新兴产业范畴了。

新兴产业往往具有潜在而庞大市场规模、增长速度快、带动效应强等特点，对国民经济的发展具有重要作用。现在的新兴产业随着产业生命周期的变化，可能会变成未来的主导产业和支柱产业，将在未来引领一国或者地区经济的发展和增长。新兴产业能针对各国或地区不同的特点，发挥其比较优势，新兴产业的发展能够促进国际分工、扩大就业、提高产业的国际竞争力。发达国家历来十分重视新兴产业的发展，比如美国具有众多的风险基金和创新基金。因为如果哪个国家能抓住未来技术发展的方向，并商业化形成新兴产业的话，将在未来竞争中处于有利地位，就可以站在该行业的制高点，制定相应的行业标准。而且现在的主导产业也是由原来的新兴产业发展而来，通过历史经验可以看出，谁在新兴产业领域取得重大突破，谁就会在未来发展中处于优势地位。而对于发展中国家来说，以往的产业已经落后于发达国家。如果能在新兴产业领域占有优势的话，将大大缩短与发达国家的差距，同时也为发展中国家赶超发达国家提供了机会。

就我国而言，新兴产业的发展对我国发展有着十分重要的作用。第一，新兴产业市场空间巨大，是拉动中国经济增长、促进产业升级和扩大就业的重要引擎。第二，发展新兴产业，是增强自主创新能力、抢占科技制高点的重要契机。第三，发展新兴产业，是转变经济发展方式、实现内生增长、集约式发展的重要途径。第四，发展新兴产业，是改善人民生活水平、提高生产力的重要选择。如果我国掌握了新兴产业的核心技术和自主知识产权，形成支撑产业长远发展的标准体系，推动龙头企业发展，就会提高我国新兴产业国际竞争力，以及我国经济的整体竞争力。

（三）战略性产业与国民经济发展

战略产业是实现国家产业结构调整、优化升级，对国民经济发展具有重要意义的产业或产业群。战略产业是一个相对的概念，随着社会经济科技等的发展，某些产业会发展成为战略产业，某些战略产业也会失去其战略意义而退出战略产业系统。

发展国家战略性产业的目的是满足国家战略需求，实现和维护国家利益，在国家战略性产业的发展过程中，通过国家、产业、企业三个层面主体对于产业竞争力的培育提升，使得国家战略性产业不断获得竞争优势。国家战略性产业是能够有效满足国家在其生存发展过程中形成的国家战略需求的产业，是实现经济持续增长和产业结构高度化的领航产业，具有广阔的市场前景和科技进步能力，关系到国家的经济命脉和国家安全，对提升国家综合国力具有重大作用。

战略性产业在国民经济发展中具有较高的产业地位，即战略性产业的成长对国民经济增长的贡献率要达到较高的水平，这就要求战略性产业具有和其他产业较强的产业关联效应，能有效地带动其他相关产业的发展，使战略性产业本身产出高效增加的同时，还能带动其他产业共同创造就业机会、提高社会消费水平、改善国家贸易条件、提升产业高度，从而使国家总体经济实力得以增强。

战略性产业在成长过程中要具有长期的经济效益，这种经济效益是指规模经济性的不断增加，也就是说战略性产业在成长过程中要具有产品单位成本递减效应，即随着时间的经济效果和动态规模经济性的作用，使该产业的长期平均费用曲线向下倾斜；使该产业经过一段时间保护和扶植之后，可以使其产业竞争力不断增强，最终成长为具有国际产业竞争优势的产业。而且，战略性产业的长期经济性还要求在其成长过程中，在不断向具有比较优势的产业转换的基础上，使在保护和扶植期内导致的社会福利损失能由未来的社会福利增加所补偿。

2014 年 9 月 12 日，国务院发布了《物流业发展中长期规划（2014—2020 年）》，明确物流业是“基础性、战略性产业”。把物流业提升到战略性产业，其原因主要是物流业在现阶段对于推进产业结构升级、转变发展方式、提高国民经济竞争力和建设生态文明具有重要意义。

三、产业供应链与经济结构转型

在产业供应链中，产业内部和产业之间的经济组织关系并不是一成不变的，产业之间的界限也不是固定的，当原来互相独立的产业相互渗透，产业边界逐渐模糊或消失时，产业融合就出现了，产业融合后又形成了新的产业供应链。

产业融合的发展对经济结构的影响非常显著，产业融合通过技术创新、业务创新、降低企业生产成本与提高生产效率等途径对产业结构、要素结构、需求结构、区域经济结构等经济结构产生重要的影响，有利于促进经济结构转型。产业融合主要通过技术创新、形成新型竞争关系、降低成本和提高效率从而促进经济结构转型，因此，产业融合对经济结构转型最主要集中于对产业结构的影响。一是产业融合将直接推进传统产业的改造升级，促进产业结构转型。产业融合导致现代产业对传统产业改造升级，提升其生产效率或提升其产品质量以及竞争力等，促进传统产业的优化与升级，进而推动产业结构转型。二是产业融合促进新型产业的形成与发展，促进产业结构高级化。产业融合导致一大批新兴产业的发展，促进了传统产业的优化升级。如信息技术与服务业的融合而形成了一个新兴产业——信息服务业，随着产业融合的不断深化，信息服务业不断催生出新兴产业，如信息技术与其他高新技术产业如生物、航空、汽车工业、海洋等相关产业的融合，产生了新兴的生物信息产业、航空电子信息产业、汽车电子产业以及海洋信息产业等边缘产业，创造出了新的产业门类及新的需求，进而促进经济结构升级。三是产业融合导致产业边界的模糊或消失，改变了企业或产业间竞争与合作关系，成为促进产业结构转型的内在驱动力。产业融合有利于促进互补技术的相关企业通过合作，利用共有资源进行技术创新，减少研发费用，进而降低企业的生产成本与交易成本，提升企业的竞争力。同时，产业融合导致原本不同的市场的产品或不具有替代性的产品市场成为了相互替代关系，从而使原本不具备竞争关系的两个企业或产业被动地处于竞争关系当中，在这种竞争压力下，企业不得不采用相应的行动来提升自身产品的竞争力，如提高产品质量或改善企业管理水平节约劳动力，或采用新技术提升生产率，促进产品生产成本或销售成本的下降。

从空间范畴看，国民经济是由许多产业构成的有机整体。每个产业都有其自身的发展规律，产业内部即组成产业的各个部分之间是相互联系和影响的。同时各个产业之间也相互作用和影响。产业之间只有联系的强弱、繁简之分，没有绝对不联系的。产业供应链反映了产业内部和产业间的这种关联关系，并且具有整体性、层次性、兼容性、开放性特点。从时间范畴看，产业供应链是一个发展变化的过程。首先，产业是一个由低级向高级发展的过程。其次，产业间不断演进的总体上升趋势是既定的，但不同条件下的演进速度是不同的。最后，产业融合、产业升级的过程是产业内部矛盾运动形成的替代过程。产业供应链的发展促进产业融合和产业结构升级。产业融合对促进传统产业创新、催生新兴产业、推进制造业与服务业融合发展、大力发展现代服务业均具有重要的指导意义。产业融合这一种新型创新模式必然极大地扩散渗透效应，推动产业结构的转换与升级，从而推进经济结构转型。

改革开放30多年来，中国经济以平均每年接近10%的增长速度快速发展，创造了世界经济史上的奇迹。然而，天下没有免费的午餐，当我们享有快速经济发展带来的工业化与城市化进程的成果时，也付出了极大的代价。这种依靠能源与资本的高投入，并导致了严重的不平衡和对资源环境的过度消耗的传统工业发展道路是不可持续的。所以，必须实现经济增长方式与发展方式的转变，而经济增长方式与发展方式的转变其主要内容是经济结构转型。产业融合作为一种新兴经济活动，其能有效地促进技术创新、形成新型竞争关系、降低成本及提高效率，从而促进经济结构转型。主要可通过提高现代服务业与制造业的融合度、加快高新技术产业与传统产业融合步伐、以信息化带动工业化等手段加快经济结构转型升级。

在2012年7月9日国务院发布的《“十二五”国家战略性新兴产业发展规划》中明确提出了我国发展战略性新兴产业的指导思想，将新兴产业和战略性产业进行产业融合，将节能环保、新一代信息技术、生物、高端装备制造、新能源、新材料、新能源汽车等七大行业作为我国的战略性新兴产业。通过推动战略性新兴产业快速健康发展，抢占经济科技竞争制高点，促进产业结构升级和经济结构转型，实现经济可持续发展。

第二节　微笑曲线与产业供应链

一、企业产品微笑曲线

迈克尔·波特认为，企业价值的创造是一系列活动的有机过程，如设计、生产、销售、交货以及与产品生产有关的各种辅助活动等，因而可通过对这些环节所创造的价值进行分析和评价，发现价值驱动因素，从而进行有效的价值管理。基于迈克尔·波特的价值链理论，1992年台湾宏碁公司总裁施振荣先生根据他多年从事IT产业的经验，提出了“微笑曲线”，即在IT产品其价值链上的附加值呈U形（如图1-2-1所示）。施振荣先生认为当前制造业产生的利润很低，全球制造业已供过于求，因此企业或产业未来应朝微笑曲线附加值高的两端发展，也就是加强研发和加强以客户为导向的销售流通服务。

从微观层面看，企业产品的创造过程大致包括产品研发、原材料采购、制造装配、品牌营销、批发零售等不同阶段或环节。由于企业处于专业化生产的不同生产环节，从而在获益能力方面存在着巨大差异：位于微笑曲线低端的加工、组装和制造等环节属于获利低位，而在“微笑曲线”两端的研发、技术、专利、网络、营销、品牌、服务等环节属于获利高位。处在微笑曲线低端的制造企业价值创造能力低并不是因为生产能力弱，而是因为对利益分配的控制能力弱。在经济全球化进程中，企业组织的竞争力和收益能力越来越取决于产品设计、技术研发、品牌营销、渠道网络建设、物流与供应链管理等水平。

“微笑曲线”理论的提出，实质上是企业发展的一种策略方向，属于微观层面的东西。具体而言，在产品附加值增值观念的引导下，企业只有将附加值更高的生产区段和

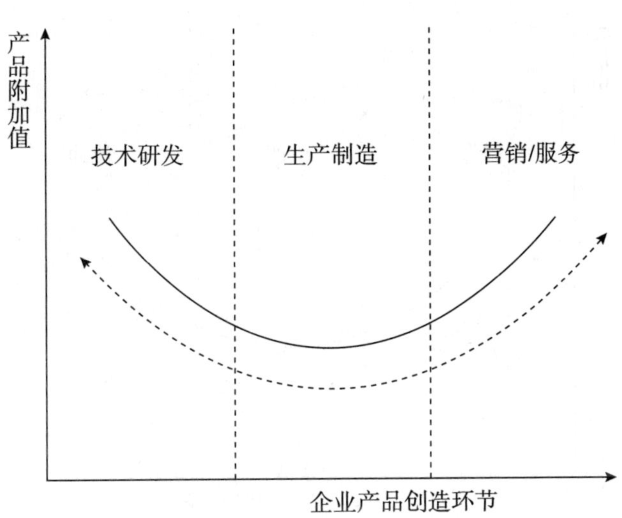

图1－2－1　基于企业产品创造环节附加值的微笑曲线

环节作为目标定位，并不断向其攀升和转移，才能实现持续发展与永续经营。在市场经济条件下，一方面，沿着“微笑曲线”向技术研发和营销服务两端攀升追求更高的附加值，更多地应该是企业的自发自主行为，或者说是在公平有效的竞争环境下的市场规律使然；另一方面，虽然“微笑曲线”高端具有更高的获益能力，但由于投入的要素总量尤其是劳动要素总量相对较少，因此，生产过程中所有要素收益的累计总量不一定就最高；而“微笑曲线”低端虽然获益能力相对较低，但由于投入的要素总量尤其是劳动要素总量规模相对较大，因此，生产过程中所有要素收益的累计总量不一定就低，况且低端生产能够极大地拉动低技能劳动者的就业。

二、产业供应链微笑曲线

随着分工的深化，一个企业或经济组织难以“一体化”地创造价值，而只能专业化于价值链的某一个环节；一个产业也难以“一体化”地创造价值，而只能专业化于其产业本身；一个国家也难以“一体化”地创造价值，而只能专业化于价值链的某一环节。由此，国际分工的深化产生了全球产业链。在全球产业链中，价值创造活动不再局限于微观的企业组织，而是扩展至整个产业链上的所有参与者，整个产业链条的附加价值是向上弯曲的曲线。如果我们将“流通”理解为有关商品或服务的采购和销售活动，那么我们就可以将全球产业链简化为研发、生产和流通三个主要的阶段或环节（如图1－2－2所示）。

这三个阶段或环节都是价值创造的必要阶段，都在创造价值。但是，如同企业产品的微笑曲线一样，从实际结果来看，在既有的分工与竞争体系下，上述各个阶段的价值创造能力或价值贡献额往往是不同的，形成了两头高、中间低的价值链，即产业供应链“微笑曲线”。产业供应链“微笑曲线”看似简单，却能揭示出经济全球化过程中深刻的经济组织变化。

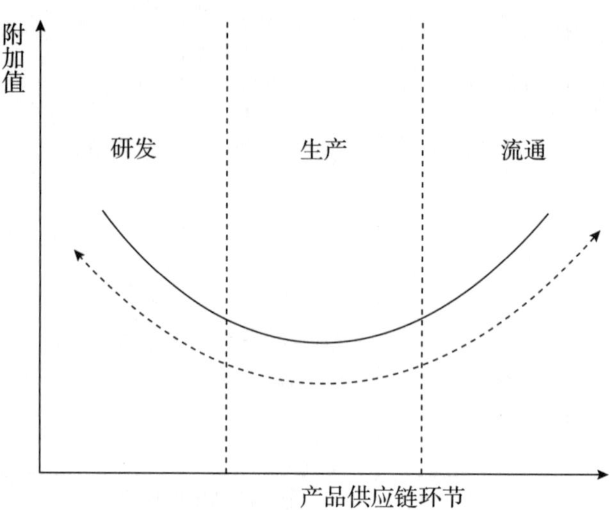

图1-2-2　基于产业供应链环节附加值的微笑曲线

（一）产业供应链环节中，生产制造收益少

随着科学技术的不断进步，人类获得产品生产或制造的知识与能力变得相对容易，从而降低了商品制造或加工环节的相对难度，降低了产品生产或制造环节的“稀缺性”。由于不够“稀缺”，因而必然“廉价”，这就是制造环节为什么处于“微笑曲线”最低端的根本原因。因此，在国际分工体系下，一个企业乃至一个国家如果缺乏“研发”与“流通”能力，那么就只能被迫接受相对“廉价”的价值创造环节或阶段。例如，中国生产的世界三大男性品牌衬衫占40%的市场份额，但在最终价值实现上还不到世界份额的3.6%。对于最新推出的iPad平板电脑，苹果公司每台获利200美元以上，而富士康公司只能得到11美元左右的“制造费”或“加工费”。

（二）产业供应链环节中，生产制造风险大

在富士康公司参与的产业链中，高端的研发、流通环节处于其他企业的控制中，也就是说，富士康公司处于“两头在外”的中间（制造）阶段。这也是出口导向的中国制造业整体的现状。有报告指出，在中国28个主要工业行业中，外资在21个行业中拥有多数的资产控制权。在开放的产业中，高新技术产业总体外资控制度已经达到近70%的水平。“两头在外”暗藏着巨大的风险。首先，微薄利润难以承受环境波动，如人民币升值、原材料涨价等。金融危机背景下中国制造业“倒闭潮”已是共知的事实。其次，市场需求信息被高端环节控制，低端生产不得不依赖于大型采购商发出的订单，而大型采购商对低端制造区位选择的灵活性较大，有可能将订单转移。近几年，沃尔玛公司在中国的采购订单就有一部分转移到了印度、越南等其他国家。因此，“两头在外”将我国产业置于高度不安全的风险地带，一旦世界市场或各国经济发生变化，极易遭受致命打击。

（三）产业供应链环节中，生产制造牺牲多

“两头在外”不仅收益少，风险大，而且还要承受整个产业链的绝大部分成本或负效应。一方面，低端生产制造对工人的压迫越来越受关注。自富士康公司频繁发生员工跳楼事件后，很多人指责富士康集团为“血汗工厂”。然而，从“微笑曲线”的视角看，富士康集团受到了“两头”的控制和挤压，实际上只是“血汗工厂”的替罪羔羊。另一方面，低端制造在微利、高风险中承受着不对称的资源环境压力。高端研发、流通环节低能耗、低污染、高附加值的优势是建立在低端制造高能耗、高污染的基础之上的。因而，发达国家通过掌控产业链高端环节的跨国企业，将资源环境压力转嫁给了处于低端生产制造环节的发展中国家。由此可见，低端生产制造是一种收益少、风险大、牺牲多的发展方式，国内外学者称为“悲惨式增长”或“贫困化增长”。“中国制造”面临的人民币升值、工资上涨、就业和资源环境压力等问题显然都与这种贫困化增长密切相关。

三、基于微笑曲线的产业供应链升级

根据产业供应链微笑曲线分析结论，产业供应链生产制造等低端环节收益少、风险大并且牺牲多。企业在追逐价值过程中，必然向附加值较高的产业链两端转移，产业在追逐价值过程中，必然向附加值较高的新兴产业升级（如图1－2－3所示）。

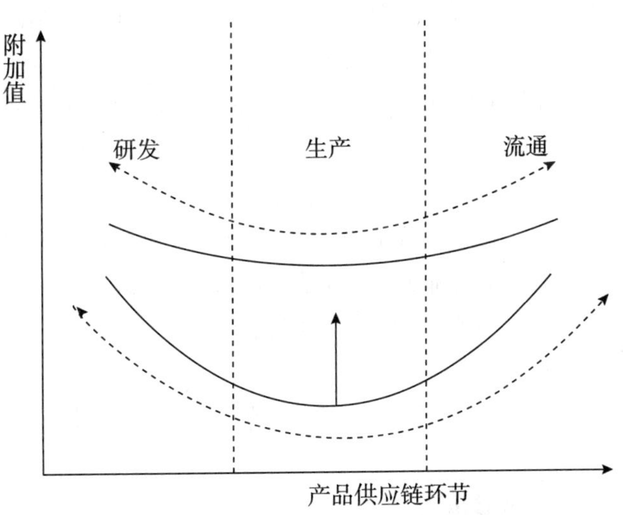

图1－2－3　基于微笑曲线的产业供应链升级

著名经济学家吴敬链指出，升级就是提高毛利润，增加销售额；提升生命力，提高抗风险能力。产业或企业转型升级反映在微笑曲线上，就是向曲线高附加值两端转型，向高附加值的新兴产业升级。对产业供应链而言，从宏观层面分析，产业升级就是当资本相对于劳动力和其他资源禀赋更加充裕时，国家在资本和技术密集型产业中发展比较优势。从中观层面分析，产业转型升级和创新就是制造商成功地从生产劳动密集型低价

值产品向生产更高价值的资本或技术密集型产品这样一种经济角色转移的过程。从微观层面分析，企业的转型升级是提升自身的竞争力，可以通过技术引进、消化吸收、自主创新、科技研发、功能升级等向微笑曲线高附加值的研发端转移，也可以通过创立品牌、整合营销渠道、提高服务水平等向微笑曲线高附加值的流通端转移。

中国产业整体处于全球产业链低端的状态，这不是对“选择”这种经济增长方式的声讨与批判。事实上，这种处于产业链低端的经济增长方式，并非是我们的“主动选择”，而是在既有国际分工体系与国际竞争格局下的“被动选择”，是一种能够充分发挥比较优势的竞争战略，也是一种不如此就无以快速增长的发展道路。但是，经过30多年的快速增长，这种竞争战略将付出越来越大的成本与代价：劳动力成本低廉的优势将逐渐丧失，低成本外向型发展战略正在遭遇国际经济、政治等的多维“抵抗”，国内资源与环境压力将难以承受。这一切都迫使我们不得不加快经济发展方式转变与产业结构适时调整。从微笑曲线可以看出，低端制造有两条升级路径，一是向产品研发和流通两端转移，二是向高附加值的新兴产业升级。

然而，中国是否具备了全面攀升全球产业链高端的基本条件，是否一定要追求产业链高端。应该说，沿着“微笑曲线”攀升，并非一朝一夕之功，需要的是一步一步脚踏实地的远行，需要培育高端要素。与发达国家相比，目前中国在高端要素，尤其是创新型高端要素供给方面仍然存在较大差距。目前我国大量关键和核心技术依然严重依赖进口，高端技术人才还严重不足。从国家层面来看，企业的技术进步和自主创新的社会环境也还有待进一步完善，技术和创新要素还有待向企业集聚，技术进步和创新投入还有待进一步的加大。因此，总体而言，目前中国本土企业和产业全面沿着“微笑曲线”而向两侧高端攀升，还要结合企业或产业实际。考虑到中国劳动力市场制度性分割以及劳动力素质级差所形成的特有二元结构在短期内还难以消除，大量的劳动力还难以与其他高端要素进行匹配而进入中高端行业。应该指出的是，即便是在所谓“微笑曲线”低端，只要能够做实做专，同样也能成为价值链中具有极强竞争力的关键环节。总而言之，加工和生产制造低端也有高附加值部分，高附加值新兴产业链也有低附加值环节，企业或产业应立足实际，选择适合自身的发展方向才是关键。

第三节　日本综合商社的全球产业链战略

一、日本综合商社的形成与发展

（一）综合商社内涵及特征

所谓商社，即从事贸易的公司，在世界各国类似的公司并不少见，但巨大的跨国性的综合商社却是日本独一无二的企业形式。有关综合商社的定义，大多数研究者普遍认为：综合商社是以贸易为主导，多种经营并存，集贸易、金融、信息、物流、投资、组织与协调等综合功能于一体的跨国公司，是集金融化、实业化、集团化、国际化于一身的全方位、综合性的贸易产业集团，是一种特殊的现代企业组织形式。

综合商社功能研究会的专家们认为：综合商社是相对于专门经营某种特定商品的专门商社而言的。然而，综合商社之所以称为“综合”，并不仅仅意味着经办商品的综合性，更重要的是意味着它作为企业发挥功能的综合性。具体地说，综合商社的核心功能有：交易功能、金融功能和信息功能。通过这三种机能的相互影响和相互作用，构成了综合商社的活动。

日本综合商社与普通的贸易公司不同，其主要有如下特征：

（1）规模巨大。综合商社的年度销售额规模庞大，1999 年，前 6 大商社的贸易总额为 5762.2 亿美元，占日本当年 GDP 的 12% 和日本贸易总额的 2/3，被称为日本经济的“航空母舰”。

（2）业务广泛。经营商品品种广泛，不分巨细，包罗万象。综合商社经营的商品种类可以说是“从方便面到导弹”，“从矿泉水到通信卫星”，涉及到国民经济的各个部门。

（3）跨国经营。以贸易商社为起源的综合商社，从一开始就活动在世界的舞台上，并且业务范围不断扩大，成为了世界瞩目的跨国大企业。

（4）功能多元。综合商社的核心功能主要是贸易中介功能、金融功能、信息功能这三大基本功能，并随着国内外经济形势的变化而变化，不断向外延伸，产生出新的外延机能，主要有资源开发功能、产业组织者功能、物流功能、投资功能、咨询功能、技术转移功能等。

（5）资本纽带，三位一体。以综合商社为核心成员横向结合的大企业集团，它是由分别代表生产资本、金融资本、商业资本的大企业通过相互持股，多个资本形态有机结合的复合体。综合商社大企业集团大多都有自己的银行，并且生产企业、银行、综合商社是大企业集团的三大最重要的主体，它们构成了大企业集团的核心，制约着企业集团的各种经营活动。如三井集团—三井银行—三井物产、三菱集团—三菱银行—三菱商事、住友集团—住友银行—住友商事和伊藤忠商事、芙蓉集团—富士银行—丸红等。这些银行是综合商社的主要金融靠山，为本集团内的生产企业和综合商社提供资金保证，而各企业集团所属制造部门则是综合商社的主要业务对象。综合商社则作为对外贸易的窗口，通过产品的供销活动支持集团内生产经营活动，形成了以三大主体为核心的产、供、销一体化的企业集团组织，建立起了相互依托共同发展的大企业集团体制。这种三位一体的大企业集团体制，是通过资本结合、人事结合和产品转移上的相互支持建立起来的。

（二）综合商社的起源与发展

综合商社起源于近 150 年前的日本明治时代初期（1867 年）。当时，日本正处于向近代国家转变的阶段，综合商社发挥了从欧美发达国家引进资源、技术以及向国外出口产品的桥梁纽带作用。最初的商社只是工业企业特别是中小企业的进出口代理商，他们的作用是使这些企业能够集中力量搞生产，不必为设立各自的贸易机构而分散本已短缺的人力和资本。随着日本经济的发展，他们自身具备了所处时代的产业界所需求的各种功能，形成了日本一种独特的企业形态。综合商社是在谋求积极适应日本产业结构调整和国际国内市场变化的过程中，在符合日本国家利益要求并相应地得到日本政府支持的基础上，通过自身的不懈努力逐步发展起来的，基本动因是经济的合理性。战后日本形成了九大综合商社，他们分列是：伊藤忠商事、三菱商事、三井物产、住友商事、日商岩井、丸红、东棉、兼松和日棉。这九大综合商社可以分为两大系统：一是以三井物产、三菱商事、住友商事为代表的“关东财阀系”综合商社；二是以伊藤忠商事、丸红、东棉、日棉、兼松这五家纤维商社和钢铁系的日商岩井“关西非财阀系”综合商社。

综合商社的起源与发展可以分为以下四个阶段：

1. 起源发展阶段（明治初期至第二次世界大战时期）

综合商社是于19世纪后半期在日本形成和发展起来的，它是适应日本政治经济制度变革需要而出现的新生事物。明治维新之前的日本，其对外贸易主要掌握在外国商馆手中，日本工商企业处于一种被动状态。1868年明治维新后，日本开始向资本主义发展，日本政府确立了经济工业化和社会体制现代化的国家之发展战略重点，但日本自然资源贫乏，在推进工业化初期需要完全依赖国外市场，如进口工业化所需的工业原料、现代化厂房设施、机器设备，出口各种产品赚取外汇支付进口等等。一批立志收回民族“贸易商权”的志士们，先是与“商馆贸易”的外国商人进行合作，虚心求教国际贸易知识，后来又纷纷脱离“商馆”，建立起与“商馆贸易”相抗衡的贸易公司。同时，日本政府提出振兴独立贸易的方针，希望通过扶持本国的商社，突破欧洲贸易商对日本进口市场的垄断。其中，代表性的综合商社有依靠政府特权化垄断大米和煤炭等经营活动的三井物产和三菱商事两大综合商社，以及通称“关西五棉”，即伊藤忠，丸红、日棉、东棉、江商的“纤维商社”和专门经营钢铁如岩井、安宅的“钢铁商社”。

2. 黄金发展阶段（20世纪50年代后期—70年代初）

日本的综合商社虽兴起于第二次世界大战之前，但规范化的发展却是在二战后。二战后，随着日本经济的大改革和民主化经济的建立，综合商社在新的历史条件和经济环境下又经历了一个分而复合的发展过程，以新的姿态重新立足于日本经济发展中，日益发挥着国内经济的“润滑剂”和海外经济的“尖兵”作用。从20世纪50年代后期到70年代初期，日本经济以年平均增长率高达10%的速度飞速发展。日本产业结构从轻工业化急剧向重工业化和化学工业化发展，综合商社为落实“贸易立国”政策，着手在全球构筑商业网络，树立起“日本贸易的尖兵”形象，经营范围也随着日本经济发展，由轻工业领域转向钢铁、造船、汽车、重型机械、电机、化学工业等领域，这一时期成为综合商社发展史上的黄金时期。这一时期，日本“九大综合商社”这种特殊经济组织形式正式为世界所认同，其产品多样、功能多元、集团化运作等特征逐步显现。

3. 曲折发展阶段（20世纪70年代初—80年代中期）

20世纪70年代世界经济形势动荡，资本主义经济陷入了滞胀，主要西方国家的产业结构开始转向“高科技型”、“信息—服务型”为主。1971年“尼克松冲击”给日本经济带来了巨大影响，再加上两次石油危机的冲击，日本经济也在这个年代陷入困境，进入低速增长时期。为应对时代的挑战，日本的产业结构也开始调整和转移，由“贸易立国”转为“科技立国”的呼声日高。面对国际国内经济形势发生的巨变，综合商社也面临了新的危机，迎来了“综合商社的冬季时代”。在新的产业转换时期，综合商社面临厂家脱离商社、海外投资风险、机构臃肿等问题，针对诸多问题，商社从根本上对其经营政策、管理工作进行了全面总结，调整了经营体制、经营战略和经营范围，强化了经营功能，不断开发如新能源、新材料、电子、航天等新的经营领域，开始向海外经济多样化和贸易方式多元化方向发展，改变贸易形态，从单纯的投资进口贸易向直接投资贸易转变，并大力发展三国间贸易。

4. 战略转型阶段（20 世纪 80 年代后期以后）

20 世纪 80 年代后期是日本经济发展较为明显的时期。但日元升值和国际贸易摩擦的不断加剧又给日本经济发展造成新的制约因素，进而对综合商社的发展也产生了巨大影响。面对现实，综合商社以积极姿态实施了高层次、规范化的新的国际化经营战略，这就是20 世纪 80 年代中期以后综合商社发展变化的最突出特点。随着日本产业界提出“以世界经营资源为中心”的新的国际化战略，综合商社也开始摆脱以日本为中心的贸易方式，向以世界为中心的贸易模式转变。伊藤忠商事、三井物产、三菱商事等综合商社从1986 年开始实行战略转换：从重视销售额转向重视收益；在追求现有商权的高附加值化的同时，通过开拓新商权、新产业实现高收益；开展全球化业务，扩大三国间贸易，积极推进海外的事业投资活动；由单体结算经营转向联结结算，强化集团经营，联结经营。20 世纪 90 年代后，国际经济形势和日本经济形势都相继发生了深刻变化。国际经济区域化和集团化经济格局日趋加强，世界经济的一体化、全球化趋势日渐明显，世界经济进入了以高科技发展为先导的新的发展时期。国内外经济形势的变化给日本的综合商社带来了机遇与挑战并存、制约与发展并行的新局面。于是，日本各大综合商社纷纷制定新的发展战略，以适应不断变化的国内外经济形势，迎接新的挑战。

在日本独特历史环境中建立和发展起来的综合商社，百余年来完成了打破外国贸易商垄断日本进出口贸易的历史格局，在现代日本经济的高速发展中以其特有的功能发挥了辅助经济的轴心作用，同时对世界进出口贸易企业的体制也产生了重大的影响。

二、日本综合商社的全球产业链战略

（一）以点、线、面推进全球产业链战略

日本综合商社源于国际贸易，其发展历程表明其在海外市场战略布局呈现出点、线、面的依次构造序列，它既能对国际市场做出快速反应，又能满足日本国内对综合商社的要求。

所谓的点，指的是国际战略梯次的一级市场——美国。二战后，鉴于美国经济的强大实力，日本各大综合商社纷纷致力于以美国为中心开展经营活动。能在美国从事贸易活动对于以贸易为生的商社而言，具有战略上生存死亡的重大意义。首先，进口方面，战败后深受粮食不足困扰的日本，当务之急是要解决吃饭问题。从以“大粮仓”著称的美国为据点进口粮食，对于谋求综合化的商社而言，不论是销售额上还是收益上均具有

重大战略意义。此外，从美国引进最新的技术和机械，还可以接近本国的厂家，进而谋取到巨大的商权。其次，出口方面，在美国构筑起销售网络，可以增强商社的市场开拓力，而且在满足日本厂家出口需要的同时，也顺应了振兴出口的国策。最后，把美国作为通向国际市场的广阔平台，美国的贸易构造为日本商社从事三国间交易（转手贸易）提供了绝好的舞台。所以美国对日本综合商社来讲是构筑其市场战略的弹性起跳板。

所谓的线，指的是欧、亚两点连成一线。在脱亚入欧与脱欧入亚的历史情结中浮离的日本，把从北美新大陆所赚取的利润存入“欧罗巴银行”，并铸造出一条超级轮船，往来于欧亚之间，把亚洲的石油、天然气、农产品、纤维品运到日本，运往世界各地。

所谓的面，指的是以资源、能源、粮食等多条产业链构成一个面。资源本身是具有战略性的商品，对于日本这样的资源小国，其能源、粮食以及各种原料资源，几乎均依赖进口。资源持有国本身的动荡，资源运输路线上的国际纠纷，日本同资源持有国之间的外交关系，均关乎日本的经济能否健康稳定发展，所以各商社都在创立足以判断国际政治形势的体制。

综上所论，日本综合商社的市场战略以美国为弹性起跳板，看好美国的一级战略市场，主要是瞄准其先进性技术，对欧洲共同体旨在获取其坚挺的欧元；对亚洲则偏重于实物贸易。用“国际市场的战略梯次理论”来分析，综合商社以美国市场为弹性起跳板，其市场大、层次高，进而从广度、深度上拓宽、拓深了其与国内厂家的交易资本，助推其进行转手贸易、三国贸易并渗透到国内市场。因此，日本综合商社以美国为点，以欧、亚两点连成一线，以资源、能源、粮食多点构成面，点—线—面依次推进，瞄准全球产业链大市场。

（二）以海外投资布局全球产业供应链网络

综合商社是以全球为舞台的经济巨人，海外投资又是进军全球的先导。二战后相当长的时期里，日本的生产企业在技术开发和市场营销等方面都不具备与欧美公司抗衡的优势，而综合商社凭借其贸易、信息、金融、技术引进及“产业组织者”等多种功能，组织不同产业的企业从事各种联合的跨国投资和经营活动。

日本企业大规模的海外投资始于20世纪70年代初，在此之前综合商社一直是日本跨国投资的主体。对于综合商社而言，虽然对外投资不利于加速其资本周转率但它们都积极扩大海外投资事业，其主要原因是：①作为综合商社活动的延长，必须加强销售据点。②为了扩大商权，以在当地设厂生产或以兴办合营企业的形式进行投资，确保产品的销售权。③为了确保能源、食品和矿物资源而进行海外投资。④以协助日本和海外各国推行国策的形式，参与经济合作的项目；为了缓和贸易摩擦，在对象国进行投资，协助对象国扩大就业等。

综合商社的海外直接投资类型主要有以下三个方面：

第一，海外贸易网点的投资。综合商社的国际先行投资就是海外贸易网络的组建。贸易网络投资可分为两部分，一是对海外支店网的投资，二是在海外设立辅助性贸易企业，即销售类公司。海外地区总部一级的机构，都是百分之百的独资，从事独立的销售指挥和情报中心的角色。在海外地区总部下属的贸易机构中，又组建较大量的或是独资或是合资的辅助性贸易企业，按照国内总部和海外地区总部的总体战略，独立从事贸易活动。

第二，海外制造业投资。综合商社参与制造业的投资，并不是因为它们对生产本身感兴趣，而是对在工厂建设和经营过程中产生的商业活动感兴趣，其中包括筹措机械设备以及其他生产资料；供应原材料及半成品；销售产品。因此，从根本上来说，商社参与的制造业的投资也是为了保证商权。此外，对于其参与的合资企业还通过提供直接贷款、信用担保和提前付款等方式从事准银行式的业务活动。综合商社对制造业投资的特点主要有：投资方向集中于纺织业、金属制造业、化学工业和杂货类等技术标准化的劳动密集型行业；投资地区集中分布在发展中国家，尤其是亚洲；投资形式多为“三人四脚型”的合资企业，即由综合商社、日本企业和当地资本或第三国企业界三方组成的合资企业。进入20世纪80年代以后，特别是广场协定以后，由于日元急剧升值，促进了日本企业迅速向“高附加价值化”、“全球化”方向进展，由此影响综合商社迅速改变经营战略，将经营重点转向电子计算机、办公自动化、卫星通信、宇宙、航空、机器人、生物工程等领域。

第三，海外资源开发投资。20世纪60年代中期以后，日本的产业结构转移到重工业和化工业，成为仅次于美国的第二个工业大国，亦成为世界上最大的原料进口国。为了确保能源、资源的长期稳定供应，日本开始采取“融资进口”与“开发进口”的战略。20世纪70年代末，日本对资源开发的投资有了明显增加。此后海外资源开发事业一直是综合商社的核心事业。综合商社所参与的资源开发项目主要有：金属矿物资源开发、石油等能源的开发、粮食资源的开发等。综合商社的资源开发投资具有以下特点：①资本结构是合资为主，并且多数不控制股权，但都掌握了资源开发的贸易权，综合商社投资一般不从生产环节赚钱，而是从贸易环节取得利润。②采取集团投资的形式，尽管商社在集团投资里所占的股份较少，但它们却发挥着工程组织者的关键作用。

综合商社的对外直接投资与其国际贸易有着密切关系，因而综合商社的对外直接投资主要是与其贸易业务相关的。20世纪80年代以后，综合商社采取了新的对外直接投资战略，主要表现在：①与国内大企业联合向海外发展，建立当地化产销联合体。随着日本主要出口产业如汽车、家电及钢铁等部门的企业扩大了向海外转移资本，建立当地海外生产企业。各综合商社也同方向转移资本，在美国建立钢铁销售公司，或合资建立钢铁加工流通中心，协同生产企业建立海外产销联合体。②与国际大企业在多种领域建立了合作关系，开拓新的产品销售渠道和销售领域，进入高技术领域。③对亚洲市场的直接投资不断增加。进入20世纪90年代，由于亚洲经济持续增长，尤其是中国的开放政策更加明确，综合商社也在包括中国在内的广大亚洲市场与当地资本及亚洲财团展开了各种活动。综合商社在亚洲的投资领域主要集中在物流及基础设施领域。

（三）双轮驱动战略拓展国内外市场

综合商社凭借着“点”的折射性状，线的交叉性能与资源、能源、粮食等构成的面，交叉共振形成国外市场，在结构上将日本推进到国际市场的前沿。如此多层次运作，并通过螺旋式上升，构筑起通往国际市场的空间性运行通道。

以往人们认为综合商社只重视国际贸易，轻视国内市场，实际并非如此，在综合商社的销售额中有50%是由国内贸易取得的。对于综合商社，国内、国外市场均同等重要。商社开始倾注力量致力于国内市场始自日本实行浮动汇率制，特别是1985年以后，世界经济的持续低迷，综合商社在海外事业机会减少之时。因日本的大规模出口形成贸易顺差，导致各国限制日本产品进口，要求日本放开对各国产品进入日本的限制。商社以此为契机，不遗余力地开拓国内市场。日本政府也出台扩大内需政策，这在一定程度上鼓舞了商社扩大国内市场，探索进口产品的国内销售渠道的积极性。

在拓展国内市场上，综合商社各显神通。一是通过控制传统的谷物、饲料原料进口，渗透到畜产品上下游环节。比较成功的案例是三菱商事借着对进口饲料的垄断，进入食用鸡肉的国内市场，通过提供种鸡等方式建立商社系垂直统合工厂。二是以资本联系方式加强与厂家的关系。如三菱商事是日清制粉的大股东，也是其最重要的交易客户。三是借助资本或联合各大商社等手段介入新领域，并且向该领域产业链上下游延展。综合商社每当开拓一片新领域时，往往不是很突兀地直接进入，它要么借助外力，要么以资本为先导，不是单枪匹马，而是几个综合商社会分头出击，分别占据各个突破点，以期形成合力。

通过分析综合商社介入日本国内市场的途径，我们不难发现其市场战略为双轮驱动战略——同时拓展海外市场和国内市场。在一定时间里，是优先发展海外市场，通过一定的积累，适应外部环境变化，或当海外市场前锋受阻，它必定回到国内市场，在国内经济中也充分展示它的力量。使其能最大限度地利用自身的贸易进货渠道、资本实力、技术实力不断投资于具有盈利前景的行业和新兴产业，形成聚集自身优势的市场特色，实现商业资本对利益的追逐。这也是综合商社有别于中国国有外贸公司的关键所在，商社的海外市场与国内市场并非截然割裂，以外养内，以内补外，最终形成双轮驱动。

（四）以战略应变及时适应外部环境变化

综合商社的成功不仅仅在于其双轮驱动的市场战略而且还在于面对瞬息万变的市场，不断进行细密的分析与判断，进而调整战略，使自己具备战略性应变能力。

20世纪90年代以来，经济全球化的总趋势不断加强，在技术进步的推动下，经济全球化进程逐渐加快。20世纪90年代后期互联网急剧普及，IT化正在迅猛发展，全球范围内开始了一场意义深远的IT革命。经营环境的巨大变化，不仅给综合商社带来了挑战也提供机遇。综合商社面临的挑战主要表现在两个方面：一是商权的空洞化。经济全球化、自由贸易化趋势加强，自由贸易成为世界贸易的发展方向，全球市场逐步融合。参与国际贸易的企业增加，制造厂家也积极进行海外市场的开拓。商权空洞化加速，佣金比率下降，交易量减少，单价下降等原因直接影响商社的收入，综合商社的销售额逐年减少。IT革命带来的电子商务的发展使商社的中介业务逐渐减少，再次出现了“脱离中介流通业者”的现象以及“商社无用论”。电子商务的不断发展将会从根本上摧毁以前的经济模式下的各种分包关系，进而将彻底改变曾在企业贸易中起重要作用的各中介商社的存在价值。二是"信息优势"的弱化。现代化通信和电子计算机技术的发展和应用，加速了世界经济区域化和全球经济一体化的进程，特别是网络直销模式的广泛应用，使信息资源共享成为可能，减弱了信息的"非对称性"，中小企业利用网络技术获取海外市场信息成为可能，摆脱了对综合商社设在海外办事处获取信息优势的依赖。网络经济的发展使综合商社失去了以往的"信息优势"。

国际国内经营环境的变化不仅给综合商社的发展带来了挑战，也给其发展提供了机遇。经营环境的变化给商社提供的机遇主要有以下几个方面。第一，纳米技术、生物技术、IT 等新技术的出现，给综合商社提供了将基础技术加以应用，实现技术实用化的商机。第二，把握社会制度、法制的变化，开拓新的事业。经济特区、护理保险、排除权业务、废家电回收利用法的实施等社会环境的变化给综合商社提供了商机。第三，自治体、大学、研究所的民营化，非营利组织、非政府组织及中国等亚洲国家的登场，提供了与以往不同的合作伙伴。第四，从上游—中游—下游整个价值链的各个阶段，研究开发、商品开发、制造、零售等方面，综合商社将发挥越来越重要的作用。

面对挑战和机遇，综合商社不断开拓新事业，重新调整各自的战略方向。各大综合商社的新战略方向可以归纳为以下几个方面。

（1）实施组织结构变革

综合商社组织结构的变革主要从下三个方面着手：①改善收益性和裁减人员。②各部门间的独立分权化。各商社从组织方面所采取的收益力提高政策主要是社内损益准备金制度、社内资本金制度和课、部分社化制度（即划小核算单位）。③强化投资风险管理，在公司内实现分权和集权的有效结合。例如，三菱商事以现状的测评分析结果为基础，将 189 个业务单位被划分为"成长型"、"扩张型"、"重组型"。风险大利润小的"重组型"业务根据情况会被勒令退出。

（2）资源的合并和重组战略

为应对激烈竞争、改善收益结构，日本商社不断推进商社间相同营业部门的合作及大型合并重组，通过优劣互补和强强联合，推进经营资源的合并和重组，提高竞争力和抗御风险能力，向战略性、具有综合经营能力的企业集团和专业商社集团发展。2000 年，以综合商社中排位居后的商社为中心，开始整理不营利的部门，采取撤出、营业转让、部门合并等方式，集中力量于优势领域。1999 年 5 月，兼松宣布以食品和信息通信部门为中心旨在建立"复合型的专门商社"。2004 年 4 月，日棉、日商岩井合并组成"双日控股公司"。

（3）集中和选择战略

在经济低迷中苦恼的日本，企业扩大收益能力的关键词是"集中和选择"。所有的企业都在重新审视它的业务领域，向核心业务集中经营资源，有选择地确定经营重点。近期综合商社的经营重点呈现加强"两端业务"特色。

一是加强石油、天然气、煤炭、金属矿产等上游能源资源开发。综合商社配合日本国家政策，积极参与全球能源资源的争夺战，着力开发能源资源，进而控制商机和国内外制造业生产的命脉。在开发原有石油，天然气等传统能源的基础上，加大对清洁能源的投资开发力度。二是加强流通、销售服务、咨询等下游领域业务，削弱下游销售商的强势地位，推进“顾客商机”，打通流通“瓶颈”，实现内外贸一体化、购销一体化，提高经营业绩。各大综合商社积极进军流通业，以消费者需求为起点拓展新业务。综合商社参与流通业后，积极推进了日本的连锁便利店进军中国市场，这也是综合商社开展国际化经营的一个新的方面。

（4）投资倾向性战略及子公司战略

随着赚取佣金的获利路线逐渐达到界限，综合商社销售额的逐年下降，投资的形势出现了很大的变化。一是参与更具风险的事业投资，二是以获取直接投资利益的投资增加。

（5）综合商社的 IT 战略

综合商社的 IT 战略主要有两个方面，一是开拓信息产业新的成长领域，即信息的产业化。二是将商社的业务处理信息化实现公司内生产性的效率化，即产业的信息化。

三、三井中国钢铁产业链战略布局

三井财团作为日本六大财团之首，通过旗下的新日铁、三井物产和丰田汽车等企业在中国布局其钢铁产业链战略。《环球财经》记者调查发现，在中国钢铁产业链中，从源头的铁矿石，到中间的钢铁生产企业，物流和供应链，再到末端的钢铁出口和消费，处处都有三井的身影。

中国是世界上最大的钢铁生产国、消费国。然而，记者发现，如此的“钢铁盛世”与实际的中国汽车用钢及其他方面钢铁高端产品相比，显得很不协调。据悉，目前国内各钢铁企业在汽车用钢项目上的生产技术能力有限，特别是用于轿车生产的高端汽车用钢更是匮乏，市场上超过 50% 的汽车用钢依赖海外进口。其中，冷轧薄板技术，尤其是高档汽车面板作为“高科技产品”，技术被卢森堡阿赛诺、新日铁、韩国浦项、德国蒂森克虏伯钢铁等为数不多的几家外资钢铁巨头所掌握。在这样的全球产业格局面前，中国的钢铁企业选择了与国外企业合资生产。于是，日本三井财团便顺利地全面进入了觊觎已久的中国钢铁行业。

（一）以技术换市场，借宝钢渗透

三井财团旗下的新日铁在汽车板研发能力方面属于世界一流水平，三井财团与中国钢铁生产企业合资的第一步就是由新日铁完成的。2005 年 11 月 9 日，宝钢、新日铁和阿赛洛公司三家共同投资，建成宝钢新日铁汽车板有限公司，投资总额为 65 亿元人民币，注册资本 30 亿元人民币。其中，宝钢出资 50%，新日铁 38%，阿赛洛 12%。公司年生产规模达到 170 万吨汽车板，主要生产设备及核心技术均来自新日铁。

宝钢在全国的汽车板市场所占份额相当大。一汽的载重汽车、小红旗轿车、捷达轿车、上海大众的桑塔纳轿车以及神龙、广州本田、风神汽车等都整车或大批量采用宝钢的汽车板。通过给丰田、本田这样的日本汽车企业提供钢板，新日铁达到了在中国市场分一杯羹的目的。日本钢铁企业历来有着为日资汽车企业提供配套钢板的传统，在中国这个新兴汽车市场，当然也不能例外。借宝钢的影响，三井的势力在中国钢铁业蔓延开来。

白益民①曾经在三井物产工作了12年，现在专门研究日韩财团模式。他认为，一方面，三井物产凭借其物流管理技术和经验与中国企业合资，建立钢铁物流供应链；另一方面，三井财团下属的丰田汽车和其他的日系企业大量地采购钢铁合资企业的产品。通过这两个主要手段，三井财团的影响力得以巩固和发展。早在2002年12月2日，三井物产与宝钢合资建立上海宝井钢材加工配送有限公司，注册资金1225万美元，三井物产占35%股份，主要从事金属材料的加工、配送和管理服务。在成立后的3年时间里，在全中国主要钢材消费地建立加工中心体系，构筑一个能够向中国国内外用户提供迅速的钢材配送和高质量服务的物流体系，并达到年加工300万吨的目标。经多年发展，重庆宝井、广州宝井、福州宝井、杭州宝井、无锡宝井和青岛宝井等均在当地形成了一定影响力，宝井在中国汽车板材、家用电器板材等高档钢材领域的号召力已非常强大。

通过与宝钢的合作，三井财团基本控制了华东和华南地区的高档钢材市场。实际上，三井财团的目标远不止如此，在东北和华中地区，也出现了三井财团的身影。在东北，鞍钢集团、长春第一汽车集团和三井物产合资组建了长春一汽鞍井钢材加工配送有限公司，在1.5亿元人民币的投资额中，三井物产占了公司股份的25%。在武汉，早在1995年12月，三井物产就与武汉钢铁（集团）公司合资建成了武汉兴井钢材加工有限公司，主要从事钢材深加工。产品广泛应用于电机、变压器、大型发电机以及家用电器等诸多产品和行业，年总加工能力为5万吨。三井在中国的其他主要合资公司还有：南通宝钢新日制钢有限公司、宁波宝新不锈钢有限公司、江苏东京缆索公司、北新房屋有限公司等。

（二）从上游到下游，全产业链全布控

三井的做法很特别，试图通过对中国钢铁业上下游产业链的全方位渗透，来对中国钢铁产业“施加影响”。三井物产广泛投资于高档钢材和汽车零部件、彩钢等领域，而丰田汽车更是直接参与到中国钢材市场中。通过这两个主要企业的协力配合，三井财团在中国钢铁产业中的布局得以完成并有效地运行。

2002年4月，丰田决定在中国生产汽车时，首先以较低廉的价格从宝钢采购车门用钢制部件。2003年9月，三井物产、日本株式会社YOROZU与宝钢国际公司共同投资2.17亿元人民币，合资兴建广州万宝井汽车部件有限公司，为东风日产汽车提供配件。2004年2月，三井财团下属的丰田通商株式会社注册了天津丰田通商钢业有限公司，从事钢板的切割加工业务，直接为丰田第二工厂供应配件。2006年，三井中国贸易公司通过了商务部批准，拿到营业牌照，可以在中国从事贸易工作。据悉，另外还有一家巴西公司也拿到了类似牌照。“一般来说，大型公司拿到牌照很难，需要商务部批准，但是三井拿到了。”

白益民认为，三井利用中国钢铁行业要生存发展的迫切需求，转移国内已经落后的

① 中国著名产业经济学家，社科院日本经济学会理事等。

产业技术和设备，在中国市场上获取高额的利润和市场份额。同时，通过财团内企业或是本国企业之间的充分协作，达到长期掌控中国乃至全球钢铁行业和市场的目的。

在上游，中国钢铁行业的发展离不开进口铁矿石的供应。国际贸易中1/3以上的铁矿石都销往中国。目前全球最大的铁矿石供应商是：巴西淡水河谷、力拓（澳大利亚）、BHPBillion（澳大利亚）。在几个主要的铁矿石出口国，都有日本的合资企业。以新日铁为例，其在隶属于淡水河谷公司的NIBRASCO矿山中占有25.4%的股份，在隶属于力拓的两个矿山中分别拥有10.5%和28.2%的股份。而在整个澳大利亚矿区里，到处可以看见新日铁、三井、住友这些日本公司的名字，他们已经逐步控制了钢铁业的上游产业。

除去对铁矿石生产源头的控制，日本企业也十分重视运输环节。2005年年底，马鞍山钢铁公司与大阪商船三井船舶公司签订了一份10年期合同，计划每年从巴西装运50万吨铁矿石。同年，宝钢和日本商船三井签订了长期运输合约。这其中隐含的依赖关系值得关注。

（三）三井布局中国钢铁产业链特点

1. 以技术领先为基础

新日铁看准了中国钢铁生产技术落后、大量高档产品必须进口的现实，进入了中国的钢铁行业。宝钢几乎全部的生产设备和技术都引进自新日铁；武钢王牌产品——硅钢的生产设备和技术来自于新日铁；山东莱钢的中型轧钢机工业设备和电气设备分别来自新日铁和东芝等。

2. 三井财团下属企业在合资企业中持股，暗含规律

在三井的大多数合资企业中，不仅三井下属的新日铁直接参与持股和提供技术，而且三井的核心——三井物产也参与持有5%～10%的股份。这是十分值得注意的，三井物产虽然是世界上最大的综合商社，但在钢铁行业中实际上并没有专属的钢铁企业。除了投入资本金，三井实际上还扮演着更重要的角色，那就是组织协调所有与三井财团合资建立的钢铁企业以及下游的相关企业。在进军中国钢铁市场的过程中，真正运筹帷幄的却是三井物产。

3. 在钢铁产业链的每个环节都有投入，且关联程度很高

为了生产汽车用钢，三井财团与宝钢合资建厂；为了钢铁产品的流通便捷，三井财团建成了上海宝井；为了丰田汽车和其他日系汽车制造企业的需要，三井财团建立了广州盛旭汽车配件公司、广州万宝井汽车部件有限公司等一批配套供应企业。这些企业环环相扣，互相配合。

第四节　中国全球产业供应链存在的问题与对策

一、中国全球产业供应链问题分析

（一）中国粗放型经济增长方式尚未根本改变

改革开放以来，中国经济取得了巨大的发展，1978—2011年间国内生产总值平均保持了近10%的增长速度，这是世界经济史上从未出现过的奇迹。尤其是2002年中国加入世界贸易组织（WTO）之后，中国经济取得突飞猛进的发展，投入主导型与出口主导型的经济增长迅速，工业化和城市化进程加速，经济结构发生了巨大的变动。虽然中国经济增长取得了显著的成绩，但是中国经济发展过程中也呈现出了一些新问题。比如结构性失衡、产业结构不合理和低水平、需求结构不合理和对外依赖过大、要素结构不合理、环境污染过度、区域经济发展不平衡等问题。这种主要依靠出口与高投入的粗放型增长方式，造成了中国大量的产能过剩、资源的低效率运转以及环境的破坏。

经济发展是由劳动力、资本、技术与信息等多种要素投入决定的，在多种要素投入结构中，经济发展是依靠物质资源要素消耗还是主要依靠技术进步、劳动力素质提高以及管理创新等来推动经济增长与发展，由此形成两种完全不同的路径依赖。在中国经济快速增长的30多年里，其采用以物质资源、能源消耗以及劳动力的大量投入推动的发展模式，这种依靠资源大量投入的发展模式不可持续。国家“十二五”规划纲要中明确指出：“我国经济发展中存在经济增长的资源环境约束强化，投资与消费关系失衡，收入分配差距较大，科技创新能力不强，产业结构不合理，城乡区域发展不协调，就业总压力与结构矛盾并存等问题。”

事实已充分证明，中国的物质资源和环境资源无法承受粗放的经济增长方式。我国人均资源占有量低，能源资源消耗大，单位产品能耗高。我国石油、天然气人均储量都不足世界平均水平的1/10；即使是比较丰富的煤炭资源，人均储量也不到世界平均水平的40%。但我国已经成为资源消耗大国，比如钢铁的消费占全球的比例达到50%、水泥为40%、煤炭为40%。我国已成为全球第二大能源消费国，但能源效率不高，一些重化工行业单位产品能耗比世界先进水平高10%～50%，矿产资源总回收率比世界先进水平低20%，加剧了能源资源短缺的状况。目前，我国石油、铁矿石、铝土矿、铜矿等重要能源资源消费对进口的依存度都超过了50%。我国生态环境在不断恶化，对经济社会发展形成严重制约。虽然在大气污染治理上取得了一定成效，但城市空气污染问题尚未有效改观，水污染问题更加突出，工业污染依然严重，一些地方长期积累的重金属污染严重威胁当地群众健康。环境污染已经成为关系社会和谐稳定的一个重大问题。

（二）中国产业结构和空间分布尚不均衡

近年来，中国产业结构失衡的矛盾非常突出，在工业产品与产能过剩严重的情况下，中国第三产业多年来并没有得到相应的发展。相对发达国家而言，我国第二产业的比重过大，第三产业的比重较低。发达国家第三产业增加值占GDP的比重基本保持在70%～80%，就业比重占50%～75%，而中国第三产业增加值占GDP的比重2011年只有43.4%左右，远远低于发达国家水平，第三产业就业比重2011年只有35.7%，同样低于发达国家水平。此外，2011年中国第一产业增加值占GDP比重仅为10%左右，而就业比重却达到34.8%，第二产业占GDP比重为46.6%，就业比重仅为29.5%，这充分说明中国产业结构与就业结构不匹配，其主要原因是第一产业释放的劳动力由于素质水平低，无法有效地进入第二、第三产业，因此导致结构性失衡。结构失衡将制约着中国经济的进一步快速发展。

新中国成立60多年来，中国经历了均衡发展（1949—1978年）、非均衡发展（1978—2000年）和协调发展（2000年以后）三种经济发展阶段，每个阶段都在一定程度上存在区域经济发展不协调和产业空间布局不均衡的问题，没有有效发挥产业联动的跨区域协调作用。均衡发展时期主要表现为不顾经济发展的客观规律强行推进均衡发展，大规模在内陆地区发展重化工业，工业偏向策略拉大城乡差距，沿海与内地投资比例失衡，区域资源配置与需求脱节。非均衡发展时期为提高资源配置效率支持东部沿海优先发展，进一步拉大了区域产业发展差距，产业同构现象加剧，极大地限制了区域间的产业联动。当前，我国区域经济发展不协调问题依然存在，而且区域间在发展中的基本利益关系还没有理顺，各类配套补偿和保障体系依然不健全；行政与计划手段在解决地方与国家、地区与地区之间的经济矛盾和利益冲突时效力有限，简单的行政命令难以切实保障国家级区域发展规划落实到位。如我国的广东、江苏、山东、浙江、河南一直以来在各省份的按不变价格计算的经济总量位居排名前五，排名最后的五个省份甘肃、海南、宁夏、青海、西藏的2011年经济总量只有当期广东省的1/4，体现了我国区域间经济发展极不平衡的情况。

（三）中国全球产业供应链布局尚不掌握主动权

从国内看，尽管我国经济总量已列世界前茅，但生产力水平总体上还不高，产业结构不合理，城乡、区域发展不平衡，长期形成的结构性矛盾和粗放型增长方式尚未根本改变，工业化、城镇化快速发展同能源资源和生态环境的矛盾日益突出。我国科技自主创新能力还不够强，总体上经济发展技术含量不高，很多关键技术和核心技术受制于人，先导性战略高技术领域科技力量薄弱，重要产业对外技术依赖程度仍然较高。

从全球范围来看，欧美消费—中国制造—中东和俄罗斯提供资源的全球经济模式仍是主流，中国在全球产业供应链中仍处于微笑曲线低附加值区域，在全球产业供应链中处于附属地位，不掌握主动权，我国粗放型的外贸发展方式仍未改变，货物贸易结构仍不合理。2014年3月5日，李克强总理在政府工作报告中指出，“从战略高度推动出口升级和贸易平衡发展”。因此，新时期要以提升我国在全球产业链分工中的地位，促进外贸平衡发展，优化和调整我国的货物贸易结构，提高我国在全球产业供应链中的主动权。就优化货物贸易结构而言，主要应提升我国出口在全球产业链分工中的地位，创造外贸竞争新优势，积极扩大进口，促进外贸平衡发展。

1. 提升我国出口在全球产业链分工中地位，推动产业出口升级，创造外贸竞争新优势

2013年我国货物贸易总额首次超越美国位居全球第一，占全球货物贸易总额的12%。但在全球产业链分工中，我国出口仍基本集中在中低端，质量和效益不高。出口产品主要依赖劳动力密集、技术含量较低、附加值不高的加工组装环节，附加值和技术含量高的研发、设计、营销等环节仍主要掌握在发达国家手中。虽然机电产品和高新技术产品已成为我国出口商品的主体，但具备自主知识产权、自主品牌、自主营销渠道的产品比重低。据测算，我国自主品牌产品出口金额比重不足10%。我国很多出口商品的核心技术掌握在发达国家跨国公司手中，如集成电路和电子元器件的对外依存度达到85%，高端核心芯片与电子元器件99%依靠进口，石油化工装备的80%、数控车床的70%，光纤制造设备近100%依赖进口。在2013年我国出口产品中，机电产品61.2%是外资企业生产的，51.1%是加工贸易方式出口的；高新技术产品73%是外资企业生产的，65.3%是加工贸易方式出口的。

以往我国凭借低廉的劳动力成本和资源价格一举成为“世界工厂”，外贸发展主要依靠价格竞争优势，但未来劳动力价格持续上涨，“人口红利”的低成本竞争优势将持续减弱。与此同时，资源、能源和环境约束加剧，成为制约我国经济贸易可持续发展的重要因素。因此，传统产业出口升级应增加更多技术、品牌、质量和服务的含量，延伸出口产业链，提高我国在全球产业链分工中高端价值增值环节上的供给能力和性价比，增强综合竞争力。2010年9月我国提出的新能源、生物、高端装备制造、新材料、新能源汽车、新一代信息技术、节能环保七个战略性新兴产业应加快研发、制造、营销等各环节的国际化发展水平，提升全产业链竞争力；在积极促进战略性新兴产业出口规模扩大的同时，着重提升发展质量和全球产业链分工地位，形成我国参与国际竞争新的比较优势。

2. 积极扩大进口，促进外贸平衡发展

长期实施“重出口、轻进口”、“奖出限入”的外贸政策，虽然使我国成为世界货物贸易第一出口大国，但由于出口增长明显快于进口增长，形成了巨额贸易顺差，也由此带来贸易摩擦不断升级、能源资源供应紧缺、环境污染严重、人民币升值压力加大等诸多问题，现以不可再生的重要自然资源稀土外贸为例作简要介绍。稀土因其独特的物理化学性质，广泛应用于新能源、新材料、节能环保、航空航天、电子信息等领域，是现代工业中不可或缺的重要元素，中国拥有较为丰富的稀土资源，近年来，中国在稀土的开采、生产、出口等方面的发展，不仅满足了国内经济社会发展的需要，而且为全球稀土供应作出了重要贡献，当前，中国以23%的稀土资源承担了世界90%以上的市场供应。在快速发展的同时，中国也为此付出了巨大代价：一是资源过度开发。因超强度开采，中国稀土资源保有储量及保障年限大幅下降，主要矿区资源加速衰减，原有矿山资源大多枯竭。二是生态环境破坏严重。稀土开采、选冶、分离存在的落后生产工艺和技术，严重破坏地表植被，造成水土流失和土壤污染、酸化，使得农作物减产甚至绝收，一些地方因稀土过度开采，还造成山体滑坡、河道阻塞、突发性环境污染事件，甚至造成重大事故灾难，给公众的生命健康和生态环境带来重大损失，而生态环境的恢复和治理，也成为一些稀土产区的沉重负担。三是产业结构不合理。冶炼分离产能严重过剩，稀土材料及器件研发滞后，低端产品过剩，高端产品匮乏。四是价格严重背离价值。一段时期以来，长期低迷、资源的稀缺性没有得到合理体现，生态环境损失没有得到合理补偿。五是出口走私比较严重。2006年至2008年，国外海关统计的从中国进口稀土量，比中国海关统计的出口量分别高出35%、59%和36%，2011年更是高出1.2倍。针对稀土出口出现的突出问题，中国政府加大了对稀土行业的监管力度，把保护资源和环境、实现可持续发展摆在更加重要位置。

因此，开放不是一味出口，我们还应发挥好进口的作用，促进外贸平衡发展。进口先进技术设备等投资品，可以提高国内生产效率和技术水平，提高出口产品竞争力；进口消费品可以产生消费示范效应，并传导至生产环节，提升国内同行业制造水平，提升出口产品档次、质量。因此，实施积极的进口战略，对促进我国经济可持续增长、实现产业结构升级、提高居民生活质量、缓解贸易保护主义压力、维护国家经济安全、提升我国的国际竞争力与影响力具有重要意义。

二、中国构建全球产业供应链对策探讨

（一）着力推进产业融合联动，促进中国经济增长方式转变

1. 以产业融合升级产业结构，转变经济增长方式

目前我国产业结构呈现严重的不合理现象，如三次产业比重失衡，第一产业、第二产业比重过大，第三产业比重较低。一是通过生产性服务业融合促进我国产业结构转型，即随着生产性服务业的发展能有效地促进我国第三产业的发展，使第三产业与第二产业比值不断上升。二是通过信息产业融合促进我国产业结构调整，即随着信息技术的发展，信息产业融合了研发、生产、流通等各个环节，促进了产业供应链的发展。三是通过收入水平、对外开放以及政府财政支出等措施引导产业结构升级。如提高对外开放水平和政府财政支出，对我国产业结构转型产生积极作用。具体对策如下：

（1）提高现代服务业与制造业的融合度，转变经济增长方式。现代服务业由于具有高附加值、高技术、高知识含量、高人力资本投入以及高产业带动力等特点，提高科技创新能力与信息化水平，着力构建功能完善的现代化服务支撑体系，提高服务业与制造业的融合度。重点推动现代物流业、通信、计算机服务与软件业、研究与试验发展业、综合技术服务业等与制造业密切相关的生产性服务业发展，促进制造业内部服务化比重的提高，形成生产性服务业与制造业互动的格局，进而推动经济结构转型，转变经济增长方式。

（2）加快高新技术产业与传统产业融合步伐，促进经济增长方式转变。通过高新技术产业与传统产业的融合，促进传统产业的生产技术及节能减排技术的提升，能有效地降低传统产业的能耗率与污染排放率，提升传统产业的生产效率，对促进我国走资源节约型、环境友好型的发展道路具有重大意义。

（3）以信息化带动工业化，走新型工业化道路，促进经济增长方式转变。以信息化带动工业化，能有效地协调劳动密集型产业、资本密集型产业以及技术密型产业、虚拟经济与实体经济、三次产业之间的相关关系，最终实现国民经济结构总体转型与优化升级，从而促进经济增长方式转变。

（4）建立完善的要素市场，大力发展职业教育，促进经济增长方式转变。信息时代的现代化产业发展，对就业者的素质提出了更高的要求，要想促进产业融合快速发展，就必须培养大量精通新技术、新经济的高素质人才，高技能型人才是推动产业融合发展

的重要力量，是实现经济增长方式转变的关键。

（5）完善社会保障体系，增加居民收入水平，促进需求结构由外向型向内生型转换，推进增长方式转变。虽然改革开放以来，我国经济发展取得了巨大的成就，居民收入水平不断地提高，但是消费率并没有显著地提升。其深层次的原因是我国社会保障体系不完善，居民未来没有保障，由此导致我国居民储蓄率较高，消费率较低。由此建立健全社会保障体系，能有效地促进我国居民消费率，扩大内需。完善社会保障体系，增加居民收入水平能有效地促进我国居民消费，从外向型经济向内向型经济转型。

（6）创造良好的产业融合支持外部环境，促进产业融合快速发展和经济增长方式转变。产业融合使得原有产业价值链发生转移，多个产业间的重新组合，需要一个良好的外部支持环境。首先，政府应加强促进产业融合发展的法律法规等制度建设，积极促进产业融合机制的建立，主要包括组织协调机制、企业为主体机制以及创新服务支撑机制，并进一步放松对相关产业的管制水平。其次，重点扶植优势产业，如通信、计算机与软件业、研究和试验发展业、综合技术服务业、教育、文化与娱乐业、高新技术产业，把这些产业培育成国民经济支柱产业。再次，加大对信息安全的监管力度。在信息化的产业融合中，常常面临着个人信息与隐私的保护、电子交易中的法律保护等问题，如果没有一个良好的信息安全环境，就会阻碍产业融合的发展。

2. 以产业联动优化产业空间区域分布，促进区域经济协调均衡发展

受资源约束和地方政府竞争造成的重复建设，使得区域之间同类资源争夺激烈，产业发展出现一些不合理的发展状态，比如某些产业的产能严重过剩。在日渐开放的区域经济环境中，彼此联系且发展不平衡的产业之间实际上早已经发生各种形式的相互作用，跨区域产业联动要求打破区域限制、企业限制、市场限制在全球市场配置资源，促进产业在区域之间的合理布局，实现专业化分工企业在产业之间的优势互补、协同发展。因此，有必要通过跨区域产业联动，拓展企业的发展与升级空间，以提升区域经济发展整体竞争力。

（1）以区际和全球视野审视自身发展战略，优化产业供应链网络，促进产业跨区域发展。随着对产业联动重要作用的共识不断增强和区域基础设施条件不断改善，区域产业联动的制度障碍将会逐步清除，企业跨越区域边界经营的制度和体制环境更为宽松，全球统一大市场逐渐形成，区域经济发展水平普遍提高，区际产业的关联度日渐加强，越来越多的企业将会以全球视野和区际视野审视自身发展战略，主动加入纵横交错的分工合作网络系统。

（2）信息化与工业化、农业化深度融合，实体产业与虚拟产业联动发展。智能建筑、智慧交通、移动宽带互联网等信息化系统与工业化、农业化的融合，不断创造出更为有效率的产业跨区域协调联动的方式，基于创新的产业联动模式所占比例日渐增多。实体产业与虚拟产业的紧密结合、互动发展，产业分工与合作呈现高度的跨行业、跨区域纵横向整合趋势。

（3）区域要素禀赋的结构升级突破了地域限制，要素的跨区域组合对于产业发展产生更大影响，促进区域经济均衡发展。资源约束条件下，取长补短、扬长避短的产业联动方式，成为要素禀赋匮乏地区区域发展的新途径。

（二）重点发展战略性新兴产业，构建中国全球产业供应链体系

1. 大力发展战略性新兴产业，促进中国产业供应链向高附加值产业升级

中国主要依靠高资源投入来提高产量的粗放型经济增长方式已经受到资源供给约束并带来了自然环境恶化、经济环境恶化的严重后果，这些问题迫切需要向主要依靠提高资源利用和效率提升产量的集约型经济增长方式转变。基于此，2009 年我国首次提出战略性新兴产业概念，并于 2010 年 10 月 18 日颁布了《国务院关于加快培育和发展战略性新兴产业的决定》，将节能环保产业、新一代信息技术产业、生物产业、高端装备制造业、新能源产业、新材料产业、新能源汽车七大产业作为现阶段重点培育和发展的产业。这些战略性新兴产业将新兴技术与新兴产业深度融合，引起社会新的市场需求，技术门槛高、带动能力强、综合效益好、成长速度快、市场潜力大、产业规模大，在产业供应链微笑曲线中处于高附加值位置，对中国提高产业供应链掌控权和对全球产业供应链体系的构建以及国民经济全局和长远发展都具有重要意义。因此，加强政府宏观指导，提高科技创新能力，完善相关体制机制，统筹战略性新兴产业规划和政策导向，推进战略性新兴产业发展，促进中国产业供应链向高附加值转移升级。此外，美国的市场化为主、日本的政府主导扶持发展和韩国的政府与民间相结合的发展模式对我国发展战略性新兴产业都具有一定的借鉴意义。

2. 强化产业布局，实现中国产业供应链资源整合

目前我国战略性新兴产业初步形成了以长三角、珠三角及环渤海地区为主的产业布局，且产业集聚趋势日益明显。由于在地方产业规划中看重短期利益，跟风现象严重，结果导致有些产业出现产能过剩、而有些产业满足不了市场需求的现象。此外，还存在地区优势产业趋同、产能分布不均的现象，并没有形成国家范围内的产业分工及产业供应链条。因此，应该对优势产业集中区域做出统一的产业规划，分别选择不同的重点发展方向，使战略性新兴产业在全国范围内协同发展，实现我国产业供应链的资源整合。首先，根据各地区生态资源环境和区域特色优势，优化我国产业总体布局，在形成多个专业性生产基地的基础上形成区域间优势互补，相互促进的机制和格局。其次，加强经济发达地区的辐射带动作用，形成区域分工明确、优势产业互补的产业布局。最后，对于产能过剩部门及时转变生产方向，进行统一规划、实施产业结构调整。注意战略性新兴产业各子行业的协调发展，通过相关政策措施调整资源流向，加强弱势产业的技术研究开发，避免产生“瓶颈”行业。

3. 优化产业结构，建立完整的中国产业供应链条

未来的产业发展不仅是孤立的横向产业间竞争，更是纵向的产业链的竞争。目前我国战略性新兴产业各细分行业中普遍存在产业链条关键环节缺失、各环节之间缺乏有效的联动的问题。因此必须进行产业链有效整合，从而占据产业链的高端地位。在产业链整合过程中，重点发展产业链条的薄弱环节及未来有可能成为“瓶颈”的产业链，使我国战略性新兴产业链条各环节间实现平衡、协调发展，进而形成完善的产业体系。围绕

结构调整和升级换代，提高产业的持续发展能力，进行技术、市场、金融多资源的整合。鼓励企业进行资源整合兼并，壮大企业规模，形成一批大规模的优势企业。鼓励产业中介机构及服务行业的发展，促进产业间的垂直整合，有利于形成高端产业链条，完善产业体系。

此外，还应考虑战略性新兴产业的规划发展与传统产业的改造升级相结合，在有发达的传统产业基础的领域及地区，注意通过注入先进的生产管理技术，完成传统产业顺利改造。同时，通过培育一批具有国际竞争力的大型企业集团，发挥其在产业中的引领带动作用，鼓励优势企业抓住国际产业结构调整的机遇，充分利用国内外两种资源，力争在国际产业分工格局中占据更加有利的位置，提高中国在全球产业供应链中的掌控力。

4. 搭建物流网络和信息平台，协调中国产业供应链成员关系

产业供应链构建要有效地发挥其对于经济的推动作用，必须处理好产业供应链上的“四流”：物流、商流、信息流和资金流，其中物流和信息流又是关键所在。一是要重视产业供应链物流资源的整合，建立和产业发展有机衔接的物流网络；二是要加强信息平台的建设，建立风险管理系统；三是要针对不同的产业供应链，构建与之相适应的产业供应链信息平台，并处理好长远规划和当前需要的关系。

此外，产业供应链构建更要协调好节点成员关系。产业供应链的目标是形成协同与规模优势，只有参与供应链各方利益达到相对均衡，才能实现真正的协同。而产业供应链上的各个节点企业都是独立自主的“有限理性经济人”，利益目标不完全一致，信息结构也不对称，而且性质相同的企业存在着“同极相斥”的内在驱动机制，这些都易造成冲突和矛盾。产业供应链不仅存在着产业内部的竞争与合作，也存在着产业间的竞争与合作，产业供应链成员间有着更为复杂的竞争与合作关系。因此，要研究产业内企业之间如何实现有效分工，产业间的相关企业如何消除体制性壁垒，实现有效协作，使各个企业依托产业供应链，体现出系统化的管理和协同化的操作。

第三章　城市供应链战略

第一节　城市供应链概述

一、城市供应链研究的紧迫性

目前，我国正处于一个空前发展的城市化进程阶段。市场经济的发展推动着城市经济的高速增长。根据国家统计局公布数据显示，截至2013年年底，我国大陆有4个直辖市、286个地级市（333个地级行政单位）、368个县级市（2853个县级行政单位）。2013年我国大陆总人口为13.6072亿，其中城镇人口53.7%、乡村人口46.3%。未来20～30年，仍将有2亿人口进城，城镇化率将继续提高近20%。

城市人口的增加，城市规模的扩大对城市供应链系统提出了严峻的挑战。城市是商流、物流、信息流、资金流和人才流的汇集中心，并以此影响和带动周边地区的发展。目前，我国城市普遍面临着中心区交通拥堵而外围交通设施利用率较低、运输车辆空载率高实载率低、场站设施的货物集散与城市商流人流疏解矛盾、城市生活及通勤交通功能与货物贸易集散冲突等问题。这些问题的产生一方面反映出城市的生产、生活、游憩、交通四大主体功能之间的矛盾冲突，另一方面也反映出我国城市在发展主体功能的同时，没有对与这些功能相伴而生的城市供应链系统进行分析、有效引导与优化提升。

二、城市供应链定义

城市供应链是指支撑一个城市生产与生活的供应链生态体系，它是主要围绕城市生活、工业生产、商贸流通过程展开，通过对商流、人流、物流、信息流、资金流的控制，将供应商、制造商、分销商、零售商以及最终用户连成一个整体的功能网链组织。

三、城市供应链与其他供应链系统的区别

城市供应链与其他供应链的区别在于，城市供应链的服务对象是整个城市，不是某个企业或某个行业；其追求的是以最小的社会消耗完成整个城市的社会活动，并为城市的经济发展提供服务性保障作用。城市供应链不单单是经济问题，它还与城市的总体发展目标、城市环境和交通、人口等问题紧密相关，而不是某个企业或行业的成本最低和利润的最大化；城市物流所配置的资源包括全社会的供应链资源，不仅仅包括运输工具、运输线路，还包括信息资源、金融服务、贸易便利化措施以及社会其他行业的资源。

四、城市供应链战略研究的重要意义

（一）城市是消费集聚、货物集散、价格形成等重要功能的枢纽节点

城市一方面往往是综合交通运输网络中的枢纽节点，发挥货物集散、转运、分拨功能的功能实体聚集区域，另一方面又是企业总部、金融机构、供应链服务机构的主体活动区域，为供应商、生产厂家、销售商进行商业贸易活动、资金结算与融通活动提供载体空间，是供应链网系统中极其重要的功能载体。

（二）城市供应链服务能力与水平是城市整体竞争力的体现

城市供应链服务能力和水平是反映城市整体竞争能力的重要方面，是一个城市与竞争对手相比在竞争和发展过程中所具有的吸引资源、创造产品、占领市场，为居民提供福利的能力。城市供应链服务能力不仅仅表现为城市物流基础设施资源的供给水平，还表现为城市供应链服务的需求水平。

（三）城市供应链发展有利于提高城市相关产业运行效率与效益

城市供应链服务水平的提升有利于工商业企业将制造业物流与商贸物流分离出来交由专业的供应链服务商，制造企业和商业企业集中精力抓自己的核心竞争力，并引入精益生产或定制化服务，实现准时化、柔性化生产与个性化服务，一体化运作，既节约了物资、人力与时间成本，又增强了相关企业的核心竞争力。同时，城市供应链体系的打造营造了良好的城市发展软硬实力，有助于城市内的企业单元参与更大区域或国际的产业分工，也有利于城市招商引资与扩大再生产等活动的展开，吸纳更多、更优质的核心企业与服务机构加入城市系统，提高城市影响力与竞争力。

（四）提高社会资源利用率，降低城市运营成本

城市供应链采用系统方法协调供应链上下游主客体，整体优化配置资源，以使整个供应链总成本最低、效率最高、资源节约为目标。研究显示供应链管理的有效实施可以使运输成本下降5%～15%，库存下降10%～30%，总成本下降20%左右，整个供应链的运作费用下降10%～25%。

（五）城市往往是最便于组织供应链的技术与模式创新的场所

城市是区域功能配套相对较完善的空间单元，供应链系统赖以发展的软硬件环境齐备，既是电子商务、大数据与移动互联网等支撑的技术创新与模式创新的智库单位汇集地，又是最便于组织技术创新与模式创新应用推广的区域。

五、城市供应链研究目的

城市供应链系统是在一定的城市规划和企业动作发展环境下，为满足城市经济发展要求和城市发展特点而组织的区域性物流设施与供应链服务功能共同构成的复杂系统。城市供应链研究目标是实现一个城市的供应链合理化问题，包括在一定的时间和空间范围内，由城市的供应链服务提供企业、相关基础设施、服务对象和信息等要素构成的具有组织城市供应链运转的有机整体。其中，城市供应链系统是企业供应链系统的综合，也是各产业供应链系统在城市空间、设施载体上运行的外化表现。

六、城市供应链发展目标

城市供应链发展的目标可从功能、效率、资源环境与体系运作安全等角度界定。

功能目标：为城市及其辐射影响范围内的生产与生活系统中相关的商流、人流、物流、资金流与信息流系统提供最为便利和最具竞争力的供应链服务。

效率目标：以不影响产业竞争力的供应链成本与效率提供优质的供应链服务。

资源环境目标：建立能够应对供应链发展相关能源问题、环境问题、交通安全问题等的供应链系统。

七、影响城市供应链发展的因素

目前国内外多数城市的供应链发展主要受其自身的产业基础、地缘特色及所处的经济发展阶段等诸多因素所制约。

（一）产业基础

产业是城市发展的基础，城市是产业发展的载体，城市特色优势在经济领域主要表现在产业特色优势上。依托城市特色资源发展特色优势产业，将城市供应链与产业特色有机结合，有利于提高城市的核心竞争力，也有利于城市个性的塑造和竞争力的培育。

（二）交通区位

城市一般基于相对优越的交通区位逐步发展起来，或依托干线公路相交，或基于公路铁路联运枢纽繁忙的中转集散，或面临海港河港发展等，如青岛、宁波等港口城市依托水港的资源优势，培养临港工业和港口物流业等特色产业，将供应链与临港产业结合形成了城市发展的特色。

（三）地缘经济

地缘经济成为城市发展的基础，决定了该城市基本经济部类的发展方向和内容。基本经济部类是城市向外部提供产品和服务的经济活动，是促进城市发展的主要动力。因而，城市供应链除为城市的非基本经济部类服务外，更多的是为城市的基本经济部类服务，由此，地缘经济成为影响城市供应链发展的主要因素。如苏州市依托长三角经济圈发展保税物流；深圳市依托珠三角经济圈发展物流总部经济、航运衍生服务等高端物流业态；天津市依托京津冀经济圈构建“交易＋物流＋金融及信息服务”“三位一体”的国际型港航物流服务体系。

第二节　城市供应链竞争力理论研究

一、城市供应链对城市发展的影响

城市供应链对城市发展的影响包括：

(1) 城市作为工业集中地，供应链发展可以降低生产成本，提高市场竞争力。

(2) 城市供应链系统环境的优劣，是引进内外资的重要条件，是能否进入全球采购系统的重要条件。

(3) 城市作为一个人口居住的集中地，供应链服务水平是人们生活质量和水平的重要标志之一。

(4) 城市供应链的发展，可以起到对周边城市的辐射作用，尤其对采购、销售相关的供应链物流集聚作用较强。

(5) 城市供应链发展是进出口贸易能否正常进行与加速发展的重要条件。

(6) 城市供应链绩效水平的提高，有利于提高城市综合实力、竞争力、经济效率。

(7) 城市供应链的优化升级，有利于优化产业结构，全面推动城市经济发展，促进城市发展环境的改善，提升城市整体形象。

二、城市供应链竞争力研究方法与理论框架

(一) 研究方法

城市供应链竞争力研究方法主要有：①聚类分析法；②因于分析法；③多元线性回归；④区位商。下面着重介绍一下区位商，区位商又称专门化率，用来衡量某一产业的某一方面，在某一特定区域的相对集中程度。在衡量某一区域要素的空间分布情况，反映某一产业部门的专业化程度，以及某一区域在高层次区域的地位和作用等方面的指标。在产业结构研究中，运用区位商指标可以分析区域优势产业的状况。通过计算某一区域产业的区位商，可以找出该区域在全国具有一定地位的优势产业，并根据区位商 Q 值的大小来衡量其专门化率。Q 的值越大，则专门化率越大。

(二) 城市供应链研究理论框架——波特钻石理论模型

“钻石模型”是由美国哈佛商学院著名的战略管理学家迈克尔·波特提出的。波特的

钻石模型用于分析一个区域某种产业为什么有较强的竞争力。波特认为，决定一个国家某种产业竞争力的因素有四个。

1. 城市生产要素：人力资源、天然资源、知识资源、资本资源、基础设施

城市的生产要素划分为初级生产要素和高级生产要素，初级生产要素包括天然资源、气候、地理位置、非技术工人、资金等；高级生产要素包括现代通信、信息、城市交通等基础设施，受过高等教育的劳动力、研究机构等。初级生产要素重要性越来越低的原因是，其需求在减少，而跨国公司可以通过全球的市场网络来取得。高级生产要素对获得竞争优势具有不容置疑的重要性。高级生产要素需要先在人力和资本上大量和持续地投资，而作为培育高级生产要素的研究所和教育计划，本身就需要高级的人才。高级生产要素很难从外部获得，必须自己来投资创造。

2. 需求条件：市场的需求

需求市场是产业发展的动力。当客户对产品、服务的要求或挑剔程度在国际间数一数二，就会激发出该国企业的竞争优势。即如果能满足最难缠的顾客，其他的客户要求就不在话下。

3. 城市支柱产业和战略新兴产业的表现：这些产业和相关上游产业是否有竞争力

相对形成竞争优势而言，战略新兴产业与优势产业是一种休戚与共的关系。城市的"产业集群"一定是相关强势产业一同崛起。例如印刷机的优势，离不开造纸业、油墨业、制版业、机器制造业的强势。美国、德国、日本汽车工业重镇的竞争优势离不开钢铁、机械、化工、零部件制造等行业的支持。

4. 企业的战略、结构、竞争对手的表现：推进企业走向国际化竞争的动力

这种动力可能来自国际需求的拉力，也可能来自本地竞争者的压力或市场的推力。创造与持续产业竞争优势的最大关联因素是国内市场强有力的竞争对手。

这四个要素具有双向作用，形成钻石体系。在四大要素之外还存在两大变数：政府与机会是无法控制的，机会是可遇而不可求的，机会可以影响四大要素发生变化。对企业发展而言，形成机会的可能情况大致有基础科技的发明创造；传统技术出现断层；外因导致生产成本突然提高；金融市场或汇率的重大变化；市场需求的剧增；战争等。机会是双向的，它往往在新的竞争者获得优势的同时，使原有的竞争者优势丧失，只有能满足新需求的厂商才能有发展"机遇"。政府政策的影响也很重要。从事产业竞争的是企业，而非政府，竞争优势的创造最终必然要反映到企业上。即使拥有最优秀的公务员，也无从决定应该发展哪项产业，以及如何达到最适当的竞争优势。政府能做的只是提供企业所需要的资源，创造产业发展的环境。政府只有扮演好自己的角色，才能成为扩大钻石体系的力量。

波特提出，从区域经济发展与竞争优势的变化可以看出，竞争力的发展分别经历了四个阶段。即生产要素导向阶段、投资导向阶段、创新导向阶段和富裕导向阶段，如图1－3－1所示。

在经济发展的最初阶段，几乎所有的成功产业都只是依靠钻石体系中基本的生产要素。只有具备各种天然优势、充裕且廉价的劳动力资源等优势的城市，其相关行业才有

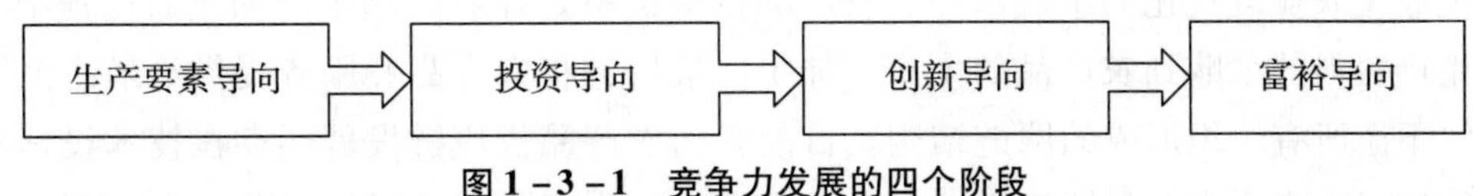

图1－3－1　竞争力发展的四个阶段

可能进军更大区域市场从而形成较强竞争力。可以说这一阶段的城市，其优势主要依靠资源禀赋。我国内蒙古、山西、新疆等地有很多资源导向的城市目前处于这一阶段。

进入投资导向阶段，竞争优势不再主要依靠天然资源，而是依靠包括技术人才在内的创造性的生产要素、较大的市场需求、同业激烈的竞争和正确的企业战略，竞争优势的钻石体系中有三个关键要素在发挥作用。显然，进入投资导向阶段的竞争优势明显大于处于经济发展最初阶段的城市。

当进入创新导向阶段，许多产业已经出现完整的钻石体系。钻石体系中所有关键要素都在发挥作用，交互作用的效应也在增强。在此阶段，依赖生产要素而形成竞争优势的情形越来越少，许多产业通过升级，在不具有生产要素优势的情况下，已经具备了通过技术创新、开发新产品、采用新工艺流程的方式获得竞争优势的能力。并且，由于长期的高投入，高级的基础建设、研究机构等不断地成长起来，通过创造高级且专业化的生产要素而产生新的具有竞争优势的产业。总之，创新导向阶段的城市，其企业在产品、生产技术、生产工艺，乃至营销理念手段等方面的创新，是其获得竞争优势的主要方面。北京、上海、广州等城市目前处于创新导向阶段。

当进入富裕导向阶段后，往往呈现出经济衰退和竞争力下降的趋势。以往财富的积累，并不意味着永葆竞争优势。社会的富裕使企业的投资意愿、冒险精神、创新和竞争意识有所减退，人们对基础科学、艺术、服务等其他领域的兴趣远远大于产业界。随着制造业地位的减弱，出现了失业率上升、人民生活水平下降等一系列问题。

处于前三个发展阶段的城市，其竞争优势处于逐渐强化的阶段，城市的经济活力逐渐增强。当进入富裕阶段，其竞争优势就呈现出衰退的趋势，但是并非所有城市供应链竞争优势的发展都会由初级生产要素阶段向最终富裕阶段过渡，有可能出现跳跃性变化或逆向变化。

第三节　城市供应链发展战略与模式研究

一、基于基础产业特色的城市供应链模式

由于自身资源禀赋和区域分工不同，各个城市的产业结构各不相同，相应的供应链发展模式也各具特色。

（一）以农产品供应链为主的城市供应链

我国大部分中小城市在发展初期都是由农产品供应链的区域组织中心发展起来的。我国是农业大国，农产品是我国农业的主要产出品，也是城市居民生活的必需品，其生

产和流通是农业现代化的组成部分。农产品供应链就是在农产品生产和流通过程中，从农业生产资料的采购到农产品的生产、加工，最后到将农产品和服务提供给最终消费者的上、下游所有组织形成的网链结构。目前我国农产品供应链发展还存在技术设施不完善、物流成本高、农产品物流企业服务能力不强、农产品供应链信息化水平较低、农产品供应链标准缺乏等诸多问题。目前，我国主要的农产品供应链组织模式有四种：

1. 以加工企业为核心的农产品供应链——呼和浩特市模式

以农产品加工企业为供应链的核心，与上游种植户，下游批发、零售企业签订长期购销合同，就利润分配、统一管理、风险共担等方面内容达成一致。农产品加工企业整合生产与销售信息，提供给农户及销售商，实现各环节信息协同。呼和浩特市有“中国乳都”之称，拥有“伊利”、“蒙牛”两大国内知名乳业品牌，其供应链就是该种模式。

2. 以批发市场为核心的农产品供应链——寿光模式

批发市场是我国农产品流通的主要渠道，据调查，我国农产品通过批发市场流通的比率超过 70%，在北京、上海等大中城市，比例超过 80%。农产品批发市场在供应链中处于核心地位，链接上游农户或生产基地和下游的次级批发商、零售企业及消费者。该种模式下，批发市场为农产品消费和服务层的各成员提供交易信息和场所，集成供给和需求双方信息，实现供应链成员信息共享。山东省寿光市、栖霞市就是该种供应链模式。

3. 以零售企业为核心的农产品供应链

在西方发达国家，农产品大多数在连锁超市销售，欧美等发达国家连锁经营的生鲜食品占总消费的 80%，美国和德国甚至高达 95%。我国农业产业化程度较低，超市等大型零售商一般采取集中大批量、多品种采购，超市一般拥有配送中心，其农产品加工配送中心向上游延伸，将生产环节与超市有效衔接，在配送中心进行产品的加工，减少上游流通环节，增加了农产品的附加值；向下游延伸，与消费者直接对接，使农产品直接进入零售市场，避免了流通过程中的损耗。超市根据市场需求进行统一采购、统一加工、统一配送，有效降低流通成本。

我国农业生产中农药、化肥超标严重，农产品质量和食品安全问题已经成为 2015 年中央一号文件的关注点。以零售商为中心的农产品供应链模式有利于保证农产品的质量及促进农产品流通标准化的实施。在这种模式中零售商与农户签订协议或自建生产基地，严格控制农产品质量，从源头上解决农产品质量问题。目前，我国的武汉市拥有中百、中商、武商、仙桃富迪等企业都是采用此种供应链模式。

4. 以第三方物流企业为核心的农产品供应链

以第三方物流企业为核心的农产品供应链是农产品供应商和销售商将其自营的一部分或全部的农产品物流活动委托给专业的第三方农产品物流企业来实现的。第三方物流企业组织生产者把分散的农产品集中到物流企业的物流配送中心，然后由物流企业再统一配送到整条供应链下游的各个企业。第三方物流企业是采购和配送的组织者，也是供需信息集中的中心，在整条供应链中起到领导和协调的作用。

（二）以第二产业为特色的城市供应链

1. 以制造企业为核心的工业供应链

以制造企业为核心的工业供应链，该种模式中生产企业拥有自己完整的供应链，对上游原材料供应节点企业、中间物流服务企业、下游产品销售节点企业和贯穿整个链条的信息进行管理。德国的大型工业企业一般采用SCOR模型（Supply－Chain Operation Reference Model），该模型由美国供应链管理协会推荐，可优化企业当前的供应链。

2. 以商贸企业为核心的工业供应链——温州模式

在这种模式中，商贸企业作为整个供应链的核心企业，领导和管理整个供应链的运行。商贸企业直接面对消费者，可以及时掌握和分析复杂变化的市场需求，根据市场需求向上游生产制造企业做出订单安排，使生产和销售无缝衔接。临沂市、温州市等商贸城市主要发展该种供应链模式。

3. 以第三方物流企业为核心的工业供应链

以第三方物流企业为核心的工业供应链就是生产商或者零售商同物流企业签订较为长期的合同，把整个物流环节外包的模式，即德国的合同物流。该种模式主要为汽车、配件、工业产品等提供个性化物流增值服务，为客户提供一个完整的、动态发展的可操作的物流供应链。

（三）以第三产业为特色的城市供应链

第三产业指不生产物质产品的行业，即服务业。2014年，我国服务业增加值占GDP的比重为48.2%，西方发达国家普遍达到70%左右，纽约、伦敦、中国香港等国际大都市的服务业比重达到90%左右。现代服务业已成为西方发达国家增长最快的产业，越来越多的生产企业，诸如IBM，已从提供产品转变到提供产品和服务再到提供服务解决方案，以服务为主导的供应链蓬勃发展。在我国，服务业还有很大的发展空间。以生产性服务为主导的集成供应链，各参与者交易、交往的基础是服务，虽然在服务供应链中也会存在大量的物质产品生产和制造活动，但这些活动只是价值创造和实现手段，价值实现的真正来源是服务以及差别化的服务体系。服务供应链区别于产品制造供应链的链条结构，是一种网络拓扑结构，基于供需双方不同视角，产生了嵌入式、链接式、拓展式、模块式和产融结合式五类服务供应链创新模式。北京市、上海市等知识密集型城市采用此种供应链模式。

二、基于地缘经济特色的城市供应链模式

目前，国内外多数城市的供应链发展受其地缘经济特色包括区位交通条件及在国家或区域中的政治、经济地位等的制约发展模式也各不相同。

（一）基于地理区位的城市供应链

基于地理区位的城市利用自身的航空、港口、铁路、高速公路等交通枢纽条件，通

过综合交通运输系统的建设，延伸交通基础设施的功能，构成物流基础设施平台，形成物流产业集聚和配套，构建集约化的产业发展模式。该类城市的供应链发展模式是通过综合运输服务系统、各类物流运输场站设施构成的多层次、多元化的区域物流服务系统，建设强大的物流服务系统支撑环境与条件，发展区域供应链服务。郑州市依托铁路枢纽优势发展此种供应链模式。

（二）基于区域经济的城市供应链

该类城市的供应链，一方面主要依托区域的资源、经济条件，通过构建区域综合性物流中心为区域城市提供一体化供应链服务；另一方面主要根据城市在国家和区域中的政治、经济地位，发展特色城市供应链，促进特色城市品牌的形成。

三、基于不同经济发展阶段的城市供应链模式

城市在不同的经济发展阶段，其经济侧重点各有差异，相应的城市供应链也各具特色。在城市发展初期，城市供应链主要满足本地流通消费需求，供应链短且简单。在城市发展中期，产业链特色形成后，城市供应链主要为扩大流通和增加集聚辐射能力服务，供应链长且复杂。大城市或特大城市发展阶段，城市供应链为跨国经济和全球经济服务，供应链向一体化、全球化方向发展。

（一）新兴城市的供应链

该阶段城市发展的主要是基于产业基础及满足本地流通消费的经济，相应的城市供应链也是基于城市的资源、产业基础，为非经济部类服务。在企业层面，供应链主要是企业内部功能的集成和企业内部的一体化管理，供应链短且简单，链状结构尚未形成。

（二）城市发展中期

该阶段城市发展的是扩大流通，增加集聚辐射能力的大流通，产业链特色显现。相应的城市供应链也是基于城市产业基础和区域经济，为城市基本经济部类服务。在企业层面，供应链发展成为由供应商、生产商、批发商、零售商等多个企业共同参与的链状结构，供应链长且复杂。

（三）大城市或特大城市发展阶段

由于现代技术革命，尤其是信息技术的快速发展，制造业的全球化趋势不断加强，全球化战略成为指导各跨国公司利用全球资源，开发全球市场，追求全球效率的首选战略。随着全球制造的不断发展，城市供应链向全球化、一体化方向发展。该阶段城市供应链的全球化主要有两种模式：一是通过引进大型跨国企业，鼓励本地企业积极嵌入其全球制造和流通网络中去，逐步发展成为跨国企业的战略合作伙伴；二是培育企业构建企业自身主导的全球供应链，积极开展国际分工和产业结构调整。吉利汽车所在的杭州

市即采用此种供应链模式。

四、城市供应链战略发展趋势

（一）基于大数据和移动互联技术的城市供应链网协同

供应链可视化技术的发展，使销售计划与供应商信息、生产计划等所需的大部分输入信息已经可以从底层迅速传递到供应链上相关企业或部门，以及更多的数据直接来自最终用户，一体化的集中供应链计划将极大提高城市供应链系统的整体效率。城市商业供应链中的购买方和销售方有关产品季节性、促销活动以及新产品发布等信息的共享，将进一步强化此趋势的发展，从而提高城市供应链体系中相关各方的效益，如更高的客户服务水平、响应速度以及更低的供应链成本和更集约的配送系统。

（二）决策分散化、服务个性化

供应链执行决策将变得日益分散化。随着供应链从供应推动模式（面向库存）发展到需求拉动模式（面向需求），成功地运作供应链需要 4 大关键因素：横跨整个供应链的实时的可视性、对于供应和来源选择的灵活性、针对终端客户需求多变和订交货周期缩短的响应性、根据市场潮流和新型设计的快速的新产品上市。

（三）城市供应链流程管理、事件管理与跨部门协调能力显著增强

对供应链效率的不断追求将越来越强调分散与集中相结合的结构和方法，即集中计划与分散执行相协调的模式。这对城市供应链的实时可视性提出了很高的要求，必须具备基于事件监控管理和快速反应的机制，优化城市配送车辆高度管理系统和城市配送中心布局，对出现的问题进行迅速调整和补救。

更高的可视性和更易于访问的实时信息，将大大提高供应链执行决策的预见性。供应链的实时可视性，以及与事件监控和管理系统的结合，将提高预见性决策的比例，最大程度地减少计划外情形所造成的不良影响，或提高利用该事件所创造的机会。城市重大决策将越来越多地由跨部门协调配合解决。

（四）城市供应链更加智慧化与柔性化，交流与共享氛围增强

在互联网与物联网时代，智慧城市建设提倡智能型、柔性化的城市供应链组织生态链，要求城市供应链的管理对商流、物流、信息流、资金流、人流等各种资源实现全程可视化优化，服务产品实现个性化定制化，要求城市供应链在发展模式上不断创新，供应链组织与发展模式的创新往往带来产业结构、空间布局、运作流程的巨大改变，有时甚至改变城市整体面貌。以前，城市供应链成员企业在企业文化、经营理念上存在差异，从而产生由企业边界所形成的技术交流与共享的障碍。随着城市供应链系统的融合，企业逐步认识到充分的技术合作和交流对于实现供应链双赢目标的重要性，通过供应链成

员企业间经常性的沟通，扩展原先只存在于企业员工之间的内部技术交流，实现各成员企业技术交流的集成和汇合，形成一种鼓励技术交流与共享的城市供应链文化氛围。

（五）城市政府相关部门要引导业界建立供应链学习培训体系

供应链各成员企业拥有的是自己领域内的专业技术，虽然这些技术大多可以被其他合作企业通过技术交流得到，但是像员工技能等却不能通过这种方式得到共享。所以，城市公共部门引导行业内部及其行业之间建立完善的供应链学习培训体系，不仅能够使技术最大限度地在供应链中得到共享，而且这也有利于提高城市整个供应链网的稳定性，促进供应链合作共赢氛围的形成。

第四节　城市供应链优化途径

城市供应链系统的优化与完善，应以建立满足商流、物流、人流、资金流、信息流五流合一、高度聚集并有序发展为主线，力图从城市供应链组织建设发展的角度建立“最佳城市”，参考国内外各城市在供应链发展方面的实践，可以考虑从以下方面着手优化完善城市供应链系统。

一、建立活跃有序的市场竞争环境，提供多种供应链选择

创建公平有序的竞争环境，鼓励供应链上下游主客体企业参与市场竞争。通过更加高效的经营者的加入以及供应链服务范围的不断扩大，提供公平公正高效率的供应链服务，增强市场的活力。为了应对多样化的供应链需要，新型的经营业态及服务内容将不断出现，创造出富有魅力、充满活力的城市供应链服务环境。

通过放松管制和引入社会资本建立各种运输方式的互相联合的一体化综合运输体系，使各种运输方式按照市场机制与遵循低成本和便利性的市场原则进行竞争并互相合作，同时给予新兴业态与新型服务内容宽松的发展环境，为城市及其辐射区域的社会经济系统提供最适合的服务以满足多种多样的需要。

二、合理推进多种业态的采购交易平台、设施系统建设与改造提升

根据城市产业经济特点与居民生活水平需要，科学合理并适时地推进现有批发市场、零售网点的优化升级与改造；根据市场产业基础、商业环境等条件，因地制宜地发展电子商务、大宗商品交易等采购交易平台；推进金融、物流、信息等相关产业的融合发展。

三、跨部门、跨行业协调配合

城市供应链内部及其输入输出端涉及各个产业领域和公共管理部门，要在政府各部

门之间、各行业之间、系统内各类运营管理人员之间形成协调配合联动发展的机制。例如，为了改善物流节点便利性、解除货物运输发展的瓶颈问题，各相关政府机关要联合起来共同努力，积极进行基础设施的整合并加强信息化管理等软件方面互联互通。另外，在进行共同配送等活动的每个自主处理的经营者、货主和政府部门及社会团体等各种供应链主体之间协调地、综合地进行协作非常重要。

四、加强仓储物流、商贸物流节点的整合

（一）近城节点整合

物流园区、配送中心等物流节点是城市供应链服务重要的空间载体之一，充分利用市区周边的物流节点，除有助于城市供应链服务的顺畅运行以外，还可以有效地控制进入城市内卡车的运输总量。同时，规模化、集约化动作的物流节点，对城市供应链的国际化、信息化、物流单位的大型化、食品等温度管理的需求强化、防灾、废弃物物流等一系列的发展极其有益。

（二）城内节点整合

还应加强城市内的末端客户货物的集散和配送等节点的整合。建立并完善城市共同配送系统，优化城市配送中心与末端节点网络，解决城市供应链末端环节——最后一公里配送问题。

（三）通道与运输路径优化

推进城市接连高等级公路的干线公路、高速公路的出入口周边、工业园区以及临港或临空物流基础设施的建设。研究制定城市货运通道系统的通过能力及其路径优化策略，通过信息化、自动化的保管、配送、流通加工等物流活动，提高各种业务的处理能力，完善各种设施的功能。

五、提升城市供应链组织的综合服务能力

（一）大力推进智慧城市与智慧物流发展

信息技术的发展极大地推动了智慧城市的建设步伐。移动互联技术和电子商务业态的普及极大地提高了库存管理、订货、发货、分拣、拣选、出货、配送、检验、店面管理等供应链活动的业务效率。在城市供应链的货物交易以及在运输保管的领域中，要解决经常出现的多数终端机设置等重复投资建设问题，还要不局限于同业种之间，要在不同行业的企业之间也可以实现高效的信息交换。在管理进出口贸易、出入港口或机场等的行政手续中，要利用信息化的技术，率先实现无纸化办公以及为客户提供一站式服务。

（二）通过标准化推进城市供应链组织的流转效率

在进行城市供应链信息化建设的同时，要大力推进 RFID、数据传送和数据交换的标准化应用，以及通过标示的普及和商品信息数据库的建立，制定对应 EDI 票单及捆包标签的标准化。通过政策引导，鼓励企业购买一体化的托盘装卸运输系统等便利的物流机器、开发并改善货物运输包装等的支持策略。

（三）新技术的开发和应用

在城市综合运输领域，推进定位系统的有效利用，用于导航、货物位置确认等，提高城市供应链可视化水平与安全性、可靠性。促进冷藏车、冷冻仓库等冷链物流的设施、设备及功能性薄膜、保冷容器等新鲜度保持材料的开发、引进，推进从产地到消费地的低温物流一体化系统的建设。

六、重视发展建设城市逆向物流体系

要努力掌握企业生产的状况、大型社区生活垃圾处置以及废弃物资再利用节点的设置规划及有关节点间的实际运输状态，对建立高效率的城市逆向物流体系进行研究，制定具体的发展规划与推进措施。制定推动废弃物资再利用等相关公共事业发展的指导方针与实施路径。

七、将城市供应链系统相关设施纳入城市规划法定体系

在城市总体规划中考虑将货物运输通道与物流设施节点纳入法定的城市规划系统。同时，在城市建筑物的结构设计要求中要考虑改善、排除以前制定的阻碍仓储配送与装卸搬运活动的不合理指导方针。在市内建筑物内要附设货物处理设施，大型商业区或商业中心要设置公共的货物处理设施及处理货物时所需的路边停车设施。

第五节　部分城市供应链案例

一、日本政治文化中心城市——东京

东京是日本的首都，也是日本政治、经济、文化、教育中心和海陆空交通的枢纽，也是世界金融中心之一。作为亚洲第一大城市，东京与美国纽约、英国伦敦并列为“三大世界级城市”。同时，东京也是日本人口高度密集的城市，截至 2014 年 3 月底东京市人口 1332 万。另外，东京地区占日本国土的 0.6%，而人口占全日本的 27.7%。2014 年，东京城市占日本 GDP 总量约为 61.7%。东京的城市供应链中比较著名的特征是开拓逐步完善城市共同配送系统，以及在郊区建设大型专业化物流园区，将大规模货运交通活动

限定在城市外围。

（一）交通运输规模大，物流园区建设专业化程度高

在航空物流方面，成田机场占据日本空港贸易总额的70%，处于绝对主导地位。目前东京共有四大物流园区，分别为大田平和岛物流专区（南区）、板桥高岛平物流专区（西北区）、足立舍人物流专区（北区）、江户葛西物流专区（东区），各物流园区基本情况如表1－3－1所示。

表1－3－1　东京物流园区基本情况

园区名称	项目	面积（公顷）	建成时间	能力
大田平和岛物流专区（南区）	公共货运站	24.2	1968年	433个装卸车位
	批发物流区	9.0	1974年	
	常温物流区	22.4	1970年	300000t
	低温物流区	4.7	1971年	147840t
	道路公设区	13.4	1968年	
板桥高岛平物流专区（西北区）	公共货运站	11.6	1970年	320个装卸车位
	批发市场	6.1	1972年	600t
	批发物流区	5.2	1971年	562t
	常温物流区	4.7	1971年	90000t
	道路公设区	13.4	1968年	
足立舍人物流专区（北区）	公共货运站	11.3	1977年	340个装卸车位
	批发市场	6.1	1979年	1014t
	批发物流区	3.5	1976年	
	常温物流区	4.7	1977年	90000t
	道路公设区	13.4	1974年	
江户葛西物流专区（东区）	公共货运站	18.5	1983年	460个装卸车位
	批发市场	7.5	1984年	600t
	批发物流区	9.4	1984年	562t
	常温物流区	7.3	1985年	120000t
	道路公设区	13.4	1984年	

（二）零售业供应链发展领先

目前在日本有便利店46000多家，其中规模最大的是7－11便利店，在日本共有1万多家。在物流配送环节，7－11本身并没有在配送中心上投资，而是改革分销渠道。在新

的分销系统下，一个受委托的批发商经营来自不同制造商的产品。此外，7－11 通过和批发商、制造商签署协议，能够开发有效率的分销渠道与所有门店连接。批发商是配送中心的管理者，为便利店的门店送货。将商品按各商店分开检点物品、按路径把商品装在一起。按交货时间发送、以低成本实现不到万分之一的误交货精度。配送共采取共同配送、细化配送、敏捷配送三种模式，同时建立一个可以迅速传递订单和反馈意见的信息系统进行标准化。

二、航运金融中心城市——新加坡

新加坡位于马来西亚半岛南端，地处印度洋与中国南海的分界处。北隔柔佛海峡，以 1056 米的长堤与马来半岛通连，居太平洋和印度洋航运要道马六甲海峡的出入口，是世界海运的十字路口之一。当地经济以电子、石油化工、金融、航运、服务业为主，高度依赖美、日、欧和周边市场，外贸总额是 GDP 的四倍，属于典型的外贸驱动型经济。根据 2014 年的全球金融中心指数（GFCI）排名报告，新加坡是继纽约、伦敦、中国香港之后的第四大国际金融中心，也是亚洲重要的服务和航运中心之一。新加坡的城市供应链发展起步于借助城市特殊的国际中转枢纽港的地理位置发展全球航运与金融中心，已成为全球能源、制造、商贸相关领域供应链的重要节点（见图 1－3－2）。

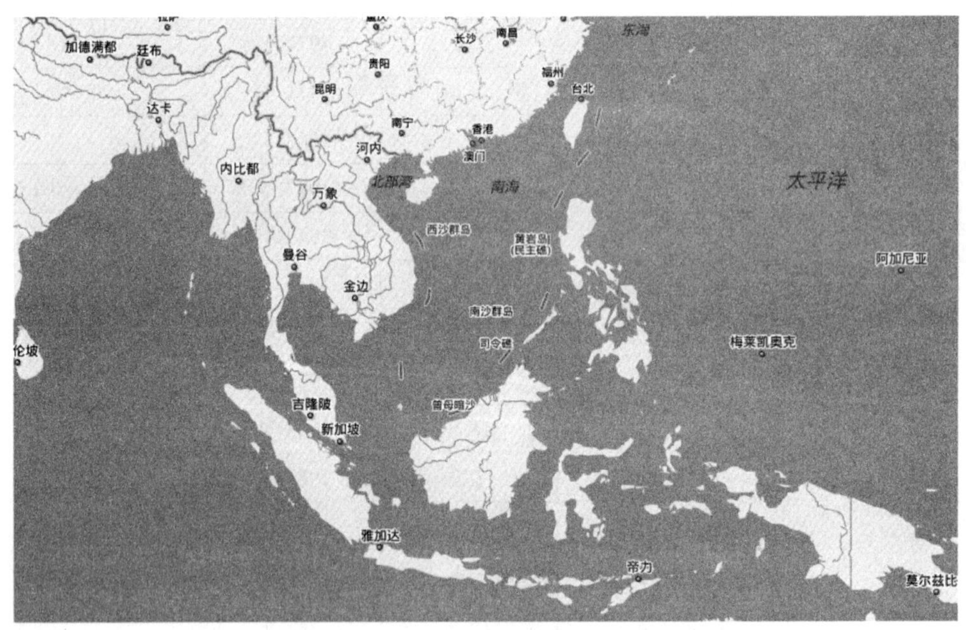

图 1－3－2　新加坡地理位置

根据新加坡政府的物流和制造业发展规划，新加坡城市供应链发展的目标是将新加坡发展成为全球供应链枢纽和神经网络中心。其主要内容包括：①把新加坡发展成为一个具有强大的航海、航空，及陆路运输能力的支持经济全球化发展的世界领先综合物流枢纽；②把新加坡发展成为全球综合物流（供应链）神经控制中心，成为跨越延伸腹地的全球物流和供应链活动及资产管理中心。

（一）港口和机场基础设施建设不断完善

新加坡港是世界第二大集装箱港口，共建设4个集装箱码头。新加坡港务集团每年可装卸超过3000万个集装箱，是世界上最大的单一箱运码头经营机构。新加坡樟宜机场内设有航空货运中心（空港物流园），面积达47公顷，是一个24小时运作的自由贸易区。这个一站式服务中心，提供装卸航空货物所需的设备和服务，从飞机卸下的货物送到收货人手中，前后只需1小时。

（二）拥有一流的线上通信和电子基础设施

目前，新加坡重点发展五个与城市供应链发展相关的网络：

（1）贸易网，在全国范围内实行电子数据交换，连接了海关、税务、军控、安全、经济发展局、企业发展局、农粮局等35个政府部门，与进口、出口（包括转口）贸易有关的申请、申报、审核、许可、管制等全部手续均通过贸易网进行。该网24小时运行，自动接收、处理、批准和返还电子申报。商家通过电脑终端10秒钟即可完成全部申报手续，10分钟即可得到批准与否的答复。

（2）港口网，用户包括港务局、船公司或其代理行、货主集装箱中转站和卡车运输业等1300多家。该网融合了航运界和港口的专业经验，利用高速的数据交换和通信将航运的各方面连接起来，简化点到点的信息流程，使港口用户获得船舶进出港信息、舱位安排、货物在港所处状态、预订舱位、指定泊位、起重机布置、集装箱实时跟踪等信息。

（3）裕廊港口网站，主要为裕廊化工岛物流提供服务。

（4）海事网，为800多家船运公司提供与船舶相关的海事服务，以电子方式处理和传送船舶文件，并提供网上船舶燃料采购、船舶追踪等信息。

（5）空运货物社群网络，通过这一平台，空运货物代理可直接与全球20多家大型航空公司和其他货运代理联系空运货物事宜和处理相关单证，并与世界其他同类型系统相连，提供区域和全球空运货物服务。目前新加坡95%的空运货物代理使用该系统，每月处理空运货物交易400万次。

（三）大力发展特色企业供应链

目前，新加坡已形成电子、化工、生物医药、资信与传媒、物流、金融等多个产业群，是世界硬盘驱动器的主要供应国，世界第三大炼油中心和重要的区域石油交易中心，也是跨国公司重要的亚太区域物流与后勤管理中心。借助良好的物流基础设施，新加坡企业供应链进入以运作效率高、国际性链接强、官方采用新技术、专业化集中发展和服务齐全为特点的全球供应链管理阶段。

三、北美航空物流城——孟菲斯

美国联邦快递于1973年在孟菲斯开始创业，这座城市的发展也开始加速。孟菲斯这座城市的历史几乎都是关于物流和运输的。40年之后，联邦快递已经发展成为全球的运输巨人，孟菲斯也成为了北美著名的航空物流名城，孟菲斯机场是世界最大航空货运机场，其规模在美国十大机场之列。孟菲斯机场航空货物吞吐量近20年保持世界第一位。2011年，孟菲斯机场航空货物吞吐量391.7万吨。孟菲斯城市供应链的发展得益于当地的航空物流巨头发展，通过大型跨国物流企业带动当地物流运作效率的提升，逐步成为国际航空物流产业聚集区（见图1-3-3）。

图1-3-3　孟菲斯联邦快递分拨中心

（一）全年不间断的运输

地理位置是联邦快递选择孟菲斯作为枢纽的主要原因之一。联邦快递全球供应链服务公司CEO表示："这在美国是风雨无阻运营的地区之一，不受到飓风、暴风雪或结冰天气等恶劣气候条件的影响。这是美国设立枢纽的最佳地点。"由于联邦快递每天巨大的运输量，孟菲斯国际机场连续多年位列全球最大的货运机场。联邦快递并不是这里唯一的航空运输专家，UPS在机场也拥有535000平方英尺的分拣设施。为了发展货运业务，孟菲斯机场的跑道经过了特殊处理，可以承接大吨位的飞机。

（二）多种运输模式齐发展

航空货运基础设施只占孟菲斯城市供应链1/4，这是一座多种运输模式并存的城市，通过高速公路（包括两条州际高速公路I-40和I-55）、水路和铁路和全球相连。400家卡车运输公司在本地区运营，业务遍及美加墨三国。孟菲斯还在规划延长I-69高速公路，将北上直达蒙特利尔，南下通过得州直下墨西哥。从孟菲斯出发，通过卡车运输能在一夜间到达全美 152 个市场。绝大多数卡车公司在这里都设有巨大货站。在密西西比河中，孟菲斯港口局是第二大内陆港口，是美国第四大内陆港口，每年运送的货物量超过 1.9 亿吨。对于驳船运输而言，该市的地理位置非常理想。孟菲斯的多式联运能将货物快速分拨，从“多式联运门户”地点出发，能在一夜之间覆盖全美 132 个大都会市场。

（三）靠航空运输集聚临空产业

孟菲斯便捷的运输条件是该市吸引众多企业的原因所在。其中企业特色之一是生物科学行业，当地员工中每 7 个就有 1 人在该行业工作。孟菲斯也是全美第二大整形外科设备的生产地区。比如洛杉矶的医生晚上 9 点治疗病人，下订单订购整形公司的产品，第二天 11 点就可以开始手术了。孟菲斯是全球能够提供这种服务屈指可数的少数城市之一。联邦快递绝大多数隔日运输货物都是通过孟菲斯，因此许多发货人将枢纽设于此就拥有了很大优势。比如“全国眼库中心”也设在此，这里有全球最大的角膜银行。同样对于伟创力，它在孟菲斯拥有全球最大的笔记本电脑维修点。

四、德国金融中心和空中门户——法兰克福

法兰克福在德国人口最多的 50 个大城市的经济活力排名中位居首位，在生活水准排名中居慕尼黑和斯图加特之后列第三位，德国最大的 100 家工业企业中有 20 家总部设在法兰克福。法兰克福是德国最重要的铁路、公路和航空交通枢纽，法兰克福机场已成为全球最重要的国际机场和航空运输枢纽之一。除化学、电子、机械、医药工业外，第三产业如交通、金融、会展事业更是蓬勃发展。法兰克福的城市供应链通过金融、会展发展吸引人气，带动交通枢纽的形成，同时依托当地特色的化工、机械、医药产业，拓展专业供应链。

（一）法兰克福机场带动城市供应链发展

法兰克福机场是德国最繁忙的机场之一，2013 年旅客吞吐量达 5804 万人，同步开发了两大机场货运城：北城为汉莎航空与整合服务商专用，南城为其他客户（货代，3PL 等）服务，业务量占法兰克福货运业务量 25%，客户包括来自 65 个国家的超过 80 家航空公司。法兰克福物流园区所提供的主要服务功能包括：房地产及设施管理、零售管理、信息及通信（提供机场信息技术服务解决方案）、物流（进出口货物运输，仓储，报关，快递，提供贵重、危险、易腐货物仓储及处理、相关咨询服务）、以及航空地面服务。在法兰克福机场附近 100 个足球场大小的一片土地上，是法兰克福货运城，总面积达 149 公顷，聚集了 80 家航空运输公司，100 家运输服务公司专业从事物流服务。由北向南，至今货运已发展成为南、北两个货运城，面积各为 98 公顷和 51 公顷。预计到 2015 年，货运城的货物周转量将达到 274.5 万吨。

（二）集中发展化工供应链

化工产业是法兰克福的传统支柱产业，境内拥有占地1136.7英亩的法兰克福—赫斯特工业园，园区约有2.2万名一般工作人员和4000多名研发人员，80多家化工、生命科学和生物技术领域的企业在此扎根，园区研发制造的产品涉及制药业、基础和专用化学品、食品添加剂、涂料、塑料、农作物保护等多个领域，同时配套提供能源供应、设备管理、技术维护、物流、教育培训、环境保护等全方位服务。园区通过资源共享和运输管线互通的产品流，吸引了多家全球著名化工企业。

（三）创新拓展医院物流

自2003年德国实施按病种结算以来，保险公司只根据诊断病种目录结算，医院想要盈利，就必须压缩成本。在这种压力下，医院开始优化业务流程，将非核心业务——非医疗及护理部门的业务部门独立经营或者外包给专业公司，以节省物流投资。在医院的三大主要流程——人流、物流、信息流中，医院物流是最难于管理的一类，但同时是节约成本潜力最大的部分。特别是在采购业务方面，80%的医院加入“采购联盟”，形成合作关系，以稳定和压低采购价格。越是小型医院，物流业务外包或合作的比例越大，区域化的采购供应正在逐步形成。药品、耗材、办公用品等库存型物品一般由外包商负责运送到医院的物流集散站，再由集散站分发到各临床科室。器械、清洁、洗衣及膳食等基本外包给专业的物流级服务公司，专业公司按照法律规定要求必须取得相应的资质证书以保证服务质量。对于危险品或对环境有害的物品物流，采用符合环保及劳动安全的特别流程收集。

五、德国西北部中心城市——不来梅

不来梅是德国最小的一个州，占地面积404平方公里，人口约68万。作为德国西北部的中心城市，不来梅以食品加工、航天航空、物流航运、汽车制造、贸易和风电等行业为支柱产业，在城市供应链发展方面，不来梅起步较早，建有德国最早的物流园区，同时依托德国汽车行业的优势，大力发展汽车供应链。

（一）拥有德国起步最早的物流园区

不来梅物流园区是德国起步最早的物流园区，占地仅1平方公里（约100万平方米），但是投入产出比为1:6（投资1.02亿欧元，而实现的效益为6.1亿欧元），而且牵动了1/3的人口从事与之相关的工作，吞吐量高居德国第二、欧洲第四，成为德国物流园区建设的典范。

1986年，6个入园企业成立了不来梅物流园区管委会，为园区内企业提供多种服务，如代理危险品检验、集体采购能源等，兴建有综合服务中心、维修站、加油站、餐厅、培训中心等。管委会是一个责任有限公司，目的不是盈利，而是代表这些成员的利益。

管委会还开展了许多项目，如不来梅城市物流、园区内企业合作、远程信息技术平台等。不来梅物流园区拥有五大特色：专用通道的设计、企业的集群效应、城市物流的基础、能源的高效利用、技术和服务的创新。

（二）拥有世界领先的汽车供应链系统

不来梅物流集团公司是德国目前最有名的专业汽车物流公司之一，从事汽车在不来梅港的转运业务。不来梅港是年周转量达 160 万辆汽车的港口，欧洲汽车生产商主要通过不来梅物流集团公司的口岸把汽车船运至美国和东亚；所有从亚洲和美国进口的汽车也首先来到这里。每年大约有 1500 艘汽车运输船到达口岸，通过不来梅港装船的汽车有戴姆勒—克莱斯勒、宝马、福特、大众、奥迪、保时捷、欧宝等。不来梅汽车物流公司广泛采用了标准化、系列化、规范化的运输、仓储、装卸、搬运、包装机具及条码技术。在整车运输方面，采用门到门桥运车、铁路专用车和水运滚装船多式联运的方式进行，运输车辆和包装全部标准化。

（三）建立有完善的食品保鲜供应链体系

食品加工也是不来梅的支柱产业之一，不来梅拥有先进的食品保鲜和包装技术，无论是肉类、鱼类，还是蔬菜、水果，从产地或加工厂到销售网点，只要进入流通领域，这些食品始终处在一个符合产品保质要求的冷藏链的通道中进行。在流通体系的各个环节上，食品安全检验和对保鲜运输的技术要求同样严格，政府通过完善的立法、严格的监督、严厉的惩罚等措施担当农产品市场的“铁面裁判”。

六、长三角重要经济中心城市——苏州

苏州市城市供应链主要依托港口物流和保税物流提升国际物流发展水平，同时依托长三角强大的制造业基础提高全球供应链物流服务能力（见图 1 –3 –4）。

（一）港口物流为依托

随着江苏省委、省政府支持太仓港发展各项政策的全面落实，太仓港区集装箱码头二期、三期的全面投运、四期的开工建设和航线航班开辟力度的加大，到“十二五”期末，太仓港区集装箱吞吐量将达到 600 万 TEU，货物吞吐量将达到 15000 万吨。同时，随着张家港市、常熟市经济的快速发展，张家港港区、常熟港区港口配套设施的不断完善，到“十二五”期末，张家港港区、常熟港区的货物吞吐量预计将分别增加 1 亿吨和 3000 万吨。

（二）保税物流为特色

江苏省的 3 个综合保税区、1 个保税港区均在苏州，苏州的保税物流在全省独树一帜，在国内外也有较大的影响。同时，太仓港正在积极申报保税港区，常熟国际物流产

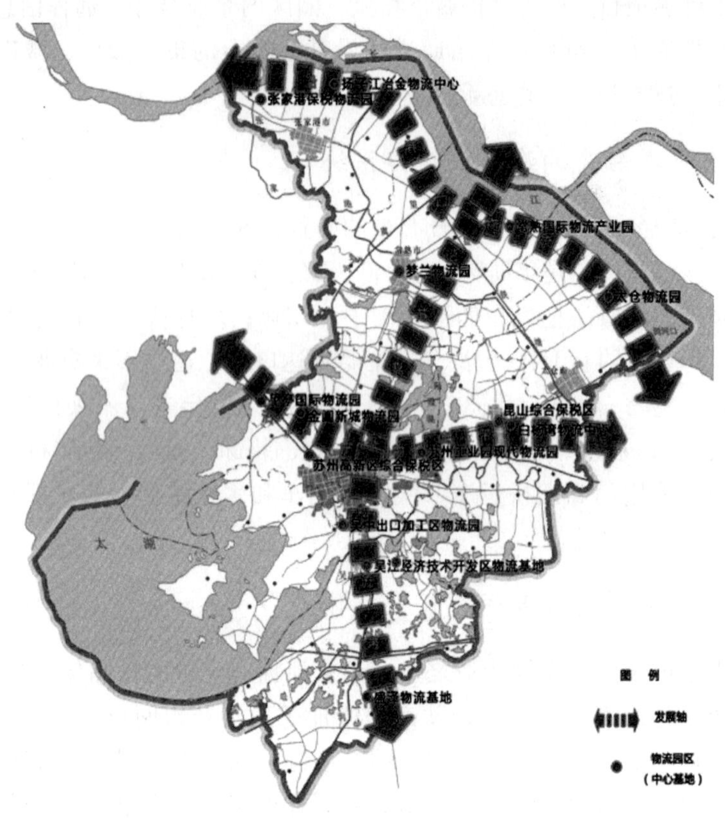

图 1-3-4　苏州物流节点规划

业园、吴江保税物流中心、吴中出口加工区也将全力争取叠加进口商品展销、展示、集散等功能，升级成为综合保税区。根据《苏州市开放型经济“十二五”规划》，苏州市“十二五”期间进出口总额预计增长 10% 左右，增长速度有所放缓，加工贸易占进出口总额的比重有所下降，但保税物流占进出口总额的比重将会明显上升。在国内有较大市场空间的进口中高档消费品（如进口红酒）、生产原料和备品配件将会有较大幅度的增长。

（三）持续发展 IT 供应链

苏州市规模以上通信设备、计算机及电子设备制造业具备较强竞争力，电子信息产业门类齐全，总量规模名列全国前茅。苏州 IT 物流的发展壮大，一方面将得益于三星半导体、快捷半导体等多家跨国公司在苏州建立的分拨中心，这类面向全球或亚洲地区分拨中心的年营业额可达数百亿美元。如三星半导体苏州分拨中心 2012 年进出口总额将达 200 亿美元左右。另一方面苏州本土为电子信息产业服务的 IT 物流企业也在迅速成长，如江苏新宁物流、江苏飞力达物流、昆山世远物流、苏州得尔达国际物流、苏州天天物流、中外运苏高新物流等。部分物流企业的经营服务范围已经从苏州扩展江苏全省，乃至重庆、成都等电子信息产业新兴地区。预计，“十二五”期间，苏州全市的 IT 物流将向产供销一体化全方位物流服务方向发展。

七、珠三角窗口城市——深圳

2013 年，深圳现代物流业增加值 1445. 62 亿元人民币，同比增长 11. 42%，占深圳市 GDP 比重约 9. 97%。作为我国改革开放的窗口，深圳市在城市供应链发展上也走在全国前列。深圳的城市供应链发展源自城市的创新动力，由大量的供应链管理公司兴起带动城市供应链组织的整体发展，同时依托电子商务近几年的强劲发展，创新电商物流发展新模式。

（一）集中大量供应链管理公司总部

目前深圳现有物流公司 14800 多家，供应链公司 300 多家，且集中了全国 80% 以上的供应链管理公司的总部。其中包括怡亚通、飞马国际、普路通、华富洋等行业龙头企业。

（二）不断提升物流效率

深圳市自 2006 年以来先后建成布吉批发市场物流园、金鹏物流园、现代物流园、南山物流园、光明物流园等十多个物流园（物流基地）。此外，以周谷堆农产品批发市场、金鹏批发市场、龙岗材市场、深圳国际汽车城、深圳汽配城等为代表的批发市场正在逐步转型为现代化的物流配送中心。据了解，到 2015 年年底，深圳市将建成粤东地区物流中心城市及国家级物流网络信息化枢纽城市，物流效率走在全国前列，重点培育和引进一批收入过 100 亿元的大型第三方物流企业，此外，应用现代物流查询信息技术的企业比重将要达到 50%。

（三）积极探索电商物流发展新模式

从 2009 年创建国家电子商务示范城市以来，深圳的电子商务交易额保持在年均 50% 左右的增长，电商交易总额位列国家第一梯队。2014 年，深圳市已正式发布《关于促进深圳电子商务物流业发展的若干措施》并开始实施，这是全国首个规范和促进电商物流业发展的地方政策性文件，政府的支持更将促进深圳市电商物流业的发展。

第四章 企业供应链战略

第一节 世界物流发展已进入供应链管理时代

一、物流业进入供应链管理时代的发展背景

（一）物流业发展及进入供应链时代的思想变革

物流本质上是人类社会的一种生产实践活动，普遍存在于物质资料的生产、交换、分配和消费等各项社会活动过程中。物流对于经济、社会发展的作用，就好比人体中的动脉与静脉，起到了基本的流通与循环作用，是支撑经济运行不可或缺的组成部分。但物流作为一个独立的产业并不是一开始就有的，物流产业是由于分工的不断深入以及物流社会化、专业化发展而逐渐形成的一种复合型服务产业。著名经济学家吴敬琏指出：分工的深化大大降低了生产产品的制造成本，却加深了人们之间的相互依赖关系，交易关系日益频繁，交易成本随之增加，现代物流业及其应用的供应链管理正是在降低交易成本的迫切要求下应运而生。20世纪60年代，美国经济学家彼得·德鲁克就预言：物流将成为每个国家经济增长的“黑大陆”，现代物流产业作为一门新兴的服务产业已成为经济新的增长点。

从物流发展历程看物流思想经历了持续变革的过程。权威物流学者鲍尔索克斯教授对物流思想的演变过程做了总结：20世纪50年代以前强调运输效率；50年代强调物流成本、客户服务；60年代强调综合外包；70年代强调运作整合、质量；80年代强调财务表现和运作优化；90年代强调客户关系和企业延伸；21世纪强调供应链整合管理。

美国物流管理协会（CLM）的两次更名体现了物流的两次质的飞跃。1963年协会成立时，名字是“实物配送协会”。1965年更名为“物流管理协会”，源于运输和配送增加了越来越多的内容。进入21世纪后物流发生了重大变革，于2005年，美国物流管理协会更名为“供应链管理专业协会”，表明了从物流到供应链的演进。

进入21世纪，物流产业在科技进步和管理技术创新的驱动下，经历了从量变到质变的过程，全球物流已经进入供应链时代。其中，最有影响的变革是电子商务模式给物流带来的变化，强调在变革中建立战略伙伴关系成为21世纪第一年的主题，战略伙伴关系第一指物流服务商与供应链服务需求商之间在不稳定的经济中建立稳步的关系；第二指在物流供应商之间建立战略合作伙伴关系。与供应链合作伙伴在不稳定的经济中建立稳步的关系，首先重要的是需要获取足够的知识和技巧以便在这个以技术为导向且快速发展的领域发展上述关系。这不仅是为了企业的成功，还为了企业能够生存下去。

（二）我国物流业向供应链时代发展的实践

从我国物流产业发展状况来看，中国物流产业的成长阶段可划分为传统物流时期（1949 年—20 世纪 80 年代初期）、萌芽期（20 世纪 80 年代初期—90 年代中期）、起步期（20 世纪 90 年代中期—2003 年）和发展期（2004 年至今）四个阶段。目前处于发展期的中国物流业已经进入全面开放时代，物流作为第三利润源得到了广泛的认同，对物流的重视程度与日俱增，特别是物流业作为战略性、基础性行业的提出，进一步加快了向供应链管理时代的进程。

在《国民经济和社会发展第十个五年规划纲要》中，物流被列为国家大力发展的新型服务业；2001 年，国家经济贸易委员会会同铁道部、交通部、信息产业部、对外贸易经济合作部、民航总局联合下发了第一个有关物流发展的政策性指导文件《关于加快我国现代物流发展的若干意见》；2004 年，国家发展和改革委员会等 9 个部委共同下发了《关于促进我国现代物流发展的意见》；自 2004 年起，社会物流统计及社会物流总量核算的试算工作正式展开；2005 年，我国正式成立了由 13 个部委和 2 个协会参与的全国现代物流工作部际联席会议制度，加强对全国现代物流工作的统一组织协调；在《国民经济和社会发展第十一个五年规划纲要》中，我国进一步明确提出了优先发展交通运输业和大力发展现代物流业的战略思路；在《国民经济和社会发展第十二个五年规划纲要》中，我国进一步明确提出“营造环境，推动服务业大发展”，要“大力发展现代物流业，加快建立社会化、专业化、信息化的现代物流服务体系”。现代物流业是“十二五”期间加快经济结构战略调整、经济重心转向扩大内需得以落实的基础支撑和有力保障。2009 年 2 月，国务院常务会议审议并原则通过有色金属产业和物流业调整振兴规划，物流业与钢铁、汽车、船舶、石化、纺织、轻工、有色金属、装备制造和电子信息被列入十大产业振兴规划。2011 年 8 月国务院印发了《关于促进物流业健康发展政策措施的意见》（俗称“国九条”），从税收、土地政策、公路收费、物流体制改革、资源共享、技术创新、政策扶持及重点发展领域等方面做了进一步明确，针对以上方面制定了相关政策，旨在解决目前物流业存在的新问题。2014 年 10 月国务院印发了《物流业发展中长期规划（2014—2020 年）》，把物流业定位为支撑国民经济发展的基础性、战略性产业，物流业是融合运输、仓储、货代、信息等产业的复合型服务业。

从我国物流业发展实践来看，物流业日益受到重视，已成为战略性、基础性产业，其在产业链中的重要作用日益得到发挥，对其他产业的支撑作用更加突出。从物流企业来看，物流活动从以企业的运输、仓储、包装、装卸搬运、采购等分割的形式向企业上下游延伸，物流活动各环节的密切配合更加重要，物流已进入供应链管理时代。

二、物流业进入供应链管理时代的动因分析

（一）宏观动因分析

从宏观角度上讲，物流进入供应链管理时代是各种动力相互作用的结果。

1. 外在拉动力

（1）商业运作的全球化以及工商企业物流外包规模的不断扩大，物流外包成为主流趋势。随着社会分工的深入，企业生产经营专业化程度不断增加，企业经历了管理模式从纵向一体化向横向一体化发展，物流从企业内部职能部门剥离，逐步实现物流服务外包，进一步发展到供应链，物流呈现网络化、专业化和独立化状态，这是社会分工不断深化的结果，也是社会分工与专业化发展的必然产物。

（2）物流服务的需求种类增加：全球市场的增长和国外采购的增加使得物流功能需求增加。对比三次中国物流市场供需状况调查表明，物流服务的需求种类不断增加。工业企业和商业企业物流需求的种类都有不同程度增加，且工商企业选择物流服务的意愿有大幅度增长。

（3）物流服务标准提高，不确定性增大：三次国内调查结果比较表明，物流服务已经从单项作业质量转变为综合物流满足能力和物流作业的经济性，物流服务更加强调服务的标准，强调能力的满足性。

上述物流市场需求的外在拉动力使得物流市场需求主体对物流服务的标准有了大幅度提高，要求物流企业能够有效地降低物流成本，提高物流服务效率。

2. 内在推动力

从内在推动力来看，主要表现为传统的物流企业服务模式存在较大的缺陷，主要表现在以下几点：

（1）物流企业运营能力不足：随着顾客多变的要求以及全球经济一体化的需要，客户越来越强调柔性化的物流运作，尤其是 JIT 运作模式对物流企业运营能力提出了新的挑战，单一物流企业在运作物流服务过程中，仅依靠自身的运营能力不能满足客户柔性化的需求，物流运营能力存在缺陷。

（2）服务功能有限：从目前的物流企业服务功能来看，传统物流企业往往只能将自己的服务功能定位在主要的几个模块，如运输、仓储等。但随着客户需求的柔性化，其他相应的很多物流增值服务也伴随而生，物流服务越来越多样化，单一物流企业不可能穷尽所有的物流服务。

（3）技术投入不足：现代物流业是一个依靠科技进步带动和发展的服务业，虽然其中蕴含着高科技可能带来的高回报，但与其高投入的期望回报及其行业规模资金累积相比，物流行业的整体利润率应该说是非常低的，很多时候甚至不及传统行业。单一的物流企业很少在某些较为先进的物流技术上进行大规模投资，导致先进的物流技术投入不足，而长期停留在低层次上竞争。

（4）非核心服务的单位运作成本过高：核心竞争力的出现使得物流企业越来越注重做自己擅长的物流服务项目，因此，核心服务的单位运作成本较低，在市场上具有较强的竞争力，而非核心服务的单位运作成本过高，缺乏竞争力。

（5）物流资源的过剩：长期以来，国内的物流资源低水平重复建设严重，物流资源严重过剩，很多专家指出，21 世纪初期物流资源整合是中国物流产业发展的重点。传统的物流企业如何面对严重的物流资源过剩，提高自身竞争力，赢得市场和客户成为企业发展成败的关键。

上述模式的缺陷使得传统物流企业不能适应多变的需求，物流企业利润率不断下降。因此，实施传统物流运作模式的变革成为强大的内在推动力。

3. 催化作用力

（1）信息技术的促进

现代信息技术的飞速发展也给物流企业管理模式变革提供了催化剂的作用。企业管理越来越离不开有效的信息技术支持，各种专业的物流信息技术的使用和物流信息平台的构建，为物流企业实施新的管理模式创造了有利的市场环境。

（2）政府政策的支持

政府政策的支持也是物流企业管理模式变革的关键。2005 年发布《物流企业分类与评估指标》国家标准（GB/T 19680—2005），2009 年国务院印发《物流业调整和振兴规划》，2011 年国务院印发《关于促进物流业健康发展政策措施的意见》（俗称“国九条”），2012 年国务院发布《关于深化流通体制改革加快流通产业发展的意见》，2014 年国务院印发《物流业发展中长期规划（2014—2020 年）》等重要政策，这些政策旨在解决目前物流业存在的新问题，有利于促进物流向供应链管理时代迈进。

（二）微观动因分析

从微观角度上讲，物流服务向供应链发展离不开物流企业之间的紧密合作。

1. 物流服务集成商和上游的物流服务提供商的合作动因

从物流服务集成商角度上看，物流服务集成商和上游的物流服务提供商的合作动因大致有以下四种情况：

（1）基于能力不足的动因。当物流服务能力需求数量比较大的时候，物流集成商本身能力不足，可能需要从上游物流服务提供商提供能力。能力不足是双方合作的最常见的动因之一。

（2）基于资金收益的动因。物流集成商如果经营全部的物流业务需要大量的资源投入，用于信息系统、仓储、运输等设施建设，从投资到资金回收再取得收益，这其中蕴藏着风险，特别是耗资较大的物流固定资产投资，这使得物流集成商不得不有所顾虑。同时，在社会上存在大量的闲置资源，资源的利用并不存在壁垒，因此，通过合作，减少在固定设施等资源上的不必要投资，能够大大降低物流服务集成商的资金压力，物流服务集成商就存在资金收益的动机。

（3）基于技术的动因。物流集成商拥有完成物流业务所必需的全部设施，但是企业当前不具备先进的物流软件技术，如先进的物流集成软件、流程重组设计等，集成商想在短时间内取得物流技术和软件方面的领先地位，需要付出巨大努力，于是，选择与其他服务提供商进行技术合作，成为必然。

（4）基于功能互补的动因。由于客户运作的多变性以及在各个地区的自营物流运作成本过高，物流集成商拥有物流服务所需的部分功能，但不能完全提供所需的全部功能，为此将功能欠缺的部分进行外包，成为具有能够提供多种物流服务的服务集成商，这是目前物流服务集成商与物流服务提供商最常见的合作动因。

2. 物流服务提供商与集成商的合作动因

从功能型物流服务提供商角度上看，由于物流服务提供商处在被集成的地位，因此，物流服务提供商与集成商的合作动因大致有以下三种情况：

（1）发挥功能型服务优势的动因：功能型物流服务提供商由于自身能力的局限（如功能局限、地域局限、技术局限、资金局限等），不能提供全程一体化的物流服务，但它具有某一专业功能服务运作的优势，愿意和物流服务集成商进行整合，成为物流服务集成商的服务提供商，发挥了自己的专业优势和区域优势。

（2）扩大业务规模，提高服务水平的动因：通过与物流服务集成商合作，功能型服务提供商扩大了自己的业务量，提高了物流资源的利用率，实现物流企业内涵式扩大再生产的目的，提升了自己的运作利润。同时由于物流服务集成商尤其是全球物流服务集成商在物流服务水平上的要求比较高，通过给其提供功能型物流服务，物流服务提供商能够提高自己的服务水平，增加自己的服务声誉。

（3）降低物流运作成本的动因：传统的功能型物流服务提供商由于自身能力的局限，不能实施大规模物流运作，通过与物流服务集成商进行战略合作，形成供应链，这样就节省了功能型物流服务提供商单独进入市场所不得不支付的搜寻、加工、整理市场信息的成本，以及谈判、签约、督促履约的成本等，大大降低了物流运作成本。

第二节　近30多年企业的革命性变革

自从1978年确立了“改革开放”的发展战略以来，我国经济社会发展经历了30多年。经过这30多年的快速发展，我国经济社会的各个方面已经发生了巨大变化，取得了令人瞩目的成就：GDP和国民收入大幅增长，财政收入大幅增加，对外贸易迅速发展，金融业快速发展，城市化水平大幅提高。在改革开放30多年我国经济发展取得的诸多成就中，企业变革无疑是非常重要的一个内容。

一、中国近30多年企业改革思路与措施的回顾

自1978年改革开放以来，中国的企业改革分为三个阶段。第一阶段是1978—1992年的放权让利，探索两权分离阶段。该阶段改革的主要内容是在既有产权制度的框架下，探索各种形式的灵活经营机制。主要的改革措施包括：1978年试行的“扩大企业自主权”，1983年开始的“利改税”，1987年推行的“承包制”等。第二阶段是1992—1997年的建立现代企业制度阶段。该阶段改革的主要内容是以产权制度改革为核心，以公司制企业制度为方向，全面构建现代化的企业微观产权制度、经营体制、管理体制。主要的改革措施包括：1997年开始的以“债转股”为主要方式的国有企业脱困，以公司制改制为主要内容的现代企业制度试点等。第三阶段是1997年至今的国有经济战略性调整阶段。该阶段改革的主要内容是国有经济和国有资本逐步向关系国民经济命脉的重要产业

和关键领域集中，从一般性、竞争性产业中逐步退出。主要的改革措施包括通过兼并、收购、资产重组、剥离等方式和手段实现“抓大放小”的国有经济战略调整。

从中国企业改革的过程来看，中国的企业改革遵循着一条较为明确的线索，即在改革的内容方面，遵循从寻求既有产权制度框架下的经营机制创新，到实现企业产权制度变革的改革路径；在改革的领域方面，遵循着从企业制度改革到国有经济战略调整的、从微观领域到宏观领域的改革线索。其核心的目的是实现企业实力提升，真正成为市场经济中富有活力的微观主体。

在这一改革思路的引导下，中国的企业改革包含了四方面的主要内容：

（一）以产权制度改革为核心的现代企业制度建设

在产权制度改革方面，除极少数特殊垄断性的国有企业改组为国有独资公司以外，大多数企业改制为有限责任公司，做到股权多元化；一部分效益好、规模大、有发展前途和较强竞争能力的企业，改组为股份有限公司，吸收多方面的资金入股，实现股权社会化。股东按股权比例，分别派出人员组成董事会，或通过股东大会，选举组成董事会，作为所有者的代表，全权负责企业重大问题的决策，打破原有国有企业处于政府主管部门控制之下、很难避免主管部门对企业生产经营随意干预的现象，从制度上促使政府与企业之间分离。

在管理体制方面，建立起明确的公司治理机制。股东会是最高权力机构，由股东会选出的董事会，负责企业重大问题的决策，总经理在董事会的领导下，负责企业的日常生产经营工作；监事会负责进行监督。从而在企业的所有者、决策者、执行者和监督者之间，确立起一种既能相互协调合作，又能相互制衡监督的机制。在制度上促使所有权与经营权的合理分离及其正常实施。

（二）以管理原则、管理组织和管理方式创新为主要内容的国有资产管理体制创新

国有资产监管体制创新，是从整体上搞好国有经济、确保国有资产安全增值的一项重要的基础性工作。国有资产所有者代表的行政化、多环节化与多元化，是国有资产利益主体结构中存在的一个重大问题。这种多元化的管理体制导致在国有经济的战略性调整中决策难、操作难。国有资产管理体制创新主要包括管理原则创新以及管理组织和管理方式创新等方面。在管理原则方面，从以往管理具体的资产运行向确保资本保值增值转变；在管理组织和管理方式方面，国有资产营运机构的设置，要符合精简、效能的原则，管理幅度要适当。同一级政府国有资产营运机构设置不宜过多，行业性的资产营运公司要逐步予以归并，设立综合性、开放式的营运机构。县市一级一般不设或只设一个国有资产营运公司，继续保留国有经营的企业资产可转入授权经营的集团公司或者划转给上一级政府的资产营运机构管理。同时，加快建设国有资本经营预算制度，真正实现管资产和管人、管事相统一。

（三）以抓大放小为主要思路的国有经济战略性调整

由于国有企业数量庞大，涉及产业众多，且与国有经济职能无关或关系不大的产业所占比重太大，因而伴随着市场竞争的日益激烈，国有企业的经营状况从20世纪90年代初开始不断下降。在国有经济分布过宽、整体素质不高、资源配置不合理等一系列问题的状况下，国有企业继续大规模发展，只会继续大量占用社会资源，而且还降低了资源的使用效率。因此，必须改变以往从微观体制、机制对国有企业进行改革的思路，从宏观视角探求国有经济布局调整。由于国有企业在投资大、建设周期长、规模效益显著、社会效益突出的领域有较明显的优势，因此，需要推动国有资本向关系国家安全和国民经济命脉的重要行业和关键领域集中，向大企业集中，加快形成一批拥有自主知识产权和较强国际竞争力的优势企业，把大多数国有中小型企业放开搞活。为此，按照“抓大放小”的思路，通过兼并、收购、资产置换、资产剥离等手段，将国有资产从一般竞争性产业退出，放开国有中小型企业，允许民营和外资进入，同时将国有资本集中于关系国民经济命脉的重点产业和大型企业，着眼于国有经济的整体发展，在宏观层面对国有经济进行战略调整。

（四）以民营企业和外资企业为主要形式的非公有制企业发展

在大力推进国有企业改革的同时，中国逐渐认识到，在存量改革之外寻求增量发展对于企业改革和经济发展的重要性。以民营企业和外资企业为主要形式的非公有制经济由于产权关系相对清晰、历史负担较轻、发展空间巨大等优势，具备了快速发展的前提条件。在明确了“以公有制为主体、多种经济成分并存”的所有制结构之后，非公有制企业发展获得了良好的发展机遇和环境。政府通过政策引导、配套支持、金融扶持等措施大力推动非公有制企业发展，为国有企业改革的进一步推进也创造了良好条件。

二、中国近30多年企业改革的成就总结

在明确的改革思路引导下，在各项改革措施的实施中，中国近30多年的企业改革取得了巨大的成就。主要体现在：

（一）现代企业制度初步建立

以公司制为主要内容的现代企业制度初步建立。首先，到2005年年底，国家统计局统计的国家重点企业中的2524家国有及国有控股企业，已有1331家改制为股权多元化的股份制企业，占总企业数的52.7%。而国有中小企业改制的比率已经达到80%以上。其次，作为国有企业主干的中央企业，已有19家企业按照《公司法》转制，开展董事会试点，共选派66名外部董事，实现企业决策层与执行层分开，改善了公司治理结构。再次，中央企业及其所属子企业的股份公司制企业数量，已由2002年年底的30.4%提高到2006年的64.2%。最后，股权分置改革基本完成。截至2006年年底，全国除国有金融机构控

股的上市公司外，801家国有控股上市公司已有785家完成或启动股改程序，占全部企业的98%。目前中央企业普遍加大了劳动、人事、分配制度改革力度，通过市场化方式选用的各级经营管理人才约占总数的30%，一批企业建立了比较完善的面向社会公开招聘和全体员工竞争上岗、量化考核、薪酬与业绩挂钩的机制。

（二）国有经济结构日趋合理

从1998年到2006年的8年中，国有和国有控股工业企业的数量由6.47万户减少到2.61万户，减少59%；员工人数由3748万人减少到1822万人，减少51%；总资产由7.49万亿元增加到13.40万亿元，增长78%；所有者权益由2.68万亿元增加到5.82万亿元，增长117%；实现利润由525亿元增加到8072亿元，增长了14倍。在中央企业方面，2003年国务院国资委成立以来，已有77家中央企业进行了77次重组，企业数已经从196家下降到2006年的157家，2007年进一步下降为151家。

2006年，中央企业虽然只有157家，但拥有下属企业共达16373户，销售收入达82939.7亿元，利润总额7681.5亿元，上缴税金6822.5亿元，增加值24637.7亿元，占全国GDP近12%。

（三）国有企业效益不断提高

经过长期的企业改革，虽然国有企业数量不断减少，但是资产规模大幅增加，经济效益和运行质量显著提高。2007年全国国有企业累计实现销售收入18万亿元，同比增长20.1%；实现利润1.62万亿元，同比增长31.6%；上缴税金1.57万亿元，同比增长21.8%。2002—2007年，国有企业户数每年减少近1万户，但销售收入平均每年增加1.9万亿元，实现利润平均每年增加2500亿元，上缴税金平均每年增加1800亿元，年均增长分别为16.1%、33.7%和18.2%。2007年，中央企业实现销售收入9.84万亿元，同比增长19.3%；实现利润9968.5亿元，同比增长30.3%；上缴税金8303.2亿元，同比增长23.8%。截至2007年年底，中央企业资产总额达到14.8万亿元，同比增长20.5%。2002—2007年，中央企业资产总额年均增加1.5万亿元，销售收入年均增加1.3万亿元，实现利润年均增加1500亿元，上缴税金年均增加1000亿元。2007年，中央企业主营业务收入超过千亿元的有26家，利润超过百亿元的有19家，进入世界500强的有16家，分别比2002年增加20家、13家和10家。

（四）民营企业和外资企业的快速发展

改革开放以来，中国民营企业的发展，逐步得到了恢复，民营经济已经成为了我国国民经济的重要组成部分，在解决社会就业、保持社会稳定、促进经济发展、增加财政收入等方面都发挥着重要作用。

根据国家统计局公布的数据进行推算：到“十五”末期的2005年，民营经济在GDP中的比重为49.7%，比2000年增长了10个百分点。私营工业增长更为迅猛，私营工业增加值由2000年的1318亿元增长到2004年的8290亿元，2005年预计超过1万亿元，5

年增长了7倍多。据全国工商联公布的国内第一份《2003年中国民营经济发展分析报告》表明，在全社会7.3亿就业人口中，民营经济承担了90.3%，且上缴税款达当地财政收入的50%以上。有数据显示，目前中国民营企业已超过中国企业总数量的60%，是中国最大的企业群体，占全国GDP的份额超过50%，内资民营投资总量在5年间增长了近三成，2005年超过5万亿元，占全社会固定资产投资的比重高达60%。

与此同时，随着中国改革开放的深入，中国的外资企业也获得了快速发展。截至2006年9月，来华投资的国家和地区近200个，累计对华投资规模超过6600亿美元，世界500强跨国公司中，已有480多家来华投资兴业。外商投资企业占我国出口比重超过1/2，工业增加值比重超过1/4，税收比重超过1/5，直接吸纳就业超过2500万人。

三、中国企业近30多年革命性巨变

改革开放前，中国基本上没有企业，因为在计划经济的背景下，市场经济意义上的企业几乎是不存在的。在最早的15~20年，中国企业基本上是没有战略的。在计划经济到市场经济的巨大转型期，各种机会层出不穷。处于其中的企业，很自然地选择“机会导向”。企业发展的重要手段，便是抓住这些机会，迅速扩张、成长、壮大。在这样的生存环境下，企业的成功并不一定依赖于高瞻远瞩的战略或者优异高效的管理，而是看企业能否抓住关键性的稀缺资源，并充分利用每次机会。从机会导向到战略导向的演变可以将中国企业发展分为三个阶段。

（一）中国企业发展的三个阶段

第一阶段是20世纪80年代改革开放的初期，我们称为“寻租”阶段。在“寻租”阶段，企业追求的是“好买卖”，就是抓住市场某个空缺，获取一次性的暴利。企业生存发展最需要的是“拉关系、找资源”的能力。在中国改革开放的前10年，短缺经济使市场在很长一段时间内保持了卖方市场的状态。企业每天考虑的都是如何获取资源，抓住更多的机会。

第二阶段是20世纪90年代初期，我们称为“一招鲜”阶段。在这个阶段，中国从短缺经济走向了过剩经济。在一些最先开放的行业，例如家电行业，卖方市场逐渐向买方市场过渡。消费者开始享有了选择权，也就对产品有了差异化的要求。差异化的第一步往往是通过广告实现的。我先吆喝，消费者认识了我，自然就会选择我。“标王”在这个时期之所以盛行，原因就在于此。无论是秦池酒厂，还是沈阳飞龙，都是靠大规模的广告投入一夜成名。广告之外常见的另一招是销售渠道，像三株，百万大军扑遍中国，哪个农村的角落都有卖它的产品的。

在这个阶段，企业追求的是“好项目”，打一枪，换一炮。对于企业来说，这个时期最重要的是通用能力，包括对资源的掌控能力、广告能力以及销售能力等。这也是我们前些年经常看到、听到的所谓“一招鲜”。然而，当整个市场的竞争逐渐成熟，单靠某一方面能力而获得发展的企业，如果不能迅速把这种能力扩展到其他方面，就很难保持快速发展的势头。这也就是为什么90年代有一大批企业迅速崛起，又很快陷入绝境的根本原因。

第三阶段是21世纪初至今，我们称为“全面竞争”的阶段。中国经济发展的总体趋势是走向一个与世界接轨的，全面竞争的市场经济。在这个阶段，企业想保持领先的地位，需要高层次的战略能力、全面的管理能力和组织架构的搭建能力。只有在这个阶段，企业家才会真正关心如何建立“基业常青”的企业，也只有在这个阶段之后，才会出现真正意义上的“好企业”，才需要战略思考。

（二）中国企业的三大巨变

1. 巨变之一：中国企业实现了量级跨越，从“作坊时代”到“跨国时代”

1978年，中国离世界很遥远，中国企业处在世界的边缘。《读卖新闻》驻香港记者松永二日当年参观了上海一家集成电路厂后，对工厂的落后状况深为惊讶：“简直是马路工厂。工厂方面说，产品多半不合格，卖不出去。”而他的同行在重庆炼钢厂竟然发现了一台140年前英国造的机器还在使用。

我们已经很难确知当年最大企业的规模究竟有多大，但我们知道，1984年，刚刚当上副经理的柳传志被问及对公司有何打算时，他信誓旦旦地回答：“将来我们要成为一家年产值200万元的大公司。”

1978年，全国国营企业的存款和财政存款之和只有1089.9亿元。如今，国资委监管的147户中央企业一月的利润平均就有800亿元到1000亿元。大型国企的家数在减少，但规模在扩大，从“作坊时代”走向“跨国时代”。2007年，全国国企资产总额增至35.5万亿元，最近十年年均增长9.8%。在关系国家安全和国民经济命脉的重要行业和关键领域，国有经济的控制力和影响力占据主导地位。

国企的贡献度更在增大。据国家税务总局发布的2007年中国企业纳税百强排行榜显示，国企是我国绝对纳税大户，在企业所得税纳税百强排行榜中占有65个席位，纳税额占77.84%。

民企的发展速度与规模同样惊人。全国政协副主席、全国工商联主席黄孟复说，民营企业创造了中国GDP总量的约40%、增量的约60%，解决了城镇就业和农村劳动力转移的一大半、社会新增的非农就业的80%以上。

外企搭上中国经济的快车，在发展中实现双赢。短短30多年，中国已经成为全世界吸收外资最多的国家之一，连续16年居发展中国家的首位，实际吸收外商直接投资超过7700亿美元，世界500强企业有480多家在华投资，设立地区总部近40家。

2. 巨变之二：企业的市场主体地位跃升，从政企不分、民企戴“红帽子”到建立现代企业制度

2008年9月，上海出台规定，国企领导人不再沿用行政级别。这只是国企市场化改革的再次深化。如今，股份制已成国企改革的重要形式，国企法人治理结构在逐步完善。管理者能上能下、职工能进能出、工资能升能降的市场化机制在国企初步建立。

民企市场主体地位的提升突出地表现在市场准入平等方面。20世纪90年代初，出于对“姓资”的压力，一些私企争戴集体企业“红帽子”的苦涩记忆已一去不返了，2005年2月，“非公经济36条”由国务院公布，允许非公有资本进入垄断行业和领域，在电力、电信、铁路、民航、石油等行业和领域，进一步引入市场竞争机制。两年后，十七大报告明确，对非公经济实行“两个平等”，即法律上的“平等”保护和经济上的“平等”竞争，民营企业迎来腾飞的新契机。

3. 巨变之三：企业社会责任意识的觉醒，从利税挂帅到企业公民

英国人胡润在做中国富豪榜的同时还做慈善榜，记录企业家们关注慈善的行为。2008年5月26日，他第二次发布了“2008慈善榜”，百富榜上榜企业家中有80人为地震灾区捐款。自2004年以来，胡润连续5年发布慈善榜，100位慈善家共捐赠了近129亿元。历30多载岁月淘洗，国企、民企都在从单纯对利润、税收的追求到构建“和谐企业”，经济、社会效益并重中走向成熟。

当前，进入2015年，中国的企业还不断发生着变化，因为新时代的到来，互联网和新商业模式对传统产业造成重大改变。30多年前中国企业从无到有，企业的发展从机会导向向战略导向的转变，面对互联网、大数据等新技术和新的商业模式带来的影响，企业管理从内部向上下游延伸，企业的战略从自身向供应链战略转变等，都在进一步推动中国企业的变革，我们敢断言，下一轮的企业变革已经到来，有些甚至是颠覆式的，中国的企业未来将一定成为全球的中枢，引领这个时代的发展。

第三节　世界500强的全球供应链战略

2014年《财富》杂志对世界500强企业财务年度的营业收入进行排名，其中美国上榜公司128家，日本57家，法国31家，德国28家，英国24家。中国共有100家企业上榜，其中中国内地和中国香港上榜企业达到95家，中国台湾地区5家，中国企业入围数量和排位大幅上升。

一、世界500强企业全球供应链战略主要特点

（一）联盟式战略提高供应链的协同性

当前企业之间的竞争已进入供应链之间的竞争，世界500强企业更是注重通过基于企业核心竞争力的联盟式战略整合资源，使在同一条供应链中的合作企业形成坚强的合作伙伴，使它们能够整合人、财、物等资源以及各种企业能力，提高供应链整体的协同性，从而分享在设计、制造、分销和服务上产生的更大的共同利益。例如，宝钢通过与供应商、生产商、销售商等进行战略联盟，将原来产业链上的上下游供销关系扩展成了相互支持的战略合作伙伴关系，使得宝钢供应链的上下游服务大大延伸。大众汽车的整车厂、零部件供应商和经销商通过战略联盟构成了典型的汽车供应链体系。苹果公司采用iPod + iTunes模式把庞大的消费类电子厂商、芯片制造商、软件公司、音乐公司、电脑厂商和零

售商的力量整合在一起。

（二）标准化战略提高供应链的统一性

世界500强企业的供应链标准化建设，可降低供应链成本，规范供应链流程，促进产业化、规模化，整合供应链上下游的资源，提高供应链的统一性。例如，联邦快递把标准化管理应用于各个部门和岗位，制定了一系列精细的运行流程、操作规范和评判标准，并运用信息化系统，将企业的标准化管理落实到各个部门和岗位。中国移动初步建立了一套统一、科学的产品标准化管理体系，并组织实施了对各类通信设备和通用类产品的标准化工作。麦当劳有一套全球统一的产品品质规范和要求，供应商的每个生产和运输环节都一丝不苟地按照麦当劳的要求完成。麦德龙所有商场实施标准化、规则化管理，这些规则包括购买、销售、组织等各个方面，规则非常明确，从与供应商议价开始，直到下单、接货、上架、销售、收银整个流程，都是由一系列很完善的统一的规则控制这套动作。

（三）信息化战略提高供应链的敏捷性

世界500强企业特别关注信息技术的应用，确立信息化战略，提高信息化管理水平，正在广泛使用物流信息技术如条码技术、电子数据交换技术（EDI）、射频识别技术（RFID）、全球定位系统（GPS）、地理信息系统（GIS）、企业资源计划（ERP）及物联网等，提高供应链敏捷性和工作效率，使其实现了供应链的有效管理。例如，UPS通过与物流服务需求企业的协作，借助共享的先进信息流力量，建立更完善的全球物流供应链，借助信息技术实现对客户的快速反应，整合供货商资源，实现快速准确的货物交付，最大限度地降低库存，更快速地响应客户的需求。戴尔通过虚拟整合，实现了“实质性一体化”运作，让供应链上的每个环节都得到充分的利用；采用EDI、ERP等信息技术，实现了流程优化，减少了供应链中的环节，用面向客户的研发，帮助企业减少了投入。中国石油在原有物流信息系统的基础上实施ERP系统，全面提升了物流管理水平，通过对采购、运输、库存、分销渠道、客户订单的集成化管理，加强了企业的销售管理水平，使供应链系统信息化，为企业带来了直接的经济效益。21世纪重组供应链实施RFID技术，信息系统帮助其有效连接供应链上、下游企业，及时交换商品及物流信息，并且能够快速响应供应链需求，统筹安排采购、生产和产品分销，合理安排库存，减小供应链“牛鞭效应”，降低整个供应链的运营成本，提高供应链的运作效率和敏捷性。

（四）集中化战略提高供应链的整合性

世界500强的集中化战略主要是集中需求、整合资源和能力等，从而提高供应链的整合性。以集中采购为例，由于集中采购拥有更大的数量优势、更少的重复操作、更低的运输成本和更有效的集团统筹，采购集中化管理得到了世界500强企业的青睐，成为他们实施供应链低成本策略的有效手段之一。例如，国家电网、中国移动等世界500强知名企业，利用采购集中化管理提高了其物资供应链运作效率，通过采购的标准化、制度化、规范化改革促使采购得以实现过程公开化、业务操作程序化、采购环节模块化，并依托强大的信息系统进行操作的实时监控，使集中采购流程透明、结果规范，有利于减少采购环节的操作成本；沃尔玛集中统一的采购模式是沃尔玛供应链管理成功的标志之一，沃尔玛在全球实施的是统一采购，通过与供应商签订协议，确立长期采购关系，省去以往多级代理商的环节，大大降低了流通费用，有效降低了成本。同时，集中化采购的数量、技术优势能够引导供应商同时注重竞标产品质量和价格竞争力，提高企业甄选供应商的优质性和准确性，有利于使企业以最低的成本获得最优质的产品，从而使供应链能够高效、低成本地持续发展。

（五）个性化战略提高供应链的灵活性

世界500强企业特别重视客户需求的挖掘，按照客户的需要制定个性化的产品或服务，提高供应链的灵活性，满足客户的需要。例如，UPS对客户使用“一对一营销”或个性化服务，从而提高客户的满意度、忠诚度。其具体内容是通过一定的技术手段对呼叫中心或在线网站提供实时支持，收集客户数据，识别、区分、理解客户，把握客户个性化需求，针对不同客户采取不同的策略。沃尔玛每周都对顾客期望和反应进行调查，管理人员根据计算机信息系统收集的信息，以及通过直接调查收集到的顾客期望数据，及时组织采购、更新商品，最大限度地满足顾客持续变化的商品需求。因此，沃尔玛的供应链管理是拉动式的（Pull），以最终顾客的需求为驱动力，使供应链更贴近消费者、了解消费者，更能及时、真实地反馈消费者信息；同时，整个供应链的资源集成度较高，数据交换迅速，反应敏捷，有助于保持整条零售供应链的持续优化。

二、世界500强企业全球供应链战略发展趋势

（一）趋势一：在全球整合供应链资源进行集中管理

随着全球物流进入供应链时代，供应链管理的影响已深入到所有500强企业的物流环节。采购、运输、仓储、零售、制造等过程，已经被纳入到了供应链管理的框架体系，供应链全球化影响已经深入到企业活动的方方面面，供应链的资源整合已从区域市场向全球市场扩展。如从主要发达国家，到南美、非洲、中东、亚洲等新兴物流市场，涉及到运输和仓储等主要物流环节和基本业务的全球化，采购、外包和供应链流程。

世界500强企业将更加注重以核心企业为中心，通过对资金流、物流、信息流的控制，将遍及全球的供应商、制造商、分销商、零售商及最终消费者用户整合到一个统一的、无缝化程度较高的供应链，对全球供应链上的资源进行集中管理，以形成一个极具竞争力的战略联盟，从而增强快速响应变化的能力。

（二）趋势二：通过物流能力提高供应链竞争力

物流是链接供应链的核心，是供应链竞争力的关键。世界500强企业一方面越来越注

重利用自身的有限资源形成自己的核心能力，发挥核心优势，另一方面充分利用信息网络寻找互补的外部优势。通过供应链物流管理与其供应商、分销商、客户等上下游企业构建供应链网链组织，共同形成合作竞争的整体优势，从供应链整体出发协调各企业间的物流活动，实现企业间的无缝对接，提升整个供应链的反应能力，形成整个供应链物流的最优化，从而提高整个供应链的整体竞争优势并增加共同利益。供应链物流的发展推动了世界企业的进步，这是21世纪的大趋势，世界500强企业的成败不仅取决于它是否能有效地发挥组织机能，更需要在这个全球化的信息社会里提升供应链物流协同工作的能力。

（三）趋势三：互联互通构建供应链实时价值网络

传统供应链管理在公司内部或之间，各个组织是分割的、独立的，长期计划和短期计划不能同步，计划系统和执行系统脱节。随着观念的转变和科学技术的应用，构建互联互通的供应链实时价值网络是未来供应链发展的又一趋势。世界500强企业将通过互联互通的实时性提高快速反应能力，通过网络优化，降低和管理变异性，通过系统对接和协同，提高供应链的增值服务能力。

（四）趋势四：绿色和低碳成为供应链的重点

环境和气候变化问题日益凸显，世界各国都在行动，以应对人类面临的环境和气候灾难危机。绿色与低碳是一种在整个供应链中综合考虑环境影响和资源效率的现代管理模式，是从产品的原材料采购阶段开始，就进行追踪和控制，使产品在设计研发阶段，就遵循环保规定，从而减少产品在使用阶段和回收阶段给环境带来的危害。它以绿色制造理论和供应链管理技术为基础，涉及供货商、制造商、经销商、用户和废弃物处理商，保证产品从原材料的获得、加工、包装、仓储、运输、使用到最后报废处理的整个过程中，对环境的冲击影响降至最小，从而使资源效率的运用达到最高。绿色消费潮流的兴起，使世界500强企业更加重视绿色竞争力。要想具有真正的绿色竞争力，就不能仅仅体现在新产品和绿色与低碳技术上，还必须在原材料采购、产品包装、运输以及回收再利用等各个环节上都实现节能环保，打造一条完整的绿色供应链。

（五）趋势五：风险问题成为供应链的焦点

世界500强企业的全球供应链网络日趋复杂化，客户、供应商、委外加工商、第三方供应商等，数量越来越多，多工厂制造中心不断地建立，在全球范围内布局，使管理的难度越来越高。而整个物流和供应链实施过程中，通过有效的措施，控制和消除阻碍物流和供应链风险，按设定计划实施的各种破坏性因素和事件，以实现500强企业供应链管理的安全是500强企业关注的焦点之一。

在面对供应链风险威胁的情况下，500强企业将会通过有效的预测和信息沟通来及时处理危机，以确保物流和供应链的畅通。大型企业集团将愈加重视从风险控制入手，对供应链安全风险和威胁进行控制，使企业和他的相关方主动地识别隐患和威胁，采取措施，以减少和消除供应链中潜在的威胁和风险，保证供应链运行更安全可靠、顺畅快捷、准确无误。

（六）趋势六：大数据和云服务促使供应链变革

随着数据被定义为“未来的新石油”，美国政府宣布投资2亿美元拉动大数据相关产业的发展，国家拥有数据的规模、活性及运用的能力将成为综合国力的重要组成部分，而对数据的占有和控制甚至将成为陆权、海权、空权之外的另一种国家核心资产。庞大的数据资源使得各个领域开始了量化进程，无论学术界、商界还是政府，数据已经渗透到每个行业业务职能领域，在商业、经济及其他领域中，决策将日益基于数据和分析而做出。

世界500强企业对于海量数据的挖掘和云服务的运用将成为挖掘潜在需求、创新商业模式、衡量企业生产力的重要因素，这也将预示着新一波生产率增长和消费者盈余浪潮的到来。沃尔玛利用大数据打造智慧物流，通过大数据，提升供应链效率，完善考核，实施供应链的精细化管理。联合利华利用云服务搭建物流链云平台，以货主、第三方物流公司、司机、收货方这四方为基本点所建立上下游贯通、平行交织、人车互动的新型动态纵横网，通过互联网与移动互联网相结合为基本点建立的全网互动、共享可查询追踪的、可视化云平台。大数据和云服务新技术正促使供应链模式的变革，也正渗透到生活和工作的点滴之中。

第四节　走供应链管理之路是中国企业的必然选择

一、走供应链管理之路是中国企业30多年历程的自发选择

（一）中国企业30多年企业战略的转变

改革开放以来，过去的30多年里，中国从短缺经济，计划经济走向了充分竞争的市场经济，中国企业也基本上是从没有战略，向“机会导向”转变，又从“机会导向”向战略导向转变。在计划经济到市场经济的巨大转型期，各种机会层出不穷。处于其中的企业，很自然地选择“机会导向”。企业发展的重要手段，便是抓住这些机会，迅速扩张、成长、壮大。在这样的生存环境下，企业的成功并不一定依赖于高瞻远瞩的战略或者优异高效的管理，而是看企业能否抓住关键性的稀缺资源，并充分利用每次机会。稀缺资源包罗万象，可以是未开放行业的准入许可，可以是与外资合作的机会，或者上市指标、银行信贷支持以及低价获得的国有资产等。由于资源的稀缺性，企业只要将资源高价出租或转让，便可以获得超额回报。

而只有当市场机制越来越规范、竞争越来越激烈时，企业才必须考虑如何以差异化的手段确立市场竞争优势，才产生了对战略的需求。同时，战略的本质要求企业放弃暂时的利益，追求长远的目标。只有当政策环境，产权保护等使得企业家对企业的长期运

营产生预期和期望时，他们才有长期规划，持续投入的战略思考动力。从机会导向到战略导向的演变经历了20世纪80年代改革开发初期的“寻租”阶段、90年代初期的“一招鲜”阶段和21世纪初至今的“全面竞争”阶段。

经过市场30多年的优胜劣汰，如今公认的标杆性企业，其实都是战略最清晰的企业。例如华为，1997年成稿的《华为基本法》，虽然它的表述方式比较中国化，但所包含的战略思考、企业定位、模式选择是非常清晰的。十年后再看，华为战略的前瞻性令人肃然起敬。这也是华为能够在过去的几年突飞猛进的重要原因。再如万科，这家从1993年就开始以“做减法”进行战略聚焦的企业，其战略即使到2002年还经常被人诟病。但从2003年来，房地产行业快速市场化，万科长期积累的战略和系统管理能力，开始爆炸性地发挥出来，大大拉开了和跟随者的距离。

加入WTO以后，中国的市场经济，包括和国际接轨的资本市场，越来越成熟，战略驱动的企业也因而越来越多，涌现了一批如阿里巴巴、盛大、蒙牛、如家、分众等有着清晰战略的新一代领军企业。当市场资源调配的能力越来越强时，战略的优势很容易被释放出来，快速拉大和对手的差距。这个趋势会越来越明显，而战略的重要作用在未来将更加凸显。

（二）走供应链管理之路是中国企业30多年实践结果

战略最重要的作用是指导企业发展的方向。正是由于中国经济处在新产业快速成长，传统产业升级的转折点，是否有前瞻性的战略眼光将在很大程度上决定一个企业发展的大格局和最终的成就。战略的重要性将被极大地放大，这将是战略主导的时代。战略就是找出你既想做、又可做、又能做的，就是你该做的。战略的精髓在于选择、放弃、与众不同。卓越的战略最需要企业领导者的见识和胆略。在越来越充分的市场竞争中，清晰、明确、可行的战略，是企业走向成功的第一步。

然而，中国经济在结构性巨变的时候有高度的不确定性，企业又必须在这时候完成战略布局，抢占下一回合竞争的制高点。大变革的时代要求良好的大局观和敏锐的战略眼光。当前，企业战略中最为重要的是，企业的战略制定已不能仅从企业自身考虑，一定要向企业的上下游延伸，企业之间的竞争已经转变为供应链之间的竞争；同时，企业战略的制定已经不能仅局限于区域甚至国内市场，要有全球的视野。因此，走供应链管理之路是中国企业制定战略的自身需求，也是适应企业未来发展的自发选择。

著名经济学家吴敬琏指出“最近30年来，全球制造业、流通业、农业发生了革命性的变化。这种变化的核心内容，是由于分工的高度和信息网络技术的迅猛发展，使企业之间的竞争演变为供应链之间的竞争，也使许多企业从单个企业生产和销售活动的组织者演变为链条的组织者和集成商。然而直到最近，中国企业对这种发展还跟进得很不够。中国供应链管理方面的落后自全球金融危机以来所遭遇的冲击中已经明显地表现出来。因此，发展现代物流业，把供应链管理确定为发展新的流通方式的首要任务，就变得十分紧迫。”

二、走供应链管理之路是中国企业顺应时代发展的必然选择

（一）中国企业供应链管理现状

由平安银行联合中国经营报、北京中物联物流规划研究院、中华商务网、现代物流报、华南理工大学供应链整合与创新服务研究所及精确市场研究集团等共同发起“2012年中国供应链管理（金融）调查”对中国企业供应链管理现状做了较为全面的描述，根据调查报告，在改革开放的30多年中，中国借鉴和汲取了发达国家的先进理念和实践，取得了长足发展。但两者之间的差距依然明显。阻碍企业供应链管理提升的因素可能是多方面的，既有体制和理念上的，同时也有信息化水平、风险及诚信体系方面的原因。

（1）组织管理方面。调查发现，一是公司高层对供应链管理的熟悉程度一般。79%的受访企业高层对供应链管理的熟悉程度停留在熟悉或比较熟悉两个状态，而只有10%的企业高层显示对供应链管理非常熟悉。二是大多数企业（72%）没有在企业内部设置供应链管理部门，企业内部缺乏统一协调和组织计划、采购、生产、销售等活动的专职部门，对客户需求和变化做出快速反应。三是供应链管理方面人才短缺。调查显示90%的企业缺少供应链管理方面的专业人才。四是资金投入方面相对不足。有专门的资金与拨款的受访企业仅占14%，必要时才投入或资金不足的占了53%。五是大部分企业对上下游合作共赢基本形成共识。调查发现，75%的企业认为公司建立的上下游供应链体系需合作共赢；同时在产品设计和业务流程设计上都希望与供应链合作企业开展广泛的合作。

（2）成本方面。调查显示，成本控制列为供应链管理的重要任务。59%的被访企业特别是钢铁、煤炭行业的企业明显感受到成本压力；47%的企业认为成本是非常重要的考虑因素。IBM在2009年对北美、西欧和亚太地区400位负责企业供应链策略制订和运营的高级主管采访之后发现，供应链主管们将成本控制列为头等任务。调查认为，通过改进业务流程、运用IT、使用供应链金融等手段去提升供应链的可视化、自动化，提高供应链的运作效率，降低运营成本，保持供应链整体的稳定性。调查发现，企业对供应链在降低公司成本上起到的作用总体持正面态度。同时，企业的规模越大，对公司成本的降低越明显。

（3）风险方面。供应链管理的各个环节存在着形形色色的风险。总体来说，由生产所需原料、零部件断货，不能足额供货，不能按时供货等原因引起的供货风险成为影响企业供应链管理的最主要风险，其次为与生产安全、运输安全，产品本身的安全性等相关的安全风险及受政策法律法规、环保要求等影响的政策风险，环境风险的影响相对较小。但煤炭行业和钢铁行业将政策风险列为与供货风险同等程度的影响要素。大型企业和中小企业对影响供应链管理的风险要素排序上基本无差异。调查显示，有超过一半的企业已经开始在风险识别，风险规避或风险监控上有所动作；有38%的企业已开始进行思考如何管理风险；只有不到一成的企业还未进行任何动作。大型企业在风险管理机制

建设方面要远远领先中小型企业。大型企业在风险识别、规避或监控上开展行动的比例占受访企业的75%左右，而中小型企业的比例仅约为47%。

（4）可视化方面。无论是企业内部可视化，还是企业所在供应链上下游的可视化对提升供应链各成员的反应速度、决策质量及风险管理能力等至关重要。本次调查显示，大多数企业由于缺乏支持内部业务流程的系统，或有系统但缺乏与上下游及外围系统之间的延伸和集成能力，供应链的可视化程度不高，物流运输环节尤为明显。调查显示，只有46%的受访企业采用了ERP或核心业务系统支持供应链管理流程。其中，采用的ERP或核心业务系统也没有对企业的业务流程做到全覆盖，主要支撑采购、生产、销售、仓储等环节，但是对运输管理模块的系统支持相对较弱。大部分企业往往不能直接在系统中看到货物在途信息，而需要单独登录到物流企业的网站去查询此类信息。总体来看，整个物流过程中的信息透明性一般，有70%的受访企业只能看到部分数据或由于缺乏系统支持，看不到数据；同时能看到的部分存在数据更新不及时、不准确等现象。

（5）数据分析和挖掘方面。调查显示，绝大多数企业（74%）缺乏商业智能类（BI）的系统支持，不能对采集到的数据进行有效的加工和解读。零售和医药行业对BI系统的应用相对较其他行业广泛。大型企业在ERP或核心系统及商业智能类系统的应用方面较中小企业普及，系统模块所支持的供应链各环节也较比中小企业全面。

（6）在上下游的协同方面。企业与其上下游之间的数据传递有相当部分还采用纸质文件、电子邮件等比较原始的方式完成，通过系统接口的比例少，也一定程度上影响了上下游信息的共享。企业对从下游最终客户或经销商处获得的库存、实际销售、销售预测等数据的满意度不是很高，只有30%左右的企业认为该类数据能满足需求。同时，在与上游分享数据方面，有33%的受访企业与上游供应商没有分享任何数据；在有数据分享的企业中，与上游分享产品库存数据是主流趋势，其次为生产预测计划。钢铁和汽车两行业的企业与上游供应商分享数据的程度较其他行业高。

（二）走供应链管理之路是中国企业构建全球供应链体系的重要途径

当前我国正处于经济转型与产业升级的关键时期，中国企业面临着外需乏力、原材料与劳动力成本上涨，以及产能过剩与竞争加剧的多重压力和严峻挑战，从单个企业竞争发展到供应链条相关伙伴协同增效、协力发展日渐成为商界共识。从更宏观的视角来看，供应链涉及到一个国家的经济发展，人民生活。美国国土安全部2012年发布的《全球供应链安全国家战略》阐述了美国政府在加强全球供应链，保障美国人民的福利和权益以及国家经济繁荣等方面的策略。2014年北京APEC会议上，习近平主席提出了全球价值链、全球供应链与全球产业链互联互通的战略构想。

随着全球化，市场化，信息化和网络化的发展，全球采购，全球制造，全球销售已成为国际企业新的生产经营模式。因此全球供应链管理在现代企业管理中被引入并得到普遍应用，成为跨国企业的一种新的管理模式。世界已进入全球供应链时代，中国企业无论是制造企业还是物流企业都需要找准企业在全球供应链中的位置，制定适应新的格局的供应链管理发展战略，构建全球供应链体系。

（1）确定供应链战略，提升核心竞争力。供应链是物流管理在深度和广度方面的扩展。制造业企业、物流企业都应重视供应链。供应链取代物流，不仅是理论的发展更是时代的变革。它对制造业所起的作用应引起中国企业的足够重视。研究供应链发展趋势，分析所处区域的供应链结构，打造供应链服务基地，不仅关系到物流产业发展的问题，更涉及到未来区域竞争优势和可持续发展的深层次问题。因此，加强供应链战略研究，走供应链管理之路，提升中国企业核心竞争力。

（2）建立健全组织机构，为构建全球供应链体系提供组织保证。供应链管理涉及企业内部采购、销售、财务、物流等多个职能部门，同时协同上游供应商与下游客户的决策与流程也跨越了企业的产权边界。如此复杂而重要的管理活动，需要顶层设计和管控。建议核心企业设立首席供应链管理官，面向市场统筹协同计划、采购、生产、销售、物流等供应链管理目标与活动。首席供应链管理官的设立也有利于推动企业与上下游之间的协同作业，帮助企业放眼供应链全局去思考与优化供应链，以系统最优替代个体最优，提升供应链敏捷性和实现及时生产，降低供应链运作成本，系统管理供应链风险，创造各方共赢的局面。

（3）加快供应链新技术的应用。日新月异的互联网和 IT 带动了电子商务的应用和发展，企业的可视化、GPS、GIS、RFID、物联网、大数据和云服务等新技术的应用，促进供应链模式的变革。大型企业是新技术应用的主力军，如实力雄厚的大型企业采用自建供应链管理平台实现供应链电子商务，并通过其对上下游的影响力，带动上下游和产业群的电子商务应用。在国内，越来越多中小企业利用第三方电子商务平台开展在线销售、采购等活动，随着在线 B2B 商务技术的日渐成熟稳定，大中型企业也可以考虑采用外包、在线租用第三方电子商务平台服务的轻资产方式，提高生产经营和流通效率。在美国，有不少大的零售商和制造商，通过第三方的供应链云服务平台，连接供应链的上下游。

（4）加强标准化建设，提高供应链体系的统一性。就商品编码而言，企业，物流公司，银行等各方现时对同样商品的识别表达和编码根据不尽相同。各方系统的对接，实现物流、资金流、信息流的交互与共享的一个前提条件是实现商品编码的统一。同时，系统与系统之间的对接和平台与平台之间的交互也涉及接口、传输协议、数据类型等标准问题。在行业内部及行业与行业之间无法做到统一的情况下，我们应该鼓励从事不同标准间的数据传输和交互的中间型平台的孵化和培育。政府部门和行业协会也应推动制订行业化的标准，并在推广应用方面发挥更大的作用。

（5）政府推动，鼓励企业供应链体系建设。一方面引进世界一流的物流供应链公司到国内投资企业，并鼓励本地企业与国际企业的合作，学习国际企业先进的物流供应链理念和实践。另一方面政府制订确实的计划帮助本土物流供应链企业走出国门，发展成为国际企业，加快中国企业供应链体系建设。

（6）培养人才，为企业供应链管理提供专业人才保障。供应链管理人才缺失是一个全球化的问题，近年来蓬勃发展的电子商务和供应链金融，进一步扩大了供应链管理的人才缺口。电子商务的广泛应用，正在加速供应链优化变革的进程，特别是各类垂直网站、电子商务平台发挥了巨大的产业集聚效应，掀起了去渠道化的产业升级和商业模式创新浪潮，给供应链管理学科发展与人才培养带来了空前的挑战。

参考文献

［1］王迅，陈金贤．供应链管理在不同历史时期的演化过程和未来趋势分析［J］．科技管理研究，2008，NO. 10.

［2］田学军．供应链管理［M］．北京：中国财富出版社，2013.

［3］魏际刚．物流战略［M］．北京：中国财富出版社，2013.

［4］刘世锦．中国经济增长十年展望（2013—2022）［M］．北京：中信出版社，2013.

［5］霍建国．巩固提升中国“全球制造业中心”地位［J］．中国对外贸易促进，2012，7.

［6］中华人民共和国工信部，中国科学院．中国制造 2025 规划［EB/OL］．2015.

［7］丁俊发．中国物流竞争力研究［M］．北京：中国物资出版社，2011.

［8］唐晋．大国崛起［M］．北京：人民出版社，2006.

［9］江涌．猎杀中国龙［M］．北京：经济科学出版社，2009.

［10］宋鸿兵．货币战争［M］．武汉：长江文艺出版社，2012.

［11］张捷．资源角逐［M］．太原：山西人民出版社，2010.

［12］叶柏青，陈秋红．基于全球价值链的唐山陶瓷产业集群发展研究［J］．中国集体经济，2009.

［13］张永凯，王刚．基于全球价值链的温州制鞋产业转型与升级［J］．浙江经济，2009（4）.

［14］谢勤龙．供应链战争［M］．北京：机械工业出版社，2010.

［15］维克托·迈尔－舍恩伯格，肯尼思·库克耶．大数据时代［M］．杭州：浙江人民出版社，2013.

［16］中华人民共和国国家统计局．2014 中国统计摘要［M］．北京：中国统计出版社，2014.

［17］丁俊发．中国供应链管理蓝皮书（2013）［M］．北京：中国财富出版社，2013.

［18］丁俊发．中国供应链管理蓝皮书（2014）［M］．北京：中国财富出版社，2014.

［19］邵平．2012 年中国供应链管理调查报告［M］．北京：中国财富出版社，2013.

［20］何明珂．物流系统论［M］．北京：高等教育出版社，2006.

［21］赵新华．产业融合对经济结构转型的影响：理论及实证研究［D］．长沙：湖南大学，2013.

［22］孙毅．日本钢铁产业国际竞争力研究［D］．长春：吉林大学，2013.

［23］陈爱雪．我国战略性新兴产业发展研究［D］．长春：吉林大学，2013.

［24］吴慧聪．产业供应链成因分析及其发展策略［J］．物流科技，2013（8）.

[25] 王现太，鞠晓生．产业供应链的企业联合结构与效益关系研究［J］．黄海学术论坛，2010（14）．

[26] 牛立超．战略性新兴产业发展与演进研究［D］．北京：首都经济贸易大学，2011．

[27] 聂正安，戴沛如．本土中小企业转型升级研究［J］．中国商界，2009（12）．

[28] 夏春玉，丁涛．从微笑曲线看流通与结构调整［J］．中国流通经济，2012（1）．

[29] 张二震．中国外贸转型：加工贸易、“微笑曲线”及产业选择［J］．当代经济研究，2014（7）．

[30] 李艳君．新时期优化我国货物贸易结构的战略目标和路径［J］．中国经贸导刊，2014（5）．

[31] 曹秀莲．日本综合商社的国际战略学解析［D］．长春：吉林大学，2004．

[32] 严复淇．日本综合商社面临的挑战、经营变革及启示［J］．企业经济，2003（8）．

[33] 张凌、邵振伟．三井布局中国钢铁股［J］．环球财经，2006（12）．

[34] 白益民．三井资本迷宫．［J］．环球财经，2006（12）．

[35] 王国文．中国物流：走向供应链时代［J］．运输经理世界，2005（4）．

[36] 丁俊发．中国实体经济需要革命性变革［J］．中国储运，2013（11）．

[37] 程俊秀．物流供应链管理的信息化造就世界500强［J］．企业导报，2011（13）．

[38] 高煜，任保平．中国30年企业改革：回顾与发展展望［J］．贵州财经学院学报，2009（1）．

[39] 陈又星．企业变革比较研究［D］．成都：西南财经大学，2003（5）．

[40] 陈小洪．中国企业30年创新：机制、能力和战略［J］．管理学报，2009（11）．

[41] 鄢飞．物流服务供应链的协同机理研究［D］．西安：长安大学，2009．

[42] 刘伟华．物流服务供应链能力合作的协调研究［D］．上海：上海交通大学，2007．

[43] 吴涛．集成供应链运作与物流管理的研究［D］．武汉：武汉理工大学，2003．

[44] 张德海．物流服务供应链的协调机制研究［D］成都：电子科技大学，2007．

[45] 国务院新闻办．中国的稀土状况与政策［N］．经济日报，2012－06－21（11）．

[46] 让－弗朗索瓦，莫妮卡，劳里，等．世界银行物流债效指数报告2012年［N］．王波，译．北京：中国财富出版社，2013．

撰稿人：原中国物流与采购联合会常务副会长、研究员　丁俊发

北京中物联物流规划研究院副院长、博士后　王　辉

中国铁路物资股份有限公司物流事业部高级工程师、高级业务主管　董天胜

第二篇

工业领域物流与供应链管理研究

第一章 我国工业领域物流与供应链管理发展现状与问题分析

近年来，在政府部门和有关行业协会的引导下，一大批工业企业积极探索物流管理创新，优化供应链管理，创造和积累了很多成功的做法和经验。同时，我国工业发展中不平衡、不协调、不可持续问题依然突出，工业发展方式仍较为粗放，工业转型升级十分紧迫。本章在分析我国工业发展状况的基础上，重点对钢铁、汽车、食品等典型工业行业物流与供应链管理发展特点及存在的问题进行分析，进一步提炼出工业领域各行业物流与供应链管理的共性问题，为研究制订相应的对策和出台政策措施提供参考依据。

第一节 我国工业发展概况

一、工业的概念及其构成

（一）工业的概念

工业（Industry）是指从事自然资源的开采，对采掘品和农产品进行加工和再加工的物质生产部门。具体包括：①对自然资源的开采，如采矿、晒盐等（但不包括禽兽捕猎和水产捕捞）；②对农副产品的加工、再加工，如粮油加工、食品加工、缫丝、纺织、制革等；③对采掘品的加工、再加工，如炼铁、炼钢、化工生产、石油加工、机器制造、木材加工等，以及电力、自来水、煤气的生产和供应等；④对工业品的修理、翻新，如机器设备的修理、交通运输工具（如汽车）的修理等。

（二）工业的基本构成

关于工业的构成，在我国《国民经济行业分类》（GB/T 4754—2002）中将我国工业做了三个层次的划分，如表 2-1-1 所示。

表 2-1-1 《国民经济行业分类》（GB/T 4754-2002）对工业的分类

门类	大类	中类	小类
采掘业	6	15	33
制造业	30	169	482
电力、燃气及水的生产和供应业	3	7	10

表 2－1－1 说明我国工业行业共分为 39 个大类，其中制造业占到 30 类，可见我国工业以制造业为主体，工业行业细分如图 2－1－1 所示。

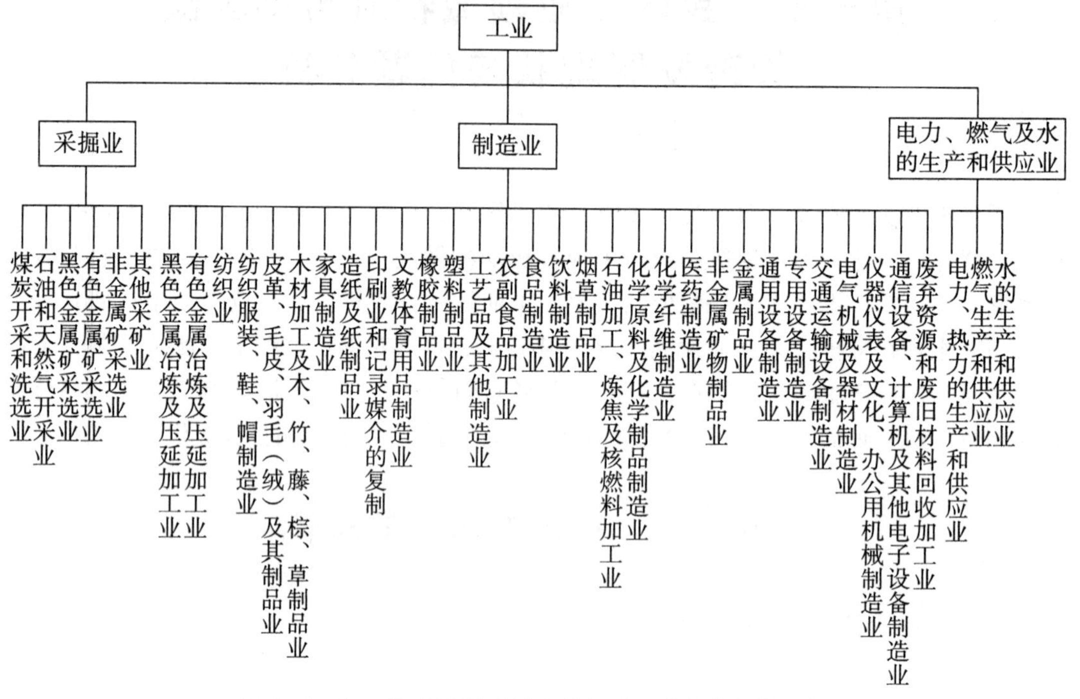

图 2－1－1 《国民经济行业分类》中工业包含门类示意

二、我国工业的主要发展阶段

我国工业是社会分工发展的产物，新中国成立以来主要经历了优先发展重工业、轻重工业调整、全面市场化转型、新型工业化四个发展阶段。

（一）优先发展重工业阶段（1949—1978 年）

新中国成立以后，中国并没有沿袭其他国家从轻纺工业起步的工业化道路，而是采取了从重化工业起步的超常规发展道路。

新中国的工业化历程开始于 1953 年国民经济发展第一个五年计划的实施，在高度集中的计划管理体制下，我国成立了大批国有企业，进行大规模的重工业投资和建设。中国用了近 30 年的时间，初步建立起了独立的、相对完整的工业体系，工业化由起步阶段逐步进入到初级阶段。

在这一时期，尽管工业增长速度较高，但国民经济在这一阶段发展不平衡，经济效益差，因为片面强调重工业的发展，导致轻重工业之间、工业与第三产业之间资源配置不合理。

（二）轻重工业调整阶段（1979—1992 年）

20 世纪 70 年代末，为了解决严重的经济结构不合理问题，我国开始对工业化发展战略进行重大调整，纠正过分强调发展重工业的做法，转而采取消费导向型工业化发展战略，注重市场需求导向，优先发展轻工业。这一时期，以纺织工业为代表的轻工业获得了快速发展。

这一阶段，轻重工业逐步协调增长，二者之间的互动机制逐步形成，重工业对轻工业生产所需的原料和机械设备的生产和供应能力明显增强，轻工业则通过开拓产品市场，相应增加了对重工业产品的需求。经济结构失衡的状况在不断调整中趋于均衡，资源配置方式由单纯的计划手段转向计划手段与市场调节相结合，国民经济由封闭走向开放，工业化总体历程也由初级阶段向中级阶段推进。但这一阶段也出现了新的结构性矛盾，主要是由于加工业的超高速发展，在 20 世纪 80 年代末和 90 年代初，能源、交通、原材料等领域普遍出现紧缺，基础工业和基础设施成为制约国民经济发展的“瓶颈”因素。

（三）全面市场化转型阶段（1993—2002 年）

从 1992 年起，我国实行了经济体制改革，开始由计划体制向市场体制全面转型，我国经济领域再次出现了重工业走强的势头，工业增长重新转向以重工业为主导。这一阶段，我国以电子信息产业为代表的技术密集型产业快速发展，重化工业加速发展。20 世纪 90 年代中后期，传统消费品工业的改造升级促使设备投资大量增加，以解决能源、交通、原材料等领域的制约瓶颈为目的形成了对装备工业的巨大需求，高加工度的重工业快速发展，重工业占工业总产值比例稳步提高。而 2000 年之后，重化工业进一步快速发展，这一时期消费结构明显升级并由此推动产业结构向高度化演进。

（四）新型工业化阶段（2003 年以后）

2002 年，中共十六大在总结我国工业发展和工业化经验的基础上，根据我国国情正式提出了我国应该走新型工业化道路。我国开始了探索以信息化带动工业化，以工业化促进信息化，力争走出一条科技含量高、经济效益好、资源消耗低、环境污染少、人力资源优势得到充分发挥的新型工业化路子。

三、工业在我国国民经济中的地位与作用

（一）工业是国民经济中最重要的物质生产部门

工业是国民经济各部门进行技术改造的物质基础，从行业构成来看，工业所涉行业既有为国民经济各部门提供先进的技术装备的高端重工业，也包含为国民经济各部门提供能源和原材料的基础性行业，同时又能满足人民生活需要提供各种消费品，更为关键的，工业是加强国防的重要条件。根据国家统计局的公布数据，2014 年我国 GDP 是

636463 亿元；2013 年为 588019 亿元，三次产业比为 10.1∶45.3∶44.6，其中工业增加值 210690 亿元，占 GDP 的比重为 37%，可见工业是国民经济重要的物质生产部门。

（二）工业是增加我国国际竞争力的战略性产业

在全球经济一体化的背景下，各国竞争力的比较主要反映在其创造增加值和国民财富持续增长的能力上，我国以经济资源的全球配置为基础参与世界产业分工与合作，无论是从进出口贸易规模来看，还是从科技水平来看，工业囊括行业门类众多，科技含量和创新潜力巨大，是提升我国国际竞争力的战略性产业。

（三）工业是提升我国科学技术水平的主力军

国民经济的发展要求整体提升我国的科技创新和自主研发能力，而工业经济的发展离不开科技创新水平和自主研发能力的提升，例如船舶制造业、电子信息业、石化产业等，因此工业在推动提升国民经济实力的同时，必然在我国的科技创新和成果转化中扮演着冲锋陷阵的主力军角色。

（四）工业是推进我国城镇化进程的主动力

“十二五”时期是全面建设小康社会的关键阶段，也是工业化的跃升期、城镇化的加速期。工业化是城镇化的经济支撑，城镇化是工业化的空间依托。我国在建设新型工业化道路的同时，利用对城镇化发展的承载优势，以工业化带动城镇化，为我国城镇人口就业、促进地方经济发展提供了主要渠道，推进了我国的城镇化进程。我国第二产业的就业人员数量从 2005 年的 18084 万人到 2013 年已增长到 23170 万人，第二产业就业人口在全国所有就业人口中的占比也从 2005 年的 23.2% 上升到 2013 年的 30.1%，作为第二产业中的主要行业，工业在解决城镇人口就业方面所起到的作用不可忽视。

（五）工业是我国经济发展方式转变的主战场

我国工业主要以能源工业、钢铁工业、机械工业等基础工业部门为主，这些行业长期以来依靠物质资源消耗，资源环境成本较高，据工业和信息化部统计，目前我国消耗了全球 46% 的钢铁、16% 的能源、52% 的水泥，但仅创造了全球 8% 左右的 GDP。此外，高耗能行业能源消费量占工业能源消费总量的近 80%，高耗能行业的快速增长带动我国工业能源消耗总量的不断增加，因此工业必然是未来我国经济转方式、调结构的主战场。

四、典型工业行业概况

根据产业链关系，可将工业分为原材料工业（钢铁、有色金属、石化、化工、建材）、装备工业（机械制造、汽车、民用船舶）、消费品工业（轻工、纺织、食品、医药、家电）、电子信息业，其产业链关系如图 2－1－2 所示。

工业行业种类繁多，但同一类型的工业行业，如原材料工业包括的钢铁、有色金属、

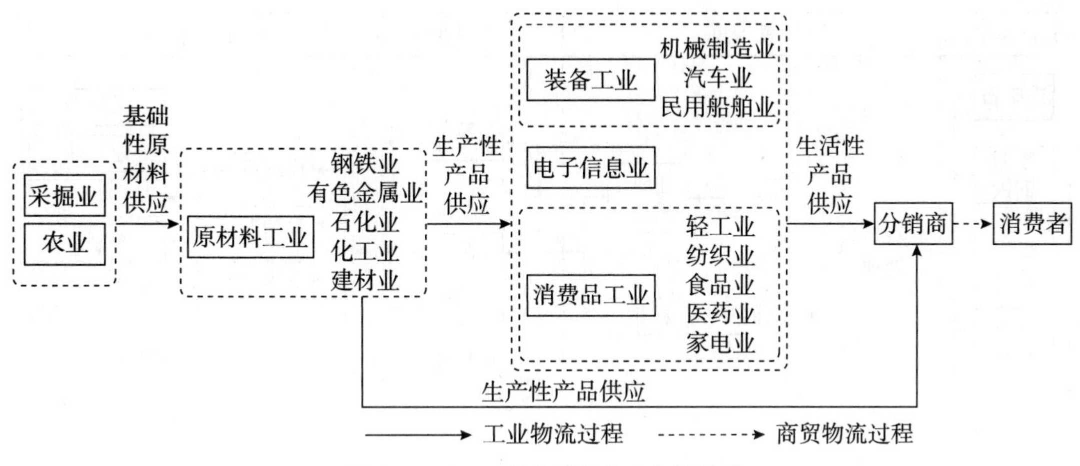

图2－1－2　工业典型行业产业链关系

石化、化工、建材，它们具有较为相似的物流与供应链管理特征。其中，原材料工业、装备工业、消费品工业对物流与供应链管理需求十分明显，因此下面章节从原材料工业、装备工业、消费品工业中分别选取代表行业进行物流与供应链管理分析研究。

第二节　以钢铁为代表的原材料工业物流与供应链管理发展状况分析

钢铁行业是原材料工业中的代表行业。通过对钢铁行业物流与供应链发展状况的分析，可以大体了解到整个原材料工业在该领域的发展情况。

一、钢铁行业供应链结构分析

从图2－1－3中我们可以看出，在钢铁行业供应链的上游，原材料种类较少，生产产品的种类也不丰富。但在供应链的下游，产品的种类变得丰富，客户所涉及的领域众多。这体现了原材料工业这类对自然资源依赖性较强领域供应链结构的共同特征——从相对集中的源头向下游发散的供应链结构。这类供应链的上游相对简单，供应商相对固定，设备的提供也是由具有相当资质的企业负责，物流服务的提供更是必须由具有专业资质的企业或国家机关担任，比如危险品物流公司、海关、海事机关等。而供应链的下游即客户、分销渠道就非常复杂。

二、钢铁行业物流与供应链管理现状分析

（一）钢铁行业总体发展现状

钢铁企业是我国重要的工业制造业，是国民经济的支柱，但是近年来却遇到了发展

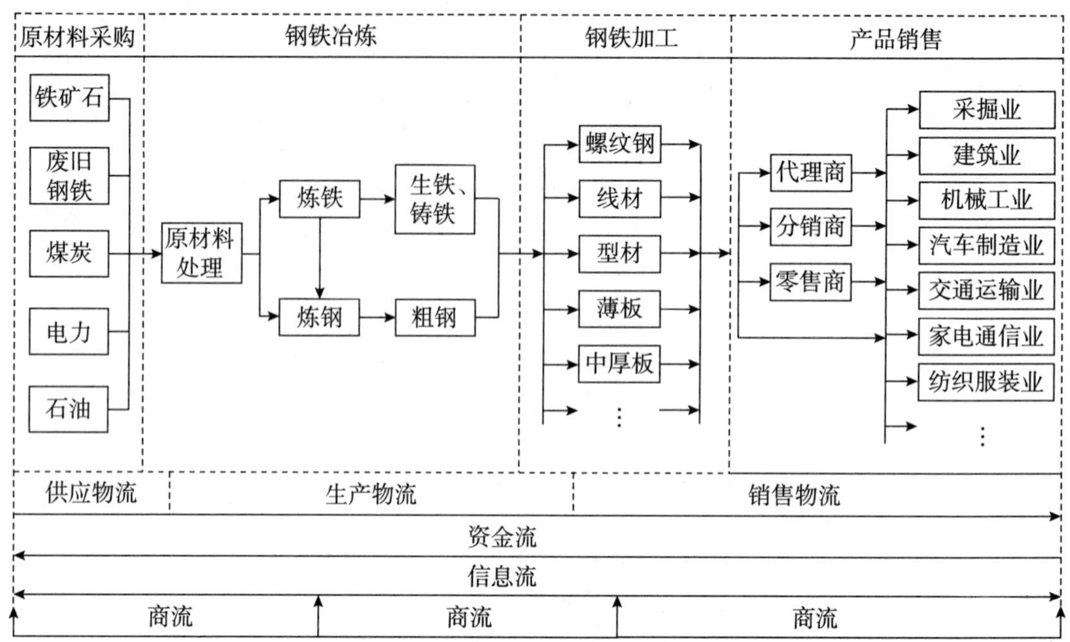

图 2－1－3　钢铁行业供应链结构模型

瓶颈。

钢价跌跌不休、现期货价格贴水屡创新高。2014 年，我国钢铁产业链品种全线超跌，现货钢材市场价格创 20 年新低、期钢更是屡次刷新上市以来最低点、进口矿暴跌至 70 美元关口，也创下 5 年来低点。粗钢产量屡创新高、钢厂去库存压力显著。数据显示，2014 年前 10 个月全国粗钢消费量约 6.2 亿吨，同比降低 1.4%。到 11 月月末，全国重点钢企库存为 1431 万吨，较年初增长 217 万吨，全年绝大部分时间重点钢企内部库存总量均在 1380 万～1800 万吨的高位运行，反应钢厂去库存压力明显上升。钢企现“畸形”盈利，行业资金压力依然较大。2014 年前 10 个月，88 家重点钢企盈利 226.56 亿元，累计盈利同比增 61.3%；预计全年钢铁业利润总额将达到 280 亿元以上，创近三年来的新高。但平均销售利润率依旧低下，仅为 0.75%，表明钢铁主业仍然困难，仍有 21 家钢企亏损，亏损面为 23.86%。2014 年，全国雾霾等污染问题更加严重，已经引起国家层面的关注，钢铁行业作为典型的“三高”行业，已经被确定为国家五大宏观调控的重点行业之一。

（二）钢铁龙头企业——宝钢集团的发展状况

宝钢集团有限公司是 2012 年我国金属工业企业中的第一名。2012 年，宝钢完成钢产量 4383 万吨，利润总额 104 亿元，居世界钢铁行业第二位。2013 年，宝钢连续第十年进入美国《财富》杂志评选的世界 500 强榜单，位列第 222 位，并连续当选为“全球最受赞赏的公司”。2014 年宝钢股份位居钢铁业净利润第一位。标普、穆迪、惠誉三大评级机构给予宝钢全球钢铁企业中最高的信用评级。除了注重发展钢铁主业，宝钢还着力围绕主业，发展相关多元产业，重点围绕钢铁供应链、技术链、资源利用链，加大内外部资源整合力度，提高综合竞争力及行业地位，形成了资源开发及物流、钢材延伸加工、工程技术服务、煤化工、金融投资、生产服务六大相关产业板块，并与钢铁主业协同发展。

物流与供应链发展方面，宝钢集团已经建立起了相对完善的供应链管理体系：

供应采购系统。宝钢为保证生产，需要的原材料有铁矿石、废钢、煤炭、油料、电力、备品备件等。这就产生了许多不同的供应商。本着采购供应链整体高效运作，实现共同发展的目标，宝钢股份于2004年起着手建设采购供应链系统，建立了从用户到管理部门、采购部门、供应商、仓储配送、结算这一完整的业务处理流程，能实现公司内物料代码（涵盖资材、备件、零固、原燃料）的规范统一；系统整合了国内外的采购业务，能实现与供应商的网上协同；具备了支持多组织、多账套的采购供应业务等功能。该系统自正式投运以来。有效助推了资材备件采购部与宝钢分公司、供应商、宝钢物料供应中心的协同运作。但在资源占有和采购规模方面，宝钢仍存在劣势。

生产流程系统。钢铁的生产流程比较复杂，过程比较长，要经过原材料的采购—原材料的处理—炼铁—炼钢—连铸—轧制—销售。既有推动式生产，又有拉动式生产。由于生产的特点决定了在连铸这个环节上是该供应链上的推拉边界，因为炼铁和炼钢是连续性的流程，特别是炼铁的环节，不能出现等待原料的情况，所以在连铸之前的环节基本上属于推动式生产进行的环节；在轧制以后的生产形式可以认为是拉动式生产。宝钢以及中国其他钢铁企业从总体上在生产流程管理上是一种粗放式管理，对产品生命周期的核心管控流程了解不深、不透，不能有效掌控和提升本企业核心管控流程的效率。

销售物流系统。钢材的销售物流系统，国际上大致分为两类模式：一是日韩模式，以综合商社为主，钢厂为辅；二是欧美模式，以钢厂为主，流通、物流企业为辅。宝钢是一种中间模式，正是由于宝钢特有的销售物流系统模式，宝钢钢铁价格被称为世界钢铁市场价格的风向标。但宝钢集团在销售物流系统方面仍然存在一些问题。比如：资源配置时间长，在资源配置与订单应答上目前无共通的决策支持平台；对于客户来说，体系可见度低；销售物流系统反应速度慢等。

回收再生系统。宝钢将在生产过程中产生的切头回收至废钢堆场，或对外销售或回炉冶炼。2006年，针对高合金废钢，宝钢分公司确定了40多个高合金废钢回收点。由各生产厂就地回收，实行涂色标记以将高合金废钢区分出来，宝钢还通过手提式光谱仪等设备，将回收的各类高合金废钢细分成23类，分门别类地堆放在固定区域。炼钢厂根据不同种类制订了详细的使用方案，对不能回炉使用的高合金废钢，则参照市场价格建立一个可动态调整的回收价格体系按质出售。

信息系统。宝钢经过近几年在企业信息化方面的建设，已建成较完善的企业内部信息系统。其自行设计开发的整体产销计算机管理系统（B－ERP）完整覆盖销售、生产、质量、发货、设备维护和财务等业务。在生产、管理中做到了生产实绩、库存和合同的实时跟踪及动态分析，并建设了庞大的企业数据仓库。

三、钢铁行业物流与供应链管理特点分析

（一）钢铁行业物流特点分析

1. 钢铁行业物流链既繁又长，控制难度较大

钢铁行业物流链涉及原材料、在制品、产成品等的运输，成品的销售物流等，物流企业现在还可以进行钢材的简单加工、开平等处理，从原材料到最终产成品的消费地物流链长，环节多，控制难度较大。

2. 钢铁行业的物流成本高，物流资源分散

目前我国其物流成本占整个产业链支出的20%左右，而发达国家为8%～10%，物流成本一直偏高。产业链上的许多企业没有先进的管理信息系统，物流资源分散，没有形成贯穿整体的社会化钢铁物流体系。

（二）钢铁行业供应链管理特点分析

1. 钢铁行业供应链中生产环节的产能总量过剩

我国粗钢产能超出实际需求1亿吨以上。创新能力不强，先进生产技术、高端产品研发和应用还主要依靠引进和模仿，一些高档关键品种钢材仍需大量进口，消费结构处于中低档水平。

2. 钢铁行业供应物流管理难度大

我国铁矿石总储量为220亿吨，但贫矿多、富矿少，平均品位仅为33%，远小于炼铁所需的含铁63%品位。每年钢铁产业的钢铁消耗一半以上铁矿石需要进口。铁矿石近几年主要依靠从巴西、澳大利亚等地进口，价格高。小煤矿关停导致焦煤产量锐减，焦煤开采成本上升导致焦煤价格不断上涨；国际焦煤价格的上涨也刺激国内焦煤价格高涨。

3. 钢铁行业供应链中的流通体制和流通秩序不佳

钢铁销售呈现多级批发，存在大量中间商，且资金渠道来源不同。在大中型企业钢材销售总量中，中间贸易商占的销售比重与直销旗鼓相当，中间贸易商和钢铁生产企业存在争夺市场价格话语权的问题。目前钢铁产品经销商超过15万家，由于产品市场的供需不平衡，投机经营倾向较重，钢材价格波动幅度大。

4. 钢铁行业供应链中资金流和信息流的整体流量大，传递路径长

资金流呈现巨额投资、流动资金频繁的特点。信息流呈现信息主体多样、信息内容多样、信息传递要求快速、精确的特点。

四、钢铁行业物流与供应链管理存在问题分析

（一）钢铁行业物流发展问题分析

1. 物流发展行业滞后于行业发展

钢铁物流的产业集中度远远低于钢铁生产领域甚至消费领域。我国钢铁流通以中小

企业为主体，全国各类钢材贸易企业超过20万家，但绝大多数企业的钢材销售量都在10万吨以下。由于企业规模小、分布过于分散，已经无法与上下游之间协同发展，既难以与日趋向集团化发展的钢铁生产企业相匹配，也难达到下游用户所要求的服务水准。国内钢厂产量超过1000万吨的有9家，宝钢和河北钢铁集团均超过3000万吨。与钢铁生产企业相比，钢铁流通企业在资源掌控、定价话语权上仍处于弱势地位。

钢铁产业和钢铁物流产业兼并重组不同步，加大钢铁生产和物流领域的规模差异。目前钢铁物流企业内部管理粗放，缺乏必要的服务规范和内部管理规程；技术水平较低，物流作业效率不高，只能简单地提供运输和仓储服务，难以为大型企业提供综合性物流服务。钢铁物流企业作为钢铁生产企业与钢铁终端用户之间的桥梁和纽带，加快推进我国钢铁物流企业间的兼并重组刻不容缓。

2. 钢材加工配送发展落后

目前，我国虽然也有300余家钢材加工配送中心，与美国的数量相当，但除了一些大钢厂和贸易商的加工配送中心有一定的规模和档次外，80%的加工中心规模比较小，自动化水平低，无法发挥专业分工的优势，并且还存在重复建设严重、结构布局不合理的情况。我国钢材在流通中深加工的比例仅为15%左右，世界发达国家钢材的综合深加工率可达50%以上，板材更是高达70%，缺乏深加工使我国钢材的附加值没有得到体现，上下游没有形成紧密的共同发展关系，钢材的综合成材率和劳动生产率较低。

3. 钢铁物流技术装备落后

物料出、入库机械化程度低，人工搬运车及普通起重设备占到70%以上，很多仍采用手工装卸。另外这些企业运输、仓储手段单一，车辆可承载的货物种类有限，同时信息系统落后，导致在目的地无法全面地得到返程配货的信息，货运车空载率较高，无法形成强大的物流网络，单位运输成本偏高，难以形成规模经济。

4. 钢铁物流信息化程度有待提高

绝大部分钢铁物流中心内部物流管理信息系统不高，很多仍为手工式记账，条码技术、GPS及EDI等物流信息技术也没有大规模的使用。另外，现代物流体系要求物流信息应在相关企业之间广泛传递，通过信息网络平台对接，客户发给钢铁企业销售部的信息也同时会发往物流企业，但绝大部分钢铁物流企业对外仍用纸媒介来传递信息，与现代钢铁物流要求差距还很大。

（二）钢铁行业供应链管理问题分析

钢铁行业供应链管理力图把整个企业生产资源（原材料、设备）、市场资源（采购、销售）、财政资源（资金来源与支出）和工程资源（产品结构和工艺路线的设计）编成全面计划，并进行管理，但却局限于企业内部数据集成，而未将其相关实体纳入视野。钢铁行业供应链管理的问题主要表现在：

1. 供应链一体化程度不高

整个系统只注重企业内部运作，而忽视了其他相关实体。钢铁企业供应链前端的采购系统包括原料、材料、设备等子系统，每个子系统要与若干个供应商和代理商打交道。

后端销售系统的销售公司、储运公司、用户办等子系统同样要与客户和代理商打交道。但目前的内部供应链管理未将这些对象纳入供应链系统。

2. 对库存费用的重视不够，采用过于简单的库存策略

库存以原材料、半成品、成品等形式存在于供应链的各阶段、各位置（运输库存）。钢铁企业每年仅耗费在原燃料方面的库存费就高达数亿元，更不用说其他材料、机电备件以及半成品和成品的库存。库存主要用来应对不确定性，因此库存策略应当根据不确定性而有所不同，简单的库存策略往往不能满足要求。

3. 忽略了不确定性影响，数据信息不准确

从国外采购的矿石，受运输方式的影响，有时不能按期到达港口。钢材交货时间得不到保证，且未能及时将信息通报给客户，造成客户不满意和企业形象受损。由于对不确定性认识不足，许多机构长期习惯于这种不确定性，并默认不确定性的存在，而在清除、减小不确定性方面所做的工作不多。这种不确定性在整个供应链中有不断被放大的趋势，即“牛鞭效应”，有时钢材不能按期到达港口，造成系统数据严重失真。

4. 缺乏衡量供应链整体性能的考核指标

供应链上各单元基本上是按照局部目标在运行。各单元只考虑自身目标的优化，而未考虑整体目标的优化。局部优化目标加起来并不一定导致供应链整体性能最优。如某钢铁企业焦化厂和烧结厂分别生产焦炭和烧结矿，焦炭和烧结矿质量的好坏直接影响炼铁厂铁水的产量、质量和成本。在降低成本活动期间，焦化厂和烧结厂为了完成本厂降成本的目标，生产的焦炭和烧结矿质量均达不到企业标准，炼铁厂使用后，导致铁水的产量和质量下降，成本上升。尽管焦化厂和烧结厂完成了各自降成本的目标，但炼铁厂的成本却上升得比前两厂降低的和还多。

5. 创新能力不足

一个典型的矛盾是，尽管中国的钢铁企业占据全球最大的钢铁企业前10强半数以上份额，但包括宝钢在内的中国大型钢铁企业还没有一家称得上是“跨国公司”，中国钢铁业国际化羸弱的一个根本原因就是缺乏驾驭国际市场运营的经验和能力，核心就是管理创新能力不足。此外，中国的钢铁业贡献了全球45%左右的产量，却鲜有影响世界钢铁业发展方向的突破性技术创新，这是中国钢铁业大而不强的典型症状。唯有技术创新，才是中国钢铁业发展摆脱资源和环境束缚的新支点。

第三节　以汽车为代表的装备工业物流与供应链管理发展状况分析

一、汽车行业供应链结构分析

汽车制造业对国民经济带动作用强，对于推进我国的工业现代化具有重要的战略意义。汽车行业主要包括生产发动机、底盘和车体等主要部件，并组装成车的汽车制造企业和专门从事各种零、部件的制造的汽车配件制造企业。在进行具体供应链分析时，由于汽车零部件生产企业和汽车制造企业为两类企业，因而将其拆开分析。汽车工业供应链结构如图2－1－4所示。

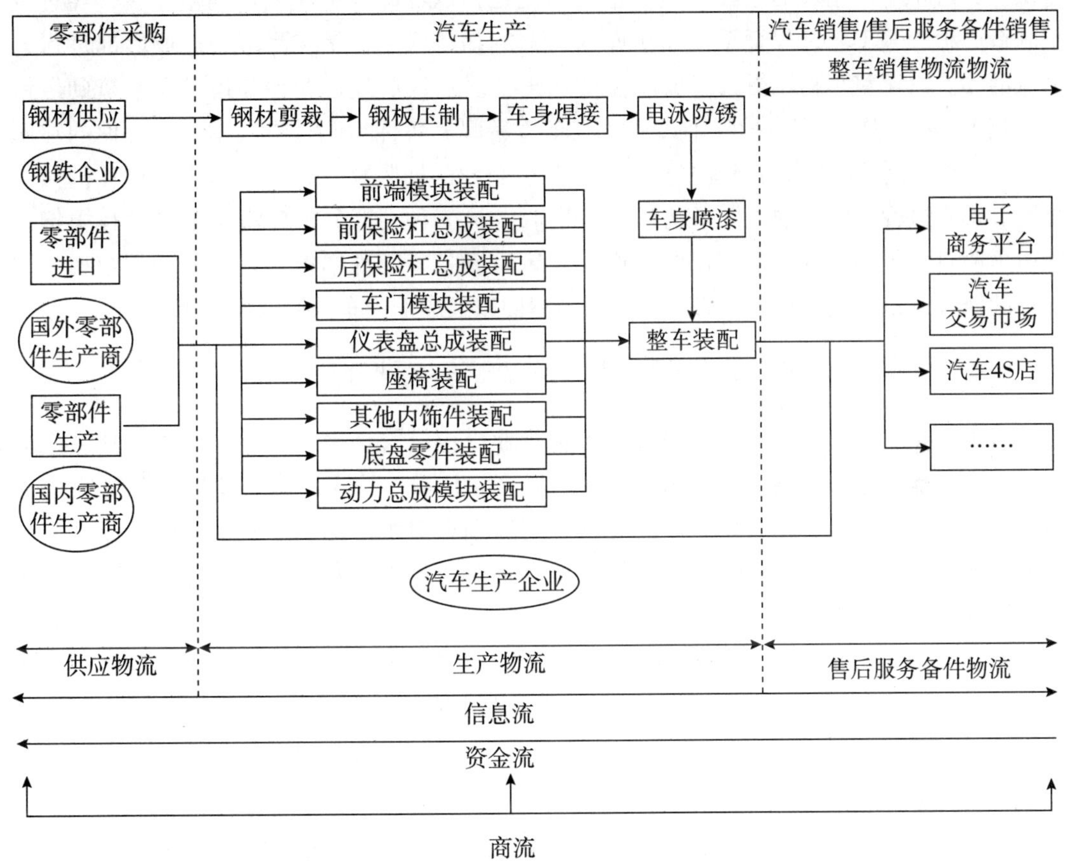

图2－1－4 汽车工业供应链结构

由图2－1－4可知，汽车工业供应链可以分为零部件采购、汽车生产、汽车销售等部分。汽车零部件采购主要来源于国内零部件生产商和零部件制造商，零部件种类繁多，零部件供应商管理复杂。汽车的生产环节较为复杂，生产工艺种类多，且多采用模块化生产。在汽车的销售环节则涉及整车销售和售后服务备件销售两类，多销往4S店等地，近年来由于电子商务的普及和生产技术的提高，汽车生产企业也开始提供定制化生产服务。

二、汽车行业物流与供应链管理现状分析

（一）以汽车为代表的装备工业物流现状分析

中国的汽车物流成本约为15%，远高于欧洲的8%和日本的5%。汽车物流包括五个

部分，即零部件入厂物流、生产物流、整车销售物流、汽车售后服务备件物流以及回收物流等。

汽车零部件入厂物流是指汽车零部件从国内零部件生产企业或者国外零部件生产企业供应到汽车生产企业的过程。汽车生产物流是指从零部件仓库入口到生产线，经过汽车制造、组装等工艺过程直至成品车库入口前的物流活动，是在汽车制造业内部进行的物流活动。汽车整车物流指汽车成品整车从生产线下线后经过仓储和运输等环节到经销商、4S 店等再到最终客户的整个过程。汽车售后服务备件物流是指汽车售后备件的在库管理、按单配送至 4S 店的物流服务。汽车制造企业的回收物流可以分为生产过程的回收物流、销售过程的回收物流以及售后过程回收物流三种。即分别为汽车生产过程中钢材等边角废料和废弃包装物等的回收，汽车及售后服务零部件销售过程中使用的台架、捆带等的回收，以及汽车故障维修、缺陷产品召回以及废旧汽车的回收利用等。

（二）以汽车为代表的装备工业供应链管理现状分析

汽车行业的供应链管理水平一直处于各行业供应链管理水平的领先位置。其供应链管理方式也逐步趋向于供应链横向一体化。现在，已没有汽车生产企业能够独立完成从零部件生产，到整车装配，直至最终把汽车销售到客户手中的全过程。加快新产品开发速度，降低生产成本等目标已经难以只由单个企业通过内部发展实现，这些问题已经演变成为供应链的问题。

2014 年，全国累计生产汽车 2373 万辆，同比增长 7%。销售汽车 2349 万辆，同比增长 7%，产销量保持世界第一。我国汽车生产量变化情况如图 2 –1 –5 所示。

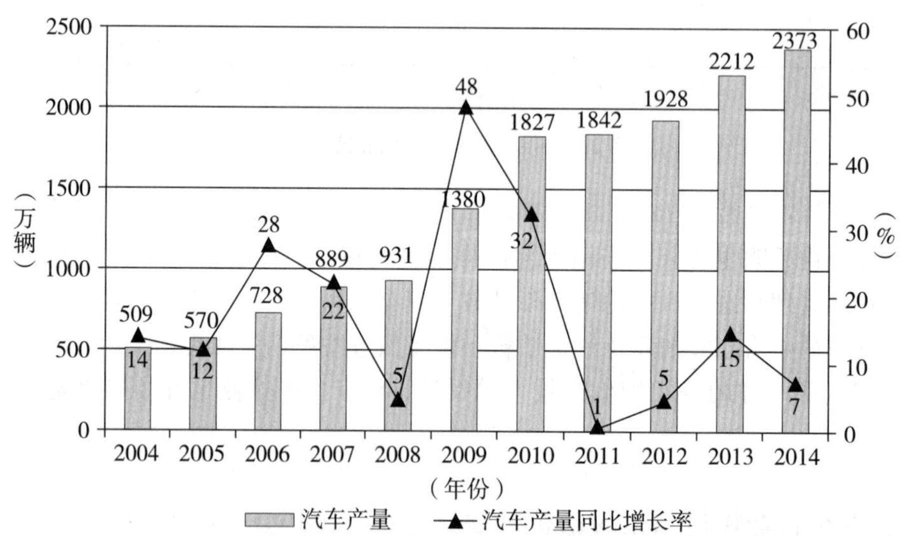

图 2 –1 –5 2004—2014 年我国汽车生产量变化情况

数据来源：国家统计局。

2014 年全年，6 家企业（集团）销售汽车 1859. 33 万辆，占汽车销售总量的 79. 2%。其中，上汽销量突破 500 万辆，达到 558. 37 万辆，东风、一汽、长安、北汽和广汽分别达到380.25万辆、308.61万辆、254.78万辆、240.09万辆和117.23万辆。

我国汽车销量前十名的企业集团共销售汽车1943.06万辆，占汽车销售总量的88.4%，汽车产业集中度同比增长1.4%。2005—2013年我国前10家汽车销售企业集中度变化情况如图2-1-6所示。

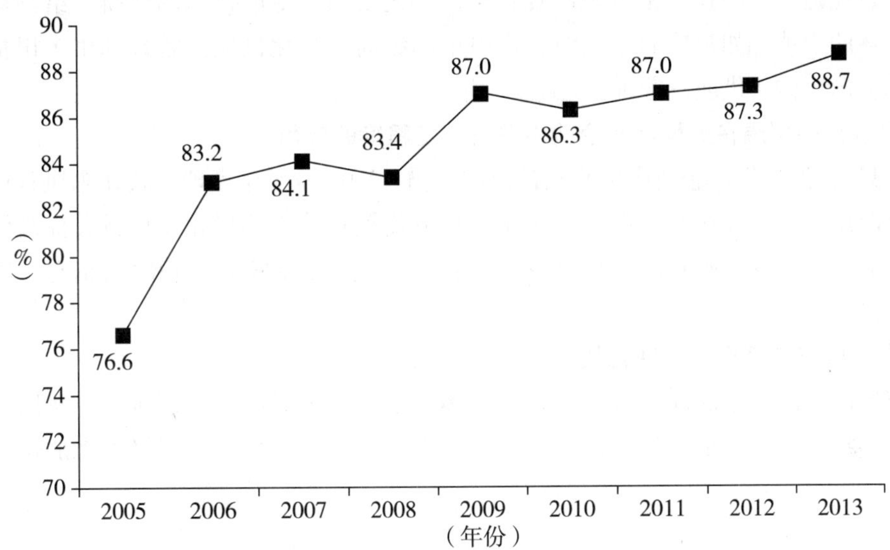

图2-1-6　2005—2013年我国前10家汽车销售企业集中度变化情况

数据来源：工业和信息化部网站及中国经济年鉴。

由图2-1-6可知，汽车产业集中度逐步上升，由2005年的76.6%上升到2013年的88.7%。

三、汽车行业物流与供应链管理特点分析

（一）以汽车为代表的装备工业物流特点分析

1. 零部件种类繁多，供应商数量多

汽车零部件种类多样，不同的零部件规格大小不一，需要个性化的包装器具。同时，整车厂对零部件的需求总体上是多频次小批量，因而需要多频次小批量的供应物流服务以保障其供应和生产的有效衔接。

2. 汽车生产物流外包水平较低

由于汽车厂内生产属于汽车制造的核心环节，且多涉及汽车制造企业的核心竞争力，大部分汽车制造企业未将生产物流业务外包。只有东风日产、东风裕隆等少数的汽车制造企业与汽车物流企业开展了汽车行业的生产物流的活动。

3. 汽车属于高价值产品且车型众多，对物流费用的承受力不一

汽车单价较高，属于高价值产品。并且不同的车型对物流费用的承受能力也不一样，

如低端车型价值较低，对物流费用的承受能力较低。

（二）以汽车为代表的装备工业供应链管理特点分析

1. 核心竞争力依赖设计、生产技术创新能力

汽车行业是典型的技术依赖型行业，生产工艺复杂，生产技术的创新会给汽车供应链带来整体的变革。如福特的流水线生产引申的纵向一体化供应链管理和由丰田精益生产引申的横向一体化供应链管理。

2. 供应链的思想在大型汽车企业中已有一定程度的应用

JIT 思想在汽车生产企业中已有较广泛的传播，VMI 等库存管理方式在东风日产等企业中已有应用。一部分汽车生产企业采用循环取货模式等方法优化供应链，提高供应链效率，降低库存成本。同时，一些大型汽车生产企业也已经采用了 ERP 等信息手段协调优化整条供应链。

3. 汽车供应链管理的全球化战略

汽车生产所需的零部件来自国内和国际多个地区，零部件采购领域将涉及国际贸易等多个板块。同时，汽车整车生产也在逐步迈出国门，汽车的销售网络也将加快建设以提升国际竞争力。

四、汽车行业物流与供应链管理存在问题分析

（一）以汽车为代表的装备工业物流管理问题分析

1. 部分零部件难以形成满载运输，造成运力浪费

各零部件供应商的送货数量不确定，致使部分车辆装载率较低，空驶率较高，造成运力资源的浪费。并且零部件运输车辆返程装载率低下，同样浪费了运力资源。

2. 供应物流成本高，资源浪费严重

为了满足汽车整车生产商的需要，供应商多在整车厂附近设点。众多的供应商会出现仓库等设施重复建设、车辆设备等资源利用不充分的现象。

3. 生产衔接水平有待提高

供应商众多致使零部件收货繁杂，零部件难以按生产线的要求按量按时供给到特定位置。对于一些打包件的供应则更难以满足要求。

4. 整车运输空载率较高

我国商品车运输空返率为 39%，车辆运输成本是欧美国家的三倍。整车运输经常产生重去空回的情况，严重导致了运输资源的浪费。

5. 备件库存成本高

售后服务备件供应商、汽车制造企业以及售后服务备件经销商大多依赖冗余库存来满足售后服务备件及时供应的需要，各个运营主体多从自身角度进行库存成本优化，从而形成牛鞭效益，放大了备件需求，提高了备件库存成本。

（二）以汽车为代表的装备工业供应链管理问题分析

1. 供应商管理复杂，风险控制能力较低

由于汽车有诸多供应商，大部分供应商采取自行送货方式，送货时间不固定，交货标准也不统一，增加了汽车制造企业的收货难度。并且供应商众多，导致供货时间协调难度较大，会出现发货延误、零部件供应衔接不畅等问题，给汽车制造企业的生产带来很大风险。

2. 供应链的各环节存在标准化问题

一是信息方面未形成标准化，许多企业自行建立信息系统，不同信息系统之间未能有效对接，信息水平虽已较高，但仍然不能有效传递企业之间的信息，实现信息的实时沟通。

二是在设备方面未有一个成型标准。如在零部件物流问题上，其由于零部件种类的多样性和主机厂的严格要求，促使其物流设备，如网箱、托盘、运输纸箱的规格不一致，标准化问题急需解决。

第四节　以食品为代表的消费品工业物流与供应链管理发展状况分析

一、食品业供应链结构分析

一般供应链管理包含：采购供应管理、库存管理、生产管理、物流管理、信息管理和分销管理等，食品供应链结构以乳制品为例，如图 2－1－7 所示。食品供应链结构为两端复杂中间相对简单的结构。上游为原材料，以乳制品为例，牛奶进行加工时除了牛初乳外还需要各种的添加剂，在下游，由于食品为人民生活所必需，销售网点相当广泛，销售节点的形式多种多样。除了末端主体多的特点外，原材料经过加工后产生多种制品，所以末端的产成品类型也很多，例如小麦经加工后，既可以做成面包，麸皮可做饲料，还可以做成方便面和挂面。

二、食品业物流与供应链管理现状分析

（一）食品业物流发展现状分析

食品业领域物流发展已取得一些成绩，但距离完善的物流体系还有一定的差距。物流市场需求总体增加，根据中国统计年鉴上发布的全国家庭平均每人全年现金消费支出统计，粮食、肉禽及其制品、水产品和奶及奶制品等支出消费逐年增加，肉禽及其制品、水产品和奶及奶制品等往往需要进行冷藏运输保证食品的新鲜度，具体全国家庭平均每人全年现金消费支出如图 2－1－8 所示。

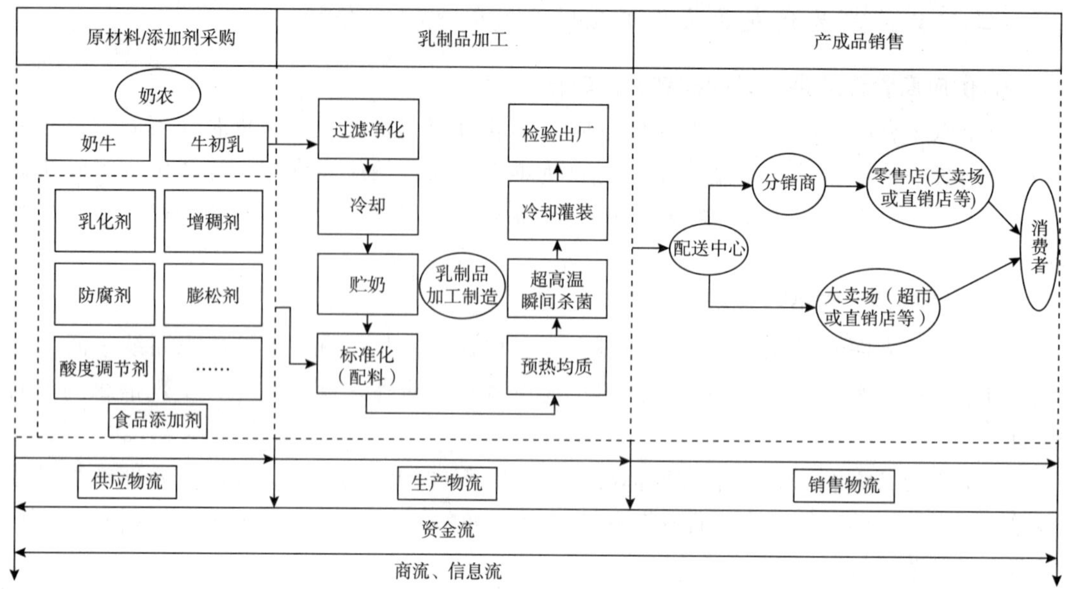

图 2-1-7　乳制品供应链结构

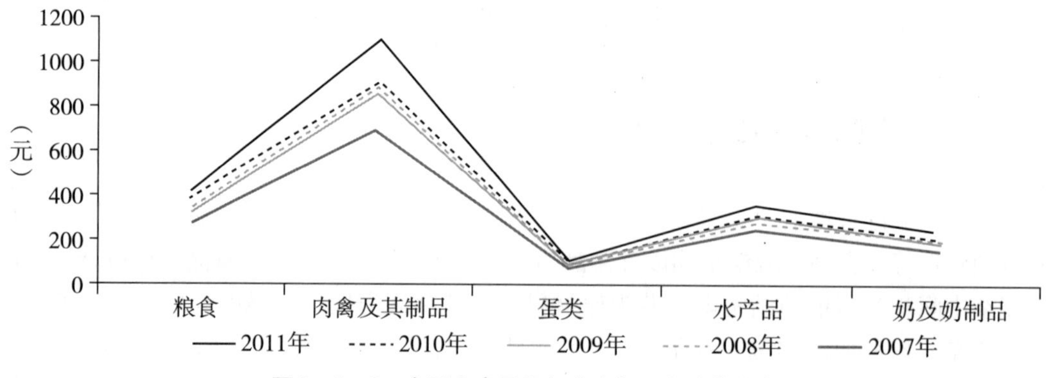

图 2-1-8　全国家庭平均每人全年现金消费支出

数据来源：中国 2008—2012 年统计年鉴。

从物流设施看，我国粮食储运加工设施及监管得到了进一步改善，在粮食加工方面，江苏宿迁粮食中心，日处理小麦 3000 吨的五得利集团面粉项目机器设备基本安装完毕，日处理稻谷 300 吨的江苏宝源米业、年加工油料 15 万吨的宝丽来油脂等已建成投产；河南省财政投资补助 0. 35 亿元和贷款贴息资金 1. 6 亿元，用于主食产业化和粮油深加工贷款贴息。从物流设备来看，我国冷藏保温汽车的拥有量虽然已经从 1980 年的约 3500 辆增加到了现在的约 60000 辆，但与发达国家相比，目前还存在很大的差距。从物流技术来看，食品制品除了一般的物流技术外，由于其保障食用性的原因，一部分需要在冷链的环境下进行运输，如肉制品、乳制品、果汁饮料等。我国制冷技术较世界水平相比相对落后，速冻技术以及臭氧除农药残留等技术也相对落后。此外，冷链信息技术在第三方冷链物流中的应用水平较低，信息系统建设落后，RFID、GIS 等技术的应用还不成熟。从物流网络搭建和物流节点建设的角度来看，粮食物流中心建设及在流通中的作用得到日益重视，现代粮食物流中心建设成绩斐然，并开始呈现智能化、数字化等特征。粮食中心逐渐成为粮食供应链整合主体，集粮食运输、储存、加工、分销等多种功能于一体。粮食物流中心同时搭建产销区粮食流通的快速通道，打破产销区边界。国家对粮食物流中心的建设与管理程度进一步加大，2012 年出台《国家级粮食现代物流示范单位管理暂行办法》，并依据此办法启动了国家级粮食现代物流示范单位遴选及相应的管理工作。从物流成本来看，我国粮食从主产区到销售区的物流费用，占整个粮食销售价格的 30% ~ 35%，而美国粮食物流成本大约只相当于我国粮食物流成本的 40%。

（二）食品业供应链发展现状分析

食品业领域的供应链应以食品加工企业为核心，包含原材料生产、贮存、食品生产加工、销售、运输、配送、处理等多个环节，主体涉及原材料生产者、产品生产制造商、运输和仓储商、转包商、零售商和产品服务环节相关的组织，如设备、包装材料生产者、清洗行业、添加剂和配料生产者。食品供应链中产销衔接有待加强，《粮食行业“十二五”规划》中提出加强产销衔接，加强通道建设，重点推进铁路散粮火车在东北区域及全国其他区域的运营，以及铁路与公路、水路的多式联运，实现跨省粮食主要物流通道的散储、散运、散装、散卸，优化和完善粮食物流供应链，主要的流通通道如图 2－1－9 所示。

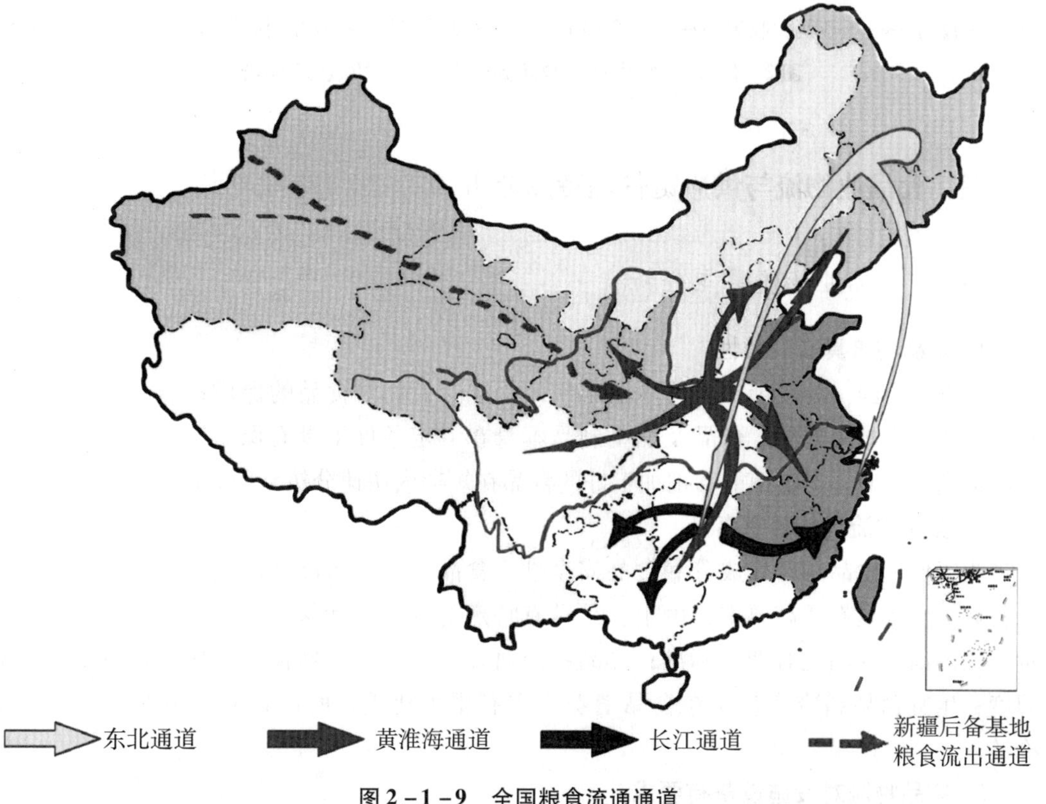

图 2－1－9　全国粮食流通通道

食品业由于其要控制产品的安全质量，一般为大集团运营，对整个产业链进行控制，供应链管理方式为纵向一体化的方式。如中粮集团，提出打造全产业链，把物流能力、加工能力、研发创新能力、品牌渠道和销售能力连接到一起，为全社会提供有附加值的服务。根据市场、客户和消费者需求，组织农民引入优良品种，提升种植、养殖效率，推动农业产业化；通过合理布局的物流和加工设施，打造低成本、高效率的供应链系统；以消费者洞察为引领，形成品牌、渠道和研发体系，源源不断地提供高附加值的新产品。再如，双汇连锁商业是以经营双汇冷鲜肉和肉制品为主，采用“冷链生产、冷链运输、冷链销售、连锁经营”的肉类营销模式，集工业、商业、物流业于一体的“横向一体化、纵向一条龙”的新型肉类经营业态。

此外，在食品供应链管理上体现出全面质量管理的趋势。食品安全与人民身体健康息息相关，实行全面质量管理有助于控制食品安全，特别是对于有保质条件的食品，质量管理显得尤为重要。蒙牛集团成立之初，就致力于建立绿色、透明的乳制品产业链。零污染的牧场管理与奶源收集；严格的质检标准；规范化的运输管理。蒙牛从“牧场到餐桌”全面质量管理环节，如图 2－1－10 所示。

图 2－1－10　蒙牛从“牧场到餐桌”全面质量管理环节

三、食品业物流与供应链管理特点分析

（一）食品业物流特点分析

1. 食品物流具有时效性

随着社会经济的发展，人民生活水平的提高，人们对食品的保质期、品质、口感和营养价值要求越来越高。食品及加工制品本身在一定条件下具有保质期，要求当批发商向制造商购买时，运输商能够把加工好的食品在短期内快速分拨到所有的地方。

2. 食品物流运作要求高

为了保证食品的营养成分和食品安全性，食品物流要求高度清洁卫生，同时对物流设备和工作人员有较高要求；由于食品具有特定的保鲜期和保质期，食品物流对产品交货时间即前置时间也有严格标准；食品物流对外界环境有特殊需求，比如适宜的温度和湿度；生鲜食品和冷冻食品在食品消费中占有很大比重，所以食品物流必须有相应的冷链。

3. 食品物流对设施设备有要求

相对于其他专业物流系统，食品物流要求高度的安全卫生，营养尽可能地不要流失。

食品如水产品、肉及肉制品、乳制品等在一定的温度条件下才可以保障其营养成分的不流失，全程实行冷链运输。对于冷链运输，要求对应的物流设施具有一定的保温功能、监控功能，符合食品贮存运输的安全卫生条件。

4. 物流作业中重视食品相关法规和物流标准的执行

食品在运输过程中由于可能会受到物流、化学以及生物方面的危害，导致食品变质的现象时有发生，所以物流服务商要严格执行相关法规和标准的要求。《食品安全法》第二十七条对食品生产经营的卫生条件作了规定，其中第六款明确要求，贮存、运输和装卸食品的容器、工具和设备应当安全、无害，保持清洁，防止食品污染，并符合保证食品安全所需的温度等特殊要求，不得将食品与有毒有害物质一同运输。从事食品运输经营活动，应当遵守本法上述规定，保证食品在运输等流通环节不受污染。如果违反本法规定，要依法承担相应的法律责任。根据 2012 年中物联统计的《物流标准目录手册》中冷链物流标准总共有 111 项，包含基础、管理、技术和作业标准，有一些为强制标准必须执行。

（二）食品业供应链管理特点分析

1. 供应链管理注重全面质量管理

食品由于其安全性和营养性双重特点，对供应链管理提出的要求为全面质量管理，从原材料种植过程开始到食品端上人们的餐桌结束。如蒙牛集团充分运用国际质量标准，将中国制造冠以世界品质。蒙牛生产管理控制由四大权威体系构成：HACCP（危害分析与关键点控制）、ISO 9001（质量管理体系）、ISO 14000（环境管理体系）、OHSAS 18001（职业健康安全管理），完整涵盖了蒙牛生产的每一个环节。从设计生产前的风险防范到对原料、人员、设施的要求，从生产作业标准、危机识别及质量控制，到包装运输控制，无一不在四大标准的规范之列。正是在严格的标准体系和质量管控下，最终上市的每一包蒙牛奶都要经过 9 道工序、36 个监控点、105 项指标检测的洗礼。

2. 供应链管理模式趋向于纵向一体化

出于食品安全原因，大多数的制造商更愿意沿产业链向上游把控，对原材料的质量进行管理，保障加工后的食品满足卫生安全要求。同时，食品在运输、贮藏和销售的过程中也容易出现变质、破损等问题，所以制造商向下游拓展，对食品运输、贮藏过程进行控制、自建销售渠道，保障食品质量。如双汇集团，为了对供应链进行掌控，组建成立了双汇物流公司，现已成为国内最大的专业化公路冷藏物流公司之一。双汇公司供应链纵向一体化管理如图 2－1－11 所示。

3. 供应链中物流和销售网络的融合度较高

目前我国食品零售渠道主要有超市、农贸市场、副食品商店等。另外，我国的食品销售网络一般由西北、华北（东北）、华中、华东、华南和西南六个大区组成，销售网络遍及省、市、区、甚至还有县，强大的销售网络方便物流进行配送，既而形成物流配送网络。

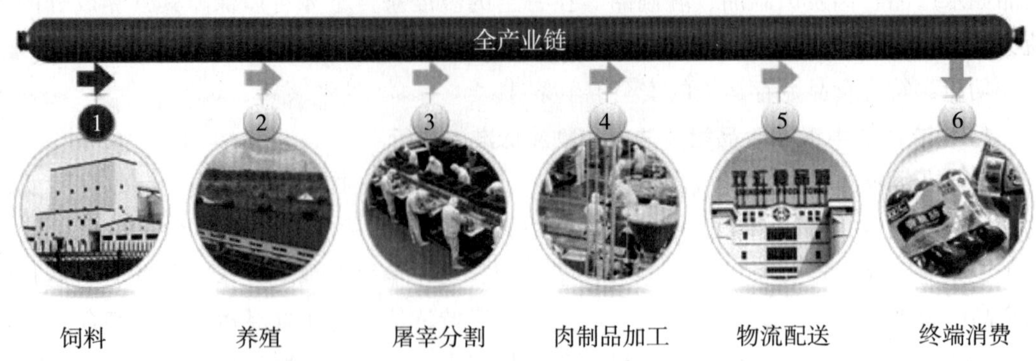

图 2－1－11　双汇公司供应链纵向一体化的管理

四、食品业物流与供应链管理存在问题分析

（一）食品业物流发展问题分析

1. 缺乏专业物流素质人才

相对于普通物流，食品物流中有部分为冷链物流，冷链物流需要专业的知识和操作规范，对物流人才的综合素质要求更高。但是冷链物流在我国起步相对较晚，目前我国关注冷链物流的人也不是很多，所以研究冷链物流的专业人才很稀缺。同时，进行物流活动的同时除了需要有冷链物流的基础外，对于相关食品的特性和温度条件等也应有所了解，需要的是复合型人才。

2. 物流成本较高

现今阶段，食品行业物流成本结构的不合理主要表现在：运输费用高、淡季仓储面积大、营运费率低。物流成本主要由运输成本、仓储成本和配送中心管理成本构成。食品企业的市场集中在大中城市，它通过在主要销售区设厂来满足当地的市场需求，当地生产能力不足或所在区域内没有生产厂的市场主要由生产总部通过铁路长途调拨给客户或将货物发至该地所在大区的配送中心，再由配送中心通过汽运将货物送至客户手中。因此由于长途调拨而产生的运输费用在产品价值中所占比例很大。

3. 发展受限于我国的第三方物流发展

我国现在第三方物流企业现有服务内容多数停留在货物代理、仓储、库存管理、搬运和干线运输等方面，能够提供综合型、全过程、集成化的现代物流服务的寥寥无几。从冷链物流的发展趋势、市场需求的导向及企业长期发展来看专业的第三方的冷链物流企业为以后的竞争主体，现在少数第三方冷链物流企业拥有全国性的物流网络，具有提出冷链物流解决方案的能力。

4. 物流过程中操作不规范导致食品变质

在冷链物流过程中，操作不规范出现“断链”的现象。物流设施与运输设备之间换装作业在常温环境下，并不是在冷藏/冷冻要求的温度中；还有在运输过程中，为了节约成本并不运行制冷设备，货物只有在运输开始和结束的时候才处于冷藏环境下。

（二）食品业供应链发展问题分析

1. 供应链基础设施建设不足

由于当前我国交通基础设施不完善，综合交通运输体系还未完全建设完成，给食品质量安全带来了隐患。多数食品加工企业缺乏必要的仓储和物流设施，原料供应保障程度低，资源浪费严重，抗风险能力弱。

2. 供应链上下游联系紧密程度有待加强

食品工业与上、下游产业链衔接不够紧密，食品整体供应链的有效衔接不足，原料保障、食品加工、产品营销存在一定程度的脱节。绝大多数食品加工企业缺乏配套的原料生产基地，原料生产与加工需求不适应，价格和质量不稳定。我国小麦产量居世界首位，但优质专用品种数量不足，每年仍需进口部分优质专用小麦；我国柑橘产量的95%适宜鲜食，适合加工橙汁的柑橘品种和产量少，95%的橙汁依靠进口。

3. 食品供应链建设存在地域差异

我国食品市场对外开放的大门敞开，为食品工业争取了更多的走出国门的机会，但是食品供应链建设东西部差距较大，我国西部地区特别是大部分农村地区、偏僻的贫困山区，内地交通运输基础建设陈旧落后，特别是不少地区的交通运输布局不合理，建设速度一时没有跟上，导致阻塞仍然频繁发生，我国东西部地区收入高低差别太大等现象。

第五节　工业领域物流与供应链管理存在的共性问题分析

一、物流层面问题

（一）企业对物流重视程度不高

由于我国经济发展长期存在重制造、轻服务，重生产、轻流通的问题，对工业物流重视不够的问题存在于大多数的工业企业中，企业中高端物流与供应链管理人才相对匮乏，没有形成统一的物流职能部门，采购、生产、销售等环节中的物流资源分散在不同部门和环节，导致企业各环节物流成本无法得到一体化的控制，导致总体物流成本居高不下。

（二）工业企业物流外包比例偏低

据统计，我国工业企业中，原材料物流的36%和46%分别由企业自身和供应商承担，由第三方物流企业承担的仅18%；产成品物流中，由企业自营或企业与第三方物流企业共同完成的比例分别为24.1%和59.8%，完全由第三方物流企业承担的仅占16.1%。这个数据与国外发达国家相比便可明显看出差距。美国、日本以及欧洲平均外包比例都已超过70%，其中德国的外包比例甚至达到90%。可见物流外包是工业物流发展的一个必然的趋势。

（三）工业与物流布局不相协调

首先，工业园区与物流节点的联合规划和配套建设不足，很多工业基地、园区和企业在选址布局没有充分考虑到周边物流设施的配套能力，造成物流成为企业发展的永远的短板；其次，综合物流体系和多式联运尚不完善，难以支撑工业品日益增长的运输物流需求，导致物流空驶率高；最后，地区产业梯度转移逐步推进，中西部地区由于物流基础设施发展较为落后，对承接东部地区产业转移形成一定的制约，区域物流一体化合作难以较好开展。

（四）工业企业物流管理较为粗放

目前，工业企业物流管理仍然较为粗放，先进的物流技术方法未得到充分运用：

首先，原材料及产成品库存量不科学。工业企业在其生产运作过程中常常选择以囤积原材料的方式，利用仓储成本抵消因原材料市场价格波动而造成的生产成本上涨，或者存储一定产成品以避免销售波动。但是库存水平过大则无法适应市场需求变化、过小则会降低抵御风险的能力，因此，在实际操作中，多数工业行业企业原材料库存水平过大，造成资金占压比重大，资金周转时间过长。

其次，工业企业仓储管理粗放。工业企业仓库的有效利用率不高，仓库布局与分区不够合理；管理方法不科学，出入库作业有交叉，自动化、机械化、信息化水平低；货位安排与管理不合理，不便于货物查找的方便性；仓储作业流程不规范，采购与仓储部门协调不足；仓储信息不透明，仓储评价指标不科学、局限性较大，不能适用于其他方面。

最后，现场管理不够优化。大多数行业生产管理人员缺乏物流理念，生产布局、流水线布置不合理导致物流效率低，物流运作与先进的生产工艺不配套、科学管理方式运用不广泛，例如 BOM、平衡计分卡、看板、MRP、MRPII、ERP 等先进方法未得以广泛应用。同时，工位管理与物流作业不协调，物料堆存的不科学往往导致空间利用率偏低。物流服务功能单一，与精益生产、敏捷制造不相适应，每一个流程再造必须需要相应的物流进行支持，应加大对其的关注度。

（五）工业物流企业服务能力不强

近年来虽然我国物流企业大批快速发展，配套服务能力不强，“短小散弱”的物流企业较多，物流改进落后于生产工艺的改进，从而影响工业企业生产效率，使企业先进生产力无法得到充分发挥，并暴露出许多安全隐患，给社会经济发展带来不利影响。如在物流操作过程中，部分产品运输过程中存在遗撒泄漏造成环境污染，货物破损与丢失、短少，商业机密信息泄露，运输过程中超载超限，司机疲劳驾驶，操作、作业不规范，货物保价保险不齐全，存在交通安全事故等隐患。

（六）物流技术装备水平和信息化程度不高

一些现代化的物流手段：条码技术、全球卫星定位系统（GPS）、射频识别装置（RF）、电子数据交换系统（EDI）等，使用不是很广泛，工业企业和物流企业不能充分共享信息资源，没有结成相互依赖的伙伴关系，影响物流企业与用户的沟通和协作，阻碍物流服务效率的提高。工业企业在进行原材料或产成品的仓储、运输等物流活动中，常常需要专业化的物流技术装备，但在实际中往往十分缺乏。

二、供应链层面问题

（一）企业对供应链管理的重要性认识不足

大多数工业企业仅仅关注自身的经营绩效，在业务合作中过度压价现象严重，受部分行业利润率低的影响，部分工业企业将降低成本的压力进一步转嫁给物流环节，由于供应链上企业没有认识到通过供应链管理到对自身业务、实现共赢的重要性，导致企业不能积极主动地融入到供应链管理中，使得供应链管理无法开展。

（二）一体化运作不足

物流发展不能靠单一的物流服务，要通过优化供应链、重构业务流程、调整组织结构、搭建信息平台，实现工业物流的一体化运作，但是目前我国工业物流还未完全形成一体化运作。例如，对于工业物流来讲，原材料采购是最为重要的一个环节，但是在原材料采购的过程中存在着很多问题，致使原材料采购的能力下降。首先，很多行业采购的原材料需要大量进口，其中包括钢铁行业的铁矿石进口、汽车核心零部件的进口、电子产品的芯片等材料的进口等，虽然国家鼓励进口，但是进口原材料过多就会对生产、销售、物流等诸多环节等造成很大的影响，大型船舶海外运输受海外控制较为严重，国际物流的控制能力较弱，受到岸价格和离岸价格规定的影响，进口原材料的采购存在很多不确定因素，致使采购准时性等不能保证，国外物流与国内物流衔接不畅，物流运作一体化难以实现。其次，原材料采购集中度不足，缺乏统一的采购平台，并且像汽车等行业的零部件供货较为分散，致使物流运输的路线或长或短，供给能力较弱。

（三）网络化经营不足

第三方物流企业服务范围小，服务网点少，交通运输不畅，企业之间、企业与客户之间缺乏合作，物流企业和客户没有结成相互依赖的伙伴关系，物流服务仅限于一些固定的客户群体，服务范围局限于几个分散的网点，辐射面较小；大多数物流企业只能提供单项或分段的物流服务，物流功能主要停留在储存、运输和城市配送上，不能形成畅通的物流渠道；而物流的基础设施如路网、港口、机场、物流中心等物流节点的建设投入不足，在很大程度上影响到第三方物流企业服务渠道的拓宽和服务网络的建设。

（四）全面质量管理不足

在供应链环境下，产品的生产、销售、售后服务需要由供应链成员企业共同完成，产品质量客观上是由供应链全体成员共同保证和实现的。大多数工业企业仅局限于自身产品质量管理，忽略了从供应链全局的角度进行质量管理，导致采购、生产、销售、售后等过程中潜在风险大，使得产品最终用户体验也较差。

（五）企业间互信基础薄弱

供应链上企业合作的基石为互信，只有互相信任才可以取得企业间长远发展。企业受到多种失信行为的困扰，主要包括拖欠款、违约、侵权、虚假信息、假冒伪劣产品、质量欺诈等，正是由于这些原因导致供应链上的企业在合作时存在障碍，影响整体利益的提高。

（六）供应链关联企业战略协同不足

供应链上的企业相关业务的标准不统一，如冷链企业在不同区域对于同一食品的运输温度规定有细微差异，可能导致业务的协调性不足；战略缺乏协同，各企业现在仍倾向于从自身发展考虑，从链条角度考虑的企业较少；信息缺乏协同，企业之间信息资源无法共享，信息平台无法对接等都是造成企业间信息协同效果不足的原因。除了上述还需协同的方面，供应链上的企业战略协同还涉及其他领域，如企业文化，供应链关联企业战略协同不足很大程度上影响整体价值发挥。

三、政策措施层面问题

（一）行业部门统筹规划较弱

一个工业行业的物流运作与其他行业的物流运作息息相关，例如钢铁行业与汽车行业，钢铁行业作为原材料工业，其产成品是汽车行业的重要原材料，这就要求工业物流与供应链的发展需要两个行业通过物流运作来进行贸易交流，但是目前各行业之间并没有建立统一的物流平台，未形成产业之间的物流体系建立，导致物流运作时出现衔接不畅等问题。另外，企业内部的部门之间也存在统筹不协调导致物流运作能力差的问题，例如设计部门与采购部门缺乏有效的沟通，导致物流运作不能有效进行，降低了物流效率，增加物流成本。

（二）企业诚信体系尚未建立

供应链管理的有效开展必须依赖于供应链成员之间相互信任、相互支持、共同进退，但有的企业只图一时之利、一己之利，企业间欺骗、违约的现象十分普遍，企业间诚信公平度下降，这是由于当前社会中不诚信的风气影响，政府尚未建立起对企业诚信的监测考核体系，无形地纵容了企业的不诚信行为。

（三）标准化管理有待加强

目前我国对于物流设施设备的标准化、信息标准化、作业流程标准化大多是建议性标准，没有强制约束，标准制定涉及部门多、执行难度大，相应的法律法规有待建立。

（四）物流与供应链管理人才缺乏

物流作为工程学、管理学和社会学交叉学科，不仅需要专业人才，更加需要复合型人才，目前高端物流管理人才缺乏一直是工业行业的重要问题，未来几年这种矛盾会更加突出，如果不解决，将严重影响行业发展。

（五）政策环境有待进一步完善

目前，我国对工业企业在仓储、运输等基础设施的配套性和兼容性较差，而国家或地方政府在物流领域的科技进步、设施改造和技术改造支持力度较小，使其无法迅速得以发展，这一问题在西部地区尤为明显。

第二章 工业领域物流与供应链管理关系研究

本章对物流、供应链、供应链管理进行阐述，研究提出工业物流的概念及其各环节组成，并重点分析工业、物流、供应链三者相互的关系，为后续研究提供理论基础。

第一节 基本概念

一、物流

（一）物流的定义

我国发布实施的《物流术语》（GB/T 18354—2006）对物流的定义是："物品从供应地向接收地的实体流动过程。根据实际需要，将运输、储存、装卸、搬运、包装、流通加工、配送、信息处理等基本功能实施有机结合。"

（二）物流管理的定义

我国发布实施的《物流术语》（GB/T 18354—2006）对物流管理的定义是："为达到既定的目标，对物流的全过程进行计划、组织、协调与控制。"

二、供应链

（一）供应链概念发展历程

自从供应链的概念在20世纪80年代末被提出开始，随着世界社会经济环境不断变化和新的信息技术的不断推动，供应链的内涵也随着环境的变化而处于不断发展之中。图2－2－1展示了供应链概念的演变过程。

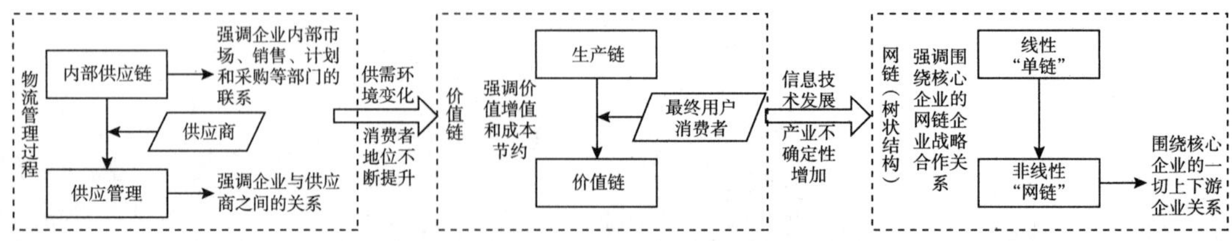

图2－2－1 供应链概念的演变过程

从图 2－2－1 可以看到，供应链概念的发展主要经历了三个阶段：物流管理过程阶段、价值链阶段和网链阶段。其中，物流管理过程阶段的供应链是指将采购的原材料和收到的零部件通过生产转换和销售等活动传递到用户的一个过程；价值链阶段的供应链是指产品生产和流通过程中所涉及的原材料供应商、生产商、批发商、零售商以及最终消费者组成的供需网络；网链阶段的供应链是指围绕核心企业，通过对信息流、物流、资金流的控制，将产品生产和流通中涉及的原材料供应商、生产商、分销商、零售商以及最终消费者连成一体的功能网链结构模式。可以看到，随着社会环境的逐渐变化，供应链内涵的范围不断拓展，新的内容不断增加。

（二）供应链的定义

我国发布实施的《供应链管理 第 1 部分：综述与基本原理》（GBZ 26337.1—2010）对供应链的定义是："生产及流通过程中，围绕核心企业，将所涉及的原材料供应商、制造商、分销商、零售商直到最终用户等成员通过上游和或下游成员链接所形成的网链结构。"

（三）供应链的基本结构

供应链的基本结构如图 2－2－2 所示。

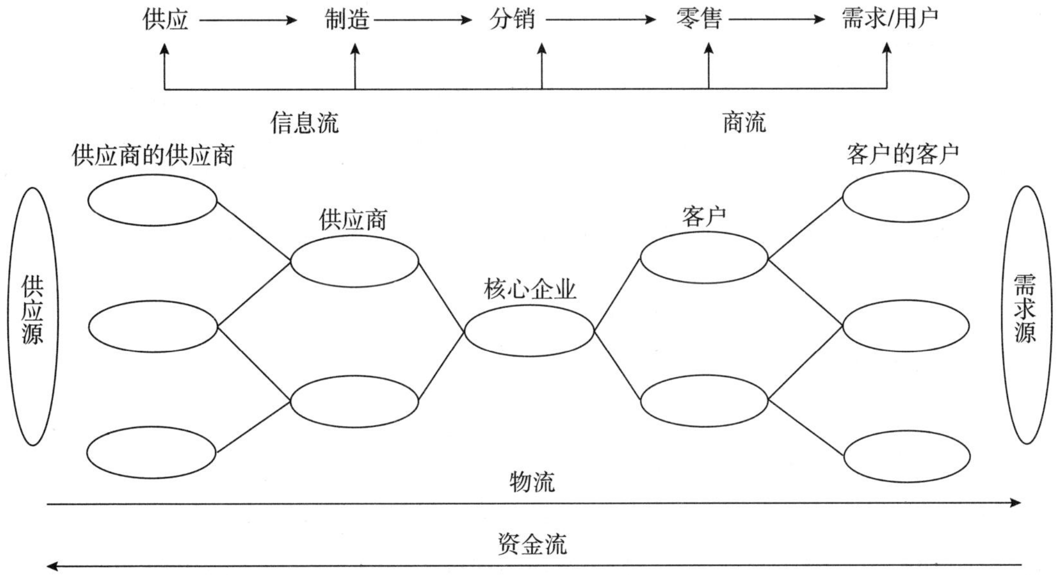

图 2－2－2　供应链的基本结构

商流、物流、资金流和信息流是流动过程中的四大组成部分（简称"四流"），由这"四流"构成了一个完整的流动过程。"四流"互为存在，密不可分，相互作用，既是独立存在的单一系列，又是一个组合体。

通常情况下，物流从供应商到用户的方向流动，资金流的流动方向与之相反，而信息流、商流则是双向的，因为用户的需求信息是向上游反馈的，而供应商的供应信息则是向下游传递。商流是物流、资金流和信息流的起点，也可以说是后“三流”的前提，没有商流一般不可能发生物流、资金流和信息流。反过来，没有物流、资金流和信息流的匹配和支撑，商流也不可能达到目的。“四流”之间往往互为因果关系。

（四）供应链的特征

从供应链的结构模型可以看出，供应链是一个网链结构，通常由核心企业及其供应商、供应商的供应商和客户、客户的客户组成。一个企业是一个节点，节点企业和节点企业之间是一种需求与供应关系。供应链主要具有以下特征：

1. 网链结构

因为供应链节点企业组成的跨度（层次）不同，供应链往往由多个、多类型甚至多国企业构成，所以供应链结构模式比一般单个企业的结构模式更为复杂。

2. 协同共赢

供应链各节点企业以信息共享为基础，以优化供应链绩效为目标，进行协同决策，始终从全局观点出发，采取一种“共赢”的原则，相互信任、团结和同步，提高整个供应链的柔性和实现整个供应链价值的最优化。

3. 动态适应

供应链管理因企业战略和适应市场需求变化的需要，其中节点企业需要动态更新，这就使得供应链具有明显的动态性。

4. 需求驱动

供应链的形成、存在、重构，都是基于一定的市场需求而发生，并且在供应链的运作过程中，客户的需求拉动是供应链中信息流、产品/服务流、资金流的驱动源。

5. 交叉重合

节点企业可以是这个供应链的成员，同时又是另一个供应链的成员，众多的供应链形成交叉结构，增加了协调管理的难度。

三、供应链管理

（一）供应链管理的定义

我国发布实施的《供应链管理 第 1 部分：综述与基本原理》（GBZ 26337. 1—2010）对供应链管理的定义是：“利用信息技术全面规划供应链中的商流、物流、资金流及信息流等，并进行计划、组织、协调与控制的各种活动和过程。”

（二）供应链管理的原理

1. 资源横向集成原理

资源横向集成原理揭示的是新经济形势下的一种新思维。在经济全球化迅速发展的今天，企业仅靠原有的管理模式和自己有限的资源，已经不能满足快速变化的市场对企业所提出的要求。企业必须放弃传统的纵向管理模式，横向集成外部相关企业的资源，形成“强强联合，优势互补”的战略联盟，结成利益共同体去参与市场竞争，在提高服务质量的同时降低成本、快速响应客户需求的同时给予客户更多选择。

2. 系统原理

供应链是一个系统，是由相互作用、相互依赖的若干组成部分结合而成的具有特定功能的有机整体。供应链管理是围绕核心企业，通过对商流、物流、资金流、信息流的控制，把供应商、制造商、分销商、零售商、直到最终用户连成一个整体的管理系统，供应链管理也需要采用系统原理，从系统角度实现供应链全局优化的过程。

3. 多赢互惠原理

供应链是相关企业为了适应新的竞争环境而组成的一个利益共同体，其战略合作是建立在共同利益的基础之上，各成员企业之间通过一种协商机制，来谋求一种多赢互惠的目标。供应链管理将企业之间的竞争转变为供应链之间的竞争，强调核心企业通过与供应链中的上下游企业之间建立战略伙伴关系，以强强联合的方式，使每个企业都发挥出各自的优势，在价值增值链上达到多赢互惠的效果。

4. 合作共享原理

合作共享原理具有两层含义，一是合作，二是共享。

企业要想在竞争中获胜，就必须将有限的资源集中在核心业务上，而将本企业中的非核心业务交由全球范围内在该业务方面有竞争优势的相关企业合作完成，充分发挥各自独特的竞争优势，从而提高供应链系统整体的竞争能力。

实施供应链合作关系意味着管理思想与方法的共享、资源的共享、市场机会的共享、信息的共享、先进技术的共享以及风险的共担。其中，信息共享是实现供应链管理的基础，准确可靠的信息可以帮助企业做出正确的决策。

5. 需求驱动原理

供应链的形成、存在、重构，都是基于一定的市场需求，在供应链的运作过程中，客户的需求是供应链中商流、物流、资金流、信息流运作的驱动源。

6. 快速响应原理

供应链中的企业必须能对不断变化的市场做出快速反应，必须要有很强的产品开发创新能力和快速组织产品生产的能力，源源不断地开发出满足客户多样化需求的、定制的“个性化产品”去占领市场，以赢得竞争。

7. 同步运作原理

供应链是由不同企业组成的功能网络，其成员企业之间的合作关系存在着多种类型，供应链系统运行业绩的好坏取决于供应链中企业之间的合作伙伴关系是否和谐，只有和谐而协调的系统才能发挥最佳的效能。供应链管理的关键就在于供应链上各节点企业之间的密切合作以及相互之间在各方面良好的协调。

8. 动态重构原理

供应链是动态的、可重构的。供应链是在一定的时期内，针对一定的市场机会，为了适应某一市场需求而形成的，具有一定的生命周期。当市场和客户需求发生较大的变化时，围绕着核心企业的供应链必须能够快速响应，能够进行动态快速重构。

（三）供应链管理的内容

供应链管理包括五大基本内容：

1. 计划

这是供应链管理的策略性部分，需要有一个策略来管理所有的资源，以满足客户对产品的需求。好的计划是建立一系列的方式监控供应链，使它能够有效、低成本地为客户递送高质量和高价值的产品或服务。

2. 采购

选择能为产品和服务提供货品和服务的供应商，和供应商建立一套定价、配送和付款流程并创造方法监控和改善管理，并把对供应商提供的货品和服务的管理流程结合起来，包括提货、核实货单、转送货物到生产部门并批准对供应商的付款等。

3. 生产

安排制造、测试、包装和准备送货所需的活动，是供应链中测定内容最多的部分，包括质量水平、产品产量和工人的生产效率等的测定。

4. 配送

也称为物流，是维护客户订单、建立仓库网络、提货并送货到客户手中、建立货品计价系统、接收付款。

5. 退货

这是供应链中的问题处理部分。建立网络接受客户退回的次品和多余的产品，并在客户应用产品出问题时提供支持。

（四）供应链管理的运营机制

供应链成长过程体现在企业在市场竞争中的成熟与发展之中，通过供应链管理的合作机制、决策机制、激励机制和自律机制等来实现满足客户需求等功能目标，从而实现供应链管理的最终目标：社会目标（满足社会需求）、经济目标（创造最佳利益）和环境目标（保持生态与环境平衡）的合一。

1. 合作机制

供应链合作机制体现了战略伙伴关系和企业内外资源的集成与优化作用。基于这种企业环境的产品制造过程，从产品的研究开发到投放市场，周期大大地缩短，而且客户导向化程度更高，模块化、简单化产品、标准化组件，使企业在多变的市场中柔性和敏捷性显著增强。

2. 决策机制

由于供应链中的企业决策信息来源不再仅限于一个企业内部，而是处于开放的信息网络环境下，不断进行信息交换和共享，达到供应链企业同步化、集成化计划与控制的目的，处于供应链中的任何企业决策模式应该是基于互联网的开放性信息环境下的群体决策模式。

3. 激励机制

供应链管理和任何其他的管理思想一样，都是要使企业在竞争中在“TQCSF”上有上佳表现（T为时间，指反应快，如提前期缩短，交货迅速等；Q为质量，产品、工作及服务质量高；C为成本，企业要以更少的成本获取更大的收益；S为服务，企业要不断提高客户服务水平，提高客户满意度；F为柔性，企业要有较好的应变能力）。缺乏均衡一致的供应链管理业绩评估指标和评估方法，是目前供应链管理研究的弱点和导致供应链管理实践效率不高的一个主要原因。为了掌握供应链管理的技术，必须建立、健全业绩评价和激励机制。

4. 自律机制

自律机制要求在供应链企业向行业的领头企业或最具竞争力的竞争对手看齐，不断对产品、服务和供应链业绩进行评价，并不断改进，以使企业能保持自己的竞争力和持续发展。自律机制主要包括企业内部的自律、对比竞争对手的自律、对比同行企业的自律和比较领头企业的自律。

第二节　工业物流概念及其主要环节分析

一、工业物流概念分析

目前，工业日渐呈现出服务化的趋势，工业和物流业的关系变得越来越紧密，但迄今为止，关于工业物流的概念还很少，以下是关于工业物流的几个有关定义：

定义1　工业运输是指工业企业为保持生产经营活动的正常进行而自行组织的物资运输。按活动范围可以分为厂内运输和厂外运输，前者指在工业企业范围内，车间与车间之间，车间与工厂仓库之间，厂内仓库之间以及车间内部工段之间，仓库内部的各种原材料、半成品、成品和其他物资的运输活动。后者指企业外单位之间的运输活动，包括从发货站、厂外仓库、火车站、码头等处将原材料运往工厂或将工业企业销售的成品、半成品、运往物资部门和消费者企业，通常与全国统一的运输网有密切的联系。

定义2　工业企业物流可理解为是以工业企业的经营为核心的物流活动，是具体的、微观的物流活动，属于微观物流领域。工业企业物流研究的是从原材料进厂，经过储存、加工、制造、装配到成品出厂并运送到消费者手中的整个过程中物料的储存、流转和移动，是工厂一切生产活动的基础。工业企业物流又可分为不同的具体物流活动，如工业企业生产物流、工业企业供应物流、工业企业销售物流、工业企业回收物流、工业企业废弃物流等。

定义3　钢铁物流是以“钢铁”为载体，以“物流”为运作，以“信息”为核心，集钢材贸易、电子商务、三方物流为一体，资金流、信息流、物流相互促进、相互融合，涵盖建筑行业、冶金行业、信息产业、现代物流四大行业的交叉行业。钢铁物流运行模式分为三大模块：原材料采购运输—钢铁生产物流—产成品销售物流。

定义4　医药物流不是简单的药品进、销、存或药品配送。所谓的医药物流就是指：

依托一定的物流设备、技术和物流管理信息系统，有效整合营销渠道上下游资源，通过优化药品供销配运环节中的验收、存储、分拣、配送等作业过程，提高订单处理能力，降低货物分拣差错，缩短库存及配送时间，减少物流成本，提高服务水平和资金使用效益，实现的自动化、信息化和效益化。

定义 5　供应链物流强调物流是供应链不可分割的组成部分，是供应链中不可缺少的关键流程，对物流的管理需要立足于具体的供应链，从全局的角度统筹安排物流计划并实施管理。从现代管理理念的视角，供应链物流是供应链系统中的重要流程，它被包容在供应链计划的整体决策中，涉及物流外包还是自营的决策、物流协同管理以及物流的网络设计等。

定义 6　农业物流是指以农业生产为核心而发生的一系列物品从供应地向接收地的实体流动和与之有关的技术、组织、管理活动，也就是使运输、储藏、加工、装卸、包装、流通和信息处理等基本功能实现有机结合。农业物流是以满足顾客需求为目标，对农业生产资料与产出物及其相关服务和信息，从起源地到消费低有效率、有效益的流动和储存进行计划、执行和控制的全过程。它包含两个物流体对象——农业生产资料和农产品。它是由农业生产资料和农产品的采购、生产、流通、加工、包装、运输、储存、装卸、配送、分销、信息沟通等一系列运作环节组成，并在整个过程中实现了农业生产资料和农产品保值、增值和组织目标。

定义 7　工业物流产生于美国，它的理念是：以集中采购为主，零部件加工为核心，为工业企业产品出口搭建平台，引导仓储、运输、配送企业发挥协同作用，提高社会资源的综合利用效率，降低企业间的互动成本，面向全球工业企业提供延伸和成套服务的系统工程。

上述定义从不同角度对工业物流的内涵进行了分析，从中可以看出工业物流作为工业与物流业两大产业融合的内涵和本质。对工业物流相关概念的定义主要关注在制造业上，对这些不同的定义，如果我们对它们的核心思想进行抽取，可以勾勒出这样一个概念框架：工业物流的基础是工业和物流业为载体的整个产业链，主体是工业企业，核心是集中采购和零部件加工，条件是现代物流技术、供应链管理理念和信息化水平，目的是提高社会资源的综合利用效率以及工业企业的核心竞争力，落脚点是一项为工业企业提供延伸和成套服务的系统工程。

工业物流是以工业企业内部价值链和整个产业价值链网络系统为基础，以采购与工业生产为核心，通过物流连接和驱动产业价值链网络经营过程中的每一部分，组织以现代物流技术和信息化水平为主导的集成化供应链，引导生产、仓储、运输、配送企业发挥协同作用，促使资金流、信息流、物流相互促进、相互融合，提高社会资源的综合利用效率，面向全球工业企业提供延伸和成套服务的系统工程。它是指供应链中的每个节点企业，从工业原材料进厂，经过储存、加工、制造、装配到成品出厂并运送到消费者手中的整个过程中物料的储存、流转和移动，它是整个工业生产活动的基础。

基于上述分析，本报告提出工业物流的定义如下：

工业物流是工业企业供应链运作过程中的相关物品从供应地到接收地的实体流动过

程，根据工业企业的实际需要，将运输、储存、装卸、搬运、包装、流通加工、配送、信息处理等基本功能实施有机结合。

二、工业物流主要环节

从供应链的环节来看，工业物流主要包括供应物流、生产物流、销售物流、回收物流和废弃物流五个环节，其相互关系如图2-2-3所示。

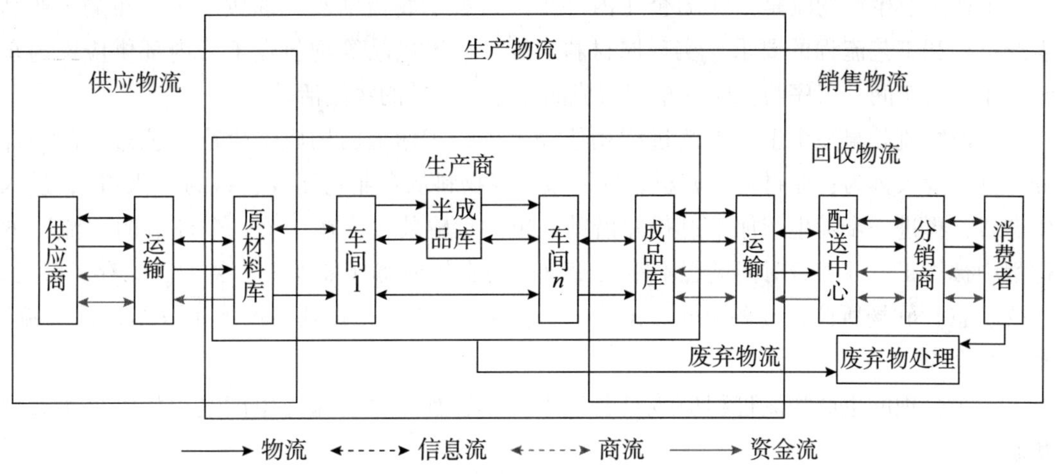

图2-2-3 工业物流主要环节的关系示意

（一）供应物流

工业企业供应物流是指采购生产过程中所需要的原材料、配件等原材料，以及因保证生产形成的库存而进行保管维护的物流活动。供应物流是工业企业内部协调职能与外部交换职能的统一，内部协调职能指工业企业内部输入、作业、输出之间相互制约的关系；外部交换职能是指与供应商之间的相互影响的复杂的交换关系。

供应物流流程可以用5个环节加以简化描述，其相互关系如图2-2-4所示。当前对工业企业供应物流流程具有趋势性影响的因素主要表现在两个方面：第一，经济全球化的影响——随着全球经济一体化的发展趋势日益明显和跨国公司全球战略的逐步推行，全球采购已成为其重要的组成部分；第二，电子商务的发展成为众多工业企业延伸自己采购业务的手段。

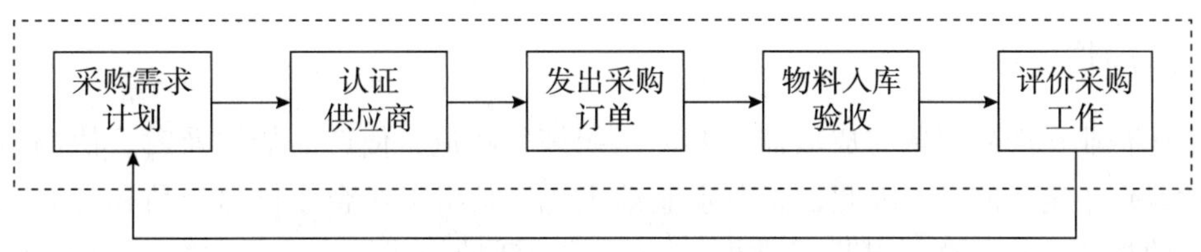

图2-2-4 供应物流流程

供应物流作为工业供应链的“龙头”环节，不仅要实现原材料的及时供应、保证工业企业的准时生产，又要降低物资的采购成本，其作用十分重要。衡量其运作的质量好坏通常采取“5R”准则，即：适当的时间（Right Time）、适当的数量（Right Quantity）、适当的质量（Right Quality）、适当的价格（Right Price）、适当的供应商（Right Supplier）。

（二）生产物流

工业企业生产物流是指伴随企业内部生产过程的物流活动，即按照工厂布局、产品生产过程和工艺流程的要求，实现原材料、配件、半成品等物料在工厂内部供应库与车间、车间与车间、工序与工序、车间与成品库之间流转的物流活动。

生产物流是与整个生产工艺过程相伴而生的，实际上已构成了生产工艺过程的一部分。其过程大体为：原材料、燃料、外购成件等物料从企业仓库或物料的“入口”，进入生产线，再进一步随生产加工过程并借助一定的运输装置，在一个一个环节的“流”的过程中被加工，并随着时间进程不断改变自己的实物形态（如加工、装配、储存、搬运、等待状态）和场所位置（各车间、工段、工作地、仓库），直到生产加工终结，再“流”至成品仓库。

一个合理的生产物流过程应该具备以下基本特征，才能保证生产过程始终处于最佳状态。

连续性、流畅性：空间上要求生产物流具有连续性的特点，指生产过程中各个环节在空间布置上应合理紧凑，使物料的流程尽可能短，没有迂回往返的现象；时间上要求生产物流具有流畅性的特点，指物料在生产过程的各个环节的运动应保持流畅状态，没有或很少有不必要的停顿和等待现象。

平行性：在制品应在数道相同的设备（机床）上加工流动，并且一批在制品在上道工序还未加工完成时，已完成的部分在制品已经转到下道工序加工，这样可以大大缩短产品的生产周期。

比例性、协调性：生产过程中的各个工艺阶段之间、各工序之间在生产能力上要保持一定的比例以适应产品制造的要求，防止某环节能力过大而造成浪费、或某环节能力过小而造成生产瓶颈。

准时性：在需要的时候按照需要的数量生产所需要的零部件。

柔性：指加工制造的灵活性、可变性和可调节性，即在短时间内以最少的资源从一种产品的生产转换为另一种的生产，从而适应市场的多样化、个性化要求。

（三）销售物流

工业企业在产品制造完成后需要及时组织销售物流，使产品能够及时、协调、完好地送达客户指定的地点，因此，工业企业销售物流是指工业企业售出产品和流通企业出售商品的物流过程。这一过程通常由五个环节的活动构成：产成品包装、产成品储存、订单处理、发送运输、装卸搬运。

销售物流的质量高低可以从多种因素进行衡量。首先是订货时间，指客户确定对某种产品有需求到需求被满足之间的时间间隔，通常由订单传送时间、订单处理时间、订货准备时间、订货装运时间构成，任何一项时间的无故延长均可能导致产品销量的大幅下降；其次是可靠性，指安全地将货物送达客户指定的地方，对于某些高附加值的工业产品来说，可靠性往往比时间更加重要；最后是沟通，与客户沟通是监控客户服务可靠性的关键手段，设计客户服务水平必须包括与客户的沟通，及时的沟通有利合理安排下一步的生产计划并改进产品。

（四）回收物流

随着市场竞争日益激烈以及消费者权益保护法规的日益完善，企业返品的数量和频率越来越高，工业企业回收物流已成为企业管理的重点课题。商家和厂家竞相推出各种优惠的退货条件，在我国目前浓厚的“买方市场”商业氛围下，“商家先行赔付”“无理由退货”“异地退货”等各种方便的退货措施不断出现，这些优惠措施在方便消费者购物的同时，也造成了大量的返品产生。因此，回收物流对于工业企业的经营显得越来越重要。

工业企业回收物流是指工业产品销售后的不合格物品返修、退货以及周转使用的包装容器从需方到供方回收与合理再利用的实体流动过程。工业企业外部包装容器、废旧产品等的回收物流已经逐渐成为工业企业增创回收利润、合理利用物资及提高顾客满意度的一个来源。

（五）废弃物流

废弃物是指在生产、流通和消费过程中产生的基本上或完全失去使用价值、无法再重新利用的最终排放物。工业企业废弃物流是指将经济活动中失去原有使用价值的物品，根据实际需要进行收集、分类、加工、包装、搬运、装卸、储存等，并分送到专门处理场所时所形成的物品实体流动。抑制废弃物对环境造成的危害是废弃物流管理的主要目的。

第三节　工业、物流、供应链三者关系的分析

科学技术创新是工业发展的第一驱动力。自第一次工业革命开始，人类社会科学技术不断飞跃，创造出了包括汽车在内的无数创新产品，大大改变了人类的生产生活方式，提升了人类社会的工业生产能力。同时，随着工业生产技术的不断进步，企业的生产方式、经营思想、管理模式也在发生着相应的变化调整。

用户需求变化是工业发展的主要驱动力。如今，“顾客就是上帝”再也不仅仅是一句宣传口号。随着时代的发展，大众知识水平的提高，消费者的价值观发生了显著变化，需求结构普遍向高层次发展。客户的需求正越来越深刻地决定着产品创新与企业发展的方向。

在这样的时代背景下，工业、物流、供应链三者之间相互影响共同发展，相互之间都有着直接的联系。三者具体关系如图 2－2－5 所示。

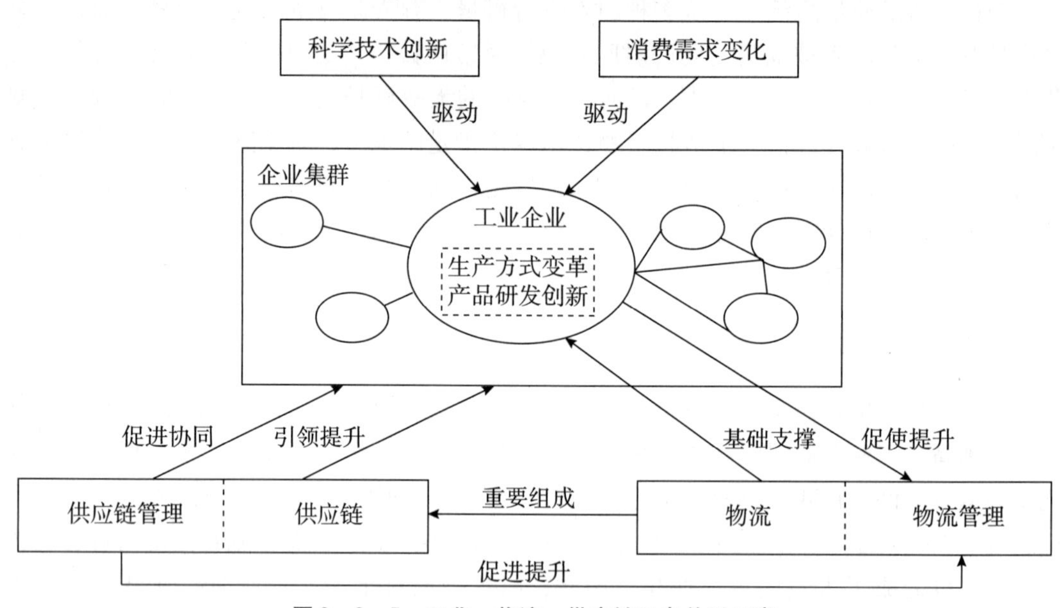

图2－2－5　工业、物流、供应链三者关系示意

一、物流是工业发展的基础支撑，生产方式变革促使提升物流管理

物流是工业企业发展的基础支撑。工业企业在运营中都要涉及对原材料、零部件、半成品以及最终产品的运输、仓储、包装、加工等物流环节。配套物流体系的作用是为生产和销售的及时、高效运行提供保障。物流管理的成败直接影响到企业产销活动的质量。

随着生产方式变革，企业更加追求个性化、柔性、精益性的商品生产和最小化库存，这就对物流活动的及时性、准确性以及稳定性提出了更高的要求。

为了满足这种要求，传统物流正不断提升，向着综合物流体系转变。综合物流是在传统物流的基础上引入高科技手段，即运用计算机进行信息联网并对物流信息进行科学管理从而使流通速度加快、库存减少、成本降低，以此延伸和放大传统物流的功能。综合物流体系不仅包括商品从生产者或经营者到用户的货物配送管理，还包括从供应商到制造商的原材料、半成品、成品的采购、运输、仓储、库存等管理，也包括生产和经营过程中企业内部的物料运输和库存管理，甚至还包括废物的回收和处理等。

与此同时，为了适应工业进步的要求、遵照供应链管理的引导，在配套物流伴随工业不断发展的过程中，还产生了工业物流的概念。工业物流是工业企业供应链运作过程中的相关物品从供应地到接收地的实体流动过程，根据工业企业的实际需要，将运输、储存、装卸、搬运、包装、流通加工、配送、信息处理等基本功能实施有机结合。

工业物流是以工业企业内部价值链和整个产业价值链网络系统为基础，以采购与工业生产为核心，通过物流连接和驱动产业价值链网络经营过程中的每一部分，组织以现代物流技术和信息化水平为主导的集成化供应链，引导生产、仓储、运输、配送企业发挥协同作用，促使资金流、信息流、物流相互促进、相互融合，提高社会资源的综合利用效率，面向全球工业企业提供延伸和成套服务的系统工程。它是指供应链中的每个节点企业，从工业原材料进厂，经过储存、加工、制造、装配到成品出厂并运送到消费者手中的整个过程中物料的储存、流转和移动。它是整个工业生产活动的基础。

二、物流是供应链的重要组成部分，供应链管理促进提升物流管理

物流是供应链的重要组成部分，是供应链上企业之间协同合作的重要内容。工业领域实行供应链管理离不开物流的紧密支持。

近年来，工业企业供应链的一体化发展又进一步促进提升了物流的发展，对物流的准时性、稳定性以及客户服务质量提出了更高的要求。供应链一体化是通过信息技术的应用，对供应链中的商流、物流、信息流、资金流实行一体化运作，加强供应链成员之间的协同配合。供应链一体化能够使整条供应链更具竞争优势，使其中的企业获得更大利益。在一体化的供应链中，任何一个环节产生问题都会对整体产生巨大的影响。这就要求物流的运作不仅要准确无误，还要迅速及时。因此，供应链一体化条件下的配套物流在提高准时性的同时还需要保证稳定性。此外，物流是联系供应链中各个成员的关键。所以，为了维护供应链一体化的顺畅运作，物流的客户服务质量需要进一步提高。

三、供应链对企业集群发展有引领提升作用，供应链管理促进企业间协同运作

相对单个企业，供应链更强调多个企业整体流程的优化设计、管理、协调、调整和组合，注重整体运作最优化和整体利益最大化，对企业集群的发展方式起到引领提升的作用。

在供应链管理的带动下，集群中的各企业逐渐树立“共赢”思想，并通过协调运作实现共赢；建立起公平公正的利益共享与风险分担机制；不断融洽企业关系，在信任、承诺和弹性协议的基础上进行广泛深入的合作；逐步搭建基于 IT 的信息与知识共享平台，实现及时沟通；完成面向客户的协同运作业务流程的再造工作，使供应链中各企业减少冲突和内耗，更好地进行分工与合作。

第三章　我国工业领域物流与供应链管理发展环境分析

当前，我国工业物流与供应链管理发展处于重要的历史战略机遇期，同时也面临着诸多严峻挑战。从全球范围看，技术与管理创新和全球需求结构变化促使我国物流与供应链管理快速扩张以取得国际竞争地位。从国内发展看，工业转型升级将推动我国物流与供应链管理进一步深入发展以提升我国工业整体实力。分析国内外以及行业环境将有助于确立我国工业物流与供应链管理发展的思路方向。

第一节　国际环境分析

目前，世界经济处于深度调整时期，需求难以快速恢复增长。各国通过科技创新和生产方式变革等手段，力求在国际竞争中占据重要地位。

一、世界经济进入深度调整期

当下，国际金融危深层次影响仍未消除，世界经济虽有复苏迹象，但也面临动力不足、速度不均等问题，世界经济仍然处于深度调整期。

欧美国家为解决国内就业紧张、海外供应链过长和经济复苏等问题，纷纷在税收、外贸以及投资等方面制定有利于制造业发展的政策。美国借助在劳动生产率、物流、美元贬值以及土地资源等方面的优势，带动其在计算机和电子产品、家电和电气设备、机械设备、家具、金属制品、塑料和橡胶及运输工具等产业投资的回归。在亚太各经济体共同努力下，亚太地区资金、信息、人员流动已经达到很高水平，产业分工日渐清晰，亚太大市场初具轮廓。亚太各经济体抗风险能力大大增强，汇率机制更加灵活，外汇储备水平显著提高，各种多边和双边金融安排为应对复杂局面提供了机制保障。

二、世界科技创新和新兴产业发展孕育新突破

2013 年 9 月，第三次工业革命高峰论坛在京举行，会议中指出自以蒸汽机为代表的第一次工业革命、以电力为代表的第二次工业革命之后，世界正逐步迈进以新能源、新材料、生物科技及信息技术为代表的第三次工业革命时期。新一轮科技革命和产业变革正在孕育兴起。一些重要科学问题和关键核心技术已经呈现出革命性突破的先兆，带动了关键技术交叉融合、群体跃进，变革突破的能量正在不断积累。

发展战略新兴产业已成为世界主要国家抢占新一轮经济和科技发展制高点的重大战略。战略性新兴产业是知识技术密集、物质资源消耗少、成长潜力大、综合效益好的产业，其以重大技术突破和重大发展需求为基础，对经济社会全局和长远发展具有重大引领带动作用。美国从制定并实施重点科技规划和产业发展计划；加大对新兴产业的科技创新投入以及税收优惠；加强基础前沿研究，重视高技术成果产业化；以及合理划分政府与市场的定位，营造新兴产业的创新环境几个方面发展战略新兴产业。2010 年，国务院发布《国务院关于加快培育和发展战略性新兴产业的决定》（国发〔2010〕32 号），将节能环保产业，新一代信息技术产业，生物产业、高端装备制造产业、新能源产业、新材料产业、新能源汽车产业作为我国现阶段重点培育和发展的战略新兴产业。

三、全球化生产方式变革不断加快

随着信息技术和先进制造技术的深度融合，柔性制造、网络制造、智能制造等先进生产方式日益成为世界先进制造企业的重要发展方向。国外跨国企业通过充分利用全球化的生产和组织模式，以核心技术和专业服务为依托，占据着全球价值链的高端环节，掌控着覆盖全球的供应链网络。如苹果等高端制造企业，其掌握着设计板块的核心技术，产品组装生产线则设立在劳动力成本相对较低的中国，而零部件制造商则来自日本、韩国、中国台湾等地。我国企业虽然已逐渐从参与产品的分工转变为参与产业价值链的分工，但大多还处于价值链的低端。

随着我国经济发展，劳动力、土地、原材料和资源环境等成本不断攀升。东南亚、南亚等国依靠更为廉价的劳动力、土地等优势，承接了诸多原由中国承接的劳动密集型产业。中国部分劳动密集型产业的外资开始向越南、印度尼西亚、柬埔寨等国家转移，如三星、佳能等企业已在越南开设工厂。同时，为加快实施“走出去”战略，国家也鼓励国内技术成熟、国际市场需求大的行业，向境外转移部分生产能力。

第二节　国内环境分析

我国正处于经济发展方式转型期，通过分析国内环境，了解国内需求结构、信息化、市场化的发展情况以及能源、环境对经济发展方式的制约，进一步了解发展我国工业领域物流与供应链管理的战略意义。

一、创新驱动战略引领经济发展方式转型

科技创新是提高社会生产力和综合国力的战略支撑，我国经济长远发展的关键，在于改革创新。自党的十八大做出了实施创新驱动发展战略的重大部署后，创新发展战略被摆在了国家发展全局的核心位置。

2006 年，国务院颁布的《国家中长期科学和技术发展规划纲要（2006—2020 年）》

中明确提出我国要用 15 年时间进入创新型国家行列这一目标。2010 年，国务院发布的《国务院关于加快培育和发展战略性新兴产业的决定》（国发〔2010〕32 号）中提到战略性新兴产业以创新为主要驱动力，加快培育和发展战略性新兴产业是推进产业结构升级、加快经济发展方式转变的重大举措。2012 年，中共中央、国务院印发了《关于深化科技体制改革加快国家创新体系建设的意见》，以充分发挥科技对经济社会发展的支撑引领作用。2013 年 9 月 30 日，中共中央政治局以实施创新驱动发展战略为题举行第九次集体学习，习近平就实施创新驱动发展战略发表重要讲话，提出了五方面的任务：一是着力推动科技创新与经济社会发展紧密结合；二是着力增强自主创新能力；三是着力完善人才发展机制；四是着力营造良好政策环境；五是着力扩大科技开放合作。

二、城镇化逐步实现，居民消费结构不断升级

我国国内市场需求潜力巨大，“十二五”开始，国家政策导向于建立扩大消费需求的长效机制，扩大内需已经成为拉动我国经济增长的重要举措。城镇化进程和居民消费结构升级为工业转型升级提供了广阔空间。1978 年，我国城镇化率为 17.92%。2012 年年底，我国的城镇化率达到 52.57%。有专家预计，到 2030 年中国的城镇化率将达到 65% 到 70%，但国际上发展中国家城镇化率的平均值是 77.7%。城镇化是扩大内需的最大潜力点，我国城镇化率的不断提高将激发巨大的工业品消费潜力。

我国居民消费正处于以衣食为主的生存型消费转向以住行为主的发展享受型消费过程中。根据麦肯锡 2012 年度中国消费者调查报告显示，消费升级，即购买更昂贵的产品和服务，依旧是推动中国消费者开支增长的一个强劲趋势。尽管我国人均消费快速增长，却只略多于 GDP 的 1/3，而美国个人消费在 GDP 中的占比已高达 2/3 以上。因而，个人消费水平还有很多的提升空间，能进一步挖掘以扩大内需，保证中国经济持续增长。

三、市场化、信息化与国际化持续深入发展

自我国加入 WTO 以来，对外经济技术交流合作日益扩大，开放型经济体系不断完善，企业的发展以市场需求为导向，竞争的优胜劣汰为手段，以实现效率最大化，资源合理充分配置。随着信息技术的广泛应用，全球信息化深入发展并渗透到工业、商业等其他行业的运作中。2013 年上半年，信息消费的规模达到 1.38 万亿元，增长 19.8%。信息化的普及促使企业能够更好地以市场需求为导向，实现资源利用率及效率最优。党的十八大报告中提出，要全面提高开放型经济水平，加快走出去步伐，实行更加积极主动的开放战略。“走出去”战略的进一步实施提高了我国在全球范围内的资源配置能力，增强了我国企业的竞争实力。2011 年，我国已经成为仅次于美国的全球第二大对外并购主体，不少中国企业在国际市场上的地位日益凸显。

四、能源资源和生态环境约束日益加剧

我国能源资源刚性需求持续上升，生态环境约束进一步加剧，倒逼工业转型发展。我国工业发展方式较为粗放，长期的粗放式发展致使我国工业能源消耗强度大。能源消耗和二氧化硫排放量分别占全社会能源消耗、二氧化硫排放总量的70%以上，钢铁、炼油、乙烯、合成氨、电石等单位产品能耗较国际先进水平高出10% ~20%。对于钢铁加工等“两高一资”行业（高污染、高能耗和资源性行业）产能过剩问题突出，过度浪费资源及能源。同时，工业企业不规范的生产还将导致环境污染，包括水污染、空气污染等。近年来，新闻媒体中提及的雾霾问题就是一种空气污染最直接的后果，整顿工业企业带来的环境污染问题迫在眉睫。

第三节 行业环境分析

我国工业发展正迅速推进转型升级，通过分析工业行业环境，进一步了解发展工业物流与供应链管理的现实意义，为制定有效的物流与供应链管理政策提供现实依据。

一、工业增长速度放缓

近年来，我国工业增加值持续增长，增长速度有所放缓。2013 年，我国工业增加值为21. 1 万亿元，比上年增长 7. 6%，增速比上年回落 0. 3 个百分点，我国工业增加值与工业增加值增长率变化情况如图 2 –3 –1 所示。

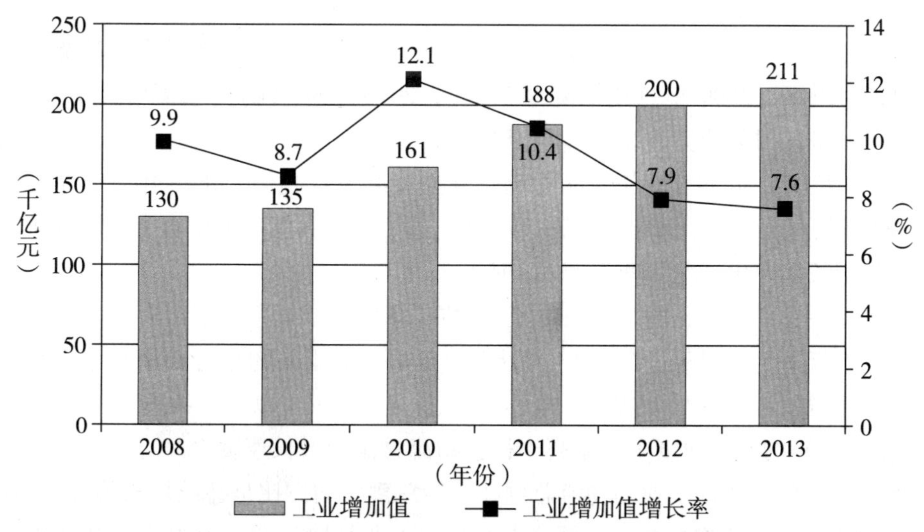

图 2 –3 –1　我国工业增加值与工业增加值增长率变化情况

由图 2 –3 –1 可知，2008 年以后，由于国际金融危机的扩散蔓延，我国经济受到严

重冲击，经济增速急剧下滑，工业增加值增速随之下降，2009 年的工业增加值增长率降为 8.7%，增速比上年回落 1.2 个百分点。在国家实施的应对国际金融危机的相关政策的作用下，2010 年我国，工业增加值增长率强力反弹，比上年增长 3.4 个百分点。2011—2012 年，我国经济由回升转入增长与通货膨胀并行阶段，外部环境复杂多变，投资、消费和出口均有放缓，经济增长小幅回落，通货膨胀压力上升，工业增加值增长率呈现回落趋势。

2005—2013 年，我国社会物流总额持续增长。2013 年，全年工业品物流总额 197.8 万亿元，同比增长 9.5%，增幅较上年同期回落 2.4 个百分点，我国社会物流总额及增长率变化情况如图 2-3-2 所示。

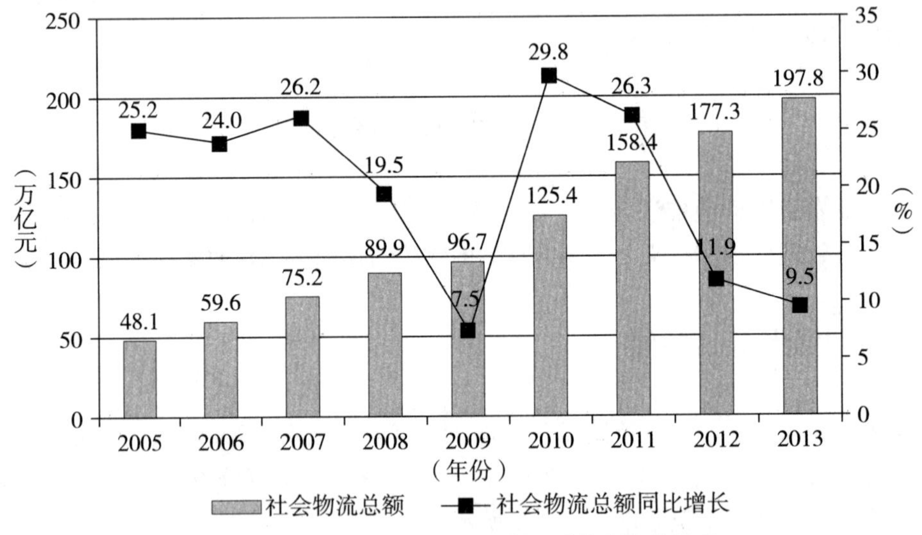

图 2-3-2　我国社会物流总额及增长率变化情况

由图 2-3-2 可知，2005—2007 年，我国社会物流总额增长率呈平稳趋势，在国际金融危机的影响下，2009 年急速下降至 7.5%，2010 年社会物流总额增长率有所回升，但在近三年又呈现回落趋势，2013 年降至 9.5%。

2005—2013 年，我国全年工业品物流总额呈持续增长趋势。2013 年，全年工业品物流总额 181.5 万亿元，同比增长 9.7%，增幅较上年同期回落 3.1 个百分点，我国工业品物流总额及增长率变化情况如图 2-3-3 所示。

由图 2-3-3 可知，我国工业品物流总额在 2009 年增长急速下滑后，2010 年有所提升，但在近三年又出现回落，在 2013 年达到 9.7%。工业品物流总额增长率变化情况和社会物流总额增长率变化情况基本一致，并且除了 2010 年以外，我国工业品物流总额 2005 年到 2013 年的增长速度上都略高于社会物流总额的增长速度。

2005—2013 年，我国工业品物流总额在社会总额中的占比呈持续增长趋势。2013 年，占比达到 91.7%，同比增加 0.3 个百分点，我国工业品物流总额在社会总额中的占比情况如图 2-3-4 所示。

由图 2-3-4 可知，我国工业品物流总额在社会总额中的占比总体逐年增长，工业品

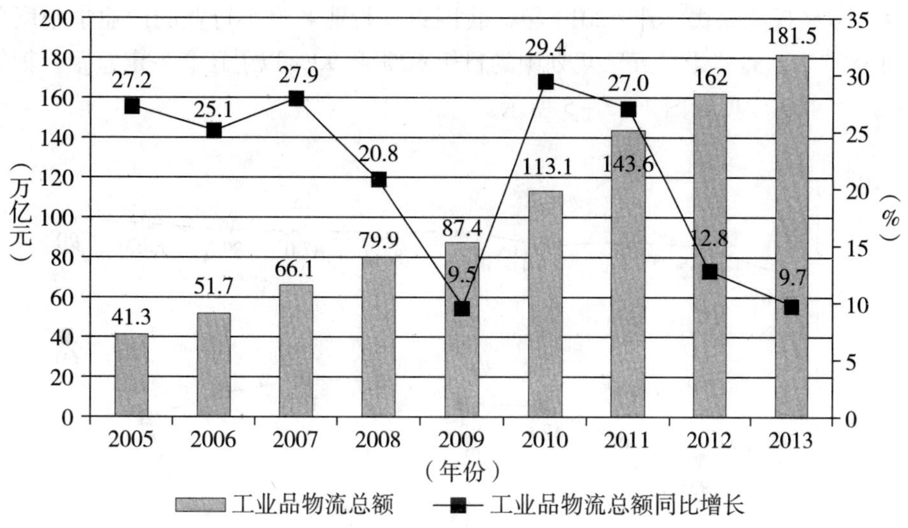

图2-3-3 我国工业品物流总额及增长率变化情况

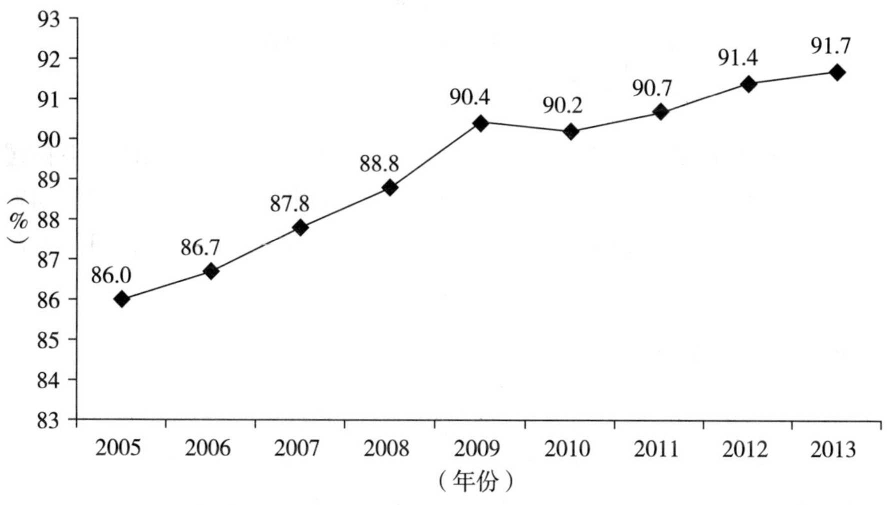

图2-3-4 我国工业品物流总额在社会总额中的占比情况

物流在社会物流发展中占据主导地位。2010年，工业品物流总额占社会物流总额的比重达到90.2%，和2009年的90.4%的比例基本持平，表明在金融危机的影响下，工业品物流仍然是拉动社会物流总额增长的主要力量。而近年，工业品物流总额的占比进一步提升，工业物流带动社会物流发展的作用更强。

二、产业结构不断优化

(一) 各工业产业集中度呈现波动式提高

产业集中度是衡量“十二五”时期工业转型升级程度的重要指标，我国工业行业产业集中度大多呈现波动式上升。2013 年，我国钢铁行业和汽车行业的产业集中度分别为 39.4% 和 88.7%，离“十二五”规划中的目标 60% 和 90% 以上还有一定差距。钢铁行业和汽车行业产业集中度如图 2－3－5 所示。

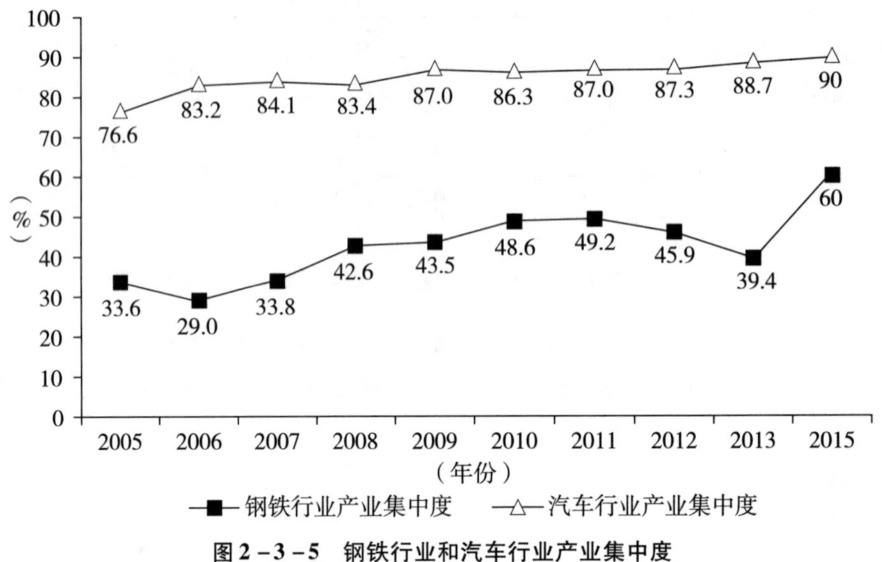

图 2－3－5　钢铁行业和汽车行业产业集中度

由图 2－3－5 可知，2005—2013 年，我国汽车行业产业集中度总体呈平稳缓慢增长趋势，各年份之间有小幅波动，波动幅度基本维持在一个百分比之内；我国钢铁行业产业集中度总体同样呈缓慢增长趋势，虽然国家力推钢铁行业兼并重组，但效果却并不明显，2013 年钢铁集中度为 39.4%，波动幅度较大。

（二）产业转移步伐加快

近几年中西部地区、东北地区经济增速快于全国平均水平和东部地区，产业转移步伐加快，2008—2013 年，我国工业增加值同比增长率变化情况如图 2－3－6 所示。

由图 2－3－6 可知，2013 年，我国东、中、西部地区工业增加值同比分别增长 8.9%、10.7% 和 11%。中西部地区基础设施建设、公共服务以及人才培养、生态环境保护等都取得很大进展，区域发展的协调性进一步增强。

（三）产业集聚水平不断提高

各类产业集聚区是工业发展的重要载体。工业和信息化部自 2009 年起在全国组织开展了国家新型工业化产业示范基地创建工作，至今已有四批共 231 家工业园区（集聚区）成为国家级示范基地。其中，东部地区工业园区实现工业产值已占本地区工业总产值的 50% 以上，中西部地区涌现出一批特色产业园区，128 家国家新型工业化产业示范基地创建工作有序推进。

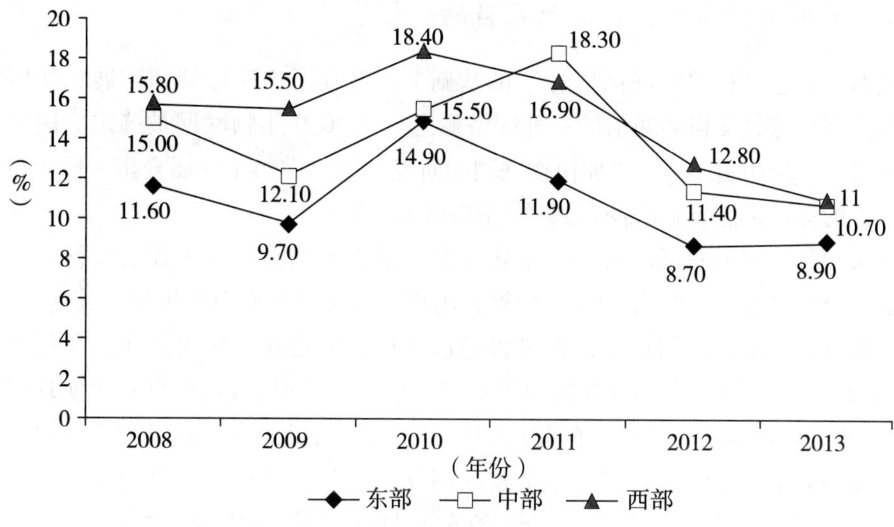

图 2－3－6 我国工业增加值同比增长率变化情况

三、技术创新能力不断增强

创新是现阶段我国工业转型升级的根本途径，我国工业转型升级的发展动力由依赖物质资源消耗逐渐向创新驱动转变。近年来，我国技术创新能力不断提高。2012 年，高档数控机床、大型飞机、载人航天与探月工程等科技重大专项加快推进。新能源汽车产业技术创新、稀土及稀有金属、蛋白类生物药和疫苗、通用名化学药等重大产业创新发展工程启动实施。物联网技术创新与应用示范稳步推进。百项技术创新工程确定的 94 项产业关键领域共性技术研发进展顺利，301 个国家重大科技成果转化项目稳步推进，并且工信部认定了第二批 76 家国家技术创新示范企业。

四、工业化与信息化融合程度加深

（一）信息技术的广泛应用

信息技术在工业领域的广泛应用有效促进了工业企业的发展，提高了工业供应链上下游各主体的信息沟通能力。在机械制造领域中，建立财务系统的企业达到 89%，建立 ERP 系统的企业达到 60%。财务数据库和人事管理数据库已基本普及，产品/技术、库存管理、客户管理数据库应用分别为 65%、60%、48%。机械、汽车等行业的排产计划、车间物料管理、车间设备管理等业务系统的普及率达到 85%，企业实现数据共享的比例接近 90%。2012 年，为推动信息化和工业化深度融合，工信部确定了宝山钢铁股份有限公司等 218 家企业为国家级两化深度融合示范企业。

（二）物联网成为工业及其供应链的新型推动力

物联网的概念是在“互联网概念”的基础上，将其用户端延伸和扩展到任何物品与物品之间，进行信息交换和通信的一种网络概念。继2009年物联网被确定为国家战略型新兴产业之后，2010年3月，“加快物联网的研发应用”在第十一届全国人民代表大会第三次会议上的提出标志着物联网正式进入国家战略层面。

近年来，物联网的发展已成为工业物流发展的强劲动力。在工程机械行业，各大品牌工程机械公司将安装GPS作为标准配置，用户只需要按规程操作机械，其他所有问题，如保养、维修、更新、再制造等，都可以通过工程机械物联网解决。在汽车行业，物联网的应用涉及各个环节，如电子追踪零件信息、依托3G网络及物联网技术实现车辆远程控制等。“推动物联网在工业领域的集成创新和应用”现已纳入工信部促进两化深度融合的专项行动规划中。工信部发布的十个物联网发展专项行动计划中提到要以流程工业和装备工业为重点，在煤炭、石化、冶金、汽车、大型装备工业中各选择4～5个重点企业，开展面向过程、供应链管理和节能减排的物联网应用示范，推动传统产业的生产制造与经营管理向智能化、精细化、网络化转变，提升生产和经营效率。

五、制造业与物流业联动逐步深入

为充分发挥物流业对制造业转型升级的支撑作用，增强制造业核心竞争力，提升物流业服务能力，由国家发展改革委员会牵头、15个部门和单位组成的全国现代物流工作部际联席会议把推动制造业与物流业联动发展（即两业联动）作为重点工作之一。自2007年第一届全国制造业与物流业联动发展大会召开后，两业联动越来越受到业界和政府的重视。全国制造业与物流业联动发展年会连续召开了七届。

2009年，国务院印发的《物流业调整和振兴规划》将两业联动作为九项重点工作之一。2011年，为推动更多企业实施两业联动，全国现代物流工作部际联席会议开展了全国制造业与物流业联动发展示范工作，从装备制造、钢铁、电子、汽车、化工、家电、食品、建材等行业中选取了131家企业作为两业联动示范企业。并将其中28个联动项目作为精编对象，总结其联动模式，为其他企业两业联动实践起到引导和示范作用。一些工业企业与物流企业的关系从单纯的业务外包关系已经转变成为战略联盟关系，两者的合作也不仅限于供应端和销售端，还深入到工业企业的生产环节。2012年，发改委联合工信部、国资委进一步推动两业联动。

六、供应链管理已被提到战略高度

近年来，供应链的思想被越来越多的业内人士提及，政府部门及国家领导也将发展供应链提到战略层面。2012年8月，汪洋在广东省流通工作会议上强调要集中力量推动供应链一体化。着力发展一批供应链核心企业，搭建一批供应链一体化综合服务平台，努力成为国内乃至全球相关领域供应链的整合者。

2012 年 9 月，胡锦涛在参加亚太经济合作组织第二十次领导人非正式会议时提出了“持续推进《亚太经合组织供应链联接行动计划》，突破供应链瓶颈限制，消除货物、服务流通障碍，争取 2015 年前在时间和成本等方面实现本地区供应链便利化程度提高 10%的目标”。关于建立可靠的供应链，胡锦涛提出，要加大对基础设施建设投入，加强区域互联互通和网络化建设；要提高通关便利化水平，降低商品流通时间和成本；要加强经验交流和能力建设，提高本地区供应链的抗风险能力和灾后恢复能力；要营造良好政策环境，鼓励工商界积极参与供应链建设。

第四章　加强工业物流与供应链管理的必要性分析

在全球竞争日益激烈的国际环境下，我国工业物流与供应链管理的发展将助力我国工业企业在全球经济中占领重要地位。同时，工业物流与供应链管理的发展还将促进我国工业转型升级，保障我国工业又好又快发展。

第一节　发展企业物流是降低工业成本的重要手段

通过合理设置组织机构、优化运作流程、应用合适的物流技术装备、实现系统对接、延伸增值服务、综合利用网络资源等途径，制造业实现与物流业的联动发展，有效降低了物流成本，各行业两业联动前后物流成本节约情况如图 2－4－1 所示。

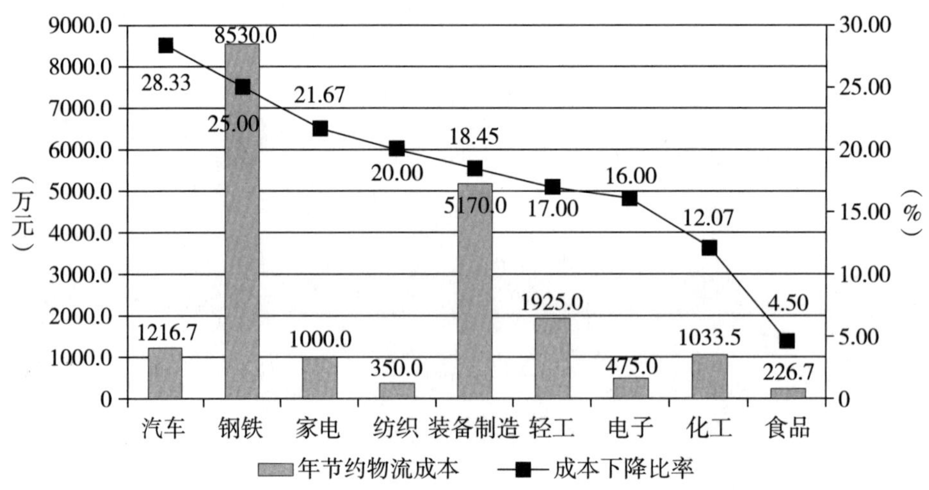

图 2－4－1　各行业两业联动前后物流成本节约情况

社会经济发展对物流需求的依赖度依然高。2012 年，单位 GDP 对社会物流需求的系数为 1∶3.4，即每 1 个单位的 GDP 需要 3.4 个单位的物流量来支撑，这个数值与 2011 年持平。2008—2013 年社会物流总额及社会物流需求系数变化情况如表 2－4－1 所示。

表 2－4－1　2008—2013 年社会物流总额及社会物流需求系数变化情况

年份	社会物流总额（万亿元）	同比增长（%）	需求系数（%）
2008	90	19.6	2.9
2009	96.7	7.4	2.9

续　表

年份	社会物流总额（万亿元）	同比增长（%）	需求系数（%）
2010	125.4	29.8	3.2
2011	158.4	12.3	3.4
2012	177.3	9.8	3.4
2013	197.8	9.5	3.5

资料来源：中国物流发展报告（2012—2013）。

我国是一个工业大国，工业长期以来一直“重生产、轻流通”，自营物流比例较高，物流成本过高问题突出。2012 年，我国社会物流总费用为 9.4 万亿元，同比增长 11.4%，增幅比上年回落 7.1 个百分点。社会物流总费用与 GDP 的比率为 18%，同比提高 0.2 个百分点，约为美国的两倍，社会物流总费用依然较高。其中，工业物流总额占到全社会物流总额 91.4%。2008—2013 年社会物流总费用统计如表 2-4-2 所示。

表 2-4-2　2008—2013 年社会物流总费用统计

年份	社会物流总费用（万亿元）	运输费用与GDP 比率（%）	报关费用与GDP 比率（%）	管理费用与GDP 比率（%）	总费用与GDP 比率（%）
2008	5.7	10	5.9	2.1	18.1
2009	6.1	9.9	5.9	2.1	18.1
2010	7.1	9.6	6	2.1	17.8
2011	8.4	9.3	6.1	2.1	17.8
2012	9.4	9.4	6.4	2.3	18
2013	10.2	9.5	6.3	2.3	18

资料来源：中国物流发展报告（2012—2013）。

物流与供应链的有效运作是解决社会物流总费用居高不下的必然之路，也是降低企业物流成本的必然选择。通过采用不同的供应链管理方式以及合理利用综合物流服务体系，建立工业企业与物流企业的战略联盟，能够降低物流成本，提高物流效率。如芜湖长久依托其物流网络为奇瑞汽车提供整车物流服务，并集成整合了物流资源，实现全国及区域循环运输。其实施循环运输后空驶率从 30% 下降到了 20% 左右，降低了物流成本。

第二节　提高物流服务能力是提升工业企业竞争力的迫切要求

一、提高物流服务能力有助于保障工业企业专注于核心竞争力

物流服务水平直接影响企业成本和核心竞争力水平。为专注于提高自身核心竞争力，

工业企业通过将非核心业务外包，借助专业化物流服务商降低物流成本。如风神物流为东风日产提供延伸至生产线边的生产物流，负责对东风日产上游供应商交货产品进行验收接卸、搬运、按序配送，并按东风日产主机厂的要求，保证零部件按时按序送达，降低了东风日产供应商管理的繁杂程度，提高了风险控制能力，同时使东风日产能更专注于其核心业务以提升其核心竞争力。

二、融合供应链思想有利于实现企业共赢

现代企业的竞争已经逐步从企业和企业之间的竞争转变为供应链与供应链之间的竞争。企业单纯从自身的角度经营管理已经无法在使其供应链的竞争中处于优势地位，通过建立战略联盟，实现供应链的各节点企业的双赢才能最终打造出优质供应链，占领更多市场份额。

传统的供应链纵向一体化管理模式容易造成核心企业负担过重，难以提高企业核心竞争力。通过工业与物流业联动发展，工业企业与物流企业建立战略联盟，供应链的各环节企业协同运作，将促进工业由中国制造到中国创造、由生产型制造向服务型制造、从低价值链向高价值链转变。

第三节　提高物流服务水平是加快工业转型升级的基础支撑

一、提高物流服务水平是加快工业转型升级的基础

淘汰落后产能需要以物流服务作为依托，工业集聚发展需要物流规划配套运作，产业转移需要综合物流服务体系作为支撑。加快工业转型升级必然需要提高物流服务水平，落后的物流水平将阻碍工业转型升级，降低转型速度。因此，物流服务水平要配合并且适当领先于工业的物流需求，进而能保障工业实现又好又快的转型升级。

二、供应链一体化运营是实现工业转型升级的必经之路

创新最初出现在单一的企业中，但由于行业的相似性或是地域的相邻性，将逐渐从单一创新转变为集群创新。而集群创新进一步发展，沿产业链纵向延伸将发展成为产业链系统创新。单个环节的创新不足难以提升整个产业链的竞争力，因而需要通过供应链管理有效衔接各个环节，利用信息技术等手段将创新的优势发挥到整个供应链的运作中。因此，创新成果要落到实处，真正实现创新成果产业化需要供应链一体化运营做支撑。

第四节　物流业总水平是中国工业走向世界，赢得市场的必要保障

一、打造工业发展支撑网络需构建全球化综合物流服务体系

自国际金融危机后，世界经济复苏缓慢，发达国家纷纷实施以先进制造业为核心的“再工业化”，谋求振兴制造业，扩大出口，这必将挤压我国的出口市场。同时，新兴经济体和发展中国家也在加速发展具有自身比较优势的产业和技术。我国工业企业要在这样的全球竞争环境下实现全球扩张，极具挑战性。要实现工业产业链的全球布局，必然需要构建全球化综合物流服务体系，才能保证进口原材料的有效供应和出口产成品的广泛销售，赢得国际市场。

二、提高工业发展国际竞争力应掌控全球化供应链网络

工业企业全球化发展将实现其供产销网络全球化布局，可能使得上游供应商、工业企业、分销网点都分布在世界不同地域。这将不仅仅是物流全球化的问题，还将带来资金流、信息流、商流的全球化问题。因而需要构建全球化的供应链网络，利用供应链思想以打造中国工业的国际竞争力。

第五章　我国工业领域供应链管理对策研究

在总体发展思路的指导下，本章进一步阐明供应链管理在工业领域中的战略地位，针对工业领域供应链发展中存在的主要共性问题，提出相关对策建议。

第一节　提高工业领域供应链管理的认识

一、供应链管理是增强中国工业国际话语权的关键环节

中国是世界工业生产大国和出口大国，但在全球竞争中却没有与之相应的“话语权”。中国工业企业在从国内走向国际，打造世界一流企业的过程中，面对的是全球化的原料采购，全球化的生产力布局，全球化的产品营销的考验，因此要求企业必须构建全球化的供应链，实施资源全球化配置，加强关键物流节点布局和物流资源掌控，同时实施供应链管理，与全球的合作利益方构建战略联盟关系，追求国际化合作共赢，在供应链上争取核心位置，增强话语权。

二、供应链一体化运营是推动创新驱动发展的重要支撑

实施创新驱动战略，核心是提高自主创新能力，发挥科技在转变经济发展方式和调整经济结构中的支撑和引领作用。在当前的经济社会和市场环境下，科技创新，不再是单个企业技术创新问题，也不是由单一企业能完成的，而是由单个企业创新转变为以核心企业为引领的企业集群创新，通过供应链一体化运营实现企业协同运作、资源优化配置、核心技术创新产业化发展，从而将企业集群创新上升到产业链协调创新。

三、供应链运行效率和效益提升是国家竞争力提升的客观需要

随着全球经济一体化的深化，构建高效、协调、安全、稳定的全球供应链对于国家在中长期取得经济持续增长的能力十分重要，首先，应当突破供应链瓶颈限制，消除货物、服务流通障碍，提高供应链联通性和便利化程度；其次，供应链运行时间和成本的好坏直接反映供应链竞争力的高低，决定着国家全球竞争力。因此，提高供应链运行效率和效益，是国家抓发展新机遇、增强发展新动力、构建发展新优势、提升区域核心竞争力的客观需要。

第二节　鼓励企业推行集中采购

集中采购是相对于分散采购而言的，其将多个企业或部门的采购需求集中后共同向供应商提交采购订单，以发挥规模效应，获得更大的购货折扣。同时，集中采购要把采购任务归到一个专门的部门负责，降低分散采购的风险和成本。

一、适宜集中采购的货物特点

（一）批量大

集中采购的货物大部分属于大宗货物，每次采购的批量都较大，多以产品的主要原材料或零部件为主。例如钢铁行业生产所需的铁矿石；有色金属行业生产所需的铝土矿；食品行业生产所需的基础原料，如乳制品行业的生鲜牛羊乳；纺织行业生产所需的棉花、化学纤维。这些货物都需要大批量采购，更容易通过集中采购形成规模效应。

（二）战略型

企业采购产品的量越大，价值越高，越有利于和供应商建立长期合作的战略伙伴关系。因而对于一些瓶颈产品或企业生产的战略产品，可以通过集中各分公司的生产需求，统一采购，形成具有一定规模的采购订单，既能利用数量折扣，又可以获得更好的服务，在原料商供应时取得优先供应权，如汽车生产和售后服务用的专用零部件。

（三）通用性强

若实行集中采购的各成员企业需要采购的原材料或零部件的通用性越高，那么采取集中采购更为有利。如各钢铁生产企业所需的燃料煤，汽车制造所需的通用零件，食品生产所需的纸质或塑料包装材料等。通用性强的零部件不仅能实现大型企业集团内的集中采购，同时能够整合不同企业，尤其是中小型工业企业的需求进行集中采购。

二、大型工业企业推行集中采购的对策分析

集中采购对于大型工业企业，尤其是集团性大型企业极具优势。

（一）加强供应商关系管理，建立联盟关系

不同类型的工业企业进行集中采购的货物特点不同，在选择供应商时的关注点不同。如对于钢铁等原材料行业，其原材料质量差异程度不高，因而企业更关注于采购价格、供应商的供应能力及其采购位置。而对于汽车等装备制造业，其零部件的质量好坏是其选择供应商的首要标准，对供应的准时性、可靠性要求更高，而对成本和价格的设定较

为宽松。企业集中采购的产品对企业的生产成本、生产的连续性等方面往往都有很大影响，通过供应商绩效评估和供应商质量管理等方式，企业可以加强对供应商的关系管理。对于一些采购量大，对企业发展具有战略意义的供应商，可以通过建立企业联盟，形成多赢的战略合作关系。

（二）整合物流资源

集中采购需要有强大的综合物流服务网络作为支撑。特别是对于大型企业的集中采购，其采购需求规模巨大，单个物流企业可能难以完全满足其需要，可以利用自身现有资源，整合社会物流资源，共同为集中采购各参与单位服务。同时，对于供应地和生产地距离较远的企业，有效整合物流资源有利于实现重去重回，有效降低整体物流成本。

（三）搭建信息平台，整合采购需求

大型企业可以自行建立信息平台，并可通过与供应商的信息系统对接或邀请供应商加入平台两种方式和供应商建立快捷有效的供需联系。总部和各分公司以及各事业部都使用同一个平台，需要采购的各单位可将采购信息录入平台，由总公司掌握全公司采购需求，统一与供应商谈判，签订总合同。在执行采购合同时，各单位可根据自己的生产进度以及录入平台的采购量等采购计划信息，适时联系供应商进行供货。既实现了集中采购的规模效应，又解决了集中采购参与企业需求分散的问题，保障了各企业生产的灵活性。

三、中小型工业企业推行集中采购的对策分析

中小型企业采取抱团方式集中采购，能有效降低其采购成本。

（一）推进采购外包

中小型工业企业由于生产规模的局限性，难以形成大量采购需求，在采购成本上处于劣势。同时，小而全的运营方式会促使这类中小型工业企业难以专注于核心业务，供应物流方面也难以达到专业水准。推进采购外包，将其采购外包给第三方物流企业，有利于其提高核心竞争力，同时降低物流成本。

（二）依靠物流企业整合采购需求

同行业的中小型工业企业采购需求具有相似性。作为供应商和生产企业间的纽带，物流企业能够有效获得各中小企业的采购信息。从而能制订出相应的集中采购方案，通过为中小型工业企业提供代理采购服务来整合采购需求。同时，针对上游供应商规模较小的情况，物流企业可以通过循环取货的方式集中收货，再分别运送至不同的企业，实现双向集中化。

（三）利用信息服务平台，参与集中采购

对于中小型企业而言，自身难以搭建也不需要搭建信息平台。其可以利用物流企业的信息服务平台或者其他的第三方在线交易社区进行集中采购。企业可以将采购需求提交到物流企业信息平台上，交由物流企业代理采购。物流企业整合采购信息后统一向供应商订货，进行集中采购，然后再运送至不同企业处。

第三节　加强供应链库存管理

各企业都会保持适当的库存，预防缺货，以保证生产的连续性、平稳性，从而消除或避免销售波动的影响。但过多的库存将抬升物流成本，占用企业大量流动资金，不利于企业有效运作。因此，企业需要通过可靠的需求预测、采用合适的供应链管理方式或库存管理方式来管理库存。

一、强化需求预测的应用

需求预测就是在汇总以往销售的历史数据的基础上，科学地采用约束外推法、因果关系分析法、德尔菲法等方法，定量或定性地估计产品在未来一段时间内的需求，以及供应物资价格成本波动的情况，从而建立顾客服务标准、发布补货订单、确定额外的生产计划或者选择不同的运作策略。

对于难以进行需求预测的产品，如季节性变化明显的产品，其进行需求预测时需要总结需求随季节变化而波动的规律，通过对往年销售订单和仓库出货规律、影响产品销售量的主要因素、以及不同客户对订单及库存的影响几个方面综合分析以进行需求预测。

此外，除了遵循需求预测的一般过程外，利用网络技术建立企业与供应商的双方的协同机制，完成对需求与实时销售等信息的共享，能更有效地进行需求预测。

二、采用有针对性的供应链管理方式

（一）采用直销策略，降低销售多级库存

采用直销战略时，生产企业可以直接和客户联系，由客户直接向生产企业发出订单并在订单中详细列出所需物料，然后由生产企业根据订单需求实现按单生产。工业企业通过采用直销战略减少了多级分销带来的牛鞭效应，在直接有效降低库存的同时能够极大程度地满足客户的个性化需求。直销战略主要使用于计算机等电子设备制造业、汽车制造业等个性化需求较为明显的工业行业。

（二）采用循环取货方式，降低生产、供应库存

循环取货（Milk－run）是指工业企业委托物流企业根据预先设计的取货路线，按次

序到各个供应商处取货再根据生产企业的生产计划，按生产节拍运送到指定地点的取货模式。这种取货模式能够实现多批次、小批量的供货需求，一方面降低供应商的备货库存，另一方面消除生产企业非必要的库存，降低整体库存量。循环取货的方式宜于汽车、电子等有多批次小批量原材料/零部件供应需求的企业使用。

（三）采用延迟生产战略，降低销售库存

延迟生产战略是指企业在生产厂内完成非定制的生产流程，不进行产品的最终生产，而是根据销售端的不同需求，在配送中心等分销端进行最终生产。使用延迟生产战略的企业无须在每个区域市场建立过多的仓库，能够有效削减库存。而且企业可以根据市场需要进行产品的有效调运，避免产品的滞留。此类战略适合客户需求呈区域化，且流通加工易于实现的工业，如计算机生产行业等。

（四）采用 ERP、SCM 等信息手段，降低整体库存

通过采用 MRP（物料需求计划系统）、MRP Ⅱ（制造资源计划系统）、ERP（企业资源计划系统）、SCM（供应链管理系统）等信息手段，能够对供应链的生产、采购、销售等各个环节进行控制。如对于 EPR 系统来说，工业企业可以向信息平台传递物料需求计划，物流企业根据供应商合作信息分解需求及分别下单，进行信息集成后传递给生产企业确认，并根据原材料生产供应时间，自动进行安全库存计算，能够保障信息的准确性，消除无效库存。各个行业可以根据需要采用不同的信息手段。

三、采用合适的库存管理方式

（一）应用 VMI 方式降低库存

VMI（供应商管理库存）是指生产企业不拥有原材料，也不设立原材料仓库，而是把需求信息传递给供应商，由供应商在规定时间将企业所需原材料送到指定地点的库存管理方式。其一方面能够实现工业企业的零库存，降低企业的生产成本；另一方面能够督促供应商更为有效地管理库存。

在实际操作中，为了保障供应商专注于生产，同时避免其在需求预测、库存管理等方面缺乏规范、专业的手段，物流企业可以利用其专业优势有效实现 VMI。工业企业可以联合物流企业根据生产计划和原材料需求预测帮助供应商制订库存计划，包括供应时间、数量、安全库存量及预订最佳库存量等。物流企业通过利用信息系统等手段对工业企业及供应商的原材料供应量以及时间进行确认，再按既定要求执行物流计划。

（二）采用直接转运策略降低库存

直接转运策略即在不同供应商的货物到达仓库后，对货物加以分拣配装，然后直接送至货车装载区，省去入库、存储等物流环节，立刻把货物转运至下游的消费点，降低

库存。直接转运适合采用电商等销售手段，对收货时效性要求高的企业，如服装制造业、食品制造业等。

第四节　加强供应链关系管理

当今供应链不再是单一的供应商到客户，原材料供应、配送和销售都比以往复杂，整个供应链上的企业形成了融竞争、合作、协作以及实时沟通为一体的复杂关系网络。供应链关系管理以共同利益为目标，采取互相合作的行为，取得既利他又利己的结果，双方的经济效益都提高。

一、核心企业供应链关系管理分析

（一）供应链核心企业的定义

供应链是围绕核心企业建立的，核心企业在整个供应链中具有重要地位，起主要推动作用。核心企业是供应链的链主，为供应链的物流集散中心、信息中心、资金周转中心、协调中心，其对供应链的影响主要体现在资源掌控能力强、组合运作协调能力优、物流战略具有前瞻性、信息化支撑能力稳定、节点合作能力紧密。

（二）供应链核心企业的类别及其作用分析

从现有供应链发展来看，核心企业共有以下几种类型：以原材料供应商为核心企业；以销售商为核心企业；以生产商为核心企业；以第三方物流服务商为核心企业。以原材料供应商为核心的供应链，其上游供应商对资源的掌控力为核心竞争力，例如：以钢铁及其制品形成的供应链核心企业为对原材料进行掌控的企业——宝钢集团。宝钢集团原先以国内矿石资源为基础，如今在全球范围内掌控矿产资源，有原材料才能生产钢铁及其制品。以销售商为核心的供应链如农产品，其销售商拥有密集的网点分布以及畅通的物流体系作为支撑，才能保障农产品在新鲜的状态下送到超市、菜市场、饭店，最后到达人们的餐桌。以生产商为核心的供应链，如家电行业，此种供应链核心企业往往具有先进的生产技术和研发技术才能在市场上取得核心竞争力，实现快速反应。以第三方物流服务商为核心的供应链如中国国际海运集装箱公司以生产集装箱为主，以必需的物流设备切入供应链，从而实现对全链条的掌控。

核心企业一般具有信息交换中心、物流集散中心和协调、激励中心的功能。信息交换功能，核心企业为上下游企业交换信息的中心，可为整个供应链提供信息交换的平台。物流集散中心，核心企业为原材料、半成品和产品等物料的中心，核心企业往往涉及物料的集中与分散。协调、激励中心，核心企业为供应链的链主，供应链的建立围绕着核心企业，其对于上下游企业起协调的作用，力求企业之间达成共识目标，实现整链条的共赢。

（三）供应链核心企业的识别

根据核心企业的含义、作用以及不同类型的表现形式可以对其进行识别。一般供应链核心企业具有以下几点特征：拥有产品/服务具有核心市场资源，如资源型企业控制着供应链上游原材料，如煤炭、金属、铁矿石等，供应链上的其他企业均需按照其生产计划来制定自身的生产活动；掌控核心技术，如苹果公司，其掌握着电脑和手机的生产核心技术并不断创新，通过技术影响整个供应链，使得其他要素充当配合的角色；控制网络节点资源，无论是销售还是运输都需要网点建设，如华润创业除了自身生产产品外，兼营消费品终端建设，自建销售网络，通过网络影响其他产品的布局；具有协作能力，可协调供应链企业之间的关系，促进链条内部的信息共享，减少牛鞭效应。

（四）供应链核心企业发展对策分析

当前我国一些行业和领域内出现了一批具有供应链核心企业特征的集团，但是大多数缺乏国际竞争力，并不能成为具有国际竞争力的供应链核心企业，例如神州数码公司为中国最大的整合 IT 服务提供商，但缺乏国际影响力，因此打造一批具有国际竞争力的供应链核心企业为当务之急。应着力发展一批具有国际竞争力的供应链核心企业，带动产业链条发展。大力鼓励核心企业创新，提高企业自主创新研发能力，采用原始创新、集成创新和引进消化吸收再创新等多种形式切实提高企业的创新能力，提高核心竞争力，掌握关键技术引领发展。以具有国际领先技术的产品和全球化的业务为依托，带领企业走出国门，构建全球性的网络，实现供应、生产、销售和物流的全球化，力争供应网络、生产网络、销售网络、物流网络和信息网络的“五网合一”，打造成为具有国际竞争力的核心企业。强化核心企业在供应链中的作用，以核心企业为供应链的引领，充分发挥其信息中心、物流中心和协调、激励中心的作用，加强对供应链的整合，提升整体供应链的竞争力。

二、中小型企业供应链关系管理分析

中小型企业近年来为供应链发展的重要力量，促进中小企业又好又快发展，是提升供应链整体竞争力的重要基础。以工业为例，2010 年全国规模以上中小企业有 44.9 万家，比 2005 年增长 50.1%，年均增长 8.5%，占规模以上企业数量的 99.3%；全国规模以上中小企业工业增加值增长 17.5%，占规模以上工业增加值的 69.1%，其他具体指标如表 2－5－1 所示。

表 2－5－1　　中小企业 5 年发展变化情况

指　标	2010 年	2005 年	2010 年全国规模以上企业占比
规模以上中小企业（万家）	44.9	29.9	0.993

续　表

指　标	2010 年	2005 年	2010 年全国规模以上企业占比
实现税金（万亿元）	1.5	0.79	0.543
完成利润（万亿元）	2.6	1.08	0.67

资料来源：工业和信息化部 2011 年发布的《“十二五”中小企业成长规划》。

中小企业走“专精特新”的发展道路，成为核心企业主导的供应链中的骨干力量。专业化发展，提高专业生产工艺、流程、产品和服务，为供应链各环节提供配套服务；走精益化发展，推进精益化管理，生产质优产品，提供精致服务；走特色化发展，结合不同工业供应链的发展需要，形成不同特色的产品及服务；推进新颖化发展，融合信息技术、互联网和高新技术，提高自己的创新能力，以掌控核心科学技术取胜，提高本企业的核心竞争力。

三、构建供应链战略联盟分析

战略联盟为供应链中两家或多家企业之间形成风险共担、收益共享的长期合作关系。供应链上的企业间形成战略联盟可降低供应链的总成本，改善供应链服务质量以及当市场需求发生变化时提升整条供应链的反应速度。应大力推动供应链主体之间的关系由基本的伙伴关系向战略联盟发展。为促进供应链中企业战略联盟的形成，供应链上的企业之间应互相保持高度信任。战略联盟的形成基础为工业供应链中的企业目标一致，企业之间对于共赢的认识深刻，要以整链条价值最大化为总目标，通过企业之间协作来实现。

建立信息共享机制，加紧供应链上各企业的紧密联系，减少由于信息不对等引起的不确定性，如汽车生产中整车厂可与零部件供应商分享自己未来的产品生产计划，并确定如何将零部件与整车厂组装工艺更好地衔接起来，以便当客户需求改变时整条供应链能够快速地做出反应。

推进持续改进，建立指标对战略联盟带来的困难和收益进行评价或量化，对整个供应链形成的战略关系进行不断的调整。在联盟关系形成早期可通过签订文件的形式来指导双方关系，例如工业产品生产商与供应商之间的长期采购协议，生产商与销售商之间签订的销售代理权合同，生产商与物流服务商之间的运输合同等。在联盟关系建立的早期通过协议或合同的建立增加控制性，随着关系的深入发展，企业双方建立起互利互信的机制，这些文件就没有存在的必要。

第五节　建设供应链诚信体系

2012 年，由于部分钢贸企业重复质押的行为，引发银行集体收贷，使钢贸行业遭遇大危机。由钢贸企业的不诚信问题，引发整个行业乃至社会对于企业诚信问题的思考。诚信为供应链上的企业之间合作的基础，建设完善的供应链诚信体系对于供应链整体的运作是十分重要的。

一、建设供应链诚信体系的意义

（一）供应链中的诚信问题

1. 供应链中诚信问题的产生

虽然供应链中的企业以满足最终用户的需求为共同目标，协同组织生产，但是这些企业均为独立的法人实体，都在努力实现利益的最大化。根据波特的竞争战略理论，企业在与其他公司进行商务往来时，为了在谈判中获得优势，通常会保留某些信息。这就使得供应链中各企业间占有的信息不对称，进而可能引发诚信问题，给整条供应链带来风险。

2. 供应链中诚信问题的具体表现

信息欺诈行为。信息不对称的普遍存在以及供应链系统本身以信任为基础运行的机制，是信息欺诈的诱因。信息欺诈行为多发生在节点企业上。由于各节点企业间的关系密切，使得处于某一节点上的企业（如核心企业）拥有相应信息的占有权与控制权，而其上下游企业所获得的信息在很大程度上取决于该节点企业的信息共享程度，合作越紧密，信息共享程度会越高，节点企业追求信息优势的成本会越低，供应链发生诚信问题的风险也越大。从主观上说，各节点企业为了使自己在竞争中处于有利地位，又会有独占信息优势的动机。这种动机就导致了本来应该公开的信息非公开化。

合作企业的违约行为。合作中，有些企业主观上轻视对合同的履行，不按时完成合作项目，不重视质量，甚至违背合同约定。这很可能会导致合作关系破裂，甚至给合作企业带来不可挽回的损失。

技术与知识产权方面的侵权行为。作为潜在竞争对手的供应链成员可能打着信息共享的幌子，窃取供应链成员的核心技术，侵犯该企业的核心利益。

利益窃取和侵占行为。有些缺乏诚信的企业可能会不惜损害供应链整体利益来追求个体利益的最大化。

（二）建设供应链诚信体系的意义

诚信问题给供应链中的企业的运转以及供应链的管理带来巨大负面影响。

从资金流的角度看，由于企业间的相互拖欠，银行放贷意愿的下降，供应链中资金的流通会变得滞涩。情况糟糕的企业可能会由于资金链的断裂而面临破产。情况稍好的企业也会由于大量资金被应收账款占用，必须借入更多的资金维持运转，从而增加了企业的资金成本，减少了利润。

从信息流的角度看，诚信问题阻碍了供应链中信息的流通共享，使企业间信息掌握情况严重失衡，对供应链管理造成巨大负面影响，严重降低整个供应链的运行效率，甚至造成供应链联盟的瓦解。

从商流的角度看，诚信问题导致企业与企业之间、企业与客户之间、企业与银行之间互不信任、互相怀疑的心态充斥，正常的信用观念遭到破坏，甚至迫使市场、企业、银行不得不排斥信用，拒绝信用，影响供应链甚至是整个行业的健康发展。

上述的各种危害充分说明诚信问题是供应链管理发展的巨大敌人，突出体现了建设供应链诚信体系的重要性。诚信体系是一种以诚信制度为核心，以促进诚信、维护正常经济秩序为目的的机制。在供应链中建设诚信体系对保障供应链的持续健康发展具有重要作用。

二、建设供应链诚信体系的对策分析

（一）加强供应链中企业自身诚信制度建设

建设和完善企业诚信制度，强调对员工的诚信教育和规范管理，深化员工对企业诚信的认识，提高员工对供应链管理的理解水平，使广大员工树立起良好的供应链诚信意识。

（二）强化对供应链中企业的诚信管理

1. 理性选择合作伙伴成员

为了有效杜绝诚信问题，在考虑合作伙伴时，要把信用考察放在首要位置。企业信用具体体现在两个方面，一是企业信誉，二是企业领导的诚信意识。选择出的合作伙伴必须要重视企业信誉，诚信守法。这样，合作开始后双方才能做到相互信任共同发展。

2. 强化针对诚信问题的协议条款

作为供应链上企业间的合作，光靠道德约束是远远不够的，还必须形成具体协议，以条文的形式受到法律法规的保护。协议必须注意以下几个方面：

（1）严格界定合作目标及诚信原则；

（2）详细记录合作企业之间的关联交易，并进行责任划定；

（3）协议中应明确规定合同变更的申请条件和突发事件的处理方法。

加强协议条款的制定旨在促使供应链成员以诚实、灵活的方式规范自身的合作态度和行为。降低供应链结构成本，提高供应链管理水平。

（三）完善供应链诚信监督机制

加强供应链诚信监督，一是完善供应链内部监督机制，加强供应链成员企业间的相互监督；二是完善供应链外部监督机制，委托第三方对供应链中企业进行监督；三是政府相关部门根据供应链管理的发展趋势，完善相应的监管政策。

第六节　推进供应链协调运作管理

供应链协调运作通过外在或内在的力量，协调供应链各成员之间的物流、信息流和资金流等要素，使供应链从无序转变为有序状态，最终实现供应链整体效益之和大于各成员企业效益之和。

一、供应链运作参考模型（SCOR 模型）的内涵分析

（一）SCOR 模型分析

工业领域内的供应链实现协调运作可通过 SCOR 模型实现，利用 SCOR 模型企业可构建服务于企业特点的供应链管理流程，以指导供应链的实施，同时还可对供应链做出评价。工业企业通过 SCOR 模型对供应链管理系统的主体框架和流程进行定义，将业务流程再造、基准和最佳实践分析集成在一起，如图 2－5－1 所示。

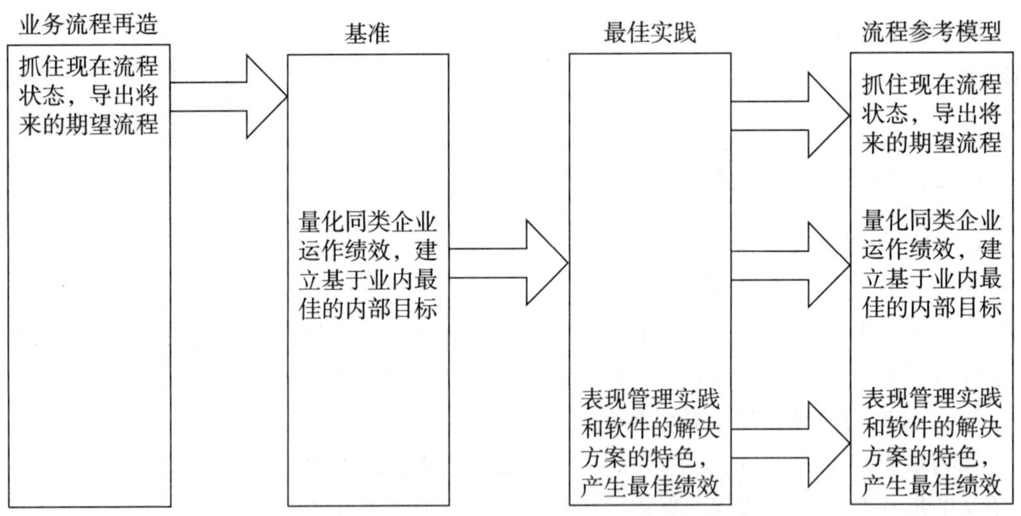

图 2－5－1　SCOR 集成分析框架

如图 2－5－1 所示，SCOR 模型包含几个部分，标准业务流程定义、标准业务流程间关系的框架结构、测评这些业务流程性能的指标基准。产生供应链“最佳实施”的管理措施、选择供应链软件产品信息（软件特性和功能界定的标准）。

SCOR 对于工业企业的适用性在于模型拥有客户互动功能、实物交易功能（设备、原材料、产成品、半成品、软件）、市场互动功能（满足客户需求）、售后服务功能等，紧贴工业供应链需求。SCOR 将工业流程的定义的详细程度分为四个层次，每一个层次都可以分析企业供应链的运作，第四层次下还可以有第五、六层次描述各企业所特有的各企业所特有的业务层次，这些业务层次中的流程定义不包括在 SCOR 模型中，具体的层次关系如图 2－5－2 所示。

第一层根据 SCOR 界定的五个基本流程：计划、采购、生产、发运和回收，定义供应链运作参考模型和内容，给出衡量供应链性能的指标，此层为建立企业供应链的起点。第二层企业可按照配置层的流程种类，根据自己的需要构建供应链的功能，选择标准化

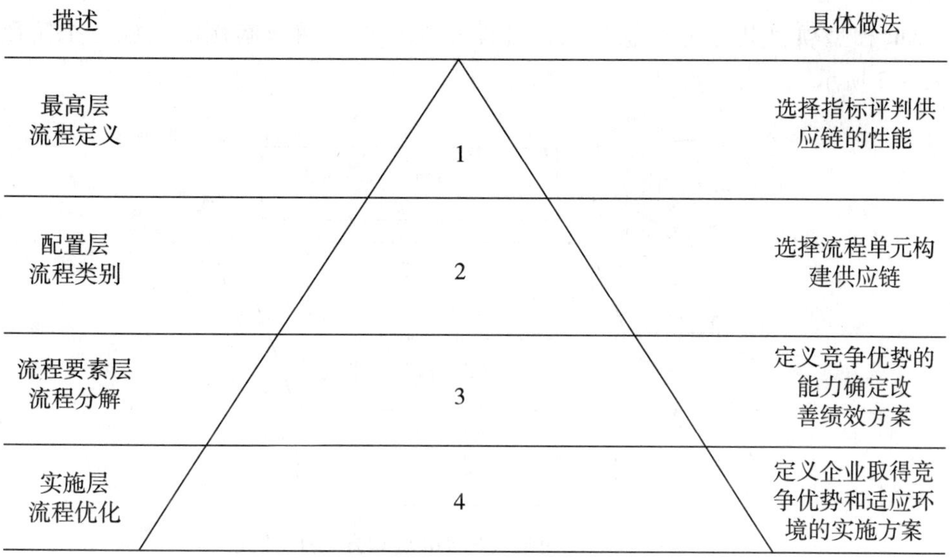

描述		具体做法
最高层 流程定义	1	选择指标评判供应链的性能
配置层 流程类别	2	选择流程单元构建供应链
流程要素层 流程分解	3	定义竞争优势的能力确定改善绩效方案
实施层 流程优化	4	定义企业取得竞争优势和适应环境的实施方案

图 2－5－2　SCOR 的层次

流程。工业企业体现产品按需生产就可以通过标准化的流程单元实现，同时，每一个工业品都可以构建自己的供应链。第三层定义企业在目标市场获取竞争优势的能力，为企业提供改善供应链绩效所需要的规划和确定目标所需要的信息。到达第四层时，企业已实施适用的特定供应链，定义了企业获得竞争优势和适应环境变化的实施方案。

SCOR 模型建立的目的就是企业可获得较为明显的竞争优势，准确无误地沟通与描述，有效地对供应链进行测评和控制，反复调试达到企业需要的效果。

（二）上海电气集团运用 SCOR 模型优化管理分析

1. 上海电气集团实施 SCOR 模型背景

“十二五”期间，上海电气处于转型发展期，调结构、转方式，促发展战略部署的关键时期，发展需要不断探索、管理需要不断创新，才能实现预期目标实现持续两位数增长，提高投资回报率，增强企业市场竞争和抗风险能力等重点任务。上海电气意识到，企业的竞争，不仅是企业生产技术水平，研发能力的竞争，同时也是企业管理能力的竞争。技术水平提高的同时也需要改革不合理的业务结构及管理机制，而传统的管理模式需要不断更新。

2. SCOR 管理模型的应用

上海电气实施 SCOR 模型的项目目标是与管理咨询公司合作，在下属企业运用 SCOR 模型重新配置及优化其供应链管理运作水平，建立标准化结构化的绩效评价系统与流程架构，提高资产管理水平。同时协助企业实现如下目标：引入供应链标准化模型：供应链运作参考模型 SCOR 模型，梳理现行供应链分层流程，识别供应链管理断点。引入供应链管理标准绩效体系，支持持续的效率提升，设计供应链提升具体方案，加快流程化管理进程。提高供应链灵活性与响应性，完善“端到端”供应链的流程整合，提高资产管理的成熟度。

SCOR 模型项目共分为概念导入，流程梳理和重点商业案例的实施三个阶段，如图 2－5－3 所示。

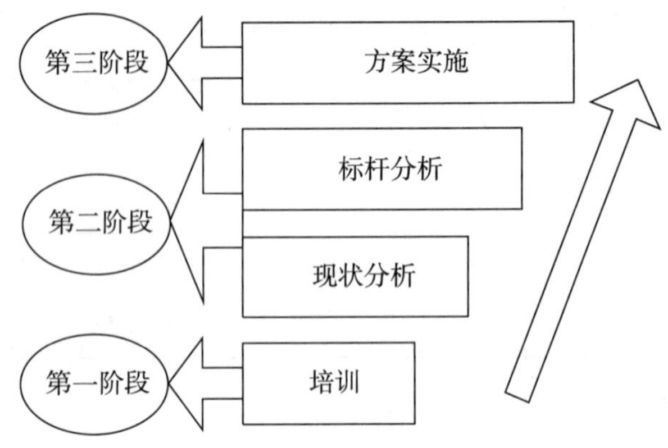

图 2－5－3　上海电气 SCOR 管理方法推进阶段

第一阶段是引入供应链标准模型的认识阶段，旨在普及 SCOR 模型的标准流程及绩效体系，组织项目团队，并针对项目团队结合企业实际情况和行业相关案例进行量体裁衣式的 SCOR 模型培训。第二阶段是流程梳理阶段，运用 SCOR 模型系统性的现状分析和标杆分析方法对供应链管理运作流程加以整理绘制，在整理的过程中识别出现行供应链管理流程的断点，并通过机会分析将断点归纳为假设，机会和商业案例供企业进行选择实施。项目第三阶段，其主要工作是具体商业案例的实施。企业根据第二阶段流程梳理反映出的流程中的断点提出的改进措施以及筛选出的商业案例排出优先顺序，分配项目经理，根据 SCOR 模型的最佳实践要求，针对每个商业案例编写详细的，具有可操作意义的项目指导书。咨询公司协助实施项目，并在项目结束前对项目实施的财务成果的预期进行目标设定和项目结束后的结果评估。

3. 运用 SCOR 模型的效益分析

引入 SCOR 模型从第四层梳理出流程 2000 多个，合并流程三成，发现重要的、需要重建的流程断点 301 个，识别和最终确定的改进目标 30 多个。运用 SCOR 模型对断点进行分析与改进，优化整体流程，减少资源占用，提高资金周转率；整体流程的优化，缩短了原材料在电厂的时间，缩短了现金周转的时间；对库存进行分类管理与优化，在产品入库、出库方面及时跟进、追踪和解决，具体的绩效指标如表 2－5－2 所示。

表 2－5－2　　上海电气集团应用 SCOR 模型后绩效量化

绩效指标	初步调研分析	初步预估未来目标
资产周转率（%）	0.37	0.5
现金周转时间（天）	514	414
库存供应天数（天）	338	288

资料来源：《中国供应链管理蓝皮书（2013）》。

通过上海电气集团应用 SCOR 模型的案例可以看出 SCOR 模型在工业企业的适用性强，协调了计划、采购、生产、发运和回收等基本环节运作，可让企业通过财务指标等量化指标对供应链运作效果进行评价和改进。

二、供应链协调运作的重要性分析

工业领域中的供应链主体由供应商、生产商、分销商、零售商和客户构成。供应链上每个主体的行为都将会影响其他企业的运作，以及受其他企业影响。供应链上成员的目标不尽相同，信息在成员间传递会出现扭曲，这种扭曲使得供应链产品的多样性夸大。供应链协调问题有几种表现形式，如双重边际效应和牛鞭效应。双重边际效应是供应链上下游企业为谋求收益最大化，在独立决策的过程中确定的产品价格高于其生产边际成本，其产生原因为企业个体利益最大化的目标与整体利益最大化的目标不一致。牛鞭效应则是供应链失调的另一种主要表现形式，即在供应链内，由零售商到批发商、供应商，订购商的需求波动幅度递增。牛鞭效应扭曲供应链的需求信息，不同阶段对需求状况有着截然不同的估计，其结果导致供应链的失调。

三、供应链协调运作的策略分析

供应链的协调运作能够提升供应链整体的竞争力，实现的基础就是增加企业间互信。强化整体利益高于局部利益的思想，明确供应链协调运作管理的核心为供应链上各企业的共赢。以战略协同为统领、以信任协同为基石、以信息协同为载体、标准协同为保障、以业务协同为主导、分配协同为保障、以文化协同为衔接，全方位推行供应链协调运作。将供应链中一些冲突的目标，如批量和库存权衡问题、库存与运输成本权衡问题、提前期和运输成本权衡问题以及产品多样化和库存权衡问题等可通过科学的数学方法进行建模解决。加强供应链各环节的沟通，如供应商、生产商、销售商之间的沟通，促成整个供应链网络的协调发展。融合信息技术和互联网应用，搭建信息平台，消除“孤岛现象”，提高整个供应链的相关性。

第七节　提升供应链质量管理水平

供应链质量管理是指对供应链上各环节（包括合作伙伴）的质量管理，高质量的产品服务是由优质及时的原材料、严格精确的设计、精密稳定的制造过程、全面周到的销售服务和快捷便利的物流服务来共同组成的。供应链上的核心企业承担大部分供应链质量管理工作，不仅保障自身的服务质量，更要对供应链上其他企业的产品及服务质量进行质量管理，从而对整个供应链的质量进行严格的把控。

一、供应链质量因素分析

国际标准化组织制定的 ISO 8402—1994《质量术语》标准中对质量的定义为：反映实体满足明确或隐含需要能力的特征和特征的总和。ISO 9000 质量管理体系中对质量的定义为：一组固有特性满足要求的程度。质量在供应链管理中的具体体现不仅是针对产品和各种服务的质量，也可以是供应链某一环节的工作质量，还可以指供应链中企业的信誉、供应链体系的有效性。供应链质量管理是对供应链中各环节以及围绕着的资金流、信息流、物流和商流进行质量管理和掌控。

供应链管理专业协会（CSCMP）为物流与供应链领域内权威的专业协会之一，提出了《供应链管理流程标准》，将供应链管理流程分为计划、采购、制造、交付、回收和执行六个结构，其流程框架结构图如 2－5－4 所示。

计划	采购	制造	交付
1.1 供应链计划 1.2 供给/需求计划 1.3 库存管理	2.1 战略采购 2.2 供应商管理 2.3 采购 2.4 进向物流管理	3.1 产品工艺 3.2 伙伴关系和合作 3.3 产品或服务定制 3.4 制造流程 3.5 精益制造 3.6 制造基础架构 3.7 支持流程	4.1 订单管理 4.2 仓储/执行 4.3 定制化/延迟 4.4 交付设施 4.5 运输 4.6 电子商务交付 4.7 管理客户、客户伙伴关系 4.8 售后技术支持 4.9 客户数据管理

回收	
5.1 收货和仓储 5.2 运输 5.3 修理和翻新	5.4 沟通 5.5 管理客户预期

执行			
6.1 战略和指导 6.2 竞争力标杆 6.3 产品/服务创新	6.4 产品/服务数据管理 6.5 流程存在和控制 6.6 测量	6.7 技术 6.8 商务管理 6.9 质量	6.10 安全 6.11 行业标准

图 2－5－4　CSCMP 的供应链管理流程标准结构

如图 2－5－4 所示，供应链管理中有六大类基本的流程，不同的流程涉及不同的主体，如采购环节为原材料供应商与制造商两个主体之间的活动，交付活动有的是承运商和客户之间的关系，还有的是制造商与承运商的关系。在进行质量管理时应综合不同的环节和主体进行重点考察，并做出相应的质量保证。

以产品设计、订单处理、采购、制造、配送、运输等典型流程为例，描述其质量要求如表 2－5－3 所示。

表 2－5－3　　典型环节的质量要求

环节	质量考察方面
产品设计	策划、接口、输入、输出、评审、验证、确认和更改控制等
订单处理	处理速度、反馈质量、录入准确性等
采购	采购频次、采购数量、采购物料质量、采购价格等
制造	过程控制、检验和试验、不合格品控制、环保安全要求等
配送	配送网点、配送车辆、配送频次、单据处理、人员言行举止等
运输	运输速度、运输质量、运输时间、运输价格、运输条件等
包装	包装材料/性能、包装工艺/流程、包装质量、包装成本等
分销	分销渠道建设、分销网络构建、分销成员选择、分销价格、与运输商合作关系等

以制造环节为例，制造环节中对生产过程进行控制，包括流程设计的合理性、环保性、安全性、经济性等方面提出相应的要求，对产品检验是否符合产品标准。进行产品试验时，试验条件、试验方案和试验后改进为主要的质量卡控范围。

二、供应链全面质量管理内涵及实施途径分析

（一）供应链全面质量管理内涵分析

全面质量管理（Total Quality Management，TQM）的核心为顾客满意，它鼓励降低成本、持续改进、提高质量的产品和服务、让顾客满意、向员工授权并开展绩效考核，持续改进和员工授权是取得顾客满意的关键手段。全面质量管理阶段中最明显的特征就是通过质量管理体系去保障产品的质量。质量管理体系就是由管理思想、管理方法和管理控制工具构成的完善系统。

全面质量管理是供应链管理中重要的一环，未来竞争将会转向供应链之间的竞争，供应链作为一个利益整体，质量是其获得竞争优势的关键。全面质量管理是供应链各成员生存的基础，全面质量管理通过面向供应链范围内的面向价值的业务流程进行优化，提出冗余的业务过程，在削减成本的同时提高产品质量及服务水平。全面质量管理有利于建立高效率、灵活、低成本的供应链，加强对过程的控制，及时调整，不断地改进产品和服务，使得产品和服务最大限度满足客户的需要。由于不断地改进，当市场发生变化时，有利于供应链各成员及时进行调整。

（二）供应链全面质量管理实施途径分析

供应链实施全面质量控制的宗旨就是综合利用调配既有的人、财、物、信息等资源，以最经济的方式快速满足客户需求，体现整个链条的精益协同。从整体供应链层面看，

实施全面质量管理，需对整个供应链所有流程进行梳理，把易受外在或内部因素影响的环节设置关键控制点（Critical Control Point，CCP），通过对关键控制点的把握带动整个链条的掌控。全面质量管理工作的重点应从事后处置向事前预防转变，防检结合，重在提高。从企业层面看，质量问题往往受关注程度较低，企业领导可将中心转移到质量管理上，形成“以质量为中心，领导重视、组织落实，体系完整”的公司制度。公司内部各管理层面，都应针对企业质量管理的重点，具体落实自己的工作，如上层管理侧重于质量决策，制订出企业的质量方针、质量目标、质量政策和质量计划，统一协调企业各部门各环节、各类人员的质量管理活动，保证实现企业质量管理的最终目标；中层管理要贯彻落实领导层的重要决策，确定本部门的目标和对策，更好地执行各自的质量管理职能，并对基层业务进行管理；基层员工则要求每个职工都要按照标准、规范进行生产和服务，相互协作。

三、提升供应链质量管理对策分析

提升供应链质量管理应加强企业各员工质量意识，树立“质量第一”的观念，开展相关质量学习深化活动，将质量意识在企业文化中充分体现。核心企业应加强对整个供应链质量的掌控，对新加入供应链的企业要进行质量考核，明确各成员企业的质量责任。供应链上的其他企业要增强自己的质量管理，可引入国际标准进行对比，对关键环节的质量应严格要求。质量管理实施上应该加强量化分析，除了矩阵数据分析法、控制图、因果图等统计方法外，还可应用六西格玛方法、质量功能展开（QFD）、故障模式和影响分析（FMEA）等新方法。与此同时，在供应链质量管理的过程中要求统一质量标准，以标准为抓手，追求供应链产品/服务整体质量水平的提高。利用信息技术和网络技术进行供应链信息共享与集成，强化信息的可靠性与真实性，利用信息对供应链范围的质量分析预测与诊断。

第八节　强化供应链风险防控

供应链在运营过程中由于自然环境、市场变动、信息沟通、成员目标不尽相同等原因会带来潜在风险。供应链上企业应加强管理可能会给运营带来风险的因素，对其进行识别、控制，提前预防，降低运营中的风险。

一、供应链风险产生及对供应链风险进行防控的意义

（一）供应链风险的产生

供应链风险产生方式主要包括：自然环境原因导致供应链风险产生、信息沟通不畅导致供应链风险产生、供应链成员认识水平不一致导致供应链风险的产生、节点企业自

身生产的不确定性导致供应链风险的产生。

（二）供应链风险防控的意义

对供应链风险进行防控，实质上就是对供应链中的各种不确定性因素进行管理和控制，包括供应链风险的识别、估计、处理对策选择、评价以及监控等。当今世界，经济、技术迅速发展，供应链所面临的环境是一个复杂多变的环境。在这种情况下，成功的供应链若想在市场中生存，就必须能够对其所面临的各种不确定性和风险做出有效的反应，增加供应链的柔性，否则面临的只能是失败而退出市场竞争，而供应链风险防控就正是处理这种情况的有效措施。

对供应链风险进行防控，可以在风险发生之前就对可能所面临的风险进行识别和估计，找出潜在风险，并分析其发生概率的大小和损失程度的高低，这样就可以在风险发生前将各种不确定性在一定程度上划定边界，加强对风险的预防，从而减少供应链中各种决策的盲目性；同时，供应链风险防控还可以在事后进行应急处理，一旦供应链中的某个环节出现问题，就立刻根据事先所确定的风险处置预案来进行解决，使之将风险损失降到最低。

二、加强供应链风险防控的主要途径

（一）加强供应链风险识别能力

供应链风险识别是指供应链风险管理者通过大量的供应链信息、资料、数据、现象等对供应链系统中尚未发生的、潜在的以及客观存在的各种风险进行系统地、连续地预测、识别、推断和归纳，并且分析供应链风险事故产生的原因，同时进行风险性质和风险归属确定的过程。

对于供应链风险识别的四点注意：

（1）进行供应链风险识别的基础是占有大量的相关资料，只有在充分调研的基础上才能对供应链风险进行科学合理地识别。

（2）供应链风险识别不仅要识别所面临的显性风险，更重要的、也最困难的是要对供应链内潜在的风险进行识别和分析。

（3）供应链系统相比单个企业来说具有更大的变动性，各成员企业由于自身利益的驱动很容易做出损害供应链整体利益的举动，因此，供应链风险识别必须系统地、连续地进行，形成一项具有持续性的制度化工作。

（4）供应链风险识别不仅要找到风险，而且还应该进一步确定风险的性质。

（二）提高供应链风险估计技术

风险估计一般基于客观历史数据或人类主观经验，以概率统计方法作为数学基础进行定量预测和计算，从而得出各个风险指标的数值，以反应所研究的供应链风险情况。

供应链估计主要包括：供应链企业风险可能性估计、供应链企业风险损失程度计算、供应链风险重要度确定以及供应链各企业风险评价。企业应该根据自身所处供应链内部和外部的实际情况，选择适合的风险估计方法，对供应链风险进行较为准确的评估。

（三）增强供应链风险处理能力

1. 供应链风险控制——缓解风险

企业单位在风险不能避免或在从事某项经济活动势必面临某些风险时。首先想到的是如何控制风险发生，或如何减少风险发生后所造成的损失，即为风险预防和抑制风险。供应链风险控制，是在对供应链风险进行识别和评估的基础上，有针对性地采取积极防范控制措施的行为。控制风险主要有两层含义：一是控制风险因素，在风险发生之前降低风险发生的概率；二是控制风险发生的频率和降低风险损害程度，在风险发生之后降低风险发生造成的损失，从而将风险发生所造成的损失降低到最低程度。

进行风险控制的一个行之有效的方法是进行风险组合，即将风险不同且互不相关的产品和投资项目进行优化组合，通过产品或项目的盈亏补偿，达到减少整体风险损失的目的。实施风险组合须注意：第一，高风险项目与低风险项目适当搭配，以便在高风险项目遭受损失时，能从低风险项目受益中弥补。第二，所选项目数适当。第三，要根据企业的核心能力给定一个风险承受的临界点，以此作为风险组合的标准。风险控制方法还有防止风险因素的出现、减少已存在的风险因素、将风险因素同相关的人财物在空间上隔离、采用制度化处理流程等。

2. 供应链风险转移——躲避风险

供应链风险转移是将供应链中可能发生风险的一部分转移出去的风险防范方式。其目的不是降低风险发生的概率和减轻不利后果，而是借助一定的方法将风险部分转移到有能力承担或控制风险的个人或组织。进行风险转移的主要方法有：

（1）保险

保险是降低风险转移最主要的方法，它是把风险转移给承保人，一旦发生意外损失，承保人就按保险合同约定补偿投保人的一种风险管理方法。保险的基本职能是防灾防损和分摊损失、经济补偿，其派生职能是筹资和资产管理。

（2）分割风险单位

分割风险单位是将面临损失的风险单位分割，即“化整为零”，而不是将它们全部集中在可能毁于一次损失的同一地点。这种方式减少了一次事故的最大预期损失，例如，大型货运公司分几处建立自己的车库、巨额价值的货物要分批运送等。

（3）复制风险单位

复制风险单位是增加风险单位的数量，不是采用“化整为零”的措施，而是完全重复生产备用资产或设备，只有在使用的资产或设备损失后才会把它们投入使用。例如，存储设备的重要部件、长途运输中配备后备司机等。

（4）业务外包

供应链企业将自己非核心业务进行外包，也能够将相应的风险转移给他人。例如，制造企业将物流活动外包给第三方物流服务公司，可以将物流过程中的种种风险转嫁给第三方物流公司。当然，这也可能会产生新的风险，因此，进行风险决策时一定要综合考虑，进行多方面衡量。

此外，企业还可与供应链中其他相关企业进行有效联盟合作而转移风险。

3. 供应链风险回避——远离风险

风险回避是指放弃某项活动以达到回避因从事该活动而可能产生风险损失的行为，是一种不作为的态度。供应链风险回避是彻底规避供应链风险的一种做法，即断绝风险的来源，尤其当可能带来的收益不足以弥补风险损失的时候。供应链风险回避的方法是放弃或终止某项供应链合作，或改变供应链合作环境从而避开一些外部事件对企业造成的影响。

4. 供应链风险自担——包容风险

当供应链企业既不能避免风险，又不能完全控制风险、转移风险和回避风险时，只能自己承担风险所造成的损失。

自担有主动自担和被动自担之分。前者指在识别风险的基础上，根据自身经济承受力和经济可行性决定的自留，它是供应链企业单位有意识、主动地承担风险成本的行为。后者则是未能识别出风险而被迫承担风险成本，它是因无法准确预测风险、缺乏足够信息情况下的被迫行为。采取自留的风险处理方法，应注意考虑经济上的合算性和可行性。一般来讲，风险发生频率低和损失低，宜采取自留方法。也就是说，成本低的风险宜于自留。在可能转移风险的情况下，则应比较转移费用与自留成本，转移费用高者宜于自留，反之，则宜转移。但是，应注意的是，个别企业和个人，由于受风险单位数量和相关信息不足的限制，难以准确测定风险，一旦自留风险发生，所导致的损失比预期大得多，在自我承受力有限的情况下，必然引起财务上的不稳定，从而有悖自留的初衷。

（四）提高供应链风险监控能力

目前，关于供应链风险监控还没有一套公认的单独技术可供使用。由于供应链风险具有复杂性、变动性、突发性、超前性等特点，风险监控应该围绕供应链风险的基本问题，制定科学的风险监控标准，采用系统的管理方法，建立有效的风险预警机制，做好应急计划，实行高效的供应链风险监控。

1. 采用系统的风险监控方法

风险监控应是一个连续的过程，它的任务是根据整个供应链（风险）管理过程的衡量标准，全面跟踪并评价风险处理活动的执行情况。

建立一套管理指标体系，使之能以明确易懂的形式提供准确、及时而关系密切的供应链风险信息，是进行风险监控的关键所在。这种系统的供应链管理方法有诸多好处：一是它为供应链管理提供了标准的方法，标准化管理为供应链管理人员交流提供了一个共同的基础。二是伴随标准化而来的是交流沟通的改进，保障了信息共享。三是由于供应链风险的变动性和复杂性，这种系统的供应链管理方法为供应链应对不断变化的情况做出敏捷的反应提供了必要的指导和支持。四是这套方法为供应链风险管理提供了较好的预期，使得每一个供应链管理人员能对风险后果做出合理的预期。五是这套方法提高了生产率。标准化、敏捷的反应、完善的交流、合理的预期，这些都降低了供应链的复杂性、混乱性、冲突性，同时也减少了外部或自身风险发生的机会。

2. 建立有效的风险预警系统

供应链的多变性和复杂性决定了供应链风险的不可避免性；风险发生后的损失难以弥补性和工作的被动性决定了风险管理的重要性。传统的风险管理是一种“回溯性”管理，属于亡羊补牢，对于一些重大问题，往往于事无补。风险监控的意义就在于实现供应链风险的有效管理，消除或控制供应链风险的发生或避免造成不利后果。因此，建立有效的风险预警系统，对于风险的有效监控具有重要作用和意义。

3. 制订完备的风险应急计划

风险监控的价值体现在保持供应链管理在预定的轨道上进行，不致发生大的偏差，造成难以弥补的重大损失，但风险的特殊性也使监控活动面临着严峻的挑战，环境的多变性，风险的复杂性，这些都对风险监控的有效性提出了更高的要求。为了保持有效果有效率地进行，必须对供应链实施过程中各种风险进行系统管理，并对供应链风险可能的各种意外情况进行有效管理，因此，制订应对各种风险的应急计划是供应链风险监控的一个重要工作，也是实施供应链风险监控的一个重要途径。应急计划是为控制供应链实施过程中可能出现或发生的特定情况做好准备，从而保证供应链的平衡、有序运行。

第九节　搭建供应链一体化综合服务平台

综合服务平台旨在为供应链各主体提供多种服务的渠道，将面对不同主体的多种功能集于一体，综合服务平台既可以依托于纵向一体化发展的大集团，亦可以依托于行业协会。平台具有功能集聚和资源整合的作用。

一、供应链一体化综合服务平台的内涵分析

2012 年汪洋同志在主持广东省流通会议时，提到着力发展一批供应链核心企业，搭建一批供应链一体化综合服务平台，努力成为国内乃至全球相关领域供应链的整合者。供应链一体化综合服务平台是一个新兴词汇，需要对其内涵进行分析才能进行搭建。

近几年，物流平台的应用广泛，物流平台的功能是为托运商和承运商提供一个沟通的桥梁，平台上发布运力、路线、物流供应商等信息，还可以提供货物跟踪和运输路线查询的功能，平台的主要功能集中于运输环节上，如阿里巴巴物流平台网站截图如图 2－5－5 所示。

还有一种物流平台依托的是物流节点，例如浙江传化公路港所实现的功能就是一种平台的功能。供应链一体化综合服务平台具体内涵的分析可先从供应链一体化入手，供

图 2-5-5　阿里巴巴物流平台网站截图

应链一体化有两种表现形式：纵向一体化和横向一体化。纵向一体化是大型企业为减少与对手竞争而产生的成本，增加自己对企业生产过程的可控性，开始对上下游企业进行兼并、控股等；横向一体化是企业只关注自己的核心业务，将其他业务需求利用外部资源满足。供应链一体化的特点为采购、生产、运输、仓储、分销、配送等活动的功能一体化，在地理上分散的供应商、基础设施和市场之间的空间一体化；在战略层、战术层、运作层三个层次的一体化。综合服务平台是指平台上的功能模块不是单一的，从服务的主体来说，不仅包括了物流商，还可以包括供应商和销售商，甚至包括终端消费者。从功能模块来看，平台可提供原材料集中采购、产品交易、物流服务、金融服务、行业专业知识、统计信息等模块，如中国船舶工业集团网上信息平台如图 2-5-6 所示。

供应链一体化综合服务平台的含义是为供应链上各关联企业提供线上线下综合服务、上游下游系统服务的平台。

二、供应链一体化综合服务平台的类型、功能及搭建条件分析

（一）供应链一体化综合服务平台类型分析

搭建供应链一体化综合服务平台主体可以分为核心企业型和协会整合型。核心企业型供应链一体化综合服务平台为核心企业搭建的，如中航国际物流联合、中航金网和上海博科打造中航供应链综合服务平台，提出“三网合一”，依托中航工业供应链关联企业及中航国际物流实体资源，通过信息平台的虚拟化运营和实体公司的管理网点，实现基地网（地网）、信息网（天网）、营运网（管网）三网合一的理念。协会整合型供应链一

图 2-5-6 中国船舶工业集团网上信息平台

体化综合服务平台，是基于行业协会良好的企业基础，与政府和企业进行双向沟通的良好机制搭建起来的，如广东省物流与供应链协会，协会本身由从事物流与供应链管理的企业、货运场站、物流园区、生产资料交易市场、信息技术服务和物流技术装备企业、金融、科研、教学机构组成，为协会成员提供产供销交易咨询和物流服务，组织人员培训、赴外考察、进行行业市场分析和统计等。

从辐射的区域可分为行业型供应链一体化综合服务平台和地区型供应链一体化综合服务平台。行业型如在煤炭行业内部建立一个集煤炭采购、销售、仓储、配送、金融交易、检验、认证等活动集一体的平台。地区型主要辐射某一区域内。

（二）供应链一体化综合服务平台功能分析

供应链一体化综合服务平台拥有集中采购、科技研发、物流服务、平台交易、资格认证、融资支付、行业分析、政策法规宣传、标准普及、人才中心、专家咨询等功能模块。

集中采购：为所有采购商提供集中采购平台，可将几家通用的材料整合一下集中采购。

科技研发：产品的关键技术的研发、生产工艺和流程的综合整合。

物流服务：包括运输、配送、仓储、包装、装卸搬运、流通加工以及相关的物流信息等环节。

平台交易：为供应商和采购商、物流需求方和供应商等提供有关于原材料、配件/零部件、产成品等需求和供给信息。

资格认证：帮助供应链上的企业在相关机构注册，协助提供相应材料/证明，协助企业取得某一领域的经营资格或者专业认证。

融资支付：平台与银行合作可为供应链上的企业交易提供支付、融资、贷款等功能。

行业分析：提供行业咨询、进行行业统计分析，发布行业年度发展报告，实时对行业新闻，对行业发展动向密切关注。

政策法规宣传：及时更新国家政策和相关法规信息，国家政策为行业发展的引领，是市场发展环境变动的原因之一。法规信息为企业必须遵守的准则，是企业经营管理的底线。

标准普及：标准在企业生产经营中起到规范作用，企业可通过此模块对现行的相关标准进行查询，强制性标准必须执行，一旦不满足标准要求会受到相应的处罚。

人才中心：供应链上的企业可将公司对于人才的需求在平台上发布，公开招聘，亦可以通过平台发布一些专题讲座信息，出国考察信息等。

专家咨询：可对专家进行提问，专家可对企业在经营管理中遇到的问题进行答复，亦可为企业经营发展方向提出合理的建议。

（三）供应链一体化综合服务平台搭建条件分析

搭建供应链一体化综合服务平台至少需要以下几个条件：拥有强大的信息数据基础，有交易信息、市场信息、行业信息、标准信息、政策法规等。若为网络信息平台则需要信息技术基础，如EDI技术、条码技术/通信技术和网络技术等技术的综合应用与集成。拥有供应链上下游企业及相关机构的主体基础，平台综合集成了各类企业、科研机构、银行、认证机构等主体，各主体的发展促进平台功能的发挥，同时平台的影响力越大越能吸引更多的相关主体。拥有明确的搭建主体、其他主体协调配合，搭建主体将职责确定化、各主体间协调配合，积极主动提供相关信息才能将供应链一体化综合服务平台搭建起来。

三、搭建供应链一体化综合服务平台对策分析

整合现有供应链中物流服务平台和采购信息平台、交易支付平台等专业服务平台，对其进行改造，升级为供应链一体化综合服务平台。提高企业信息技术的应用水平，方便企业间信息集成、分析和交换。加强企业日常信息收集，紧密团结供应链上下游各企业以及相关单位，增加主体间协调沟通。鼓励具有资源整合的企业成为供应链一体化综合服务平台的搭建者，促进银行、咨询机构和科研机构与平台合作，将平台功能升级。

参考文献

［1］GB/T 18354—2006，物流术语［S］. 中国：中国国家质量监督检疫检验总局，中国国家标准化管理委员会，2006.

［2］宝钢集团. 公司介绍［EB/OL］. http：//www. baosteel. com/group/contents/1712/30095. html，2013－09－21.

［3］北京交通大学项目组. 工业物流发展现状、问题及对策研究［R］. 北京：北京交通大学.

［4］不同物品供应链协同管理［EB/OL］. http：//www. chinawuliu. com. cn/xsyj/201206/11/183631. shtml，2012－06－11.

［5］崔介何. 物流学［M］. 2 版，北京：北京大学出版社，2010.

［6］德国企业的供应链管理［EB/OL］. http：//www. mofcom. gov. cn/aarticle/i/jyjl/m/201206/20120608166202. html. 2013－07－21.

［7］丁俊发. 中国供应链管理蓝皮书（2013）［M］. 北京：中国财富出版社，2013.

［8］丁俊发. 中国供应链管理蓝皮书（2011）［M］. 北京：中国物资出版社，2011.

［9］丁俊发. 中国供应链管理蓝皮书（2012）［M］. 北京：中国物资出版社，2012：62.

［10］董玥，刘建功. 供应链管理技术在钢铁企业的应用研究［J］. 科技进步与对策，2012，29（17）：102－104.

［11］高波，解伏菊，张艳，等. 供应链管理中的道德风险与防范［J］. 中国商贸，2010（18）：58－59.

［12］耿娟. 工业企业物流网络规划［D］. 西安：西安建筑科技大学硕士学位论文，2007.

［13］工业和信息化部网站 www. miit. gov. cn，2013－10－11.

［14］广东省物流与供应链协会章程［EB/OL］. http：//www. 56xh. org/abouts/522. jhtml，2013－10－10.

［15］郭维城. 经济大辞典［M］. 上海：上海辞书出版社，1989.

［16］国家发展改革委主任张平介绍中国经济和社会发展情况［EB/OL］. http：//energy. people. com. cn/GB/n/2012/1113/c71890－19565512. html，2012－11－13.

［17］国家级信息化和工业化深度融合示范企业（2012 年）名单公布［EB/OL］. http：//www. miit. gov. cn/n11293472/n11293832/n15216906/n15216987/15217909. html，2013－02－01.

［18］国务院关于印发工业转型升级规划（2011—2015 年）的通知［Z］. 北京：国务院办公厅，2011.

［19］胡非凡，吴志华，崔丽爽. 2012 年中国粮食物流回顾与 2013 年展望［J］. 粮食科技与经济，2013（2）：5－8.

[20] 胡政．观念落后制约企业物流外包 [N]．现代物流报，2009.

[21] 赖小珍．探究冷链物流“断链”原因及解决对策 [J]．中国市场，2013 (30)：17－18.

[22] 李宇新．H 药集团供应链管理环境下的质量管理研究 [D]．天津：天津大学，2008.

[23] 两业联动：从拥有走向控制——访中国物流与采购联合会副会长兼秘书长崔忠付 [N]．中国信息报，2010－04－21，B3 版．

[24] 刘广民．浅析我国航运企业发展综合物流的策略 [J]．商品与质量·学术观察，2013 (7)：143.

[25] 刘凯．现代物流技术基础 [M]．北京：清华大学出版社，北京交通大学出版社，2004.

[26] 刘阳，高学用．浅谈我国汽车物流业的发展 [J]．科教导刊：电子版，2013 (9)：108.

[27] 罗非．基于交易成本的我国钢铁产业链分析 [J]．科技和产业，2009 (7)：27－30.

[28] 马骁．基于供应链管理的大型跨国工业公司战略模式分析——以德国西门子公司为例 [D]．贵阳：贵州大学，2007：29－37.

[29] 美国发展战略性新兴产业的主要做法 [EB/OL]．http：//www. sgdaily. com/Html/shsj/2011－5/4/085231653. html，2013－09－10.

[30] 美国供应链管理专业协会．CSCMP 发布第 23 次美国物流年度报告 [EB/OL]．http：//www. cscmpchina. org/show. asp？id＝1256，2012－06－13.

[31] 2013 年度国家新型工业化产业示范基地创建工作会议召开 [EB/OL]．http：//www. miit. gov. cn/n11293472/n11294447/n11294588/n11295539/15429489. html，2013－05－28.

[32] 2012 年汽车工业经济运行情况 [EB/OL]．http：//www. miit. gov. cn/n11293472/n11293832/n11294132/n12858417/n12858612/15138794. html，2013－08－29.

[33] 2013 年上半年工业经济运行报告 [EB/OL]．http：//www. miit. gov. cn/n11293472/n11293832/n11294132/n12858387/15554874. html，2013－08－02.

[34] 2014 年中国钢铁行业回顾：八大关键词演绎钢铁市场 [EB/OL]．http：//www. askci. com/chanye/2014/12/18/175643srr0_ all. shtml，2014－12－18. [35] 品牌与产品 [EB/OL]．http：//www. mengniu. com. cn/product，2013－09－10.

[36] 全国现代物流工作部际联席会议办公室．全国制造业与物流业联动发展示范案例精编 [M]．北京：中国物资出版社，2011.

[37] 深化改革开放，共创美好亚太——习近平出席亚太经合组织工商领导人峰会闭幕式并发表重要讲话 [EB/OL]．http：//politics. people. com. cn/n/2013/1008/c1024－23116974. html，2013－10－08.

[38] 陶瑞，佘元冠．中小型钢铁物流企业发展战略选择 [J]．物流技术与应用，2008 (11).

[39] 童孟达．现代综合物流在国民经济中的地位和作用［J］．集装箱化，2001（5）：30-32.

[40] 王鹏．供应链环境下核心企业选择与评价第三方物流服务商的研究［D］．西安:长安大学，2008.

[41] 王玉梅．供应链一体化：1+1>2 的决胜之道［J］．石油石化物资采购，2011（7）：14-15.

[42] 魏际刚．产业发展面临重大国际挑战［N］．中国经济时报，2013-04-18（7）.

[43] 物流世界网．日本物流业的发展及现状［N/OL］．中国道路运输网，http：//www. chinarta. com/html/2004-11/2004112694823. htm，2013-09-25.

[44] 徐匡迪：钢铁企业现财务困难，钢铁业现状雪上加霜［EB/OL］．http：//news. gtxh. com/news/20131011/gangjiegougangwangjia_ 974227017. html，2013-10-11.

[45] 徐贤浩，马士华．物流与供应链管理导论［M］．北京：清华大学出版社，2011.

[46] 颜文朗．宝钢供应链的分析与改进［J］．科技经济市场，2010（011）：77-79.

[47] 叶素文．物流经济地理［M］．杭州：浙江大学出版社，2010.

[48] 于文云．企业物流的营销战略［J］．经营与管理，2004（12）.

[49] 怎样认识我国城镇化的真实水平［EB/OL］．http：//www. gmw. cn/sixiang/2013-10/12/content_ 9153311. htm，2013-10-12.

[50] 张签名．2009 年食品行业物流发展回顾与 2010 年展望［R］．中国物流发展报告 2009—2010，2020.

[51] 张晓东，韩伯领，等．供应链管理原理与应用［M］．北京：中国铁道出版社，2008.

[52] 章竟．日本物流业的发展特点及新趋势［J］．日本学刊，2007（3）：81-83.

[53] 赵杨，柴莹辉．食品行业的物流供应链［EB/OL］．http：//news. chinabyte. com/223/1930223. shtml. 2013-10-05.

[54] 中共中央文献研究室．三中全会以来重要文献选编［M］．北京：人民出版社，1982.

[55] 中国国家质量监督检疫检验总局，中国国家标准化管理委员会．GBZ 26337. 1—2010，北京：中国标准出版社，2010.

[56] 中国环境和城镇化领域机会挑战并存［EB/OL］．http：//www. infobank. cn/IrisBin/Text. dll? db = HK&no = 4418323&cs = 11035541&str = % B3% C7% D5% F2% BB% AF% C2% CA，2013-09-19.

[57] 中国交通运输协会．国外物流发展状况及趋势［J］．商品储运与养护，2005（3）.

[58] 2013 中国经济十大预测之城镇化篇［EB/OL］．http：//news. xinhuanet. com/fortune/2013-01/04/c_ 124179983. htm，2013-01-04.

[59] 中国社会科学院工业经济研究所．2008 中国工业发展报告——中国工业改革开

放30年［M］. 北京：经济管理出版社，2008.

［60］中国物流成本的主要构成及利益分配［EB/OL］. http：//www.21cbh.com/HTML/2012－10－16/zMMDM5XzU0MDIzMg.html，2012－10－16.

［61］中国物流企业成本占比创新高［EB/OL］. http：//www.infobank.cn/IrisBin/Text.dll？db＝HK&no＝4161932&cs＝4547440&str＝%C6%FB%B3%B5%CE%EF%C1%F7，2013－09－04.

［62］中国装备工业依赖信息化实现自动化生产［EB/OL］. http：//www.infobank.cn/IrisBin/Text.dll？db＝HK&no＝4032839&cs＝16319053&str＝ERP＋%C6%D5%BC%B0%C2%CA，2012－07－23.

［63］中航供应链综合平台成立［EB/OL］. http：//www.avic.com.cn/cn/xwzx/cydt/376314.shtml，2013－10－10.

［64］中华人民共和国国家统计局. 中国统计年鉴［M］. 北京：中国统计出版社，2010.

［65］中美集装箱运输发展的比较制度分析［EB/OL］. http：//www.chinawuliu.com.cn/xsyj/200402/19/129632.shtml，2004－02－19.

［66］周翔，王耀球. 工业物流的发展研究［J］. 中国储运，2006（5）.

［67］朱旺兴. 日本产业结构和工业布局变化新趋向［J］. 中学地理教学参考，1991，（6）：27.

［68］庄严. 美国物流业研究［D］. 长春：吉林大学，2004.

［69］紫甘蓝. 打造现代医药物流面临的挑战及应对措施［EB/OL］. http：//cio.it168.com/a2010/0908/1100/000001100922_all.shtml，2013－10－09.

［70］自主创新能力进一步提升［EB/OL］. http：//www.miit.gov.cn/n11293472/n11293877/n15090235/n15090304/n15090443/15093020.html，2012－12－29.

［71］邹辉霞. 供应链物流管理［M］. 北京：清华大学出版社，2009.

［72］邹辉霞. 供应链物流管理［M］. 北京：清华大学出版社，2009.

［73］Insights into Supply Chain and Operations Strategy［EB/OL］. http：//www.opsrules.com/supply－chain－optimization－blog/bid/312022/History－of－Supply－Chain－Innovation－Infographic.

撰稿人：中国物流与采购联合会副会长、中国物流学会副会长　贺登才
北京交通大学交通运输学院副院长、副教授
中国物流学会常务理事　张晓东
北京交通大学交通运输学院副教授　秦四平
北京交通大学交通运输学院副教授　郎茂祥
中国物流与采购联合会学会工作部副主任　黄　萍
中国物流与采购联合会研究室副主任　周志成

中铁特货汽车物流有限责任公司业务员　王　佼
北京交通大学交通运输学院硕士研究生　朱曦冉
北京交通大学交通运输学院硕士研究生　卫晓菁
北京交通大学交通运输学院硕士研究生　李　昂
北京交通大学交通运输学院硕士研究生　刘　京
北京交通大学交通运输学院硕士研究生　张　霞
北京交通大学交通运输学院硕士研究生　林如锦

第三篇

互联网金融商业模式研究

第一章　互联网金融

互联网金融是互联网技术革命与金融创新共舞下的深刻商业变革。互联网技术指的是新支付技术、云计算、社交网络、大数据、移动技术、搜索引擎等，传统金融业务则包括资金融通、信息中介、资产证券化等。在互联网技术下，这些金融业务会出现新的形态和创新的商业模式，比如P2P、第三方理财、移动支付等，涌现出一系列的金融创新。对金融体系而言，互联网金融是新经济下的新金融，对传统金融的改造和革新更多来自于业务创新、模式创新、价值创新。

从广义上看，互联网金融包括一切以互联网为渠道、工具或流转平台的金融产品和服务，既包括银行等监管体系内传统金融机构通过互联网渠道销售传统金融产品和基于互联网技术进行金融创新，也包括监管体系外各种非传统金融机构依托互联网提供的金融产品和服务。换言之，传统金融机构和新型金融机构都可以从事和提供互联网金融业务。从狭义上看，多数时候提及互联网金融，我们指的是后者，即监管体系外各种非传统金融机构依托互联网提供的金融产品。本文主线采取狭义的定义，当然，在部分篇幅，也将涉及传统金融机构切入互联网的金融创新业务。

互联网对金融的突破，其根源来自于计算机技术和通信技术的革新。工信部电信研究院最近发布的《移动互联网白皮书（2014）》披露，中国的移动端互联网用户超过8亿；2013年我国的智能手机出货量高达4.23亿部，占全球份额的50%；2014年我国的移动应用端APP种类累计达400万种，下载次数超过3000亿次，96%的APP还在使用当中。另一份由工信部电信研究院TD－LTE工作组最新发布的《4G技术和产业发展白皮书（2014年）》披露，截至2014年10月，全球4G用户超过3.9亿，我国建成全球最大规模的4G网络，4G用户达到5777万，位居世界第二。这些产业消费数据反映了由底层计算机和通信技术进步所带来的移动产业商业化繁荣。

日常消费场景的改变，智能手机和4G网络的普及逐步实现人类线上线下O2O生活的融合；信息数据24小时获取，连通人们以前下线后无法跟踪的行为断层；多样化的线上、线下行为数据能更好地描绘出不同主体的真实肖像。而这些改变都在倒逼着整个金融体系的革命，因为金融就是与各行各业不同经济主体的经济活动紧密相连的，当金融行业的参与者、参与内容、参与方式都发生改变时，金融必然要发生改变。

进入移动互联网时代，传统金融产业将发生哪些突破？如果从商业模式的分析视角来看，金融行业的价值空间、交易成本、驱动力、结构形态等都有可能产生突变。

第一节　互联网金融综述

继农业时代、工业时代、信息时代之后，移动互联网推动了人类社会的又一次巨大变革。互联网悄无声息地从“云端”降临，影响改变了无数人的生活与消费习惯，并在众多看似不相关的行业中生根发芽，涤荡和改造着行业内在的基因和模式。

无论是衣食住行等生活的方方面面，还是像传统的批发、零售（阿里巴巴 & 淘宝）、传媒广告（自媒体 &AdWords 精准投放）、旅游（去哪儿、携程等 OTA）等行业，都在“随风潜入夜”的移动互联变革中悄然巨变，与此同时，新的需求、新的机遇和新的行业巨头随之产生。

金融行业也随着互联网的发展和移动互联时代的到来掀起了惊涛骇浪。在互联网金融异常火爆的 2013 年，余额宝汇聚了民间碎片化的财富，将传统金融机构无暇关注的零碎资金汇聚在一起，让一支被全球同行仰视的货币基金拔地而起；随后腾讯、百度、新浪、网易纷纷介入金融领域，微信红包趁势而起，百度钱包也不甘落后；而如雨后春笋般涌现的 P2P 和众筹网站同样极力扩张，野蛮生长。

各方统计数据也证实了互联网金融对传统金融行业带来的巨大冲击。工信部赛迪研究院发布的《2015 年中国互联网发展十大趋势报告》称：在国内经济增速减缓的新常态下，互联网经济却逆流而上，以创新驱动变革，发展势头强劲。预计 2015 年电子商务交易额将超过 15 万亿元，网络零售交易额将超过社会消费品零售总额的 10%；在移动支付领域，2014 年第二季度，国内移动支付交易规模达到 16353 亿元，是上年同期的四倍多；同时，全国 P2P 网贷规模达到 381 亿元，环比增长 26%，平台交易愈发繁荣（见图 3－1－1～图 3－1－6）。

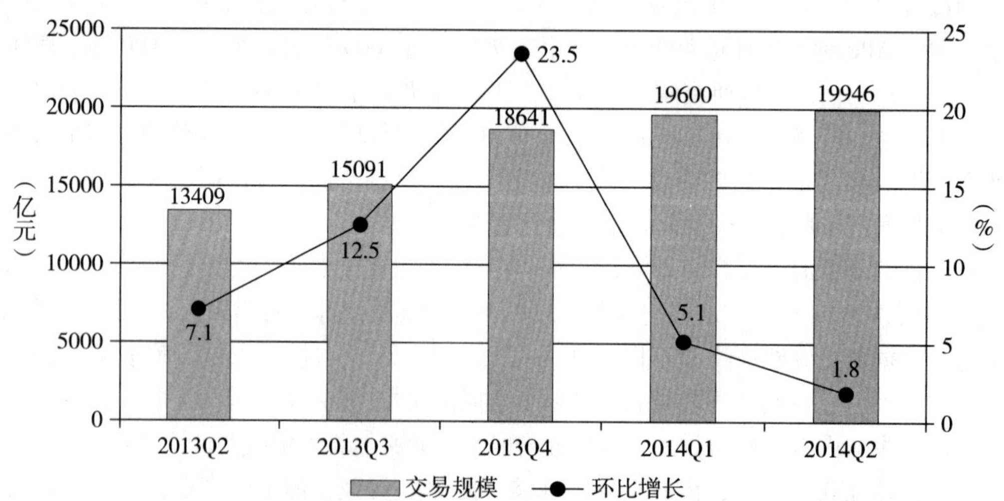

图 3－1－1　2013Q2—2014Q2 中国第三方支付企业互联网收单交易额规模

说明：第三方支付企业互联网收单交易额指第三方支付企业为合作商户提供的互联网线上资金支付及结算服务的交易规模。以上数据根据厂商访谈、易观自有监测数据和易观研究模型估算获得，易观会根据最新了解的数据对历史数据进行微调。

资料来源：易观国际·易观智库 www. eguan. cn。

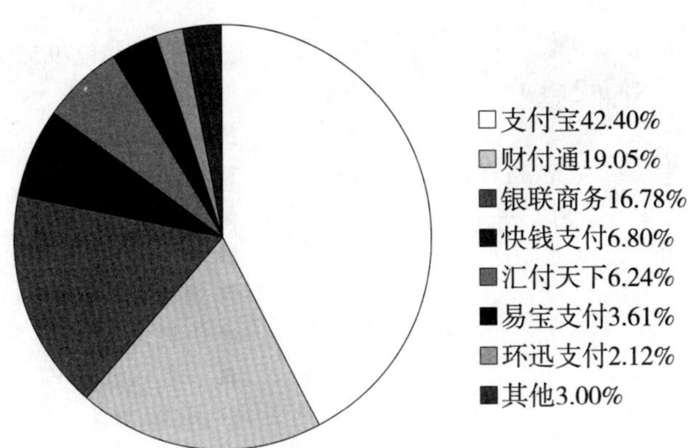

图3－1－2　2014年第2季度中国第三方支付企业互联网收单交易额份额

说明：第三方支付企业互联网收单交易额指第三方支付企业为合作商户提供的互联网线上资金支付及结算服务的交易规模。以上数据根据厂商访谈、易观自有监测数据和易观研究模型估算获得，易观会根据最新了解的数据对历史数据进行微调。

资料来源：易观国际·易观智库 www. eguan. cn。

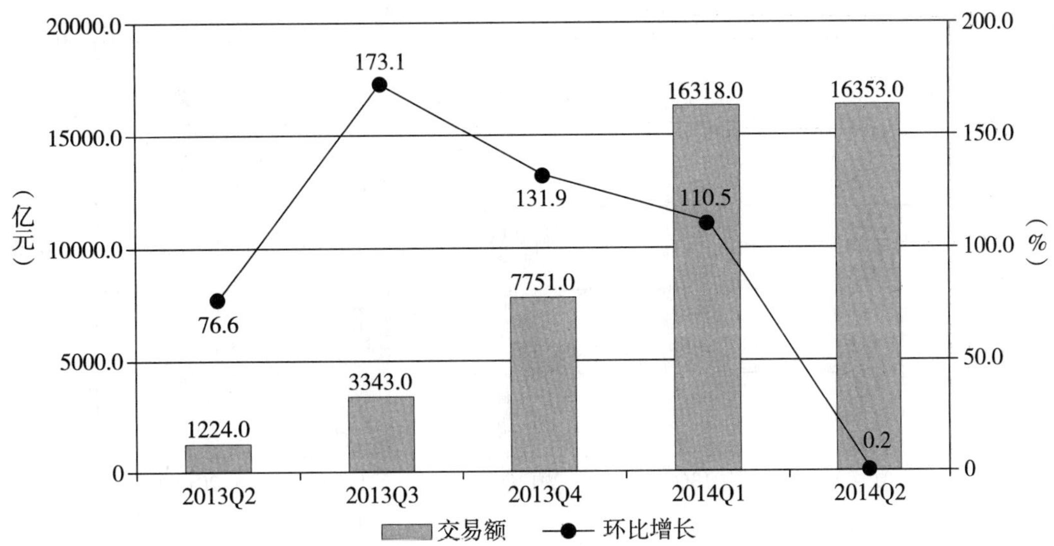

图3－1－3　2013Q2—2014Q2中国第三方支付移动支付交易额规模

说明：以上数据根据厂商访谈、易观自有监测数据和易观研究模型估算获得，易观会根据最新了解的数据对历史数据进行微调。本报告所指移动支付指用户通过移动终端，借助互联网（3G、GPRS/WiFi等）实现的交易资金支付、转账、收款等资金流转活动，包括手机客户端、应用内支付、刷卡器等各类型移动支付方式，不包括短信支付。

资料来源：易观国际·易观智库 www. eguan. cn。

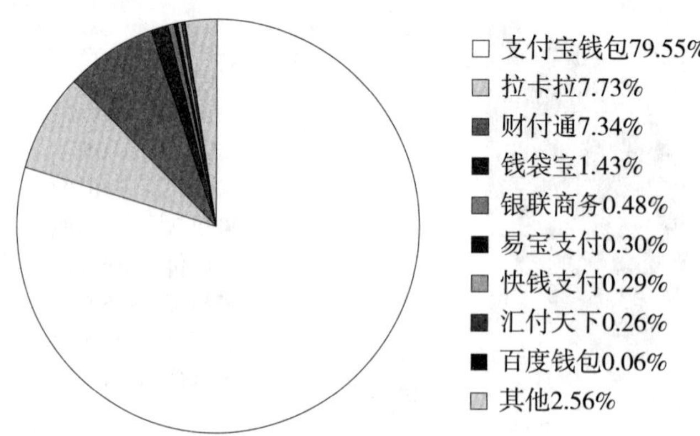

图 3-1-4　2014 年第 2 季度中国移动互联网支付交易额份额

说明：以上数据根据厂商访谈、易观自有监测数据和易观研究模型估算获得。

资料来源：易观国际·易观智库 www.eguan.cn。

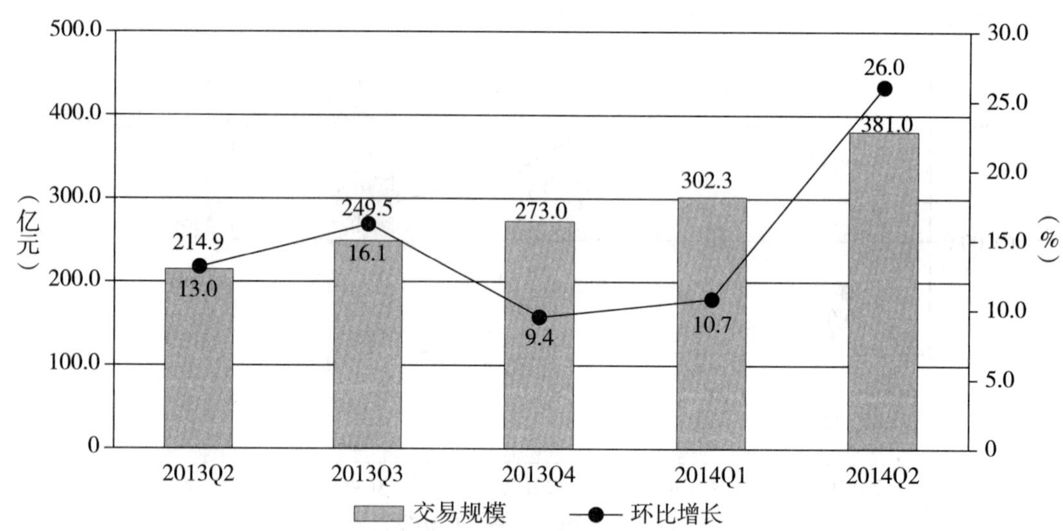

图 3-1-5　2013Q2—2014Q2 中国 P2P 网贷市场交易规模

说明：P2P 网贷市场指 P2P 用户在线上实现交易的市场，具体数据据企业调研、访谈、二手资料及易观方法论估算获得，易观会根据最新信息对历史数据进行微调。

资料来源：易观国际·易观智库 www.eguan.cn。

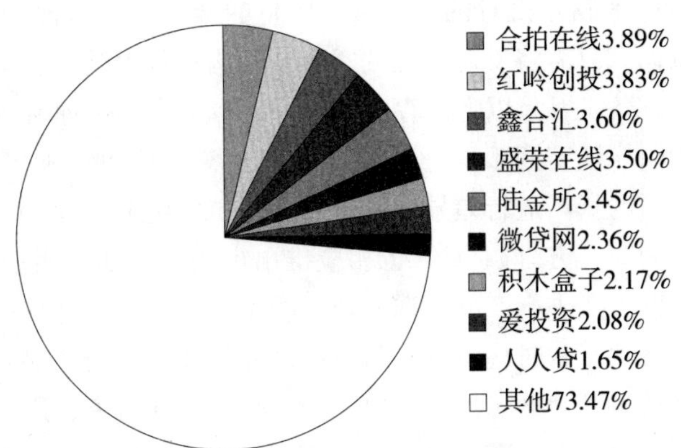

图 3－1－6　2014 年第 2 季度中国 P2P 网贷市场交易份额

说明：具体数据据企业调研、访谈、二手资料及易观方法论估算获得，易观会根据最新信息对历史数据进行微调，温州贷超短期标的占比过大，暂不列入统计对象范畴。

资料来源：易观国际・易观智库 www. eguan. cn。

互联网与金融的结合并非偶然，两者和各行各业联系密切：任何行业任何个体，都要实现内外部信息流和资金流的相互融通。这种与各行业主体和消费者相互联系，利用数据提供服务的相近模式使得互联网服务业天生具备与金融服务业相互交融的基础，互联网企业通过各类金融创新，向金融行业渗透，打破不同金融业态界限，可以与金融行业相互交融，相互促进与发展。

正是基于互联网与金融融合发展的潜在可能性，可以预见，未来，互联网金融将继续进行行业细分和模式创新，O2O 金融服务、产融结合等领域的蓝海价值将会显现。互联网金融产业整体规模将持续走高，并不断涌现新业态和新商业模式，推动互联网金融走向应用和服务深化的发展新阶段。

想要在这片充满无限可能的领域取得成功，无论是互联网新贵，还是传统金融机构，都需要具备互联网思维，选择最适合自己的商业模式，合理组织金融服务的价值链。金融产品和服务从开始设计到最后到达客户，需要经历基础设施、平台、渠道、介质及场景等诸多环节，而金融市场竞争的关键则在于有效把控价值链上的核心环节，充分利用自身所拥有的资源和能力，在互联网金融动态、多维的生态系统中选择合理的交易主体，设计合理的交易客体和标的，并充分利用互联网大数据合理定价，进而设计出便捷、合理、风险可控的交易结构，从而在互联网金融的竞争中占得先机。

第二节　互联网金融带来的变革

一、价值空间空前提升

价值空间提升主要包括两个方面：

一是在用户规模和交易数量上，由于长尾市场的消费金融、大众理财、小微贷款的需求被激发，创造出许多以往没有的、小额、巨量的金融交易。比如，余额宝的出现让普罗大众唤醒理财意识，只需将支付宝上的资金余额购买货币基金，即可享受到最高7%的理财收益，而不必准备5万元以上的存款到银行柜台签署多份理财协议，如此小的金额还可以随时调用，理财、消费两不误。还有，P2P和众筹的发展，使长尾市场便捷、小额地出借高息资金对自己的资产进行差异化配置成为可能。随着长尾市场金融品种的增多，各种为普通大众服务的第三方理财APP也相应推出市场，比如随手记、银率网、中民保险网都在长尾市场帮助客户进行产品筛选和资产配置。

二是在效率上，移动互联时代下现实与虚拟世界的真正融合创造出更高频次的交易，提升了交易效率。以往的线下网点受到银联POS机的数量约束；用户拥有多张银行卡，容易忘记密码，或者卡内余额不够，导致很多交易无法完成；同时POS刷卡手续费让许多商家仍愿意接受现金，接受现金便会产生验钞、清点、找零钱的时间损耗，造成许多交易频次被削减。而在移动互联时代，商家或者个人一个APP，一个第三方支付账号只需二维扫码一个步骤即可完成支付全过程，免去所有手续费、装机费、设备维护成本，减少了现金或者银行卡交易的多种时间浪费，降低了长作业流程的人工干预风险，提升了交易效率。

2014年5月15日中国互联网协会发布的《中国互联网发展报告（2014）》披露2013年我国网络经济整体规模达到6004.1亿元，其中，移动互联网经济规模达1083亿元，成为互联网发展的重要助推力。预计到2017年，网络经济整体规模将达17231.5亿元。以互联网支付为例，支付手段的创新极大促进该领域发展。2013年互联网支付交易规模53729.8亿元，移动支付交易规模达到12197.4亿元，约占互联网支付的两成。

该报告表明中国移动互联的经济规模正在逐步追赶上桌面互联时代的规模，其增长空间来源于原有的线下交易规模以及以往被效率束缚的交易。①

二、交易成本下降

交易成本下降除了得益于上面提到的技术进步带来的支付方式便捷化，节约了各种交易过程的显性成本，同时还得益于多网融合加速，违约逃逸成本增加，降低了违约失信所带来的隐性成本，而这种成本正是约束着中国金融无法高效运作的深层次原因。

违约成本的增加主要是由于政府、商界、民间都意识到只有将信息孤岛链接起来才能对那些交易不诚信的主体进行惩罚，也只有当不诚信之举有了便捷、低成本的跟踪技术渠道，才能回到金融的信用本质，实现整体交易成本的下降。

互联网技术的进步不仅让交易过程和交易体验在人性化方面得到大大的提升，同时

① 新华社《去年我国移动互联网经济规模超千亿元》，http：//www.baidu.com/link？url=23c9rEXL8cII-fAkTX-yPBc9DnmBGNH9vF751AEwIUAymUZ4pQT0VHlcYWVlYkjLL0szuqiJuvJdoQ5dvoCiGkkHWd50og-yVz-tJiO62-0C&ie=utf-8&f=8&tn=baidu&wd=%E7%A7%BB%E5%8A%A8%E4%BA%92%E8%81%94%E7%BD%91%E7%BB%8F%E6%B5%8E%E9%87%8F&inputT=9486&bs=%E7%A7%BB%E5%8A%A8%E4%BA%92%E8%81%94%E7%BD%91%E7%99%BD%E7%9A%AE%E4%B9%A6。

还因在交易过程中记录下了人们线上线下交易行为的数据，使得现实世界与虚拟世界不再泾渭分明，每个人都更真实地被数据监测跟踪还原了其最真实的整体肖像。

三、行业商业模式驱动力改变

过去由于技术成本限制，导致长尾市场服务受到限制，长尾群体的长期金融需求被压抑，互联网金融的介入使长尾市场得到解放并发展迅猛，金融服务由20%高净值的高端市场走向普惠金融。

而由于高额的交易成本，国内金融市场难以顾及小额“长尾”投融资方。据统计，对于多数商业银行，当单笔贷款小于一定额度和期限时，银行信贷审查成本是要高于贷款收益的。由于居高不下的人力和渠道成本约束，银行所覆盖的客户群体较小，无法满足广大的中低端客户需求。

传统金融机构的网点都是围绕优质客户群体展开，市中心布局私人银行服务网点，中央居住区布局贵宾客户和理财客户服务网点，但这些金融服务很难真正惠及到普通大众家庭，刚入职的白领、学生以及三、四线城市中低收入居民和广大农村居民很难享受到金融服务。波士顿咨询公司（BCG）提供的2013年全球消费者信心调查显示，由于金融产品和投资渠道匮乏，将20%以上收入进行储蓄的中国消费者超过30%，远远超出其他国家多数不到10%的比例。中国新兴金融行业发展缓慢，不少金融机构投资门槛较高（如信托的准入门槛是100万元人民币），从而造成了国民普遍的金融服务需求压抑，中国内地财富水平较低的家庭数量占比超过90%（见图3－1－7）。

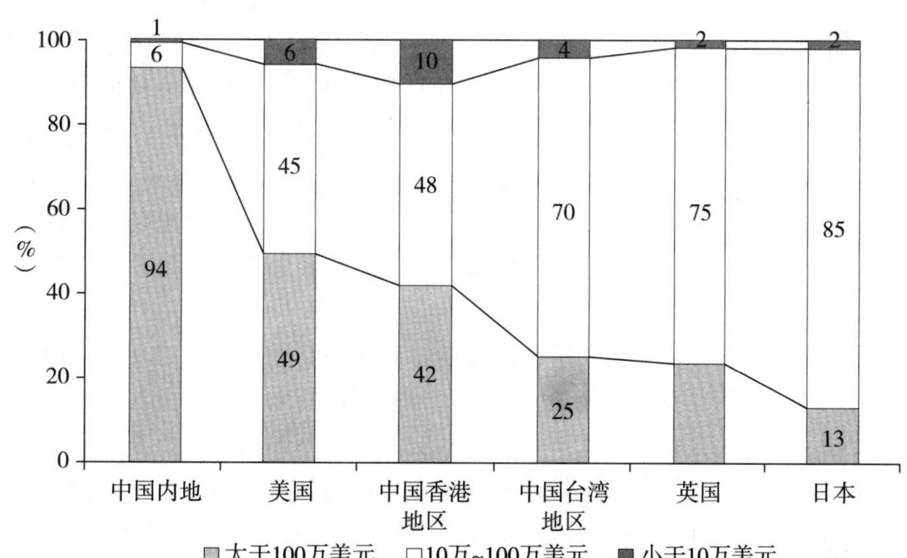

图3－1－7　按家庭金融资产水平划分的家庭数量（2013年）

资料来源：BCG全球财富管理数据库。由于取用约数，部分百分比之和可能不等于100%。金融资产包括现金与储蓄、货币市场基金、债券、另类投资等。

同样，小额融资需求因收益难以覆盖成本，也受到传统金融领域的忽视，尤其是各种中小微企业。在中国5600万家小微企业及个体工商户中，有近1/3存在借债行为，但其中能从银行获得贷款的仅占11.9%。①

低廉的移动技术交易成本，日益改进的用户交易体验，足够大的长尾空白市场，形成一股新的驱动力改变着整个传统金融的商业模式。

在新的互联网金融模式里面，金融体系的盈利不再单一依靠融资利息收入，与此同时，金融机构还会付给资金投资者更高、更有吸引力的利息成本。因此，其盈利驱动力不再来自息差，而是来自其他附加价值的盈利。而对不同附加价值驱动力的设计，就构成了不同的新商业物种。比如，移动第三方支付，降低了手续费，却能通过其入口效应获得不菲收入。

四、商业模式管道形态改变

价值空间提升、交易成本下降、商业模式驱动力改变的综合结果，就是出现了独立于传统金融机构的、纯中介的、不承担风险的去中心化金融撮合平台，如P2P、众筹等。

简单来讲，金融业态可以分为投资端、融资端以及中间各个金融主体提供的金融产品三大板块。融资端是拉动整个金融行业创新的动力。随着时代的发展，融资端衍生出新的需求，为满足客户需求，金融行业必须进行创新，从而拉动投资端。

如果把所有的金融产品比喻成连通投融资端的管道，那么金融机构则是管道铺设者，投资资金相当于管道里的水，由于投资者不同的风险偏好以及不同的风险承受能力，在进入市场时就带上了不同的标签，相当于液态分层，这就决定了投资者的资金会进入不同的管道，而管道的另一端接通的是融资端，融资端不同的融资需求决定了资金的收益和风险。可以将融资端比喻成一片“农田”，不同层次的资金灌溉不一样的农作物，而农作物的类型自然就决定该笔资金可以获得的收益以及需要承担的风险。这种“资金池模式”所带来的固有问题就是金融机构成为中心节点，大部分风险需要自己来调查、审核、承担，尤其在金融市场仍处于初级阶段的中国，“刚性兑付”“政府兜底”是许多大众投资者根深蒂固的风险理念，这也是许多高风险高收益的金融理财产品无法拆开为小份在大众层销售的原因。

但在网上如火如荼的P2P和众筹正在逐渐打破这些管道和池子的现有格局，搭建更为透明化、一对一、去中心化的金融中介平台。银行借贷采取的资金池方式，信息完全不透明，借款人既不知道自己的钱借给了谁，贷款人也不知道资金的来源。而新的平台则与银行借贷平台不同，在平台上，投融资双方可以清楚知道钱的来源和去向，同时把投资决定和风险承担交回给投资人。必须指出的是，这种管道变革只是商业模式的变革，而并非必然意味着企业的更迭。银行也同样可以切入P2P（据公开消息已有9家银行系P2P，分别是平安集团的“陆金所”、国开金融的“开鑫贷”、招商银行的“小企业E

① 《中国小微企业调研报告》，西南财经大学中国家庭金融与研究中心。

家”、包商银行的“小马 Bank”、民生银行的“民生易贷”、齐鲁银行的“齐乐融融 E”、江苏银行的“融 e 信”、兰州银行的“e 融 e 贷”、宁波银行的“白领通”)①、众筹，与已有的管道形态形成补充。关键仍在于，传统金融机构是否充分认识并全身心拥抱这种新商业模式的变化。

金融机构的形态变异本质是整体交易结构的改变，因为其中的交易主体、客体、方式、定价都在被移动互联网颠覆。

第三节　商业模式视角看互联网金融

商业模式视角看互联网金融：交易主体、交易客体、交易方式、交易定价都已经或将要被互联网技术深刻改变。本研究报告的核心议题，是从商业模式的分析视角出发，研究互联网金融对传统金融体系的变革。

按照魏炜、朱武祥、林桂平的论著《商业模式的经济解释》② 所定义：商业模式是利益相关者的交易结构，包括交易主体、交易客体、交易方式、交易定价四个方面。而正如上文所述，从宏观视角来看，互联网金融是互联网从根本上对传统金融行业的一场颠覆性的改革，通过对传统金融行业交易主体、交易客体、交易方式、交易定价四个方面的改进与提升。

互联网金融创新，融入和改造了银行、券商、保险、信托四大传统金融体系，实现了业务创新、模式创新、价值创新，有效改善了国内原有金融产品供给不足的现状，同时促进金融理财需求的快速发展。而受益于智能移动终端和 4G 通信网络等互联网基础设施的普及与推广，互联网征信的逐步发展，以及多维度数据的低成本归集，互联网行业将与金融行业进一步融合沟通，最终会促使互联网金融继续拓展其边界，为金融改革带来更为深远的影响。

互联网，尤其是移动互联网，为金融行业引入大量新的利益相关者和交易主体，定义了新的交易方式和定价方法，从而产生了新结构、新模式和新金融业态。在我们看来，在这一系列颠覆和创新中，交易结构的改变是互联网金融与传统金融最根本的不同，无论是新的参与方、新的投资标的，还是新的交易方式、交易定价，都在交易结构中一览无余。因此，从商业模式视角出发，能够较为完整看清移动互联网对金融业态的改变，进而帮助互联网公司和传统金融机构对产品、对用户、对市场、对价值链乃至对企业整体所处商业生态进行新的审视、设计与改造。

---

① 《九大银行系 P2P 大比拼》（本报告认为，陆金所为平安集团而非平安银行旗下 P2P）http：//mp. weixin. qq. com/s? _ _ biz = MzAwMzE5OTgzMA = = &mid = 203031551&idx = 1&sn = 78960a31aab4b5661f7ee767ea05b304&scene = 1&key = 79cf83ea5128c3e56102ac95277b6cd3360c20e8b08767139930f210255cdd72e0844c722ee0e44a84591c08ccf4ecd6&ascene = 1&uin = MTk0MTY3ODA2NA%3D%3D&devicetype = webwx&version = 70000001&pass_ ticket = dTZJkwY7UyCUFgv%2FDOoFtwBFIv%2Bmm2IyDYt1E2NezqIbrlH75bh%2FtPPKaZTDEx8A。

② 该论著获得第四届管理科学奖（学术类）。

以下将分析商业模式交易结构的四个交易维度，窥探互联网对金融行业的再造。

一、金融体系的参与主体得到拓展，金融业态更为丰富

互联网“开放”“平等”“协作”“分享”的精神促使万物互联，你我同在，而借助互联网的力量，金融机构能够更强力将其金融服务渗透到人们生活的每一个场景，将金融服务交易主体扩展到更为广阔的人群。

在客户方面，互联网技术使服务长尾客户成为可能，余额宝借助支付宝的强大黏性，将货币基金客户范围由高净值机构或个人拓展到规模更大的长尾客户，让普罗大众也可以享受到金融的个性化服务，同时也让阿里巴巴和支付宝转身一变，成为金融服务提供方。

在金融业态方面，借助互联网的平台构筑能力，P2P，众筹等新的金融业态纷纷涌现，原先与金融行业无太多关联的企业也参与到互联网金融的大潮之中。

二、交易客体形式多样化，信息多维度、多频次化

互联网金融背景下，主要的交易客体仍是资本、资产和信息，而由于互联网技术所带来的变化，使得资本、资产与信息的切割、转化更为方便快捷且容易定价（各种新型的证券化、资产包分割）进而使交易资产类型、交易资金额度范围和交易频次得到极大的丰富和发展。小额长尾资金的利用，小额支付的运用在低成本甚至零成本的互联网交易过程中取得长足发展。

在交易信息方面，互联网时代的信息呈多维度、多频次变化，社交信息、支付信息等在传统金融行业中无法充分利用的行为数据在互联网时代备受重视，成为征信的重要依据。互联网金融丰富了交易客体，更让原先不被重视的数据等资源被重新发现和重视。

三、交易模式和风险控制手段创新，交易时间和交易场所拓展

互联网有效降低了传统金融行业的信息不对称，改变以往投融资两端的信息封闭性，让投融资方自由交流，定价，进而自主进行资金融通。这些改变促使了金融交易模式的创新。比如绕开金融中介的 P2P 模式，创造了银行之外的借贷新渠道新平台；而众筹模式则构建了交易所外的股权融资平台。

此外，互联网金融对交易方式的改变还体现在交易时间，场所和风险控制等多个方面：在交易场所上，原先只能在交易所或银行柜台的交易转移到 PC 或移动端，交易方式更为灵活多变；在交易时间上，很多金融交易可以随时随地发生，更高频次的资金流动更有利于金融“融通你我”的功能；在交易风险控制上，由于互联网的去中介化，更多的交易倾向于投资者风险自担；而信息共享，则让交易更趋透明化和低风险化。

四、交易定价的变革，改变交易双方的议价力量格局

基于互联网所产生的全面数据，金融行业定价的关键因子不再拘泥于以往的借贷风险模型，而是更多地基于交易主体、客体全面的信用评级和风险信息数据。

与此同时，互联网金融中很多定价不是基于结果（抵押、利润等），而是基于过程（交易过程信息、现金流融资等）或者过程的积累（过去的信息实时地更新到最新的征信体系中），这进一步控制了交易中的风险，能够及时监督和控制资金的流动和流向。

此外，互联网金融也改变了交易方的议价能力，长尾客户利用群体的力量完全可以和金融机构议价，改变了弱势客户被动接受定价的局面。

综上，移动互联网时代下的金融业的交易结构有了巨大改变，而这种改变也正是互联网对于金融行业的价值提升和模式改造的核心点。在后面的章节中，本书将继续从商业模式分析视角出发，梳理互联网金融带来的新金融业态的交易主体、交易客体、交易方式、交易定价变革，通过比较传统金融和互联网金融的商业模式，以此发现互联网带来的创新业务和创新模式，进而分析互联网还可以从哪些渠道切入到金融行业，带来新的商业模式。

第二章　互联网金融的变革与演化

互联网金融的变革与演化：基础设施层、接入系统层、应用层与渗透、打通、交融。为了更清晰地反映金融体系交易结构所出现的新改变，我们从宏观到微观，从基础到应用，将产业体系的交易结构分为三层：基础设施层、接入系统层、应用层。

第一节　金融产业体系：基础设施层、接入系统层、应用层

基础设施层——互联网金融建立和进一步发展的基础，是相关交易结构赖以存在的基本要素。互联网金融的基础设施具体来说包括了支付清算体系、征信系统、交易平台、金融信息安全系统等“硬件”，也涵盖了整体金融法制环境、市场服务体系、社会信用环境、各类规则标准等“软件”，进而构成了整个金融基础设施体系。① 下面我们对互联网金融的基础设施层进行简要介绍。

支付清算体系：支付清算是所有金融交易乃至所有交易行为的必需环节，也是互联网金融最早取得突破的区域。而便捷、安全、畅通的支付清算过程也是互联网金融时代的必要条件。在第三方支付、银行、银联的竞争与合作下，愈发畅通无阻的支付结算通道，更高频次的支付和交易以及更多便利的支付方法将继续颠覆原有的支付结算体系，创造安全与便捷兼具的支付渠道、工具与方法。

征信体系：在中国，正在进行着多网融合的系统工程，包括政府、公共部门、第三方评价等非借贷信息开始汇入征信系统，尤其是以 BAT 三家为代表的互联网数据正在成为中国政府与外资巨头企业的争抢合作对象。一些利用自身先进精准搜索技术的大数据创业公司，如百分点科技就与上千家媒体、电商平台合作，收集个人的行为数据出具相关信用及营销报告给多行业使用，其客户中包括多家上市银行。非银行借贷数据（P2P、小额借贷、担保公司）也逐步纳入征信体系，修正信贷风险概率。互联网时代下新的信用风险模型正在改写定价。

资产交易平台：近年资产交易平台的兴起促进了以标准化和证券化产品为主的金融创新产品的发展。资产交易平台可有效促进金融产品的流动性和可交易性，推动金融交易规模的扩大和交易频次的增长。

以天津特区为试点的全国性应收账款债权流转平台工程正在启动，标志着 20 万亿元存量资产被盘活的举动，表明了通过学习美国等发达国家，完成金融基础设施的搭建工

---

① 银监会副主席阎庆民在 2015 财经年会上发言，http：//bank. hexun. com/2014 - 11 - 28/170869011. html。

作，中国中小企业融资难的现状正在逐步改善。

金融信息安全体系：互联网金融的飞速发展也使其面临越发严峻的信息安全风险挑战。而金融信息安全体系作为互联网金融的重要基础设施也值得重视。按照中国金融认证中心总经理季小杰的观点，网络信任体系、数据安全保护和电子凭证的推广是互联网金融大厦不可或缺的三块基石，而针对互联网金融的监管和准入法律法规条例却仍不完善，政府在整体上持保护创新的态度，不过这也让一些机构和个人钻了空子，借互联网金融之名来行非法集资和欺骗公众投资之实。以 P2P 网贷为例，截至 2014 年年底，网贷运营平台已达 1575 家，2013 年同期为 800 家。其中，2014 年存在问题的平台为 275 家，远远超出 2013 年同期的 76 家。各种 P2P 平台踩雷、跑路、涉嫌非法集资、监管缺位的消息造成了 P2P 平台的公信力危机，也使得正处于蓬勃快速成长期的 P2P 平台增速过早呈现出放缓的趋势。这一系列基础设施的缺失使得互联网金融的发展大受影响。①

在当前存在多个金融基础设施主体以及主体间处于割裂状态的大背景下，只有搭建起基础体系和平台，打通底层基础设施，才有望把我国金融生态引向真实信用风险定价的轨道上来。

接入系统层——第三方支付便捷高效地满足了移动互联生活交易场景的多样性需求，是互联网金融基础设施层互相连接的通道，也是各应用层主体最重要的接入端口。

第三方支付有效连接了互联网金融的基础设施层。首先，作为支付结算体系中的重要工具，第三方支付有效增强支付结算体系的运作效率，提高支付结算领域的竞争性；同时，作为交易过程中的信用中介，第三方支付在其虚拟账户累积了交易过程中的信用数据，可有效融入征信体系中；此外，其资金安全保护系统也是金融信息安全体系的重要组成部分。

另外，第三方支付是应用层至关重要的接入端口。无论是面向商户还是面向个人，无论是投资平台还是融资平台，都可以利用第三方支付虚拟账户的入口效应有效导流，从而使第三方支付平台成为潜在的连接投融资端的通道甚至平台。

目前来看，第三方支付已经开始试图渗透到金融产品销售平台、投资渠道、信用卡和消费信贷等领域；同时，部分第三方支付公司也开始利用积累的企业采购、支付、结算等信息，逐步将业务范围扩展至 B2B 的企业流动资金管理需求，成为供应链金融提供商。

而作为第三方支付的重要组成部分，移动支付可以和线下收单业务结合，其为 O2O 交易模式引入了丰富的生活场景，促进了 O2O 闭环的过程，从而把营销、交易、服务体验三个部分灵活应用在线上线下，把商家和用户真正连接起来，进而推动线上交易与线下交易的融合。

应用层——各种金融机构实施其资本市场作用的层面，主要连接融资端与投资端。传统金融的整体架构就是我们上文所描述的“农田”、管道、资金池的系统，下面我们将按融资端、各金融机构、投资端具体展开说明，同时分析在传统金融体系下应用层的现

① 《2014 年中国网络借贷行业年报》，网贷之家。

存矛盾，并通过商业模式工具分析各融资渠道的开闭模式（如图 3－2－1 所示）。

从融资需求的角度，融资需求可以分为个人融资需求和机构融资需求。在中国，个人融资需求相对比较简单，消费融资占比份额很小，大部分个人融资为房屋等抵质押类贷款，基本上通过银行获取贷款；部分额度较小的贷款，也可以通过小贷公司获取资金。

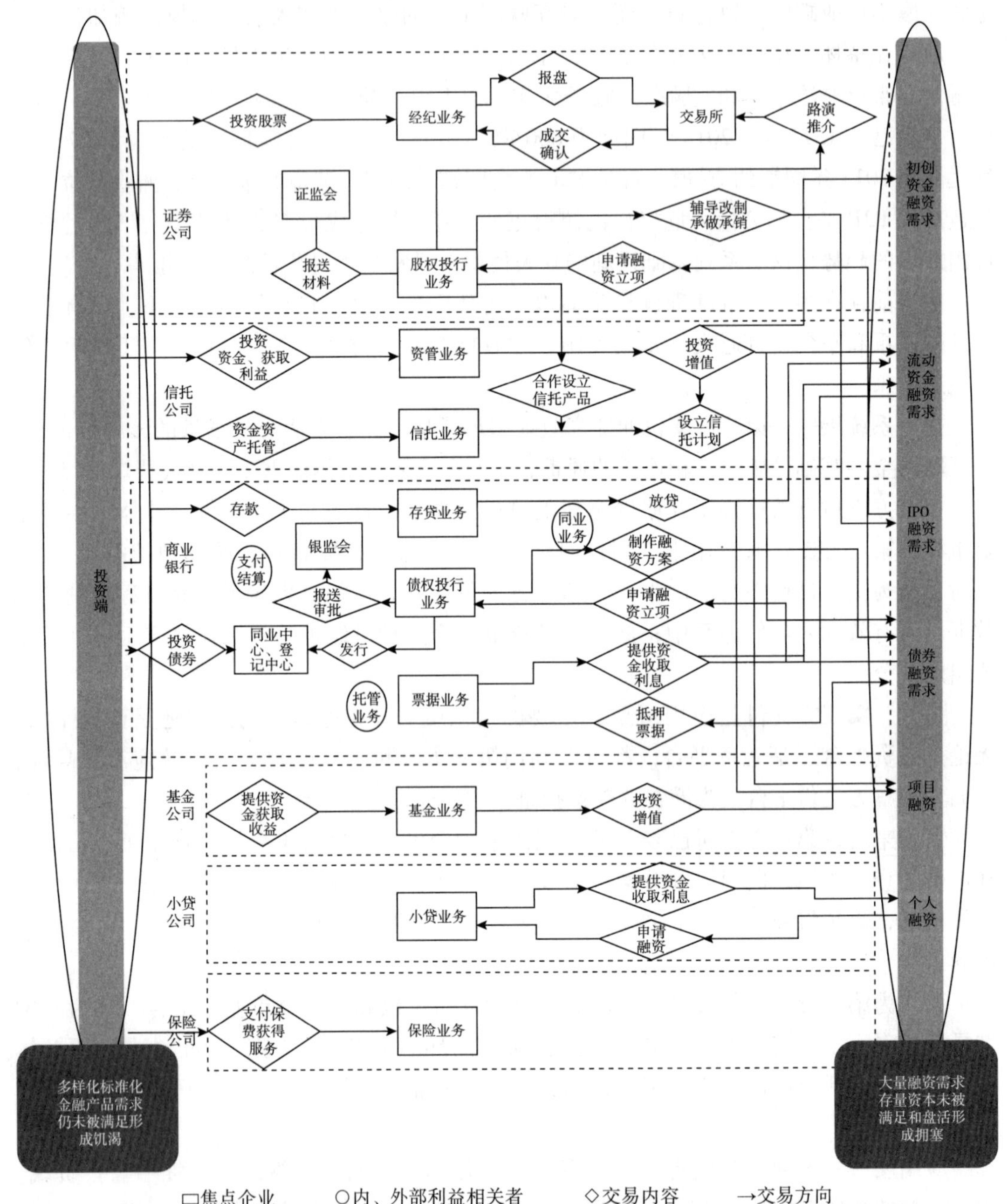

图 3－2－1　应用层现状与传统金融机构闭合模式图

注：为行文方便，本篇采取统一图例标示企业的业务系统，下同。

企业在其不同发展阶段，会有不同的融资需求。在企业发展初期，由于企业未来发展前景未卜，风险较大，只有小部分初创型企业能够从银行处获取资金，大多数初创企业的资金源于 VC/PE 或者自有资金。而当企业业务成型，壮大到一定程度后，企业会选择通过 IPO 募资或者采用发债的方式获得资金支持，由于两者有特定的流程和法律规定，因此其对应的管道类型是固定的，仅能由券商或者银行投行部门提供的管道获取资金。流动资金需求则伴随着企业发展的各个阶段，并依企业本身的风险程度具体分析可对接的管道，对于风险较低的流动资金需求可以通过银行借款的方式获得，或者采用票据贴现等其他方式实现；风险度稍高的流动资金需求，则可以在小贷市场上比较便利地获取融资服务，同时付出稍高的利息成本。项目融资因特定项目发起，资金风险直接与项目风险强相关，而与企业财务风险弱相关或无关，因此多采用银行、银团或信托计划的方式获得资金。

在融资端，目前存在融资需求的多样性和利率机制不够灵活之间的突出矛盾。在利率市场化完成之前，信用风险溢价作用无法全面发挥，从而导致金融机构对客户逆向选择，具体表现为特定阶段（如初创期）、特定规模（主要为中小微企业）或特定行业的企业融资困难。

从投资者的角度，按照投资者的资产规模及风险承受能力可划分为不同层次，并决定该类型投资可选择的投资渠道。传统的保险业务针对风险规避者，投资者选择将风险转嫁给保险机构。银行及债券类产品则是适合稳健性投资者选择。券商渠道服务于有一定风险抵抗能力的个人和机构。信托则对投资者的资产规模有着较高的要求。实际上，银行、券商、信托等主体也是投资者，其一方面作为金融机构为投资者提供金融服务，另一方面也作为一个市场主体进入到不同的投资渠道。

目前，投资端存在的重要矛盾在于投资门槛较高。传统金融机构出于成本控制考量，无论是银行理财产品还是信托产品，都存在较高投资门槛，使得大量长尾客户受限于资金规模而缺乏丰富的投资渠道。

从金融机构本身（管道）角度来看，各类金融主体发挥自身资源能力优势，各自占据投融资领域的一个或数个细分市场，在利润丰厚的领域或存在业务上的交叉。不过由于监管机构的引导，各类金融机构在融合发展趋势下，仍基本处于分业经营的状态。金融机构本身存在的矛盾是金融产品无法全面覆盖所有投融资端的需求，仍有部分市场亟待满足。

还有一个重要的发现，是各个投融资渠道的开闭模式。具体而言，虽然我们将图分成三大板块，分别代表资金池的投资端、管道的金融产品以及“农田”的融资端，但是实际上，并不是所有的金融产品都连接了投资端和融资端，比如说银行的票据业务，小贷公司的小额贷款业务等。这就出现了没有打通的链条，从投资、融资价值链的角度可以很容易理解没有打通的链条是不稳定的。虽然可以认为没打通链条的存在是因为金融机构将自己作为投资者参与到该链条中，但是封闭主体资金的可持续性与直接连通整个资金池管道资金的可持续性是有差别的，这样就存在打通或者被打通的可能性。再者，从纵向上看，不同金融主体间必然存在一定的业务往来，而这些业务往来会受到法律或者主体形态等客观条件的限制，不同主体间交易顺畅程度的不同必然会影响金融市场的效率。而在这需求决定供给的市场，该种需求必然会带来提高不同主体间交易往来效率的金融工具出现，比如银联的出现提高了不同银行间的资金划转的速度。因此，可以说从纵向上看，金融业态也存在着打通的可能性和必要性。

系统稳定是系统持续发展的必要条件，一旦存在不稳定点必然会有外界对其造成冲击，对原有体系推倒重来并达到新的稳定状态。近十年来，互联网对工作方式、生活方式、消费方式都产生极大的冲击；金融行业作为经济运行的中枢更是难免，而根据自然界规律，这种冲击必然从最不稳定点入手。比如 P2P 影响了小贷公司的小额贷款业务、众筹改变了传统的股权融资，第三方支付冲击了移动支付形式，这些刚好都与图中反映的不稳定点，也就是非连通点相吻合。同时 P2P、众筹、第三方支付、移动支付均是对传统金融体系长期存在的矛盾的一种释放，这种互联网金融模式让高端金融走下神坛，逐渐回归到长期以来被抑制的大众投资理财融资需求中。

此外，金融交易是不确定环境下跨时间、跨空间的关于价值、风险和未来现金流的契约行为，而金融机构在契约签订的过程中应充当着中介人的角色，风险由契约直接参与的双方承担，金融机构仅仅起到一个风险缓释的作用，并不能代为承担风险。但是我们目前看到的依然是以刚性兑付为主的投资意识，金融机构在这个过程中直接参与到契约的制定。而随着金融行业逐渐成熟，必然要求金融机构逐渐转变其角色定位，从参与者的身份回归到中介人的身份，这些在受到互联网冲击下的社会里，其转变速度将有可能大大加快（见图 3－2－2）。

第二节　传统金融与互联网融合的三种形态

不管是基础设施层、接入系统层还是应用层，这三层金融体系都将会经历与互联网的渗透、打通、交融。

渗透是指金融参与主体利用互联网“开放、平等、协作、分享”的精髓和各类互联网工具，改造传统金融业务，使其成本更低，操作更便捷，透明度更强、协作性更好、参与度更高，从而实现互联网渠道对金融领域原有业务的渗透。渗透侧重互联网金融在渠道上的低交易成本优势，典型案例为第三方支付对商业银行及银联原有支付结算渠道的颠覆。

打通是指互联网金融利用其渗透性和开放性，用更低成本服务于更多原本被忽略的长尾用户，打通原本不连通的投融资渠道，创造新的金融产品和金融平台的过程，比如余额宝，打通长尾用户与货币基金的隔绝状态，为广大用户提供新的投资渠道。打通侧重新渠道、新平台的建立和新商业模式的产生，P2P、众筹等新型互联网金融商业模式是其典型代表。

交融是指互联网金融发展更深层次后，资金在各个主体之间直接自由地游走，各金融机构中介作用不断被弱化，最终转变为数据中心和风控匹配中心，进而导致各金融主体和互联网企业商业模式趋向融合的状况，交融阶段只是笔者预估的理想状态，目前尚无典型代表。

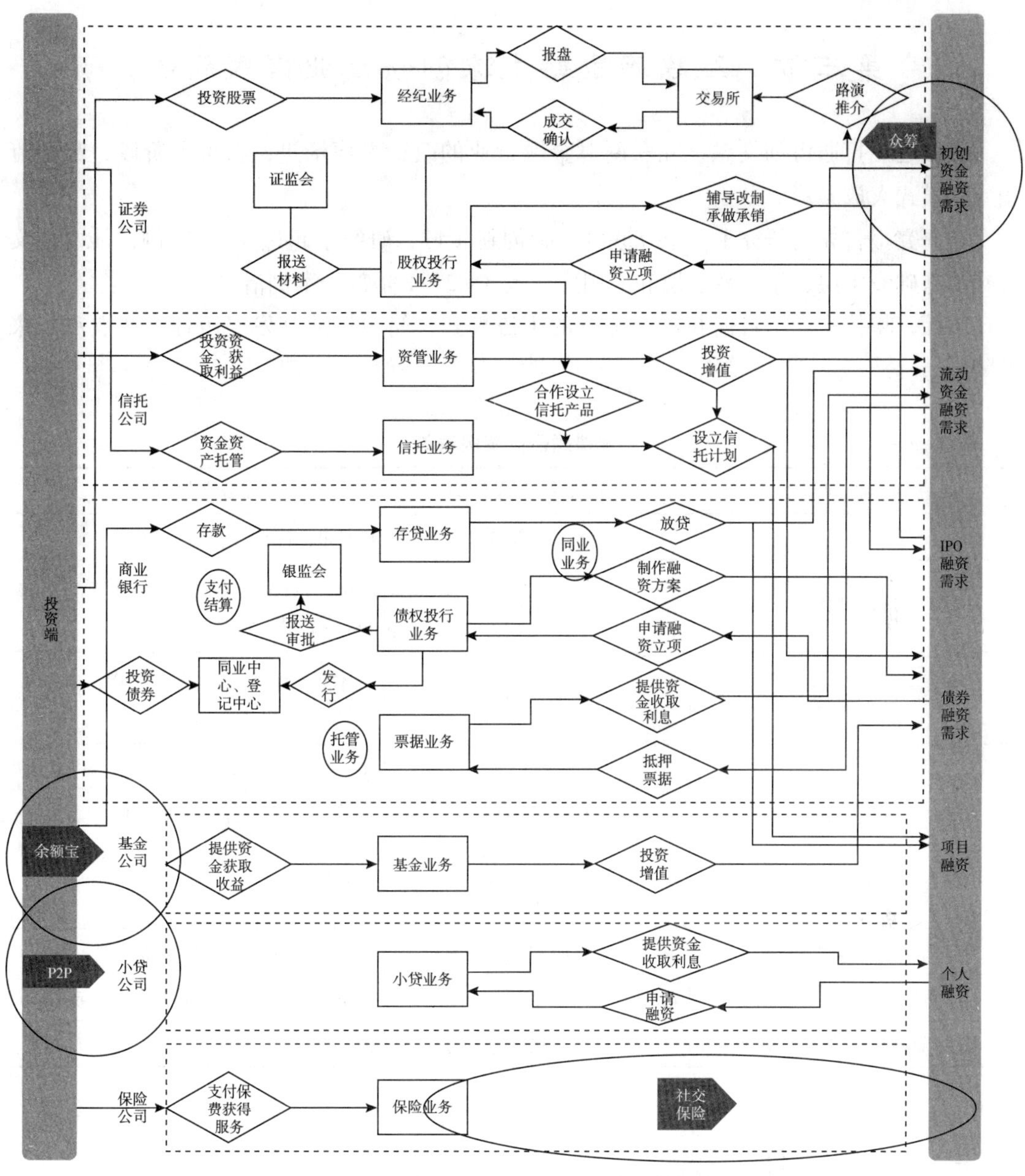

图 3-2-2　互联时代下应用层金融管道闭合模式状态

上面阐述到当前整个金融体系的现状和断点，会随着互联网技术的兴起而得到改变。正是因为银行存在种类繁多的账户体系，这才孕育了第三方支付的市场；正是因为中小微企业无法通过抵押获得融资，80% 的低净值个人投资需求无法得到满足，这才催生了如火如荼的 P2P 风暴；正是因为创业团队得到天使基金和 VC 机构投资的机会有限，才使众筹成为了大家最时髦的社交参与。但是，如何让互联网金融真正从“点状闪现”到“完全交融”，还是要依靠金融基础设施的完善和发展，如果征信、支付清算、网络安全、资产流转的体系建设问题不能得到解决，互联网金融仍然只能在局部绽放，不能真正实现普惠大众的金融。

第三节　互联网金融主流创新商业模式简述

从渗透到打通再到交融，互联网对金融行业的改造循序渐进，在每个阶段，都会有相应的模式大放异彩。

本研究报告先后研究了八个互联网金融创新领域，研究了超过30个案例，涉及前文提到的基础设施层、接入系统层和应用层。表3－2－1是部分案例清单。

下面，将依次介绍目前互联网金融的主流模式，简单概述其发展历程、特点和未来展望。

表3－2－1　　本课题研究案例清单

互联网金融创新领域	产业交易结构分层	部分案例列举
第三方支付	接入系统层	PayPal，快钱，易宝支付等
P2P借贷	应用层	Zopa，Lending Club，拍拍贷，开鑫贷，陆金所等
产融结合	接入系统层	日本乐天，海尔采购自由贷，京东供应链金融等
征信体系	基础设施层	Experian，穆迪，11315企业征信，11315企事业信用管理，阿里，百分点等
众筹	应用层	Kickstarter
第三方理财	应用层	Mint，东方财富、晨星等
互联网巨头切入金融	应用层	余额宝、百发、娱乐宝、微信支付等
传统金融机构介入互联网	应用层、接入系统层	橙e网，国金证券，平安直通车险等

一、第三方支付

所谓第三方支付，就是一些和产品所在国家以及国外各大银行签约、并具备一定实力和信誉保障的第三方独立机构提供的交易支持平台。支付是银行系统存、贷、汇三大业务中市场化程度最高、受互联网影响最早的领域，目前第三方支付的发展在互联网金融各领域中也最为成熟。

与第三方支付相比，传统支付的定位是凭借强大的信用能力及资金优势，服务于普遍的商户和个人，提供的是标准化的基础支付服务，支付场景和介质都单一化，比如：银行卡。与之相反，第三方支付主要服务于碎片化的客户群体，提供的是个性化、定制化服务，且偏重于增值服务。这些支付公司通过建立一个兼容多银行支付方式的接口平台，与用户低成本、高效率地连接，以应对客户需求的多样性、市场的高风险性、小而零散的支付额以及琐碎频繁的交易纠纷。

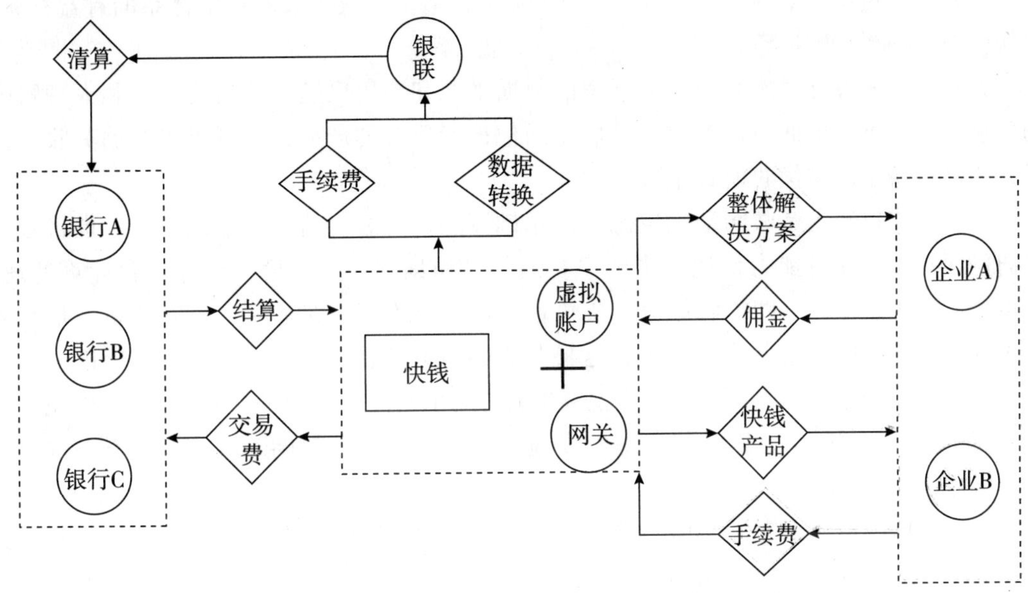

图 3－2－3 第三方支付业务系统图（以快钱为例）

不同的市场、不同的模式导致不同的业务结构，第三方支付与传统支付业务系统的差别就在于，与下游用户相连的链条上多了第三方支付公司这一利益相关者。其他主要利益相关者并没有太大改变，只是因为第三方支付的介质、场景更加多样，可以与更多的商家进行合作，因此交易结构更加复杂，与上下游产业链各利益相关者的交易方式也更加多样和翻新。就传统支付而言，主要涉及银联和银行。银联作为传统支付体系的布局者，通过跨行交易清算系统，确保不同银行之间互联互通，银行卡可跨行使用。而第三方支付因其特点，可以更灵活地为企业用户量身定制支付方案，同时与更多商家合作为个人用户创造更加丰富的支付场景。总而言之，作为基础设施的第三方支付有很多接口，每一个接口都能创造性接入新的利益相关者（见图 3－2－3）。

第三方支付在蚕食传统支付市场份额的同时也创造了新的渠道，作为支付场景的主要入口，第三方支付可以囊括进更多的利益相关者，提供的服务更加丰富，其盈利来源也更加多样（见表 3－2－2）。

表 3－2－2　　第三方支付与传统支付的盈利模式比较

第三方支付	传统支付
1. 手续费； 2. 为商家提供支付方案所收取的费用以及其他增值服务费； 3. 沉淀资金利息	手续费

当第三方支付数据积累到一定程度，便不只是提供新的渠道和入口，还能利用交易数据拓展更多想象空间和盈利机会。

首先，支付流水被加工处理后，可以形成征信数据，成为政府征信体系的有益补充，直接服务于银行、P2P 等。

其次，第三方支付能成为精准营销的数据来源和销售渠道，并最终承担私人理财师的角色。一者可以根据消费者的交易数据向他推荐适合的产品；二者可以根据其收支情况，为其量身定制最优的理财计划。

第三方支付作为互联网金融生态中的基础设施，就好比信号传输线路，一旦将触角伸向四面八方，就有能力传递各类信息，当信息积累到一定程度，经过后台计算处理，就可据此推出定制化的功能和服务。支付业务本身虽不能直接盈利，但它能将流量和数据引入到其他能够创造收入的地方，这便是它的魅力所在。所以，无论阿里巴巴，还是腾讯，业务虽大相径庭（阿里专注于电商平台，腾讯专注于社交平台），但最终也免不了相互竞争抢占支付端口，因为作为基础设施的支付系统和作为接入层的第三方支付蕴含着无限可能。

目前，国内第三方支付格局初定，第三方支付的发展已经由通用的标准化服务逐步渗透到各个细分领域，向定制的差异化服务过渡，增长迅速。第三方支付通过创造更加丰富的支付场景，增加了用户的黏性和依赖度。首先，基于日常生活的支付服务，如网购、信用卡还款、日用缴费、手机充值等；其次，基于金融理财的支付服务，如余额宝、理财通等；基于公益捐赠的支付服务，如腾讯公益、支付宝的爱心捐赠等；基于社交的支付，如 AA 收款、微信红包、支付宝最近推出的亲密付等。用户只需注册一个第三方支付账号，几乎任何支付需求都可以得到满足。

二、P2P 借贷

中小企业由于缺乏有效质押物和信用记录，加上融资需求量小、频率高的特点，很难从银行处获得贷款。因此，从融资者的角度，P2P 的出现为中小企业找到了新的、快捷的融资渠道。正因为融资需求巨大，P2P 在互联网一推出，便开始如野草般疯长。

根据第一网贷 2015 年最新发布的《2014 年中国 P2P 网贷年度报告》的显示，2014 年全国 P2P 网贷成交额为 3291.94 亿元，较 2013 年增长 268.83%，月复合增长率 12.50%。同时截至 2014 年 12 月成交额超过 5 亿元 P2P 网贷平台的，全国有 11 家；1 亿~5 亿元，73 家；1000 万~1 亿元，467 家；100 万~1000 万元，729 家；100 万元以内的，400 家；合计 1680 家，占中国 P2P 网贷指数样本 94.29%。

传统银行借贷定位于贷款给信用记录良好、账户余额高的客户，以期将风险和成本控制到最小。囿于银行自身运营体系的限制，服务那些单笔借款额小或信用记录缺失的客户，所要动用的人力物力成本可能远远超过从单笔借款中获取的利差。如果进一步分析各银行披露的年报信息，多数国有及股份制银行的小微企业贷款户均余额均在 300 万~500 万元，个别银行小微企业贷款户均余额甚至超过 1000 万元。也就是说，银行关注的仍然是规模较大的小企业，微小企业和个体工商户的融资很难达到成本收益合算的平衡点。①

在中国 5600 万家小微企业及个体工商户中，有近 1/3 存在借债行为，但其中能从银行获得贷款的仅占 11.9%。② 因应如此大的需求，电商网络贷款、P2P 这类新型互联网金融主体应运而生。电商网络贷款、P2P 的定位就是服务于那些无法从银行获得足够贷款的小微企业、个体户以及消费者。例如，阿里小贷就主要服务于淘宝上的网店店主，并将这些网店的交易流水等数据作为放贷依据。这些店主银行账户余额通常只有几万元，而借款额也常常低于 1 万元。

简言之，P2P 就是 A 付出相应费用前提下，通过第三方平台向 B 提供小额借贷的金融模式。P2P 作为一种双边平台，其服务对象主要有两个方面，一个是借方，另一个是贷方，二者相互促进，形成良性循环。

P2P 与传统银行借贷涉及的利益相关者其实基本一致（包括银行、担保公司、出款人、贷款人等），除了 P2P 公司取代了银行中介。虽然，利益相关者相同，但业务实现途径完全不一样（见图 3－2－4）。

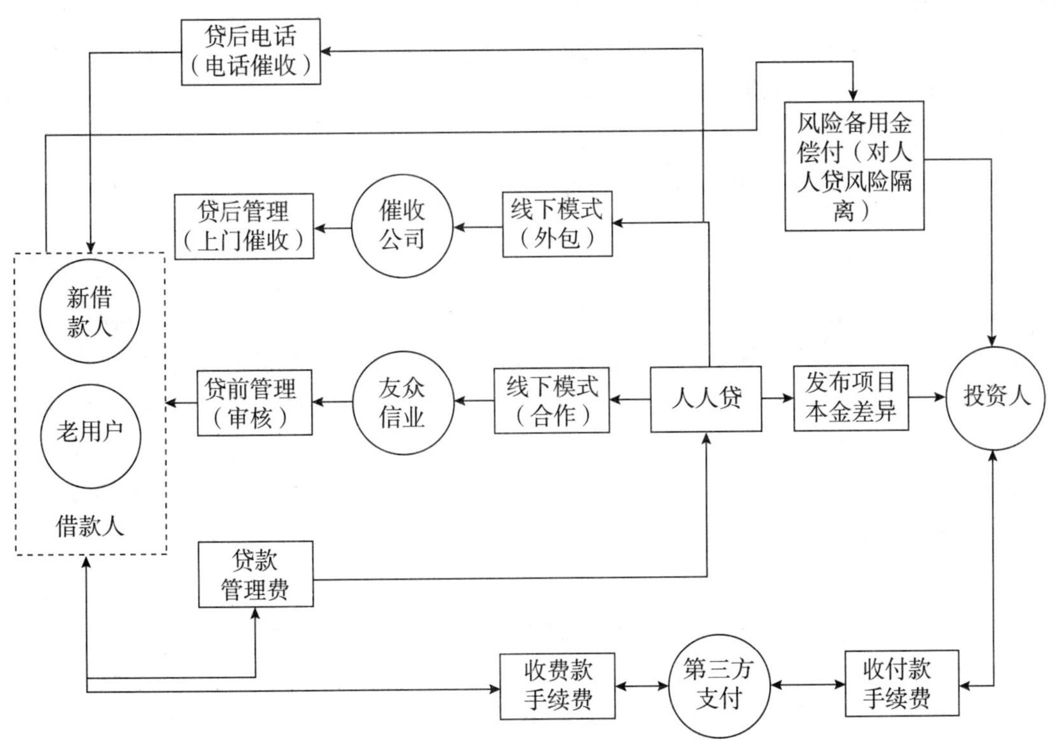

图 3－2－4　P2P 借贷业务系统图（以人人贷为例）

P2P 作为纯粹的中介平台，实现的是点对点完全透明的交易：借款人在平台发放相应

① BCG：《互联网金融生态系统 2020——新动力、新格局、新战略》，2014 年 9 月，第 28 页。

② 《中国小微企业调研报告》，西南财经大学中国家庭金融与研究中心。

借款标的，投资者通过竞标向借款人放贷。在整个借贷过程中，借贷方资料与借贷相关资金、合同、手续等全部通过网络实现。然而传统银行借贷采取的是资金池的方式，信息完全不透明：借款人既不知道自己的钱借给了谁，贷款人也不知道资金的来源。

P2P充分利用社会闲置长尾资金对接小微企业和个人信用贷款，打通原本彼此隔绝的投融资端，为投资方带来更高的交易价值，为融资方带来更充足的资金。在欧美，P2P公司主要基于借款人公开的信用信息来做出信用评级、贷款定价和平台收费标准，投融资双方在P2P平台网络上撮合交易，借款标发布、投资和资金汇划、到期还款的全过程均在线上进行。在中国，由于信用体系不够完备，许多P2P公司采用了“线上＋线下”协同模式，如人人贷就与友众信业合作委托后者进行贷前审核管理，同时将催收环节外包给第三方进行；同时很多平台充当了借款方的担保者，承诺“本息安全”，充当了信用中介的角色。

P2P的未来发展急需厘清其在金融体系中的角色定位，而非在银行、小贷公司、保理公司、融资租赁公司或担保公司等既有主体中选择一种或多种功能，再叠加线上发布和撮合的户交易模式。监管部门也已在不同场合多次强调P2P是信息中介而非信用中介的政策底线。那些在实体经济或生活场景的互联网化过程中，找到深度融合并从中发现风险、有效管控风险的工具与方法，并以纯线上信息中介、线上作业降低成本、与既有金融主体区隔发展的新锐P2P，将赢得未来。

三、线上供应链金融＆产融结合

线上供应链金融是基于供应链交易活动，在线提供的贸易融资、支付结算等综合金融服务。线上供应链金融由平安银行于2009年率先推出，之后众多金融机构利用自身在供应链金融领域的优势纷纷试水，并随着互联网金融的井喷引发了物流公司、供应链服务公司、电商企业、民间金融等众多主体的参与热情，其中以平台类企业借助大数据和云计算技术，通过挖掘海量交易数据为平台商户提供金融服务最为典型。比如，京东集团和日本乐天利用自身电商平台的场景优势和数据资源，正逐渐深入拓展相应业务，其实践具样本分析意义。

专栏1：京东围绕供应商发展金融服务

京东商城是中国知名的零售电商。京东不只是做交易平台，同时将业务延伸至仓储、配送、售后、营销等整个零售环节，无缝为用户提供服务，依靠订单量的增大以及稳定的物流体系升级建设，持续实现营收增长。近年，京东启动金融板块战略，供应链金融和消费金融开始快速发展，在“吃掉更多节的甘蔗”战略上继续纵深，其CEO刘强东曾大胆表示京东10年后70%的净利润将来自于金融业务。

2012年11月，京东与中国银行北京分行达成合作，打造供应链金融服务平台，这一模式有别于阿里巴巴和苏宁取得独立贷款业务牌照直接放贷的模式，而是将平台数据转化为银行认可的信用额度，银行依此完成独立审批、发放贷款。京东的供应商大约有 10 万，其中，50% 有贷款需求，而传统金融体系的格局下很难满足这些贷款需求，作为零售渠道，京东需要帮助上游企业迅速变现。据悉，京东在银行已经拥有超过 100 亿元授信，给供应商发放的贷款平均额度在 200 万～300 万元。

京东金融产品将随着其商业模式的成长而成为完善电商生态链的重要环节。从京东金融集团整体规划上看，其业务主要分为四个板块，分别为：供应链融资、消费金融、平台金融和支付体系。

从图 3－2－5 可以看出，电商链中的“供应商、电商平台、消费者（用户）”的金融需求，分别以供应链金融“京保贝”、平台金融“金融网销”、消费金融“白条＋小金库”来应对。资金的提供方为商业金融机构、互联网金融模式来满足，从而形成“网银钱包”的平台。

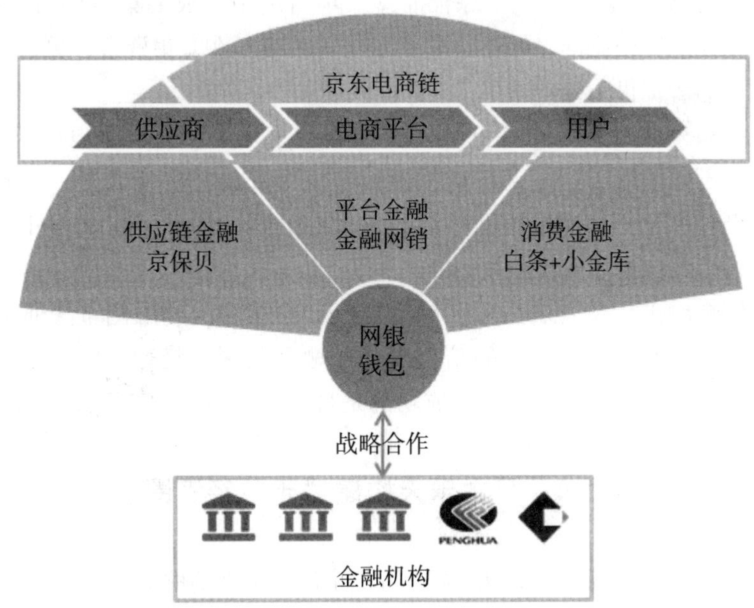

图 3－2－5　京东电商与金融产品的结构关系示意

京东供应链金融。2013 年 12 月京东“京保贝”上线，供应商可凭采购、销售等数据快速获得融资，且无须任何担保和抵押。京东提供针对采购、入库、结算前、扩大融资的四方面的融资产品，具体包括应收账款融资、订单融资、委托贷款融资、应收账款资产包计划、协同投资、信托计划等。“京保贝”由京东提供资金并负责运营，由银行代为发放、监督使用并协助收回。获得“京保贝”服务的门槛很低，只要与京东有 3 个月以上的贸易关系就可以申请融资。

京东白条。2014 年 2 月，一款面向个人用户的信用支付产品名为“京东白条”开始公测。京东白条可以帮助用户在京东消费时，享受“先消费、后付款”的延后付款或“分期 0 元购”的分期付款服务。京东商城根据用户的消费记录、配送信息、退货信息和购物评价等数据进行风险评级，在线实时评估客户信用，然后对用户进行授信。用户可以最高获得15000元的信用额度，并可以选择最长30天延期付款或者3～12个月分期付款等两种不同消费付款方式。京东白条可以在一分钟内在线实时完成申请和授信过程，远快于传统银行，而服务费用仅为银行类似业务的一半，比较优势明显。“京东白条”将与银行信用卡业务产生直接竞争，甚至可称之为“虚拟信用卡”，而这张“虚拟信用卡”只能在京东商城进行消费。

京东小金库。2014年3月京东推出小金库，类似于阿里余额宝，用户把资金转入“小金库”之后，就可以购买货币基金产品，同时“小金库”里的资金也随时可以在京东商城购物。余额宝、小金库都是绑定的自己的电商平台，可以直接通过自己的理财账户购买网站内的产品，同时也可以随时将余额转出。

京东众筹。2014年3月淘宝众筹（娱乐宝）频道上线，7月京东众筹上线。京东众筹对阵娱乐宝正式开始。京东众筹上线后，除去周鸿祎私密午餐、汪峰演唱会等噱头项目赢得“眼球”之外，其余16个“综合推荐”项目之中达成筹集目标的已有12家，其中便包括全部4家深圳企业推出的项目。京东众筹关键不在筹集资金，更在于营销与产品孵化，确能对创业者提供一定的帮助。

网银钱包。京东金融生态的特色是以网银钱包为核心，向整条电商链辐射的结构。在这种架构下，不但能够利用电商链向网银钱包反馈交易及物流数据，形成京东内部金融生态的良性循环；还可以通过由网银钱包建立起的账户体系，将京东外部的金融机构吸引进来，从而形成内外双重金融生态。

线上供应链金融进一步发展后可能的方向是产融结合。金融侧重融通资金，进而支持产业发展和升级。而产业与金融的结合则是金融手段深入到行业内部的表现。谈及互联网浪潮下产融结合的商业模式，比较成功的是日本乐天集团的“乐天经济圈”。

专栏2：日本乐天构建“乐天经济圈”

日本乐天以食品制造商起家，为销售产品而搭建起电子商务平台，已经连续十年成为日本电商老大。集团业务几乎涵盖普通人一辈子所需，体量如此庞大，收入和利润却逐年上攀，部分业务同期增长率甚至超过100%。目前，乐天集团的主要业务按营收贡献占比高低依次为互联网服务（包括乐天市场、乐天旅游、乐天物流等）、互联网金融（乐天信用卡、乐天银行、乐天证券等）和其他（乐天棒球队、乐天婚介等）。2013年其互联网服务的营收约占总营收的六成，达3152亿日元；互联网金融营收则第一次超过三成，达2015亿日元；其他业务营收约占6%。

乐天几乎对每一个业务都有清晰的定位，从对商品、服务的需求，到投资理财、信用支付等各个业务，都是围绕客户进行专门设计的。乐天集团为自己设计了一个共同繁荣的共生体模式，各个业务之间都能相互促进，其无可替代的生态系统——“乐天经济圈”应运而生。该经济圈从电商和金融两个方向入手，打造B2B2C电子商务平台，采用联营模式整合线下商户资源，并构建其物流供应链体系。

乐天收入的主要来源就是从给利益相关者提供的各种服务中收取服务费和佣金，然后通过滚雪球效应不断做叠加。这一过程中乐天积攒了海量会员数据，形成了会员数据库，根据这一核心，衍化出目前的六大业务（电子商务、旅游、证券、通信、门户媒体、信用卡和支付），同时在平台层用乐天超级积分来将各个业务打通，又用自己的付费平台和银行来做整体支持，这是乐天成功的关键。

首先，从产业角度看，乐天集团虽然经营业务众多，但所有乐天会员只要通过一个ID，就可使用乐天的所有服务（约40种）。乐天通过电商平台进行了第一层的顾客引流，主营业务包括购物、商业街和拍卖，收费模式是对平台上四万多家店铺收取固定收益，这四万多家店铺是乐天市场的基础利益相关者。接下来乐天就利用自己的信用卡、后台数据库以及物流平台完成从订单、出库、配送到支付结算的一系列交易，现在乐天网络平台的结算多由乐天信用卡完成。

其次，从金融角度看，乐天整合了银行、证券、基金和保险四大金融业态，颠覆了传统金融行业的盈利模式。利益相关者既有乐天市场原有的用户，又有被乐天低交易成本吸引来的新用户。乐天初期利用低价吸引原有乐天市场用户进入乐天证券；后期提供积分服务，金融领域交易的积分可在乐天市场购物；第三步则是完成了线上线下共同交易，借助的是乐天信用卡；最后是通过乐天银行对传统银行进行反攻，提供消费和供应链贷款业务。乐天银行通过这样的布局，在日本传统大型财团垄断的银行领域里谋得一席之地。维系整个“乐天经济圈”运营的内核是一个数据系统——乐天超级DB，它是属于株式会社控制的乐天积分平台，囊括了乐天会员属性、购买商品信息、购买历史、购入金额及购买频次等各种数据。该数据库不仅可以存储数据，还会将数据按照会员的人口统计学属性、地理信息、心理属性等特征进行分析之后再返回乐天超级DB。图3-2-6就是对以“乐天超级DB”为核心的乐天经济圈商业模式的概览。

可以看出来，乐天真正的核心竞争力便是对规模庞大的数据的分析、控制、推送和反馈能力，同时这个数据库也是金融业务的核心。如果新用户申请乐天信用卡，乐天便会调取其交易数据进行评价，从而决定是否发卡以及判断信贷额度。另外，信用卡又可以完成线上和线下交易，再将消费数据反馈到后台，不断完善超级DB系统。这种产业和金融的水乳交融，使乐天经济圈真正形成了一条良性的闭合产业链，也就是说一旦各个利益相关者进入这一经济圈，便会对其产生依赖。笔者认为，没有技术变革的支撑，再好的思维也是无源之水无本之木。对乐天来说，它在技术领域最重要的突破就是“乐天超级DB”了。

移动互联使得传统的信息处理变得不再困难，这些信息通过数据库的处理，可实现以下几大功能：①交易数据经处理得出征信记录，为乐天信用卡发卡提供数据支撑；②线下交易及APP签到通过LBS系统（数据定位系统）分析消费者偏好，再决定数据库里消费信息的推送和交叉销售；③深度发掘交易数据，为供应商融资性贷款额度及供应链贷款提供依据；④用户分群精细化运营，流失预警和挽回。

乐天将互联网服务和互联网金融有机地结合在一起，做好了熟客圈的生意。从业务系统的角度看，乐天优化了整个生态系统，建立起自己独一无二的超级数据库，并且为公司和客户创造了价值；从盈利模式角度看，乐天降低了交易费用，并为客户提供差异

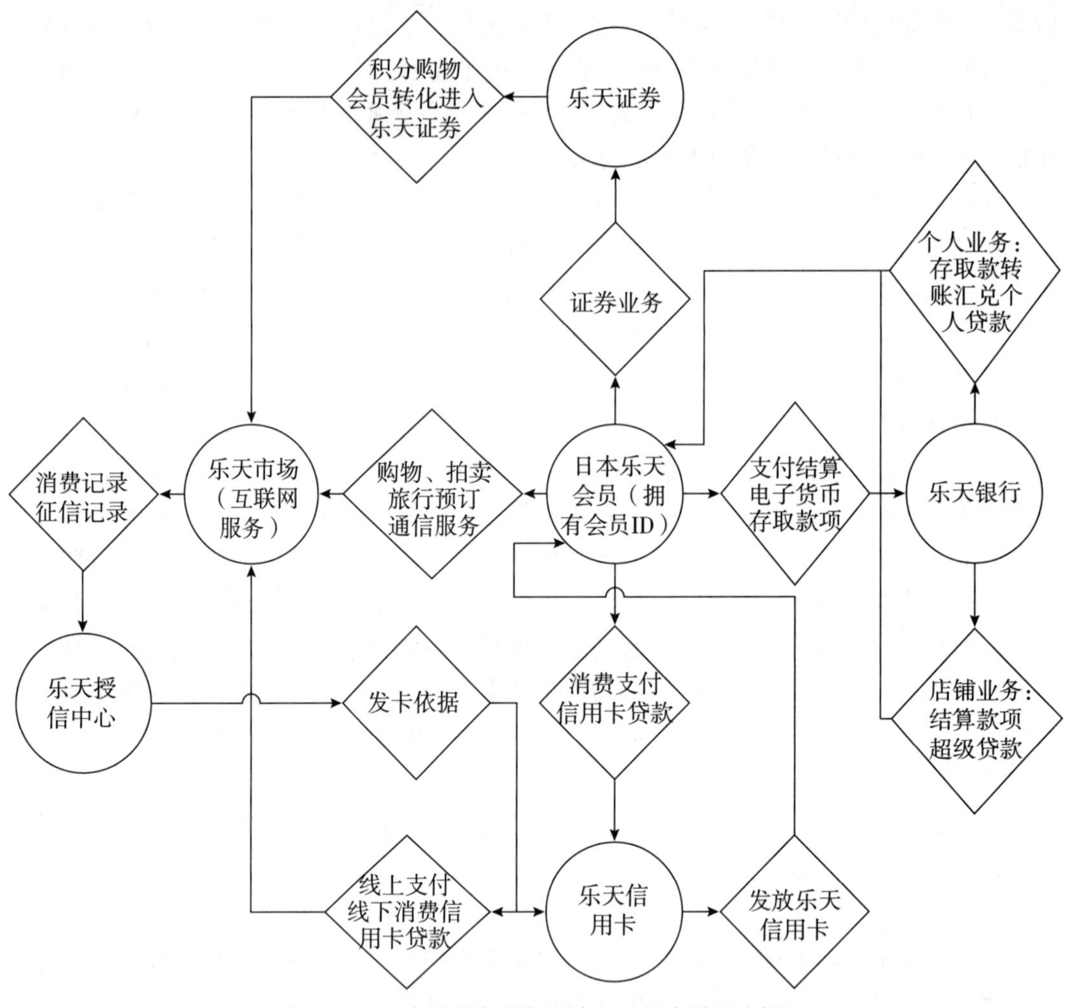

图3-2-6　产融结合业务系统（以日本乐天为例）

化的服务，满足了客户不同层次的需求。因此，产融结合必将是互联网金融一个新的突破点，产业公司的互联网化也是下一轮互联网金融革命的重要力量。

四、征信体系

征信行业是金融体系的基础设施。完善的征信体系，可以有效降低借贷双方相互了解的“调查成本”，减省社会信息费用，便于制定风险价格，从而优化和促进一系列的金融活动，成为整个金融机制运行的润滑剂。

目前，国内征信体系难称健全，征信立法尚未完善，包括信用信息生产、信息收集、数据处理、信用报告以及信用评级和延伸服务等在内的征信产业链各环节发展都尚未成熟。信用体系的欠缺导致国内信用消费和信用贷款市场尚未得到充分开拓。

互联网的发展则加快了国内征信行业的发展进程，以互联网技术为核心的线上征信信息搜集成本极低，并可有效利用原先不被重视的社交信息、交易信息等作为信用评价的重要因素。传统模式下征信机构进行数据收集、分析，帮助企业制订方案或作出决策，然后再把新方案应用于消费者。而移动互联网的出现及数据分析能力的上升极大提高了信用机构为客户提供解决方案的速度，系统可以根据消费过程中新的行为数据即时甚至于自动做出响应，产生新的营销信息，并立即推送到客户移动终端。客户在移动互联网中可谓24小时在线，线上征信机构在其提供的市场营销服务和决策分析服务中能够实现在消费者购买决策的过程中，根据新产生数据即时精准地做出反应并作用于消费者，从而提高消费者向最终客户的转化率（见图3－2－7）。

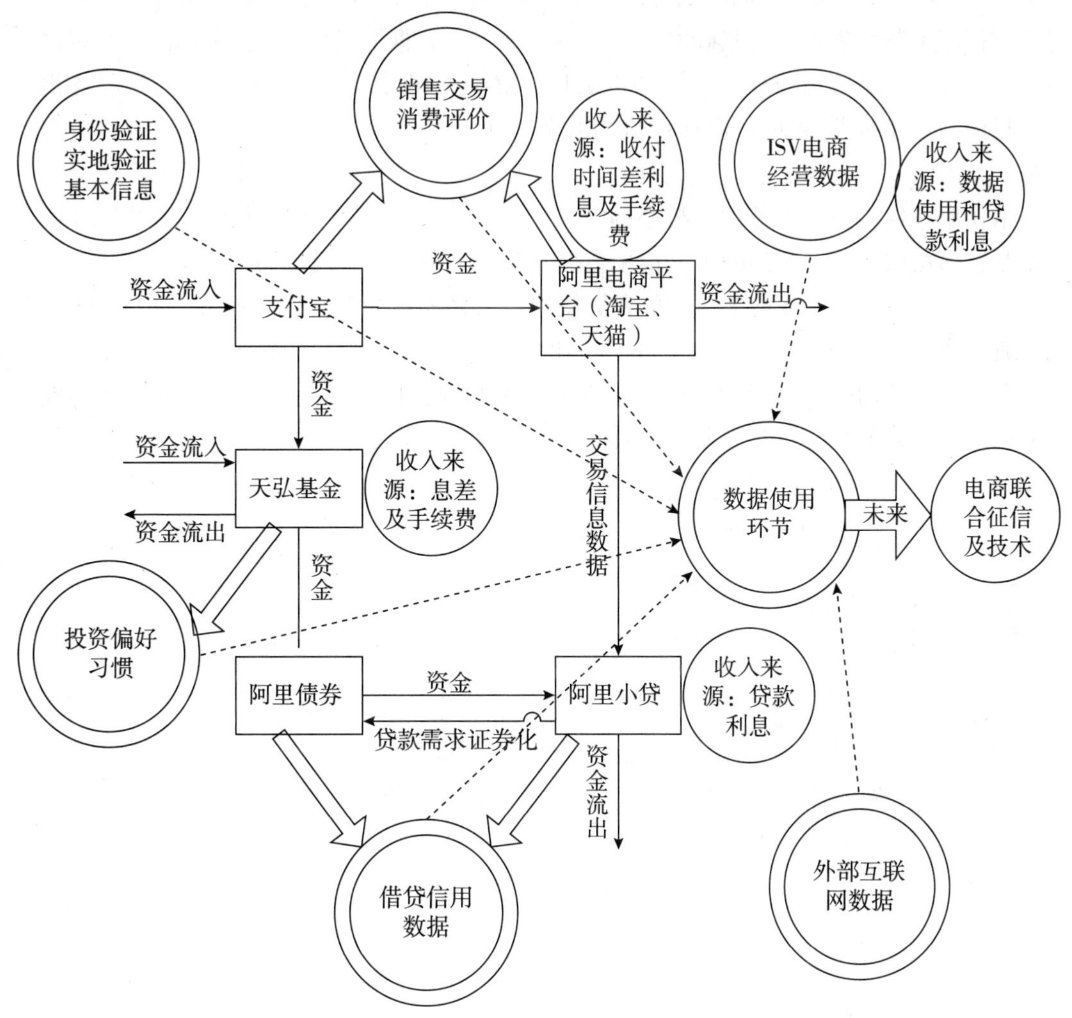

图3－2－7 以互联网技术为核心的线上征信（以阿里巴巴为例）

由于O2O的持续发展，线上和线下征信的界限越来越模糊，也有越来越多的传统征信机构开始采用互联网数据作为信用评价的重要依据。由此在互联和移动互联时代，互联网征信模式将使得线下线上信用信息逐渐融合在一起，不分彼此，形成一个统一的信用信息数据网。届时，个人征信将覆盖更多人群，维度更丰富；企业征信数据亦日趋完善，进而降低企业乃至全社会融资成本，提高经济运转效率。

专栏3：美国个人征信机构 Experian 成为以信息为核心的信息服务提供商

Experian 是美国市场份额最大的个人征信机构。公司 2013 年营业额 47.13 亿美元，全球雇用 17000 名员工，在 40 个国家设立办事处，客户遍及 80 个国家。它拥有 30 多年的征信数据管理及建模专业知识，持有超过 4 亿个人客户和 5000 万家企业的信息资料。公司从美国的个人征信业务起家，起初主要向金融授信机构出售个人信用报告。在个人客户数据库不断积累扩大的基础之上，收集中小企业数据，营销相关的消费者行为数据，逐步发展成为提供信用报告、决策分析工具、解决方案等以信息为核心的信息服务提供商。目前公司主要提供四大业务：信用服务、决策分析服务、营销解决方案和消费者服务。

信用服务作为公司最基础、核心的业务，对营业收入的占比将近 50%，并且其他业务都是在信用服务业务积累的个人信用数据基础之上逐步衍生发展而来。

从图 3－2－8 中企业的主要竞争者提供的产品服务来看，只有 Experian 涉及了四大业务，其他竞争者都是在一个、两个或三个业务上与之竞争。公司提供了更为全面的产品和服务。由于信用产品的背后支撑是数据库，不同数据库信息组合产生范围经济的效果也使得 Experian 的多元化产品服务更具优势。

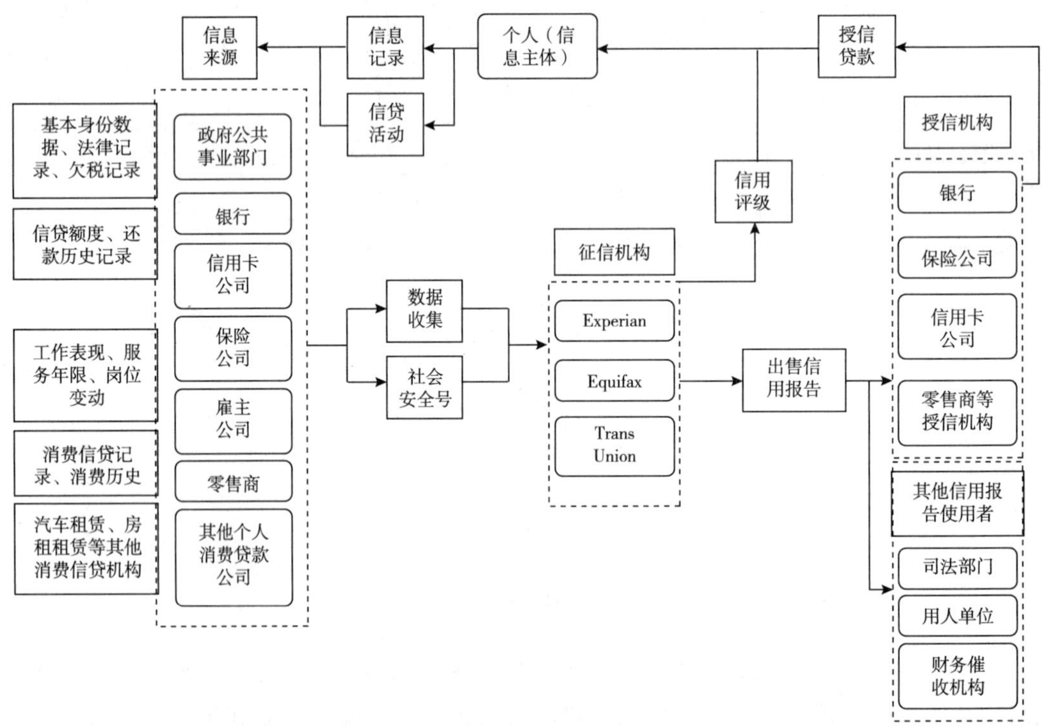

图 3－2－8　美国征信体系业务系统

目前，Experian 把自己定位为全球领先的信息服务公司，是个人信息产品的供应商，向世界各地的客户提供数据和分析工具。该集团帮助企业管理信贷风险、防止欺诈行为、确定营销目标，以及实现自动化决策。同时，Experian 也帮助个人用户查询自己的信用报告和信用评分，并防止身份盗用。

征信公司 Experian 的盈利方式依靠销售信用报告、出售信息数据、信息数据处理软件、工具以及提供信息解决方案来获得收入。因此其主要的成本支出在于人力成本和数据的获取成本。尽管公司的营业收入在 2008—2011 年经历下降，但其息税前收入依然保持稳定的增长，近三年 EBIT 的增长幅度保持在 16%。与公司的主要业务相对应，公司的主要客户集中在金融行业、零售行业以及直接面向消费者的信用业务。公司在 2013 年不断扩展新的行业客户，使客户的构成更加多样化，2013 年新增的行业包括了科技传媒以及医疗业。拥有大数据作为基础，通过不断挖掘数据本身的价值以及不同数据相组合后产生的信息，公司还可以扩展更多有潜在需求的客户（见图 3-2-9）。

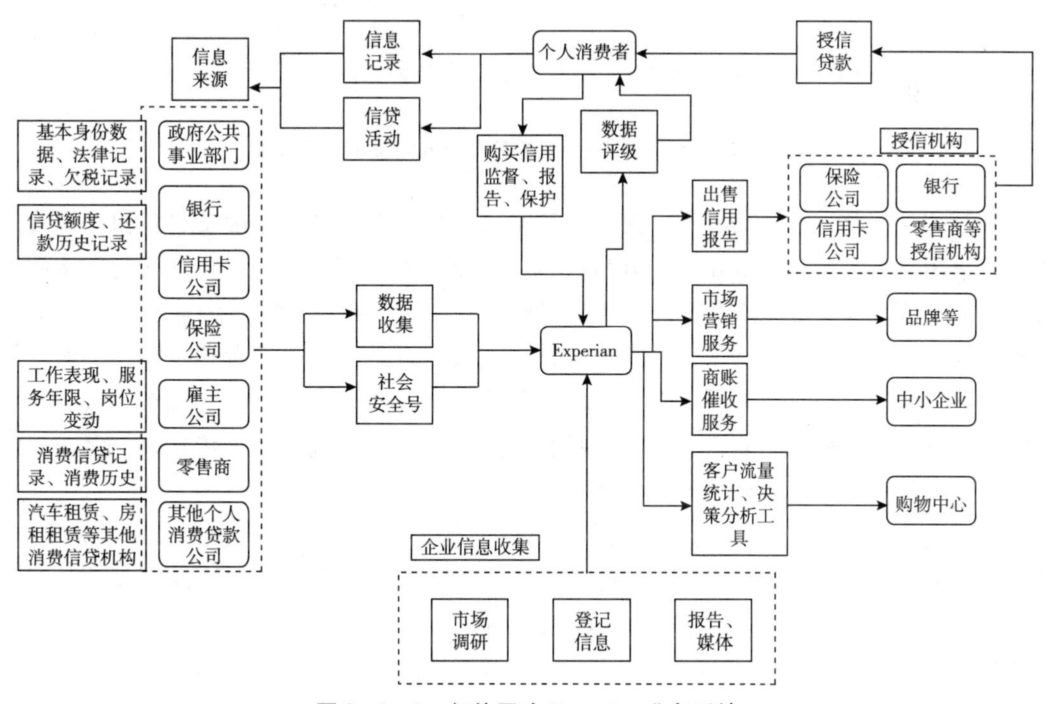

图 3-2-9　征信巨头 Experian 业务系统

五、众筹

众筹是指项目发起人利用互联网，发动众人力量，筹集资源、能力和渠道，为小微企业或个人进行某项活动、项目或创办企业提供必要的资金援助的融资方式。如果说 P2P 是互联网金融时代的新型债权融资渠道，那么众筹（尤其是股权制众筹）则是互联网金融时代的新型股权融资渠道。

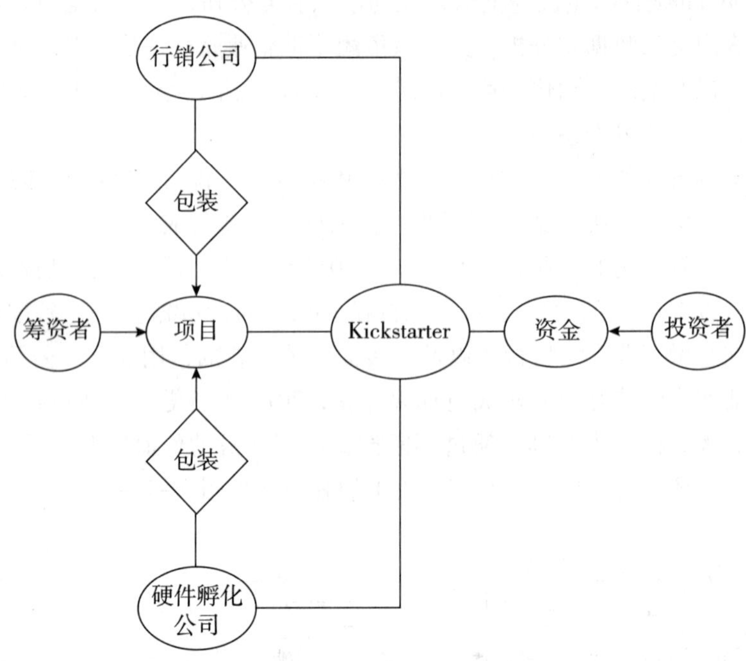

图 3 - 2 - 10　众筹业务系统图（以 Kickstarter 为例）

众筹的参与者一般是发起者、支持者和平台，其中平台作为连接发起者和支持者的媒介，借用互联网搜索技术和数据分析技术，将众筹发起者和支持者相互匹配，从而更好地确保投资者或者是支持者便捷搜寻到投资标的，而发起者（或是融资者）顺利募集到资金或其他资源。也就是说，作为平台，其主要职责是撮合筹资者和投资者，消除信息不对称，促进项目成功。所以对于项目的初步创意、产品设计、后期运作、风险控制不需要影响，而是将主要的资源用在了项目筛选分类、项目包装和宣传建议，促进支持者和发起者信息的沟通（见图 3 - 2 - 10）。

众筹模式也是借助互联网低交易成本的优势，筹集个人闲置或项目支持者的零散资金。众筹融资额度偏小，渠道来源宽广，事实上是打通了长尾投资者与股权融资者的通道，为小微企业和个人项目活动提供更宽广的融资渠道。相较于其他股权融资模式，众筹可以实现低门槛创业，能够有效预测市场需求和市场响应，同时可以实现低成本的市场推广。

当然，众筹模式不仅仅有股权制众筹，还有诸如债券性众筹、奖励制众筹和募捐性质的众筹等，其目标都是实现资金供求方自由匹配，双向互动，实现一对多的资金募集。作为互联网金融最引人瞩目的模式之一，众筹因诸如监管和国内对公开募资的规定等诸多限制因素仍然无法发展壮大，仍待政策完善和立法的规范。

六、第三方理财

2013 年 6 月 23 日，依托第三方支付工具支付宝的余额理财产品“余额宝”正式上线，一年内用户数量超过 1 亿，并且成功收购天弘基金，资产规模超过 5700 亿元人民币，成为世界第四大货币基金，与之类似的各类“宝宝们”的出现引爆个人理财市场，由此，基于互联网的第三方理财逐渐引人注目。

第三方理财是指独立于银行、信托等传统金融机构，独立分析客户财务状况和理财需求，为客户选择投资工具，提供理财规划的中介机构。在互联网兴起之前，只有高净值客户才能享受第三方理财公司的专业理财服务，银行、信托等传统金融机构专业理财服务主要面对高净值客户开展，如商业银行普遍以5万元作为理财产品购买的下限。互联网兴起之后，第三方理财的客户范围拓展到了广大的普通客户，采用原先不能低成本使用的投资工具得以有效汇聚大量闲置资金，购买相应的金融产品（见图3－2－11）。

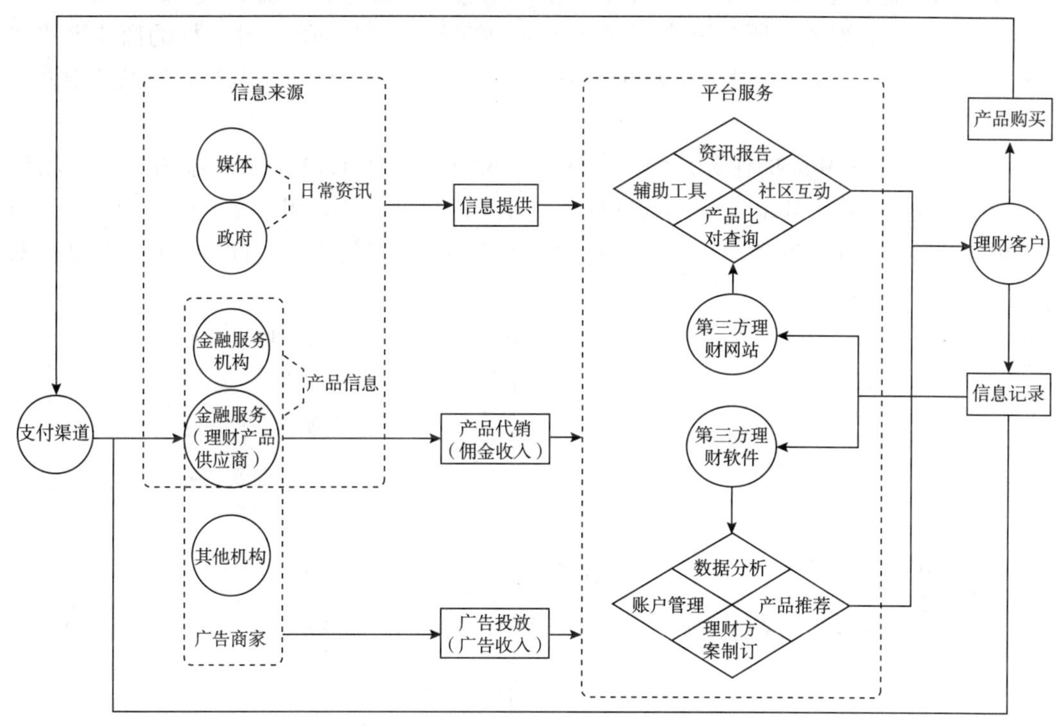

图3－2－11　第三方理财业务系统

在国内，第三方理财占据的资管市场份额非常小，然而移动互联网从两方面有效突破了制约第三方理财业务发展的桎梏，放量增长的潜力值得期待。一方面，理财产品可以在随身携带的移动客户端上提供，解放了理财者的作业空间，可以随时、随地理财；另一方面，互联网金融的低成本优势可以方便快捷地汇聚闲置长尾资金，满足碎片化的理财需求。并且，在大众理财需求得到满足的过程中理财意识与习惯也将得到培养与强化，从而增强用户黏性和创造更多的理财需求、带动更多的理财供给。面向未来，第三方理财产品不仅要颠覆基金业，还将更深度扩展资产管理和财富管理，不断为客户创造价值。

专栏4：美国Mint定位普通家庭中的理财者

Mint是美国个人理财软件中最为成功的案例之一，它成立于2007年，主要为美国和加拿大的用户提供免费的个人理财服务。2009 年 9 月，Mint 被美国著名的会计软件公司 Intuit 以 1.7 亿美元的价格收购，Intuit 旗下还有 Quicken、Turbotax 等人气很高的理财软件。

传统的第三方理财定位于高净值客户，而 Mint 则定位于美国和加拿大普通家庭中的理财者。Mint 理财门槛非常低，目前用户数已经超过 1000 万。根据“二八理论”，20% 的富人拥有 80% 的财富，而剩下的 80% 的普通人则拥有 20% 的财富。因此我们可以看到互联网为第三方理财带来的巨大转变，原本很难享受专业理财服务的 80% 的大众，如今可以在互联网这个平台上更好地管理自己的财富。以 Mint 为代表的理财软件定位于长尾市场，主打为普通人理财。

Mint 的商业价值是非常可观的。在被收购之前它一共获得了 3100 万美元的融资，2009 年完成了最后一轮融资，所获风险投资资金为 1400 万美元。究竟是什么样的商业模式让 Mint 获得了引人注目的成就呢？我们重点来看一下它的业务系统、盈利模式以及关键资源能力。

图 3－2－12 是 Mint 的业务系统图。从图中我们可以看出，Mint 的利益相关者包括用户、理财产品供应商。Mint 商业模式的创新点在于，它可以整合用户多个账户的信息。用户可以将储蓄、贷款、投资、退休金等多个账户与 Mint 账户绑定在一起，Mint 会自动更新

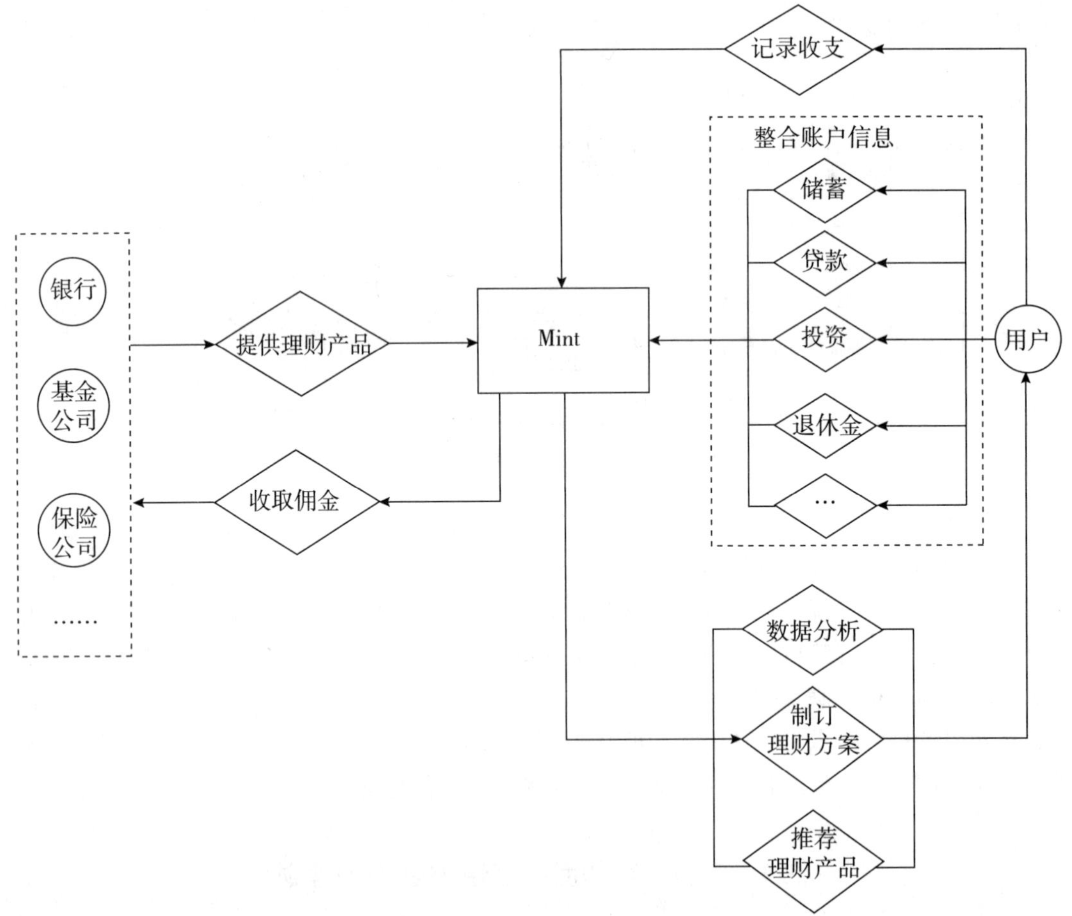

图 3－2－12　Mint 业务系统

这些账户的信息。因此用户可以在 Mint 这一个平台上快捷地查询其他账户的信息，包括余额及交易情况。同时，用户还可以在 Mint 上记录收支情况，Mint 会自动分类（包括餐饮、娱乐、交通等）。Mint 为用户提供数据分析与统计的功能，并根据用户的信息为其制订理财方案、推荐最省钱、最赚钱的理财产品。若 Mint 在分析用户的消费数据时发现用户的信用卡利息较高，它就会建议用户申请其他信用卡，并为用户提供申办信用卡网站的链接。因此，对于用户而言，Mint 就是一个财务账户中心，只需登录 Mint，用户就可以对自己的财务状况一目了然，且可以选择最适合自己的理财方案。银行、基金公司、保险公司等传统金融机构为 Mint 提供理财产品，Mint 向用户推荐购买，并从中收取佣金。截至 2010 年，Mint 已连接超过 16000 个美国金融机构，支持理财专户超过 17 万个。

Mint 奉行互联网普惠化、大众化的原则，向用户提供免费的理财服务，这种免费策略及良好的用户体验为其积累了丰富的用户资源，包括良好的口碑、强大的用户数据库等。Mint 的收入主要来自上游的理财产品供应商们，通过推荐用户购买适合的理财产品来向供应商们收取佣金。这种向用户免费、向金融机构收取佣金的盈利模式简单易行，为 Mint 带来不少利润，众多其他理财软件也纷纷效仿。

七、互联网巨头切入金融

互联网技术变革对金融创新的促进，其中的一个受益方来自传统的互联网巨头，主要是以百度、阿里巴巴和腾讯为代表的 BAT。

这些互联网巨头在传统互联网时代和新兴的移动互联网时代都积累了大量的技术储备、数据资源、体系能力，这为他们切入金融创新创造了很好的条件。

百度的基础在于多年积累的海量信息和高效的搜索技术，占据着国内搜索市场 70% 份额，用户数量超过 5 亿。对整体宏观信息、整个市场形势的搜索和分析，百度具备先天性优势。

阿里巴巴的基础在于交易关系，淘宝、天猫、支付宝等电子商务的交易模块体系完整，移动端布局在 2014 年也开始发力。由于电子商务的本质是实体产业的互联网化，正如线下实体需要金融支撑一样，线上电子商务的金融切入，阿里巴巴易占先机。

腾讯从即时通信软件起家，依靠海量的 QQ 用户数量，几乎横扫传统互联网全部业务，在移动互联网时代，微信的异军突起，使腾讯的优势得以延伸到移动端，因此，强关系（微信）或者弱关系（QQ）的社交关系是腾讯的根本，也是其发力互联网金融创新的着力点。

事实上，三家互联网巨头对互联网金融的发力也正体现了资源能力出发点的差异。百度百发的起点在于百度的海量信息和搜索技术，打通的是搜索和理财；阿里巴巴余额宝的起点在于支付宝的海量存量用户和资金，打通的是电商交易和理财；腾讯微信支付的起点则在于微信的社交关系，打通的是社交和支付。

当然，由于互联网的技术更具备普遍性，巨头的竞争也逐渐出现“你中有我，我中有你”的局面：阿里巴巴的支付宝移动端加入了社交元素；腾讯的微信支付加入了交易关系，微店、打车，都是有益的尝试。

随着移动互联网的深化演进，每个人的不同属性和场景都会被切割得无限细。从而会出现两种背离的趋势，在不同场景、不同属性下采用不同的业务，或者不同业务之间形成场景、属性的整合。所以，小到支付宝和微信支付的竞争，大到 BAT 甚至京东的互联网金融竞争，都会呈现越来越复杂的趋势。你中有我，我中有你，竞争与合作共存、交替出现，在未来将成为一种新常态。

专栏5：百度百发

百度搜索平台积累的知名度与人气可以将流量引向百发，作为百发的入口。百度作为中国互联网的第一入口，在聚拢人气方面具有特别的战略优势。百发则是实现搜索“变现”的一种方式，这也许能转变百度过去以广告收入为主要营收的模式。

百度搜索平台占据的优势地位也为百发与金融机构合作提供了谈判筹码和强大的议价权。据悉，越来越多基金公司更愿意选择百度这种成本低、用户来源广的合作平台。百度有一种非常开放的互联网金融心态，从不歧视中小基金公司，并站在产品角度为客户价值考虑，合作模式与以往的通行模式有着明显差异。大量的基金公司更看重百度平台的开放属性，双方都拿出自己的优势项为投资者创造价值，达到共赢（见图 3－2－13）。

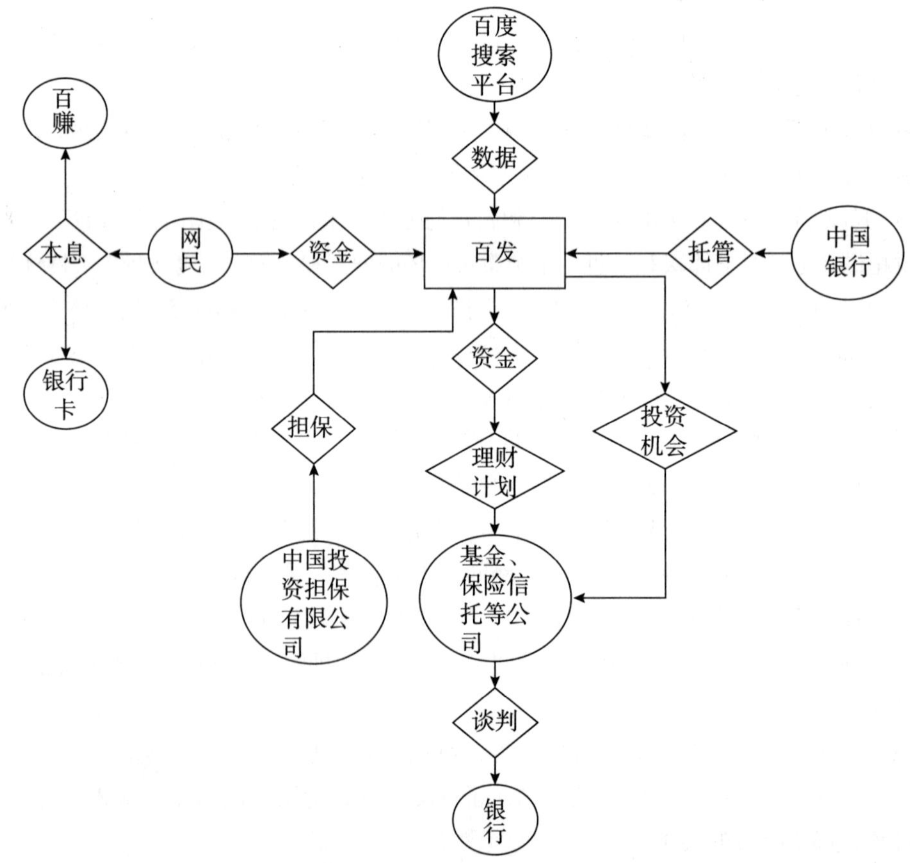

图 3－2－13　百度百发业务系统

专栏6：阿里巴巴余额宝

截至2014年3月第二周，阿里巴巴旗下余额宝已积累了至少5000亿元人民币存款，成为全球第四大货币基金。①

阿里巴巴自2013年6月13日推出余额宝，6天即破百万用户，至当年11月14日天弘基金发布数据显示，增利宝用户超过3000万人，规模1000亿元，不到半年成长为国内首只规模突破千亿元的基金产品。余额宝扮演了网络平台的角色，通过已有的支付宝和淘宝客户资源，将散户资金与阿里巴巴旗下天弘基金“增利宝”货币基金对接，大大增加了客户对于支付宝的黏性和忠诚度，形成大规模的客户资源，最终形成正向累积效应。

通过未来不断优化商业模式并整合资源，阿里巴巴全面整合支付、结算、接待、信用、保险、理财等业务，形成自己独特的运营体系（见图3－2－14）。

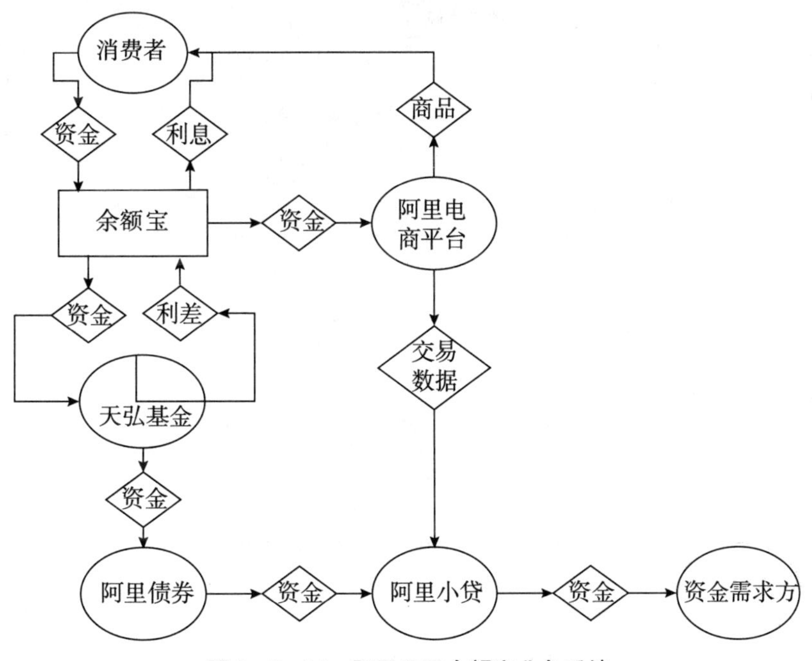

图3－2－14　阿里巴巴余额宝业务系统

专栏7：腾讯微信支付

微信及第三方支付平台财付通共同创新的移动支付产品——微信支付，目的是为大众微信用户和商户提供更便捷的支付服务，其中财付通为微信提供支付及安全系统。其主要应用范围：线下扫码支付、公众号支付、Web扫码支付。目前为止，微信支付支持

① BCG：《互联网金融生态系统2020——新动力、新格局、新战略》，2014年9月。

好友转账、条码刷卡付款、话费充值、理财通购买、微信红包、Q 币充值、微信电影票、飞机票、大众点评、嘀嘀打车、信用卡还款等各类功能（见图 3－2－15）。

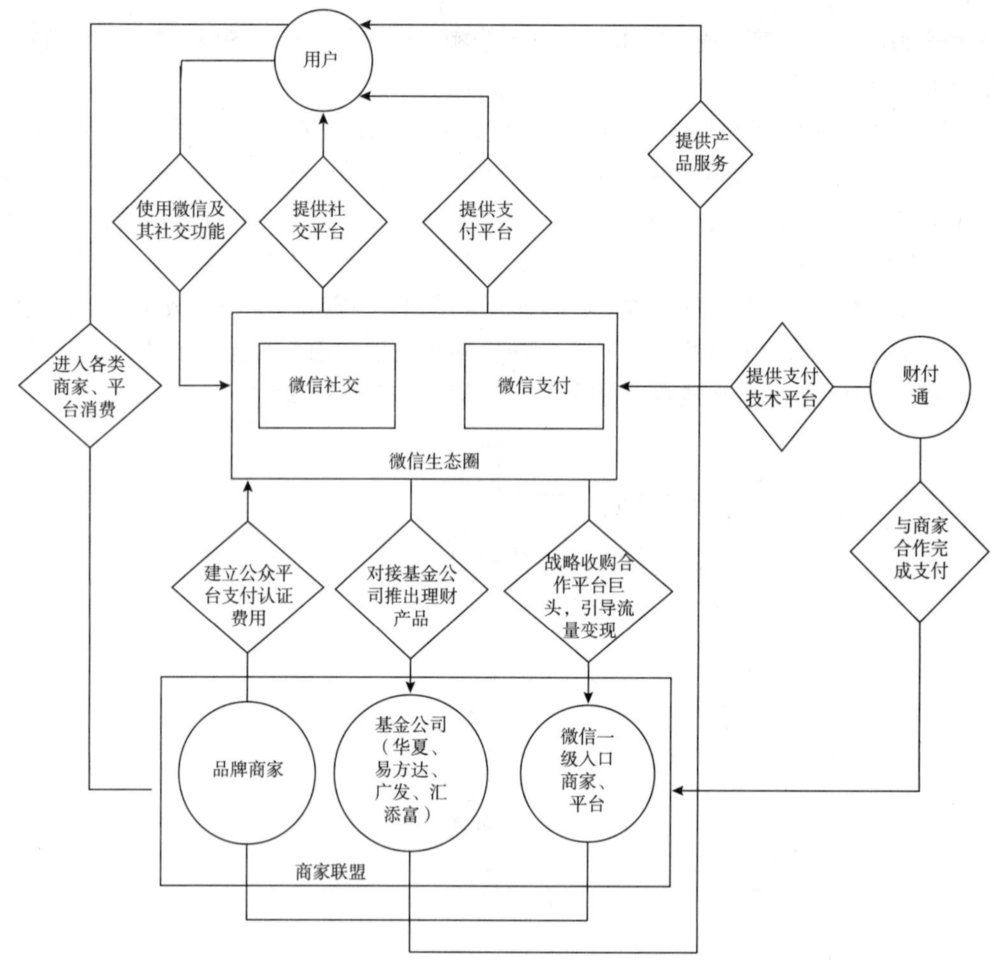

图 3－2－15　腾讯微信支付业务系统

微信支付主要目标群体分为以下几类：

微信用户：目前为止，微信用户数量已经突破 6 亿。微信支付旨在通过提供各类方便快捷的生活服务要求用户绑定银行卡，从而使用微信支付。一旦用户绑定银行卡，并且依赖于微信所提供的各类产品和服务，用户黏性就会继续增强。

各大商家：微信为各大商家提供公众号，从而建立了顾客和商家之间的密切沟通。各大商家无论是独立的公众号，还是依赖于类似京东、易迅这样的集中化入口，都通过微信支付这一桥梁和顾客实现利益关联。

出租车司机：由于“嘀嘀打车”正式入驻微信，因此出租车司机成为微信支付的一个特殊群体。出租车司机下载安装各类打车 APP，从而实现抢单，接单，收款等一系列流程。

总之，微信支付是联通 O2O 的超级生活服务平台，实现 O2O 闭环，满足线上用户的线下需求。微信支付打通了电商渠道，同时为微生活和 O2O 微店打下了坚实的基础。

八、传统金融机构接入互联网

对传统金融机构而言，互联网不是一个新话题，却是一个需要认真应对的新问题。

近几年，新的互联网金融机构不断涌现，确实给传统金融机构带来了很多业务上的压力。但事实上，传统金融机构通过互联网技术进行金融创新也有一定的优势。

金融本质上是不确定环境下跨时间、跨空间的关于价值、风险和未来现金流的契约行为。核心有两点：第一，对不同资产形式（固定资产、流动资产、金融资产、现金等）的转换和风险定价；第二，如何打通产业与金融的链条，形成真正的产融结合。而这两点，传统金融机构都具备一定的先天优势。

平安集团的探索正迎合了以上两点：陆金所的出现和高速发展，实质上是把银行传统的票据等资产形式，通过互联网技术进行风险定价，并借助 P2P 的互联网交易方式实现了与客户的去中心化无缝连接；平安银行橙 e 平台的推出则在于借助移动互联网技术和交易思维打通产业与金融，目标在于实现真正的互联网时代产融结合。

此外，传统金融机构在品牌认知上、人员素质上也具备一定的相对优势，通过把传统金融业务电子化、互联网化，也可以实现“触网”的目标。传统业务的互联网化，也可以借助与互联网巨头的联手，形成商业模式上的互利共赢，未必要独力完成。国金证券与腾讯的合作正体现了这种强强联手的未来商业模式趋势。

总而言之，互联网金融是互联网技术变革下的金融创新。对金融体系而言，互联网金融是新经济下的新金融，对传统金融的改造和革新更多来自于业务创新、模式创新、价值创新。新型互联网企业可以切入互联网金融领域，传统金融机构也可以开展互联网金融业务。

因此，互联网金融创新对传统金融机构是机遇还是挑战，考验的是应对态度、业务设计、产品创新和商业模式。

专栏 8：平安银行橙 e 平台

2014 年 7 月 9 日，平安银行“橙 e 网”上线运营，一个集网站、移动 APP 等各项服务于一身的大型平台正式面市，意在帮助中小企业建立更加完善的电子商务 + 综合金融的生意管理系统和营商生态。

平安银行“橙 e 网”协同核心企业、物流服务提供商、第三方信息平台等战略合作伙伴，让中小企业免费使用云电商系统，以实现其供应链上下游商务交易的电子化协同。在橙 e 网构造的电商网络生态体系，无论是企业，还是个人用户，都可以进行在线商务（客户可以利用橙 e 生意管家在线下单、发货、结算和对账，即上下游协同管理在线进销存）、在线支付（因生意而付款）、在线融资（因生意而融资）、在线理财投资（客户可以在商城选取自己满意的理财产品）。橙 e 同时还嵌入了交叉销售的功能，把集团的保险产品等内嵌到平台中，为客户提供一站式的综合金融服务（见图 3 - 2 - 16）。

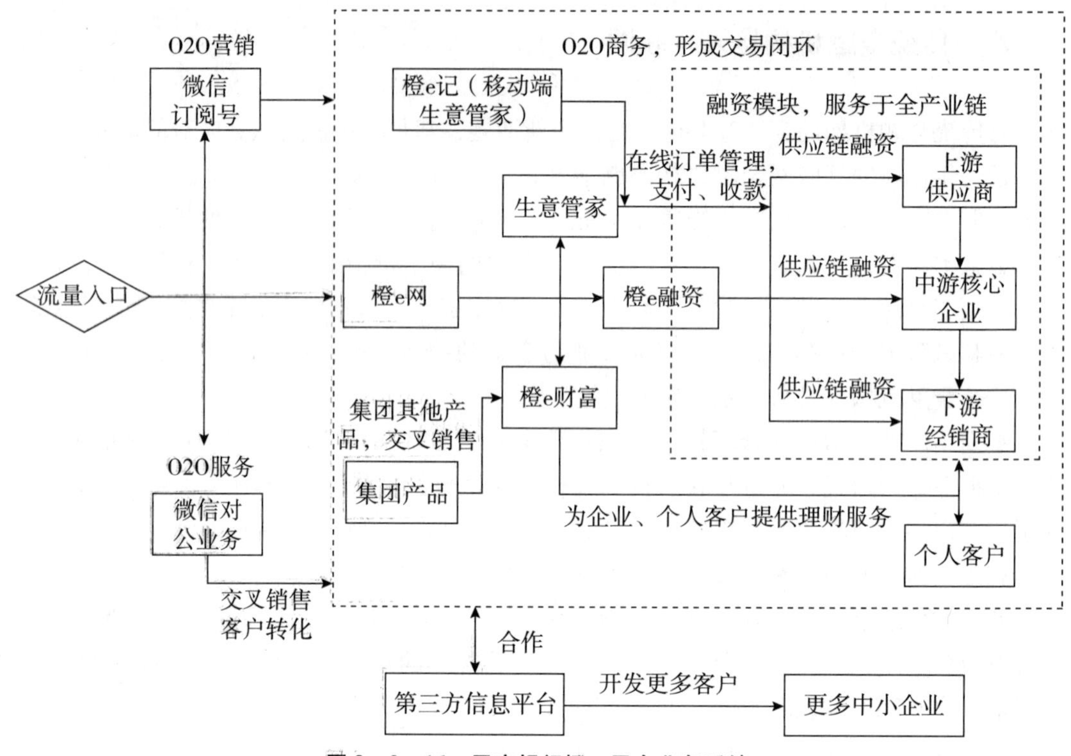

图 3-2-16　平安银行橙 e 平台业务系统

橙 e 平台中的橙 e 财富、橙 e 融资以及第三方信息平台有着特殊的意义。橙 e 财富将融资扩展到资产管理领域，既可以探索进行一些类资产证券化的服务以应对界外机构竞争，同时也为平台上众多 B 端用户（企业）的具体经办人 C 提供了一站式理财增值服务。

而橙 e 融资则可以服务于供应链的全链条企业，不仅仅是上游企业。在国外，供应链金融更为常见的模式是借助核心企业为其上游企业提供供应链金融服务，而对于橙 e 融资，它把融资服务拓展到了整个产业链，包含了上中下游的所有企业。

橙 e 融资将第三方信息平台作为批量获取供应链金融客户的战略合作伙伴。供应链金融 3.0 时代是平台与平台之间的竞争，而第三方信息平台，特别是细分行业的深度垂直产业互联网平台，是橙 e 融资直接介入合作的对象。例如，橙 e 网与海尔 B2B 电商官网建立了系统级对接合作，只要是海尔经销商，且合作年限一年以上，就可以申请橙 e 平台的生意管家、融资等一系列服务。

同时，橙 e 网与政府、企业、行业协会等广结联盟，广泛汇聚企业的价值信息数据并探索基于大数据挖掘创新网络融资服务。橙 e 网秉承供应链金融领先优势，通过形成“订单、运单、收单”闭环数据，集成“价值信息 + 供应链信用”，新近推出了一系列网络融资产品，如与大型超市服务平台——合力中税合作推出“商超供应贷”；与海尔电器日日顺平台推出“采购自由贷”；与上海电子口岸的东方支付平台推出“货代运费贷”；与行业垂直类电商惠海国际推出“赊销池融资”；与跨境供应链服务平台一达通推出“在线贷贷平安”，与各地政府、产业园区合作基于纳税人在税务机关的纳税记录推出“橙 e

税金贷”等，帮助中小企业借助商业信用、交易信息和日常经营管理信息，有效降低信贷门槛和借贷成本（见图3－2－17）。

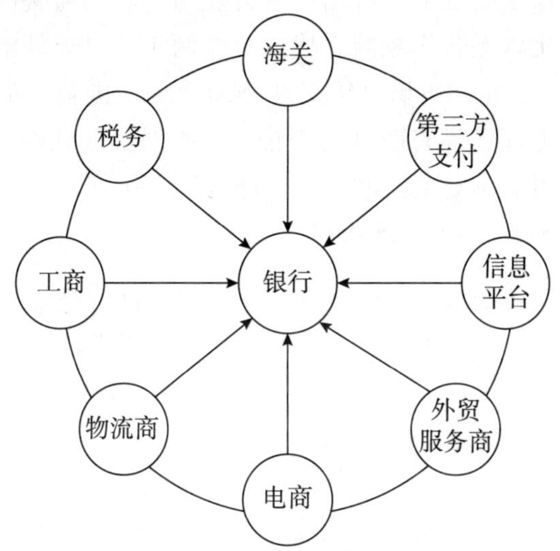

图3－2－17　银行与各类型平台合作

橙e平台与阿里金融在商业逻辑上有较多相似之处。陌生人的生意圈是阿里巴巴，而熟人的生意圈则是“橙e网”的战略定位。阿里小贷依托阿里巴巴平台的大数据，建立自己的风控体系，通过小贷业务变现数据积累。平安“橙e网”则以免费的生意管家“在线进销存”云服务吸引大量的供应链上下游企业，形成所谓的熟人生意圈后，用户的交易数据将构成数据库的内容。此外，橙e网还与第三方信息平台合作，与这些平台交换订单、运单、发票等有效信息，基于大数据分析为客户提供互联网金融服务。

与此同时，橙e平台还将微信订阅号、微信服务号、橙e网建成“O2O营销”、“O2O服务”、“O2O金融电商”的协同互动架构，形成微信订阅号营销导入流量、橙e网电商经营流量、微信服务号以服务转化流量的良性循环。平安银行公司微信服务号积极探索网络虚拟平台与银行线下网点的互动创新，率先推出微信开户、票据贴现预审预约等O2O服务，迄今已有近3万家企业享有该项特色服务，持续向橙e网转化流量客户。

整个橙e平台已经形成了一个闭环交易系统，打通了供应链金融的全部环节。总而言之，橙e网让平安银行在银行业的创新能力、互联网思维等得到了社会公众的进一步肯定。

专栏9：国金证券探索互联网券商

2013年12月国金证券公告与腾讯联手进行合作。双方协议中对与腾讯网部分合作明确具有排他性，使得国金先发优势明显；同时合作并不仅仅停留在当前的广告形式上，双方还将在各个平台合作网上经纪、产品销售等全方位业务。

国金与腾讯旗下腾讯网在网络券商、在线理财、线下高端投资活动等方面展开全面合作，腾讯将向国金开放核心广告资源，协助国金进行用户流量导入，并进行证券在线开户和交易，在线金融产品销售等服务。腾讯通过流量平台为国金提供持续的用户关注度。双方同意在以上合作基础之上，根据金融行业与互联网监管政策变化、市场发展形势和技术创新，共同深化以上合作领域。战略合作两年，由于腾讯在合作中投入大量核心广告资源和内容资源，国金向腾讯每年支付1800万元。国金公布了与腾讯的合作进展，在网络券商和在线理财方面已经有明确的安排，其中网页端软件、保证金货币基金、呼叫中心扩建等工作上线并投入运营。国金计划投资2360万元，同时约定每年支付腾讯1800万元的广告费用（见图3-2-18）。①

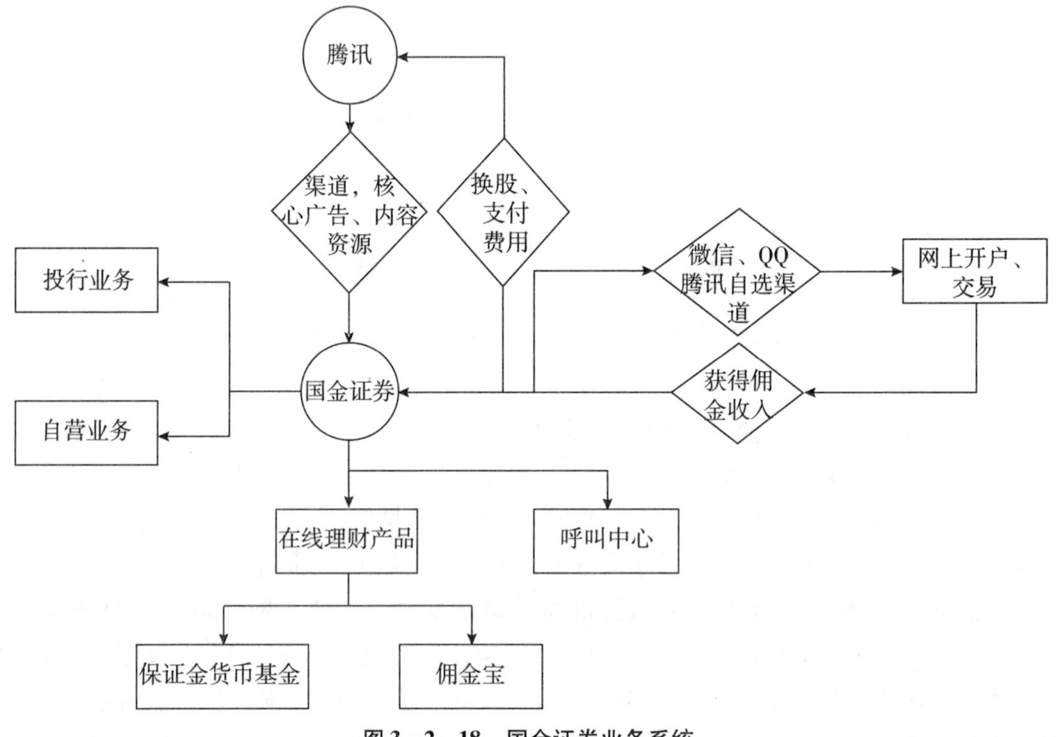

图3-2-18　国金证券业务系统

2013年国金证券经纪业务净收入6.4亿元，同比增长43%；2013年佣金率下降至0.097%；4季度公司费率上升1个BP至0.106%。国金与腾讯合作推出佣金宝后，A股新增股票账户数每周约15万~17万户，相比2013年周均开户数6万~7万户实现翻倍增长。开户数的快速增长与市场活跃度提升有关之外，估计国金的线上开户也是推手。腾讯旗下拥有8亿QQ活跃用户、6亿微信客户和千万自选股用户，合作将为国金导入海量线上客户资源。目前国金线下营业部较少，通过与腾讯合作，可实现经纪业务线上和线下联动发展模式。②

① 招商证券研究报告《国金证券（600109）携手腾讯 进军互联网金融》，洪锦屏、罗毅、沈娟，http：//www.600109.cn/report/doc.php？kind=stock&id=182893。

② 《一板块将决定后市走向》，http：//59168.com.cn/hbl/geguyanjiu/2014/0317/12078.html。

国金证券迫于线下网点限制，主动选择与线上巨头腾讯合作获得渠道上的拓展，但是两者的合作还有待于跨界相关法律法规的突破。

从公布的合作内容来看，腾讯除了投放广告资源之外，最重要的是通过其网页和手机软件自选股为国金提供客户入口，通过开发的网页和手机端软件实现全网络化的开户、交易、客服和在线理财。

专栏10：平安直通车险

2008年，平安保险试水网销车险业务，并且连续几年是国内网销车险的唯一代表。车主只需在网上填写车牌号、车架号、购买时间、地点等基本资料，就可以在10分钟之内办理全部投保流程，而老客户续保只需3分钟便可完成。网上投保成功后，纸质保单会在48小时内为投保人递送上门。至2010年，平安保险集团更是在网上开展了“直通”业务，建立了平安保险官方网站——平安直通保险。

平安保险集团的定位是通过设计各类保险险种，为客户提供全方位的保障与理财服务。而平安直通保险这一互联网金融创新，通过在线上搭建一个销售平台，将一些稍微简单的、适合标准化作业、可以直接通过网络投保的险种（如车险）放上来，利用互联网平台的便捷性和高效性，整合各方资源进一步提升保险服务的品质，从而吸引客户、方便客户、服务客户，同时也为平安保险集团做更好的宣传，增加营业额度，带来更多的利润。

一方面，平安直通车险的定位，是在传统保险服务的定位之上进一步拓展互联网渠道，从而得以向即使没有网点触及的客户直销体验更佳的服务；另一方面，网络直销可以更全面展示产品，拓展更多种新产品及产品组合，做到线上经营带动线下服务消费。平安直通保险提供多样的险种选择，提供精准报价和各种增值服务来吸引客户，让客户“投保不出门、低价不伤神、理赔不求人”。

平安直通保险网上平台还通过积分商城等活动，与各种积分兑换的商品或者服务的提供商进行合作，进行利润分成。通过与微信平台合作、设立微信公众号以完善线上宣传；而其身后的平安保险集团则是同时拓展了另外的O2O模式——进驻淘宝的天猫商城，开设了平安集团的官方旗舰店。这些合作模式同样帮助拓展了平安保险的销售渠道和数量、加强宣传效力，进而带来可观的利润。

第四节 未来格局：你中有我，我中有你，彼此辉映，相得益彰

通过上面对目前主流互联网金融的多种模式的陈述，课题组认为：互联网金融体系取代传统金融体系的时刻还没到来，也许永远都不会到来。互联网金融和传统金融的未来关系应该呈现出“你中有我，我中有你，彼此辉映，相得益彰”的图景（见图3-2-19）。

完整的现有图景可以用下图作一个概括，基础设施层、接入系统层、应用层都存在

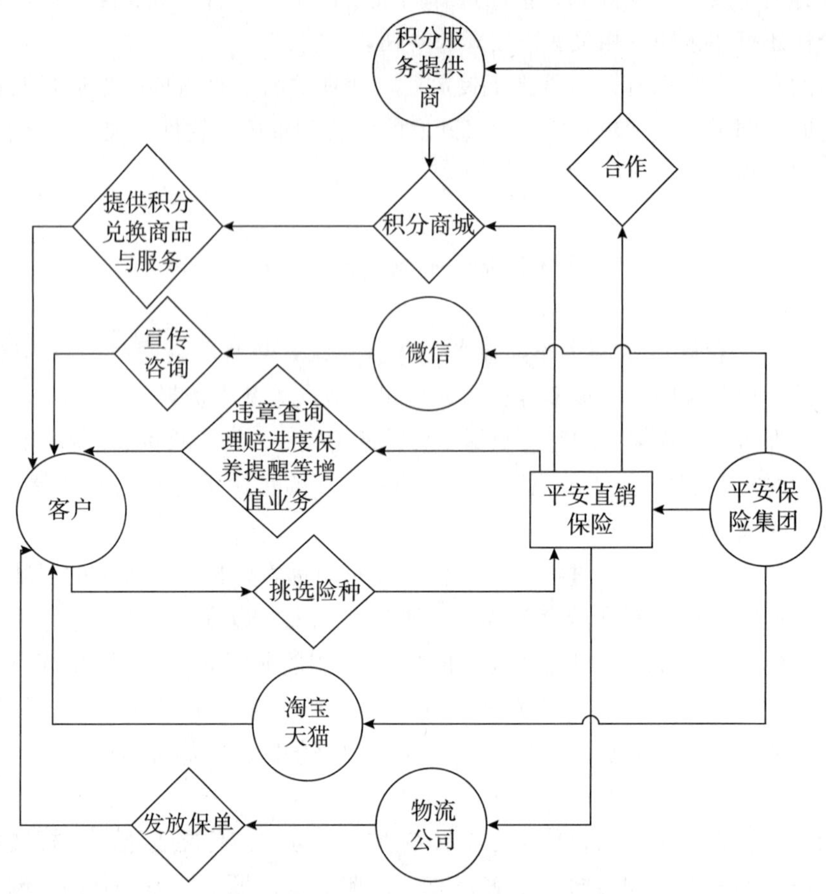

图 3-2-19 平安直通保险业务系统

不同程度的渗透、打通、交融。在时间上，渗透、打通、交融是不同的阶段；但由于金融体系不同产业层面的发展存在时差，因此从某个时间点看，渗透、打通、交融将呈现同时存在的状态。

具体而言，征信在金融基础设施这一层里面算是开始与移动互联渗透，因为人们的线下线上行为开始得到企业或政府的重视，多个互联网大数据创业团队也以此来提供人格化的征信报告。

间融和直融通过 P2P 和众筹打通了以往传统金融机构忽视的长尾市场。第三方理财仍属于摸索阶段，人们对第三方理财软件仍在培养信任和使用习惯；在交易方式上，有待转变为真正的定制化个人理财方案而非简单的产品分销；在风险意识培育上，还有待打破“刚性兑付”、理性理财，并迎来理财产品第三方专业评价市场的发展。

互联网时代的供应链金融角逐异常火爆，银行、金融机构与非金融企业竞相争夺，也引发了 IBM 等咨询系、华为等技术系、银行等金融系人才的创业潮，“互联网金融 + 供应链金融”融合发展加速。作为产业互联网的重要内核，供应链电子商务和商流、物流、资金流与信息流的“四流合一、在线协同”指日可待，但实现产融结合还为时尚早（见图 3-2-20）。

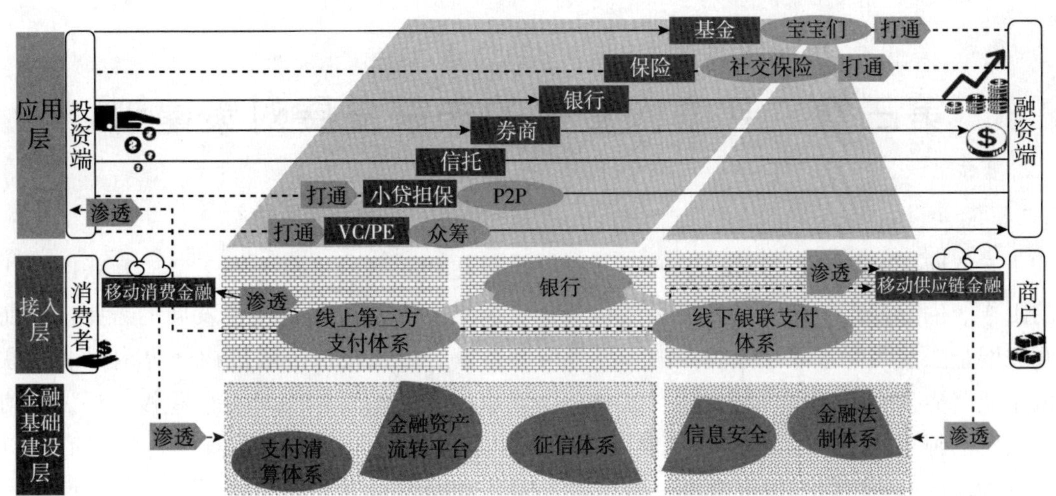

图 3－2－20　互联网金融和传统金融相互渗透、打通、交融

车辆保险、意外险、旅游险等简单险种基本实现了互联网化，但寿险类产品仍处于原始的代理人线下销售状态，泰康率先玩起了“微互助”防癌险，保险资金的投入开始实现透明化和购买过程的社交娱乐化。

因此，就目前而言，在整个金融体系的互联网化进程中，旧的界限正在被打破，但新的结构还远远没建立起来。

第三章　互联网金融的未来发展对策建议

互联网金融是经济新常态下的新金融，其存在和发展的生命力在于适应互联网时代的工作、生活方式，符合产业交易结构特征、满足实体经济互联网化发展的需要。目前互联网金融发展业态可以分成界内和界外两股力量。传统银行金融机构（界内）和互联网企业（界外）都紧密围绕支持“实体经济互联网化转型”的战略方向积极布局。如阿里巴巴的阿里小贷、京东商城的供应链融资“京宝贝”等，基于自身平台的“商流订单—物流运单—网络支付资金流—信息流”闭环数据给予网络融资；平安银行的商超发票贷、税金贷、货代运费贷，招商银行的政采贷、商采贷等，是传统银行利用产业生态数据解决中小企业融资难题的积极尝试，是互联网金融创新支持产业互联网化领域的成功实践。这些成功实践，包括余额宝、百度百发等碎片化理财，一方面，通过金融应用层商业模式的创新，扶持实体经济尤其是中小企业转型，助推产业链的整合升级；另一方面，匹配消费者碎片化的金融服务需求，切入衣（医）、食、住、行等生活场景，构建了多样化、差异性的金融应用体系。

互联网金融在提高金融服务效率、降低交易成本、满足多元化的投融资需求、扩大金融服务对象、提升金融普惠性水平等方面，发挥了积极作用。然而，界内界外两股力量在应用层面的创新发展过程中，由于其成长的土壤不同，发展规则相异，造成产业应用产品同质化严重，基础设施金融资源重复建设、资源虚耗的现象。因此，通过整合金融各业之间的公共服务和共性资源，推进金融基础设施建设，对于我国处于全球领先的互联网金融领域，具有重大的战略意义。

第一节　国家和金融监管部门尽快出台相关政策，落实负面清单，营造良好的政策环境

国务院高度重视互联网金融发展，2014 年政府工作报告明确提出促进互联网金融的健康发展。人民银行正在牵头制定促进互联网金融健康发展的指导意见。天津、深圳、广州、贵阳、上海等地方政府相继发布鼓励互联网金融产业发展的扶持政策。同年 12 月，深圳前海微众银行获批开业，成为国内第一家互联网银行。2015 年伊始，李克强总理在深圳考察微众银行时，鼓励互联网金融创新发展，倒逼传统金融加速改革。中国的互联网金融有着广阔的发展前景，目前已经领先欧美发达国家，建议国家和金融监管部门尽快出台相关政策文件，落实负面清单，在明确底线的基础上，为行业发展预留一定空间，鼓励互联网金融的创新和发展，营造良好的政策环境，推动我国互联网金融产业的稳定、健康、可持续发展。

第二节　统筹规划，推动互联网金融行业自律与法律体系完善并进

与互联网金融业务发展态势相比，我国网络空间法律建设相对滞后，网络侵权、网络违法犯罪等案件缺乏裁判标准和执法依据。2015 年，互联网立法将亟须迈出实质性步伐，加速网络法治化进程，将依法治网列入依法治国的一个重要方面，提升我国在网络空间治理的国际话语权。

目前，我国的互联网法律漏洞空白较多，而专门针对互联网金融的监管措施仍然未被提上日程，并未取得实质性进展。在我国法律体系内涉及到互联网金融的仅有《刑法》第一百七十六条【非法吸收公众存款罪】、《刑法》第一百九十二条【集资诈骗罪】来规范 P2P 的合法性；同时，银监会下发的《关于人人贷有关风险提示的通知》（银监办发〔2011〕254 号）也仅仅作为风险提示，第三方支付则有专设的《非金融机构支付服务管理办法》。互联网金融的出现倒逼立法机关和金融分业监管部门不得不随时留意市场动态，做出临时的行政指示，如往年的二维码支付叫停和中信的虚拟信用卡叫停等。

但这种临时性的监管并不能适应未来的互联网金融发展。通过法律体系构建，实现监管的常态化，亟待破题。

第三节　加强金融创新，借鉴成功经验，群策群力，共建金融基础设施

互联网金融业务的可持续发展，取决于底层基础设施建设的完备程度。例如：嵌入企业供应链交易环节的全流程融资服务依赖于交易、风险和主体征信等数据的互识共享，整合产业环境的综合金融服务依赖于连通的账户体系和统一的支付结算能力。具体来说，法人与非法人的银行账户开户，可以统筹其开立、年检、变更、注销等账户全生命周期管理，需要在具体的商业银行办理业务的，可相应增加银行标识和账户类别；日常具体业务办理，可由经过认证合格的商业银行网点承办，一经办理，账户、账号终身使用。

这些账户打通、便利性共享机制，电子凭证通行、网络身份认证体系、征信体系、跟踪打击泄露偷盗贩卖信息侦查系统、异构金融资产的流转交易等基础设施的开发、建设、普及和推广是多个国家级的浩大工程，需要发动全社会资源解决。

如何让多方资源配合、融合，光靠行政指令并不能让效率实现最大化；与此同时，多个如此耗资巨大的基础设施工程建立后还需长时间运转更新，仅凭借政府出资会造成巨大的财政压力。

可资借鉴的是，大洋彼岸的美国征信体系虽然是完全商业化运作，但有严密法律体系威慑和惩罚，实现了政府资源和社会资源的优势互补，效率得到很大提升。

第四节 营造金融体制创新环境，实现传统金融与互联网金融的协同监管和共同发展

在互联网金融业务快速发展的大形势下，传统金融机构限于监管规则约束及合规安全要求，依据传统观念识别和管理业务风险，无法适应互联网金融创新业务的快速发展。因此，传统金融机构需要加速体制创新，正视传统金融机构串联式流程化的、安全稳健的业务处理机制，与快速迭代、不断试错的开发模式之间的兼容性问题。如民生电商、民生易贷在股权结构方面积极创新，尝试多主体分业经营、协同发展，以取得界外企业快速响应、界内主体合规经营的融合效应；平安集团的多业态并举尝试综合金融与互联网金融融合创新的平台战略，等等，都是传统金融机构主动适应互联网思维的体制革新和有益尝试。

与此同时，应坚持监管规则的公平性，加强协同监管，防止监管套利，防止市场上劣币驱逐良币。无论金融机构还是互联网企业，针对相同的业务，监管的政策取向、业务规则和标准应保持一致。比如，商业银行个人理财业务均需遵循“风险评估”与“亲见亲签”，但互联网企业不受此约束，需要从功能或业务层面实现一致性监管，抑制市场政策寻租倾向。又如，为满足快速变化的市场需求，互联网企业可以做到敏捷开发，快速迭代，实时更新，但大并发量高峰期也时常出现系统“停摆”的情况。而传统银行在IT开发运维方面有严格的监管标准，以确保业务运行的连续性和安全性。建议若不涉及客户资金风险及客户数据安全的非核心应用，可以给予一定范围的系统出错容忍度。

此举有助于缓解商业银行等传统金融机构在开展互联网金融业务时，与第三方支付机构、电商企业等新兴主体的不公平竞争。传统金融机构与互联网企业不公平竞争的另一个体现是后者通过电子账户与商业银行资金账户关联，把商业银行账户作为渠道；而商业银行电子账户未获认可，一个原因是冲击了既有的账户体系。与此同时，企业在不同银行办理业务必须新开立账户，账户开立与管理占据了商业银行柜面业务的巨大工作量（在平安银行占到柜面业务的前3位），开户、年检、变更等简单重复但又十分重要的活动虚耗了大量的社会成本，然而商业银行一旦放松要求则可能面临巨大的合规风险和经营风险。

总而言之，基础设施（包括政策、硬件、软件等）的破题和解决可能是未来一个时期影响互联网金融发展的重大命题。这里面有政策立法，有机构到位，有技术设施打通，有合规体系，有商业模式创新，有产品和服务创新升级，需要激发社会各方面资源和智慧，也需要传统金融从业人员、互联网金融从业人员、政策部门、协会组织、研究机构学者、专家、传媒等多方合力探讨和加快行动。

相信，经过进一步的规范和发展，互联网金融会给我们产业结构带来更好的融通作用，为中国产业升级更好地承担金融加速器的功能，并为我国未来金融改革创造更好的契机！

撰稿人：平安银行副行长　胡跃飞
平安银行网络金融事业部总裁　金晓龙
平安银行网络金融事业部副总裁　梁超杰
元智商业模式研究院院长　林桂平
元智商业模式研究院院长助理　樊丽珊

第四篇

中国商品批发市场供应链体系发展思考

第一章　我国商品批发市场的发展历程与背景

在我国30多年改革开放的壮阔历程中，商品批发市场的产生、发展和演变无疑是重要的组成部分，是中国特色社会主义市场经济体系的重要载体，在促进连接生产和消费的供应链体系发展方面发挥了重要作用。

第一节　我国商品批发市场的发展历程与背景

伴随我国经济体制改革与发展30多年的历程，商品批发市场体系发展大体经历了五个阶段：

第一阶段（1979—1984年），是中国商品批发市场的恢复和初起阶段。其背景是，党的十一届三中全会开启改革的序幕，以家庭联产承包责任制为主要内容的农村改革率先启动，极大地释放了农村生产力，促使主要农产品产量持续快速增长（如表4-1-1所示），在解决城乡居民温饱问题的同时，农产品商品化率迅速提高，国家逐步放开了城乡集市贸易和个体经营（1984年，全国城乡个体户达930.4万户），逐步放开了小商品价格，对部分工业产品实行浮动价格。特别是乡镇企业的崛起促进了商品分销渠道的市场化发展，一些商品专业批发市场应运而生（如义乌、温州、武汉汉正街等）。当然，这一阶段的市场发育仍然是在计划经济体制总体格局未变的情况下展开的，且仅局限于消费品市场领域。但市场体系建设毕竟已经破土而出。

表4-1-1　1978—1983年农业总产值变化情况

年份	农业总产值（亿元）	农业总产值增长率（%）	农民消费水平增长率（%）
1978	1458.8	8.9	4.3
1979	1584	8.6	6.1
1980	1627	2.7	8.8
1981	2312	5.7	8.1
1982	2785	11	9.1
1983	3121	9.5	10.4

资料来源：国家统计局统计资料。

第二阶段（1985—1991年），商品批发市场建设全面展开阶段。其背景是，1984年《中共中央关于经济体制改革的决定》明确了社会主义经济是“公有制基础上有计划的商品经济”的基本认识，标志着经济体制改革重心从农村转入城市。商品价格体系、价格管理体制和价格形成机制改革取得明显进展，出现了政府定价、政府指导价和市场价格等多种价格形式。工业生产资料开始探索价格“双轨制”，即存量部分仍以计划价格运行，而增量部分则允许以市场价格进入市场流通（如表4－1－2所示）。1987年9月，党的“十三大”报告中第一次明确提出“加快建立和培育社会主义市场体系”的概念，同时提出“国家调节市场，市场引导企业”的改革路径，为商品批发市场的迅速发展奠定了基础。这一阶段的批发市场发育步伐明显加快。农副产品批发市场、工业品专业批发市场纷纷建立。各地政府也开始重视培育批发市场。这一时期市场的主要特征是交易规模有所提高，一些市场辐射范围明显扩大，逐步发展成为区域性市场甚至是全国性专业批发市场，市场功能和作用进一步发挥出来。但这时的批发市场仍有明显的局限性，改革仍主要局限于“增量”部分，市场的发育仍受到计划经济体制的羁绊。

表4－1－2　20世纪80年代重要原材料国家计划分配比重的递减情况　（%）

年份	1979	1984	1988
钢材	77.0	66.0	46.0
木材	85.0	40.0	25.9
煤炭	58.9	50.0	43.5
水泥	35.7	25.0	13.6

资料来源：张军《“双轨制”经济学：中国的经济改革（1978—1992）》，上海三联书店，上海人民出版社，1997。

第三阶段（1992—2001年），是商品批发市场快速发展阶段。1992年年初邓小平南巡讲话和当年召开的党的“十四大”，确立了建立社会主义市场经济体制的改革目标，提出了在国家宏观调控下，发挥市场机制对资源配置起基础性作用的重要理念。1993年召开的十四届三中全会，又进一步勾画出社会主义市场经济体制的基本框架，市场体系是其中的重要组成部分，并首次提出建立“统一开放、竞争有序的市场体系”的任务，为市场体系建设指明了方向，大大促进了商品市场体系的建设和发展。“十四大”是一个重要里程碑，标志着我国改革开放和现代化建设进入了一个新阶段。随之而来的是我国商品批发市场体系建设无论在广度上还是深度上都取得了前所未有的发展。随着市场化的商品价格体系和价格形成机制初步建立，出现了大量产地型、销地型和集散地型的农产品批发市场、工业消费品批发市场和生产资料批发市场，其辐射范围不断扩大。多种成分的市场经营主体出现。到1996年，已形成一定规模的农副产品批发市场3000余个，日用工业品批发市场600多个，生产资料批发市场800多个。已基本形成了以大中城市为核心、遍布城乡、多层次、多门类、广覆盖的商品批发市场体系。从市场类别来看，形成了以专业市场为主、综合市场和专业市场共同发展的市场结构。专业批发市场的功能得到逐步发挥并逐步完善，在配置社会商品资源，促进流通方面发挥了重要作用。1998年后，因亚洲金融危机的影响，国内商品批发市场进入调整期，一部分批发市场交易出现萎缩，功能弱化。但同时，一批重点骨干市场成长发育起来，到1999年，年批发交易额超过50亿元的特大型市场26个，成交额占同期全国市场的10.7%。

第四阶段（2002—2011 年），商品批发市场进入新一轮快速发展阶段。其背景是，进入“十五”时期后，社会主义市场经济体制初步形成，商品市场体系初步建立。特别是 2001 年年底中国加入 WTO 后，其市场体系更快地与国际市场接轨，促使中国商品市场体系在市场规则、运行机制、法律制度等方面与国际市场接轨步伐明显加快，市场体系不断完善，市场化程度迅速提高。在批发市场快速发展的同时，一些市场进入硬件更新和功能提升阶段。部分市场在企业制度和管理上谋求创新，规模扩大，辐射力增强。同时，一些采取新型组织形式和交易方式的现货批发市场出现，运用计算机撮合成交方式促进生产资料的批发。在连接产需，调节市场供求，形成稳定的市场交易秩序方面发挥了作用。

第五阶段（2012 年后），商品批发市场进入市场集中和创新发展阶段。其背景是，2012 年党的十八大召开，进一步推进改革和市场经济体制的建立。党的十八届三中全会提出“使市场配置资源发挥决定性作用，同时发挥好政府作用”，并全面部署了新一轮全面深化改革的蓝图。改革全面深化，对外开放水平进一步提高。与此同时，党中央在持续实施西部开发、东北振兴、中部崛起、东部率先的区域发展总体战略的基础上，又系统提出了重点推进“一带一路”、京津冀协同发展、长江经济带等三大区域发展新战略。这样的背景促使商品批发市场体系进一步发展。随着城市化的推进和城市功能的集约化调整，批发市场的集中发展趋势越来越明显，市场规模大型化，市场功能增加，增值服务能力得到强化，辐射力增强。一些市场开始向大型物流集配和分拨中心转变。这一时期，基于信息技术改革和互联网技术支撑下的电子商务得到了快速发展和广泛应用，新的商业模式不断创新，电商实现的市场交易额高速增长（2014 年，电商零售市场交易规模已达 2. 3 万亿元），并带来了商品市场体系的创新和变革。传统商业模式和有形交易市场受到新模式的冲击，电商对传统交易市场提出了巨大的挑战。尤其是一部分集散地和销地型市场受到电商的分流出现萎缩现象。实体市场大分化、大变革、大重组和大整合时期到来。

第二节　商品批发市场体系发展的现状与背景

一、商品批发市场体系发展现状

从市场总量看，2013 年，我国商品批发交易市场总数保持 8 万个，亿元以上商品交易市场 5194 家。全国批发交易额超过 9. 5 万亿元，比 2004 年交易总额 3. 4 万亿元高出 6. 1 万亿元。

从市场结构看，我国商品批发市场门类齐全，覆盖面广，形成了综合市场与专业市场多种类别，农副产品市场、日用工业品市场、生产资料市场多重特色，大型批发市场与中小型零售市场多层次相结合，遍布全国城乡各地的市场群和市场带。

从区域分布看，商品批发市场的发展与经济发展水平密切相关。东部沿海及经济发展较快的地区，市场化进程较快，制造业比较发达，产业集群数量多、规模大，商品批发市场的辐射功能更为强大和密集。全国亿元以上市场，成交额超过1000亿元的地区依次为浙江、江苏、山东和上海，四地成交额占据全国市场总成交额的半壁江山。中部和西部地区批发市场发展速度较快。随着批发市场体系发展，一些商品批发交易市场集群形成。如长三角、环渤海、中原等中部、西南形成了许多商品交易市场集聚的批发市场集群。

从市场辐射和影响看，许多批发市场已经打破了地域界限，深购远销，连接产需，通过批发交易促进了我国商品的流通和区际之间贸易的扩大，带动了地方经济的发展，在一定程度上促进了全国商品的大流通、大贸易、大市场的形成，促进了商品流通和交换，促进了全国统一市场的形成。同时，一大批独具特色的品牌批发市场形成和发展。如郑州粮食现货批发市场、深圳农产品批发市场、义乌中国小商品城，中国绍兴轻纺城、武汉汉正街小商品市场、山东寿光蔬菜批发市场、浙江南浔木材批发市场，佛山乐从、江苏蠡口、河北香河和四川武侯等辐射广大区域的家具市场集群等。

从市场主体及结构看，形成了各种经济成分和所有制形式在内的主体共同参与，多元化投资主体和经营主体共同发展的格局，市场开办主体基本建立了有限责任公司制度。其管理水平和治理结构逐步规范化。一批以大型商品批发市场为主业的公司成为上市公司，发展成为现代化企业。

从市场竞争性和市场监管看，商品批发市场已形成竞争充分的领域。国家和主管部门维护市场有序竞争的相关法律法规体系的逐步建立，如《反垄断法》、《反不正当竞争法》、《关于制止低价倾销行为的规定》等先后出台；市场管理方面的法律法规如《价格法》、《商品市场登记管理办法》、《农产品市场交易行为规范》、《有形汽车市场建设与管理规范》等陆续实施。这些法律法规和行政性规章的出台，对规范商品批发市场秩序发挥了重要作用。市场监管体系也逐步建立和完善，对市场经营行为、竞争秩序的监管制度不断完善。

二、我国商品批发市场产生的背景分析

在改革开放和经济发展的大背景下，我国商品批发市场的产生有其深厚的经济和社会根源，主要是：

（一）农村改革的成功促进了城乡集贸市场的恢复和发展

1978年，党的十一届三中全会开启了改革的序幕，以家庭联产承包责任制为主要内容的农村改革率先启动，极大地释放了农村生产力，促使主要农产品产量前所未有地持续快速增长。从1981—1984年，农业总产值按当年价格计算年均增长13.8%，粮食年均增产7.8%，在较短时间内基本解决了城乡居民的温饱问题。农产品商品化率迅速提高，不断增加的农副产品客观上要求通过市场来实现销售。与之相适应，国家逐步放开了城乡集市贸易和个体经营（1984年，全国城乡个体户已达930.4万户，其中，农村708.2万户），逐步放开了小商品价格，对部分工业产品实行浮动价格，商品市场发生了一些新变化。

（二）乡镇企业和民营经济异军突起是催生商品批发市场的重要动力

农村体制改革的深入，促进了农业生产发展，联产承包责任制的实行大大地解放了农村生产力，使农村剩余劳动力大幅增加，急需寻找转移的方向和出路。与此同时，20世纪80年代中期乡镇企业迅速崛起，在较低层次的产品档次和技术结构上，迅速弥补了市场商品供给的不足，较大的市场需求空间使乡镇企业实现了快速增长。到1984年，我国乡镇企业总产值已达到1731亿元，增长率高达70.21%。乡镇企业生产的大规模产品急需寻找适当的市场分销渠道，而在当时的体制内流通渠道中基本没有乡镇企业的发展空间。因此，在东部沿海一带乡镇企业最先产生并迅速发展的地区，一些低水平的批发市场和专业市场应运而生（如义乌、温州、武汉汉正街等），并带动起一批专业批发市场的迅速发展，成为乡镇企业产品的主要集散场所和销售渠道。在20世纪90年代初期，邓小平南巡讲话和党的十四大确立了建立社会主义市场经济体制的改革目标后，引发了新一轮的经济增长，也极大地促进了民营经济的发展，产品产量大幅度增长，大量的产品仍需要通过批发市场实现交易，因此，这一时期成为批发市场快速发展的时期。

（三）原子式的批发经销商的聚集使其共享规模化的销售平台，降低了交易成本

在乡镇企业和民营经济发展初期，面对快速增长的产品，很多企业也曾千山万水、千方百计、千言万语、千辛万苦地四处推销产品，但流通效率低，分销时间长、交易成本高。在这种情况下。这些企业的产品急需找到有效的分销形式。于是，在实践中逐步探索出最节省交易成本、提高分销效率的方式，即在一个有形的固定市场内，由多个经销商户共同组成一个共享规模效益的平台。在这个平台中，集中了大量生产同类商品的买者和卖者，信息传递是快的和相对准确的，商品间价格和质量的比较是简便的，成交速度是快的，交易数量是大的。因此，批发市场在最初的发展中虽然层次较低，但在价格发现、降低交易成本，提高信息的对称性，以及通过市场提供综合服务方面显示了它特有的功能和作用，为众多中小乡镇企业和民营企业的产品找到了一条有效的分销方式和平台。这样的原因催生了一大批专业批发市场的产生和迅速发展。而且，批发市场交易的品种覆盖了大部分生活资料和生产资料，在地域上也几乎覆盖了东中西部各个地区。这是广大群众在实践中探索出来的，具有一定经济学意义的产品分销方式和流通渠道。实践证明对于促进乡镇企业和民营经济产品的快速分销，满足一部分城乡居民对部分工业消费品和部分小型生产企业对生产资料的需求发挥了重要作用。

（四）商品批发市场经营的产品结构适应了部分消费者的现实需求

从初期专业批发市场经销的产品来看，多数专业批发市场经营的产品多为低档次的日用消费品和生产资料，其特点是产品档次低、技术含量低、产品价格低、质量较为粗糙。这样的产品结构在市场发育初期，在商品短缺的市场条件下，迎合了刚刚解决温饱

的农村居民和城市中低收入居民的消费需求，从而获得了较大的发展空间，随着我国消费需求结构的升级和居民消费水平的变化，低水平的、与农村产业化相联系的批发市场中占主流的产品结构，势必要接受市场需求变化的严峻考验。但实践证明，根据市场需求的变化和我国加工工业的发展和对外开放的深化，乡镇企业、中小集体企业以及随之发展起来的民营经济的产品质量也在提高，档次也在升级，一些品牌商品发展起来。目前在一些专业市场上，已经集中了国内的一些品牌产品，甚至包括经销部分外国产品的代理商也在此经营。适应市场需求不断调整商品结构，是各类专业批发市场能够可持续发展的重要原因。

（五）我国特有的城乡结构促进了商品批发市场的发展

我国改革开放促进了城乡关系的调整，大量的劳动力需要从农村转移出来。而在批发市场中从事交易活动的群体中，大量的人员来自于农村，他们是批发市场中的重要生力军，为批发市场提供了源源不断的劳动力供给。同时，批发市场也成为吸纳农村劳动力，惠及一方百姓的重要形式和载体。

（六）我国产业集群发展催生了商品批发市场的发展

产业集群是某产业的相同、相近与相关企业再聚集和集中，其本质是一种生产组织方式，它通过产业与区域的有机结合，促进产业的发展并获得较高的生产率。改革开放后，随着地方经济的快速发展，我国产业集群发展较快。一是利用本地的优势条件吸引外地关键性企业落户本地而逐步培育与发展。例如珠三角产业集群有多种形成方式，如东莞 IT 产业集群的形成。二是利用本地的特色资源和既有的企业基础，通过规划而培育与发展产业集群。如浙江绍兴的纺织集群、广东佛山的陶瓷产业集群的形成。三是在一些专业化交易集散地，通过市场聚集生产制造而形成的产业集群，如改革初期温州桥头镇的纽扣业集群的形成。浙江、广东、江苏等地形成的一村一品、一镇一业的集群模式。而围绕一些大型产业集群的发展，在周边一般会形成大型专业市场，从而形成“双轮驱动”模式。专业批发市场作为产业集群的重要组成部分，成为集群产品的主要分销平台和综合服务聚集区。一些产地型批发市场由此快速发展起来。

（七）地方政府的大力支持促进了批发市场的发展

实践证明，各级地方政府在促进当地批发市场的发展方面发挥了很大的作用。各级地方政府的引导和政策促进，成为地方批发市场迅速扩张的助推器。

（八）大量的中小企业组织形式的特点决定了批发市场的发展

我国批发市场的初期发展过程，实际上是与众多分散、小型、组织化程度较低的中小企业组织形式相联系的。这些企业由于自身的企业组织形式的局限和企业产品结构的特点，使其无能力，也无必要建立自身的分销体系。由于多种原因，这些企业的产品也未能纳入与现代企业组织形式和流通方式相联系的大企业生产与流通一体化的体系之中。

而专业批发市场为他们寻找到一个适当的交易平台。随着我国产业组织形式的变革和大企业集团的发展，许多中小企业在本身规模扩张的同时，也按照专业化分工和协作的内在要求，开始被纳入大企业的分工协作体系之中，从而建立了稳定的产销关系和流通渠道，自然会逐渐降低了与批发市场的交易联系。但是，在目前我国大多数工业消费品生产领域，中小企业仍占绝大部分，产业集中度不高，单个企业的生产规模不够大，众多小企业的大量存在和多样性的市场需求，决定了专业批发市场的形式仍是中小企业能够接受和最能利用的平台和渠道。

以上因素促成了商品批发专业市场的发生和发展。事实上，由于我国二元经济结构和农村工业化发展的历程，大量中小型企业的存在，以及市场上仍有相当一部分需求与之适应，商品批发市场仍有着比较大的发展空间。可以说，批发市场，特别是专业批发市场的产生和发展是我国广大人民群众在建设中国特色的社会主义市场经济过程中的一个创举。它从我国实际出发，密切结合国情，不矫情、不造作，朴实实用，解决了我国在经济转轨和社会转型过程中的诸多问题。因此，无视批发市场作用，力图在短期内取消批发市场的观点是不现实的。但是，这种分析也表明，当初促进批发市场发育和发展的一些条件正在发生变化，批发市场也必须认识到这种变化，及时加以调整和创新。

三、商品批发市场的作用与贡献

经过三十多年的发展，我国商品批发市场在我国经济发展、资源配置、扩大内需、服务消费、引导生产、搞活流通，推动地方经济发展等方面发挥了重要作用。

（一）在扩大内需、开拓市场、服务消费方面作用显著

农产品批发市场已成为城市“菜篮子”供应的重要载体，丰富了城乡居民生活需求。各地小商品和工业消费品市场以农村居民和城市部分居民为主要消费群体。生产资料市场为工农业生产提供了必不可少的原材料。粮食批发市场在国家粮食宏观调控中发挥着积极作用。

（二）在丰富商品流通形式，促进大市场、大贸易、大流通的形成发挥了重要作用

在改革的进程中，计划经济体制下的批发渠道被打破后，新型的市场化批发体系在逐步形成。批发市场作为一种有效形式，为沟通分散的生产与日益扩大的市场提供了一条有效途径，成为我国重要的批发和流通形式。特别是对于跨区域的大流通、大贸易的形成发挥了重要作用。

（三）在带动产业集群发展，形成特色产业体系和整体竞争优势方面发挥了不可替代的作用

从全国来看，一些专业批发市场的发展对于当地产业的带动和对产业集群的催化是

我国的一个创举。批发专业市场与产业集群“双轮互动”、产销相互促进在我国制造业发展较快的发达地区获得了普遍成功，即使在一些经济欠发达地区，如山东临沂、庆云，河北高阳、新集、白沟等地也促进了商品批发市场与产业集群的相互促进，带动了地区经济较快发展。例如，山东临沂市经过多年培育，依靠几十个专业批发市场的发展，成为鲁、苏、豫、皖交界地区最大的商品集散地和鲁东南地区重要的贸易中心、物流中心、资金结算中心和信息中心。批发市场的发展带动了临沂地区的大量中小制造企业的发展和集中，形成了兰山、费县、罗庄片木业产业聚集带，郯城、河东、临沭片小五金产业聚集带，河东机械配件产业聚集带；兰山、河东片塑料制品产业聚集带，以及兰山纺织产业聚集带等近 20 个产业集中发展片区。河北高阳县依托当地巾被纺织的产业基础，建立了巾被商贸市场，年交易额几十亿元。市场与产业互动，促进了当地经济发展。而且在产业集群进一步发展和转型升级中的作用进一步发挥。

（四）在中国城市化进程中，大规模吸纳农村转移劳动力，促进社会稳定方面发挥了重要作用

伴随着农村经营体制的改革，农村劳动生产率快速提升，经济活力迸发出来。大量的农村劳动力从农业生产中解放出来，不断转移到工业制造业和服务业领域。到 2013 年年底，我国已有 2.7 亿的劳动力转移出来。而商品批发市场成为吸纳农村转移人口，解决他们的就业问题的重要渠道。据初步统计，目前各类批发市场的从业人员超过 1000 多万人，其中相当一部分来自农村转移人员和城镇下岗职工。对于社会稳定、城乡居民增收发挥了明显作用。

（五）在指导生产、形成价格方面发挥了重要作用

随着批发市场信息网络的建立和市场供求信息的传递，及时向生产厂家提供了市场供求动态，为生产厂家调整产品结构提供了依据。一些农产品批发市场的商品价格已成为各地同类商品的参考价格，而且成为国家制定价格政策的重要参考依据。

（六）在促进中小企业发展壮大方面作用显著

由于我国批发市场的发展过程，是与众多分散、小型、组织化程度较低的中小企业组织形式相联系的。这些企业在专业批发市场的平台上共享规模效益，降低流通和交易成本。众多小企业的大量存在和多样性的市场需求的现实，决定了专业批发市场的形式仍是中小企业能够接受和最能利用的平台和渠道，也对众多中小企业的发展壮大发挥了重要作用。

（七）在提升物流效率和降低成本方面发挥了重要作用

在民营中小企业发展初期，面对日益增加的产品规模，许多企业也曾千山万水、千方百计、千言万语、千辛万苦地到处推销产品，但流通效率低，分销时间长、交易成本高，企业急需找到有效的分销形式。商品批发市场的产生，是在实践中逐步探索出的节

省交易成本、提高流通效率的有效方式。即在一个有形的固定场所内，由多个生产企业的经销部门或者经销商户共同组成一个共享规模效益的平台，集中了大量生产同类商品的买者和卖者，信息传递快速并及时、准确，商品间价格和质量的比较是简便的，成交速度是快的，交易数量是大的。因此，批发市场在最初的发展中虽然层次较低，但在价格发现、降低交易成本，提高信息的对称性，以及通过市场提供综合服务方面显示了它特有的功能和作用，为众多中小乡镇企业和民营企业的产品找到了一条有效的分销方式和平台。同时，与市场相伴生的物流功能得以较充分的实现，商流与物流得以有机地结合，物流通达全国各地，构成了以批发市场为中心扩散的物流网络。

第二章　批发市场供应链体系的功能与作用

以商品市场为核心的供应链体系是我国市场经济发展过程中一种非常重要的经济现象，也是我国物流体系中一种特有的商品与物流资源配置的方式。主要存在于小商品、服装、家居、农产品等领域的流通过程中。本章将以农产品为例，分析以商品市场为核心的供应链体系的基本框架、主要特征及其主要功能和作用。

第一节　商品批发市场供应链体系框架及其主要特征

农产品供应链体系是连接农业生产与农产品市场和消费的纽带，也是一国物流与供应链体系的重要组成部分，其发展程度不仅成为衡量一国农业现代化程度的重要标志，而且对促进一国物流与供应链体系的发展和完善具有重要影响。以批发市场为核心的农产品供应链体系，是改革开放三十年来我国农产品物流体系发展的主要形式，也是农产品交易、物流实现的主要途径。

一、农产品批发市场供应链体系及其主要特征

（一）批发市场成为农产品供应链体系的核心与中枢

经过改革开放30多年的发展，我国已经基本形成了农民家庭、农业合作社、农产品经纪人、运销商贩、各类批发零售企业、加工企业等多元化主体共同参与，以批发市场和农贸市场为主导、农超对接等新型产销对接模式为补充的多元化、多层次、多渠道的农产品供应链体系，成为实现农产品产销对接、连通城乡市场、满足区域供求平衡的重要保障（如图4－2－1所示）。

按照农产品从产地到消费的供应链流程划分，中国农产品供应链体系主要由生产环节、收购环节、批发环节、零售环节和消费环节组成。其中，收购环节主要由农产品经纪人、个体运销户、农业专业合作社等市场主体组成，以采购或销售代理方式，获得农产品并将其销售到批发货零售环节。其中，绝大多数农产品是由个体运销户和农产品经纪人采购或作为销售代理，并将其运输和销售到批发或零售环节。批发环节主要由各类批发市场组成，是各类收购主体、经销商或经纪人、批发零售主体的交易场所，承担着70%以上农产品的集散、交易和分拨功能，是农产品供应链体系的核心和中枢。零售环节主要由社区农贸市场、社区农产品专营店、连锁超市等零售主体和市场组成，是城镇

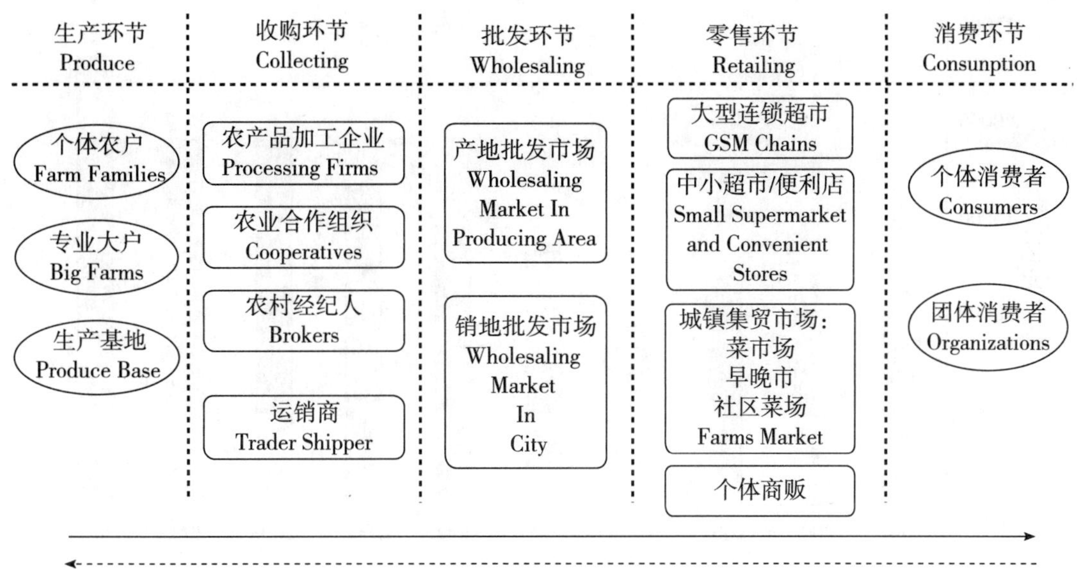

图 4-2-1　中国农产品供应链体系的基本框架

居民购买农产品的主要场所，其中经由农贸市场销售的比例高达 80%。①

（二）农产品供应链体系流通规模巨大

随着中国农产品生产规模和消费规模的扩大，中国农产品供应链体系的规模持续快速增长，农产品流通规模总量从 2001 年的 1 万亿元发展至 2010 年的 2.25 万亿元，年均增长 9.4%（如图 4-2-2 所示）。更为重要的是，伴随生产和消费的日益集中化趋势，推动了大规模、长距离、跨区域农产品供应链体系的快速增长。例如，2010 年北京本地养殖的生猪只能满足本地消费的 18%，其余生猪主要从河北、辽宁、山东和河南等地采购，深圳市每天猪肉消费需求为 1.2 万头生猪，其中 90% 来自湖北、湖南、江西、广西等省。湖南 2010 年的外调生猪达到 2900 万头，占湖南生猪出栏量的 51%。

（三）农产品经纪人和个体运销户成为收购体系的主体

据统计，目前仅活跃在亿元以上农产品批发市场的农民个体运销大户和农产品经纪人已经超过 100 万户，农民个体运销大户和农产品经纪人的年经营规模平均都在数百万元以上，部分已达到千万元以上，经营规模在亿元以上的农民个体运销大户和农产品经纪人也占到相当比例。以经纪人队伍为例，农产品经纪人由 2006 年的 19.1 万户，发展到 2010 年的 50 多万户，增长了近 2 倍，成为衔接农产品产销的重要力量。

（四）多元化、多样化、多层次批发市场体系的作用日益凸显

改革开放 30 多年来，中国农产品市场中形成了一大批不同规模、不同类型、不同

---

① 国家发展改革委、农业部：《全国蔬菜产业发展规划（2011—2020 年）》，2012 年。

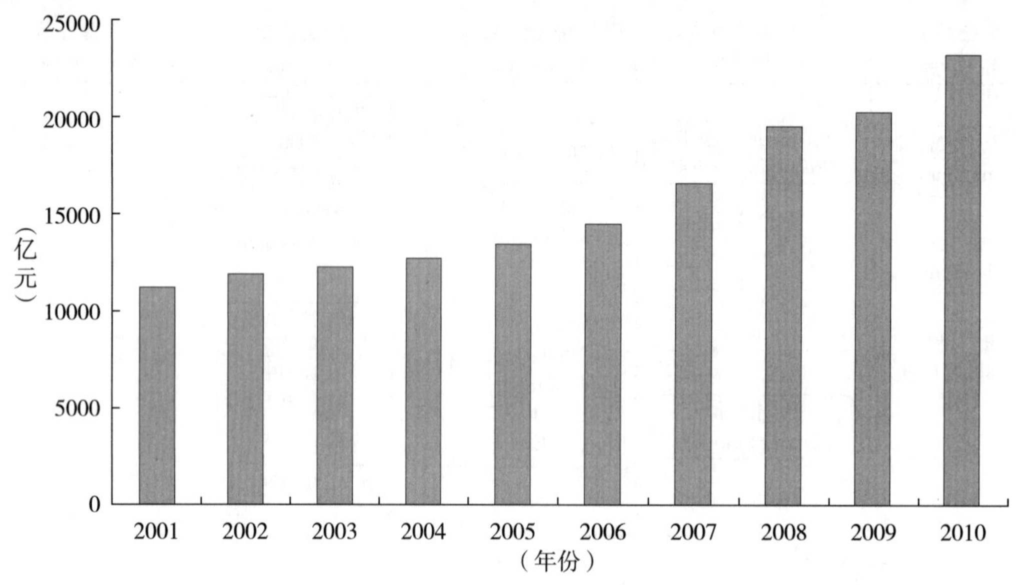

图4-2-2　2001—2010年中国农产品市场流通规模

资料来源：中国物流与采购联合会。

层次的农产品批发市场，主要承担着大规模农产品集散、批发销售、区域分拨等功能，成为农产品流通的关键环节。据统计，全国现有农产品批发市场3600多个，年交易总额超过15万亿元。农产品批发市场主要分为综合市场和专业市场，按照不同产品类别形成的专业批发市场在整个批发市场体系中占据主导地位。目前，专业农产品批发市场数量约占全部农产品批发市场数量的65%，其中，经营蔬菜、水果的鲜活农产品专业批发市场数量位居前列，分别占全部农产品批发市场数量的27.5%和10.8%，经营鲜花和茶叶等特产类批发市场和水产品类批发市场分别占6.8%和5.0%（如图4-2-3所示）。

在全部农产品批发市场中，服务于大中型城市的农产品集散和批发销售的销地型市场数量近1000家，约占全部农产品批发市场的27%，而产地型市场数量为2600多家，占比高达73%。

截至2010年年底，中国亿元以上大型农产品批发市场有185个，交易总额约为3874.5亿元，分别占全部农产品批发市场的20%和68%；虽然市场数量比2006年有所减少，但成交额则增加了36.2%（如图4-2-4所示）。从市场的区域分布情况来看，大型批发市场主要集中在北京、上海、广州、深圳、重庆、成都、长沙、西安等全国性或区域性中心城市；还有一部分大型农产品批发市场虽然分布在农产品生产集中区，但已经成为全国性或区域性农产品集散市场，如山东寿光农产品批发市场等。这些大型销地和集散地市场，不仅成为中国农产品交易的中心和流通的主渠道，而且成为农产品供应链的整合的核心和中枢，在农产品大规模集散、物流服务、信息整合与发布等方面占有举足轻重的地位。

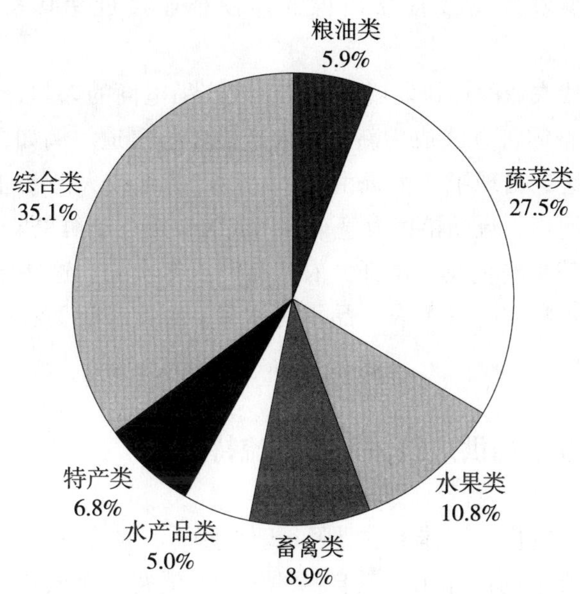

图 4－2－3 全国农产品批发市场按主营品种分类所占比重

资料来源：《中国农产品批发市场发展报告（2010）》。

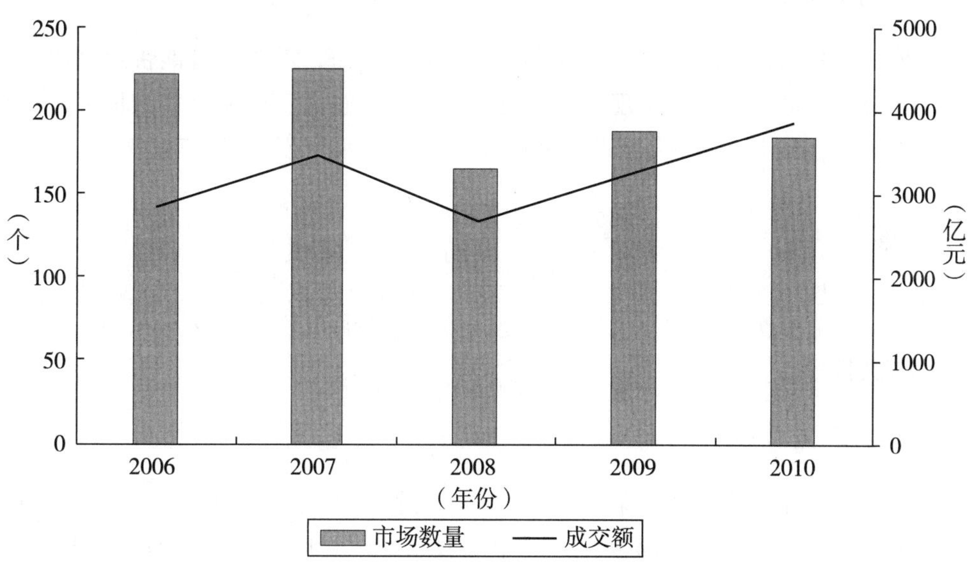

图 4－2－4 2006—2010 年中国亿元以上农产品综合批发市场变化情况

资料来源：相应年份的《中国商品交易市场统计年鉴》。

（五）多业态农产品零售体系正在加快形成

目前，农贸市场仍然是中国城乡消费者购买农产品的主要零售场所。在北京、上海等大中型城市，社区菜场或农贸市场约占农产品零售市场销量的 50% 以上。与此同时，自 1990 年代中期以来，随着连锁商业的加快发展，连锁超市已成为大中城市农产品零售增长较快的一个新渠道。截至 2011 年年底，全国规模以上连锁经营企业有2341家，其中从事农产品或食品销售的连锁企业接近900家，门店总数超过7万个。

近年来，随着现代农业的加快发展和互联网农产品电商的兴起，专业合作社直营店、网络销售等多样化新型零售方式成为新型的农产品零售渠道。例如，在北京、上海、广州、长沙等地居民社区，出现了一大批由农产品生产基地或大型专业合作社开设经营的农产品直营店、平价商店、流动销售大篷车等，成为快捷、新鲜的新型农产品零售形式；在深圳、长沙、北京等一些企业尝试开办农产品网上专卖店。这些新型零售方式的出现和发展，不仅进一步丰富和完善了农产品零售体系，而且对新型农产品供应链的形成也起到直接的推动作用。

二、农产品批发市场供应链体系的物流特点

以批发市场为核心的供应链体系主要服务于小商品、服装及时尚产品、家居及建材、鲜活农产品等。这些类型的商品由于其自身的生产、消费及流通特性，对物流运作有着不同于其他商品的要求，并由此形成一些自身的物流特点。

（一）时效性高

鲜活农产品具有较强的季节性，且产品寿命周期较短，需要尽可能快地完成从地头到餐桌的流程，以最快的速度实现产品的价值。因此，鲜活农产品供应链体系需要整体的快速流通能力，要求上下游各环节紧密衔接、具有较高的交易及物流效率。

（二）产品种类繁多

鲜活农产品品种繁多，同一品种具有不同产地、品质、规格、口味等方面的差异。在流通过程中，需要按照品种、规格、产地、品质等多种属性进行交易和物流作业，物流管理的复杂性较高。

（三）需求差异较大

虽然鲜活农产品，特别是蔬菜是我国城乡居民餐桌的主要品种，但由于我国地域广阔，人口众多，各地区之间、城乡之间、不同收入群体之间，对蔬菜的需求差异较大，需要多层次、多样化、多元化的分销渠道和网络服务，以满足不同的消费需求。

（四）物流网络区域跨度大、结构复杂

由于我国地域广阔，虽然各地都有农产品产出，但总体上正在向一些优势产区加快集中集聚；另外，随着城市化的加快推进，大量消费加快向城市，特别是大型城市群集中集聚。其结果是我国农产品的产销距离不断加大，长距离、大规模、宽辐射、结构多样的物流网络体系正在加快形成，也由此加大了农产品经营主体对接全国市场的难度和复杂性，更加需要借助批发市场等平台和枢纽，进入全国性的供应链和物流

体系。

三、批发市场供应链体系农产品的总体流向

农产品供应链体系覆盖着农产品从生产地向消费地的实体流动的全过程。由于农产品品种多，其生产、流通和消费特性具有较大差异，决定了中国农产品的供应链体系在规模、流向、组织等方面存在明显的差异。特别是随着中国经济社会的发展，城市化和工业化进程的推进，城市周边土地成本和劳动力成本的上升，农产品生产已开始向具有比较优势的产区转移，出现了生产区域集中化趋势。也因此改变了农产品供应链体系的总体流向，从传统的以本地生产、本地消费格局，转向从优势产区向大中型城市的格局。

（一）蔬菜的总体流向

由于中国疆域辽阔，从东到西横跨 62 个经度，从南到北纵跨 50 个纬度，热带、亚热带、暖温带和寒温带等气候类型都有，而且各地日照、水资源差异较大，以及消费品种在区域上差别较大，由此导致中国蔬菜品种众多，生产季节各不相同。从目前蔬菜生产布局来看，全国已初步形成了华南与西南、长江流域的冬春蔬菜，黄土高原、云贵高原、北部高纬度等地的夏秋蔬菜，黄淮海与环渤海等地的设施蔬菜等优势区域，这些区域的蔬菜外销量已占总产量的 50% 以上（如图 4－2－5 所示）。此外，随着节能型日光温室蔬菜栽培技术成果的推广应用，北方农区冬季蔬菜生产得到了迅速发展。

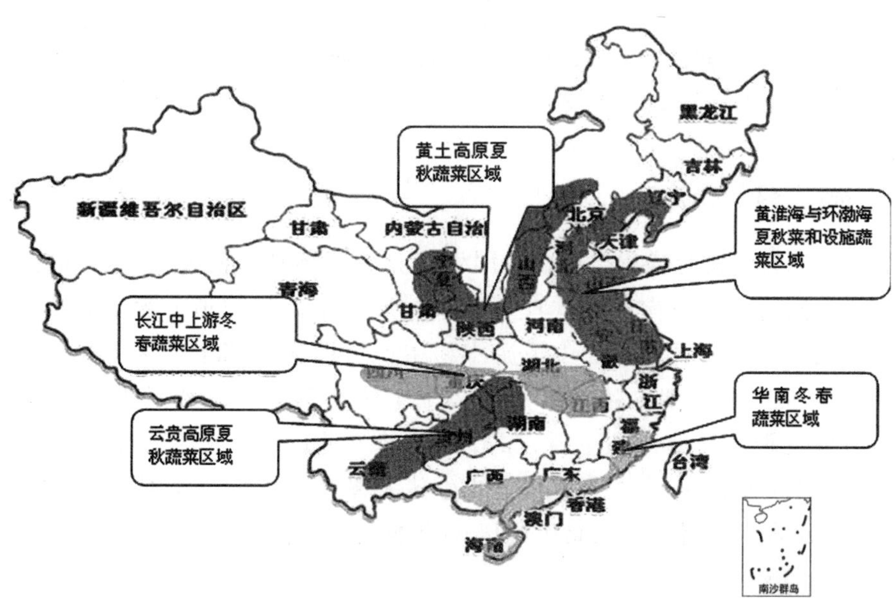

图 4－2－5　中国蔬菜主要生产区域

伴随蔬菜生产向优势产区的加快集中集聚，这些区域的蔬菜外运量已占其总产量的

50%以上。由此，中国蔬菜物流流向大致区分为两类，一是以满足本地生产、周边地区城市消费的本地区、短距离、中小规模的蔬菜物流；二是以优势产区集中生产、全国消费为主的跨区域、长距离、大规模的蔬菜物流，并依据“五纵二横”的“绿色通道”网络，形成覆盖全国的蔬菜物流网络。其中，“五纵”分别是：银川—昆明，呼和浩特—南宁，北京—海口（含长沙—南宁连接线），哈尔滨—海口（含天津—北京连接线），上海—海口（含鹰潭—常山连接线），“二横”分别是：连云港—乌鲁木齐（含西宁—兰州连接线），上海—拉萨（如图4－2－6所示）。

图4－2－6　全国鲜活农产品流通“绿色通道”网络

资料来源：交通部等《全国高效率鲜活农产品流通“绿色通道”建设实施方案》，2005年。

（二）猪肉的总体流向

与蔬菜生产集中化趋势相类似，我国生猪养殖逐渐从经济发达地区和城市退出，并由过去的全国遍地开花向粮食主产区集中，形成了四川盆地、黄淮海小麦和玉米主产区、东北玉米主产区、长江中下游水稻主产区四大生猪主产区。根据农业部的调查，2011年集中在这四个主产区的262个生猪大县的生猪产量占全国的50%以上。活猪运输是跨区域物流的主要方式，一般由专业运销户或经纪人收购、运输至销地生猪批发市场或屠宰场，其主要流向是由生猪大省流向沿海发达地区及其主要大中型城市。相比较而言，经屠宰后的猪肉则以供应本地为主，一般以短半径、近距离物流为主。

（三）水产品的总体流向

从水产品生产格局来看，其生产主要集中在沿海各省及内陆水资源相对丰富的山东、广东、福建、浙江、江苏、辽宁、湖北等省区，并由此形成了自东向西、从南向北的跨区域物流格局。

四、农产品批发市场供应链体系的流程——蔬菜

依据蔬菜的流通和交易方式，目前中国蔬菜供应链体系的流程主要有批发市场、自产自销、直配和出口加工四种类型。

（一）批发市场供应链流程

在以批发市场为核心的中国农产品供应链体系中，其运营的突出特点是运销合一，即销售活动与物流活动同步，一般采取现场、现货和现金的交易方式。鲜活农产品采收后，由经纪人、合作社或运销专业户运至产地批发市场销售或销地批发市场，经一次或多次批发销售，由批发市场经纪人、经销商或零售业户运销到达销地批发市场及零售市场，最后到达消费者手中的模式。该供应链体系的主要运作主体包括进行鲜活农产品收购的经纪人或运销商、零售终端的零售商。这是目前中国鲜活农产品的主要物流途径，约70%以上的鲜活农产品采用此种物流方式，是跨区域鲜活农产品流通和大中型城市农产品供应的基本供应链和物流运作方式（如图4－2－7所示）。

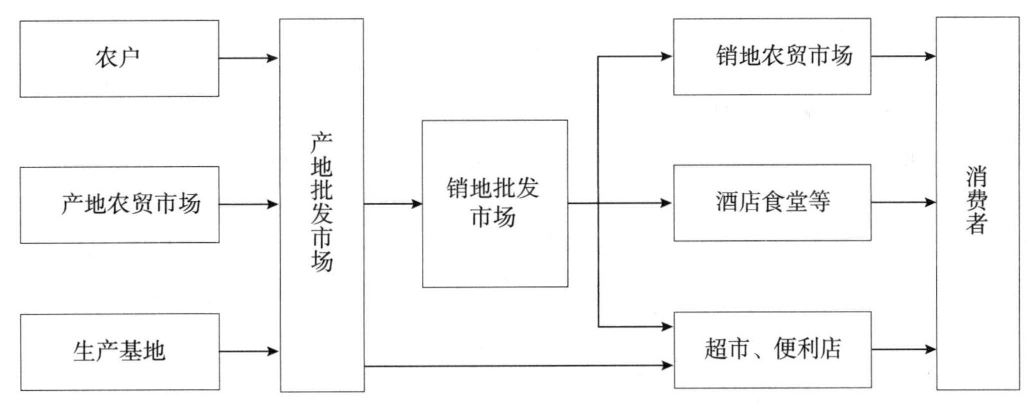

图4－2－7　批发市场模式下鲜活农产品供应链流程

在产地批发市场，采收后的蔬菜由农户、合作社或运销专业户运至产地批发市场销售，主要交易对象一般是来自销地批发市场或集散地批发市场的经销商和经纪人。交易达成后，由销地批发市场或集散地批发市场的经销商和经纪人将鲜活农产品运往销地或集散地市场。销售过程中，蔬菜往往需要按照买方的要求进行必要的分级、拣选、包装及预冷加工。产地批发市场交易的蔬菜品种，主要是产地市场周边的应季品种，品种数量有限，但总体数量相对较大，往往是大批量采购和整车外运。如山东临沂市苍山县，是全国蒜薹主产地，年产量达2.5亿斤，占全国产量的四分之一左右，5月上旬产出，经冷藏保鲜，可供全年销售。

在销地或集散地批发市场，往往集中着数量众多的蔬菜经销商或经纪人，他们将从不同产地市场采购来的蔬菜，销售给来自其他批发市场或零售市场的经销商、经纪人或零售商。在销售过程中，蔬菜还需要按照买方要求进行必要的拣选、加工、再包装、储存或冷藏保鲜、配货、搬运装卸等物流操作。由于销地市场及集散地市场交易品种众多，采购方往往是多品种采购和配货，拼装成整车运往其他批发市场或零售市场。

（二）自产自销供应链流程

当地农户在当地零售市场自行销售自己生产的农产品。在该模式下，交易的主体是农户，物流功能的实现大多数由农户自行运输，流通过程中间环节少，但农产品基本没有保鲜、包装等物流加工处理，物流半径小。此种模式一般仅存在于产地或多数中小城市和乡镇，如图4-2-8所示。

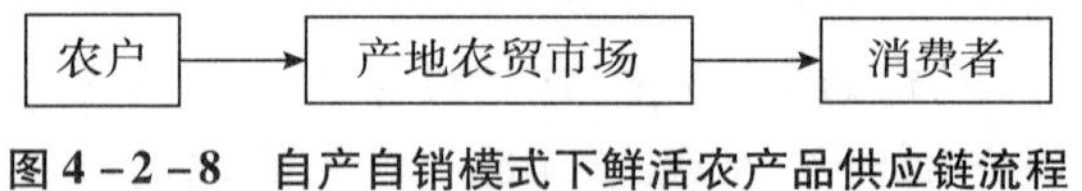

图4-2-8　自产自销模式下鲜活农产品供应链流程

（三）直配供应链流程

直配供应链模式是农产品生产者与主要零售商直接进行订单交易，采收后的蔬菜按照销售和后期加工要求经过分级、包装、预冷等加工处理，从生产基地直接运送或经由配送中心配送到零售终端或用户（如图4-2-9所示）。这是一种新兴的农产品供应链运作体系，主要为大型连锁超市、电商、大型农产品加工企业等新型农产品经营企业采用。在该模式下，物流服务一般由农产品专业合作社或第三方物流服务供应商提供。整个供应链流程环节少、时间短，鲜活农产品包装和保鲜技术水平有所提高，损耗明显降低，具有较好的品质和质量保障。近年来，在国家政策支持下，多数连锁超市企业开展“农超对接”，截至2011年年底，全国开展“农超对接”的规模以上连锁经营企业已逾800家，门店总数超过5万个；与超市对接的农业专业合作社约为1.6万个，社员总数超过100万人。“农超对接”在稳定产销衔接、有效推动订单化农业生产机制发展、促进农民增收等方面发挥了作用，也更有效地推动了新型农产品供应链体系的发展。

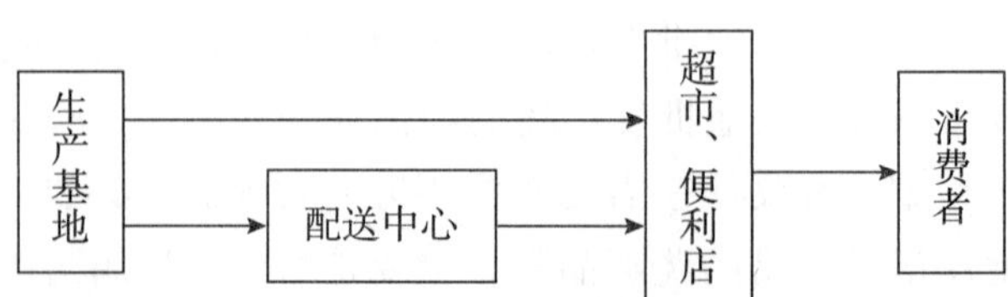

图4-2-9　直配物流模式下鲜活农产品供应链流程

（四）出口加工型供应链流程

出口加工型供应链主要是服务于鲜活农产品出口。在此种模式下，蔬菜按照国际标准进行检验、分级、包装、预冷等加工后，出口销售到国际市场。其运作主体主要涉及出口企业、加工企业和第三方物流企业（如图4－2－10所示）。在该模式下，物流流程一般包括收购、运输、存储、加工，再进行出口报关、检验检疫等，最后经由国际运输渠道运至国外客户。

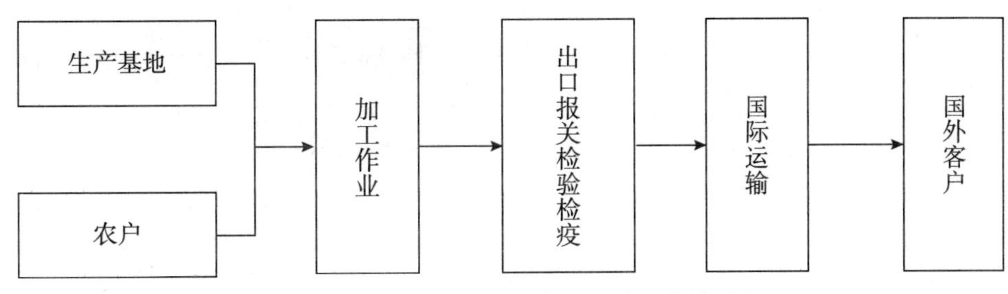

图4－2－10 出口加工型鲜活农产品物流流程

五、农产品批发市场供应链体系的流程——猪肉

在中国猪肉供应链中，物流过程主要分为屠宰前的活猪物流阶段和屠宰后的猪肉物流阶段。从全国范围看，全国每个县市都会活跃一批从事生猪交易的生猪收购商（猪贩子）和经纪人，他们是目前承担生猪购销和物流的主要力量。小规模的生猪收购商和经纪人在村镇或县域范围内收购生猪，并将其集中运送至本地或大中型城市定点屠宰场；中等规模或大规模收购商和经纪人则在本县、本省乃至跨省范围收购，经集中后运送至大中城市的大型屠宰企业。

生猪屠宰后的猪肉物流阶段，其物流起点是全国约21000家定点屠宰场，其中多数是缺乏机械化屠宰设备、冷藏设施的中小规模屠宰场。经屠宰后的猪肉其物流模式主要有两种，即以批发市场为中心的常温物流模式、以大型批发商或冷藏物流企业为核心的冷链物流模式（如图4－2－11所示）。

经由批发市场的常温物流模式是猪肉物流体系的主导，占猪肉物流总量的60%以上。在该模式中，经屠宰的猪肉由屠宰企业或批发商运至批发市场，再经一次或二次批发后到达零售终端，由零售商分割后销售给消费者或中小餐馆，物流服务主要由批发商或零售商自行提供。目前此种模式存在于中小城市和农村地区，在大中型城市则主要面向社区菜场或农贸市场等零售终端。

在冷链物流模式中，屠宰后的猪肉全程经由低温或冷藏运输、仓储或分割加工，送至大型零售超市零售或送至大型餐饮企业和食品加工企业等。此种物流模式多见于发达地区和大中型城市，且发展较快。

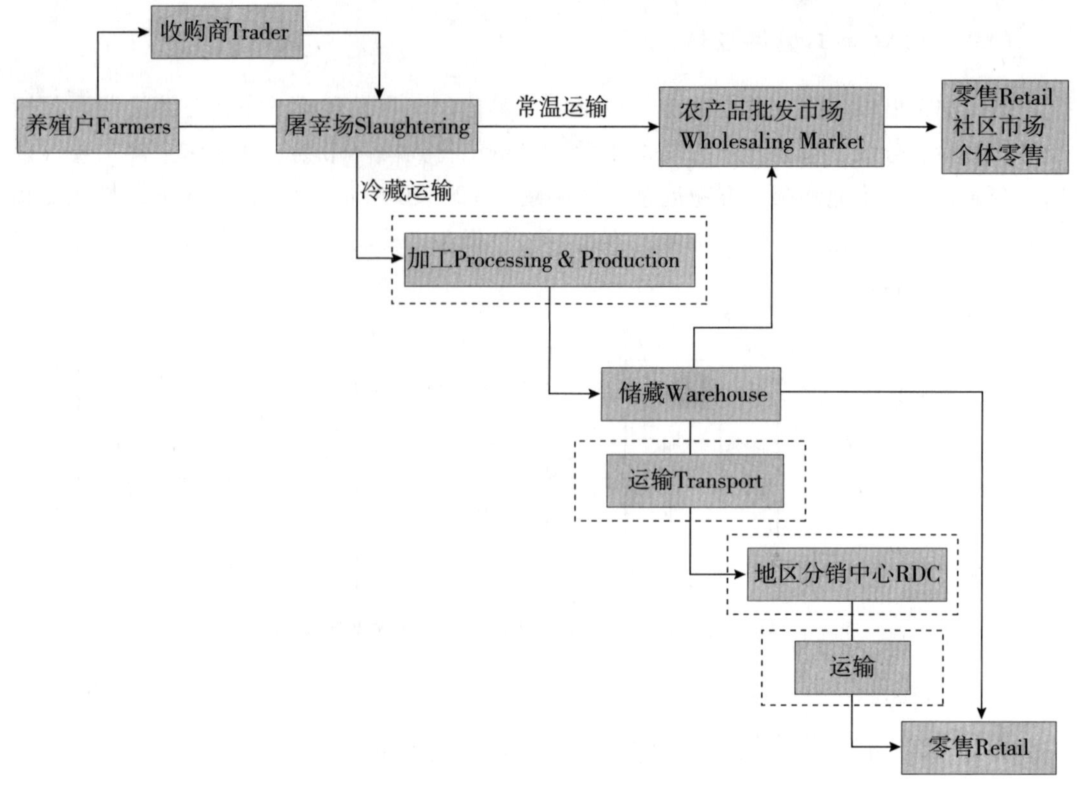

图4－2－11　中国猪肉供应链体系及流程

第二节　批发市场是承载多种供应链服务功能的平台

伴随“长距离、大规模、多层次”农产品物流格局的形成，农产品批发市场日益成为农产品供应链体系的核心环节和中枢。在从产地到消费者餐桌的整个流程中，农产品批发市场不仅是整个供应链整合的中心，也是承载多种交易和物流服务功能的平台，也成为大量的、分散的中小微生产者、经销商、服务商、零售商共同发展的市场空间。

一、交易服务功能

交易服务功能是批发市场的基础服务功能，也是各种交易主体实现交易对接的主要场所。交易服务功能主要包括：交易采购功能、商品展示功能、信息与价格发现功能及结算服务等。其中：

（一）交易采购功能

主要是指批发销售、采购配货等功能，为农户、专业合作社、经销商、经纪人及零售商实现商流和交易对接服务，是商品市场的基础功能。

（二）商品展示功能

由于批发市场主要采取现场、现货、现金的“三现”交易，批发市场是鲜活农产品进行展示的主要场所。通过现货展示，方便买卖双方确定商品质量以及可交易数量。

（三）信息与价格发现功能

指批发市场买卖双方发现交易对象、交易品种、数量及价格的主要功能，汇聚着大量的供求信息、交易信息和价格信息。更重要的是，通过批发市场众多交易商户的大量交易，有利于形成能够相对稳定、公平且反映供求状况市场价格。因此，批发市场是供应链体系的信息集成中心和价格发现中心。

（四）结算功能

为了保证交易安全，批发市场通常需要提供结算服务功能，如集中结算或电子结算等。

二、物流服务功能

由于农产品批发市场具有“三现”交易特点，伴随大量鲜活农产品进入批发市场集散和分拨，围绕农产品的各种物流服务也相应地集中在批发市场环节来进行。

（一）集散和分拨功能

无论是产地批发市场还是集散地或销地批发市场，都有较强的商品集散和分拨功能。在农产品集中产区，产地市场将区域内大量农户分散种植和采收的农产品集中起来，提供给前来采购的经销商或经纪人，由他们再运销至集散地或销地批发市场。以山东省临沂苍山县出产的莴苣为例，在全年生产的 2.5 亿公斤莴苣中，95% 以上是经由产地市场——华凯蔬菜批发市场销往省外市场。

在销往省外市场的莴苣中，70% 销往上海、江苏、浙江及安徽等地的批发市场；20% 销往湖北等中南地区市场，10% 销往广州及珠三角地区。在集散地或销地，批发市场汇集了品种繁多、规模巨大的来自全国各产地市场的鲜活农产品，前来采购的经销商、零售商、加工企业等，可以根据需求从众多品种中进行选择和配货，然后运往其他销地批发市场或本地零售市场，完成多品种农产品的分拨。

（二）运输与仓储功能

运输和仓储功能是农产品供应链体系中最基础的物流功能。从全社会来看，公路运输是中国各类货物的主要运输方式，2000 年以来公路运输占中国货运总量的份额基本处于 76% 左右。由于鲜活农产品易腐、运输时限要求高、价值量不高等特点，公路运输方式逐渐占据农产品物流的主导地位。

在仓储方面，目前中国农产品仓储主要以常温或自然仓储为主，而常温仓库又以储存粮食等大宗农产品居多，鲜活农产品仓储设施相对较少，与农产品对冷链物流的需求相比还存在明显反差。

（三）加工包装功能

与工业品的商品状态不同，鲜活农产品一般是以原始状态进入流通过程，没有规格、等级、包装及标识等。为此，在从产地到零售的过程中，需要对鲜活农产品进行多次分拣、加工以及简单包装，以保持鲜活农产品的品相和质量，流通过程中出现的腐烂、破损等较多。从产地批发市场来看，莴苣进入苍山华凯蔬菜批发市场时，需经市场自设检测机构进行农药残留等方面的检测，检测比例在90%以上。检测结果没有出现不合格现象后方可进入市场交易。

（四）冷链服务功能

随着农产品产销距离的不断扩大，近年来我国鲜活农产品冷链体系发展较为迅速。特别是围绕批发市场体系，形成了产地预冷、批发市场大型冷库以及零售店面冷藏保鲜及冷链运输等农产品冷链服务体系。目前全国有冷藏库2万座左右，冷库总容量880万吨，其中冷却物冷藏量140万吨，冻结物冷藏量740万吨。主要分布在大型批发市场和物流园区。从冷藏运输来看，冷藏保温汽车销售量逐年递增。2011年，中国冷藏保温汽车销售量为12261辆，是2006年的1.8倍。其中，保温车销售3730辆、冷藏车销售8531辆，分别是2006年的1.5倍和2倍。随着冷链物流设施的配套完善，中国蔬果、肉类产品和水产品的冷链物流率有所上升，截至2011年，蔬果、肉类产品和水产品的冷链物流率分别达到6.6%、17.2%和25.2%，分别比2009年提高了2.5个、4.0个、4.0个百分点。

三、其他增值功能

（一）检验追溯功能

由于农产品产销距离大，流转环节多，产品质量和安全的检验与控制，成为供应链体系运行的关键。因此，在大量现货交易过程中，了解产品来源和现场检验检测就成为确保农产品质量安全的主要手段。传统上，农产品的质量安全主要是靠批发市场交易双方的经验和长期交易形成的信任关系。近年来，在国家有关部门支持下，农产品批发市场都建立了农产品入场查验产地证明、质量检验、农药残留检测及交易记录登记等制度，进一步完善了农产品的质量安全的管理体系，也初步形成了覆盖农产品供应链全流程的质量追溯体系。

（二）金融服务功能

近年来，随着农产品市场规模扩大和金融创新的发展，农产品供应链金融服务开始起步。借助农产品批发市场所汇聚的大量信息流、交易流和物流，形成了农产品仓单质押、动产融资、小额信贷等新型金融工具，有些市场还建立了交易商信用信息系统，为农产品供应链高效运行提供金融支持。

（三）原材料及设备供应功能

农产品供应链体系运行中涉及大量包装材料、托盘等物流器具、冷藏设备的使用和供应，也由此在批发市场中形成、集聚了相关的交易商、租赁中心，为批发市场交易客户提供相关服务。

此外，不同类型批发市场还有一些各具特色的服务功能，如服装市场往往还具有产品创意设计、时尚信息发布、共性技术研发、人才培训等功能。

第三节　批发市场是供应链体系的运行中枢和整合中心

批发市场不仅是承载多样化交易、物流及增值服务功能的平台，而且是农产品供应链体系的运行中枢和整合中心。主要体现在：

一、供应链上下游对接的通道

批发市场中买卖双方交易的实现，其本质是供应链上下游环节之间的对接。其中，产地批发市场为本地农产品的农户和生产组织和来自集散地和销地批发市场的经销商和经纪人提供了交易的场所，实现了生产环节与其他地区市场和大中型城市市场的对接；集散地和销地批发市场，为来自全国各产地的、不同种类的农产品销售提供场所，通过经销商之间、经纪人之间、经销商和经纪人与零售商之间的交易，推动各种农产品进入各地大中型消费市场及其零售环节，从而实现从产地到餐桌的供应链全过程的对接。

二、供应链体系动态整合的中心

由于批发市场集中集聚了大量卖者和买者，不仅有利于实现市场的充分竞争，更有利于买卖双方的多样化选择，实现供应链体系的动态调整。特别是在集散地或销地批发市场，不仅集中汇聚了来自全国各产地的、不同种类的大量农产品，而且也集中了来自不同城市的大量经销商、经纪人和零售商，为买卖双方均提供了多样化的交易和对接选择。一方面，对于来自全国不同产地的产品，可以选择不同的销售市场及不同的经销商、经纪人零售商，以保证鲜活农产品能够快速地完成销售，进入各分销渠道和零售市场，实现产品价值的最大化。另一方面，对于经销商、经纪人和零售商，可以选择多样化的品种、产地、品质、时间等方面的选择，而不是仅靠单一或有限的供应商和供货渠道，最大限度地保证了农产品销售具有稳定的货源供应和价格竞争优势。依托批发市场的买卖双方高度集聚的优势，农产品供应链上下游之间对接和整合可以实现交易与对接的动态调整，从而使供应链体系更具灵活性和稳定性。

三、供应链多种功能集成整合的平台

如前文所述，批发市场不仅为大量农产品交易提供多样化的交易服务功能，而且更重要的是，实现了多样化供应链服务功能的整合。不仅涉及传统的运输、仓储等物流服务，而且还包括分拣、加工、包装、设备设施租赁、冷链、检验检测、供应链金融等一系列增值服务功能。有些功能是靠买卖双方自我服务实现，但也有相当多的服务是依靠专业化的第三方服务商提供。因此，农产品批发市场在一定程度上也是服务业集群，是农产品供应链各种服务资源配置和整合的中心与平台。

第四节　批发市场供应链体系具有整体竞争优势

在现阶段，我国中小企业大量存在、市场集中度不高、产销距离扩大的背景下，以批发市场为核心的供应链体系具有较为明显的整体竞争优势。

一、集散分拨的规模优势

虽然以批发市场为核心的供应链体系，需要经过多层次的批发市场，实现从产地市场到集散地市场、销地市场，再到零售市场的对接与流转，但在每一个批发市场环节都实现了规模最大化的优势。通过产地市场，将千家万户分散生产的农产品汇集形成巨大的销售规模，实现从产地到主要集散地或销地市场的规模化的直达运输和大批量销售，为农产品生产者和经营者提供整体的规模竞争优势；通过集散地和销地批发市场，实现更大范围乃至全国各地农产品的大规模集聚，并实现向更多大中城市市场和更多企业市场的大规模分拨和销售，为城市市场和消费者带来集中采购的规模化优势和价格优势。

二、多样化的范围优势

多层次的批发市场，将区域乃至范围内的各种鲜活农产品汇集纳入供应链体系，为众多中小经销商、经纪人及零售商带来拓展经营范围的空间和可能，有利于多品种的鲜活农产品共享多层次市场分拨销售的渠道优势。

三、资源共享的合作优势

批发市场通过集聚众多中小经营者，乃至小微经营者，在提供交易场所的同时，也为这些原子式的经营者提供了资源共享、相互协作的便利。在各层次批发市场中，大量

经营者不仅可以共享批发市场的经营设施，还可以共享批发市场以及相关服务主体提供的仓储及冷链设施、信息设施、检验检测设施、分拣及加工设施、包装设施，此外还可以共享人力资源（如市场内的装卸、加工等物流操作人员等）、金融服务等资源，从而更好地降低经营成本，提高交易能力和经营水平。

四、稳定低廉的价格优势

多层次的批发市场在形成大规模集散分拨、资源共享的同时，也创造了充分竞争的市场环境，有利于经营主体之间相互竞争，形成更为合理的价格水平；更重要的是，由于批发市场产品来源广泛、品种多样，可替代或选择性较强，使得市场供求状况更稳定，价格也相对较为平稳。

五、高效便捷的效率优势

在以批发市场为核心的供应链体系中，由于每一个批发市场都具有较大的商品流量规模，不仅有利于批发市场之间形成更为密切的交易联系和提高交易效率，也有利于形成更具效率的一体化物流运作，如高频次的运输安排、采用大型或超大型的运输工具进行整车运输，集中的分拣、包装和加工作业，从而进一步提高供应链体系的整体运作效率，为批发市场吸引更多农产品和经营者提供支撑。

第三章　批发市场供应链体系创新升级的主要趋势

经过改革开放30多年的建设与发展，中国经济取得了举世瞩目的发展成就，但同时也面临一系列深层次经济及社会问题亟待破解。在新的起点上，国际分工和贸易格局发生明显变化，国内经济也逐步进入了寻求新增长机制和平衡的“换挡期”。这就要求转变经济发展方式、转换经济增长动力机制和协调区域发展战略，迫切需要构建和创新适应我国经济发展新常态的商品市场体系及其供应链体系。

第一节　我国批发市场供应链体系创新升级的背景

一、中国进入经济发展转型的调整期，迫切需要批发市场供应链体系创新升级

根据发达国家经济发展经验，当经济特别是制造业发展到一定阶段时，必须借助制度变革促进创新创业和服务业的发展，实现制造业附加值提升并形成以服务业为主体的经济形态，即实现经济驱动力从资源投入向效率提高的转换，否则就容易在产业竞争力弱化和收入分配失衡的条件下落入所谓“中等收入陷阱”①，如南美和东欧国家。即使成功跨越“中等收入陷阱”的国家或地区，如德国、日本、韩国、中国台湾等，由于产业结构调整和国际转移，经济增长速度也普遍经历了自然回落的过程，自然回落的时间窗口大致在人均GDP达到10000～11000国际元（麦迪森1990年）（如图4－3－1所示）。

在新的发展阶段，中国驱动经济增长的新动力将更多来自三个方面：一是经济增长动力特征将从偏重增加投入的粗放增长方式转向更加依赖创新和效率提升的集约增长方式；二是经济增长的产业结构特征从偏重第二产业特别是制造业，转向制造业和服务业融合发展、双轮驱动的产业格局；三是经济增长的区域特征从珠三角、长三角和环渤海三大增长极，转向东部、中部、西部地区产业协作、协调拉动中国经济的经济版图，中部和西部将形成若干新的经济增长点甚至增长极。从当前中国经济运行的趋势来看，经

① 根据国际经验，一些发展中国家经济在经历阶段性快速增长，并且进入中等收入阶段之后，在人均GDP处于4000～7000国际元（麦迪森1990年）时，经济增速逐步放缓甚至停滞，进而陷入所谓“中等收入陷阱”（Middle Income Trap）。“中等收入陷阱”概念正式提出，是在世界银行2007年发布的《东亚复兴：关于经济增长的观点》和《东亚与太平洋地区报告：危机10年后的状况》两份报告中。报告指出，“历史表明，许多经济体常常都能迅速地达到中等收入的发展阶段，但只有很少的国家能够跨越这个阶段”，“许多拉美和中东经济体数十年都停留在中等收入水平”。

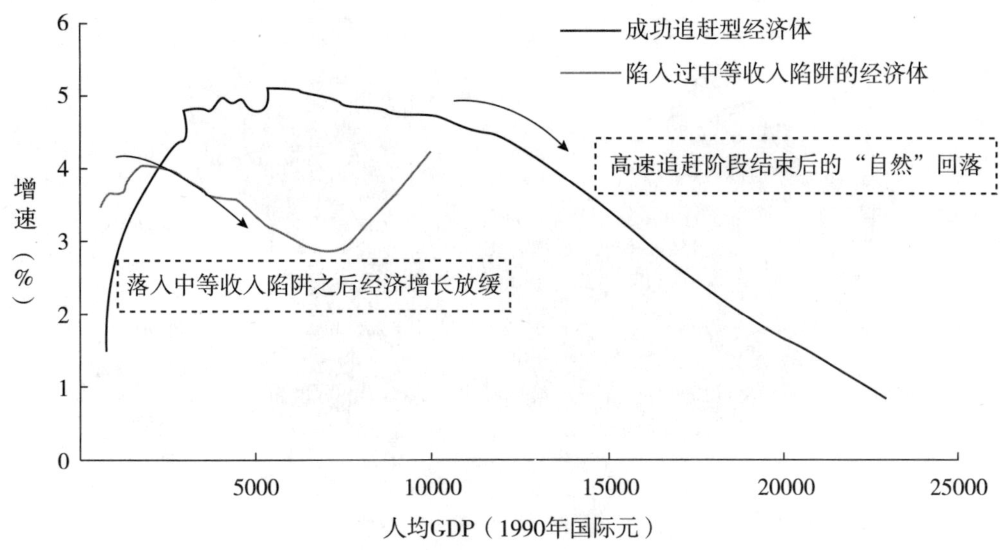

图4－3－1　不同类型国家经济增速变化情况

资料来源：麦迪森：1990 年国际元。

济增长新动力的发展格局正在加快形成。

在转变经济发展方式和新增长动力加快形成的大背景下，服务业，特别是生产性服务业，是经济结构调整的主要动力，也是实现全要素生产率提高和加快创新的主要途径。作为生产性服务业的重要支柱，商品市场体系的升级及供应链体系的创新发展，不仅有利于其自身提质增效，而且有利于促进实现服务业和制造业双轮驱动发展格局的形成，并有力地促进国民经济运行效率提高，从而有利于促进经济结构加快升级，并为经济增长提供新的动力来源。

二、城市化和工业化深化正在深刻改变中国生产消费格局，加快推动全国商品市场体系升级和新型供应链体系的形成

一是随着工业化、城市化加快发展，正在推动我国消费格局的深刻变化。特别是城市化的快速推进，在推动城市数量和规模增长的同时，也在推动城市群体呈现集群、集聚发展，以大型城市或特大型城市为核心，中小城市为基础的大型城市群或城市圈加快形成（如图 4－3－2 所示）。这将促进我国的人口布局结构的深刻调整，人口由农村向城市特别是大中城市、由内地向沿海及大型城市群等产业聚集度高的地区流动，城市人口数量持续增加。预计未来 10 年，城市化率仍将以每年一个百分点的速度上升，并在 2020 年达到 65% 左右，城市人口将超过 9 亿；未来 10 年我国将形成 20 多个大型城市群，人口总量将超过全国人口的 60%。这意味着我国消费市场将进一步向城市化发达的地区集中，20 个城市群将成为我国最主要的消费市场。

二是随着工业化、城市化持续推进，以及大型城市群的加快发展，正在推动我国生产力布局的深刻调整。一方面，随着工业化的深化，制造业内部专业化分工进一步细化和产业链条不断拉长，使得制造业呈现出更具有要素、资源、环境比较优势的地区集中集聚，如劳动密集型向中西部地区加快集中，重化工业和高新制造业加快向东部地区集

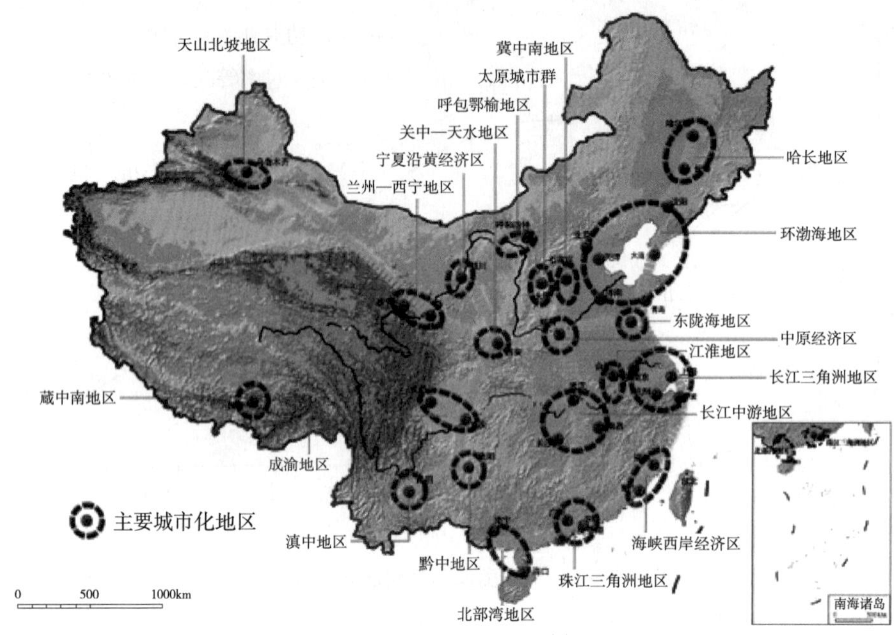

图 4-3-2 未来中国城市化发展格局

资料来源：国家发展改革委《十二五主体功能区规划》。

中，形成更具规模效益和整体竞争优势的专业化制造基地。另一方面，也带动了农业生产布局的深化调整，从遍地开花走向集中，从城市周边及城市群体密集的地区转向农业生产集中区，农业生产规模化、专业化、集中化发展趋势日益明显。

可以预见，随着未来大型城市群、生产制造业基地、农产品主产区的加快形成，将极大地促进以"大生产、大市场、大流通"为支撑的全国统一市场体系的形成，也将促进物流发展格局从"小、散、弱"向"大规模、长距离、宽辐射、多层次"的格局转变，从而为建设全国性的物流网络体系、促进物流产业集群集聚发展、建设具有强大物流功能的、多层次的物流中心提供新的契机与动力。

三、农业现代化步伐加快，农产品生产规模化、组织化程度显著提高

长期以来，中国农产品生产以分散的家庭式生产为主，规模较小。这种生产模式是由当时中国实行的家庭联产承包土地制度，以及以小农经济为主的生产方式和不发达的市场经济所决定的。随着中国工业化、城市化、市场化进程的快速发展，中国农产品生产规模化通过三条路径而得以提高。

一是单个生产者的生产规模提高。在工业化和城市化持续推进背景下，大量的农村劳动力向非农产业、城市转移，从而退出了农业生产；而在农村从事农产品生产的家庭得以扩大种养规模，同时大量产业资本的进入农业产业，导致农产品生产的规模化程度不断提高。以生猪生产为例，2011 年中国生猪生产的规模化程度为 66.8%，年出栏 1 万头以上的养殖户 2011 年上升到 7.3%（如表 4-3-1 所示）。

表 4－3－1　　　　中国生猪 1999－2011 年的规模化状况（%）

养殖规模	1999 年	2000 年	2001 年	2002 年	2003 年	2004 年	2005 年	2006 年	2007 年	2008 年	2009 年	2010 年	2011 年
1～49 头	78.6	77.0	76.6	72.8	71.6	66.8	62.8	57.0	51.6	44.1	38.7	35.5	33.2
50 头以上	21.4	23.1	23.4	27.2	28.4	33.2	37.2	43.0	48.4	55.9	61.3	64.5	66.8
100 头以上	13.1	14.9	15.1	18.4	19.5	22.7	24.7	28.9	35.5	43.0	48.4	51.8	54.4
500 头以上	7.3	8.7	8.2	10.0	10.6	12.1	13.1	15.0	21.8	27.3	31.7	34.5	36.6
1000 头以上	—	—	—	—	—	—	—	—	14.6	18.9	22.1	24.3	25.8
3000 头以上	4.0	4.8	4.3	5.1	5.1	5.6	6.1	6.8	9.0	11.8	14.0	15.4	16.3
5000 头以上	—	—	—	—	—	—	—	—	6.2	8.0	9.7	10.8	11.6
1 万头以上	1.9	2.0	2.0	2.4	2.5	2.7	2.8	3.1	3.9	4.9	6.0	6.6	7.3
5 万头以上	0.2	0.2	0.2	0.3	0.4	0.5	0.4	0.4	0.5	0.6	0.8	1.0	1.2

资料来源：农业部畜牧司。

二是农产品生产者组建专业合作社而提高其规模化水平。尽管单个生产者的规模已有很大提高，但是相对于整个中国广阔的市场而言，每个生产者仍显得弱小。为降低生产和交易成本，提高技术水平，获取竞争优势，积极应对市场竞争风险，农产品生产者建立农业合作社，通过合作社以联盟形式参与市场竞争。在经营上，合作社采取统一供种、统一供化肥和农药、统一提供技术培训信息服务、统一收购产品等方式促进其社员的发展。农业合作社是农民在参与市场竞争过程中一项重大制度创新。截至 2011 年第三季度末，中国依法注册登记的农业合作社达 48.43 万家，实有入社农户 3870 多万户。

三是大力发展设施农业促进了农产品生产规模化。发展设施农业是政府推进农业结构战略性调整和加快发展现代农业的重要内容。在政府推动和需求拉动下，中国设施农业迅速发展。2010 年设施蔬菜总产量超过 1.7 亿吨，占蔬菜总产量的 25%；规模化养殖场猪肉、牛奶产量分别达到 3270.9 万吨和 1662.6 万吨，分别占猪肉产量和牛奶产量的 64.5% 和 48.5%；设施水产品产量达到 780 万吨，约占水产品总产量的 15%。此外，设施农业的发展，对于稳定鲜活农产品市场供给，消除季节波动也有十分重要的作用。

四、中国城乡居民消费结构升级与转型，将促进一系列消费新增长点加快涌现

收入是决定城乡居民消费水平变化的最直接因素。随着国民经济的快速发展，我国城乡居民收入也不断增加。2008 年，我国城镇居民人均可支配收入和农村居民人均纯收入分别为 15781 元和 4760 元，到 2013 年已增长到 26955 元和 8896 元。更为重要的是，我国城乡居民消费结构升级已经迈入新阶段。如图 4－3－3 所示，中国城镇居民恩格尔系数在 2000 年就已经下降到 40% 以下，2013 年城镇居民和农村居民的恩格尔系数分别为 36.3% 和 39.4%，说明我国城乡居民消费水平总体上已跨过了温饱型消费阶段，正在从传统的温饱型、数量型消费阶段，向发展型、质量型消费阶段转变。

未来 10 年是全面建成小康社会，为迈向高收入国家奠定基础的关键时期。2013 年我

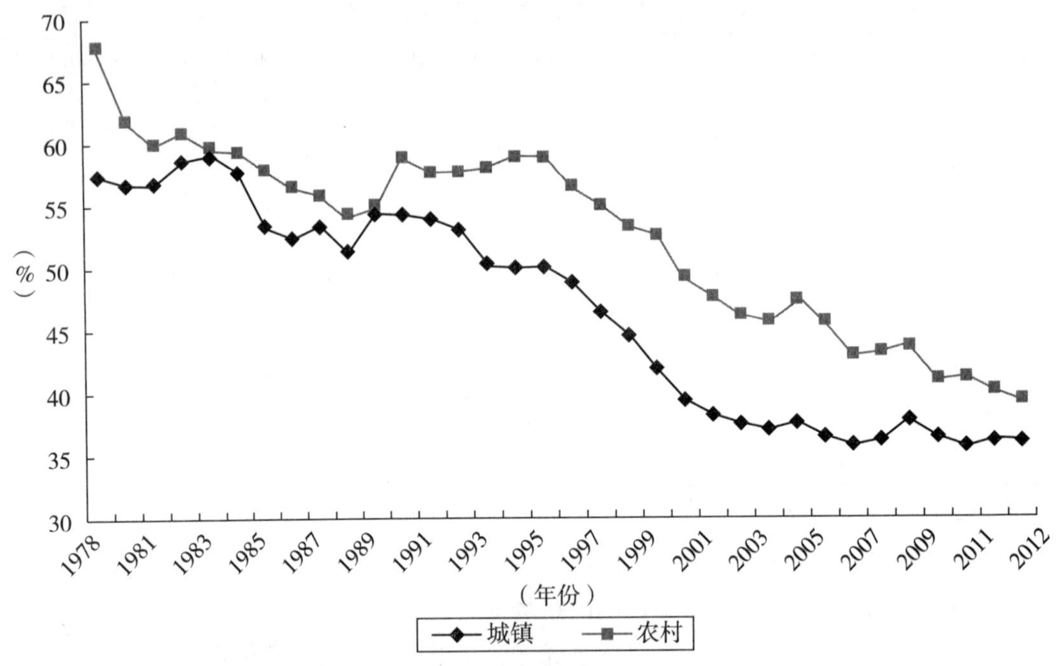

图4-3-3　1978—2012年我国城乡居民的恩格尔系数变化

资料来源：根据有关年份《中国统计年鉴》数据整理。

国人均GDP已接近10000国际元（麦迪森1990年）。伴随收入水平的提高和居民消费选择性增加，城乡居民的生活水平和质量将有明显改善，大量新型消费产品和服务将快速进入家庭，消费行为和模式也将发生一系列的改变，由此推动一系列消费新增长点的加快形成，并推动商品市场及供应链体系进行更加深刻的调整和创新。

五、基础设施日益完善将促进多种物流服务功能优化发展、融合互动的发展格局转变

经过改革开放30多年来的持续建设，我国交通基础设施条件已得到明显改善，运输能力紧张状况总体缓解，初步形成了以铁路、高速公路为骨干，以普通国省道为基础，与民航、水路和管道共同组成的连接东西、纵贯南北的综合交通运输网络。根据相关规划，到2020年我国铁路营业里程将达到12万千米以上，其中，高速铁路1.6万千米以上，以高铁为主骨架的快速客运网将连接50万人口以上大城市，覆盖全国90%以上人口。同时，主要繁忙干线实现客货分线，复线率、电气化率将分别达到50%和60%以上。① 到2020年“9纵18横7放射”的国家高速公路网通车里程将超过10万千米，2030年进一步增加到11.8万千米②，并在“十二五”末基本建成42个全国性综合交通枢纽，实现各种运输方式在区域间、城市间、城乡间、城市内的有效衔接，不断提高枢纽运营

① 《中长期铁路网规划（2008年调整）》。

② 《国家公路网规划（2013—2030年）》。

效率，实现各种运输方式在综合交通枢纽上的高效换装①。

随着交通基础设施总量规模的不断增长，以及国家综合运输管理体制的形成及铁路货运改革的加快推进，交通运输体系发展将从以往偏重基础设施建设，转向侧重运输结构的优化、基础设施综合集成能力的培育，加快形成多种运输方式的优化发展、融合互动的发展格局。交通网络格局的变化特别是现代化综合交通运输体系的发展，将为我国物流产业创新发展提供新的机遇。有利于物流产业在统筹多种运输方式和资源的基础上，加快发展以铁水联运、空陆联运、滚装运输、驮背运输、江海直达运输等多式联运为基础的多样化物流服务的发展与创新，促进物流主体向供应链上下游延伸，实现从单一物流服务方式向综合物流服务方式转变，提供一体化、集约化、高效运作的物流服务，促进物流成本的降低并不断提升物流效率和效益。

六、新一轮技术革命及应用，正在深刻改变生产方式和商品、要素交易方式，物流中心进入创新发展阶段

目前与全球经济危机相伴随的世界新一轮技术革命开始向纵深推进，特别是在新能源、节能环保、新一代信息通信、物联网、云计算、数字制造等重要领域，所谓第三次工业革命浪潮方兴未艾。新的技术突破正在形成和带动一大批新兴产业的发展，也将极大地促进传统产业的转型升级。

新一代信息通信技术的快速发展，不仅将极大地改变信息的收集、加工及传送方式和提高便利性，更重要的是，随着新一轮信息技术的广泛而深刻的应用，将极大地改变现有经济的生产方式、管理方式、贸易方式及物流体系。新技术与已有技术的叠加和流程整合，将推动物流业出现新的变化，无论在流程重构、增值服务和物流效率方面都会得到优化。

以互联网、移动互联网为基础的电子商务的巨大发展，在为全球经济发展和世界贸易增添新的活力的同时，也将改变全球商品、要素供求格局的调整，配置方式和手段的创新，极大地提升商品和服务的可贸易性，并扩大商品和服务交易的地理和时空范围，进而也将促进服务于商品和要素贸易与配置的功能平台的加速创新和整合，对物流体系而言，更大范围的骨干网络和毛细循环网络的分工协作将会强化。而在此过程中，物流网络体系中的功能结点的作用将日益发挥，集配分拨、流通加工及信息反馈等功能将日益突出。

第二节　批发市场供应链体系创新升级面临的挑战与问题

以批发市场为核心的供应链体系属于市场化程度很高的行业，现有多元化、多层次、多样化的市场体系和供应链流程是市场选择的结果，虽然在我国当前发展阶段具有一定的客观性，但更主要的是反映出我国商品流通体系发展水平总体不高，物流体系加快建设面临物流主体“散、小、弱”，创新能力较低等方面的问题与约束。

① 国家发改委：《促进综合交通枢纽发展的指导意见》，2013 年 3 月 7 日。

一、现代市场组织发育滞后，流通主体“散、小、弱”问题突出

总体来看，中小企业及个体商户是我国商品市场体系中最主要的经营单位，以法人企业为代表的现代流通组织数量少、市场占有率不高，流通主体发展总体“散、小、弱”的问题十分突出。以农产品批发市场为例，虽然近年来中国农产品流通领域各环节均出现了一些企业和合作组织，一定程度上提高了组织化程度，但在农产品收购贩运、批发以及零售环节，仍然存在数量众多的个体工商户。在农产品经纪人中，个体经纪人达37.6万户，占到全部经纪人总数的82.0%；在大型批发市场中，深圳农产品股份有限公司控股的10家农产品批发市场中经营蔬菜、肉类的2979个经营户中，97.2%是个体工商户，具有企业法人资格的只占2.8%；其中，年交易额在1000万元以下的经营户数量达2688户，占经营户总数的90.2%；年经营额在1000万～5000万元的经营户有247家户，占总户数的8.3%（如表4－3－2所示）。

表4－3－2　代表性农产品批发市场的经营户结构

年交易额（万元）	蔬菜		肉类	
	数量（户）	占比（%）	数量（户）	占比（%）
10000以上	2	0.1	6	0.7
5000～10000	27	1.2	9	1.1
1000～5000	135	6.2	112	13.8
500～1000	133	6.1	191	23.6
100～500	464	21.4	385	47.6
50～100	852	39.3	105	13.0
10～50	225	10.4	1	0.1
10以下	332	15.3	0	0
合　计	2170	100	809	100

资料来源：根据深圳农产品股份有限公司提供的资料整理而成。

二、商品市场发展不平衡，供应链体系亟待多样化网络化

一是在供应链不同层次市场之间发展不均衡。例如，随着全国优势农产品区域布局规划的实施，优势区域鲜活农产品集中度稳步上升。生产向优势产区集中后，客观上要求建立具备较强集散能力和服务功能的批发市场。大多数产地批发市场只具有简单的经营摊位和堆存场地，缺乏必要的分拣包装、冷藏保鲜、物流配送等服务设施，也没有产销信息和价格发布等市场功能，也缺乏与销地市场、大型连锁企业的合作对接机制，难以吸引农户或合作社进入产地市场，许多农民还是坐在地头等待收购，直接影响农民增收，也是导致农产品滞销、卖难时有发生的重要原因。

二是供应链上下游各环节市场主体之间发展不尽协调。以农超对接为例，作为新型农产品流通方式，“农超对接”在政府政策支持下已有一定程度的发展。但是大面积和大规模发展“农超对接”仍存在诸多制约因素。究其原因在于，连锁超市作为大型农产品流通主体，具有网点多、经营规模大、经营品类多样等方面特点，与农户或农业合作社、农产品基地存在经营规模、供求结构、经营管理等方面的巨大差异，尚难形成质量均衡、花色品类齐全、长期稳定供货的产销关系。再加上连锁超市企业内部物流配送设施投入大、运作成本高，仅靠农产品销售难以实现盈利等原因，很多连锁超市在继续扩大“农超对接”品种和规模等方面，缺乏足够的动力，更多的是依靠“农超对接”供给优质低价的“大路菜”，达到“集客”、带动其他商品销售的目的。

三是供应链体系整合方式单一，缺乏更为稳定紧密联系。我国批发市场体系之间主要依靠上下游交易相互联系，以资产、品牌为纽带，以直接投资、兼并重组、连锁经营、品牌加盟等为整合途径，各环节紧密对接的供应链体系发展滞后，大型连锁企业、具有深购远销能力的大型批发企业、连接产地与销地的大型批发市场网络、服务供应链上下游的大型物流服务企业等新型供应链体系仍然有待培育。

三、现代交易与物流服务方式发展依然缓慢

与构建现代供应链体系的要求相比，与发达国家的发展水平相比，以商品市场为核心的供应链体系的交易方式、物流服务方式明显落后。以农产品市场供应链体系为例，主要表现在：

第一，农产品规格化、包装化进展依然缓慢。近年来，中国在蔬菜、水果等产地收购环节，已开始推进分拣、简单包装等初级流通加工，但绝大多数农产品仍是以初级产品的形态进入市场，尚未成为规格化、包装化、品牌化的商品形态，农产品在物流过程中缺乏基本的质量保障。而发达国家已经实现了从农产品净化到包装标准化的变革，形成了从产品、产地分级包装，到小包装、集装箱托盘、运输设备、库房搬运、机械等一系列的标准化系统。

第二，现代交易方式应用水平较低。目前，“三现”交易仍然是我国农产品流通中最主要的交易方式，以规格品为基础的订单交易、拍卖交易、信用交易、中远期交易等，在我国农产品市场应用较少。这既与农产品标准化缺失、金融制度不完善等因素有关，也与流通主体过于散小，价格竞争过于激烈等市场结构密切相关。

第三，农产品物流增值活动缺乏。在中国，农产品物流过程中普遍缺乏分拣、切割、包装、预冷处理等流通加工服务，农产品附加值难以提高。目前中国农产品加工业产值与农业总产值之比提高到1.7:1。与发达国家农产品加工产值与农产品产值之比为3:1～4:1相比，中国还存在明显差距。

第四，现代物流技术推广滞后。特别是在冷链技术方面，生鲜农产品预冷技术和低温环境下的分等分级、包装加工等商品化处理手段尚未普及，运输环节温度控制手段原始粗放，发达国家广泛运用的全程温度自动控制没有得到广泛应用。

第五，信息化水平偏低。据统计，近年来发达国家普遍对农产品市场信息服务系统的建设投入了大量资金，为生产、流通、消费各方提供生产、销售、价格、国际市场等全方位的信息服务。如美国农业信息投入约占 GDP 的 0.2%，政府每年支出 10 亿美元作为农业信息经费，用于农产品市场信息发布的年度预算就达 2200 万美元。与此相比，中国对农业信息化的投入较少，且主要集中在硬件设施建设上，对农民的信息服务不到位，不能准确掌握农产品的市场需求和价格走势，及时准确地把产销信息传递给农民，市场调节的盲目性大。

四、现代化设施装备明显缺乏

总体上看，我国商品市场供应链体系的设施装备水平仍较为落后，使得批发市场经营环境较为恶劣、损耗浪费严重，流通效率低。

（一）市场设施简陋的问题较为突出

尽管近年来各地政府对批发市场实施升级的改造力度不断加强，但是，仍然有许多批发市场，特别是农产品批发市场的交易设施依然十分简陋，不少市场仍是露天交易，有的甚至地面都没有全部硬化，存在交易环境差，通风采光不足、卫生安全状况不佳、交通拥挤等问题，与农产品流通现代化的要求相距较大。

（二）物流设施和装备严重不足

如冷链设施方面，我国人均冷库容量仅 7 公斤，冷藏保温车占货运汽车的比例仅 0.3%。而且，现有冷冻冷藏设施普遍简陋且陈旧老化，国有冷库中近一半已使用 30 年以上；而且冷链设施分布不合理，一是在农业生产集中区、承担全国 70% 以上鲜活农产品交易的农产品批发市场、区域性农产品集散中心等关键物流节点，冷冻冷藏设施严重短缺①。二是流通体系上下游各环节之间冷冻冷藏设施不配套、冷藏运输车辆缺乏，实现农产品全程冷链物流的比率过低。以水产品冷链物流为例，虽然水产品在运输中已开始采用低温冷藏运输车和活水车带制冷充氧设备，但到批发分拨和零售环节，却很难实现冷链的无缝衔接。

（三）信息化设施和装备严重不配套

特别是在农产品市场体系中，除部分大型农产品批发市场具备现代化信息配套和信息服务功能外，农产品流通主体及批零经营场所的信息化水平还比较低，产销、价格等信息活动主要依靠人员交流，通过电话或交易现场获取，信息的收集、处理与传递存在着很大的局限性和滞后性，无法实现对农产品生产、销售的有效引导，这是造成农产品市场价格大幅波动、“卖难买贵”、盲目经营等现象的重要原因。

---

① 国家发展和改革委员会：《农产品冷链物流发展规划》，2010 年。

（四）质量检测检疫设备落后

目前来看，一些地区农产品市场特别是在产地市场还存在质量检测检疫设备严重缺乏，产地准出和市场准入把关不严。据统计，全国仅有33.6%的农村市场配备了农残速测仪等初级设备，而且其中只有21.8%的市场的有效使用率在80%以上。① 除此之外，目前国内的生猪屠宰80%以上的企业还处于半机械化、手工生产阶段。由于这些半机械化或简单机械化的屠宰企业的生产方式比较落后，多数只从事生猪代宰业务。这种代宰性质决定了质量检测、可追溯设备基本派不上用场，同时也使后续的运输卫生问题难以有效监管。

五、创新升级的人力资本缺乏

总体来看，包括商业、交通运输、仓储等在内的商品流通性行业在中国属劳动密集型行业，从业人数超过1亿人，占全社会总就业人数比重超过10%。其中，初中学历以下占比达到70.86%，高中以下占比达到91.09%，而大专以上学历占比仅不到9%。

在批发市场经营的各类商户，主要以个体户、农产品经纪人和中小企业为主，基本没有接受职业培训和教育。例如，根据中国职业资质要求，国家劳动和社会保障部制定了农产品经纪人职业资格制度，并将农产品经纪人职业资格管理授权给中华全国供销合作总社，由其实施行业培训，制定行业标准以及资格证书的管理工作。目前，中国在工商局登记注册的农产品经纪人有60多万户，有10万名农产品经纪人通过培训，仅有2万人获得农产品经纪人职业技能鉴定资格证书②。

从供应链各环节来看，高素质的人力资源主要集中在部分大型批发市场管理人员、大型连锁企业和第三方物流企业中。如大型超市企业，招聘员工的教育水平一般在高中以上，而且提高相应的业务培训和在职教育水平等。再如，批发市场作为供应链体系的核心和中枢，一般都具备一定数量的管理、运营、检测等人员，其学历水平较高。像深圳农产品股份有限公司（股票代码：000061），管理人员中不少来自国内一流大学的研究生、本科生。但对于多数批发市场而言，特别是地方性的中小批发市场，人才匮乏导致业务发展缓慢，业务创新能力不足。

六、标准化程度低，供应链效率和运行水平亟待提高

在商品市场供应链体系中，由于农产品、服装与时尚产品、小商品、家居建材等产

① 全国城市农贸中心联合会、中国连锁经营协会：《2008年流通领域食品安全调查报告》，2009年。

② 陈万卷（2011）：《中美农产品流通渠道之比较》，《对外经贸实务》，2011年第5期。同见中国农产品流通经纪人协会（CFPBA）中国农产品服务中心网站：http：//www.richfarm.net/。

品种类繁多，供应链环节多且过程复杂，整体标准化程度较低，对供应链运行效率的影响较为严重。

（一）国家标准和行业标准难以全面覆盖

例如，从我国现有农产品标准内容涵盖面来看，尚无法满足我国品种繁多、操作复杂的农产品物流体系的运行和发展。农产品分级及检测方法标准、农产品市场交易标准、冷链物流技术规程、农产品溯源标准等急需的重要标准缺乏。而且，现行标准以产品标准和方法标准为主，物流操作和服务、市场建设与管理、安全消费保障等管理标准比重明显偏低，难以满足供应链体系的发展需要。

（二）标准的形成机制不合理

一方面，国家及有关部门标准研究基础薄弱、投入不足，各种物流标准制修订过程缺乏基础性验证和分析研究，被动跟踪、收集、转化国际和国外先进标准的情况突出，导致标准与现有供应链体系及技术体系衔接不够，影响了标准的适用性；另一方面，行业组织和市场主体在标准制定中的作用尚未得到高度重视，供应链体系上下游环节之间形成的操作规范等团体性标准，难以得到国家及行业协会的认定、支持和推广，也极大地影响了商品市场供应链体系标准化的进程，造成标准化应用水平低。

第三节　新时期批发市场供应链体系调整升级的趋势

一、批发市场体系大型化、网络化、集群化发展

随着未来大型城市群、生产制造业基地、农产品主产区的加快形成，将极大地促进以“大生产、大市场、大流通”为支撑的全国统一市场体系的形成，也将促进商品市场体系发展格局的重大调整。一是商品市场体系进一步向农业主产区、制造业基地及集群、大型中心城市及城市群加快集中，市场规模和集聚辐射能力进一步提升；二是大型城市及城市群的商品市场进一步外迁，进一步向城市外围或城际地理中心加快集聚，形成多种专业批发市场的市场集群；三是商品市场之间通过联盟、合作、资产重组等多种方式加快一体化，实现商品市场体系之间在市场主体、设施、标准、信息等多方面的跨区域对接和合作，跨区域、大规模、高效率的商品市场网络体系进一步加快形成。

二、批发市场功能转型升级步伐进一步加快

（一）进一步提升交易功能

未来商品市场将从摊位式的小规模批发向大型批发交易方式转变，经营大户与生产企业之间的联系和交易关系将更加紧密，并形成更为通畅稳定的销售渠道；交易方式也

将从传统的经销向总代理、总经销等现代营销方式转变，发展现代商业代理制。

（二）进一步完善交易服务功能

特别是对于农产品批发市场而言，价格发现和信息功能对引导农产品生产和消费，处理好小生产和大市场的矛盾起到关键作用。因此，商品批发市场下功夫强化价格发现和信息收集、处理和加工、发布功能是当务之急。

（三）增强物流与供应链服务功能

借助批发市场的集散的规模效应，运输、仓储、加工、配送、冷链等方面物流服务也将进一步加快集聚，为市场交易主体提供全方位、专业化的物流服务，促进商品市场供应链体系上下游物流资源的优化配置，实现整体物流运作水平和效率的提升，促进商品市场向大型物流中心或物流集群转变。

（四）创新生产性和商务性服务功能

例如在服装市场体系中，大型服装批发市场在研发创意功能、时尚信息功能、品牌培育功能、展览展示功能等方面实现了创新，吸引和集聚了大量新型的市场服务主体如专业研发机构、设计机构、创意策划机构、展览展示机构、信息咨询服务机构、专业信息网站、各种专业媒体，实现了从传统交易市场和贸易中心，向时尚产品设计中心、创意中心、会展中心、信息中心的转变。

（五）加快向电子商务平台转型

在现代信息技术深化应用普及和电子商务加快发展的背景下，商品市场自身的信息化进程将进一步得到推进，加快建立商品市场电子商务平台，创新多样化的网上交易方式，如网上集中竞价的现货交易，网上挂牌拍卖的交易、网上洽谈等多种交易方式，增强电子交易系统的信息服务功能，创新网上支付和交易监管等，将成为未来商品市场发展的主要方向。

三、经营主体公司化、大型化、专业化、集群化

商品市场中的经营主体，是实现市场功能升级的主体，也是商品市场供应链体系整合与创新的主体。经营主体自身组织创新、经营方式创新，也将为商品市场供应链体系的发展提供组织保障和创新活力。

（一）经营主体的公司化和规范化

随着经营规模的不断扩大，一些经营大户正在加快从个体经营和家族式经营，向合伙制、股份合作制、有限责任公司制等法人企业转变，具有现代治理结构的新型市场经营主体将加快形成。

（二）大型现代经营主体进一步加快发展

特别要通过经营主体的上市、并购、重组及联合，未来商品生产供应链体系中将逐步形成一大批具有现代治理结构、综合服务能力和国内外经营网络的大型企业。此外，批发市场也在加快向现代企业制度转型，规范化的市场管理主体和运营平台将成为商品批发市场的重要组织形式。

（三）中小经营主体进一步专业化发展

伴随商品市场发展，大量中小型经营主体和个体工商户，正在加快专业化发展步伐，从商流、物流的混合经营中进一步细分和专业化，逐步形成交易商、物流服务等专业化的经营主体，促进商品市场供应链体系经营规模和效率的进一步提升。

（四）多样化经营主体集群化发展

在加快专业化发展的基础上，中小企业及个体经营户将加快向专业批发市场、物流园区的集中集聚，进一步加强分工合作，共享基础设施和客户资源，形成具有多样化物流功能、产业配套完善、具有全方位供应链服务的新型产业集群，进一步释放中小企业的创新活力。

四、批发市场供应链体系现代化水平加快提升

在当前全球新一轮技术改革以及我国创新战略的推动下，商品流通领域正在进入新一轮技术创新密集阶段，将直接推动商品市场供应链体系的技术创新与广泛深度应用，并加快形成信息化、自动化、绿色化的全新发展格局。

（一）现代信息技术广泛深度应用为主导的物流与供应链技术创新将更为密集

在全球现代信息技术快速发展和全社会信息化水平加快提升的背景下，商品市场供应链体系将加快推进现代信息技术在各种物流活动中广泛深度应用，促进基于现代信息技术的仓储管理、运输管理、电子商务等经营管理方式和手段的创新，并带动供应链各环节的设施与装备自动化、智能化发展，为商品生产供应链体系发展提供持续的创新动力。

（二）多样化物流和供应链集成创新带动发展

特别是有利于支持供应链上下游企业之间、不同物流功能之间、多种物流技术之间进行流程再造、功能重组和技术对接的集成创新，将为商品市场供应链体系整合提供技术支持，也有利于提升供应链整体的技术创新效益。

（三）节能降耗将成为技术创新的新亮点

积极应对全球气候变化和资源环境约束的严峻挑战，实现绿色发展和可持续发展，已经成为全球共识，也成为新时期我国的国家战略。围绕物流活动节能、降耗加快技术创新，加快推广适用性高、技术效能显著的各种解决方案、设施设备和管理工具，将成为我国商品市场供应链体系乃至物流产业实现绿色发展的关键。

五、批发市场供应链体系发展标准化、制度化和法治化

（一）标准体系改革将有利于提高商品市场供应链体系的标准化

近年来，国家高度重视标准化的体制机制创新，近期已经明确将加快标准体系改革，一方面，强化国家标准的约束性，将物流领域的基础性、通用性和安全性标准上升为国家标准，以法律法规形式颁布和强制实施，增强国家标准的约束力；另一方面，对于操作性、规程性和事实性标准，则以行业标准、群体标准形式进行推广和实施；除具有产地特色的农产品之外，不再设立地方标准，促进全国物流标准的统一和规范。在此背景下，以商品市场为核心，加快形成贯穿覆盖商品市场供应链体系全过程的产品标准、交易标准、物流标准和服务标准，形成符合供应链上下游企业发展要求的团体标准，将有利于供应链相关资源的整合和一体化运行，促进商品市场供应链体系整体运作效率的提升。

（二）商品市场供应链体系将进入制度化、法治化的发展轨道

随着全面深化改革和全面依法治国的推进，我国市场经济体制将得到进一步完善，市场运行和监管将更加规范化和法治化，特别是当前正在加快推进的行政体制改革、流通体制改革和市场准入制度改革等，已经正在拟定和研究的一系列相关法律法规及政策，将进一步促进市场环境的改善，公平、竞争、统一、有序的市场格局将加快形成，为商品市场供应链体系提供制度化、法治化的创新和升级环境。

参考文献

［1］任兴洲．建立市场体系：30 年市场化改革进程［M］．北京：中国发展出版社，2009.

［2］任兴洲，王微．服务业发展的制度、政策与实践［M］．北京：中国发展出版社，2012.

［3］国务院发展研究中心市场经济研究所．中国农产品物流体系发展战略研究——评估报告［R］．亚洲开发银行技术援助项目 TA－8571 内部资料．

［4］国家发展和改革委员会经济运行局和南开大学现代物流中心．2013 年中国现代

物流发展报告［M］．北京：北京大学出版社，2013.

［5］丁俊发．中国供应链管理蓝皮书（2014）［M］．北京：中国财富出版社，2014.

撰稿人：国务院发展研究中心市场经济研究所所长、研究员　任兴洲

国务院发展研究中心市场经济研究所副所长、研究员　王微

第五篇

用供应链思维构建
国家经济和区域经济

第一章　供应链思维

随着科学技术在20世纪后期的迅猛发展，全球经济一体化的步伐不断加快。在应对全球制造的背景下，“供应链（Supply Chain）”这一新型的生产组织模式最初由美国学者从生产实践中总结并提出。通过这一新型模式，利用自身及外部资源对市场需求的快速响应，企业自身只抓最核心的业务，相关企业致力于共同的市场利益而联盟。20世纪80年代以来，工业发达国家的近80%的企业都从“纵向一体化”的经营模式转向全球制造和全球供应链管理这一新型模式，其中像IBM、P&G、戴尔、丰田等一些国际著名企业在供应链实践中都取得了成功。

第一节　供应链管理产生的背景

一、“纵向一体化”管理模式的困境

长期以来，核心企业为赢得市场竞争中的主动，试图全程控制产品生产过程中所需的资源，采取投资控股、筹资自建或兼并等方式，与提供原材料、半成品或零部件及分销渠道中的企业共同形成统一的企业组织，即“纵向一体化”管理模式。

一般地，在早期市场环境相对稳定的条件下，采用“纵向一体化”模式是一个有效的运营战略。随着社会生产的日益复杂化和消费者对产品与服务要求的不断提高，“纵向一体化”模式在20世纪80年代后已经难以适应全球竞争的新形势，主要表现为：①企业组织难以对复杂多变的市场需求作出快速响应；②由于资源有限且未能在众多经营领域中得到合理分配，企业的竞争优势难以形成；③日益频繁的经济波动给企业在自建、控股或兼并中所进行的投资和长期建设带来巨大风险。

二、企业对价值链的全程关注

“价值链”这一概念最早由迈克尔·波特在其《竞争优势》一书中提出。波特认为，企业的竞争优势并非体现在其作为一个整体的组织，而是来源于企业在生产及其相关过程中的一系列相互分离的活动。通过“价值链”，企业的生产运营过程分成了许多战略性相关的活动。

TQM、JIT、MRPII等各种生产制造环节中的科学管理方法使得企业内部不断“精益化”。而在生产制造的两端，零配件的供应和产成品的流通配送等环节却成为供应链上的

“瓶颈”。企业为了适应外部消费环境的变化，必须在提高客户服务水平与市场响应速度的同时，努力降低运营成本。因此，在产品全生命周期中，除生产以外的各阶段成为企业关注的新焦点，即从过去对生产环节的单一关注转向对包括企业间物资转移在内的各类活动的关注，例如存储和运输等环节产生的费用，强调企业制造与物流两大系统的协调运作。

三、20 世纪 80 年代末日本企业崛起带来的启示

20 世纪 60、70 年代之后，社会分工的进一步深化使得整个产业链被不断分割，并在一定程度上给企业的内部协调增加了难度。TQM、JIT 等技术的采用正是为了适应这种变化，在企业内部强调部门之间的合作。除此之外，日本企业还采用了“分包制（subcontracting）”这一以长期交易为基础的“准结合”方式，把存在供求依赖关系的企业“链接”起来。

另外，日本企业所采用的柔性制造系统（FMS）将客户需求纳入其管理系统内部，提高了企业的应变能力和服务水平，从而在 20 世纪 80 年代保持了生产成本和交易成本的竞争优势。而在同一时期，美国企业及时引入了“供应链”管理概念，开启了“横向一体化”这一新型的运营模式，从而在 90 年代后重新确立了其在制造业的主导地位。

四、信息技术（IT）在近 30 年的飞速发展

供应链管理发展的技术基础是信息技术的支持和企业信息化程度的提高。信息技术的发展不仅加快了信息的传递，促进了供应链企业间的信息交流，而且推动了企业内部信息化的进程，在生产作业计划、存货管理和配送计划等领域建立信息系统，拓宽了管理人员的视野，从企业内部延伸到供应链的上下游乃至整个供应链。在 IT 的支持下，供应链上的企业能够基于同一原始数据源实现数据共享，从而降低了“牛鞭效应”的影响，同时也降低了企业间的交易费用和协调费用，缩短了交易时间，提高了对消费者需求的快速响应能力。

供应链管理改变了企业传统的内部管理视角，强调从供应链整体进行资源的优化配置。作为重要的生产力要素，信息技术和知识管理的引入必然会给供应链系统中的现金流、物流和信息流带来一系列新的理念和变革。先进的供应链系统基于可靠的数据输入和独立的数据模型，信息技术将极大地推动供应链的发展和物流效率的提高。供应链管理的发展基于知识管理，信息技术不仅能够挖掘数据中的信息和知识，而且通过知识的积累、保存和共享，优化物流资源配置并建立供应链的协作网络。信息技术已经成为供应链管理的有效平台。

五、全球化的影响

工业化的发展同样推动着供应链管理的进一步发展和扩大，从最初的物料管理

（MRP）逐渐深入到企业管理的全过程。产业的发展变化，尤其是2008年的金融危机给整个产业界带来的沉重压力，深刻地反映了供应链所处的时代背景对供应链管理所产生的重大影响。

全球供应链涉及运输和仓储等物流环节的全球化以及采购、外包、供应链流程等业务的全球化。全球化的影响涉及全球供应链安全的挑战、全球供应链的敏捷性与成本效益优化等领域，其影响范围从主要发达国家延伸到亚洲、南美、中东、非洲等新兴物流市场。全球化在物流和供应链领域的影响日趋明显，已经渗透到供应链企业商业与运营活动的各个方面。比如，产品由日本设计，而原材料采购自巴西，零部件由中国台湾或东南亚国家生产，组装在中国大陆进行，最后销往全球各地。由于全球化的影响，企业难以独立完成整个供应链的事务，必须通过外包等手段寻求与其他企业的合作，这无疑增加了企业运营管理的不确定性。企业面临着预测并控制这种不确定性的挑战，而这也正是供应链管理所面临的挑战。

第二节　供应链的系统属性

“供应链”概念最初由咨询公司的管理顾问于20世纪80年代提出，在90年代被广泛使用。在此之前，“物流”和“运营管理”是商业上使用较多的用来表达相应内容的概念。关于供应链的定义，Stevens（1989）较早地认为，供应链是一个系统，包括原材料供应商、生产工厂、配送服务和顾客，并且通过前向物流和反向信息流将他们连接在一起。

此后，随着供应链管理的不断发展，不同的学者对供应链提出了各种不同的定义。Lee和Billington（1992）认为，供应链是一个网络，企业通过这个网络获得原材料，生产半成品或产成品，并将产品销售给消费者。Christopher（1992）认为，供应链是一个包含上游和下游的连接的组织网络，以不同的流程及活动产生不同形式的产品或服务价值给最终消费者。Cooper和Ellram（1993）认为，供应链是以一个集成的理念去管理从供应商到最终客户的配销管道的总流程。Kopczak（1997）则认为，供应链由供应商、物流服务提供商、制造商、分销商和零售商等一系列经济实体组成，这些经济实体通过原材料流、产品流、信息流连接起来。森尼尔·乔普瑞、彼得·梅因德尔（2003）给出的定义是，供应链是由所有满足顾客需求的直接或间接的流程组成的一个动态系统，包括制造商、供应商，也包括仓储服务商、运输服务商、零售商甚至顾客，在不同环节间有持续的信息流、产品流和资金流。

关于供应链，不同的定义主要是基于不同的视角，本质上并无太大差异。各种观点都认为，供应链是一个系统，根据具体的形式包含具体的成员（供应商、制造商、零售商等），有特定的目标（满足顾客需求、实现价值最大化等）。

供应链是一个系统，因此具有一个系统所具备的典型特征，如整体涌现性、稳定性、动态性、目的性、开放性和自适应性等。以下结合系统科学理论、供应链管理理论等，分别对这几个特点进行分析。

一、供应链的整体涌现性

系统的整体涌现性可以形象地表达为“1+1>2”，即“整体大于部分之和”。在某些情况下，整体性质等价于部分性质之和，但在多数情况下并非如此。整体的性质在各个部分中不一定有。已知部分的性质及其相互作用的规律，难以推断整体的性质。整体涌现性具有非还原和非加和的特点，是整体具有但还原为部分则不具有的性质。整体涌现性由规模效应和结构效应共同产生，结构效应通常起到决定性作用。

作为一个系统，供应链同样具有整体涌现性，并通过特殊的形式表现出来。供应链中的原材料供应商、制造商、分销商、零售商、消费者以及物流服务提供商，大多分属不同产权所有者，各自的目标不尽相同，各个实体致力于实现自身利益的最大化。因此，如果没有实体间的合作与协调，那么实现的不一定是最优结果，而是在其他实体采取特定策略下的纳什均衡。在供应链非合作情形下，例如“囚徒困境”，局部最优不一定是整体最优，甚至会导致整体最差的结果。如果能得到有序的协调，供应链系统将会实现整体成本最小、反应速度最快、每个子实体获得最优等未协调情形下难以实现的结果。所以，供应链系统的整体涌现性要求供应链成员之间通过有效地合作来实现期望的结果。

二、供应链的稳定性

供应链中的企业需要通过紧密合作、信息共享和相互支持来追求其价值的最大化。因此，供应链的稳定性至关重要。稳定的上下游（如供应商和分销商）是企业进行有效的供应链管理和成员间合作协调的基础，通过整合才能实现供应链和企业的发展目标。

企业在采购原材料时存在两种成本，即原材料成本和交易成本，一方面，交易成本包括寻找供应商、鉴定供应商资质、与供应商签订合同、原材料交付监督以及原材料质量鉴定等活动的成本，供应商数量决定了引入的竞争者数量，竞争者越多，原材料成本可能越低；另一方面，供应商数量越多，竞争性越强，供应商变动就越剧烈，那么交易成本也就越高。信息技术的发展大大降低了交易成本，而优秀的供应商所提供的优质供应服务使得与之建立稳固合作关系的企业从中获利，降低了交易成本。因此，精简稳定的供应商成为企业采购的必然选择。通过对口信息系统的建立和专用资产的投入，企业之间可以建立稳固的长期关系，并以关系合约代替纯粹的市场交易关系。

三、供应链的动态性

稳定和运动的对立统一是供应链的基本特征。供应链的动态性主要体现在：①供应链结构不变情况下的有序运动；②供应链系统结构的动态变化（如图5-1-1所示）。

供应链系统中一般包含三种“流”，即物流、信息流、资金流。物流是最基本的流，包括正向物流和逆向物流。正向物流和逆向物流构成闭环供应链。前者主要是指原材料

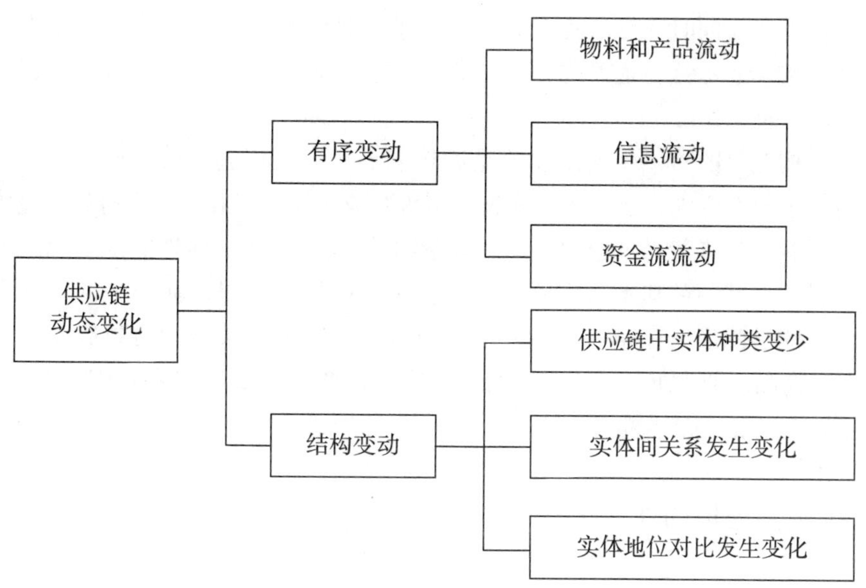

图 5-1-1　供应链动态变化分类框架

和产品从初级供应商、供应商、制造商、批发商、零售商到顾客的有序流动过程；后者如不合格产品从下游客户返回制造商，或者废弃品返回原材料供应商二次利用，通常返回路线不同于正向物流。信息流能够实现需求信息和资源存量信息在供应链企业间的传递，是各个节点之间的互动。例如，客户的需求信息通过零售商和批发商传递给制造商，制造商根据产品需求信息确定需要向供应商采购的原材料数量。另外，供应商会将原材料的供应种类和供应能力等信息传递给制造商，制造商也会将产品的库存和制造能力等信息传递给批发商和零售商。与物流相对应，资金流则是一种逆向的对等流动，是交换的一种形式。

另一种变化是供应链结构的变化。企业追求稳定的合作伙伴，制造商希望通过精简供应商，保持少而精的供应商来加强双方的合作与协调，从而降低交易成本。制造商对于供应商的选择有着严格的要求，不符合要求的供应商将会被淘汰并被更优秀的供应商替换。制造商对于经销商的选择同样采取动态更新的策略。这些都是供应链成员（系统要素）的变动，表现为动态性。然而，供应链系统整体结构的变动通常会导致供应链呈现质的变化。比如，供应链系统中增添了新的组成要素或者某些要素被精简。DELL 公司的直销模式是一个典型的例子，直销模式省去了处于中间环节的零售商，零售环节的减少使得新的供应链系统成为快速响应型供应链。从消费者网上订购到产品的送达，只需一周时间，期间包括消费者的网上订购，DELL 公司的零部件订购，产品组装以及物流系统配送。对于顾客需求快速敏捷的响应使得 DELL 公司迅速成为全球计算机制造商的市场领导者。

供应链系统中成员之间关系的变化是结构变化的另一种形式。互联网技术和信息技术的发展引领了企业间信息沟通方式的变革，沟通的速度和效率得到了质的飞跃。供应链形态由最初的链状结构演变为网状结构，即以核心企业为中心，其他成员企业围绕核心企业形成环状结构，核心企业与所有成员同时共享信息，零售商、制造商、原材料供应商和物流提供商也能同时获得消费者的需求信息，改变了以往“消费者→零售商→制造商→供应商”的信息逐级传递模式，既加速了信息传递，又缓解了“牛鞭效应”，使供应链成为快速响应型组织。

供应链结构变化的另一个突出反映是近年来零售商的崛起。最典型的莫过于沃尔玛连续多年占据世界500强企业头名。这表明零售企业正在发展壮大，占有越来越大的市场份额，并且某些大型零售企业已经成为产业链中的主导企业。国外的沃尔玛、家乐福以及国内的国美等是其中的典型。实际上，零售企业的崛起使得产业链中的主导企业发生了变化，但供应链的形态和相互关系并没有改变。主导企业从过去的制造商变成了零售商，这是日用商品产业发展的一个新趋势。而在其他产业，以制造商和大型原材料供应商为主导企业的供应链仍然普遍存在。

四、供应链的目的性

系统有其特定的功能，但不一定都有目的性。供应链作为一种特殊的系统和特殊的经济组织，具有目的性。供应链的成员企业都是经济实体，具有经济人属性，追求自身利益的最大化。这种局部的目的性决定了供应链整体的目的性，即追求供应链整体价值的最大化以及内部成员之间的利益分配。成熟的供应链中组织联系越紧密，目的性也越强。反之，若供应链组织越松散，其系统边界就越模糊，目的性也越弱。

供应链的目的性与商品经济和市场经济的发展密切相关。早期的社会经济中，由于经济实体间的关系不固定，通常没有交易合约，供应链系统的边界非常模糊，很难形成一个稳定的供应链系统。商品经济和市场经济的发展使得经济实体间有了固定的关系，供应链系统内部的实体联系不断紧密，目的性也逐渐显现。

供应链管理通常采取两种模式追求价值（利润）最大化。一种是成本节约型，其目标就是降低成本并从中获得更大的收益；另一种是服务价值型，通过提高供应链的服务价值收取更高的费用，从中获得供应链的增值。敏捷供应链作为一种追求响应速度的策略能够实现成本的降低和服务价值的提高。响应速度的提高可以减少库存时间、降低库存成本，从而提高了供应链整体的资本运转速度和单位资本的回报率。另外，响应速度的提高能够更大限度地满足客户需求，减少供需时滞，从而为客户创造更大的价值。

五、供应链的开放性和自适应性

作为一个系统，供应链有其存在的环境，是更高层级系统的子系统。因此，供应链是一个开放的系统，受到其存在环境的影响，与外界环境之间存在着物质和信息的交换。由于供应链系统的目的性，外界环境的变化必然会引起系统的变化，使之根据环境的变化灵活地调整并创造更多的价值。这种随环境变化进行自我调整的能力是供应链的自适应性。当市场环境的变化剧烈时，为了应对这种变化，供应链系统必须提高自身的自适应性，变成灵活性的快速反应型组织。供应链可以通过结构改变产生质变来增强竞争力，也可以通过与外界的物质交换来增强其自适应性。例如，通过吸引优秀人才、使用信息技术、加强供应链整合、建立战略联盟等途径提高供应链的自适应性。

第三节　供应链管理的系统思想

系统的观点认为，供应链是由若干相关企业在特定的环境下为实现特定的目的组成的大系统。供应链系统具有单个成员企业所不具备的新功能，集中体现在综合竞争能力上。这是供应链系统与企业系统的主要区别，也是供应链系统能够在新的竞争环境下形成和发展的根本原因。由于供应链系统具有与单个企业系统不同的思维方式和运作模式，供应链系统的构成与运作具有许多新的特点，供应链管理也具有许多新的内容。

系统的思想贯穿供应链系统的运作过程和供应链中每个成员企业的具体行为。充分运用供应链管理中的系统思想，能够增强成员企业间的合作协调，发挥供应链的综合竞争优势。下面将从六个方面具体分析供应链管理中的系统思想。

一、供应链构建中的系统思想

供应链的构建有明确的目的，应在系统思想的指导下进行。供应链的构建应考虑系统整体功能的实现。可行的供应链设计策略是实施供应链管理的基础。目前为数不多的供应链设计策略和方法中，典型的有影响力的都是从系统的角度来研究的。例如，基于产品的供应链设计策略，通过调查市场竞争环境明确产品的类型、特征和市场需求；对企业的现状、存在的问题以及竞争对手等情况作综合分析，考察供应链设计项目的必要性；分析产品生命周期的不同阶段对供应链策略的要求，提出供应链设计的目标；根据供应链的组成情况，构建组成供应链的基本框架，评价供应链设计的技术可能性。以上述系统的分析为基础设计的供应链能够实现与企业产品类型的匹配和有效组合，实现供应链系统的整体功能，从而发挥供应链的综合竞争优势。以供应链系统为研究对象是整个设计过程的最大特点，这充分体现了供应链构建中的系统思想。

二、供应链合作关系中的系统思想

供应链合作关系是指供应链中的上下游企业之间在一定时期内信息共享、风险共担、互利共赢的协作关系。从系统的角度来说，是一个系统的组成要素在特定的环境中基于共同的利益和目标而相互作用、相互依赖的关系。

供应链战略合作伙伴关系的建立，使得成员企业能够进行同步化的协同运作，降低供应链系统的总库存水平和总成本，提高产品质量和市场响应速度，改善顾客满意度。供应链各成员企业进而在系统整体目标的实现中共同受益，这体现了企业间资源集成与优化利用的系统思想。

建立供应链合作关系的核心问题是合作伙伴的选择，而选择的关键在于合作伙伴评价指标体系的建立。在现有的评价方法中，缺乏系统观点的方法通常不具备现实可操作性。在系统思想的指导下，从供应链系统整体最优的角度出发来分析和评价是目前研究的主流方向。

三、供应链管理环境下生产计划与控制中的系统思想

与单个企业的运营活动类似，供应链管理以顾客需求为驱动、以生产计划与控制为中心展开。但是，单个企业的生产计划和控制与供应链管理的模式有很大的区别。因此，建立面向供应链的生产计划与控制系统，是企业从传统的管理模式向供应链管理模式转变的必然要求。

供应链管理中的同步化运作要求上下游企业之间的生产计划和控制保持协调一致。供应链上任一企业的决策不仅影响自身的运营，而且会影响其他企业的决策。因此，在考虑本企业内部业务流程的同时，企业应打破以某企业物料需求为中心的管理界限，从供应链系统的整体出发考虑生产计划和控制，实现供应链整体效益的最优化。

供应链管理的基本思想是实现资源的横向集成，以供应链系统的整体优势参与市场竞争。例如，业务外包要求充分利用上游企业的资源和生产能力，而延迟生产则要求借助下游企业的资源和生产能力来适应客户个性化的需求。这些都要求企业的生产计划与控制以系统的思想为指导，立足于供应链系统的整体。

四、供应链管理环境下库存控制中的系统思想

企业运营和市场环境的诸多不确定因素是库存的存在且不可避免的根本原因。因此，企业经营者希望采取各种方法尽可能地降低库存水平，减少库存维持成本和资金积压。库存控制是企业运营管理的重要内容，也是供应链管理的重要内容。在供应链背景下，库存控制需要考虑的是供应链系统的整体而非单个企业。

供应链的“牛鞭效应”使得下游的需求信息被层层放大，从而导致上游企业比下游企业维持更高的库存水平。传统的库存控制方法是针对单个企业的，不能解决供应链系统的库存管理问题。针对供应链的库存问题，必须以供应链系统为研究对象，以系统的思想探讨库存控制的方法来适应供应链整体运营的要求。目前比较有效的供应链库存控制策略有供应商管理用户库存（VMI）、多级库存优化与控制、联合库存管理等。在这些方法中，无论是针对供应链局部的库存优化问题还是针对系统全局，研究的视角都凸显了系统的思想，从单个企业系统转变为供应链系统。

五、供应链管理环境下采购与物流管理中的系统思想

供应链是物流、信息流、资金流三者的统一，物流管理是供应链管理的重要组成部分，在供应链管理中具有举足轻重的地位和作用。供应链管理从物流管理发展而来，与其有着密切的联系，但前者超出了后者的范畴，因此二者并不等同。明确二者之间的关

系，将系统的思想引入物流管理，对于实现供应链系统的整体目标具有重要的意义。

采购是供应链管理的重要环节。由于供应链管理的系统性、集成性、同步性、协调性以及敏捷性等对传统的采购提出了新的要求，与传统的采购模式相比，供应链管理中的采购模式有根本的不同，主要表现为：①供应商与采购企业之间从一般的买卖关系转变为战略伙伴关系；②企业从采购管理转变为对外部资源的管理；③采购从库存驱动转变为订单驱动。从系统性的角度，企业面对的是外部的大环境，立足于本企业，采购是企业系统与外部环境之间的一种交换。然而，在供应链管理的背景下，企业处于供应链系统之中，传统上被视为与外部环境的交换关系此时则转变为供应链系统内组成要素之间相互协作的关系。因此，置身于供应链系统之中的企业应从供应链系统的全局出发，以供应链系统去面对外部的大环境。

六、供应链绩效评价中的系统思想

供应链绩效评价是供应链管理的必要手段，能够让供应链成员企业明确自身在系统中所处的位置以及对供应链整体效益的影响。结合供应链企业激励机制，供应链绩效评价能够发挥激励的作用，促进供应链系统运行效率的提高。

供应链绩效评价不仅要求对成员企业的绩效进行单独评价，更注重对供应链系统整体绩效的全面评价。对供应链系统进行科学客观的评价需要科学合理的供应链绩效评价指标和方法。评价指标不能局限于某一方面，应形成一个涵盖全面的体系。目前的供应链绩效评价在内容和范围的确定、评价指标体系和评价方法的设计等方面，大都以供应链系统为研究对象，系统的思想体现其中。

第四节　供应链管理的新趋势

杰克·韦尔奇曾说："如果你在供应链运作上不具备竞争优势，就干脆不要竞争。"

一、供应链管理是国际市场竞争的利器

供应链是一种高度紧密、互补性强的企业联盟，它包括原材料供应商、制造商、配送中心、批发商、零售商和客户等。其目标是通过联盟内成员企业同步协调的运作，为客户提供价格低廉、品质优秀的产品，及时有效地满足客户需求并提供优质的售后服务，提高客户的满意度和市场占有率，从而在市场竞争中获取优势。供应链是企业各种能力的有机组合，已经成为国际市场竞争的利器。增强企业竞争力的关键是在供应链上的每一环节都做到价值增值。

全球经济一体化和互联网技术的发展，推动了跨国企业国际化供应链管理模式的不断发展，其范围也逐步遍及到全球任何可以利用的地方。从 20 世纪 80 年代的快速反应（QR）、有效消费者反应（ECR）和敏捷制造，到 20 世纪末期的协同计划预测与补给

（CPFR）模式、动态供应链联盟等，DELL、IBM、丰田、大众等一批大型跨国企业都根据自身的特点和优势形成了全球化供应链网络的高级运作模式。原中国物流与采购联合会常务副会长丁俊发一针见血地指出，“虽然跨国巨头把生产环节转移到中国，但仍旧通过研发、物流控制着整个产业链的主动权和高附加值的环节，并不断打压制造环节利润。”

在实施供应链全球化战略的过程中，跨国公司对不同国家和地区所考量的因素和侧重点不同。例如，承接制造业外包是中国的优势，而承接供应链、离岸业务和信息技术外包的优势则在印度。对于外包到中国，跨国公司考虑的重点因素在于经济发展过热隐含的风险、知识产权的保护、政府政策的影响等。此外，在中国的产业从沿海向内地转移的过程中，沿海港口和物流枢纽与内地的连接度不足，跨国公司认为这会增加企业的物流成本和时间成本。

原中国物流与采购联合会会长陆江认为，近年来，中国供应链管理发展的步伐不断加快，成为中国生产和流通企业提高竞争力的必然选择。从积极的角度看，这主要得益于跨国公司对华投资的发展变化。随着现代物流方式迅速向采购环节延伸，跨国公司加大了在华采购的力度，将中国企业纳入到全球供应链体系中。HP、DELL、IBM、奥林巴斯、沃尔玛等跨国公司已先后在中国设立采购中心，同时将对华投资向技术密集型制造产业倾斜。中国企业与全球供应链体系的联系更加紧密，世界500强企业中有400多家目前在中国有投资项目。

二、第四方物流的问世

我国的供应链管理水平与国外先进水平总体上存在很大差距。第三方物流是我国供应链管理发展的一个重要支撑，而目前国外先进的供应链管理模式主要是“第四方物流（简称4PL）”。20世纪90年代中期，美国安达信咨询公司最早提出并注册了“第四方物流”概念，其后迅速在美国、欧洲、日本等发达国家得到发展。4PL利用互联网络平台将众多的供应商、咨询公司、第三方物流和信息机构等合作伙伴汇集起来，为企业运营的每一环节选择最合适的合作伙伴。它不仅能够有效地控制和管理特定的物流活动，而且能为物流流程提供最优解决方案和专门化管理。这种新模式结合了内包和外包的优势，可以为客户建立定制的、最优的、一体化的虚拟供应链，实现对企业供应链的全方位管理。

4PL主要是通过在资金、技术知识、基础设施和机器设备等方面的合资和长期承包等组建而成。4PL具有较大的柔性和兼容度，为适应不同的企业要求，可以根据组织和成员的约定目标，组成协同运作型、动态联盟型、行业创新型、方案集成型等灵活的运作模式。4PL在我国的发展将提高企业国际化供应链构建和运作的效率和持续性，从而赢得强大的核心竞争力。

三、创新流通渠道供应链模式

世界供应链的发展趋势表明，容易获得供应链控制权的企业往往是接近消费者的企业。在买方市场成为常态后，零售商占据供应链体系主导地位的势头尤为明显。在激烈的市场竞争中，如何通过与零售商的合作创新和升级流通渠道和供应链管理，是中国供应商面临的重大挑战。DELL 联手国美进入零售渠道，不仅拓展了其销售模式，更重要的是实现了供应链资源的开拓。在我国，一些强势品牌的生产企业也尝试构造以自己为主导的供应链体系，并且成功取得了龙头地位。为打造以消费品生产企业为主导的供应链，一些大型生产企业通过与商业企业的联盟延伸其竞争优势，甚至有海尔、联想等品牌企业把发展现代物流、提高自身的配送能力作为企业的核心业务和核心竞争力之一，建立了大批的连锁专卖店。

国际化供应链的构建对人力、物力、财力和运作经验等提出了很高的要求，中国企业虽亟须建立，却因为在物流配送等方面的不足而力不能及。国际特许经营是近年来企业探索运用的一种新模式。特许经营的适用范围广，扩张速度快，渗透力强，易冲破区域壁垒，成功率高，是实现集团化、国际化和规模效益的有效模式。运用特许经营可以让企业的物流配送在构建国际化供应链的过程中得到现有的分布广阔的特许连锁网络的支持，通过门到门的服务为信息流、商流、资金流的链接提供可靠的地面支持系统，实现了从虚拟到现实的突破。

四、服务供应链提升物流新概念

近年来，许多生产企业开始积极实施产品服务化。所谓产品服务化，就是从提供单纯的有形产品扩展到基于产品的增值服务。例如，通用电气的能源管理服务，伊莱克斯的一体化电气解决方案，壳牌石油的化学品管理服务，IBM 的信息服务等。

许多跨国公司如 GE、HP、IBM 等充分利用全球劳动力资源，把与其产品相关的服务业务外包给其他国家的企业，以获得技术支持和客户服务支持。UPS 承接了东芝笔记本在美国的维修业务，从货物运输延伸到了供应链的其他环节。服务外包的持续增长是服务供应链的形成与发展的基础，已经成为很多企业核心竞争优势的一个重要来源。

五、绿色供应链管理

多年来，人类社会的经济增长对自然环境造成了严重的破坏。随着人们环保意识的不断提高，绿色消费、绿色产品成为新的市场发展趋势。这促使企业开始重视其生产运营对于环境的影响，通过实施绿色制造，综合考虑整个产品生命周期过程中的环境影响和资源利用效率，协调优化企业的经济效益和社会效益，向低碳环保型经济转型。

目前国内外有关供应链管理的研究主要集中在合作伙伴的选择、合作机制的设计、组织模式的建立以及供应链管理中的技术、方法和工具的开发等方面。有关绿色制造的研究主要集中在绿色组织的概念体系、涉及的政府行为、绿色材料、绿色设计、绿色生产、绿色包装、绿色处理等专题的研究上，较少将绿色制造与供应链管理相结合进行研究。由于供应链是由核心企业将上下游企业链接形成的一种虚拟组织，绿色供应链管理的实施，将使绿色理念渗透到供应链涉及的供应、生产、销售、运输、消费、投资等众多领域，通过对商品、信息、资金在供应链中的流动管理，采用绿色设计、绿色工艺、绿色生产、绿色回收等技术手段生产绿色产品，从而减少供应链运营对环境的影响，提高资源利用效率，增强核心竞争力。

实施绿色供应链管理，要求供应链中的所有成员企业在运营决策中牢固树立绿色环保意识，在追求经济利益的同时减少对生态环境影响，通过有效的绿色管理提高企业竞争力，降低产品成本，从而实现可持续发展。

六、移动供应链管理

电子商务的蓬勃发展催生了供应链管理的另一个趋势——移动供应链管理（Mobile Supply Chain Management）。移动供应链管理（M—SCM）是指利用移动设施从事供应链运营活动，以达到节约成本、降低库存水平、优化供应链响应速度和提高竞争优势的目的。作为一项相对较新的技术，M—SCM 可以整合移动技术于现有的 IT 系统，或者取代依赖于有线系统的系统。基于短信应用服务和射频识别技术，M—SCM 系统可以实时采集零售终端商品的销售量和库存数据，并帮助企业实现市场信息的采集、销售数据采集、渠道信息发布、物流配送和售后服务等管理功能。

M—SCM 系统能够整合应用软件和手机、便携式个人电脑、个人数字助理 PDA 等移动设备，帮助企业拓展现有的 SCM 能力。企业采用 M—SCM 系统可以提供基于位置的服务（Location – Based Services），在任何 IT 驱动的供应链功能中灵活地应用无线技术，并且能在无线环境下灵活地处理位于任何地方的业务，为任何地方的客户提供所需的服务。基于位置的服务通过与 GPS（全球定位系统）和 GIS（地理信息系统）的结合，可以定位或瞄准特定区域的客户。此外，不同企业的业务流程还可以通过 M—SCM 的应用得到简化，从而提高包括产品设计、生产、销售、直至客户服务在内的供应链活动以及供应链成员间交换活动的运作效率。

除了常规的业务功能与流程，M—SCM 用户还可以根据自己设定的条件，对各产品的销量和库存进行汇总分析，给出柱状数据对比图和曲线趋势图，并通过短信功能发送给相关的企业决策者，使得他们随时就市场状况保持沟通。

七、物联网应用下的供应链管理

随着物联网技术的发展和市场竞争的日趋激烈，基于物联网的供应链管理成为提升市场竞争力的重要途径和手段。国家相关部门近几年的统计数据显示，有效运用基于物联网的供应链管理手段，可以在很大程度上缩短货物周转周期，降低企业运营成本，提高企业运营效率，从而在整体上提升企业的市场竞争力。

基于物联网技术的供应链管理能够提高利益相关方对市场的灵敏度。物联网的应用可以直观、系统、全面地体现各利益相关方的信息。企业通过对比相关信息，取长补短提高自身产品或服务的质量，从而获取市场竞争优势。此外，基于物联网技术的供应链管理还能够帮助企业提高管理的透明度，使系统管理的信息更加透明化，从而更加高效地为客户提供服务。

物联网技术应用于供应链管理还可以提高企业的管理监控水平。供应链管理体系涉及的成员和环节很多，供应链管理效率受成员类型和数量的影响。物联网技术的应用可以实现供应链成员间的信息共享和作业计划的协调发展，在一定程度上提升供应链的集成化管理。信息数据的共享还可以帮助企业详细评估并选择良好的供应商、零售商和客户等合作伙伴，控制和防范风险的发生。

智能化管理是市场发展的大趋势，及时准确地掌握供应链各个环节的运营状况是赢得市场竞争的关键。由于物联网技术具备信息识别和定位跟踪功能，将物联网技术应用于供应链管理还可以进一步实现智能化，不仅能够识别其生产的相关原材料、半成品、产成品，还可以实时跟踪配送过程中的时效、车辆、路况等相关信息。

基于物联网技术的企业供应链管理，还可以在一定程度上满足多元化的市场需求。我国的部分企业目前过于注重资本投入、采购、生产以及物流等环节，对客户需求、满意度等方面缺乏重视。应用物联网技术可以在确保采购、生产和物流的前提下，实时掌握商品的流动情况，实时反映客户需求的变化，针对客户的多元化需求进行产品的生产和营销。

第二章　用供应链思想创造国家竞争优势

第一节　经济全球化、供应链与竞争优势

一、供应链与全球生产形态

始于20世纪中后期并深入渗透到全球经济方方面面的变革正在改变全球的经济格局。经济全球化是资本、技术、商品和服务在世界性生产、投资和消费领域中的扩散，体现在全球经济的若干领域。在贸易领域，表现为商品和服务的国际化；在国际金融领域，表现为全球资本的流动和国际资本市场的链接，以及各国政府的货币政策或财政政策的一体化；此外，经济全球化还体现在全球知识产权开发与保护等领域。因此，国际货币基金组织认为，全球化是指跨国商品与服务交易的增长、国际货币资本流动规模和形式的扩大以及技术的广泛迅速传播，使世界各国经济的相互依赖性增强。总而言之，经济全球化是经济要素在全球范围内流动并实现最优配置的过程，而流动性是其最主要的特征。

经济全球化的浪潮给企业带来了复杂多变的外部环境，导致了生产形态的重大变革。环境的不确定性要求企业建立更加敏捷的生产系统，产生了“跨越企业组织边界，作为一个完整的流程共享经营资源和信息，以整体优化为目标，彻底消除流程中的浪费的管理技术”，即供应链管理技术。这一技术的出现使得企业的生产运营从单个企业内部向跨越企业组织边界的形式转变。产品生产也不再由某个企业单独进行，而是由原材料供应商、生产商、批发商、零售商、配送中心等一系列企业组成的“链”式集成组织来完成。通过优化“链”中的商流、物流、资金流和信息流，可以提高整条供应链的运营效率。

供应链管理技术是一种“链”式垂直一体化的生产管理方式，它可以使企业专注于自身的核心业务，而将非核心业务通过外包转移给其他企业。这种跨越组织边界的分工不但可以降低组织内部因分工过多而产生的较高的组织成本，而且有助于企业培育自身的核心能力，实现规模经济，降低生产成本。因此，供应链管理技术的发展使得企业与企业之间的竞争演化为供应链与供应链之间的竞争。经济全球化推动了全球市场的形成，跨国公司通过对供应链的跨组织集成，在全球市场中构建开放、高效的跨组织系统，并对供应链进行优化提高整体竞争力，最终形成全球价值链。

经济全球化有利于建立全球统一的市场，有助于参与全球化的企业在较大的市场空间内实现规模经济。市场规模决定了专业化程度的高低，但是生产专业化和规模经济只能保证产品的标准化程度，却不能满足客户的差异化需求。专业化与差异化二者的难以兼顾是传统的生产方式面临的困境，要克服这种困境，就需要引入一种新的生产方式，

全球网络化供应链为实现低价竞争战略与差异化战略的兼顾提供了可能。专业化的供应商之间通过联网，使面向客户的网络中介能够灵活地满足客户对多元化产品的需求。这样，既可以通过专业化实现低价战略，又可以通过灵活的结构形式实现差异化战略，从而将两种不同的企业战略结合起来。从消费形态看，经济全球化和全球供应也为消费者选择来自不同国度的消费品提供了渠道。

当然，在经济全球化的背景下，可供企业选择的生产范式是多样的，并不局限于供应链的形式。这主要取决于企业的组织生产采用的是市场化的方式还是网络化的方式，同时也取决于生产的组织形式是等级制还是分散化。例如，它可以是传统的公司组织结构，也可以是分散化跨组织的项目合作联盟；可以是在空间上积聚形成的企业集群，也可以是在时间和空间上具有流动性的供应链。

经济全球化对国际贸易形态也产生了很大的影响。发展中国家通过为全球供应链中的中间产品提供专业化、规模化的生产，参与到经济全球化的进程中，不仅增加了全球中间品的贸易量，而且为发展中国家创造了更多的就业机会。

二、全球生产形态与国家竞争优势

经济全球化要求各国政府放松对商品流动和资本流动的管制，其结果就是贸易自由化（即自由的国际贸易流）和金融一体化（即自由的资本流）。贸易自由化能够消除贸易壁垒，降低关税，推动国际间商品的自由流动（即商品流）；而金融一体化使得对国际资本流动的管制逐步放松，推动资本的自由流动（即资金流）。管制的放松促进了采购活动在全球范围的展开并向世界级的方向发展，战略采购也成为获得竞争优势的重要手段之一。供应链管理在国际间自由的商品流和资金流的推动下改变了竞争的态势，企业间的竞争逐步演化为供应链之间的竞争。20 世纪 80 年代以后，企业为了能在全球化浪潮中找到新的有效竞争手段，尝试与上下游产品生产企业建立联盟关系，构建高效的供应链管理模式。企业的竞争优势随之发生变化，建立有效的供应链成为形成竞争优势的关键。

波特（M. E. Porter）的国家竞争优势理论认为，国际贸易纯理论不能解释一个国家在国际竞争中成功或失败的原因；一个国家在某一特定产业上能否获得成功主要取决于以下四个方面的因素：①要素禀赋；②企业战略、结构和竞争对手；③需求条件；④相关产业及支持产业。另外，机会和政策在很多情况下也比较重要。波特认为，国家的竞争优势主要体现在产业的竞争优势上，因此，一个国家的国际竞争力主要取决于该国最具国际主导地位的产业，可以重点考察该国全球出口占有率前 50 位的产业。

新贸易理论认为，除了商品之外，要素也可以在国际间流动。国际资本流动是要素流动的形式之一，如国际直接投资（FDI）。由于信息等要素在跨国公司内部的流动性优于在市场中的流动性，跨国公司在一定程度上推动了商品、服务和信息在子公司之间的跨国交换，由此为商品和要素在国际间流动开辟了一个特殊的渠道。

新经济地理模型表明，运输成本直接影响到贸易量的大小，是国际贸易中的一个重要因素。企业集群的产生要求商品、要素和空间均具有流动性。空间上的企业积聚为新技术的扩散提供了有利条件，从而通过技术外溢提高企业的创新率和生产率。

有别于传统的集群，发达国家的高科技集群是一个国内集群与国际同业相互开放的系统，其技术水平在时间上呈现螺旋式上升的动态演化特征。一方面，企业通过与集群内的其他企业合作实现联网生产，结成水平一体化企业间联盟；另一方面，集群内的企业通过向上下游扩展渠道，实现外部垂直一体化并建立有效供应链，缩短生产周期，获得网络化收益。供应链中处于核心地位的企业根据要素禀赋、需求条件以及最优化原则组建有效的供应链，综合考虑相关及支持产业和需求条件选择合作企业，根据企业战略、结构以及竞争对手来管理供应链。然而，有效的供应链管理并不是获取竞争优势的充分条件。企业只有在全球范围内建立以自身为核心的供应链，并通过占据主导地位持续地获得供应链中的高附加值，才能赢得竞争优势。核心企业现有的竞争优势是能否构建有效供应链的关键。这种竞争优势具体表现为资源存量形式的技术资本、商业资本和社会资本。显著的竞争优势能够吸引更多潜在的合作伙伴，减少合作中的机会主义行为，建立稳定的合作关系。

上述分析将供应链管理作为全球生产形态的最佳范式，以此为基础建立的国家竞争优势形成理论，将波特的国家竞争优势理论从基于产业分析的国家竞争力比较理论拓展到国际贸易纯理论的研究框架内，从生产形态上解释了从比较优势到竞争优势的理论演化过程。

三、基于供应链生产范式的国家竞争优势形成

近年来，随着各国不断扩大开放程度强化市场竞争力，逐步完善知识产权保护制度，全球经济一体化的进程不断加快，也给各国的外部环境带来了巨大变化。这种变化的影响在东亚地区尤为显著。东亚过去倡导的“政府主导型工业化模式”在各国扩大开放和放松管制的环境下已不再适应未来发展的需要。日本长达十多年的经济停滞和 1998 年的亚洲金融风暴暴露了过去政府主导型发展模式的弊端。因此，东亚各国政府开始在发展模式上作出调整，通过竞争、开放和全球经济一体化，从宏观体制和微观体制两个层面推动经济的持续增长。在宏观体制层面上，通过创新完善市场制度和提高市场开放程度，制定更为有效的国际宏观经济政策，加强区域经济合作，从而提高本国在全球经济中的竞争优势。在微观层面上，鼓励企业提高创新能力，积极实施产品创新、服务创新、组织创新和过程创新，建立新型的生产范式。沙希德和伊夫耐特（2005）对东亚经济的研究指出，“东亚国家可以围绕本国企业核心竞争力构建有效的供应链，通过供应链之间的竞争来提高劳动生产率和出口竞争力”。

在新的世界经济环境下，跨组织系统的供应链成为全球化网络式生产的新范式。企业采用先进的信息通信技术，通过管理技术的创新以及快速的物流系统，将非核心业务从本企业剥离，使得生产向全球性平台转移，实现生产在时空上的流动性，从而确立自身在供应链中的核心地位。跨国企业可以在全球范围内以最优方式选择原材料采购和生产装配的地点，在采购领域和流通领域尽可能降低成本，缩短产品生产和交付的周期，以形成竞争优势。

然而，有效供应链这一新的生产范式的构建，并不是实现企业效率提高和经济快速

增长的保证，还必须有各种技术、制度和基础设施的支持。有研究表明，工业化国家的运费投入仅占投入要素总值的4%，而在物流业相对落后的亚洲国家如中国、马来西亚等这一比例却高达8%。以供应链的创新来形成竞争优势，离不开发达的物流系统、有效的跨组织集成化管理系统、供应链参与者的战略行为等，而这些恰恰是东亚国家的不足之处。围绕集群网络构建的供应链能够产生网络化的溢出效应并有效形成国家竞争优势。因此，基于生产范式创新的经济发展模式可以很好地替代“政府主导型工业化模式”。

当今世界经济的一个突出现象是商品和要素在时空中的流动。经济全球化带来了外部环境的巨大改变，也引起了人们对全球生产形态问题的关注。基于国际贸易纯理论的框架，针对这个问题的理论分析得出以下结论：①流动性是经济全球化的主要特征，商品和要素通过在时空中的流动实现在全球范围内的最优配置；②由于符合商品和要素在时空中的流动性的要求，供应链成为经济全球化背景下的有效生产形态；③建立有效供应链是形成国家竞争优势的充分条件，其必要条件是作为核心企业建立供应链并占据主导地位，能够持续地获取供应链中的高附加值，即必须满足 Porter 条件；④供应链通过网络化收益形成国家竞争优势，还必须获得相应制度、技术以及基础设施的支持。这一新的生产形态的出现；⑤供应链管理作为全球生产范式的创新，为东亚经济发展模式提供了参照，也为国际贸易纯理论的发展提供了研究空间。

第二节 全球化供应链管理提升国际竞争力

在经济全球化背景下，企业面临更为激烈的国际市场竞争和更为严峻的生存发展挑战。企业已经难以单独依靠自身的力量参与国际市场竞争，而通过与全球范围内的合作伙伴构建供应链，实行以协同商务、协同竞争和互利共赢为原则的商业运作模式，成为赢得国际竞争优势的有效途径。在这种趋势下，人们对全球化供应链管理的重视不断提升。

一、全球化供应链管理

全球化供应链管理要求以全球化的视角，将供应链系统延伸至全球范围，全面掌握全球各地消费者的需求偏好，以现代网络信息技术为支撑，对供应链进行计划、协调、控制和优化，在供应链的核心企业与其上下游企业之间实现供应链一体化运作和快速响应，达到物流、资金流和信息流的通畅与协调，满足全球消费者的需求。全球化供应链管理是一种综合性的、跨国跨企业的集成化管理模式，能够适应全球化背景下企业跨国经营的特点和要求，其管理范畴如图 5－2－1 所示。

全球化供应链管理作为一种新的跨国经营管理模式，具有如下一些特征。

首先，全球化供应链管理以满足全球范围内的消费者需求作为供应链运作的核心驱动力。在全球化的背景下，企业的经营面向全球市场，潜在的消费需求增长带来了巨大的发展机遇。如何满足全球化消费者的不同需求成为在全球市场上有效竞争的关键。在

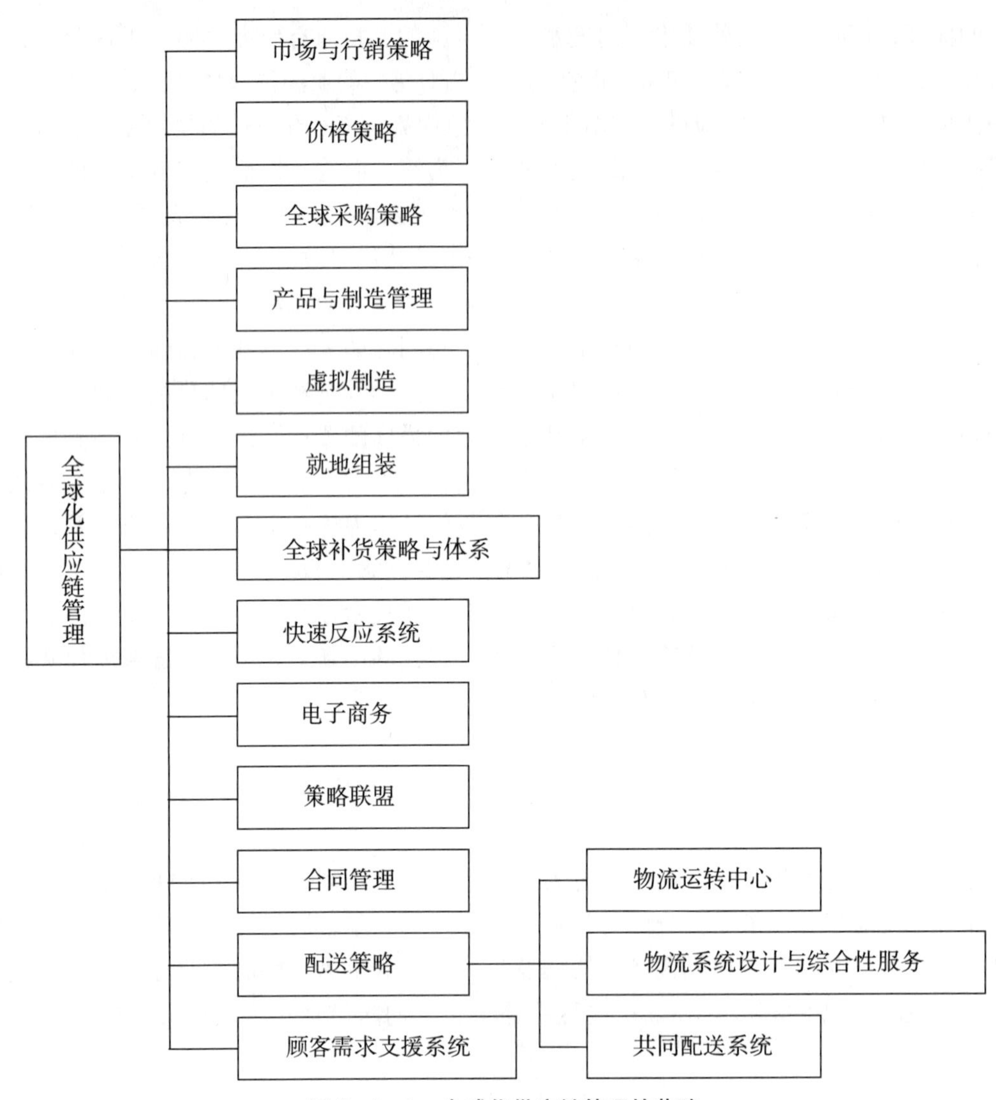

图 5－2－1　全球化供应链管理的范畴

卖方市场条件下，企业往往过于看重成本和效率，而忽略了不同层次消费者对产品和服务的不同需求。然而，在买方市场、竞争多样化的条件下，必须采用全球化供应链管理的观点，将满足消费者需求作为企业的核心战略，对市场进行细分，针对不同消费群体的不同需求，提供多样化的产品和服务，与此同时注重降低成本和提高效率。

其次，全球化供应链管理是一种新型合作竞争理念。全球化供应链管理是从全球市场的角度对供应链进行的全面协调，除了考虑核心企业内部的管理，更注重供应链在全球范围内的各个环节、各个成员企业之间的合作协调，最终达到互利共赢的目的。全球化供应链管理的合作竞争理念把供应链视为一个动态跨国联盟形式的完整系统，成员企业通过互相合作共同开拓全球市场，追求系统整体效益的最大化，这样不仅有利于市场空间的扩大，更促进了经济的共同繁荣进步。

第三，全球化供应链管理以现代网络信息技术为支撑。全球化供应链管理以高度集成的网络信息系统为技术基础，是现代网络信息技术与跨国战略联盟思想的结晶。作为一项广泛使用的信息技术，企业资源计划（ERP）由制造资源计划（MRPII）发展而来，它集企业管理理念、基础数据、企业资源、业务流程、计算机软硬件于一体，是多项网络信息技术的综合应用。ERP 将供应链所有成员的制造系统、财务系统、营销系统紧密结合，通过对物流、资金流和信息流的有效管理，实现全球范围内多地点的跨国运作；以消费者满意为核心战略，通过信息和资源共享，将企业的运营模式从传统的供方驱动转变为需方驱动。

全球化供应链管理的理念被认为是面向 21 世纪的先进管理思想，受到学术界和业界的广泛关注。美国麻省理工学院教授查尔斯·法恩在其著作《时钟速度》中认为："在如今竞争力比拼的国际战场上，企业最根本、最核心的竞争力在于供应链设计。"一些著名的跨国企业如 P&G、HP、IBM 等已经在全球化供应链管理的实践中获益良多。而美国的一项研究显示：许多企业在供应链管理中产生的费用约占其国内销售额的 10%，占其国际销售额的 40%；因为供应链管理不善，企业每年大约损失 300 亿美元。

全球供应链运营模式是指在全球市场环境下，将消费者需求贯穿研发设计、原材料采购、生产制造、配送分销等一系列运营过程，并把产品送达最终客户的全流程业务运营模式。当前，全球供应链运营模式主要有以下特点。

（一）跨国公司的核心主导

发达国家的跨国公司凭借其在技术、规模、品牌等方面的优势，成为所在产业链的主导者与核心。事实上，大型跨国公司常常是业内的一个全球供应链条。目前，发达国家有 80% 的企业在其全球贸易中采取了供应链的运营模式。例如，以 DELL 公司为代表的供应商与客户管理模式、以 Wal－mart 为代表的跨国零售模式、以 UPS 为代表的全球物流服务模式、以利丰集团为代表的国际贸易运营模式、以 Amazon 为代表的电子商务服务模式等，都是各自领域中的全球供应链运营模式的典型。

（二）价值链条的全球布局

在全球供应链运营模式下，产品设计、原材料和零部件采购、产品生产组装、配送、销售等增值环节遍及多个国家，不再局限于一国。价值链在全球范围内的布局成为国际贸易发展的核心。例如，国际品牌管理公司耐克拥有全球范围内的供应商，并且分别派驻管理小组对各地供应商进行指导。耐克制鞋所需的塑胶鞋底来自中国台湾，纺织面料来自日本、韩国，具有核心技术的鞋垫来自美国，这些原辅材料也是全球性的组合。

（三）业务流程的协同合作

全球供应链运营模式要求供应商、制造商、批发商、运输提供商、零售商等成员企业协同作业，互利共赢。这是一项难度很大的系统工程，在国际贸易业务中，涉及供应商、分销商、港口运营商、海关经纪人、转运人和运输公司等的业务流程。供应链运营商根据推行的共同标准与准则，消除彼此间摩擦，实现业务流程的协同合作，是供应链运营模式成功的关键。

（四）流程外包的动态优化

20世纪80年代中后期，业务外包在美国、日本等发达国家的主要产业开始兴起。这些国家的企业开始注重自身核心业务的发展，将非核心业务外包给合作伙伴。发达国家在实现高度工业化之后，确立了在产业链上游（设计、研发、技术）与下游（品牌、物流、营销）两端的核心竞争优势，而对于附加值较低的制造业，则逐步外包给发展中国家的制造企业。业务外包的趋势在其后得到迅速蔓延，一批跨国公司通过业务流程的不断优化，将业务外包从制造领域延伸到服务领域。由此，全球供应链运营模式顺势而生并得到快速发展。

（五）信息系统的快速响应

近年来，互联网技术与信息技术的广泛应用推动了电子商务的蓬勃发展，为全球供应链运营模式的发展提供了有力支撑。作为供应链的信息交换中心，供应链运营商运用各种技术对信息进行整合处理，得到原材料和产成品等的需求信息，并及时将这些信息传递给供应商、物流服务提供商等。比如，沃尔玛运用新技术对单个商品的销售情况进行识别和跟踪，获得消费者购买产品的名称、颜色和型号等信息，并且在其全球供应链体系的支持下，能够随时获知产品在供应链中所处的位置，将这些信息反馈给生产商和设计者。

（六）物流体系的有效管理

供应链运营商同时扮演物流服务提供者的角色，能够提供完整的物流服务解决方案，以较低的成本将产品准时送达客户。UPS公司在1996年推出了“同步商务解决方案”，到目前为止投资10多亿美元收购了全球25家物流和货运公司，能够在全世界任意地点为任一供应链提供物流服务。作为第三方物流提供商，威特集团（WAIT－EX）在美国建有十几座装备先进的现代化物流中心，这些物流中心拥有先进的物流信息交换和管理系统，每年为客户配送超过50亿美元的商品。

二、全球化供应链管理提高国际竞争力的作用机制

企业的国际竞争力决定了其在全球化中所处的地位，是企业在国际市场上生存发展的关键。全球化供应链管理将供应商、制造商、代理商、分销商、零售商等所有环节联系起来，通过信息网络掌握供应链各环节的需求信息，并及时准确地将变化的市场需求信息反馈给相关企业，通过信息的实时共享实现各环节对需求的快速响应，以最快的物流满足消费者的需求。美国物流协会2001年对实施供应链管理的企业进行调查发现，这些企业在实现供应链管理后，其新产品开发的前导时间减少了2/3，库存周转率提高了1～2倍，大大减少了可补货产品的缺货可能，20%～30%的产品能够根据客户特定的需求进行生产。由此可见，供应链管理对企业适应国际市场的变化，提高企业国际市场竞争力具有重要作用。

全球化供应链管理能够适应全球市场的快速变化，通过信息共享，对上下游市场信息和消费者需求作出全方位快速响应，实现供应链各环节的即时生产和供应，大大降低消费者需求的消费前置时间，为企业获得更大的国际市场份额创造条件。

全球化供应链管理能够减少社会库存，降低成本。通过供应链上下游的合作协调，不仅加快了物流速度，也减少了各个环节上的库存数量，避免了不必要的库存成本。同时，实施供应链管理避免了非供应链合作关系中的上下游成本转嫁，降低了成员企业各自的运营成本，使得更多的周转资金可用于产品研制和市场开发等，实现企业的长期可持续发展。

全球化供应链管理能够提高企业的产品质量。在供应链管理运营中，企业对合作伙伴的选择注重其对某项技术或某种产品是否具有核心能力。全球化供应链管理使得企业可以选择在国际同行业中处于领先地位的产品设计、生产工艺和质量，运用网络技术将分布在世界不同地区的合作伙伴联系起来，在较大区域范围内进行产品的组装集成制造（OEM 方式）或系统集成，从而提高最终的产品质量。

全球化供应链管理能够简化企业组织，提高管理效率。供应链管理的实施需要网络和信息技术的支持，确保成员企业能实时获取和处理各类信息，使企业的各级管理者通过网络及时了解供应链企业的运营情况和市场变化情况。这样可以大大提高企业中间协调、传送指令的效率，减少协调和指令传送管理机构，使企业的组织机构由金字塔型向扁平型转变。组织结构的简化和层次的减少能够提高企业对信息响应速度，提升企业的运营效率，从而更加适应现代企业的发展趋势。

以上分析表明，在世界经济一体化和激烈的国际市场竞争条件下，全球化供应链管理能够通过自身的系统运营机制，极大地提高企业的国际竞争力，实现企业的可持续发展。

三、实施全球化供应链管理

加入 WTO 后，我国经济将全面融入全球化。面对激烈的国际市场竞争，我国企业要参与全球化必须进行国际化经营。实施全球化供应链管理是提高我国企业国际竞争力的重要经营管理模式。

（一）建立全球化供应链管理观念

作为一种新的管理理念和技术，供应链管理的实施难免遇到传统组织观念的阻碍。因此，观念的更新和转变是实施供应链管理的关键。实施全球化供应链管理需要建立全球化的思想，经营视野面向全球化，将全球消费者需求作为供应链运营的目标。全球化供应链管理也需要建立合作协调、互利共赢的思想，企业要明确自身的战略目标和核心优势，在与其他企业的合作过程中建立信任伙伴关系和信息共享机制，克服信息不对称等问题，共同承担供应链的利益和风险。

（二）全球化供应链管理系统的设计与构建

我国企业过去主要关注供应链中的“供应商—制造商”这一部分，缺少对包括供应商、制造商、分销商、零售商以及最终消费者等在内的完整供应链的考虑，更忽视了供应链管理的战略性问题——全球化供应链管理系统的设计与构建。这一战略性问题就是如何在全球范围内选择最佳合作伙伴，并将它们有机集成使之成为相互联系的整体。具体地，在时间上，企业应根据顾客的需求重新规划供应流程，根据产品特性分别采用定货采购、定货生产、延迟制造、订货装配等不同模式来满足消费者需求；在空间上，企业应重新规划供销分布，考虑供应和销售的合理布局，加强沟通与协作，降低运输、仓储等供应链运营成本，提高生产和服务体系快速准确响应消费者需求的能力；在生产系统上，企业应优化选择供应商并对所有供应商的生产资源进行协调，将零部件模块化外包，通过统一集成实现整体运作。

（三）采用国际先进的供应链管理方式

要实现供应链管理对市场的快速响应，我国企业可以引入准时制生产方式（JIT）、快速反应（QR）、企业资源计划（ERP）、有效客户反应（ECR）等先进的全球化供应链管理方式。ECR 方式可以促进供应商和分销商的合作，降低供应链中各环节（如生产、库存、运输等）的运营成本，从而为消费者带来更大效益。在信息技术特别是 EDI、条码及 POS 技术的推动下，QR 方式也得到较快发展。QR 方式要求开发敏捷的系统来获得时间上的竞争优势，结合 JIT 物流系统与信息系统的功能，在适当的时间与地点为客户提供所需的产品。另外，在引进先进的管理体系和方式的同时，先进的信息技术支持必不可少，要大力推广应用并努力提高信息技术的安全性和可靠性。

（四）通过业务流程重组（BPR）提高企业的敏捷性

受体制等因素的影响，我国企业存在组织结构不合理、市场反应能力弱、经营效率低、对市场响应速度慢等问题。基于供应链管理的企业组织重构有利于协调供应链中处于不同地域的不同企业、不同部门的工作，从而提高整个系统的运行效率。实施供应链业务流程优化，要根据供应链管理的要求和企业现行的业务流程、管理组织与模式中存在的不足，以关键的业务流程（如采购、销售环节）为重点带动其他流程的重组。

（五）建立新的绩效评估和激励系统

信息的集成与共享是实施供应链管理的基础。由于供应链中的各个利益主体追求各自利益的最大化，利益冲突在所难免，不但会影响供应链中的协作关系，而且会影响信息集成与共享的实现。因此，供应链管理的优化需要建立一个有别于单个企业管理的新的绩效评估和激励系统。新的绩效评估与激励系统必须准确分析各个成员企业对供应链整体盈利的贡献，合理分配供应链中的利益与风险；扩大绩效评价对象的范围，设计和采用能反映供应链中不同利益主体之间关系的评价指标体系；改变我国企业以往事后分析的做法，采用实时分析与评价的方法，消除时间滞后，动态地反映供应链的实时运营情况；通过市场、组织、信息等各种激励手段促进合作伙伴之间的协作，实现供应链整体的高效运行。

总而言之，从全球化的角度构建和优化供应链管理系统，是我国企业参与全球化，提高国际竞争力，实现可持续发展的必由之路。

第三节　构建制造业一体化供应链系统

一、中国制造业供应链管理的现状分析

自20世纪90年代开始，供应链管理成为增强企业竞争力的最重要技术手段之一。现代供应链管理有别于传统的企业运营思维模式，其先进的管理思想和管理技术对我国的国有企业改革具有重要的启示和意义。

在经济全球化时代，企业面临着激烈的国际市场竞争、日新月异的科技发展、不确定的市场环境、日益多样化的消费者需求以及越来越复杂的产品结构。随着全球制造的出现，供应链管理在制造业中得到普遍应用。企业如何建立有效的供应链来适应新的竞争环境，成为中国制造业关注的焦点。

长期以来，我国的制造业在从计划经济向市场经济的转轨过程中，企业的管理思想和管理机制相对落后，不能适应现代市场经济发展的要求。随着体制转换的进行，我国制造业发生了显著的变化。计划经济体制下的原有制造企业基本完成了“关、停、并、转”，其中的70%以上都已经改制停产。

目前，我国的制造业仍然以传统的生产组织模式为主，尚未建立供应链或者供应链管理水平低，企业信息共享的程度低。计划经济体制下的传统企业经营思想在许多企业中仍然存在，企业的外部资源利用率低，与供应商难以建立具有战略性的联盟关系，跨地区、跨国的全球供应链很少。究其原因，主要是企业管理层对供应链管理的重要性缺乏认识，“以我为主”的狭隘主义思想仍然存在，企业文化和组织结构方面存在矛盾等。尽管改变现有的企业运行机制和管理模式是我国深化企业改革的迫切要求，但是这些问题的存在极大地阻碍了供应链管理在我国制造业中的发展。因此，完善供应链管理的思想与运作方法，解决企业的运行机制和思想观念问题是我国制造业成功实施供应链管理模式的关键。

二、构建中国制造业一体化供应链系统的策略选择

供应链管理是一个多层次、多目标的系统工程。我国加入WTO以后，供应链管理面临着许多新的特点和要求。市场环境的发展使得供应链管理的核心任务不断变化。随着电子商务的迅猛发展，我国制造业要构建一体化供应链系统，重点应该围绕物流系统和供应链的设计、企业再造与先进制造模式、生产资源的优化管理、信息资源共享管理、管理方法和技术手段的有机结合等方面展开。以下分别就这几个方面的内容作具体分析。

（一）设计结构合理的物流系统

物流系统是供应链中的“物”的流动通道，是供应链管理的重要组成部分。物流系统设计是对原材料及零部件的采购、存储、产品的制造、装配、运输、分销、零售等一系列物流过程的设计。一个结构合理的物流系统能够有效缩短提前期、降低库存和成本、实施准时化（JIT）生产和供销，从而提高供应链的整体运作效率。物流系统设计是供应链系统设计的重要内容。但是，供应链设计不等同于物流系统设计。集成化供应链设计是从更广泛的企业整体角度考虑的，除了物流系统设计，它还包括信息、组织、价值流以及相应服务体系建设。

（二）设计有效的供应链

供应链的设计和节点的选择是供应链管理的基础。一个有效的供应链能够达到成本与服务间的有效平衡、提高用户服务水平、增强企业竞争力，因此对于制造企业至关重要。可供选择的供应链设计策略或模式有基于产品的供应链设计（Product – Based Supply Chain Design，PBSCD）策略、基于成本核算的供应链设计（Cost Accounting – Based Supply Chain Design，CABSCD）策略和基于多代理的集成供应链模式（Multi – Agent – Based Integrated Supply Chain Model，MABISCM）。

基于产品的供应链设计要求企业掌握客户用户对产品的需求情况。影响供应链设计的主要因素有产品生命周期、产品多样性、提前期、需求预测和服务的市场标准等。不同类型产品的供应链设计有很大的差别，例如，边际利润高、需求不稳定的革新性产品对于供应链设计的要求不同于边际利润低、需求稳定的功能性产品。

基于成本核算的供应链设计要求企业掌握包括物料成本、设备成本、运输成本、劳动成本和其他变动成本等在内的供应链成本结构，通过对供应链总成本的核算，对所有可能的节点组合序列进行评估，找出节点企业的最佳组合，实现供应链的最优化设计。

基于多代理的集成供应链模式是涵盖实体与软体两个世界的三维集成模式，即实体世界的人—人、组织—组织集成和软体世界的信息集成（横向集成），以及实体与软体世界的人—机集成（纵向集成）。信息技术的发展使得供应链超出了由人、组织简单组成的实体范围，发展成为以信息处理为核心，以计算机网络为工具的人—信息—组织集成的超智能体。其建模方法主要有基于过程优化的建模方法、基于信息流的建模方法、基于商业规则的建模方法以及基于案例分析的建模方法。

创新性的管理思维对于供应链的设计尤为重要。在供应链的设计和运行过程中，要充分运用供应链的整体思维观，通过成员企业之间的并行设计实现并行的运作模式，根据具体情况选择合适的策略设计有效的供应链。

（三）企业再造工程与先进制造模式

供应链的设计和建立从某种意义上说是对企业的改造，但这并不意味着要颠覆企业现有的运营模式，而是从思想革新的角度改进和完善企业的运营模式（如动态联盟、精益生产等）。因此，在供应链的设计、建立和运行过程中，需要基于系统进化的企业再造思想和手段，这是实施供应链管理需要明确的一个问题。

对于制造业来说，供应链设计与先进制造模式的关系尤为重要。供应链设计是先进制造模式推动的结果，也是其发展的客观要求。全球制造、虚拟制造等先进制造模式的出现客观上促进了集成化供应链的管理思想的形成。先进制造模式的资源配置沿着劳动密集——设备密集——信息密集——知识密集的方向发展。企业的组织模式和管理模式随之发生了相应的变化，从制造技术的集成演变为组织和信息等资源的集成。因此，制造业中的供应链设计应把握其与先进制造模式的内在联系，使供应链管理适应先进制造模式的发展趋势。

（四）生产资源的优化管理

信息技术推动了电子商务迅猛发展，在这种形势下，市场呈现出前所未有的趋同性。所谓“市场趋同性”，是指不同产品在功能方面联合统一的趋势。随着信息技术在制造业中的渗透，生产者与生产者、生产者与消费者、消费者与消费者之间的交互得到了极大的促进。市场趋同性促使处于不同领域、不同环节的制造企业在个体战略上与企业群体保持一致，进而加强了企业之间物流与信息流的频繁交互。

长期以来，各种先进的管理思想和管理方法，如全面质量管理（TQC）、准时化生产（JIT）、企业资源计划（ERP）、敏捷制造（Agile Manufacturing）、精益生产（Lean Production）、企业流程重组（BPR）、产品数据管理（PDM）等优化了企业的生产运作和资源配置，使企业内部实现了“精益化”生产。然而，位于生产两端的环节，如原材料供应和产成品的配送，却成为供应链上的“非精益”环节。由于市场趋同性加剧了这些“非精益”环节的活动，因此如何对处于生产两端的环节进行资源优化使之实现精益化管理，对于供应链生产资源管理具有重要意义。

（五）供应链中的信息共享管理

加强供应链中的信息共享不仅可以有效改进供应链管理，而且可以促进供应链内部协作信息技术的发展，方便企业与其他成员企业的交流与合作，降低交互费用，使企业能够获得更便宜的供应服务，并且更好地满足消费者的差异化需求。

信息技术的迅猛发展带来了新的市场空间，改变了生产者与消费者之间的关系。信息技术超越了传统的物理时空，电子时空的出现在很大程度上满足了消费者的差异化需求，进而激发了更为复杂多变的需求。同时，电子商务平台实现了生产资源的虚拟化，使得生产者能够在更大程度上满足日益多变的需求。生产者与消费者的关系由此发生了重大的转变：由生产者依靠4Ps（Product，Price，Place，Promotion）将产品推（Push）给消费者，逐步转变为由消费者“拉动”（Pull）生产者的生产以保证4Cs（Consumer，Cost，Convenience，Communication）。

随着生产资源虚拟化和消费者拉动力的增强，消费者代替生产者成为推动供应链上物流和信息流的流动的新动力源。传统的供应链管理模式关注的是如何利用生产者在生产技术和管理方法上的优势创造价值。然而，关注的焦点在电子商务时代已经转变为如何挖掘消费者这一新动力源，如何准确获取消费者的需求信息并通过信息在供应链上的共享来创造价值。

（六）管理方法和技术手段的有机结合

作为一个多层次、多目标的系统工程，供应链不可能通过单一的科学管理方法或纯粹的技术手段实现一体化管理。市场经济的深刻变化大大加强了供应链管理的复杂程度，只有从系统工程的角度，将信息技术、系统管理技术、管理科学、运筹学、决策支持系统等技术和方法有机结合，并贯穿应用于供应链管理的各个环节，才能实现供应链的科学管理。

三、基于供应链管理的中国制造业发展前景

在市场国际化、商务电子化、用户需求多样化的背景下，供应链及其管理在世界范围内得到了极大的重视，体现了企业运营的实际需求。信息技术的高速发展，如电子数据交换（EDI）、条码、电子资金转账（EFT）等技术的应用和推广为供应链管理提供了有效支撑。以电子商务、第三方物流和供应链软件集成为特征，基于 Internet/Intranet 的供应链模式将成为实现我国制造企业合作方式与委托代理的主要模式。当前，EDI/Internet 等信息通信手段还未能在企业间的商务活动中得到充分利用，并且缺乏科学的合作对策与委托实现机制，法律体系和信用体系不完善。因此，健全合作对策与委托实现机制和相应的法律法规是我国制造业发展全球供应链管理的当务之急。

供应链管理不仅是对企业运营模式的革新和生产资源的优化，也是实现敏捷制造和虚拟企业的有效途径。因此，中国制造业供应链管理的另一紧迫任务是通过建立以法人治理结构为基础的现代企业制度，构建敏捷而高效的供应链管理系统，从而迅速提高企业的国际竞争力。

第四节　供应链运营模式培育外贸竞争新优势

供应链运营模式已成为影响当今世界经济贸易格局的重要因素。我国的贸易发展面临着要素资源、技术创新、企业组织、市场空间、贸易收益等方面的发展约束。发达国家的全球供应链运营模式对于破解发展约束，推动我国外贸转型升级具有重要的借鉴意义。我国新一轮的对外开放应着力发展全球供应链运营模式，增强我国企业在全球贸易竞争中的核心优势。

一、全球供应链运营模式是影响国际贸易格局的重要因素

全球供应链运营模式是市场竞争全球化、国际市场高度融合与相互依存的产物，它

改变了全球的分工格局，成为影响国际贸易格局的重要因素。

（一）国际贸易竞争格局

国际贸易竞争表面上是企业产品与价格的竞争，本质上却是标准与规则的竞争，是全球供应链运营模式的竞争。作为商业模式的主导者，供应链运营商制定并推动供应链的标准和规则，因而在产业链条中掌握着核心竞争力。运营模式的标准和规则成为供应链成员共同遵守的准则。因此，在国际贸易竞争中，落后的不是产品，而是供应链运营模式。

（二）国际贸易分工格局

全球供应链运营模式改变了国际贸易的分工格局，使之演变成为金字塔形。处于金字塔顶端的是全球供应链运营商，它统筹整个生产流程，掌握分工链条的核心业务，控制产品设计、采购、物流、生产管理与质量控制等环节，并将具体的生产任务外包给其他企业。处于金字塔下端或更下端的全球合作企业，为其提供各种相应的配套服务。

（三）国际贸易渠道格局

优越的渠道结构是获得竞争优势的关键，掌握多少渠道意味着拥有多大市场。全球化的渠道体系是供应链运营商打造的重心。供应链运营商利用其全球渠道网络体系，控制国际贸易渠道的安排。例如，零售业中的 Wal－mart 掌握着全世界最大的分销体系，而在物流业，UPS 拥有最有效的全球配送网络。

（四）国际贸易利益格局

供应链运营商通过制定与推行标准，掌握了供应链中的核心业务和价值链条中的增值环节，在定价和国际贸易利益分配等方面拥有最大的优势。有关研究显示，一部 iPhone 的生产元件成本约为 172 美元，而在中国进行元件组装的成本仅为 6.5 美元。在成本分配比例中，中国仅占 3.7%，处于整个利益分配链的最低端，而作为供应链的运营商，美国苹果公司获利最大。

二、提升供应链管理水平对于外贸发展的战略意义

中国已在 30 多年内成为贸易大国，但还不是贸易强国。总体上，中国仍处于国际产业链的低端，缺乏产业的核心竞争力。出口企业的竞争力弱，缺少自主知识产权、自主品牌和营销网络，过度依赖价格竞争，难以实现差异化经营。提升供应链管理水平成为培育外贸竞争新优势的有效途径。当前的中国外贸正在进行增长方式的转变，通过提升供应链管理能力，可以提高出口企业的核心竞争力，创新对外经贸发展模式，推动增长方式向集约化和质量效益型转变。

（一）供应链管理运营模式是市场竞争的主要方向

市场需求的个性化、多样化和快速化是现代市场的一个突出特点。面对日益激烈的市场竞争，传统的“纵向一体化”模式难以适应当前竞争全球化、技术更新快、投资成本高的市场环境。通过专业化分工做强核心业务，将非核心业务外包，实现对市场的快速响应，成为企业提高核心竞争力的主要手段。实行供应链管理能够充分发挥成员企业的核心竞争力，使之集中资源于自身的核心业务，并与承接其非核心业务的企业保持紧密合作，从而创造供应链竞争的整体优势。此外，高效的外部供应链服务平台和专业的供应链管理服务是供应链改进架构，降低运行成本，提升运行效率的有力保障。

（二）供应链运营模式突破中国外贸的发展约束

供应链运营模式有助于破解中国外贸可持续发展的约束。一是突破资源约束实现资源要素在世界范围内的优化配置。二是突破技术约束，打破跨国公司设置的专利、知识产权和技术标准等壁垒，培育具有核心技术和持续创新能力的企业。三是突破体制机制约束，推动经营理念和经营机制的创新，培育提高贸易效率的新动力。四是突破组织约束，提升企业组织化水平，避免低水平的同质竞争。五是破解文化约束，缩小地区文化差异，积极传播中国文化，扩大文化认同。六是突破外部市场约束，扩大与国际市场的利益交集，消除对外贸易摩擦。七是突破贸易方式约束，改变基于代工组装的贸易方式，积极发展离岸贸易，推动国际贸易方式向现代服务业支撑转变。八是突破贸易收益约束，实现以生产型收益为主向生产型收益与服务型收益并举的转变。

（三）供应链管理提升中国企业在国际产业链中的地位

在全球供应链中，跨国公司占据了产业的高端——研发与核心技术、品牌和渠道。而中国的制造业大多处于最低端——以劳动、资源密集的产品制造组装为主，产品技术含量和附加值低，缺乏自主品牌，品牌、关键技术和核心部件过度依赖进口，抗风险能力弱。因此，必须大力发展供应链管理，实现从“微笑曲线”的低端向产品设计研发、原材料采购、仓储运输、批发零售等高端环节延伸，提高出口企业供应链的整体竞争力，从根本上提升中国企业在国际产业链中的地位。

（四）供应链管理服务平台重塑中国企业的核心竞争力

供应链系统的战略性整合有助于企业关键资源的积累和核心能力的建立，从而获得系统竞争优势。北美和西欧推行的供应链管理平台服务外包，使得现金周期分别缩短了19.6%和26.7%。中国制造企业可以在立足本国市场的前提下，通过实施全球供应链战略，建立适合自身发展的供应链体系，努力向位于产业链高端的研发设计、生产运营、营销、物流等环节延伸，改变中国企业在国际产业分工中的被动局面，重塑中国企业的核心竞争力。

（五）供应链管理推动中国中小企业外贸转型升级

中小企业要在当前成本上涨、出口受阻、融资困难的局面下提升竞争优势，改善内部管理的成效非常有限，必须加快企业的转型升级。实施供应链管理，企业可以更加专注于核心业务的发展并向“小而精”转型，推进全方位创新和差异化经营，建立自身的核心优势。通过供应链合作，可以优化产业组织模式，在大中小企业之间建立竞争合作关系，在上下游之间形成长期联盟关系，实现成员企业的利益共享和风险共担，推动中小企业的转型升级和持续发展。

三、中国外贸领域拓展供应链管理功能

中国的外贸领域有四种典型的供应链组织模式，即传统外贸企业供应链运营模式、外贸服务型企业供应链运营模式、生产型企业供应链运营模式和代工企业供应链运营模式。构建供应链的外贸企业根据自身业务的发展情况，从本企业的原有业务出发，向价值链的高端延伸扩展，实现了业务的转型升级。

（一）传统外贸企业供应链运营模式

传统的外贸企业通过经营模式的改造，改变了传统的中间商模式，通过控制所有的生产过程保障供货来源的稳定，其战略转型体现了多环节业务组合的供应链运营模式。其代表企业有广东省纺织品进出口公司、上海兰生贸易公司等。上海东方国际集团公司则通过集团信息和资源的共享，对外贸出口各类业务实施一体化信息管理，为客户提供个性化、多样化的服务，其供应链运营模式体现了全环节的供应链服务。中国粮油进出口集团公司通过原料供应和市场的全球布点，贯通产业链上下游，实现了不同产业链之间的战略协同，从而形成集团的整体竞争优势，打造了以全产业链为基础的供应链运营模式。由外贸公司转型升级的供应链模式是在原有业务基础上向产业链的前后两端延伸，既可以实现产业链业务的全覆盖，也可以以原公司的关键环节为核心形成多环节整合的供应链。

（二）外贸服务型企业供应链运营模式

采用这种供应链运营模式的企业，从服务供应链的单个或多个环节开始，继而发展成为以供应链服务为载体，以电子商务为支撑、集物流、金融、信息、报关、进出口贸易等环节于一体的供应链综合服务平台。其代表企业有从事进出口供应链服务外包平台的企业（如宁波世贸通、深圳一达通等）。这类企业主要为当地的中小微进出口企业和个人贸易商提供服务，其核心是一站式网上进出口服务平台。由于地域性较强，这类企业尚未与客户群体建立长期战略伙伴关系。供应链综合管理服务商（如上海春宇、深圳怡亚通）是采用这种模式的另一类代表企业。这类企业主要为合作伙伴提供供应链整体解决方案，运用先进的管理理念和技术整合供应链资源，实现商流、物流、资金流和信息

流的四流合一。由于这种供应链运营模式在中国发展时间尚短，属于新兴业态且容易产生同质化竞争，空间布局能力弱，未来可以通过外包、资产重组、跨国并购、供应链联盟等整合手段，实现境内境外的全球布点。

（三）生产型企业供应链运营模式

由出口生产型企业发展而来的供应链运营模式，其核心竞争力需要海外借力、知识协同合作研发、产业园区集约的设计研发等方面的运作支持。我国的轻工外贸企业，如宁波贝发、上海思乐得、福建洛弛等出口生产型企业，其业务已经从传统的接单贸易，逐步拓展到研发设计、渠道和品牌等环节，并致力于成为有全局或区域影响力的品牌管理商。这类企业可以参考跨国企业的供应链运营模式，实现在全球范围内的产业布点、当地化市场开发和品牌的全球管理。

（四）代工企业的供应链运营模式

代工企业通常从 OEM 做起，通过资金和实力的积累，逐步提高到 ODM，抓住发达国家的产业转型等机会向自主研发、自主品牌方向拓展，并逐步形成以自身为主导的供应链。这是一种反客为主的运营模式，其代表企业如苏州、东莞的港资、台资企业等。然而，一些代工企业将全部制造环节布局在中国，尽管设计能力提高很快，但缺乏品牌管理和经营的能力，质量环节的掌控能力弱，需要在积累经验和集聚人才的基础上，提升薄弱环节以谋求长远发展。

在当前形势下，我国的外贸企业抓住了国家扩大开放的良好机遇，顺应国际化大生产、电子商务、金融业开放的浪潮和趋势，瞄准国际一流跨国公司的供应链管理运营模式积极赶超，致力于实现从本行业到相邻行业、从加工制造等重资产到品牌、技术等轻资产、从价值链低端到价值链高端、从单一组织结构到现代跨国组织结构、从境内经营到全球化战略布局的跨越和转变，致力于实现从国际化大生产分工的底层到全价值链的布局者和掌控者的角色转换。实现这样一个从量变到质变的过程，需要企业根据自身的禀赋特点，选择合理的运营模式和发展路径，主动出击，顺势而为，在转型升级的进程中牢牢把握构建进出口贸易价值链的大方向。

可见，作为一种新的管理模式和业态，供应链管理在中国的外贸领域发展空间巨大。需要指出的是，尽管近年来发展势头很快，但也存在一系列的发展问题。现有的外贸管理体制不能适应外贸发展的新趋势，缺乏有针对性的产业政策支持。未来应该针对这些问题展开深入研究，破除阻碍外贸领域供应链管理发展的体制机制障碍，为供应链管理服务行业创造良好的发展环境。

1. 行业属性定位不明确

作为一种新兴的商业模式，供应链管理目前还不是一个独立的行业。国际上认为它是第三方物流业发展的高级阶段，却并没有专门的供应链管理行业分类。在中国，供应链管理也尚未纳入最新的《〈国民经济行业分类〉国家标准（GB/T 4754—2002）》中，因此缺乏行业发展的标准和适用的行业政策法律法规，行业发展存在较大的随意性。

2. 管理体制和机制障碍

目前，供应链管理服务行业在我国刚刚兴起。在现有的管理体制和机制下，政策法规之间常常出现矛盾且难以协调，加之地区间经济发展不平衡，地方保护主义难以根除，在很大程度上制约了供应链管理服务行业的发展。我国的供应链管理发展具有明显的区域化、部门化特点，相互间协调能力弱，造成了资源的极大浪费。

3. 出口退税政策的不适用性

《国家税务总局、商务部关于进一步规范外贸出口经营秩序切实加强出口货物退（免）税管理的通知》（国税发〔2006〕24号）规定，只有自营出口企业才能办理出口退税，且一份单据不能分批提交。由于外贸服务型企业的货物可能来自多个制造企业，如果个别企业需要函调则容易造成退税资金的滞压。另外，在出口集中的上海、深圳等港口城市，出口退税负担重，当地税务部门经常被迫加大函调管理力度。

4. 通关环境的阻碍

国内海关通关程序比较复杂、设施相对落后、通关效率低，不确定性风险高，这些因素都可能对外贸服务型企业代理通关业务造成不利影响。例如，企业与客户签订的一般是供应链服务协议，内容涉及采购、虚拟生产、通关等一系列打包服务，然而现行规定要求在进出口通关时必须提供购销合同，这些供应链服务协议一旦不被认定将会给通关带来很大风险。

5. 专业人才缺乏

现代供应链管理行业的发展需要熟悉行业运行规则和法律法规，并且掌握供应链管理理论与实务的专业人才。目前，国内供应链管理培训的主要方式仍然是企业短期培训，缺乏有效的供应链管理人才培养体系。现有的交通运输、物流管理等专业已经不能适应供应链管理行业的发展需要，必须加快专业人才的培养，为我国供应链管理的发展提供人才保障。

四、发展全球供应链运营模式助推中国外贸转型升级

我国外贸的转型升级需要大力培育我国企业自身的全球供应链运营模式，通过占据供应链的核心和主导地位，拓展市场渠道，提高研发设计水平，提升产品质量，增强服务功能，从而在全球贸易竞争中赢得核心新优势。

（一）从战略层面提升全球供应链运营模式

我国对外贸易的发展，要从战略的高度打造全球供应链运营模式，从完整产业链的角度谋划产业布局、区域布局、市场布局和平台布局，统筹贸易、流通、外包、信息化、对外合作等各项工作，鼓励引领行业转型升级的商业模式创新，推动外贸在新一轮开放中率先实现增长方式的转变，形成包容式、集约式的可持续增长模式。

（二）明确供应链管理行业定位，制定行业标准和政策法规

加强供应链管理理论研究，确定供应链管理的行业定位和企业属性，将供应链管理

行业纳入《〈国民经济行业分类〉国家标准（GB/T 4754—2002）》。进一步地，制定供应链管理行业发展标准、行业政策和法律法规。构建科学的供应链管理绩效评估体系，对行业和企业的供应链管理发展水平进行评估，并提出提升水平的建议。

（三）营造全球供应链运营模式的发展环境

在现有比较优势基础上对外贸产业链进行优化重组，调整存量结构，围绕培育核心竞争新优势，针对不同行业和企业进行分类指导和支持。在竞争性领域，重点支持外贸企业拓展境外营销渠道，着力打造知名品牌；在流通领域，支持流通企业构建全球性的物流配送网络；在外贸型生产领域，支持企业发展原材料采购、研发设计、技术标准等产业链高端环节。要建立有效的政策体系促进供应链管理水平的提升和管理模式的创新，形成产业、区域、贸易、财政金融等政策协调联动机制，对开展供应链管理运营模式的企业给予税制、融资、人才等多方面的政策支持，为全球供应链运营模式的发展提供良好的政策平台。

（四）着力培育一批具有全球供应链运营模式的龙头企业

提升全球化供应链运营模式的能力和水平是培育跨国公司的关键。要采取有效的政策措施促进有实力的外贸企业向产业链的中高端延伸，整合研发设计、生产、物流与营销能力，打造自主品牌，拓展境内外渠道，向国际贸易供应链运营商转型，并逐步发展成为全球供应链运营商。支持各类企业加强核心业务，重组业务流程，从设计和质量的要求上提升其供应商的水平，从渠道和品牌上提高国际市场的议价能力，实现从“大而全”、“小而全”到“专而精”的转型。

（五）加强开放合作，吸取国外先进的供应链管理经验

加强对外合作，借鉴全球先进的供应链运营模式，提升我国企业在标准、渠道、品牌、外包、物流、电子商务等领域的综合水平。通过与国内外合作伙伴的协作，在全球范围内构建大规模的供应链网络；通过将非核心业务向国内外承接方转移，壮大核心业务的能力；借鉴国际知名品牌的管理经验和运作流程，打造自主品牌管理模式；通过与全球物流、金融、电子商务等领域领先者的战略合作，为我国发展全球供应链运营模式提供国际配套服务。

（六）建设有效的全球供应链运营模式管理团队

全球供应链运营模式是企业国际化管理高端水平的体现，需要从事研发设计、生产制造、渠道、品牌、市场等领域的大批专业人才。一个有效的供应链管理团队是开展全球供应链管理的关键。在管理团队建设方面，目前大多数的中国企业与发达国家的跨国公司有很大的差距。要以企业为主体，加强供应链管理团队的建设，加大团队的管理培训。在对外经贸合作领域，要重视管理人才的专业培养和素质提升，建立具有国际竞争力的人才引入机制，营造良好工作环境，吸引全球优秀管理人才进入中国企业的供应链

管理团队。

（七）做好协调服务，发挥好行业组织的引导作用

行业组织在优化对外贸易产业链体系、培育全球供应链运营模式方面，有着政府和企业不可替代的作用。行业组织可以通过设立供应链专业委员会，对企业的全球供应链运营管理进行专业性的指导；通过调研、研讨、交流培训等方式，总结国内外供应链管理的成功经验，及时掌握供应链管理实践中出现的新情况、新问题，帮助企业建设和完善供应链体系；推动具有国际和行业特色的公共服务平台的建设，在质量标准、研发设计、生产制造、电子商务、营销、物流配送等环节提升行业全球供应链的运营能力。

（八）从跨产业链的开放视角将制造业升级与服务业转型统筹结合

在全球化的背景下，生产制造业与服务业高度分工又紧密融合。当前，货物贸易与服务贸易的互动关系不断增强，世界产业、技术、管理和商业模式面临深刻变革，对于希望参与并融入全球化的各国来说是一个重要的发展机遇。作为全球生产制造大国，我国拥有巨大的服务市场需求，在发展生产性服务业方面具备突出的比较优势。在发挥现有比较优势基础上，结合良好的投资环境和丰富的中高端人才资源，以深入参与服务业全球化为切入点，通过发展全球化供应链运营模式，加快集聚各种资源和高端要素，以技术、知识密集型商业服务的发展提升我国制造业生产率，在向服务经济转型的过程中实现经济结构的调整和产业的优化升级。

第三章 用供应链思想创造区域经济优势

中国的区域经济具有一定的独特性，是中国经济结构的重要构成，在较长的一段时期内仍将是中国经济发展的强劲力量。在新的供应链环境下，中国的区域经济如何生存和发展是需要研究的一个重要问题。本节将从供应链的视角来探讨区域经济的一些问题。

第一节 供应链与区域经济

区域经济的发展需要充分发挥区域的比较优势，突破区域的孤立封闭和各种制约。在我国加入 WTO 之后，这一问题显得尤为重要。供应链理念的树立和供应链的构筑将对区域经济的发展发挥重要的作用。这个作用在于突破区域经济的封闭状态，延伸和扩展区域的优势，使之在更广阔的环境中发展壮大。由此可见，从供应链视角研究区域经济是解决区域经济发展若干问题的重点。

一、供应链与区域经济的关系

突破区域的体制和资源约束，将区域经济融入全国乃至全球的发展环境之中，瞄准更广泛的资源和市场，是现代区域经济发展的重要理念之一。长期以来，我国的区域经济发展水平低、速度慢、发展不平衡，其中的一个重要原因是区域的长期分隔与封闭。这里既有地方保护主义等观念的问题，也有发展环境与机遇的问题。有些区域在封闭的环境中难以突破，因此不能在更大的环境中得到更多的发展机会。这种长期存在的分割和封闭的状态不可能为区域经济提供更大的发展空间，严重阻碍了区域经济的长远发展。

尽管政府可以采取很多行政、管理、法律的手段和措施来解决制约区域经济发展的问题，但这些办法通常都是强制性的，缺少内在的动力。在市场经济条件下，各种资源分布在不同的区域，每一区域都有相对于其他区域的明显的比较优势。以“看不见的手”将不同区域的资源禀赋有机地结合起来，并冲破单个区域的范畴寻求资源的优化配置，是突破区域经济发展制约的最有效办法。供应链就是跨区域实现资源组合优化配置的结果。

供应链与区域经济的关系模型主要有以下四种：①区域经济范畴中包含完整的供应链；②区域经济范畴中包含供应链的主要环节；③区域经济范畴中只包含供应链中的部分不重要环节；④区域经济范畴中包含可能会对区域经济造成损失的环节，如容易造成污染、危险、劳动伤害等。

供应链本身具有复杂的结构，与不同产业相连，供应链的寻优常常向矛盾的方向发展。在世界经济呈现全球一体化的趋势下，供应链的寻优常常跨越地区甚至国家，在全球范围内实现优势构建。不过，也有一些供应链的寻优是趋于简化和短程化的。如果区域经济范畴中包含完整的供应链，那么供应链的构建主要是在区域范畴中进行资源的有效整合和优化配置。由于可以避免不同区域或国家在标准、技术、体制、环境、法律等方面的壁垒，这种构建的难度相对较小。

然而，人们对供应链的构建存在一定的认识误区，认为在区域范畴中能更加有效地构建供应链，因此总希望在本区域内实现供应链的完整性。事实上，这是区域封闭思想在供应链构建问题上的表现。必须指出的是，由于一个区域的人才、资源、科技、市场、地理环境与气候等具有很大的局限性，在大多数情况下，有效供应链的构建是需要向外延伸的。因此，跨区域的供应链构建更具有普遍性，是供应链与区域经济关系模型的主体。

大规模的供应链构建，尤其是国际供应链的构建，通常是跨区域甚至是跨国的，在某一区域的范畴内，只存在供应链的局部环节。因此，对于一个区域的发展来说，上述第二种关系模型是比较理想的模型，即在区域经济范畴中包含供应链的主要环节。这里的“主要环节”可以理解为：①对整个供应链有主导权和控制权的环节；②在供应链中处于高端位置的环节；③有较大的经济辐射作用，能够给区域带来更多就业机会、更多利税和更多经济活动的环节。

此外，第三种模型不是区域经济发展的理想选择，而第四种模型显然是区域经济发展应当避免的。

二、区域经济在供应链中的定位

由于供应链与区域经济的特殊关系，必须研究区域经济在供应链环境下的存在，尤其是区域经济在供应链中的定位问题。在全球经济一体化的趋势下，我国在全球供应链中的定位应当是寻求全球供应链中的高端位置。对于区域经济而言，类似的观点同样适用。在供应链环境下，应当认识定位的重要性，根据区域本身的优势和整个供应链的具体情况，正确地把握区域经济在供应链中的定位，寻求主动而防止盲目被动的局面。

根据区域经济在供应链中所处的位置，基本有以下三种定位：①位于供应链的始端；②位于供应链的中端；③位于供应链的末端。

供应链的始端，主要包含最上游的初始资源开发以及上游的资源开发，如原材料、产品资源、科技资源的研制开发等。

供应链的中端，主要是指生产和制造，根据供应链的不同，可以分为中间产品的生产制造和最终产品的生产制造。供应链的复杂性突出表现在供应链的中端环节。这个环节是原材料、零部件等初始资源的生产制造，又是为下一环节的生产制造提供零部件配件或深加工的原材料，因此是一条完整供应链的缩影。

供应链的末端，主要包括最终产品的配送分销以及市场、客户等。

供应链曲线的形态反映了不同种类供应链的始端、中端和末端的相对地位。它可以是向上倾斜、向下倾斜或者基本水平的形态，也可以是“愤怒曲线”、“微笑曲线”甚至更复杂的形态。在世界经济发展的不同时代，供应链呈现出不一样的曲线形态：在工业化时期呈现的是“愤怒曲线”，生产和制造占据了供应链中的高端位置；而随着第三产业的迅速崛起，如今“微笑曲线”已逐渐成为主流。这意味着，处于供应链中端的生产制造已经从过去相对高端的位置转变为相对低端的位置，而处于供应链两端的研发设计、配送分销、物流、金融等高附加值的环节已经逐渐占据供应链的高端。

区域主体经济的选择，必须考虑在供应链中的定位问题。考虑供应链在未来社会经济中的发展趋势，抢占供应链中的高端位置，可以使区域经济在未来得到主导权并占据主动地位。选择时如果只考虑当前的“热点”并据此简单地作出决策，将不利于区域经济的长远发展。由于我国的区域经济在选择上的趋同性，会造成对生产制造领域的过多关注，而忽视已经逐渐成为高端的供应链始端和末端，这会给区域经济的主体选择带来很大的风险，需要及时加以扭转并将选择引导到正确的方向上来。

三、区域经济范畴中的供应链构筑

根据上述供应链和区域经济的关系，区域经济范畴中的供应链构筑主要有以下三种方式：①选择构筑全部供应链或供应链的主链；②选择构筑起整合和主导作用的供应链的局部；③选择以被整合的角色参与供应链。

在现代社会中，第一种方式虽然不排除其存在的可能性，但是已经不太可能成为一种普遍的模式。一般而言，供应链的主链、支链等全部链条都完全封闭在一个区域经济范畴中的可能性很小。供应链的运作难以避免地需要引入外部的资源，参与外部的市场。因此，采用第一种方式构筑的主要是供应链的主链，即在一个区域经济范畴中选择构筑供应链的主链。虽然可以作为区域经济的一个基础，但由于这种供应链使得劳动、资源、财富等都在本区域的内部循环，没有吸收外部的资源和市场，对本区域经济发展的贡献很小。

在区域经济范畴中，第二种构筑供应链的方式是发展区域经济的理想选择。区域经济的主体选择可以主导和控制整个供应链的环节，能够给区域经济发展带来主动性，充分利用本区域内外的各种资源和要素，提高区域经济的辐射能力。例如，以制造业为主体经济的区域，可以发挥制造业的优势在区域外部开拓广阔的市场；原材料资源丰富的区域，可以将稀缺资源的开发作为主体经济，占领供应链中的高端位置；具有科技创新能力的区域，可以发展创新驱动的高新技术产业，从而抢占供应链的高端地位。需要指出的是，每个区域都具备在供应链中取得主动地位的潜在优势，关键在于区域经济的决策者将这些潜在优势转变为供应链的整合和主导权，使区域经济的发展处于供应链的高端地位。

第三种构筑供应链的方式通常不是一种主动的“选择”，因为在这种情形下，区域经济处于一种被整合的、配套的地位，自然也不是区域经济的决策者所希望的。但是，一个区域的优势往往存在很大的局限性，在大部分领域并不存在优势。在某些情况下，如果能够参与到跨区域运作的强有力的供应链中，借助其优势带动本区域的经济活动，对于区域经济的发展来说，也不失为一个好的结果。因此，即便区域经济处于一种次要的、配套的地位，也可以通过选择来寻求好的发展机会。

第二节 区域竞争力层次结构与竞争机理

区域竞争力反映了区域经济系统的整体功能和综合实力。本节将对区域竞争力进行层次结构的分解，从宏观、中观和微观三个层次分析其竞争机理。在宏观层面上，区域竞争力体现了某一地区相对于其他地区的竞争优势；在中观层面上，区域竞争力表现为该地区产业集群的竞争力；而在微观层面上，区域竞争力反映了该地区企业间供应链集成的竞争力。微观层次中的企业通过供应链集成形成的竞争力决定了中观层次中区域产业集群的竞争力，而产业集群竞争力的形成又决定了该区域的整体竞争力。反过来，宏观层面的区域政策、法规等对产业集群和供应链企业之间的竞争又起到了激励或约束的作用。

一、微观层次

有效的供应链管理能够协调企业内部的各种运作活动，降低企业的运作成本，提升企业的运作效率和竞争优势。借助供应链管理，企业还可以将优势向外延伸，通过与上下游企业的合作协调，提高供应链整体的运营效率和竞争优势。

在供应链系统中，核心企业通过在采购、研发、批发、促销等方面的措施引导和激励上下游企业，与它们形成协同合作的战略伙伴关系。通过设计合理的利益分配机制，使得供应链优化协调与资源整合所创造的利润在成员企业之间得到合理的分配。每一个成员都能从参与供应链整体运营的过程中受益，并且这是任何一个成员企业单独经营所不能达到的。因此，所有的成员都能从中得到激励，使得整个供应链系统在优化协调机制的驱动下得到不断创新，从而降低供应链运营的总成本，扩大市场占有率，增强供应链的整体竞争力。

二、中观层次

供应链集成使得具有分工合作关系的企业集聚在一定的区域内。这些不同规模等级的企业与相关的各种机构、组织等行为主体通过纵横交错的网络联系起来，形成了集聚于该区域内的的空间积聚体，即产业集群。产业集群代表着介于市场和等级制之间的一种新的空间经济组织形式，是形成区域经济竞争力的关键要素。

产业集群中企业的数量与企业的新增率呈反比关系，与企业的淘汰率呈正比关系。其他条件相同时，企业的新增率与区域政策有关，而淘汰率与区域的生产要素有关。一般地，在行业政策环境好的区域，企业的新增率高，反之则低；在生产要素丰富的区域，企业的淘汰率低，反之则高。当企业的新增率和淘汰率大致相等时，产业集群中的企业数量将基本保持不变。综合来看，在行业政策环境好、生产要素丰富的区域，行业中企业的数量多，产业集群的竞争力强；相反地，在行业政策环境差、生产要素贫乏的区域，行业中企业的数量少，产业集群的竞争力弱。

三、宏观层次

从宏观的角度，政府应该为区域的产业创造良好宽松的发展环境，同时兼顾区域的社会和生态目标。政府通过政策、法律法规的制定，调节产业在区域内外选择节点企业的成本和利润。如果政府对某个行业实行宽松、优越的政策，那么在区域内选择供应链节点企业的成本较低，利润空间较大，就可以吸收更多有实力的企业参与供应链的集成和产业集聚，形成更长的链条和更大的网络，从而提升区域内产业集群的整体竞争力。政府通过基础设施建设，可以降低产业集群的间接成本和隐性成本，通过规定先进的产品质量标准，制定合适的准入制度，规范生产要素市场等，为产业集群创造良好的竞争环境。政府通过建立激励和约束机制，还可以使经济、社会、生态效益好的企业进入区域产业供应链体系，将高污染、高耗能、竞争力弱的企业排除在外，从而提升区域的综合竞争力。

由于资源的有限性，政府应当有选择性地发展区域重点产业。在选择重点产业时，应遵循以下两个原则：一是产业关联性原则，产业关联效应是选择区域主导产业的一个重要标准，应选择产业延伸链长、辐射能力强的产业作为区域主导产业，通过聚集效应与乘数效应带动区域内相关产业的发展；二是比较优势原则，在经济全球化的背景下，应把区域主导产业的选择放在全球产业结构的大环境中进行考虑，选择具备比较优势的产业作为区域主导产业。

综上所述，区域竞争力是通过企业的供应链集成并通过空间集聚形成产业集群，最终实现的区域经济系统的综合实力。其中，微观层面上的供应链集成是提升区域竞争力的根本动力，通过供应链集成可以提高企业的生产率和供应链的整体竞争力；中观层面上由供应链网络组成的产业集群在行业政策和生产要素的作用下，竞争力不断演化和升级；宏观层面上政府政策的引导使得所有资源在区域间得以优化配置，并为区域的产业发展提供良好的环境。由此可见，区域竞争力的提升是企业、产业集群和政府共同努力的结果，而供应链集成在这个过程中发挥了最根本、最关键的作用。

第三节　供应链思想提升产业集群竞争力

近年来，随着经济全球化的不断加速，产业集群已经发展成为世界经济中颇具特色的区域经济发展模式和产业发展组织形式，受到各国政府和有关国际组织的广泛重视。产业集群通过集群内不同企业、机构之间的互动合作，寻求差异化发展空间，不断激发集群的创新活力，形成强大的竞争优势和溢出效应，从而带动整个区域经济的发展。经济全球化使得投入要素可以从不同地方获取，产品生命周期缩短，消费者需求呈现多样化。这一系列的变化促使企业构建有效的供应链来适应新的竞争环境并主动参与市场竞争，而产业集群如何增强其竞争优势和竞争力成为关注的焦点。本节通过分析产业集群与供应链的区别与联系，借鉴供应链管理思想中专注核心业务、注重供应链伙伴关系管理和信息共享、强调资源整合等理念，给出提高产业集群竞争优势的策略。

一、产业集群与供应链的区别

（一）网络结构不同

迈克尔·波特（2000）认为，集群是在某一特定领域内相互关联的、在地理位置上相对集中的企业和机构的集合。产业集群是指同类或关联产业的企业和价值链上与之相关的支撑企业、机构在一定空间范围内以完善的组织形式柔性集聚。由此可见，产业集群强调两点：一定的地域空间范围、产业之间的关联性。在产业集群内，企业与企业、企业与机构之间形成的关系网络可以分为集群核心网络和支撑网络。其中，核心网络包括基于竞争关系形成的水平关系网络和基于价值链形成的垂直关系网络，支撑网络则由金融机构、中介机构、研究机构以及地方政府等组成。马士华认为，供应链是通过供应商、制造商、分销商、零售商和最终客户的连接形成的整体网络结构。供应链系统通常是一个跨区域的网络结构，供应链中可能有部分或全部的节点企业存在于一个产业集群中，一个产业集群中也可能存在若干条供应链或供应链中的若干个节点企业。

（二）网络内企业之间的关系不同

产业集群网络由许多相关产业的企业组成，因此企业之间往往存在激烈的竞争关系。不同于产业集群，供应链内的竞争压力较小，更为注重的是上下游企业之间的合作协调，主张在节点企业之间建立长期战略合作关系，关注供应链伙伴关系和客户关系的管理，强调对企业核心业务的专注以及业务的延伸。供应链中的行为主体是产业链中的技术节点。

（三）网络中信息交流与创新方式不同

产业集群网络中的信息交流主要是人与人之间基于相互信任或共同经历的非正式交流，通过交流与接触有效地传递信息，形成集群内生的创新力，从而推动集群的不断创新。供应链通过节点企业之间建立的合作伙伴关系实现信息共享与合作创新，核心企业协同上下游企业开展创新活动来提高供应链的运作效率，从而为客户创造更高的价值，增强供应链的整体竞争力。另外，供应链的成员组成会随着其整体战略和市场需求的变化而进行动态调整，因而促使成员企业不断学习并增强创新能力。

（四）行为主体面临的风险不同

蔡宁（2003）认为，产业集群内相互依赖的网络通常在初始阶段是具有发展和创新活力的，然而社会、经济等各方面环境的变化可能会导致产业集群不断僵化并失去弹性，继而使得集群内的企业难以对外部市场需求的变化作出及时的响应。相反，供应链管理追求的目标之一就是快速响应外部市场需求的变化。而供应链面临的风险主要来自于客户需求、成本、供给等方面的不确定性。治理供应链风险需要综合考虑供应链的鲁棒性、可靠性、弹性、快速响应和相关关系等五个方面的要求。

二、产业集群与供应链的相互联系

产业集群和供应链都是在20世纪90年代为适应社会经济竞争环境的变化而产生的新型经济组织和发展模式，它们分别在不同层次上提升区域和企业的竞争优势。产业集群和供应链管理思想都主张降低企业交易费用、提高企业的柔性运作。一方面，由于产业集群内的企业在地理位置上比较接近，并且可以实现信息在集群企业间的共享，因此能有效降低企业的搜寻成本、比较成本、传递成本等交易费用；而供应链管理本身就强调企业之间的战略协作和信息共享，同样有利于降低订购付款成本、传递成本等交易费用。另一方面，产业集群是按专业化分工的相关产业的企业、机构在地理空间上的柔性集聚，而供应链管理理念中对顾客需求的快速响应就包括了柔性和敏捷性的要求。

产业集群和供应链中行为主体的交叉性使得两者形成了一个紧密相联的共生发展体。一方面，产业集群为供应链提供良好的发展环境。产业集群内的上游、下游配套企业通过集群内信息、网络资源、基础设施等方面的共享，实现供应链中物流、信息流、资金流等的通畅协调。另一方面，供应链为产业集群嵌入竞争网络指明方向。产业集群中的行为主体与集群外部的经济联系较少，其经济行为一般嵌入当地社会关系，而供应链运营使得这种经济联系突破地域界限并向更广范围延伸，通过整合资源并及时掌握市场需求动态，为产业集群嵌入竞争网络把握正确的方向。

三、提升产业集群竞争优势的发展策略

供应链管理和产业集群都是提升竞争优势的有效途径，区别在于不同的层次上的提升。对于产业集群，可以借鉴供应链管理的思想，进一步提升其竞争优势。

（一）鼓励企业专注核心业务，加强产业集群的集聚效应

加强相关产业集群之间的合作，在不同集群的核心企业之间建立合作关系，充分发挥核心企业各自的优势增强其在市场中的竞争优势。鼓励产业集群内的企业专注于自身的核心业务，将非核心业务外包，形成“横向一体化”的供应链管理模式，提升企业的核心竞争优势。鼓励供应链中的核心企业将供应链向集群外延伸，使产业集群嵌入供应

链系统，加强集群内企业对外部市场变化的快速响应。进一步加强产业集群的集聚效应，促使新的理念、信息、技术融入产业集群，提升集群的竞争优势。

（二）加强供应链合作伙伴关系，提高产业集群的辐射能力

供应链伙伴关系的建立加强了节点企业之间的合作与信任，有利于供应链库存、成本的优化，提升其整体的竞争优势。供应商关系管理（SRM）和客户关系管理（CRM）是供应链伙伴关系管理的主要内容，也是供应链节点企业建立战略合作伙伴关系的基础。除了建立产业集群内上游、下游配套企业之间的合作关系，同时也需要加强集群外部供应链各节点企业之间的伙伴关系，增强信息共享，提高对客户需求的响应速度。随着经济全球化的深入，供应链在空间上的延伸面将不断扩大，带来的是市场需求的复杂多变和更多的不确定性因素。将产业集群融入不断扩张的供应链系统网络，加强企业间的协调与合作，通过信息共享及时掌握供应链中节点企业的运营状况，对于增强供应链的竞争优势，提高产业集群的辐射能力至关重要。

（三）构建网络信息平台，提高集群内信息透明度

近年来，电子商务采购模式在供应链系统中得到了广泛的应用。因此，在产业集群内构建网络信息平台，实现与供应链系统的信息对接，使相关企业及时了解行业动态和市场需求，可以帮助产业集群更好地融入供应链系统。网络信息平台可由企业、政府或行业协会来构建，通过加强网络信息平台的管理，可以提高信息的透明度，提高集群内行为主体信息的可视性。信息的共享有利于供应链中相关企业通过业务流程重组实现资源整合，缩短前置时间和订货提前期，提高对市场需求变化的响应能力。信息的共享也有利于规避短缺情况下的博弈行为，从而降低牛鞭效应的影响。

（四）整合物流资源，提高物流配送效率

物流是供应链活动的重要组成部分，包含运输、储存、采购、装卸搬运、包装、流通加工、配送、信息处理等功能。通过对这些功能的有机结合，可以以尽可能低的成本实现既定的客户服务水平。因此，整合产业集群内的物流资源，合理规划和建设物流配送中心，大力发展第三方、第四方物流，可以提高集群内的物流配送效率。尽管单个企业的物流需求较少，但从产业集群的整体来说，集群内的所有企业将产生大量的物流需求，而物流业务的外包将极大地促进集群外的第三方、第四方物流向集群内延伸和发展，形成一个良性发展的环境。

（五）加强产业集群支撑网络的联结，为其嵌入竞争网络提供有力保障

产业集群的发展离不开高校和科研机构、金融机构、中介机构以及地方政府等所构成的支撑网络。其中，大学和科研机构是提供人才、技术和知识的重要机构；金融机构为集群内企业的发展提供资金支持；咨询公司、行业协会、会展中心等中介机构是提供咨询、服务、维权和交流的主要平台；地方政府为产业集群的发展提供良好的政策环境

和投资环境。这些机构对产业集群的发展发挥着重要的支撑作用，加强支撑网络的联结有利于提升产业集群的竞争优势，是实现产业集群嵌入竞争网络的重要保障。

第四节 集群供应链系统结构与区域竞争优势

在当前市场环境复杂多变、市场竞争日益激烈的背景下，产业集群发展模式是中小企业适应市场竞争和自身生存发展的需要，成为中小企业发展的一个重要方向。通过产业集群，专业化的中小企业在充分发挥“专而精”的核心优势的基础上，与集群内的其他企业开展动态有机合作，实现企业间信息的快速传递，从而适应市场需求的变化。中小企业在提高运营效率与合作效率的同时，通过在集群范围内整合资源，将从事供应、生产制造、分销和零售等环节的企业有效连接，形成集群供应链系统。

现代产业组织理论中的“结构—行为—绩效”范式（Structure - Conduct - Performance，S - C - P）是由谢勒（Scheler）在贝恩（Bain）提出“结构—绩效”范式的基础上发展而成的。本节将从结构、行为、绩效三个方面分析集群供应链系统结构与区域竞争优势之间的关系，并在此基础上提出促进集群供应链系统发展的政策建议。

一、基于区域集聚的集群供应链系统

（一）基于区域集聚的集群供应链系统形成机理

基于区域集聚的集群供应链系统的形成一般经过三个阶段：区域比较优势—产品供应链区域集聚—区域集聚的集群供应链系统体系，这是一个区域比较优势不断强化的过程。

1. 制造资源向低成本优势的区域集中

随着经济全球化的深入，区域的开放性不断增强，区域优势开始向全球资源开放，而资源也在全球范围内寻求获利机会。具备低成本优势的区域必然能够吸引制造资源向该区域集中，尤其是那些重点关注成本因素的制造企业。

2. 产品供应链的区域性集聚

为了满足动态多变的市场需求，企业打破各自传统的边界组成动态联盟。企业的运行模式和资源配置方式随之发生改变，从满足产品市场需求转变为满足动态联盟的需求。整个动态联盟的目标是满足某一特定产品的市场需求，而企业被纳入某一动态联盟的条件是它符合该动态联盟的目标要求。动态联盟的成员企业在资源配置中考虑的不再是潜在的产品市场需求，而是动态联盟的需求。合理有效的资源配置是企业形成独特的核心竞争力从而在动态联盟中占据有利位置的关键。由于动态联盟是从众多的竞争企业中择优选择加盟成员，其竞争必然导致产品供应链向具有低成本优势的区域集聚。在相同条件下，产品供应链的区域性集聚会大大降低企业间的交易费用和协作成本。因此，企业合作伙伴的选择会优先考虑处于同一区域内的企业。这使得产品供应链中部分以成本因

素为导向的企业向优势区域集聚，并带动产品供应链的下游向优势区域转移。由于得到资源优势的支持，区域优势的吸引力不断增强并且向供应链下游推进，最终形成产品供应链的区域性集聚。

3. 基于区域集聚的集群供应链系统体系的形成

由产品供应链的区域性集聚形成的优势动态联盟，充分发挥其在全球市场竞争中的优势，吸引更多同行业的企业向该区域集聚。大量关联企业的集聚可以实现区域内人才、信息等各种资源的共享，从而产生集聚经济效应，在降低区域内企业运营成本的同时提高运营效率。区域优势在集聚经济效应的作用下得到进一步强化，从而吸引相同产业的供应链不断向该区域集中，使区域的比较优势上升为产业优势，最终形成基于区域集聚的集群供应链体系。

（二）集群供应链系统的特点

从集群供应链系统的形成机理来看，作为一种新的网络组织形式，集群供应链系统具有如下特点。

1. 核心性

集群在某一区域存在和发展的基础是该区域在 R&D、制造加工或市场信息等方面具有突出的比较优势，能使某产品或产业在该区域根植并不断吸引相关企业的集聚，从而实现集群的自我扩展和自我创新。具备上述优势的核心企业发挥着向心力作用，是集群得以形成的基础。

2. 方向性

某一产业或产品从上游企业的初始投入到下游企业的最终产出形成产业链或产品链。这一过程具有一种整体流动的方向性，体现出集群内的企业在生产运营中是以产业关联集聚在一起的。

3. 网络结构性

传统的供应链系统是线状式的。高度的专业化分工使得集群内的企业与其他企业之间产生各种横向联系和纵向联系，形成纵横交错的协作网络，这是与传统供应链系统最本质的区别。集群的协作网络中通常包含多个线状供应链系统，并且这些供应链的成员企业之间存在相互联系。

4. 竞争性

集群供应链系统中的同类相似企业之间存在着相互替代的可能，即集群内的某一企业若丧失核心优势将会被其他同类企业取代，甚至被整个集群供应链系统淘汰。集群内同类企业之间的竞争使供应链得到不断优化，从而使集群供应链系统达到最优。

5. 动态灵活性

集群供应链系统的发展是面向订单和市场的，表现出高度的柔性和市场适应性。为了适应市场竞争环境的变化，集群内的供应链需要作出及时的调整或重组，其成员企业也随之得到动态的更新。因此，集群供应链系统是一个动态开放的网络。

6. 组织的扁平性

由集群供应链系统中的企业组成的面集合体，是一种扁平式的组织形式，强调围绕共同的组织目标按业务导向组织管理。

二、集群供应链系统结构与区域竞争优势

（一）资源结构分析

特定的资源禀赋和资源整合能力是我国产业集群在市场竞争中自发形成并赢得竞争优势的基础。大量企业在集群内集聚并通过网络关系降低了企业获取资源的成本，形成了资源整合的协同效应。资源的专业化利用使得集群供应链系统在发展过程中实现了高度的专业化分工，通过专业化与规模经济形成互动从而提高生产率。明晰的社会化分工体系和专业化分工使得资源在集群供应链系统中得到有效配置，从而获得持续的竞争优势。

市场制度配置和契约配置是实现集群供应链系统资源配置的有效途径。产业链不同环节的专业化配置及其协同效应不仅提升了集群供应链系统的资源创新性整合能力，而且在区域发展方面优化了区域的资源结构，推动了区域产业结构的升级，增强了区域产业间资源的关联性。与传统区域经济中大而全、小而全的产业体系相比，这种资源结构的竞争优势尤为显著。由此可见，集群供应链系统的特定资源结构能够优化区域产业结构，培育区域优势产业，增强区域的竞争优势。

（二）市场结构分析

市场结构的主要指标有市场份额、市场集中度和产业壁垒。通过产业集群中的集聚经济、专业化分工、差别化优势、隐性知识传播等因素可以强化这些指标。群体内部专业化的分工、合作与竞争实现了产业的柔性集聚。形成集群供应链系统的产业在地域上比较集中且占有市场份额大，处于寡头垄断地位。而由系统内外的市场环境、人脉网络和知识结构形成的产业壁垒，则进一步强化了产业集群的垄断地位。

产业集群与区域有着天然的联系。产业集群通常主导某一区域的产业，是区域经济市场竞争力的体现，也是形成区域经济市场结构的基础。处于寡头垄断地位的集群占有很大的市场份额，区域的竞争优势在市场结构上与集群供应链系统自发形成互动，其经济结构在集群供应链系统的发展过程中趋于开放，在产业链上游形成资源推动，在产业链下游形成市场拉动。开放型经济结构是形成区域竞争优势的重要条件。集群供应链系统能够促进区域经济的结构开放，并且通过其内部的竞争性与外部的垄断性实现两者兼收并蓄，从而提升区域的产业竞争力。

（三）网络结构分析

网络结构分析是对集群供应链系统内的企业间结构的分析。最基本的集群网络结构是中卫型集群结构和市场型集群结构。中卫型集群结构的核心是大企业，其外围由众多

的中小企业形成，如核心企业主导结构以及“龙头+网络”结构等。市场型集群内部的企业关系以平等的市场交易为主，企业间联系方式以水平联系为主。集群供应链系统结构的最重要特征是网络化，并且是一种具有方向性的产业链网络。

作为一种网络化的组织形态，集群供应链系统是由具备决策能力的节点之间通过多层次的交流动态联系而成的，具有不同的结构层次和不同的关联方式。节点之间通过交易契约和人脉关系实现信息、资源、产业等的联系，不同节点之间的多层次交流又强化了集群供应链系统的网络化特征。集群供应链系统反映了资源占有及分布的状况、信息和知识传播的渠道、协同效应的深度等。对于区域来说，当区域内的企业呈现网络化特征时，网络节点之间的联系可以加强网络的协同效应和抗风险能力，进而提升区域的竞争优势。

三、集群供应链发展的区域政策选择

（一）区位选择

集群供应链系统是产业链与区域的有机结合，通过区域特有的资源禀赋与区域内外流动的生产要素相结合，实现资源的有效配置。集群供应链系统的区位选择要从产业关联性的角度考虑，除了原材料的可获得性、运输的便利性，人力资源的可获得性等成本因素之外，更重要的是考虑区位的创新潜力，如集聚的科研机构、高效的基础设施、稳定可靠的供应商等。通过营造有利于创新的软环境，可以进一步加强企业间的分工与协作，促进产业内企业之间的联系，从而推动集群供应链系统的发展。

（二）产业定位

集群供应链系统的产业定位要以区域内已有或正在形成的产业群为基础。产业集群意味着集群内企业之间的分工、协作和竞争的关系，而跨企业、跨产业的联系能够有效地促进产业集群的发展。要通过加强与关联产业和支持产业的横向联系，有效整合区域资源，形成集群供应链系统的产业特色。波特（2002）认为，建立在初级生产要素上的国家竞争优势通常是不稳定的，容易被后起国家的后发优势所取代。因此，集群供应链系统应注重提升产业结构水平，逐步由低成本竞争策略转变为差异化竞争策略，通过为客户提供个性化、多样化的产品和服务赢得持续的竞争优势。

（三）文化培育

区域的制度文化是集群供应链系统形成与发展的基础。区域内经济关系和社会关系之间高度的内在联系是判断集群供应链系统的重要标准。在一个区域内地理位置邻近的企业通过信任与合作而建立联系。长期以来，市场机制不健全、社会资本缺乏、条块分割、交易成本高、信任度低、各类法规不完善等制度文化上的缺陷，导致我国部分地区的企业过于注重内部资源和内部的适应性与灵活性，而不寻求利用企业的外部资源，最终严重阻碍了我国集群供应链系统的有效发展。因此，对于尚未形成地方优势的区域，应重点培育有利于创新的制度文化氛围，而对于已经形成地方优势的区域，要重视制度文化的创新，充分发挥集群供应链系统的竞争优势。

（四）网络构建

集群供应链系统包括由供应商、生产商、销售商和客户等通过前向、后向和水平的联系形成的核心网络系统，也包括企业与当地政府、金融机构、中介服务机构、教育科研机构等通过长期联系形成的本地化网络。现代集群理论表明，地方网络是形成集群竞争优势的重要内部机制，建立学习型合作网络可以提高集群内企业的学习能力和创新能力，为实现区域的创新发展营造良好的环境。

（五）政府功能

除了市场机制的作用之外，政府的调节也是集群供应链系统的形成与发展的重要推手。政府最重要的功能不是“制造”产业集群，而是发现那些具有发展潜力的产业集群，并通过有效的政策措施促进集群形成地方网络。由于知识外溢和外部性的存在，企业通过创新所获得的私人收益小于社会收益。如果没有政府的干预，经济只能实现次优增长，只有通过政府的调节，采取一系列的激励措施使创新的外部性内在化，才能消除资源配置的扭曲，从而实现帕累托最优。因此，政府要为集群内的企业培育战略协同的软环境，鼓励大、中、小企业分工协作并建立长期稳定与互惠互利的良性关系，形成专业化分工与协作的网络体系。政府还应通过包括政策创新和服务创新在内的制度创新，形成政策调控、间接干预的优质服务体系，为集群供应链系统的形成和发展提供“公平、公正、公开”的政策环境。

总而言之，全球一体化的进程改变了传统封闭格局下的区域经济发展模式，基于区域集聚的集群供应链成为区域经济发展的重要模式，同时也是制造业全球化和制造模式敏捷化背景下的重要产业集群模式。基于区域集聚的集群供应链系统的形成是区域比较优势不断强化的过程。因此，通过集群供应链系统推动区域经济的发展，必须建立开放、竞争的市场体系，形成有利于资源流动的市场机制；必须形成独特的区域比较优势，吸引区域外部的资源向内部集聚；还必须创造有利的社会环境条件，通过产业政策的引导形成区域集聚的产品供应链和多动态联盟体系，促进集群供应链系统的发展。

第五节　供应链战略推动区域经济发展

如前所述，21 世纪的市场竞争，不再是企业与企业之间的竞争，而是供应链与供应链之间的竞争以及产品价值链与价值链之间的竞争。随着区域经济参与供应链构筑和运营的不断深入，通过在供应链环节上的合作与分工，使供应链上物流、信息流、资金流得以通畅协调，不同区域的资源要素得到优化配置和合理利用，实现了供应链系统运营的最优并最大程度地满足了顾客的需求，从而在提高供应链整体竞争力的同时推动区域经济的发展。

一、通过价值整合提升综合竞争优势

供应链是区域竞争中的价值整合者。随着消费者需求逐渐呈现多样性及个性化的趋势，企业必须实现产品与市场的一体化运作，才能在整体上超越竞争对手，快速响应顾客的需求并为其提供价值最大化的产品与服务。当前，市场的竞争已经上升到整个产业价值链之间的竞争，竞争的重点由某一环节（如促销、配送）的能力提升到整合上下游乃至相关价值链的能力。竞争层次和量级的提高意味着竞争已经不在于局部而在于整体，这就要求企业提高其整合内在与外在资源的能力，提升综合竞争优势。企业综合优势的提升有赖于系统效率的提高。系统效率的提升在于企业业务流程中的各环节能够突破局限并延展各自的能力空间，实现协同效应。要改变产品与市场相互割裂的局面，产品不仅与终端消费市场息息相关，与上游原材料市场等也有着密切的联系。

供应链管理使产业经济结构中的不同主体能够充分发挥协同效应。一方面，由于生产部门同市场部门、研发部门之间的业务分隔，部门间缺少协同和信息共享，市场信息在企业之间和企业内部不能得到准确的传递，各部门基本上是独立运作。各部门的各自为政造成企业在研、产、销之间的失衡，有效的研、产、销难以组织起来，对市场需求的变化不能做到快速的响应。另一方面，由于供应商、制造商、经销商、零售商等之间缺乏统一的信息沟通机制，相互信息不对称，计划、产品、库存、销售等信息不能在整个供应链上进行流通，造成计划脱节、产品管理混乱、库存不均衡等问题。通过有效实施供应链管理，产业经济结构中的不同主体可以在一个平台上共享信息并协同处理，以统一的业务标准实现协同运作，从而充分发挥协同的倍增效应。

二、改变资源配置和发展模式

经济全球化使得市场竞争日益激烈，需求的个性化、多样化从根本上改变了市场竞争的格局。市场的主导者由卖方变为买方，产品竞争的重点由质量、价格转向服务、交货期等。互联网技术与信息技术的广泛应用加速了信息、服务、资源和技能的流动，促进了企业的跨区域合作。以成本和效率为导向的大规模刚性生产方式开始转向关注客户需求和满意度的柔性化批量定制生产方式。

生产方式的转变进一步加剧了市场竞争，促使企业在新的商业模式中寻找商机。网络企业、虚拟企业等新的组织模式的出现，改变了传统的采购、营销与售后服务方式，网络虚拟技术缩短了供应商、制造商、经销商、运输提供商等企业之间的物理距离。供应链成为区域竞争中价值的集成整合者，由此改变区域经济的资源配置和发展模式。

三、促进分工经济和整合经济

专业化分工是社会经济发展和市场不断成熟的必要条件。根据分工理论，市场交易是由产权界定基础上的专业化生产和消费者的多样化偏好共同形成的。专业化程度、专业化种类以及分工结构决定了经济主体之间交易的大小。交易是不同专业分工之间联系的纽带，整个社会经济由此得到发展并形成巨大的经济网络。然而，交易行为本身会产生费用。交易费用会制约分工与专业化，过高的交易费用甚至会阻碍专业化分工的发展，减少市场交易的行为。反之，降低交易费用能够加速市场化进程，促进市场范围的扩大，从而推动专业化分工的发展。因此，一个地区经济的发展，受到该区域经济中的专业化分工和交易费用等因素的制约。应当放大专业化分工与市场扩大之间的正反馈效应，实现区域经济的递增报酬。

供应链战略的实施要求发展现代物流业，这本身也是社会专业化分工的结果。专业化的物流能够实现货物运输的社会化分工，提高物流效率，使企业降低物流成本，减少库存，并将更多的资源投入到自身的核心业务。在宏观上，专业化的物流能够实现社会资源更优化的配置，是社会经济分工和专业化的进一步深化。同时，实施供应链战略，可以让企业在一个更大的时空范围内进行资源的配置与整合，充分利用信息技术降低交易成本，从而达到了成本和效率的双重优化。

面向区域经济的发展未来，日益深化的社会分工和复杂的经济结构，使得各个产业、部门、企业之间的交换关系愈加复杂，相互依赖程度也不断加深。实施供应链战略，能够实现商业、信息、物资、交通以及金融、保险、税务、海关等多个部门之间的横向组合与无缝对接，打破过去各部门条块分割、各自为政的局面。因此，实施供应链战略，不仅可以为上下游企业提供专业化的物流服务，还能促进整个区域工业生产、服务、金融等方面的协同发展。供应链将区域经济中的各个产业、部门、企业连接成一个有机整体，成为维系其中复杂交换关系的纽带，是区域经济运行中不可或缺的重要组成。

四、优化产业结构

区域产业结构发展的演进规律表明，其发展方向是实现合理化和高度化。产业结构合理化由第三产业的发展水平来衡量，而产业结构高度化体现在一次产业向二、三次产业的升级演进、劳动密集型向技术、资本、知识密集型产业的演进。

供应链战略的实施离不开现代物流业的支持。现代物流业的本质是第三产业。通过建设现代物流中心，培育并集中一批大型物流企业，使其形成整体优势和规模效益，不仅能推动区域物流业向专业化、集约化方向发展，而且可以积极地促进区域第三产业的发展。发达国家的物流业发展实践证明，现代物流业的发展不仅可以创造城市就业机会，增加税收，而且能够促进其他行业的发展，优化产业结构，为第三产业创造更多新的增长点。现代物流中心的建设将进一步为区域经济的发展带来商流、信息流、资金流、技术流的集聚，带动商贸业、金融业、交通运输业、旅游业、信息业等多个产业的共同发展。

集约化的发展方向要求利用现代化的物流设施和先进的信息网络对分散物流进行集中处理和协调管理。现代物流业是技术密集型和高附加值的高科技产业。相对于经营分散、技术原始、功能单一的传统储运业务，现代物流业具有资产结构高度化、技术高度化、劳动力高度化等特征。从这个角度而言，实施供应链战略可以有力地推动区域产业结构向高度化发展。

参考文献

［1］玉刚．供应链的基本思想及其新动态［J］．价值工程，2003（增刊）：34－36.

［2］崔少伟．新时代背景下供应链管理核心思想的重新阐释［J］．物流科技，2009（12）：81－84.

［3］孙道银，李东．供应链管理中的系统科学思想［J］．经济与管理，2008，22（1），77－82.

［4］聂茂林．供应链管理中的系统思想剖析［J］．经济师，2004（10），158－159.

［5］卢燕明．供应链管理的新趋势［J］．进出口经理人，2008（3），67－68.

［6］张余华．可持续发展的新理念：绿色供应链管理［J］．科技与管理，2002（4），9－11.

［7］商会娟，李新春．供应链管理发展新趋势——移动供应链管理［J］．现代管理科学，2008（2），104－105.

［8］许珂瑞．物联网应用下的供应链管理发展新趋势分析［J］．中国商贸，2014（29），116－117.

［9］何琼隽．经济全球化、供应链与竞争优势的解析［J］．财经科学，2008（4），101－107.

［10］蓝庆新．全球化供应链管理与提高我国企业国际竞争力的策略［J］．世界经济研究，2003（1），20－24.

［11］李文锋．全球供应链运营模式对提升我国外贸核心竞争力的启示及思考［J］．国际贸易，2011（11），19－22.

［12］杜丽群．全球供应链管理与我国企业国际竞争力的提升［J］．西南民族大学学报：人文社科版，2006（4），159－162.

［13］李文锋．提升供应链管理水平培育外贸竞争新优势［J］．全球化，2013（11），54－61.

［14］李莉．供应链企业兴起与经济全球化演进［J］．中国经贸，2011（12），42－45.

［15］王之泰．区域经济：供应链视角［R］．中国经济时报，2006－01－16.

［16］吴振顺．论供应链战略对发展区域经济的作用［J］．商业时代：理论，2005（17），17－18.

［17］郭红莲，徐建国．供应链集成、产业集群与区域竞争力的互动机理分析［J］．商业时代，2009（30），109－110.

［18］夏永红．基于供应链视角的产业集群全球竞争优势策略研究［J］．商业时代，

2013（24），36－37.

［19］杨瑾，尤建新，蔡依平．基于 SCP 框架下的集群供应链系统结构与区域竞争优势分析［J］．生产力研究，2008（2），61－63.

［20］马士华，林勇等．供应链管理［M］．北京：机械工业出版社，2005.

［21］聂茂林．供应链管理中的系统思想剖析［J］．经济师，2002（10）.

［22］森尼尔·乔普瑞，彼得·梅因德尔．供应链管理：战略、规划与运营（第二版）［M］．北京：社会科学文献出版社，2003.

［23］王许斌，李文立，戴伟辉．用系统理论造就供应链管理的核心理念［J］．天津大学学报：社会科学版，2004（10）.

［24］许国志．系统科学［M］．上海：上海科技教育出版社，2000.

［25］刘丽文．供应链管理思想及其理论和方法的发展过程［J］．管理科学学报，2004（4）.

［26］何琼隽，D WILSON，李子江．协作关系中的不确定性与技术链接［J］．工业工程，2006（5）.

［27］李晓钟．从比较优势到竞争优势［M］．杭州：浙江大学出版社，2004.

［28］沙希德·尤素夫·西蒙·伊夫耐特．东亚具有竞争力吗———应对全球市场竞争的创新法则［M］．王丹莹，许建军．译，北京：中国财政经济出版社，2005.

［29］宋远方．供应链管理［M］．北京：中国人民大学出版社，2001.

［30］查尔斯·法恩：时钟速度，张强等译［M］．上海：上海人民出版社，2001.

［31］蓝伯雄，郑晓娜，徐心．电子商务时代的供应链管理［J］．中国管理科学，2000（3）.

［32］马丁·克里斯托弗．物流与供应链管理——创造增值网络［M］．何明珂等译．北京：电子工业出版社，2006.

［33］迈克尔·E. 波特．簇群与新竞争经济学［J］．经济社会体制比较，2000（2）.

［34］刘友金．产业集聚、集群与工程机械工业发展战略［J］．求索，2004（8）.

［35］夏永红．徐州工程机械产业集群创新网络的创新机制分析［J］．中国商界，2010（1）.

［36］马士华．供应链管理［M］．高等教育出版社，2006.

［37］蔡宁，杨闩柱，吴结兵．企业集群风险的研究：一个基于网络的视角［J］．中国工业经济，2003（4）.

［38］夏永红，李媛媛．基于供应链风险的 5R 供应链管理［J］．商业时代，2011（31）.

［39］尤西·谢菲著．柔韧：麻省理工学院供应链管理精髓［M］．杨晓雯，等，译．上海：上海三联书店，2008.

［40］董维刚．产业组织理论的哈佛学派［J］．辽宁税务高等专科学校学报，2005，17（2）：19－22.

［41］黎继子，蔡根女，鲁德银．基于集群网络式供应链变迁演化规律研究［J］．情报技术，2004（2）：4－6.

［42］崔焕金．产业集群网络式供应链演进机理研究［J］．中国科技信息，2005（2）.

［43］葛昌跃，顾新建，韩永生．企业集群中的供应链网研究［J］．制造业自动化，2003，25（3）：1－4.

［44］魏守华，石碧华．论企业集群的竞争优势［J］．中国工业经济，2002（1）：59－65.

［45］M. 波特．国家竞争优势［M］．北京：华夏出版社，2002.

［46］于树江．集群式产业创新的社会资本效应研究［J］．科学学与科学技术管理，2004（6）：35－38.

［47］康世瀛．产业集群与供应链形成发展的基础推动力——信任［J］．科技进步与对策，2005（1）：146－148.

［48］沈正平，刘海军，蒋涛．产业集群与区域经济发展探究［J］．中国软科学，2004（2）：120－124.

［49］KOPCZAK L R. Logistics partnership and supply chain restructuring: survey results from the US computer industry［J］. Production and Operations Management, 1997, Vol. 6, No. 3, pp. 226－247.

［50］LEE H L V, PADMANABHAN, S J WHANG. Information distortion in a supply chain: The bullwhip effect［M］. Management Science, 1997,（4）.

［51］LEE H L, BILLINGTON C. Managing supply chain inventory: pitfalls and opportunities［M］. Sloan Management Review, 1992,（3）.

［52］STEVENS G C. Integrating the Supply Chain［M］. International Journal of Physical Distribution &Materials Management, 1989,（19）.

［53］Gomes, L. The Economics and Ideology of Free Trade: a Historical Review［J］. Edward Elgar, 2003.

［54］SNAR M T, SNAR D N. Introducing Global Issues［M］. Lynne Rienner Publisher, Boulder London, 1998.

［55］WENT R. The Enigma of Globalization, A Journey to a New Stage of Capitalism［M］. Routledge, London and New York, 2002.

［56］PORTER M E. The Competitive Advantage of Nations［M］. Free Press, New York, 1990.

［57］POHL N. Mobility in Space and Time［J］. Challenges to the Theory of International Economics, Physica－Verlage.

［58］EATON J, SAMUEL K. Technology, Geography and Trade［J］. Econometrica, 70（5）, 2002.

［59］PEDERSON P O. Freight Transportunder Globalization and Its Impacton Africa, Journal of Transport Geography, 9（2），2001.

［60］CHRISTOPHER M. Logistics：The Strategic Issues［M］. Chapman and Hall，London，1992.

［61］COOPER M C，L M ELLRAM. Characteristics of Supply Chain Management and the Implications for Purchasing and Logistics Strategy［J］. The International Journal of Logistics Management，1993，4，2，13－24.

撰稿人：国务院发展研究中心产业经济研究部经济学博士、研究员、博士生导师
魏际刚
清华大学经济管理学院博士研究生　陈金晓

第六篇

全球供应链

——从西方视角解读全球供应链

Die globale Supply Chain

——Der Blick auf die weltweiten Lieferketten aus westlicher Perspektive

第一章　全球供应链的发展和驱动

没有一个国家能像中国那样理解和应用全球供应链网络的机会。近来中国的崛起，遍布全球的成熟供应链网络平台起到了不可忽视的作用。这也成为发展中国家的工厂和西方以及世界其他地区的市场能够良好衔接的重要前提。同时，也打开了原材料和设备运往中国的道路。

纵观中国经济增长的奇迹，全球供应链诚如我们所见的那般必然吗？在非洲采购原材料，在墨西哥组装和加工，并出口到美国、欧洲或中国进行销售。这些对于许多参与全球供应链的企业来说并不是主要的挑战。

那些相信货物和服务能在国家、洲际之间毫不费事地顺利流转的，我只能说这是神话。全球供应链无论怎么发达、进步或者成功，还是无法简单地解释其作为全球化和国际贸易载体的作用和结果。21 世纪的商品和服务、资金、劳动力、知识和文化的自由交易与流动绝不是不言而喻的。有些政府常常故意将自己的国家从全球平台和发展中脱离出来，或者有些国家被其他政府通过制裁踢出全球贸易平台。

此外，尽管生活水平不断提高，东西方人享受着供应链和全球化所带来的益处，但这种全球范围内的机会和相互作用带来的好处并不被人们完全理解。全球不同地区不断出现的反对全球化的示威游行正说明了这一点，这也正间接地反对了全球供应链。

一方面，全球化能够给所有人带来显著的好处，另一方面，全球范围内国家与国家之间，人民与人民之间的自由交换中的壁垒仍需不断克服。仔细观察之后，我们清楚的知道，全球供应链对各个城市、地区和国家的经济和社会发展有哪些意义以及当人们彼此互不关联时，全球供应链将如何紧密地塑造并管理人类的繁荣和未来的前景。另外，发挥这些潜能和顺着全球供应链追求持续价值要求具备全球化的支配及负责任和有远见的行动。由此，尽可能减少给社会和环境带来的负面影响。

本文旨在阐述并帮助更深入地了解全球供应链的本质、用途和发展方向，当然也包括全球供应链向循环供应链发展的趋势。为此，本文陈述了全球供应链的结构和行动，并通过全世界范围内的事实和数据描述了全球供应链、全球化、经济和社会环境之间的相互关系。此外也强调了持续变革的必要性。尽管是通过一个西方人的视角，本文的主要目的在于客观描述全球供应链，以及对涉及全球供应链利害关系者的行动的认识。东方读者由此能够获得世界范围内的供应链发展的新视角和理解。

为来自工商业、物流和管理等领域的供应链专家以及来自国际贸易、交通、中小企业和服务经济领域的政治家和政府官员撰写本文，需要去除全球供应链对于给定的且未被调整过的经济奇迹的神秘性，全面而现实地审视全球供应链的好处、必然性及其前景。同时，特别关注全球化和国家的经济社会转型问题。也包括那些全球供应链利益相关者的因果架构关系中的角色和有关义务责任的新解释。特别是来自巨大变革中的挑战以及供应链在各种经济体中的影响。

我们认为供应链的核心功能和重要性在于促进经济、社会和环境之间相互关系的理解，并由此全球供应链对于推动人类的繁荣和美好生活至关重要，而不仅仅是为了我们的生存。为了掌握它，东西方各自要承担相应责任。因为无论是制造商、物流商、零售商还是消费者，我们都是全球价值链和供应链的架构者。我们用我们的愿望、需求和行动共同决定了供应链中货物和服务的流动，直到产品的生命周期结束，并被再次利用。鉴于其重要性，只有通过供应链生态系统中的各方相互协作，通过政府、企业和消费者有目的的相互协同，现在和未来的繁荣和美好生活以及企业和投资者的长期投资回报才能实现。我们每天都使用供应链并在促进它的发展。反过来，它也同样改变着我们的生活。许多政府已经认识到供应链物流是一项关键的基础设施，不仅需要支持，更需要积极推动。

我们正面临前所未有的动态环境。这种动态被来自东西方差异化、经济、金融和货币危机、自然灾害、社会动荡、政局紧张和战争所加剧。因此，我们需要高度灵活和强大的供应链方案。这种方案具有弹性和持续的自适应性，但其效率和性能并不因此失去。方案需要自我变革，以保证对不断变化中的经济和社会变革的支持。供应链的必要变革和持续改进需要一定的前提才能实现，这种前提只有那些懂得全球供应链相互关系的政府才能提供，而且这些政府必须同时具备现实和发展眼光。反过来，这种情况只有那些彻底理解这一前提，并把挑战和变化当作机会而不是威胁的企业才能利用。

这种环境能够刺激消费者直接与供应链中的各方互动，并共同面对现在和未来。目前，有关全球供应链的前提条件只有通过包含政府、国际机构和商业代表组成的多方协同才能实现。

中国经过前期发展，正站在一个新的更为深入的改革起点上：从投资拉动到消费拉动、从东部开发到西部开发、从制造大国到创新大国。如前所述，供应链如果不是决定性的因素也是至关重要的因素。因为商品需要送达消费者，西部工厂需要原材料供应，创新知识的流动与创新集群需要在生态系统中联系起来。由于未来改革道路上所面临的巨大挑战，全球供应链及知识就不会像过去那般重要了。特别是考虑到所要构建的全新的环境和供应链，了解世界其他地区的发展，并借鉴其经验将会是非常有价值的。通过介绍西方看待供应链的观点，本文希望对未来的中国发展有所帮助。

为了寻求全球供应链的起源，我们有必要回头看看，因为追求网络化的世界并不仅仅是 21 世纪的现象。在很早以前人们就开始了国家之间的贸易往来。其中最有名的例子就来自中国。第一个最明显的全球供应链的例子很可能就是丝绸之路了，丝绸之路并不是指通常意义上的路，而是指商队路线构成的网络。整个路线从俄罗斯开始经由土耳其、伊拉克、巴基斯坦、蒙古直到印度和中国。并将埃及、日本、哈萨克斯坦和沙特阿拉伯也通过这条路线连接起来。中国通过这条路线进入了西方市场，在欧洲，人们也寻求与其他国家的人民进行贸易。在公元 801 年威尼斯开始发展成为一个重要的贸易中心，它的影响力从 11 世纪开始稳步增长。再比如 12 世纪中叶成立的德国汉萨同盟，它是由低地德语地区的商人组成的联合体，其目的是为了维护他们在国外的共同经济目标。

从全球贸易的早期到现在，其已经发生了巨大的改变。这种改变不单单是运输货物的数量和种类方面的改变。我们不仅仅经历了工业革命，还经历了数字革命。在过去的几十年里，从获得原材料到零部件的制造再到产品的加工和分销以及进一步的销售，整个生产销售过程都不断地在发生着变化。正如熟悉的，在所有的技术开发和推进全球化的进程中，18 世纪发明的蒸汽机是最重要的科技发展和全球化的驱动力。蒸汽机不仅使制造高效的生产设备成为可能，也使得轮船和机车的出现成为了可能。因此，蒸汽机奠定了偏远地区矿产开发、远距离乃至跨大洲商品交易的基础。而电子通信设备使得快速而廉价的市场信息交换成为可能。在全球的许多国家里，为了进一步进行工业化和产业化的扩张，许多基础设施连同电子通信设备被投入使用。使用过程中，全球供应链开始成为一种方式，而全球化开始成为一种趋势。

技术进步不仅仅使得交易活动全球化取得了显著的进步，而且逐渐降低了贸易间的运输成本。在 1850 年，铁路运输货物的价格是每吨千米 10.1 芬尼，在 1860 年这个价格下降到 6 芬尼，而到 1910 年，运价只要 3.1 芬尼。与此同时，德国铁路的运输能力，从 1850 年的 2.3 亿吨千米提高到 1910 年的 5640 亿吨千米。与之相反，在 1850 年，德国南部的英戈尔施塔特 1 升啤酒的价格是 16 芬尼。到 1914 年前，啤酒的价格下降到约 11 芬尼。而且到 1910 年一份带啤酒的晚餐也只需花费约 70 芬尼。

运输价格的降低和运输能力的增加促进了输送量的增加，但它们也改变了运输货物的组合。例如，主食的洲际交易方式变得越来越有趣：1830 年，船舶运输的开销占到生产成本的 79%，到 1910 年，这个比重下降到 27.5%。

尤其在欧洲，这是一个重大变革的时代：欧洲列强逐步扩大着他们在非欧洲地区的霸权统治。在 1800—1900 年间欧洲列强通过帝国主义和殖民主义，不断扩大对其他地区的影响，其影响范围达其自身领土范围的十倍左右。欧洲的经济逐渐挣脱了农业作为关键因素的影响，开始将加工品作为主要部分。随之而来，欧洲对原材料的需求大量增加，促使与海外国家间的贸易越来越多，从而促使彼此之间越来越紧密。1790—1913 年间世界贸易值约增加了五十倍，欧洲从美国、亚洲和澳大利亚进口矿石、粮食、棉花、肉类，相反，向这些国家和地区出口服装、机械、铁路轨道。在第一次世界大战爆发之前，有 3/4 的全球贸易货物来自或发往英国、德国或法国。欧洲人的生活水平得到显著改善。大部分的人能够买得起糖、茶和可可，而之前它们是只有少数人才能负担得起的商品。与此同时，由于贸易的相互交错性，使得各个经济势力间的依赖性越来越强。

这一发展在两次世界大战时被打断。国际贸易从 1914 年开始几乎没有增长，而在经济大萧条期间（1929—1932 年）则剧烈下降。进口国的高关税和数量限制对国际贸易的影响很大。通货紧缩则是随之而来的恶果之一。原材料的价格下降了约 75%，工业产品的价格下降了约 25%。

第二次世界大战结束后，世界经济体组织的时代开始了。尤其是美国加速了这一进程。布雷顿森林系统（1944—1973 年）将美元作为参照货币，并引入固定汇率。根据关贸总协定（关税与贸易总协定，1947—1993 年），构建了数量限制和关税框架。当然这些发展也不完全是一帆风顺的，在之后的发展中仍存在一定的干扰因素，例如，20 世纪 70 年代通货膨胀的冲击以及 1973 年和 1979 年发生的石油危机。石油输出国（OPEC）刻意地限制石油的输出量，从而引发了第一次石油危机。被限制的石油量（约 5%）导致一桶（159 升）原油价格从约 3 美元上涨到超过 5 美元，也就是说，单单是石油价格在 1973 年 10 月 17 日上涨了 70%。在 1974 年油价进一步飙升，全球石油价格上涨到每桶 12 美元。石油价格急剧上涨对工业国家发展造成了严重的限制，并对宏观经济产生了严重影响。例如，石油危机结束了德国经济增长趋势，导致国内生产总值下降了 0.9%，这是德国战后最严重的衰落。

从 1980 年左右开始，世界经济经历了全球化的另一个高潮。全球网络化在其中扮演着首要角色。而技术进步也发挥了关键作用：微电子技术和计算机科学领域的技术革命，实现了个人计算机和网络技术的迅速传播，使得许多领域成本得到了降低，也使得市场信息在世界各地更快更廉价地传播。在 20 世纪 90 年代，互联网向企业和社会的开放，进一步推动了它的发展。在过去的几十年，全球化起着积极的作用。其作用在金砖五国（即巴西、俄罗斯、印度、中国和南非）成长中略见一斑。

在全球经济复苏的每个阶段，越来越深入的全球化使相关国家越来越繁荣。中国已成长为主要出口国和世界第二大经济国。与此相反，脱离全球化则导致生活水平的下降，俄罗斯就是最新例证。国际间自由商品贸易能够促使国家繁荣，但如果脱离国际间自由商品贸易则可能使国家倒退。

第一节　自由贸易的障碍

中国利用全球供应链及全球化的成功，是最令人印象深刻的例子。要充分利用全球供应链的潜能，必须保证通畅的信息交流。这时这个问题再次出现在人们面前：如何确保商品顺利地沿着全球供应链流向世界各地？今天，显而易见，原材料需要从世界各地采购，而且产品常常在一个大陆生产却在另一个大陆销售。这时，流畅的信息流支持着商品和贸易的自由流动，并保证着全球供应链的顺利运作。事实上，现代人常常感受着全球供应链。例如，亚洲人会从美国购买包和衣服，而欧洲人会为了参加在巴黎、柏林或者伦敦的聚会，而在香港定制一些特殊场合穿的礼服。实际上，我们距离自由贸易仍有很长的距离。

信息技术、现代化的交通和基础设施使保持经济的开放成为可能。但到目前为止，尚未被充分地挖掘。这有以下几个原因：一方面，技术发展如此迅速，使得各国政府和机构几乎不能同步提供所需的条件；另一方面，利用最先进的技术需要适当的投资和对公司的调整。特别是在物流领域的很多小型企业必须面临这些挑战。

在西方，越来越多的人带着担心与恐惧观望着科技的进展，例如在德国。以 RFID 为例：通过无线射频识别技术，能够实现自动和无接触地识别和定位收发系统的对象。这可以加快对象在供应链上的速度，并使其更安全。将 RFID 技术用到装载高品质商品的托盘上，能够很容易地发现不正确的装运或盗窃。这样能够降低被盗的风险，从而使得偷窃行为不再那么吸引人。尽管具有这样的优点，RFID 仍未广泛应用，部分原因是目前使用成本相对较高，特别是标记和读出的信息所需的技术和花费较高。更确切地说，RFID 技术遭到人们的限制。人们担忧：当不仅仅在托盘上而且在单个产品中安装 RFID 时，在购买之后，可能传递有关购买者和商品的位置以及商品购买后的运行等信息。在德国，特别是消费者保护组织，他们想要为终端购买者降低风险，在限制 RFID 方面相当活跃。虽然 RFID 同其他创新一样：即为广大客户和消费者提供机会和优势，也存在着不确定性和风险。这同样也适用于全球化和其最重要的盟友——全球供应链：它们两者都是在持续发展，并且持续改变，这种改变又与人的改变相关联。例如新的物流服务提供商的确定或生产设施的搬迁。当然，在这里也存在着质疑，尤其是物流被称为是一个空间密集型产业，其创造的就业岗位较少。

生产设施的搬迁常常会带来担忧和恐惧。这些是针对下一阶段转型的表达。然而，生产搬迁的影响具有双面性：当在决定设立新的工厂位置会创造新的就业机会时，在原先工作点就会失去就业机会。这样也会影响到城市、地区乃至整个国家。以至于税收收入下降了。在许多情况下，政府需要为新的成长性行业筹集资金，为失业公民提供和创造就业机会，为建立新企业的成长创造更好的条件。因此，准备相应的人才、社交网络，或者在未来更高水平的行业进行早期投资或通过自身建设计划，以吸引他们，是非常重要的。自由进出的行业需要长远的眼光和规划，以及政府和业界的良好治理。

货物自由流动和自由贸易的另一个障碍是担忧在全球货物流动中，被动进口了不期望的货物，比如受污染的农产品或生病的动物。而且从政治和社会的角度来说，有些货物是不被期待的，因为它们威胁着内部安全。此外，例如，供应链也可能被用来走私免税香烟或武器。这就要求采取特别措施，以确保公众利益，但其不应影响到其他重要的国际贸易。

一方面，各国政府知道采取自由贸易的优势；另一方面，基于上面提到的风险，他们又特别谨慎，尽可能地在不妨碍必要的跨界贸易的基础上，保持对货物流动的控制。因而，各种工具被运用到其中，例如，限制和法律要求，测试、补贴和税收优惠，但最重要的是现代信息和通信技术成果的应用。其中包含充分的、完整的和前置的货物流动信息站的使用，使得大部分的货物在到达边境之前已经备好，从而实现顺畅、快捷和成本优化的流动。在这个方面，许多国家的单窗口解决方案使用是重要的一步。因为窗口能够在一个国家一次性地被安装上，所以通过窗口互连能够使所有的数据快速交换，这是快速处理和确保内部安全的必要条件。每个部件或产品的遗传密码的可用性将会有怎样的作用呢？首先应当实现所有商品在供应链上配备遗传密码，及授权的利益相关者可以随时、随处查看商品。之后，快速通畅的无阻碍交换的概念将可能开始充分发挥作用。知识产权问题必须通过全球专利和版权保护机构的技术解决方案来保证。为了加速自由和公平贸易的建立，应该组建供应链部门，它是由贸易、运输和数字基础设施部门构成的混合部门。

然而现在，现实的供应链并不是如此。惩罚性关税和税收、劳工法、收费站以及其他的关卡，造成了供应链的延迟、加重，有时甚至阻碍了供应链的流通。各国政府建立这些的动机是通过不同的措施阻碍那些只寻求自身利益的企业和公民。然而，一方面，在社会以及政治上存在这样的乐观倡导者，他们信任市场的技术和自我调节能力。另一方面，有担忧者认为应该优先保护和控制。这两个极端之间，存在许多利益攸关方代表，其持有不同的意见。

同时，因为各种因素的影响，全球供应链变得更加复杂。一方面，是因为越来越多网络的使用，能够发挥私营经济的成本优势和市场接近优势，但公共部门通过适当的管制措施能够共享全球化带来的优点。另一方面，在数字化和移动化的革命过程中，供应链参与者和实施者的人数在成倍地提高。今天，理论上每个制造商可以通过互联网网络，与任何潜在的买家，实现实时信息交换和数字合同的签署。每个人都很容易想象这对全球供应链意味着什么。在过去，原材料、半成品和最终产品都只由几个固定的供应商参与。今天各个公司从各种广泛分散在全球的供应商那里，灵活地获取供应来源。

对处于消费地位的公司来说，多样性和成本降低都是具有好处的。此外，在物联网的发展过程中，在供应链的内部机器与机器间的交流越来越频繁。为此，在核心领域中的信息、协调和控制对供应链提出了全新的要求。这将是客户和消费者间的一场革命。通过电子商务和全方位渠道，满足所有要求，并随时随地提供服务，使得理论上最大的客户服务和最大的客户满意度得以实现。但是供应链该如何设计，才能达到这样的程度。一方面，在空间上满足未来物理装载的展览空间要求，另一方面，甚至在极端的条件下，比如先不说在每一分钟内，先只说在每一小时内，保证所有的货物在任何地点和任何时间都可以达到客户和用户。哪些运载系统的哪些网络是必要的，应该打开或应该关闭？哪些信息和通信技术是危险的？还有很多诸如此类的问题，这些问题不仅仅是供应链上和物流领域内的领袖应该关心的，更值得所有人关心。

众所周知，这个世界总处在动荡的恒定状态。然而，速度和顺序的改变和变化是剧烈发生的。应将现在的不同转换替代过去的变化阶段。但是，数字革命不仅是塑造和易化我们现在的生活和新爆炸性发展的商业模式，也是解决方案的一部分。数字革命使得供应链的可见性像专家所说的一样，达到从未有过的透明度。这将会为政府机构打开完全新的可能性，并提供必要的纠正干预。此外，通过对几乎透明的客户数据自由支配和分析，将客户过去的行为作为将来分析提供数据的有力线索。在未来，这能够实现对需求接近现实的评估，随后，能够大大地优化容量规划。相对于现有的资料，我们面临着智能云、物联网、机器人技术和人工智能，这些可能是真正的技术革命或者说智能革命的开始。这就需要一种全新的全球治理形式。

尽管这也为犯罪分子提供越来越大的攻击面，但是它产生的好处和机会要远远大于可能造成的缺点和危险。如今，企业已经能够实时跟踪价值链中的每一步，从产品开发，到生产的循环再利用。理论上，对销售预期，所需的资源，价格和成本，污染排放，以及环境灾害的威胁等各种信息收集，可以确保那些涉嫌货物、人员和组织，如危及健康或安全，即被排除在国际贸易外。

即使拥有所有过去的数据，社会和经济将如何发展，也是很难预测的。但是一件事是确定的。根据过去的经验，技术进步、不断转换与快速上涨的势头将会继续。这将导致一场灾难或创造一个更好的世界，决定权在我们手中。何种因素会影响到供应链以及什么对社会、环境和经济是有意义的，将在接下来的章节中讨论。本文将讨论全球供应链面临的挑战，特别是考虑到大趋势的影响以及非理想化的供应链带来的后果。在此背景下，循环经济，作为循环经济的核心组成部分以及作为创造财富的供应链发展的下一个阶段，会被介绍。面对着繁荣、人口膨胀、资源短缺和气候变化的大趋势，循环经济显著实现了资源的优化利用。循环经济不应仅限于针对封闭供应链的设计概念，应该是整体思维和行动模型的产品和表达方式，它们不仅保证当前和未来几代人生活水平和生活质量的提高，同时是确保企业实现目标的持久动力。资源的术语被大大地扩展，包括在宇宙、海洋、空气、地球大气层中一切可用的食物，也包括人类自己。正如文章中所说，以循环供应链为核心组成部分的循环经济至今仍然是个技术概念，而不是全面的思维和行动模式。

第二节　如今如何真正地实现货物自由流动

在前面的介绍中明确指出，实现货物的自由流动仍然有很大的潜力，并且在许多领域实现自由交换是不可能的。全球供应链的实现同理想的自由贸易是紧密相连的。从国家影响力的角度来看，供应链可以被视为确保吸引力的战略工具。

但国家或区域的供应链也会有脱钩，因此在贸易中，这些国家或地区被排除在外。在上下文中有一个关键字：禁运，它是每个国家在与各经济体供应链之间竞争中所利用的处置手段。它们利用禁运来区分市场，开发市场及分割市场。它们利用供应链设计确定国际一体化程度。它们利用供应链确定目前和未来的商业和社会。

自由的货物流动可以通过一系列措施来实现，这些措施可以促使一个国家达到“物流友好”。世界银行定期对此进行审议并发表国际物流绩效指数排名。物流绩效指数考虑的主要因素包括贸易和运输相关的基础设施，海关效率和公路、铁路、空中和海上物流服务，以及报关、商业协会的质量。低成本供货协议的难度，发货跟踪的方法，交货准时性也被考虑在内。

LPI 基于 6000 个物流和快递服务网点，对整个采购和分销链进行调查。它有助于政界人士和科学家来比较不同国家的物流水平并找出瓶颈，确定所调查国家的改革重点。物流企业的评估也可以为政策提供有价值的建议，即改革的着力点。

2014 年德国在所调查的国家中排名第一。尤其在基础设施领域（第 1 位）、物流的质量和竞争力（第 1 位）、货物追踪（第 1 位）。在与国际上其他国家的对比中，德国准时性和报关排在第 2 位。德国的国际邮递业务排在新加坡（第 1 位）和香港之后。

中国以 3. 45 分排第 22 位——从分数上看，德国 3. 72 分，较中国并没有太大优势。在国际货运方面，美国（第 26 位）和奥地利（第 40 位）均落后于中国。

这个排名也表现了报关方面的能力——中国是 3. 21 分，排名第 38 位。其他表现分别为：货物追踪第 29 位，基础设施领域第 23 位，物流的质量和竞争力第 35 位，准时性第 36 位。

根据各方面的成绩，中国的2014年物流表现指数世界银行排名为第28位，仅次于阿联酋（27）、葡萄牙（26）、马来西亚（25）和芬兰（25）。总体而言，中国取得了成绩3.51分，相当于德国81.1%左右。

2007—2012年中国LPI指数显著增长，由此可见在过去几年中国的物流能力已经有了明显改善。相比于2012年货物追踪第31位，基础设施领域第26位，准时性第30位。

在2007年的全面评估中，中国获得3.32分，LPI排名第30位。世界冠军为新加坡，得分为4.19分，其次是荷兰（4.18分）和德国（4.10分）。

考虑到这一明显的发展趋势，近期在经济发展和国家基础设施的投资已见成效。但是，还需要进一步的投资。

这也适用于德国。虽然在2014年德国取得了很好的成果，但是仍需要更多的投入来保持领先的地位。这不仅涉及基础设施的建设，也包括对人员教育的投入。排名靠前的几个国家的差距并不大。荷兰、比利时、英国、新加坡、瑞典、挪威、美国和日本在某些方面已经可以与德国看齐甚至取得更好的成绩。

德国在贸易和运输基础设施质量方面得到了4.32分（满分5分）。在德国，许多破旧的道路和桥梁已经阻碍货车的通行，但相对于其他国家交通道路还是不错的。德国每年在城市和乡镇的投资达1700万欧元。德国城市事务研究所估计，到2030年需要修复或新建桥梁的投资就会达到1700万欧元。

除了城市和乡镇的协会、德国城市事务研究所外，一些物流机构和企业也多次指出，交通道路条件太差造成卡车堵车走弯路而提高经济成本，德国政府已经做出了回应。因此，联邦交通部长Alexander Dobrindt已经宣布，由目前每年100亿欧元到2018年全年的投资增加至148亿欧元。

截至2014年12月，德国参与了欧盟委员会投资计划的58个项目。重点是互联网连接在全国范围内的扩建。互联网将所有经济连接起来，构建一条电子丝绸之路。在供应链方面，尤其对于追踪货物和快速通关（自采用ATLAS的电子化以后）来说尤为重要。德国在追踪货物和通关质量方面得分分别为4.17分和4.10分。对于交付协议的易用性（与通信IT密切合作）得分3.74分。在准时性方面德国得分4.36分，超过4.12分的平均水平。

为了使国际物流顺畅方便，世界各地的海关部门密切合作。签订条约和协定，优化海关手续，改善标准化和速度。例如欧盟对ATLAS出口和运输采用统一的标准方法。合作的其他重点领域是加速边境验关，海关关税处罚的控制，培训和教育的相互交流。在此背景下，德国海关支持新的欧盟成员国，候选国和苏联继承国等改革进程。

此外，海关当局与国际组织，如亚欧会议（ASEM）、欧洲民用航空会议（ECAC）、Eurozoll、金融行动特别工作组、国际民用航空组织（ICAO）、联合国的国际海事组织（IMO）和世界贸易组织紧密合作。G7峰会和G8峰会也将海关关税提上了议程。

合作的目的是均衡、简化和协调有关国家的海关手续，并共同努力打击非法和恐怖活动。隶属于经济合作与发展组织（OECD）的金融行动特别工作组（FATF），打击在任何一个国际和国内成员国的洗钱行为。此外，工作组的目标使非法来源的资产更容易被发现。为此，包括33个国家和国际组织的FATF组织，在大多数成员国的国家法律的基础上通过了40条建议。

在海运方面德国海关部门正在与联合国国际海事组织（IMO）合作。联合国海洋运输组织的目的是提高商船技术领域的国际合作程度。实现技术和航行安全的最高水平。1965年国际便利海上运输公约的颁布对于海关来说至关重要。它的目的是简化海陆和陆海运输手续，即在入关、停留和出关国际航运货船的文件、程序。

通过这些和许多其他的措施，政府会对提高当地的吸引力起到积极的作用。

第二章　全球通道的结构和形态

全球供应链沿着陆路、水路和航空组成的全球通道不断得以延伸。通过全球通道，原材料被运送到生产车间，零部件被运送到总装配车间，成品被运送到市场或者直接运送到最终消费者。例如，稀土金属诸如铥、铈、钇、钕，以及铅、钼和砷，从刚果东部、中国、西澳大利亚的威尔德山矿场、印度、巴西和马来西亚的矿山中开采出来。全球通道犹如一双无形的手控制着稀土金属离开产地，运送到全球生产平板电脑、智能手机、游戏机和电视的车间。

原材料往往都需要被运送到众多的地域，经过漫长的生产时间，才能转变为高科技产品。在此过程中，原材料、零部件和组件沿着创造价值链不断地被加工，最后以成品的形式销售出去，同时，销售地离原产地常常很远。另外，很多全球普及的产品受限于一些国家。例如2012年生产电子产品的原料铂和铑，80%来源于南非。

手机生产制造源自不同的国家。以三星为例，中国拥有最多的生产基地，同时它也在日本、欧洲、非洲、中东和俄罗斯联邦生产。此外，越南因低人力成本，越来越被视为重要的生产基地。

以手机为例，手机由60多种原材料组成。可以看出，原材料采购是一个多么耗时耗力的事情。手机一半以上是金属和贵金属，其主要开采于新兴国家和发展中国家，如中国、刚果和南非。部分过程需要在污染环境的条件下进行。例如，运用有毒化学品，将贵金属从岩石中提炼出来。但在这个过程中，有毒物质可能被排放到土壤和水中。

一部分原材料是生产印刷电路板的必需品，而没有印刷电路板，手机将无法工作。在过去的几年中，生产基地不断向亚洲转移，从而印刷电路板制造商从2004年的519家变成2009年的353家。目前，大部分的印刷电路板都在亚太区生产。亚太区的容量从2013年的383.39亿美元增加到400.65亿美元，增幅为4.5%。预计2015年会继续增加，预计增幅为4%左右。与之相反，非洲和中东地区容量下降，降幅为2.8%，日本降幅为4.5%，但预计日本在2015年有2%的增幅，市场容量将为81.22亿美元。非洲和中东地区的前景并不如此乐观：预计来年有10.8%的降幅，市场容量将为4.89亿美元。

原料获取，零部件生产，手机组装不是简简单单距离问题。原料获取，零部件生产，手机组装全过程不能有缺陷和非必需件出现，并且所有过程在正确的时间，正确的数量，合格的质量和正确的地方协调一致，满足合理的价格。实现在全世界范围内每秒生产36部手机。而这正是描述了供应链的承诺或者物流的主要功能，即可以被解释为一个物流的价值链。物流价值链和供应链之间的差别在于，后者用资本消耗进行优化和用资金流动进行组织。

供应链取决于众多决定因素和变量，如成本和风险，长期销售计划和短期的销售机会。

基础设施的质量和范围，关税、税收、外贸法律法规等条件也起到决定作用。这些影响因素同时又受自身的动态性能影响，从而大大提高了供应链的复杂性。为了保持供应链能应对此复杂性，巨大的付出是必需的。在构建全球供应链中，供应链必须是动态的，能够无缝地适应商店、市场和利益相关者的要求。

市场是如此地动态紧密相连，从 2007—2008 年全球金融和银行危机可见一斑。它始于美国的次贷危机，2008 年雷曼兄弟的崩溃推至最高点。迄今为止，其不仅仅影响了美国市场。危机的结果表明，世界经济在 2008 年只有 2.3% 的增幅（2007 年：6.5%），在 2009 年达到了 12.1% 降幅。许多国家和政府备受压力来保护本国经济压力下，不断增强的保护主义加重经济反弹的难度。

在德国，危机导致本国经济崩溃，经济降幅为 5%。在这一背景下，德国联邦政府通过了第一个经济刺激计划。230 亿欧元分别于 2009 年和 2010 年投资到交通基础设施建设，建筑装修的贷款，减免工匠的税收和暂停新购置车辆的车辆税。2009 年，加大刺激力度，刚制订出 500 亿欧元的第二个经济刺激计划。

至今，金融危机的影响仍存在于欧洲。尽管 2014 年在 2008 年受危机冲击的欧洲地区，出现了第一次轻微的积极迹象，但较上一季度，2014 年 4 月—6 月间出现增长停滞。同时，德国的经济较上一季度萎缩 0.2%，其 5 年来首次低于欧元区。

在此，德国的趋势看起来并不那么糟糕。由于暖冬订单被分配到 2014 年的第一季度，导致第二季度订单的缺失。然而，德国实现低失业率和不断下降的公共债务比率，同时，消费者保证需求。鉴于这种情况，联邦政府预计，2014 年的 GDP 增长 1.2%，2015 年将增长 1.3%。在欧洲国家中，德国有这样表现是相对不错的。然而，政府还是被批评其经济政策不够好，尤其跟国际相比，其投资偏低及其基础设施破旧。

德国开始理解供应链的效益。德国主要依靠出口，2013 年为继中国和美国之后的最大出口国。据联邦统计局的初步结果，单出口法国的产品，达 1000 亿欧元。美国继德国之后，800 亿欧元位居第二，随后是英国 760 亿欧元和荷兰 710 亿欧元，中国是以 670 亿欧元排名第五。

在德国进口货物中，荷兰以 890 亿欧元位居前面，其次是中国（740 亿欧元），法国（640 亿欧元），美国（480 亿欧元）和意大利（470 亿欧元）。俄罗斯联邦以 400 亿欧元，成为其第 7 位最重要的进口贸易伙伴。

商品是多种多样的。德国从中国进口如冻鱼、虾、以及果酱、酸奶、果汁、汽酒和巧克力等配料和食品。此外，大部分的家禽、大米和冷冻草莓来自中国。其他多数产品，来源于德国本地，或来自欧洲。证明了这是个黑箱子，称之为供应链。然而，数据处理设备、电气和光学产品（35.6%），服装（10.4%），电气设备（10.1%），机械（7.7%），金属制品（4.3%）都是从中国进口。

从德国出口到中国的商品，主要是汽车及汽车零件（29.0%），机械（25.3%），数据处理设备，电气和光学产品（8.8%），电力设备（8.7%）和化工产品（6.2%）。

中国和德国之间的贸易只是众多例子中的一个。世界各地交易着原材料、零部件或成品，它们通过航海、航空、道路或铁路运输。同时，需要运输数量会不断增多。HIS Global Insight 专家预期，只是从北美到亚洲的集装箱航运，将在 2012—2017 年之间增长 6.3%。预计在同一时期，从亚洲到北美的集装箱船将增长 4.4%。

第一节　高性能网络供应链

如一张高性能网络，全球供应链连接着全球的参与者和参与地点，每天通过陆地，海上和空中航线覆盖国家和大洲，制造商和客户，卖方和买方之间的连接。沿着价值链，供应链连接着已知和新的里程碑，同时灵活地反映数量波动和油价波动。现实中，存在着各种各样的干扰。供应链的本质是应对不同类型干扰的敏感性。干扰可能是自然灾害，社会动乱，战争，风暴和城市日常交通拥堵的高速公路拥堵。另外，也可能是事故，人为错误及其众多的其他因素导致供应链的部分或完全停滞和延迟交付，从而导致生产线停线，客户，消费者和急需的零件和产品处于等待状态。有时伴随着严重后果：对汽车生产商来说，停线 1 小时，意味着 10 万欧元的损失。对灾区来说，紧急物质的延迟交付，可能导致生命的损失。

往往地域性的突发事故导致全球供应中断。例如 1997 年知名的丰田供应链中断，其导致 18 个工厂停工两周。事故是由制动液阀供应商处的火灾引发的，其导致 3.25 亿美元的损失。

1999 年中国台湾地震同样震荡了半导体市场，其导致芯片制造业长达五天的缺货，从而导致数百万美元销售额的损失。

2001 年发生在 RFID 芯片的唯一供应商处的火灾导致爱立信的手机生产中断三周，其导致大约 4 亿美元的损失。在同一年，英国的口蹄疫同样影响着汽车制造商保时捷和沃尔沃：由于没有更多的皮革可用，生产不得不中断。收入损失达数百万英镑。

2010 年的火山喷发影响到全球的运作：因为火山灰云，DHL 货运飞机无法正常降落在莱比锡机场，导致当地 DHL 邮政配送中心暂时封闭，并且货运飞机改道至西班牙，然后利用货物卡车将货物运送到当地。但易腐货物较为复杂，如水果，花卉或鱼，它们不适合长途运送。超市陷入库存短缺中，许多商品也成为短缺品。而 LG 和三星的相机和手机则待在韩国。此外，汽车行业宝马因电子元件缺乏，从而使得带钢停放在丁格芬，随后是慕尼黑和雷根斯堡，最终宝马受到影响，导致 2.6 万名员工被迫下岗。

在 2010 年，冰岛埃亚菲亚德拉火山爆发只是世界范围内共计 960 个自然灾害之一。这对全球供应链意味着：面对自然灾害全球供应链共需要 960 次重新思考，同时需要适应地震，火山爆发和许多其他日常不可预测的挑战。

自然灾害造成的破坏涉及制造商，供应商和物流服务商。他们期望，当火山灰云导致空中交通瘫痪时，或当日本因海啸需最先进行核辐射评估而导致延迟交付时，仍能够确保供应链的正常运作。

福岛要求物流公司和供应链上其他利益相关方具备高度灵活性和具备深厚的关于生产市场和采购市场的认识，这同样适用于任何其他自然灾害。因为，如果生产过程不按计划进行，则使零部件从其他地方采购或从库存中获得，这将有可能导致商品不能及时完成和订单将不能按时交付产品。对此，不仅仅损失资金，同时威胁着客户和市场份额的损失。根据合同，供应链的中断将导致赔偿。例如电器行业：在全球大规模营销活动上，发布新的智能电视，然而由于错误交付用于维修生产设备所需的零部件而导致批次没有按时完成，那么全球范围内潜在的买家只能面对空空的货架。这不仅仅影响企业形象，收入和成本，同时贸易也受到影响。许多企业利用合同中相应的补偿条款来规避这些风险。

供应链如同齿轮啮合一样紧密，同时紧密度依赖于可能的危害程度的评估。在相关情况下，针对小延迟会采取相应的应急预案。例如，利用专列甚至直升机来运送单次紧缺的材料到生产线上，为了不惜一切代价避免昂贵停线的发生。

管理上的挑战主要面临大量的潜在风险。对于供应链，责任意味着全面了解所有供应链及其众多过程。供应链风险管理是广泛的，尤其在一部分的零部件（如高科技产品），其被投入到轿车，卡车和其他产品中。世界贸易中的产品是从世界各地生产出来的。所谓的全球玩家在各个国家出售他们的产品，如冰箱，洗衣机或汽车。他们常常寻求产品的基本模型，诸如洗衣机，接着再根据不同的市场进行修改基本模型。虽然这种“上游”方式促使采购和生产成本优势及提高供应链抵抗能力，但是与之相对的“下游”促使供应链的复杂性，因为它需要面对不同国家的规范，条件和市场需求，并且需要适当调整，以增加内部供应链所需的步骤数。

这究竟意味着什么？简单地说，在全球供应链中发生着什么？原材料和部件发现垂直并不少见，有时，根据客户定制的供应链一步步与组件一起，组件则一步步安装到最终产品上。接着根据规范和要求，将国家，生产或客户特定的用途手册和销售材料添加进去。同时，也将不同产品的技术与相关市场保持一致。例如，电视机为不同国家制造，有时会在电视机上安装上不同的软件。最终在某些情况下，配送将商品直接从仓库送往客户，或者通过若干贸易阶段送到消费者。在此过程中，货物会被运送数千千米，经历不同限制，反复被中转和存储，直到其在网上被出售或者在商店被出售，最终被客户买走。在产品全生命周期中，维护运营的工具是必需的，如维护工作，更换和替换工作等。这些全都需要供应链的支撑。最后，供应链促使货物在循环周期末端要么整体的，要么部分的运往下一个目的地。

随着产品多样性，全球化和日益增多的法规，原材料采购，生产，配送和后续步骤的供应链变得日益复杂。变种的多样性是显著的推动者。例如，单单奥迪 A8 门内饰就有 32000 种。客户可以在屏幕上将基本模型配置成自己的梦想之车。所有的配置，乃至很小的细节都将影响最终的产品：光线和雨量传感器可以影响特定的车轮，远光灯辅助和停车辅助的选择。发动机，内饰和特色设备及配件的变种都在持续增多。

这种发展导致提供方向盘，电机或内部配件的制造商更为专业化。例如，公司专业化地研发和制造离合器或制动器。零部件生产需求生产设备，输送设备和其他设备，同时这些设备放置在所需要的工作位上。此外，在客户，在贸易，在制造商，在物流公司或其他地点，这些设备需要待命和替换件也需要备货。为此，紧密的价值链和供应链是必需的，同时二者有时是紧密相关的。随后，构建地理维度。供应链已经延伸到现今全球经济，同时几乎所有人都参与全球货物的生产过程。

尽管第一眼并不能看出，各行业内和跨越国界的不同价值链的过程是紧密联系在一起的。它实质上在世界范围内构建起彼此交织的物流价值链，这并不少见。它是通过逐步转变和交易形成全球价值链的前提，基础和核心要素。在价值量运作过程中，最终价值以任意形式的产品和服务产生。这些产品和服务遍布现今的全球现代生活和全球经济。供应链使得全球商品成为可能，同时理论上产品和服务可被按需生产和使用。

第二节　全球交易程度

目前只有少数的产品能够利用本土原材料获得。单一件 T 恤的从原材料到成品生产过程就可能覆盖 37000 千米。

产品选择哪条道路，哪里获取原材料和哪里将单一生产步骤提前，这些都取决于许多不同的因素。例如，原材料的储量，地理和气候条件，区域政治稳定性，基础设施质量及社会因素（如教育，专业人力情况和生产、物流场所的群众认可度）。但劳动力，能源和土地成本，法律框架和及其他方面（如劳动保障，税收和补贴）也同样起到作用。全球采购，全球物流，信息和通信技术，发达和高效的基础设施，先进的生产技术，互联网等，使商品不仅从任何地方生产出来，而且可在任何地方被提供，购买和交付，成为可能。全球供应链随着全球化和技术的发展而发展。

第三章　全球供应链：机遇与挑战并存

所有产品都是在人的参与下生产制造的，销售，配送，等待和再使用的过程也是一样的，不管是重载汽车，T恤衫，或者是深度冷藏的比萨和牛排，没有劳动力参与的供应链，虽然在理论上是可行的，但是目前不仅技术上还不能实现而且社会也不能承受，虽然这是以后的发展方向。从原材料的提取收集直到成品和产品生命周期内的供应链末端的延续，在此期间伴随产生了企业和工作岗位，同时也获取了利润和投资。这一进程是经济增长和繁荣的基础。饥饿和贫困使低收入阶层和中产阶层的空间越来越大，这反过来又创造需求，进一步刺激经济增长，全球价值链的繁荣、生产企业和经济增长的密切合作，这在近年来，尤其是在新兴经济体如巴西、俄罗斯、印度、中国和南非——所谓的金砖四国中尤为明显。

发展中国家近几年增长迅速，被认为是世界经济的驱动力。巴西、中国、俄罗斯和印度2012年的国内生产总值（GDP）是14.6万亿美元，虽然仍低于美国的国内生产总值（15.7万亿元），但是发展中国家的增长前景良好，例如金砖四国国家购买力占全球生产总值份额从18.2%（2003年）上升到26.6%（2012年），这一增长主要来自中国和印度。

尽管由于2007—2008年金融危机的影响这种增长已经减弱，但金砖国家的增长仍然强于其他国家，例如中国：成为许多国家的重要贸易伙伴，也是在全球金融危机的余波中也能获得盈利。预测2014年中国的经济增长率为7.3%～7.8%。但是，中国领导层的经济目标是投资和出口部分经济的转型，因为目前国民经济主要靠国内消费。这个目标不只是对沿海地区，而且也对中国内陆地区。

2013年中国取代美国成为世界上最重要的外贸国家，中国的工资和生产成本同时也在增长，中国日益增长的工资水平也使人们担心，越来越多的批发商，例如像纺织产业，更愿意在其他亚洲国家，例如越南，或非洲投资建厂。此外，加纳已受益于这一发展。公司在加纳一方面得益于更低的工资，只占中国人工资的1/3，以及更短的到西方市场的运输时间：通过船运将加纳海岸附近的生产纺织品送达美国东海岸比从中国发送的产品快十天。同样越南也从中国日益增长的工资水平中获利，美国越来越多地从越南进口纺织品/服装、鞋和玩具。

在其他产业，例如机械和电子产业，中国的供应商也相对增加。近90%的生产的个人计算机，以及超过50%的电视机和约3/4的所有手机和数码相机，是在中国生产，普华永道会计师事务所的一项研究表明，电子配件生产的中国份额预计会从2012年的34.2%增至2017年的40%。

此外在机械工程领域，中国得益于发展现状：国产机械设备制造商通过针对性的并购，及在技术上的加强，改善其在全球市场的地位。预计主要原因在于对高质量的机械和设备的需求和为了达到更高的效率标准和更严格的环保法规。

这些发展有助于资源丰富的国家的发展和财富的增加，但中国并不属于这种国家。仅 2013 年就进口了 2 亿 8000 万吨的石油，8 亿 2000 万吨的铁矿石和 3 亿 3000 万吨煤。这就相当于与去年同期相比，增长了 4%、10.2% 和 13.4%。

其他金砖国家（巴西、俄罗斯和南非）也得益于中国对原材料的需求。

第一节　巴西陷入改革困境

巴西经济的增长虽然与对原材料需求的增长有很大的关系，但并不是完全靠对原材料的需求。在 2011 年，原材料生产和加工占国内生产总值的 25%。原料的出口份额从 59%（2010 年）上升至 62%（2011 年）。同时，国内生产总值中的工业份额依旧在减少。这在 2007 年达到 24%，在 2011 年只有 13.3%。

这种发展影响整体国民经济的增长，但经过多年的繁荣在 2014 年增长为零。很大一部分原因在于飘忽不定的经济政策、基础设施严重不足、高税收和工程进展缓慢，投资减慢的官僚机构。由此可见改革是势在必行的。

不过，巴西仍然是一个成功的例子，作为市场、地理位置，以及贸易伙伴仍然是有利的——当然庞大的国内市场也是主要的原因。对跨国企业，特别是东南部地区是有吸引力：该地区在购买力、经济活动和运输基础设施上比其他国家地区领先。此外物流也比其他地方好得多。邻国阿根廷、乌拉圭、巴拉圭和智利的道路网络的连接是优势之一。此外，十条国际运输线中的三条都穿过该国家的南部和东南部。

近年来，巴西的财富稳步增长。目前 1 亿 9500 万中的 1 亿居民属于富裕的中产阶级，而且他们享有他们的新地位：2011 年 11% 的巴西游客乘坐他们生命中的第一次飞机旅行。58% 的中产阶层有一台电脑，57% 的中产阶层送他们的孩子去私立学校上学和至少 58% 的中产阶层有他们自己的房子。

属于中产阶层的家庭有超过两份最低工资可用，赚取超过 450 欧元。最高支付限额是每月 2000 欧元。他们有较少的孩子，但是更好的教育培养。他们有手机、平板电视、燃气灶具、冰箱和电脑。如果可以，也可以买一辆车。

人们一般在汽车制造业和智能手机、平板电脑和电脑业制造业领域就业。例如富士康，在巴西 Jundiaí 为苹果生产 iPhone6 和 iPad。3500 人已经在这些领域找到工作，此外奥迪、宝马、大众也在巴西设厂。在 1959 年大众第一个在德国以外的地方设厂是在巴西圣保罗的圣贝尔纳多。

自那时以来，大众也在其他地点设厂。尤其是巴西南部，是大众比较偏爱的地方，而且除了大众，也有其他汽车制造商。在那里，一共形成了四个大的汽车生产区，巴西的圣保罗就是其中之一。除了大众，还有福特、通用、本田、日产和丰田，以及包括博世这样的供应商。

通用汽车公司也在汽车区的南里奥格兰德南大河（又译河德）州很活跃。除了汽车制造业，其他的产业，例如鞋类、皮革、机械工程、化学和家具行业也迁移至此，并使巴西成为第二大制造大国。随着过去几十年的经济繁荣，生活质量也得到提高。今天的南里奥格兰德凭着众多外国投资成为巴西所有州中生活质量最高的州。在南巴西第二大外国投资者是德国。仅在南大河州估计有 200 家巴西公司有德国资本参与。发达的基础设施，以及在南方共同市场经济联邦的地理中心位置算是占据了极好的地理优势。

另一个汽车区位于阿根廷和巴拉圭接壤的巴拉那州。通用汽车公司、日产、雷诺、大众汽车和沃尔沃位于这一区域。汽车制造商戴姆勒公司、菲亚特和依维柯的供应商，如德尔福、马瑞利在米纳斯吉拉斯州。

在巴西这四个汽车区以及新区生产的产品，不仅销往国内市场，也销往国外市场。这种发展也影响到供应链。为了确保模型的一致质量和高效的生产，生产厂家的生产和物流标准必须转上新的生产设施，以便适应当地的条件。对交货时间，质量和交货的可靠性要求应符合在国际品牌的产品中使用的全球标准。这就需要一个有效率的和标准化的全球供应链。

在巴西供应链管理所面临的主要挑战是基础设施和官僚作风，例如，海关。如果巴西这两个领域没有取得重大进展和改善，对国家竞争力的影响变得越来越消极。

第二节　俄罗斯处于震荡中

与在其他很多国家相比，在俄罗斯可以更直接地观察到政策对经济的影响：在局势紧张的情况下，企业根据相关市场的风险评估，为减少资金投入，迅速寻找可替代的供应商或商业伙伴。这种规划在某些情况下也需要调整供应链。2014 年，由于乌克兰危机，第一季度仅收入 700 亿美元，与 2013 年的 630 亿美元相比，也算是快速增加。为了防止经济衰退，俄罗斯中央银行在 2 月下旬向市场注入 100 亿美元。为了稳定汇率，外币购买也停了下来。此外，俄罗斯在 2014 年 5 月已经落实 4000 亿美元的天然气供应合同。从 2018 年开始应至少每年交付 38 亿立方米的天然气，并至少供应三十年。所需管道的动土仪式于 9 月份在西伯利亚举行。

由于制裁，对西方公司来说，俄罗斯越来越不可靠。因此来自欧盟国家的出口在 2014 年第一季度减少了 13%。然而其他国家却从中受益。因为，欧盟增加了从波兰、捷克和匈牙利的进口。

虽然对德国的公司来说，似乎并没有改变的迹象，但他们也感到乌克兰危机的影响，因为在过去的几年中，德国和俄罗斯的经济合作更加密切。所以德国在俄罗斯的直接投资到 2012 年年底累计约 230 亿欧元。因此，德国是俄罗斯的最大的外国投资者之一。德国与俄罗斯贸易额同一年达到了创纪录的 805 亿欧元。

在俄罗斯总计约有 6000 家的德国公司。他们雇用了约 250000 名员工，年营业额 800 亿欧元，在 2014 年 1—5 月，由于政治和经济发展的原因，德国与俄罗斯公司交易达到了 22 亿欧元，减少了 15%。首先受影响的是德国的机械行业，俄罗斯每天必须考虑美国和欧盟的相应措施，人们可能之后不会再购置那些下了订单却无法配送的机器。订单可能早就返回了本地公司。

虽然目前的发展对德国整个经济影响并不显著。俄罗斯联邦并不属于前 10 位的出口国。但俄罗斯联邦以 2012 年的 425 亿欧元 4.7% 份额进口值排名在德国进口国的第 7 位。

自从俄罗斯颁布从欧盟进口猪肉和牛肉的禁令之后，猪肉和牛肉将会从巴西进口。预计，2015 年将会产生约 348 万吨进口猪肉，这比过去多了 165000 吨或者说增加了 5%。专家预计，国内消费增长较小，2015 年约 70 万吨的猪肉可用于出口，与 2014 年相比，多了近 12 万吨，或者增长了 1/5。

俄罗斯对从美国进口的肉类、蔬菜、水果和奶制品的禁运令给其他国家的制造商带来了机会：猪肉和牛肉的进口禁令只是以食品安全为借口，通过进口关税或停止进口的一个例子。俄罗斯从 2014 年 8 月初对从美国、欧盟、澳大利亚、加拿大和挪威政府肉类、蔬菜、水果和乳制品实施禁运的制裁，这是对西方国家对乌克兰危机态度的回应。禁运宣布的同一天，巴西也宣布每年向俄罗斯交付 15 万吨禽肉。禁运之后的空白部分，由来自南美洲的产品来补足。至此，在俄罗斯市场已有 91 家巴西食品制造商被批准，当然不仅巴西，也有来自厄瓜多尔、智利和阿根廷的厂家。

猪肉、牛肉和糖对俄罗斯的出口并不是新鲜事。然而到目前为止对俄罗斯的主要供应商既不是巴西，也不是任何其他南美国家。清楚的是，粮食和农业产品向俄罗斯采购市场转移已经开始了。

尽管俄罗斯在 2012 年加入世界贸易组织（WTO），本来实际上是应该实现减少贸易壁垒的，但俄罗斯为了保护国内市场，采取了有争议的措施，提出了向新车收取回收费用，以弥补减免关税的措施，这使欧盟和日本非常恼火，日本和欧盟已经在这方面向世贸组织提起申诉。目前也取得了部分成功：俄罗斯制造商也必须支付同样的费用。然而，将会有例外，这还没有进一步解释。

在过去，西方企业的投资经常是面向本地的，以求避免如进口税或不接受国外订单这样的缺点，以此来充分利用俄罗斯市场。

俄罗斯在未来几年面临着重大挑战——除了乌克兰危机及相关的对俄罗斯的经济带来的后果外：俄罗斯是最大的国家，拥有 1710 万平方千米的国土面积，九个时区和一些完全不同的地域和气候条件。尽管有这样的挑战，该国政府仍想要保证作为亚欧交通枢纽以及从北欧到印度的南北路线的重要交通位置。

基础设施区域差异明显：根据德国物流协会的研究，物流在该国西部范围相对东部地区是发达的，东部几乎没有先进的运输和交通道路，那里的物流主要由铁路来完成，而在俄罗斯相对发达的西部，目前在平衡铁路货运和公路运输。在东部，铁路网络和西部的铁路标准一样少，所以，俄罗斯政府每年投资 100 亿欧元在建设现代化，建立和扩张的车站，以及平行线路——这大大超过金砖四国中的巴西，在巴西，直到 2020 年才有 130 亿欧元费用用来扩建铁路。

此外，公路网络的投资也是必需的。所以 2003 年以来才有了横贯大陆的道路，使从波罗的海到太平洋的区域在空间上和季节上连接起来。然而，国内中部和东部的连接，俄罗斯并没有对应的措施。

俄罗斯的港口经济近几年增长明显。虽然如此，但依旧还要在这里投资，因为，港口和铁路货运的关系仍需改进，港口的发展应该是现代化的集装箱码头。

俄罗斯的对外供应链与原材料的运输有很大的关系，对内的供应链主要与消费品和工业产品有关。在俄罗斯供应链管理意味着一直在处理已经存在的各种不利的情况，例如基础设施。单气候条件就已经是头痛的事情了。许多道路仅是在冬天可用的——4 月融化的雪和冰，使得街道变成泥山坡，重型设备很难承受。尤其是要应对通常缓慢的海关和官僚主义，以及在俄罗斯的几乎所有活动。因此，一些关键项目会被延迟，投资者会受到阻吓。俄罗斯应该通过改进供应链的框架条件来减轻国内经济，并提高竞争力。

第三节　印度再度复苏

印度经济也面临挑战：该国正面临及对抗高度的通货通胀，在二十年的快速经济增长之后，再次以 20 世纪 80 年代缓慢的速度发展。2012 年和 2013 年印度经济的增长率低于 5%。

原材料的生产和纺织工业的终端生产产量越来越少。值得注意的是生产资料也是如此的发展——2014 年 3 月由于市场需求低迷产量下降了 12.5%。潜在的最大挑战是贫困、教育和基础设施的发展。此外，虽然从 90 年代初期印度经济市场已经向世界市场打开，但是印度也一直处于强有力的监管之下。专家预测，从长远来看印度经济将复苏并进一步增长。一种观点是，由于人口结构的发展国内需求将增长。但是逐步放松的监管和全面开放的国民经济会有助于进一步的发展。

2014 年当选的印度总理纳伦德拉·莫迪也曾是一个商人，在竞选中承诺更多的就业机会和更好的基础设施是备受期待的。在他就任古吉拉特省长期间，促使古吉拉特省 2005 年至 2012 年的经济平均增长率提高到 10%，是当时增长最迅速的省市。

纳伦德拉·莫迪是否能实现诺言，还有待观望。与之前政府相比，他得到了人民群众的普遍的支持，由此拥有必要的政治决策空间。直到经济转变前，企业仍能受到削弱的经济的影响。例如，据国外贸易统计，从 2013 年 1 月至 2013 年 7 月，从德国出口到印度的货物，较去年同期下降了近 10%。由于德国主要出口机械设备到印度，放缓及推迟的投资项目不仅对德国出口贸易，也对印度的进一步现代化和工业化产生负面影响。

2012 年德国与印度的双边贸易额为 173.8 亿欧元，是印度在欧盟中最重要的贸易伙伴。其中 103.8 亿欧元是出口额，7 亿欧元是进口额。德国是印度的第九大贸易供应国。最重要的供应国依次是中国、阿联酋、沙特阿拉伯、瑞士、美国、伊拉克、科威特和卡塔尔。印度进口最重要的产品是机械设备和汽车（2012 年进口价值 790.046 亿美元），矿物燃料（2012 年进口价值 539.314 亿美元）和化学品（2012 年进口价值 445.016 亿美元）。

印度的主要产业是服务业，占 2012/2013 年度约 60% 的国内生产总值。工业占国内生产总值的 26%。剩下的 14% 主要为矿业、农业、林业和渔业。由于一半以上的人口直接从农业获得收入，因此这个行业仍然是非常重要的，尽管2013年农业对国内生产总值贡献较小，只占18.2%。

例如港口：是全球供应链最重要的接口和国家间的枢纽，印度东西海岸有13个主要港口，是德国的10倍大。近60%的货物和集装箱是通过这些港口处理。其中西部的坎德拉，孟买和新芒格洛尔和东部的巴拉迪布，维沙卡帕特南奈是印度的重要港口。货物转运也存在问题：主要港口有相应的容量限制并且通常与公路和铁路网连接不畅通，导致数天，甚至数周的延迟。这些都阻碍了印度短期内改善为有吸引力的贸易伙伴和工业环境。

第四节　中国走向新的未来

回顾中国现状：收入较高，更多的需求及相应的机遇，即生产优质商品进入当地市场，中国不仅认可这个机遇，同时在过去的三十年里也成功地运用这一机遇，针对性地加强了个别经济区域。

因此，政府要求，例如外国汽车制造商，在国内生产，以便创造就业机会，同时也促使知识的引进和当地劳动技能的提升。此外，自2005年3月起，汽车制造商必须使用更多的本土供应商的零部件。一些金融机制也用来支持这一政策，如25%的汽车进口关税。相比之下，汽车零部件征收10%的税。

外国汽车品牌在中国市场的需求很大：2012年共生产1550万辆汽车，其中290万辆是德国品牌汽车，包括汽车零件在中国制造或从德国进口。其中梅赛德斯-奔驰公司，它于2003年与北汽集团（BAIC）合资建立北京奔驰汽车有限公司（BBAC），2006年开始在北京投产。

2007年成立了福建戴姆勒汽车有限公司，是由梅赛德斯-奔驰与中国福建省汽车工业集团及台湾三菱中国子公司合资。在2010年开始在福建生产轻型车，如威霆，唯雅诺和凌特。

这两个工厂都使用来自德国零部件，有以下几个原因：首先，一些特殊零部件的制造需要德国工厂已经具备的昂贵的设备。重新购置导致高昂的成本。此外，一些零部件的专利是由德国的几家供应商持有并制造。

因此不来梅BLG物流公司每周将近处理800个戴姆勒公司运往全世界的集装箱，其中有运往北京的集装箱。其他的运往印度、南非等生产基地。这些集装箱由卡车运往不来梅，再由内陆运输船运到不来梅港装上集装箱船。76天后，这些零件到达北京。

戴姆勒公司与电缆和电缆系统制造商莱尼于2013年10月在廊坊合资建立一个中国汽车电路公司，为北京奔驰供应产品。这个工厂占地20000平方米，有2500名职工。

廊坊工厂是第四个汽车行业的供应工厂，另外三个位于上海、济宁和蓬莱。莱尼在这些工厂中总共有6000多名职工。

戴姆勒公司不仅开发了在中国本土生产的优势：鉴于中产阶级的强劲增长，预计到2016年，各种高档品牌将在中国本土生产。一个原因是成本优势，在本土采购使得进口关税最小化，公司也能获得中国政府的奖励。同时在中国建立了协调的供应链，如同戴姆勒公司一样，实现成本最小化并且保证了更灵活的响应能力。

中国政府的战略策略为：企业带动供应商，带来更多的就业机会和福利。

但仅此仍然不够，在中国沿海地区，聚集着主要的生产和消费群，在这一领域，约居住5.5亿人口，不仅促进了当地经济增长，由于工资的增长，也推动购买力的增长。

但是同时内陆人民仍然贫困。因此政府已采取了不同的政策来吸引企业到内陆建立生产基地。在一些地区，个人所得税从25%下降到15%，并投入巨资发展铁路、公路和机场网络。养老保险和社会保障制度改革以及建立更多内陆的银行分支机构，加强农村人口的购买力。这些政策目的在于使得经济增长和内需从中国中部向西部延伸。

这些措施已见成效：国产的汽车，高科技和电子企业都在中国中部投资，为当地居民供应产品。核心在于本土品牌如何赢得市场份额以及如何解决内陆物流现状存在的挑战。这不仅会导致新的商品流向，同时也会影响到个别中国港口在本土的地位，例如南方港口由于东北的有利条件失去以前的运输地位。

这种市场转变以及沿海劳动力成本上升和相关供应商转变导致了供应链的变化：内陆的生产基地需要原材料和零部件，货物必须经常转运。这样产生了较高协调需求以及区域之间的许可问题。导致所需要的运输时间变长，也难以确定在什么时间货物到达目的地。此外运输和通行费成本也会上升。所有这些都将导致供应链风险的提高。

因此中国要推动物流发展。为了这个目的，中国商务部副部长鲁基建在广州第十一届中外货代物流企业洽谈会宣布，中国将加强自由经济市场的建设。据他的介绍，每年新成立的中国公司的经济实力相当于土耳其每年的经济总量。中国政府已经认识到物流对经济进一步发展的重要性，承运商应该加强国际关系并发展新理念，加强组织结构现代化及创新。政府计划2020年前把工作重点放在可持续发展，也包括建立有效供应链。

尽管过去中国经济一直处于增长势头，但物流市场仍面临巨大的挑战。并且在未来很难改变这种现状，中国政府仍然致力于可持续的经济增长。因此重点在于要支持国际物流平台与全球供应链的高效接轨。然而，建立这种全面高效的物流平台是一个冒险，需要很大的努力。中国与其他国家，目前的商业惯例和国际标准之间有很大的差距。如果没有这个平台将导致计划遇到中期瓶颈并且很多行业达到增长制约。互联网平台阿里巴巴的创始人马云同样认可这一观点。为了在8 ~10年内能实现24小时远距离供货，中国在线零售商需要团结一致作为投资团队，以160亿美元建立自己的物流网。这样他将能解决由于中国物流不足导致的企业发展停滞。

无论是不是中国政府也投资于这些基础设施，在2008年和2017年将有8.9万亿美元投资于中国的基础设施建设中，这超过了其他新工业化国家的投资额。

全球供应链经理管理境外的供应链，很多时候是使用出厂交货价或者离岸价。因此挑战在于协调和监督生产计划和正确载运量，即确保订购的产品实际上是在海运过程中还是空运过程中。中国企业往往了解并尽量克服这些缺点。另外还必须降低与国际领导者的差距。目前，中国竞争力往往在于价格优势，但由于中国不断上涨的工资，这种价格优势将不能持久。

第五节　南非的动荡时代

经过十多年的快速发展，南非经济进入停滞期：国内生产总值（GDP）在2014年第一季度再次萎缩0.6%，在4—6月又同比增长了0.6%。这种发展趋势的原因是，中国经济发展放缓，原材料价格下跌、欧洲经济萧条以及美国经济增长疲软。消费贷款支持的个人消费是经济增长的推动力。然而，同样由于经济的不确定性，个人消费的需求也减少了。

南非外债已超过1千亿欧元，南非第六大银行非洲银行于2014年8月倒闭也能体现该区域信用体系的负债水平的指标。

2009年之前，南非经济每年以4%的速度增长，2009年之后，以3%的速度增长。在国际金融危机时出现了出口下降，南非经济只能缓慢的复苏。南非经济也受到中国经济发展放缓，原材料价格下跌、欧洲经济萧条以及美国经济增长疲软的影响。

在该国的最重要的贸易合作伙伴是欧洲，特别是英国和德国，以及中国，美国和日本。最大的工业行业是加工行业，第二大工业部门汽车行业。宝马和大众都在南非有生产基地。南非交通也很现代化，而且电信行业发展很快。正如在其他国家一样，南非应该加强货运从公路向铁路转型。为了挖掘周边国家的市场，也应扩大运输行业。从供应链管理的角度来看，扩大运输业的挑战并不在于基础设施。证据表明，比欧洲持续更长时间的罢工是主要因素。

例如，2013年矿工罢工，从而导致了几乎整个工业陷入瘫痪。几个月后，在2014年1月80000名铂矿工人为了提高工资罢工。汽车制造商和供应商因为罢工受到影响，损失惨重。

除了矿业和汽车等行业，其他行业也常发生罢工。例如2014年6月南非金属行业国家总工会NUMSA罢工，要求加薪15%，同年7月，罗斯林宝马工厂因罢工停产近4周。

第六节　不断改革的必要性

金砖国家的情况证明，全球化，全球供应链和全球繁荣的密切关联。低劳动力成本和能源价格以及税收优惠引起新兴国家的工业转型。同时这些国家的人民不仅想要提高生活和工作质量和更好的产品，他们也希望可以越来越多地与其他国家的人交流。他们环游世界，参观文化活动，广交朋友，以这些不同的方式，进入全球化的生活中。日益全球化的生活与交流，这些变化的原因不仅仅是互利和竞争的经济发展模式，其他许多重要领域也是相关因素，如教育和卫生领域。全球供应链带来的不仅是商品，还有知识和文化。这些也是全面繁荣和发展必不可少的元素。由此有以下观点：新兴国家的低廉劳动力成本和潜在市场吸引了发展和转型阶段的企业和投资商，由此促进一个积极地螺旋式增长的经济、社会和政治发展。这不仅有利于新兴市场的发展，同时这也有利于那些盈利于购买力的国家，如德国，经常被视为购买力增长时的赢家。

当然也有人持有不同的观点。发展中国家的人民认为移民可以获得进一步的幸福，许多移民国家的人受到威胁。因为新兴国家建立生产基地，他们往往不会建立全新的基地。它常常涉及从国外的生产安置。虽然可以减缓了新兴国家的就业压力，反之移民国的就业职位日趋减少。

这样可能导致相关的紧急事件，需要政府进行干预，即产生动荡和保护主义。然而，就业职位减少不仅因为移民，这实际上是企业获得竞争力的最后一步。产业迁移往往是竞争力减弱的原因，通过区域化降低就业压力，这样可以降低成本，保持竞争力，以防止产业迁移。经济和政治双管齐下解决目前日益增长的竞争压力，一方面是通过更全面和协调的方案确保传统产业的竞争力，另一方面建立的未来工业，在改革中的发展阶段将就业作为长期目标。此外，经济通过自由发展或者调控改革，提高社会生活水平和生活质量。坚持传统产业可以整合重要的未来不能再利用的资源。不仅是经济，社会也是如此：一个社会的收益并不是组织具有竞争力的产业的迁徙，而是不可避免的改革的主动管理。如果传统工业有意识通过改善企业精神和创新提供就业机会，就可以提高国内购买力。通过进口贸易其他的国家也可以从中受益。不仅人口老龄化导致移民，给当地居民针对的移民者的政策也会导致传统的但依旧有竞争力的产业的迁移，这也阻碍了未来产业。随着生活水平不断提高，越来越多的抗议者提出生产基地带来的生活和环境压力。这也使许多供应链和物流运营商寻找新的迁移地点。这对于相关公司有其他的影响：与公众就此打交道，这是十分耗费时间和金钱的工作，日复一日，企业的损失将很大。

生产基地的迁移或者取缔的缺点将很快地暴露出来：职位减少，失业率上升，社会国家压力巨大，例如个人所得税收减少。但同时，这种减少也使得价格和租金的下降。对于企业乃至整个行业迁徙没有与其他经济分支同步，该地区将进一步贫穷。因此必须进行结构性改革，像未来工业的转型必须具备高素质的人才，可能需要对人才进行培训。基础设施也应该进行相应的调整。重要的是区域的整体吸引力和竞争力，由此才能保证就业机会。降低的购买力和生活水平下降导致社会紧张的局势和抗议，在许多情况下，不仅是反对某一区域，也反对全球化。通常必须采取制裁，保护和隔离等措施。

许多来自经济和社会挑战的难题的解决方案，不在于阻遏，而是在于以持续的经济和社会发展为目标，确保自由的和无限制的交流。自由交流是价值的推动因素。自由交流不仅提高了效率和竞争力，而且还提高了生活标准和生活质量。当然，借助保护主义措施，如征收惩罚性关税可以避免产业迁移。但是，该政策使消费者购买更高价格的商品。但最后不仅仅是消费者，那些面对受限的企业，其竞争力和创造力也会受损。这些企业周围的环境不是一成不变的，而是激烈变化的。有创新意识的企业在竞争中不断涌现，并随时保持新技术，企业、行业和地区必须不断地加强最有优势的领域，以增强自己的竞争优势。鉴于越来越快速的全球化，区域间的关系日趋复杂，以计划经济推动国家发展有待观察。在竞争激烈的经济环境下，每天都要面对威胁和变化。

鉴于这些认知和观点，商业，政治和社会也应该进行持续战略转型，来促进经济增长和社会发展，保证人民长期的生活标准和生活质量。这对于新兴国家赶上发达国家尤为重要。但即使是对于成熟的国民经济体制，这也是非常重要的更好地克服生存挑战的方法，如自然灾害或流行病，或是经济和社会制度的不足。这就需要创新和创业精神，并具有良好的治理框架，从而使经济资源集中在正确的地方，一个社会必要持续的变化是共同承担的。这就要求集体进行设计和实施这一庞大的行为。这种行为是一般理解供应链系统的必要过程。

同时关注竞争力和经济增长，生活标准和生活质量，是人民生活长期繁荣的关键。只有这样，才能避免目前新兴国家的环境问题，即空气污染，土地流失、河流和湖泊的污染，西方国家目前必须进行工业革命，防止全球的动荡。发展中国家进入这种发展阶段。许多国家政府都在努力寻找解决方案。因为这不仅涉及新兴国家，更会影响地球上所有的人，除此以外也要寻求全球方案和一般概念。最有前途的方法似乎是循环经济。中国已经了解循环经济多年。然而，向循环经济的转型需要时间。

第七节　改革的支柱

即使没有有意的积极的调控以及政府的保护主义的干预，公司将面临压力，并迁移生产基地，然后扩展为公司和旧产业，在相应的环境条件下建立新的系统。这是一个自然的过程。供应链的选择和质量以及在某一发展阶段中工业的竞争力是一个区域繁荣的关键。决定性因素是某一地区在供应链中的位置。国家应该吸引和鼓励在供应链中具有控制地位的企业和行业。但拥有所有的资源是不必要的。例如瑞士：虽然国家既没有生产可可也没有生产很多糖，但该国仍然是一个成功的巧克力制造商所在国。瑞士的企业控制供应链，有好的品牌也有广泛的分布。由此可见供应链成功的支柱。其质量决定了产业的成功，也是一个从原料到产品，再通过消费收益的平台。工业投资组合必须确保产业的位置，可以建立所希望的产业和有竞争力的供应链。企业地点的选择是根据相对于其他地点的位置的优点，通常选择最有竞争力的位置。

地区失去竞争力使得企业和行业迁移。在较小的市场，这可能发展很快，在大的市场表现得相当缓慢。然而值得期待的是，缺乏竞争力和本地产品的价格和质量的缺点满足了自己对国外商品的需求和服务，主要要提供开放限制。如前所述，可以保护主义措施减缓或者停止迁移。但是这种政策关注的是消费群体，长期来说是全部人民。强劲的国民经济对改革压力的反应，要么是试图通过改善竞争地位，以减缓人才流失，或者直接停止或逐步放弃某领域的控制，为了将空闲的资源投入到新的未来有前景的产业中。知识，技术和创业转型过程中的进入下一个阶段的桥梁，政府的支持对于高度改革需求不仅是有帮助的，而且在一定程度上是必要的。在日益激烈的竞争下，转变为新的有竞争力的产业是解决危机的唯一途径。

目前一个成功改革的例子就是中国。中国目前正面临着生产向南迁移，例如，南亚和东南亚。由于经济增长和工资相应的增加，中国已不再是曾经的低成本的加工国。生活和工作模式的变化以及目前经济繁荣时期大幅的工资增长日益成为中国各个产业竞争力的负面影响。同时，中国并不想放弃生产加工产生的利益，因为该行业对 GDP 有很大的贡献。因此，中国制造商在寻求方法，如在人力资本，尤其是在劳动密集型行业，但也越来越多地在其他行业进行改变。各个行业在不断推进自动化程度，同时也在应对东部地区面临的劳动力短缺的问题。所以除汽车行业外，在食品和饮料行业，以及机械工具，电子，塑料，铸造，运输，电机制造，金属加工，复合材料和锻压铸造加强了机器人的使用。人员成本，以及土地，能源等生产要素成本的上升，使在该国东部地区促进了机器人的使用。也有的生产基地从昂贵的东海岸迁移到更便宜的西部地区。

中国政府支持西部的发展，也将在未来十年内促进机器人产业的发展，使国内经济以这种方式实现转型，许多方面从这一发展中受益。随着自动化的深入，机器人产业被认为是未来的行业。创新能力和制造技术远比低劳动成本更重要，因为只有这些可以支持改革。甚至个别省级政府也加大了支持：辽宁省计划在 2017 年年底实现机器人产业年生产力达到 58 亿欧元。并计划通过减税和提供风险资本实现这一目标。

中国政府采取一系列的措施进行这样的结构性变化和必要的改革，目的在于本地企业及公民的繁荣。在大部分情况下这些措施对供应链有显著影响，这也是中国再次发展的一个关键因素。另一个因素是有大量的短时间内可灵活调动的工人。例如像苹果公司，因为部分季节性业务，这些工人是至关重要的。在美国或者欧洲几乎没有这么多工人，工头和中层管理人员可以灵活调动，例如，一个新的 iPhone 今天在相对短的时间内就要推向市场。

其他国家的政府也如中国一样，致力于保持经济的竞争力。目标是保持较低的成本因素及超出成本的明确报价。这可以暴露出中心的地理位置，一个先进的基础设施或两者的结合。所以以新加坡为例，在东南亚占据了最便捷的位置优势。此外，新加坡被认为是极具创新性和具有良好管理。它的能力和框架作为岛国成为整个东盟地区现代物流枢纽。因此新加坡是中国的主要通道。为此大量资金投入基础设施建设：新加坡拥有世界前三名最繁忙的集装箱港口，以及拥有超过连接 200 个城市的国际机场。从这里到所有东盟成员国都可以实现最多三个小时的飞行时间。新加坡是全球供应链的核心，就像大动脉和脉冲发生器。新加坡这个中心也需要有其他的特性。如较高的环保标准，自由贸易和法律的确定性和稳定性，这些是新加坡吸引国际企业的特性。超过 1300 家德国公司将新加坡作为一个基地，辐射整个东盟地区扩大业务。当然科技能力也是潜在的竞争优势，比如在中国刚刚建立机器人领域的广泛的专业知识。成功的区域和公司的特点往往是具备竞争的及创新的文化精神。更高产能和创造力，及更快的成长也是竞争的方面。此外，区域的发展和利润不仅吸引最具创新性的行业也能吸引最优秀的人才。由于新加坡在欧洲的成功，使得它在英国和德国经历了 2008/2009 年度的金融危机之后成为又一个极具吸引力的移民国家。

一个区域的吸引力是该区域经济和社会福利的关键因素。由于竞争，所以最具决定性的竞争因素是国家在不断转型的过程中的能力，及能否成功地持续进行控制。这是通过一些政府建立的一系列模型。其重要结果是：例如在德国，有大批市场领导者主要发展精心挑选的产业领域，通过独特的技术，德国制造的品质标签有较高的竞争力。一个不断进步和转化例子，如大陆集团发展的轮胎技术组。

全球供应链作为支柱随着这种转变不断适应市场变化的需求。之所以谓为支柱，因为供应链实现货物至关重要的交流，并且在改革过程中进入新的市场，寻求新的解决方案、人才和资源是不可避免的，而越多的供应链，越能得到更远，更深层次的市场、方案、人才和资源。创新力和创业精神往往来源于供应链产生的资源中。

几乎没有任何一个国家在其境内同时拥有所有的资源。禁止资源交流将阻碍日益发展的推动。全球供应链使得国家得到知识和资源，以确保竞争力，实现到达一个新的发展水平。因此，供应链已经在初步阶段就能显著地促进经济和社会的发展。此外，全球供应链在实施和操作阶段中也会有重要作用。

上述分析可得：发展在必要的改革过程中有相当长的时间是停滞期，国家会失去吸引力和竞争力。经济，政治和社会的螺旋式下降。还有类似膜的思想，有进入但没有任何输出，或只对部分内容输出，例如对一系列领域和一个特定的时间。这个过程需要杠杆或似是而非的理论。另外需要良好的国际关系和全球一体化。这两点对自由交流有同样的重要意义。螺旋式下降将通过创业和创新改革，以及不断完善的供应链所改变，一个国家，一个民族可以获得不断地繁荣和发展。

第四章　大趋势对供应链的影响

这种建立在安置和迁移的基础上的关于国家和地区经济发展的长期考量对于企业供应链管理者来说是次要的。但是囊括外部视角从多观点出发是有帮助的，虽非必须。因为企业就依存于这个生态系统，必须考虑到它的期望。至少他们在讨论中贡献信息和预估，以委员会形式提供支持，在企业内部的选址上提供帮助。对于他们来说最优先的是原材料、零部件、从A到B的成品和使用过的产品的产生增值的流动，同时考虑设计、采购、生产和销售以及与此相联系的信息流和资金流。供应链就是那条看不见的遍布全球的流水线，通过物流输送配料，先制造出半成品最后制造出成品。不同的对象在这条流水线上通过很多层级供应给消费者，在生命周期结束后导向回收、继续使用或重复使用。备件和维修流程是这个循环中的子流程。

谁要是觉得供应链只是由几个固定排列的运输段组成，那就错了。原材料、半成品和商品虽然是送去加工或者送到客户那里，但是却常常在运输容器或仓库里等着其他的原材料、零件或商品。经过检验、装配、再加工或包装，附上使用说明和营销材料，本地化配对或其他操作，再运到下一个工厂、商家或者直接发给客户和消费者。

这当中原材料经过多种变化过程，就好像石油变成塑料。只有通过相互协调的物流和供应链及价值链上各个参与者的相互协作才可能实现。物流、生产、销售各领域之间的边界变得越来越模糊。因此要将这些功能清楚地划分到行业也越来越困难。物流企业也装配发动机，商家也处理仓储、分发、转发，这就导致了供应链内的参与者之间互换的可能性增加。

供应链内部不同的阶段并不是前后连接的，而是以不同的形式相互重叠。一个产品的生命周期也是如此。因此理想的情况是，在产品的开发阶段就考虑设计、原料和包装对运输、仓储和转运产生的影响。不仅仅是经济的原因：居民和消费者们越来越具批判性了。尤其是在资源越来越短缺、环境压力越来越大的时代，与社会利益一致的采购，对气候友好的生产以及废弃原料和产品的回收、重新利用或再利用的运输等方面意义更加重大。

增值链的规划、实施、控制不可能出现在实验室条件下。自然灾害和恐怖袭击以及其他干扰因素，比如可能的社会不安定和战争，都是当今供应链设计与管理的重要课题。围绕着是否能够遵守价值承诺这个问题的千差万别的因素一天天地变得重要。供应链管理者的思维和行为方式深受这些所谓的大趋势的影响。这当中包括对社会和经济各个领域影响深远的长期发展。因为大趋势延续几十年，影响着政府、企业、个人，而股东常常不自知。为了使增值链规划和价值承诺每天都有远见地得以实现，供应链管理者必须做到：尽早识别大趋势并广泛思考，检验它对于增值环、供应链和物流价值链的影响，并在考虑企业战略和股东要求的同时进行必要的适配。

Z_ punkt 公司，一家有远见的咨询公司，已经为他的客户识别并介绍了 20 个重要的大趋势。那么选出来的几个趋势对全球供应链有什么具体意义呢?

第一节 全球化 2.0

全球化，几世纪前就已经发生并且有很大的可能会在将来继续前行。人和物、数据和信息、文化和资金、思想和知识，这一切都在全球不同的方向上流转。归功于越来越开放的边界、相对比较便捷的交通和运输工具以及因特网，我们生活在一个全球相遇和交流的世界里。

经济在这样的背景下不断在世界范围内交织。基于新工业化国家的经济成功，世界力量格局也同市场一样发生了转移。全球化 2. 0 产生于这样的转移中。伴随着交换，也产生了某种调整。新市场开放。新的玩家进入，全球竞争压力同时增加了。中国凭借最大的国民经济正打开美国市场。因此产生了多个跨国的中国企业。若中国的需求促进了美国的经济，那么全球化 2. 0 场景就实现了。

全球化框架里的节点和参与者很大程度上是那些有着非比寻常的经济力和购买力的城市。和国家相比这些城市决策更自由、更灵活、更快。在新老经济体并存的环境下形成了重要的区域市场。繁荣也蔓延开来。

如果不是中国的开放，如果不是定位出口的四小龙的增长战略，如果不是 2008 年美国莱曼兄弟投资银行破产引发的经济危机，全球化 2. 0 很可能还很遥远。这给上升民族带来了新的繁荣，也带来了新的挑战——西方国家在不太长的时间之前所积累的积极的和消极的经验。

全球化 2. 0——对全球供应链的影响

近些年的发展导致价值链的全球性碎片化和分化。在平衡的交通流部分简化了供应链管理者的工作的同时，不断浓缩的供应链网络和不断增长的零件数量和参与者带来了不明的复杂性。若供应链管理者如今要继续跟踪那些在强大市场外控制其网络的物流企业，那么在全球化 2. 0 时代他们需要一个全球平台。因此那些领先的物流企业大量投资扩张它们的网络，建立新的节点并进行连接。高效物流平台的可用性不仅是全球客户满意的基本前提，更是区域市场成功的基本前提。经济增长区域如亚洲、非洲和南美的本土、区域和全球供应链管理者常常找不到实用的方案。国内的货物流也转移了，比如新的集聚区的出现，或者又因为新的生产簇建成。在发达国家的那些巨大挑战好像在新市场上不可能出现。比如质量保证要求，顺应和逆向物流。不过在股东层面压力开始上升。在物流方面中国正在转型。从出口为导向的世界制造工厂向消费社会转变。这就要求全新的配送网络。此外中国企业追求从繁荣的亚洲生态系统中获利，一个全球经济的子簇。这样的一个亚洲物流平台只存在于碎片中。一个领先的亚洲玩家目前还没有出现。这个机会不止属于亚洲企业。

第二节 新的消费模式

全世界的消费者的消费偏好都在改变。西方的消费者更注重持续生产和公平交易的货物。即使在中国，人们因为面临奶粉丑闻或重金属大米等各种各样的丑闻，也越来越强烈地希望无污染的天然食品。另一个驱动原因就是增长的中产阶级，他们有这样的收入可以去购买高品质的生态食品。对可持续产品的愿望是社会责任感的体现，当然也是出于对健康和环境的担忧。

在个性化大趋势的共同作用下，批量定制需求增加。这是一种完善的批量生产形式，适应了消费者对个性化产品（首版）的愿望。同时对标准化的优化的经济型产品的需求也兴旺起来。从航空公司到酒店开始出现横贯经济的创新型经济模型，成功地对传统供应商发起了挑战。其中如经济型酒店 B&B，Motel One 或者 Ibis，他们提供廉价的标准产品。又如 German wings，Air Berlin，Air Tran 或 Jet blue，他们给旅行者提供廉价的国际航班。

此外，即使是在城市里，自给经济和 DIY 经济也具有重要意义。越来越多的人自己建造太阳能模块或小型发电厂发电，在小花园里或阳台上种菜，在置换市场聚会。除了不需要的产品以外也有一些如粉刷、搬家等服务。自有财产的意义减弱，而给协作消费模式腾出了空间。分享经济自然也越来越多地得到体现，如私人轿车、衣物、园艺设备等。

电子商务也在世界范围展开。68% 的德国人在网上购物。欧盟网上购物最多的是 77% 的丹麦人和英国人。

在线购物不仅在欧洲受到喜爱：今天的中国已经有 3 亿人在线购物，是亚洲第一、世界第二的电子商务市场。亚洲第二位是日本，韩国紧随其后。因为人口众多，互联网的推广以及收入增加，亚洲的电子商务会继续增长而取代北美成为销售最高的区域。

电子商务客户的期望提高了：因为移动和其他通信设备人们可以随时随地购买。2014 年 8 月发布的德国明日焦点媒体有限公司的企业调研显示，3351 个被访的人中，59.2% 通过平板电脑购物，32.7%（比 2012 年 8 月增长了 12.8%）通过智能手机购物、预订机票酒店。

消费者正日益成为一个产消者。他希望共同参与设计和生产，想要个性化的产品，为自己，也为他人。消费者在 wunschdesign24.de 等平台上设计自己的冰箱贴，袋子或安全背心。其他平台还提供定制地垫或圣诞卡片。在 spreadshirt.de 上可以买自己设计的，同时也可以买别人的设计。

在网上的购买行为是冲动消费，在很多情况下是为了满足即时需求：其结果就是对供应链的要求是以小时甚至分钟来计的。这也影响到消费者对整个电子商务的期望。制造商和零售商面临逐步向新的要求调整：消费者订购药房的药物当天就可以取，或者在工作日订购图书由当地书店根据订单备货，这在很早之前就已经是平常事情了。最近，客户还可以在网上购买超市或建材店的商品并在实体店取货。供应商成功地链接了在线和离线服务。

新的消费模式——对全球供应链的影响

对不断增加的、均匀分布的全球消费品的需求，需要一个与之相应的广泛的全球价值链网络、一个全球供应链平台。鉴于资源的稀缺性，以及因此而追求的环形供应链，必须将商业客户和消费者作为废弃零件和产品的发货人囊括到这个平台上。人们的敏感性和信息水平增强了：重要的不只是价格。相反，符合社会和环境标准才具有意义。供应链调整以适应更短交货时间的期望：以小时计算的交付在东京和伦敦等城市已经成为现实。分享经济的趋势不仅影响私人物品的使用，同时也影响了传统行业的竞争态势，正如 Uber 等公司的崛起。因此，Uber 公司进入城市快递市场也不足为奇。发货人或收件人在下一个阶段会不会自己变成产销者进入供应链中呢？中国会因为其多样性成为广大的新产品和新服务的一个理想的试验场。在中国，新的需求和供应形式不断出现，大多是受新消费模式的刺激。至少中国的生产和贸易公司要快速地适应这样一种状况。供应链有时很难跟上这么一种动态。

第三节　城市化

世界人口的50%以上已经居住在城市中心。并且还在增长：到 2020 年，城市将吸纳60%的人口，这比 2014 年将增长 9000 万人。据联合国估计，全球每个月城镇人口增长大约 600 万人。

大城市的崛起最受益的是中国：中国经济持续繁荣，特别是人口密集的东部沿海地区。尽管受到自 2008 年全球经济动荡的影响，这个世界第二大经济体依然保持其稳定的增长率，不少西方国家由于发展水平和饱和度，其发展速度远远地落在后面。受 1978 年的中国改革开放以及随之而来引发的经济快速增长的影响，农村，尤其是城市居民的收入迅速增长。因此，许多中国人在城市里实现了生活的梦想。

在城市找到工作的移民，他们有机会很快成为中国消费阶层。这些人的特点是每年收入至少 1 万欧元。这个新的社会阶层的稳步增长，成为中国经济奇迹的结果：麦肯锡预计，到 2020 年大约 10 亿人归属于中国的消费阶层。这些人主要分布在大城市，这里能够满足他们对电子设备，娱乐传媒，服饰以及很多便捷即时的需求。

这一切从不同层面影响着城市生活。例如，随着越来越多的居民和不断上升的收入导致个人交通的迅速增加，而基础设施的建设却没有跟上发展的速度。不用说，交通的增长也导致了日益增加的城市供应需求。经验表明，良好的基础设施政策通常在最好的情况下才能够维持现状。结果是，城市的流动性和效率都受到影响，卡车和派送车辆不能满足时间窗口，救护服务和消防行动受到影响。

交通状况对平均时速有多大影响，以伦敦为例：2003 年 2 月推出拥堵费之前那里的平均速度大约是 15 千米/小时。早在 1840 年有轨马车就达到了同样的速度。即使是自行车 15～30 千米/小时的平均速度也比这快。2004 年拥堵费出台后，伦敦的平均速度增加到 37.5 千米/小时，但 2007 年再次下降至 26.08 千米/小时。但城市的交通状况，不仅是对流动性和效率的挑战，也是对社会的供给和经济的整体的挑战。供应链和物流不断面临着越来越大的挑战。这也是因为今天很多都是在更短的距离和时间询盘，报价和出售的。虽然几年前时尚卖场在换季时才上新款的现象还比较常见，但现在的消费者希望一个星期就有新品。一款新手机面市就是重新购买的理由，不会顾及旧手机功能还完好。随着居民人数，不断上升的购买力和不断变化的消费行为，对食品、化妆品、洗涤剂以及医疗产品等的需求也不断增长。

此外人们需要住房，教育设施，诊所，能源，水，休闲等。除了供应瓶颈，这个状况还造成持续增加的排放：不仅是说城市消耗了75%的资源，根据联合国调查城市造成了全球80%的二氧化碳排放量，尽管城市只覆盖了约3%的地球表面，却也制造了80%左右的全球经济总量。

平行于城市的增长，农村地区出现了更多结构上的问题。不仅在城市中心，在农村，流动性、能源和水的供应、垃圾处理等基础设施建设也必须适应发展。可持续的城市规划意义重大。兼顾经济利益和环境问题的智能社区是有需求的。

城市化——对全球供应链的影响

不论是农村地区还是城市中心，都必须开发新的派送和收集方案，以确保供应。这是一个企业和政府的供应链管理者的重要任务。为解决最后一千米的问题，物流服务商相互合作，政府支持创新方案，在财务上或者像给停车场提供低成本的土地那样为城市中转站提供支持。

同时，供应链和物流总是因为噪声和空气污染被批判，更不用说阻碍交通了。因此出现越来越多的如电动车、自行车等替代派送车辆。像在夜间使用地铁系统的新思路也有所闻。多次派送次数因包裹箱和包装站的使用得到降低。3D 打印为货物出现的时间和数量进一步提供更多的可能。供应链被强制要求更加环保。

通过使用环保车辆，KEP 服务（邮政速递服务）保障了其商业模式：因为微小颗粒物污染城市将限制车辆，而以电力和天然气为动力的车辆可以继续进入城市。供应链管理者和城市规划者必须紧密合作，共同开发流动方案，在郊区规划并实施城市集散货中心和中心仓库。未来的供应链运营者可以是外国的也可以是本地的。中国有很多新兴的城市，因此，有独一无二的机会，从一开始就把新的流动方案整合进去。创新的本土和国外的物流和运输公司应参与规划，以便将本土的和国际的知识引入进来。公私合作可以创建一个有序的框架和解决方案，确保供应的同时也保护人类健康和环境。

第四节　新的流动模式

在世界范围内，人的流动越来越大。基础设施建设无法满足日益增长的交通总量和动态交通流量需求。2014 年年初仅德国就登记有 4390 万辆私家车。2014 年 1—8 月新增注册 220 万辆。同一时期俄罗斯有 158 万辆，巴西 212 万辆，中国 1149 万辆。相比之下，整个 2000 年中国总共只有 610138 辆新增注册车辆，俄罗斯有 969235 辆，而巴西拥有 1176774 新增私家车。

整个流动领域在运动中，伴随着不断增长的挑战继续寻找新的解决方案。负载过重的和部分陈旧的基础设施，还有拥堵、环境成本和能源成本都阻碍着交通。特别是城市中心很多地方存在交通瘫痪。

流动性增加也加重了环境负担。为了优化产能、提高系统性能，无论是客运还是货运，越来越多地采用联运模式。供应链内部在面对全球采购、生产和配送等多段运输链，即海运、空运、铁路和/或公路运输的连接早已成为现实。物流服务供应商和商用车制造商正联手打造新的车辆概念和驱动解决方案。即使是在乘用车市场上，也提供了如混合动力和电动汽车这样的替代方案。同物联网的各种概念和应用一样，无人驾驶车辆也被开发出来，车辆和货物会自己寻路。谷歌进入自主驾驶汽车领域，展示了交通工具与互联网的联系有多么紧密。交通逐渐数字化联网，以优化控制货物的流通，也能够对拥堵和其他问题迅速做出反应。例如当前建造的从鹿特丹经慕尼黑到维也纳的智能交通系统（IVS）。在车里拥有相应技术的汽车和卡车司机在将来可以通过无线数据信息获得道路施工及车道指引信息。同时发送车辆的位置和速度到控制中心进行处理。目的是提供给驾驶员一张实时的路况图及相关信息。同时告知结冰、破损的路面或其他状况。类似的试验已经在美国、法国、韩国、日本和澳大利亚开展。由于不断改进的技术和完善的车辆配备及相应的信息技术，它的实现指日可待。

智能交通系统还能做更多的事情：他们可以方便专业司机搜索空闲的停车位，从而更容易保证驾驶和休息时间。通过车辆向控制中心传送的消息可以预先识别可能的拥堵，并通过开放应急车道等方式避免拥堵。汉堡港在其试点项目智能港口物流中使用数据交互：卡车进入港区后，将会收到一个个人导航指令。如果需要等待，他不仅可以收到停车位置的显示信息，还可以收到是否可以用这个等待时间去完成另一条线路的工作。不产生效益的等待时间也就被消除了。

有了这些创新技术和基于互联网的智能解决方案，个人和公共交通以及城市和农村地区的供应在对环境产生可接受的影响下得到保障。我们周围正配备着相应的传感器。大约 110 亿个传感器将设备与物联网相接。到 2030 年将会有百万亿传感器在工厂、仓库、交通运输和电力网络、写字楼、公寓以及各处发送更多的数据。

同时年青一代失去拥有一辆车的兴趣。根据联邦汽车局统计，2010 年德国 18 ~29 岁的新车购买者只占 7%。就在 10 年前，这个比例是现在的两倍。城市的年轻人更愿意使用公共交通工具而非在私人汽车上投资。正如 2010 年明镜在线公布的一项调查显示，80% 的 20 ~29 岁的德国人因城市的公共交通服务放弃私家车。此外，90% 的 14 ~29 岁的孩子可以不要车，但只有 10% 可以没有手机。这是行业协会 BITKOM 在 2010 年公布的一项调查表明的。

新的流动模式——对全球供应链的影响

管理者必须重新思考供应链。这不仅包括更加注重铁路和船舶运输，也包括新的派送方案，因为不是每个超市能够或者会拥有一条铁路专线或港口。

今天就应该考虑把自主驾驶运输工具作为未来的选择整合在供应链规划中。无人驾驶汽车和无人驾驶飞机将在未来几年达到市场成熟的程度。奔驰已经宣布，最晚在 2025

年带自动驾驶功能的卡车技术就会推向市场。这项技术是否先被用于物流园区或簇中端到端的运行还是说可以用于普通公路货物运输，或将取决于市场的接受程度和法规监管环境。对卡车的分组可能会是第一步，这种经济模式还有待开发。

要充分利用如物联网等的发展，供应链必须加强研发，加强在高效的 IT 系统方面的投资。此外，由政府解决基础设施问题。

毫无漏洞的数据透明度和可用性是联运系统顺利运作的基础前提。稳定的地区网络连接是完全自主数字控制系统的必要条件。

新技术使得物流服务供应商有能力进行低成本和环保的运输。与此同时，供应链变得更透明和更坚固。其结果是，安全风险最小化，因为对于偏差可迅速做出反应。

另外，须重新思考最后一千米。因为人们出于成本和时间的原因不想受制于拥堵，越来越多地在网上订购或直接在附近购买，这也符合新的生活方式。包裹箱交付到城区或者单个大型住宅和办公楼的中心供应站的派送形式可以是对未来的一种展望。

零售商必须应对这一趋势以保持市场竞争力。所以，埃森、法兰克福和斯图加特的购物中心运营商 ECE 从 2014 年 10 月起推出了送货服务：客户购买后当天 19 ~21 点有偿送货回家。自行车也被用于送货。

中国可以在国家、区域和地方的区域、城市和流动规划的过程中将新技术和新概念放进去，从而开发出其他国家无法实现的优势。谁能够想象伦敦、巴黎或纽约的基础设施完全变样，或者德国从根本上改变公路和铁路网络。

第五节　能源与资源的转变

到 2035 年全球能源需求将比 2013 年上升 35%，这是国际能源机构（IEA）的估计。尤其是在亚洲，石油、天然气和其他资源的需求将会增加。石油不仅是来自中东：2965 亿桶的最大的石油储备在委内瑞拉，随后是沙特阿拉伯的 2640 亿桶。再加上在伊拉克，伊朗，科威特，阿联酋，俄罗斯，利比亚，哈萨克斯坦和尼日利亚的现有石油储量，只要维持目前的开采速度，可供未来 75 ~100 年使用。若需求进一步增加，储量就早一天短缺。

由于石化能源的持续下降，替代能源技术正变得越来越重要。水能、风能和生物能还有太阳能对电力供应越来越重要。使能源利用更有效的技术的发展将进一步推进。分散解决方案，如热力发电在私人和商业地产具有重要意义。绿色科技是一个重要的未来市场。

运输领域也在测试替代方案，从一开始的燃气或电力车辆到所谓的长卡车，因为体积的缘故比标准卡车装载更多的货物。此外，物流服务供应商越来越多地关注如何避免空驶或多次派送。为了优化路线和增加的产能引入 IT 项目、地理智能、以及包裹箱或包裹站等解决方案。在航运方面我们也应考虑环保：到 2015 年年底 2000 艘中国内河船舶将改用液化天然气（LNG）。相较于以柴油为动力的传统船舶，它们将减少近 90% 的氮氧化物和 20% 的二氧化碳排放。航运也在减速：缓慢行驶时燃料消耗显著降低。

能源与资源的转变——对全球供应链的影响

供应链是高度资源密集，特别需要大量的能源。因此也常常处于被批判的中心。然而，运输工具制造商和物流人员也在寻找高效能源解决方案。适当的公关宣传，以正确地描述供应链是必需的。供应链承受着要将运输转向铁路的压力，但不是每家超市和每个零售商店都有铁路连接的。这也是需要向政府和公众做出说明。制造商和运输商合作设计发动机和驱动机构，使其需要更少的燃料。发货人和物流人员共同开发节能的供应链方案。规划和实施环保建筑，运输中使用更环保的车辆。这些都减少了燃料消耗和成本。

在供应链中还在设法不断地努力减少包装材料的使用。这样使成本可以大幅降低，不论是直接通过降低材料成本，减轻重量，从而在运输时降低相关的燃料消耗，还是包装的再利用。

企业部分变成了自给自足，至少是在能源领域。这也包括供应链内配备了热力发电机和太阳能模块的服务提供者、办公楼、仓库和集散点。多余的能源还可以返回给电网。

中国可以在规划中打造集成系统，或者至少将新技术投入的前提条件规划进去，为不同的解决方案做好准备。

第六节　气候变化和环境影响

一方面能源缺乏，另一方面对环境的影响也加大了。由于世界人口不断增长和日益增加的交通量，CO_2 排放量增加。欧盟范围内 2009 年交通运输行业温室气体排放量占比 24%。除了二氧化碳，二氧化氮（NO_2）以及与交通有关的 PM10 颗粒物也影响了空气质量。2009 年有 41% 的交通监测站测得可导致哮喘和其他呼吸系统疾病的二氧化氮超过了年限值。同一期间，欧盟成员国 30% 的交通监测站的 PM10 超出日限值。

尽管使用了环保交通工具，交通运输行业的二氧化碳排放量所占比例仍然很大。2011 年全球 22% 的二氧化碳排放量是交通运输行业产生的，其次是占 21% 的工业。

德国的交通运输行业也贡献了不少 CO_2 温室气体排放量：1990 年该份额为 13% 左右，而 2011 年甚至到了 17%。

截至 2030 年，据“交通交叉预测 2030”估计，德国货物运输量将上涨 18% 和运输效率将提高 38%。这种发展导致了二氧化碳排放量的进一步增加并累积。就像以前西方发展的工业国家一样，在新兴国家和发展中国家的环境污染日益严重，也会成为一个风险因素。

为了进行控制，法律框架将被收紧。同时投资清洁技术和制定减少二氧化碳排放的战略。目标是：至少减缓气候变化。此外，类似私家车和轻型商用车，欧盟还对卡车的二氧化碳平均排放量进行强制性限制。

世界人民和企业的环境意识也在提高。企业为自己的行为对生态环境产生的后果承担责任的意愿也在增强。

例如，Tchibo 在 2006 年因为咖啡和其他商品的运输产生了大约 145000 吨的二氧化碳。2006 年年底，集团与汉堡－哈尔堡工业大学一起启动了 LOTOS 项目——迈向可持续发展物流。这个雄心勃勃的项目的目标是：到 2013 年整个物流链减少 30% 因运输产生的二氧化碳排放量。

消费者在决定购买产品时注重可持续性。劳动和环保措施在工厂越来越受到关注。整个供应链正逐渐融入消费者的感观。

极端恶劣天气对交通道路的影响增强了，即使在基础设施相对良好的欧洲。大雨，风暴和洪水以及热浪都威胁着公路、铁路和水路。暴雨、降雪经常使得火车停运。2013 年夏天城际特快 ICE 的交通要道埃尔伯桥被洪水冲垮，这条路线被封锁了好几个月。2014 年圣灵降临节的风暴之后北威州铁路停运了好多天。2014 年 7 月底，100 多个风暴同时经过德国，导致了近几年来最强夏季暴雨。仅明斯特每平方米降雨量就远超 100 升，导致地下室、地铁车站和道路严重涝灾。A1 高速公路明斯特－格雷文段根本无法通行。鲁尔区和杜塞尔多夫也都遭受重大损失。

高速公路的交通也常因大雨停顿，因为路段上没有足够的排水管道和路面加固。夏季，路面的空气温度几个小时就从 20℃ 升高到 50℃。路面无法承受这样快速的温度上升，混凝土路面经常会鼓起破裂。专家预计在 2050 年沥青路面温度可达 65℃，德国公路网必须以此为最低标准做准备。未来可能也因此需要考虑路面的有效散热方案，以避免鼓起或破裂。

由于极端天气在将来可能增加，基础设施必须尽快适应这样的挑战。因为没有适当的应对措施，不仅对交通，也会对物流产生影响，由此也影响到公司和居民的供应保障以及地区的吸引力。所以专家们现在要求，气候变化应纳入基础设施规划和维护的考虑范围。此前基础设施项目都没有做这方面考虑，是因为之前并没有今天这样的出现频率。德国气象局的副总裁保罗·贝克尔表示，在未来几年会有多个百万级的联邦和州的投资。

德国联邦公路科学研究所（BaST）也已经认识到面临的挑战并组建了一个跨学科的工作组来应对极端天气对桥梁、地下、路面和交通标志设施的影响。此外还将研究，大雨对事故风险到底有多大影响。目前在弯道区域主要存在打滑的风险。工作组正在研究是否未来可能更多的路段或关键点存在打滑风险。同时也调查跟道路一样暴露在极端天气下的堤坝和斜坡的稳固性，以降低将来山体滑坡的风险。

要使公路交通基础设施去应对气候变化，德国联邦公路科学研究所已经设计了分步走的路线图。目标是到 2030 年使得主要干道都能够耐住气候变化影响。同时，对基础设施的各项法规进行调整，未来在规划阶段就考虑到极端天气的影响。

工作组的核心项目是“主要货运和过境运输走廊以及港口的风险分析（RIVA）”。涉及识别工具的开发，气候变化风险的分析和评估。

气候变化和环境影响——对全球供应链的影响

环境和资源的保护是在供应链中最重要的价值主张之一。所有的规划和实施，供应链中的所有阶段和过程都是在它对环境的影响基础上进行评估的。这就要求供应链管理者掌握新的知识和技能。

为了保持竞争力，在持续降低成本的情况下供应链必须尽可能地环保。这就需要创新的方式，有时甚至是革命性的方式，而这只有供应链生态系统里所有利益方参与才能达成。

为了保证在极端天气下可用，对基础设施的投资都是需要的。

航空工业有一些合作项目，即使面对增长也要使排放保持过去的水平。这是纯粹的私营经济对环境影响的追求和希望减缓气候变化。

为了中国人民的利益以及保护环境，中国可以利用其他国家的经验和跨国公司的能量和创造力。这是可以在公私合作伙伴关系的框架里实现的。

第七节　全球风险社会

对能源储备、水和其他资源的争夺，暗流涌动的文化和宗教矛盾，日益紧张的社会局势，不断增多的自然灾害，只是看似每天都是增加的全球性风险因素的一小部分。UPS在2014年7月因骚乱和机场关闭终止了利比亚的所有服务。DHL这个时候也没有从利比亚发送或接收包裹。

利比亚只是许多冲突之一。1996年还有28次国内暴力冲突和战争。2003年这个数字增加到42次。短暂缓和之后，暴力冲突的次数在2006—2008年又很快上升到了38次或者说是40场冲突。2010年以来重新回落至28次冲突。自那时以来，数量再次上升：仅2013年造成45次冲突。由于恐怖武装伊斯兰国（IS）和其他恐怖组织的缘故，暴力冲突的数量继续上扬。

恐怖主义不仅限于个别国家或地区，也不再总是由一个群体策划和控制的了。任何一个政治或宗教团体的追随者，觉得自己被指派了，都可以策划和实施恐怖袭击。生物、化学或其他武器的使用同样增加了恐怖袭击的危险性。电信网络或交通、能源的基础设施成为恐怖分子的焦点，因为其故障会造成重大的经济损失。即使是点上的攻击和危机也能造成很大的影响，此外由于全球联网还能造成全球性的后果。

2011年阿拉伯之春吸引了世界的注意，许多企业都面临一个问题，要如何应对抗议。示威和军事干预，关闭埃及的互联网和移动网络，短途交通的崩溃，跟宵禁，员工和他们的家人的遭受的危险一样都有一定影响。

许多公司很快就停止了生产或者从该地区撤回。其他公司则尝试维持供应链，取得了一定的成功。汽车供应商莱尼公司就是一个例子，它在突尼斯和埃及为欧洲的汽车客户和国际汽车零部件供应商生产线束及车载电源系统。

莱尼公司在突尼斯拥有四家工厂，有约12000名员工，都直接遭遇了埃及之春。一开始突尼斯短途交通崩溃，几千工人没来上班。其他员工也留在家中保护自己的财产不受掠夺。另外因为宵禁，汽车零部件供应商的三班工作制受到影响。

为了保证继续生产，莱尼公司不得不迅速采取行动。针对宵禁调整了倒班工作制。设置了一套自有的班车系统，保证员工到工厂上班并在宵禁前安全回到自己家中。此外，公司还准备好食物和饮料。通过电台和手机短信与员工保持联络，通知他们班车的信息。公司的目的是：只要能保证员工的安全，莱尼公司就不会从该地区撤出或者中断生产。

通过这些措施莱尼公司在突尼斯动乱迅速蔓延到埃及且遭受巨大损失后还保障了在埃及的生产。2 月 2 日，约 4000 名员工中 80%~90% 的人回来工作。通过部分加班追回了损失的生产进度。

有了在突尼斯的经验，莱尼公司增加了开罗的产量和超需生产并出口。这个决定保证了埃及以外的客户至少两到三个星期的供货。

尽管有这些准备，供应链还是发生了变化：由于开罗货运港口工作停滞或受限，急需的产品出口是通过空运完成的。

许多国家除了内部的社会和政治冲突外还存在不对称冲突的风险，政党之间因武器技术、组织和战略截然不同产生的纠纷。恐怖组织伊斯兰国在叙利亚对平民的暴力行为就是一个例子。网络犯罪也在各个方面增多。2013 年德国登记的通过所谓的网络钓鱼盗取机密信息和银行账户信息诈骗案件 4096 起。2013 年勒索案件 6754 起，就是通过恶意软件进行敲诈，将计算机上的数据加密，只有付钱之后才重新打开。德国网络犯罪案件的数量增加了约 1% 达到 64000 起，造成 4260 万欧元的损失。

不仅数量多，而且潜在风险的形式也多种多样。如今，像网络犯罪这样对供应链有明显危害的，10 年前还没什么大的影响。恐怖袭击对于整个价值链也同样如此：随着过程不断加快，大量接口连接着不同的参与者，安全漏洞必然存在被使用的危险。

为了控制风险，一个透明的社会需要发展起来，在这里监控和控制变成日常工作。因此而导致个人自由的减少和个人隐私的受限对大多数人来说似乎还是值得的。从车站、运输工具或银行的接待室里到城市里的监控摄像，人们如今在日常生活中几乎不间断地被监控。物流仓库里摄像头也是很常见的。而且公民和企业在安全问题上不仅依靠国家，也依靠私营服务，或者自行组成群体共同解决问题。所以在德国常有邻里护卫队和自卫队来抵抗盗窃及入室打劫。据估计，全国约 30 支联邦护卫军。

从风险社会的角度看，传染病和疾病传播比以往任何时候都更快地跨越国界传播。动物界也是如此，如口蹄疫。人类都受到这种威胁，埃博拉病毒就是例子。1976 年在今天的民主刚果共和国首次发现这种病毒，自 2013 年年底迅速蔓延开来。估计是从几内亚起，利比里亚、尼日利亚和塞拉利昂都有人得埃博拉出血热：最初在更大的有机场的城市也有人得病。西方援助人员想要帮助当地的居民，尽管采取高度安全措施，仍然感染了这种病毒。截至 2014 年 10 月底包括疑似病例大约 13600 人发病，超过 4900 人死亡。这显然也对埃博拉病毒传播地区经济造成了影响，经济几乎停滞。

要在供应链中快速应对恐怖主义、病毒、自然灾害和其他的延误，供应链的可视化管理显得越来越重要，供应链应尽可能完全透明。只有透明才能尽早发现故障的征兆和潜在的风险。尽管这样做有 100% 的保障，但却永远做不到。因此，目的在于尽量减少风险。IT 解决方案，如所有供应链参与者之间的数据交换 Web 解决方案，实时供应链监控和业务合作伙伴数据与欧盟和美国的制裁名单自动匹配都是切实可行的办法。

全球风险社会——对全球供应链的影响

随着社会压力和技术进步，所有领域的安全风险都在增加。供应链内部因此不仅在技术方面，而且也在提高意识和员工培训方面加强了安全措施的投入。此外为不同的应用场景制订相应的计划。所有这一切都是有所值的。

最需要的是那些允许最大的安全性，但没有给供应链带来时间和财务上的负担的解决方案。在此背景下，中型企业甚至可能会去投资自己的X光设备和其他安全系统，而同航空货运一样避免失去一天时间。

物联网将有助于降低风险。通过增加透明度，使实施犯罪、进行恐怖袭击和破坏环境变得越来越难。一切很快变得显而易见，包括货币和商品的流动。

在甄选员工时，指标值会放在居中的位置，以便排除拥有极端主义信念的雇员。因为这个设置会随着时间的变化而改变，亲自联系和持续监测是很重要的。

企业之间更多地采取合作以确保安全。一些有效的系统已经被开发出来。同样还有各国政府间的合作。总体而言，安全级别预计将继续增长。

中国在全球安全领域也必须承担其责任。不仅因为中国作为一个重要的经济体在国际社会中扮演特殊的角色，而且中国也需要成为一个国际协作的发起国。

第八节　大趋势：机会还是威胁

今天，更多是在未来，大趋势影响着商业环境的动态，因此也以不同的方式影响着供应链的结构和功能。供应链变得越来越精细、越来越复杂。日益成为人们的焦点。因为它受到不同的大趋势的影响。但大趋势如何影响供应链呢？在全球化2.0、城市化以及数字革命和技术融合的创新成果的背景下，供应链乍一看向着矛盾的两个方向发展：缩短，又延长了。一方面，需求导致供应链大大缩短，交货以小时甚至分钟计，还有3D打印零件或首版产品。使用3D打印技术可以说把生产转移到在客户工厂或消费者的家中。越来越多国家和地区因为前行中的全球化以及随之而来的全球繁荣变成了具有吸引力的生产基地和销售市场，因而更彻底地融入遍布全球的供应链网络。其结果是越来越长的价值链和日益紧密的全球供应平台。

大趋势使供应链经理每一天都面临新的挑战。他们必须预测采购、销售市场以及供应链生态系统作为一个整体将如何发展，哪些大趋势更重要，哪些是可以忽略的。地缘政治的因素以及各国的追求，通过法律法规来影响供应链的设计，促进了挑战。设计的方案决定了长期和可预见的发展，比如日益增长的全球化和数码文化，还有自然灾害和恐怖袭击等看似不可预测的事件。至少后者很少提前预告。

对于供应链管理者，这意味着你的手边必须始终有一个B计划，不论是泰国的生产，迪拜的枢纽或者叙利亚的运输。无论它是一个程序文件，一个流程还是一个特别行动，取决于具体情况和条件。如果你真想领先，应该把所有可能性都过一遍，并在此基础上提出适当的建议，考虑在新的原则基础上可能产生的后果和反应。

尽管做了万全的准备，但是所有的方案，所有的替代计划有一个共同点：不存在100%风险回避。没有人能预测全球供应链上的每一个部分的所有可能性，自然灾害、劳资纠纷、恶劣天气或在高速公路上抛锚的派送车辆。越复杂的供应链越是如此。潜在风险随着供应链的复杂性增加而增加，对于整个供应链如此，对单独的参与者也是如此。

因为即使参与供应链的单个利益相关者只涵盖了供应链的一部分，也会期待他们对整个链条负责，不论是国内的还是全球的。所有人共同为这个星球上今天以及未来的生活负责。

小结：关于循环供应链

自古以来，地球就是一个循环再生系统。在全球大规模产业化爆炸性发展的过程中，我们正不断摧残和消灭这些再生资源，包括大气、热带雨林和海洋。我们应该向自然界学习。随着时间的推移，经济和社会界已经从自然界吸收了很多理念。为什么不将整个自然界当成蓝本来使用。这就是循环经济的概念，其核心系统是循环供应链。跟大自然一样，循环经济是一个再生系统，其系统内包括生产所需的原材料以及伴随生产产生，用于后续运送所需的输出。循环供应链是实现这种理念的前置条件。

循环供应链——究竟是什么意思？在循环供应链中，以减少废弃物的产生和资源的节约为背景，充分考虑从原材料采购，到生产、配送，一直到供应链各环节中废旧品的再利用。目的就是实现零废弃和零排放的供应链。垃圾并不是垃圾，而是充满价值的原材料。举个例子，同时能实现这两个目的的一个方法是在废弃物中提取二氧化碳中性物质并合成燃料。除了保护环境和资源，也需要兼顾到人与各方的公平性，其中的关键是在循环供应链范畴内实现公平的工资和价格，以及对社会的积极影响。因此企业必须评估和衡量这些潜在措施的内外部影响。政府部门也同样应该能够理解这些评估，并且能够自己对这些影响加以评估，以便使其相应地符合经济政策。尤其是采用新技术或方法时，不仅要对循环供应链进行调整，而且要对那些看似不可预测的事情做出预测，比如海啸。

供应链管理意指循环供应链，其是不断更新的新的发展，同时也将新技术和新方法整合到供应链的设计和管理当中。当然，同样需要保持对机会和风险关注。

有利于循环供应链的决策包含机会和风险。例如，持续的要求对那些拒绝变革的企业来说是威胁。同时，这也是实现差异化的机会，以确保未来在循环经济环境中继续生存并参与其中，并通过随后的规划、措施和成功进行展示。供应链经理们设定了一些目标，那些目标是在价值链中不断优化生产价值，并且不对人类和环境产生负面影响。对此，他们有着广泛的实现途径。不过，这需要相应的良好执行。其出发点就是循环理念。

来自大趋势的机会和威胁往往都是我们集体决定和行为的后果。这不仅意味着我们需要对许多发展承担责任，同时我们也具备对不同趋势的结构产生影响的能力，可能只是很小的影响。但是，我们需要明白，我们在所有决策问题上都要有循环理念。也就是说，我们需要常常问自己，这些决策和行动除了会影响利润、资产负债表和现金流外，是否对环境、资源和社会产生影响。

这就要求那些经济大国的参与，包括中国、美国和德国。因为这些经济大国的行为会对供应链的结构产生实质性的影响。他们不仅通过自身地位的排名和贸易量作出好榜样，此外还定义供应链的黄金标准，并以此标准作为行动的标杆。如果我们不能减小经济活动的负面影响和重塑友好的社会和经济环境，未来供应链很有可能将被主要用来应对灾害。这取决于我们共同的努力，以避免这一现象的出现和为更好的世界贡献自己的知识。在这个美好的世界中，全球供应链像生态循环系统中的静脉一样，以循环可再生的模式发挥着重要作用。

撰稿人：西维（上海）管理咨询有限公司（Corporate Value Associates（CVA））大中华及印度地区合伙人兼执行董事沃尔夫冈·雷马赫（Wolfgang Lehmacher）

译者：德国弗劳恩霍夫物流研究院高级顾问、北京帝欧咨询
有限公司高级合伙人　杨广君
同济大学中德学院硕士研究生　朱骏
同济大学中德学院硕士研究生　刘鑫
德国物流协会上海分会秘书　许丰良

第七篇

日本城市共同配送的理论和实务

第一章　共同配送的背景研究

第一节　日本共同配送的研究

本文研究目的，以近来在日本逐渐受到关注的共同物流以及共同配送为对象，进行理论性及实践性研究。通过研究结果，促进以日本城市为主的共同物流以及共同配送等相关理论的形成和实务的发展。

日本物流的发展，需要追溯到距今 1 个世纪前的 20 世纪初期。当时，在美国将企业的流通活动分为创造需要和物资供给。前者随后发展为市场营销，后者发展为物流并进而成为现代物流管理。然而，在 20 世纪时人们对市场营销进行了深入的理论性研究，而与之相比物流因其强烈的实务性要素，在学术界几乎没有展开研究。但是近几年，在企业经营领域对物流及现代物流管理的关注急速升温，甚至还出现了"物流改革"和"现代物流管理复兴"等用语。在日本，关于物流以及现代物流管理的认识，随着时代潮流发生了巨大的变化。20 世纪末出现了"掌控了物流的企业，才能掌控社会"，21 世纪初期甚至出现了"由市场营销转向现代物流管理时代"的口号。

而到 21 世纪的当下，人们对于成为时代新潮流的物流、现代物流以及供应链管理（SCM）的关心程度急速升温。其背景主要包括以下内容。

第一，伴随着网络销售市场的迅速成长，配送等物流业务得到了快速发展；

第二，随着老龄化社会的不断推进，日用品以及盒饭的送货上门服务，即地域物流需求的不断增长；

第三，2011 年 3 月 11 日，发生的东日本大地震，使人们重新认识到了物流活动作为基础设施（社会性基盘）和生命线的重要性等。

考虑到以上内容，可以说日本的共同物流，即关于物流共同化的研究是很值得期待的。日本工业规格（JIS）的物流用语（Z0111）中指出，共同物流是："多家企业出于提高物流业务的效率、提升顾客服务、缓和交通拥堵、减轻环境负荷等目的，进行物流功能的共同化"。因此，日本物流的共同化可以从四方面的观点进行分析。

第一，提高物流业务的效率；

第二，提升顾客服务；

第三，缓和交通拥堵；

第四，减轻环境负荷（如图 7－1－1 所示）。

在日本物流的一般用语中，物流共同化的排名仅次于"物流""现代物流管理""第三方物流"之后排在第四，可见在物流领域中，物流共同化的社会经济意义是非常高的。

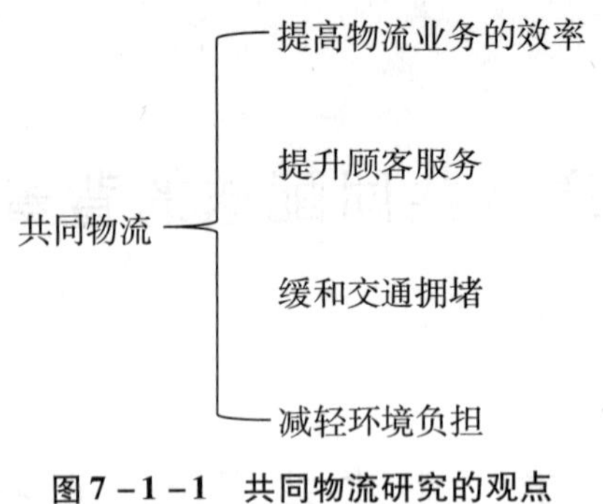

图 7-1-1　共同物流研究的观点

在日本，共同物流的相关用语包括了共同接单发货、共同输送、共同保管、共同物流中心、共同配送、集中交货等内容。共同配送也被列入共同物流的其中一部分内容。因此，本研究认为，以共同物流为中心展开研究是非常重要的。

从以上观点出发，需要在共同物流及物流共同化的研究领域中，开展多次的实地调查和案例研究。2012 年 5 月，可以把日本物流学会出版的《2012 年物流共同化实地调查研究报告书》作为参考资料。2013 年 5 月，日本物流学会出版的《日本物流学会志（总第 21 期）》中，刊登了对此报告书的分析。其中，尤其是关于物流共同化的一系列的分析备受关注。包括，“对象商品多为食品”、“对象领域多为销售物流”、“物流共同化的需求不仅在货物量少、配送密度低的低效率地区，在大城市等地区也在不断发展”。本文希望能在此基础上，推进关于日本城市共同配送的理论与实务的研究。

第二节　什么是共同配送

一、关于“物流”

一般认为，对物流或是现代物流管理的研究，是伴随市场营销研究的一部分内容发展起来的。而事实上物流的起源，可以追溯到被称为“市场营销之父”的阿奇肖（A. W. Shaw）的时代。1915 年，他出版了被誉为关于市场营销的古典名著《关于市场流通的若干问题（Some Problems in Market Distribution）》。在该书中，阿奇肖在企业经营者的立场，对市场营销进行了思考。尤其关注了以缩短流通路径为主要研究内容的流通问题。包括，在中间商（middlemen）数量减少的趋势下进行分析时，他推测出这可能在物流效率化的层面上和共同配送有一定的联系。

从物物交换制度，到工厂制度初期的数十年的漫长发展过程中，处于生产者和消费者之间的中间商的数量始终保持增长的趋势。而与之类似，最近在连续的流通过程中，流通步骤简化的倾向越发明显。这一倾向，在几乎所有产业都能明显观察到。最近，作为特征被明确加以提出。在传统流通机构（orthodox type in distribution）下，生产者与消费者之间存在许多中间商的介入，生产者处于不利地位。生产者因为生产制造，需要支付固定费用。因此，不得不持续进行操作。但是，商品的销售渠道却是由中间商支配的。

所以，中间商会对生产者施压，减少生产者的利益。有能力的生产者会找出直接与消费者接触的机会，从而避免与中间商接触。也就是因为这种压力，他们需要将自己从中间商施加的压力中释放出来。

也就是说，受到18世纪始于英国的工业革命的影响，生产效率逐渐提高。到了19世纪后半期，供过于求的现象开始初现。于是，一直以来的着重关注生产的“制造了就能卖出”的观点无法延续，人们不得不导入一种更加关注面向销售的观点，即“怎样才能卖出”。因此，阿奇肖将流通活动分为了创造需求（demand creation）和实物供应（physical supply）两类。其中，创造需求活动是针对消费者进行的。其目的是传达能够唤起其购买欲望的“关于商品的想法（idea about the goods）”，并普及、延续消费者的购买行为。但是，即便唤起了消费者的需求，仍存在一个现实问题。如果商品不能送到消费者的手中，那这个需求就并不具有商业价值或是经济价值。此外，只着重于创造需求和实物供应中的任意一方，会导致失衡。另外，两者的合作不顺，最终会导致流通活动受阻。

这种实物供应进化形成的“实物流通（physical distribution）”功能，是在第二次世界大战后的20世纪60年代初期导入的日本。20世纪70年代，“物流”作为实物流通的简化词被日本社会所普遍接受。这是因为，日本正处于高速经济成长期，人们追求一种能将大量生产和大量消费结合的高效率的大量流通。在这一时期的日本物流，为了追求效率而开展各种活动，并正式命名为“共同配送”的业务。

二、关于“配送”

在《基本现代物流管理用语辞典（第3版）》中，记载了许多与配送有关的词条。包括，配送管理、配送效率、配送成本、配送系统、配送中心、配送频度、配送路线、还有计划配送、定时间定线路配送、路线配送等。其中，值得关注的是对“配送管理（delivery control）”的解说。包括，“配送，一般是在一定范围的区域内反复进行的。此外，因为在区域内进行，所以交通工具为卡车。所以，配送管理的中心就是要让这些卡车沿怎样的路线，以什么样的方法运行”。

接下来，将“配送中心（delivery center）”先定义为“在被称为流通中心的机构中，比较小型的专门用于配送功能的被称为配送中心，这与流通中心并没有明确区分定义。因为，配送中心是在配送最前线的物流节点。所以，多会设置在城市区域或是城市近郊。因此，会位于建筑物等较为集中、地价较高的地区”。然后，又加上了其他的解释。“近些年的配送中心有几点特征。集约化，选址由城市内部转移向城市近郊，成为大型化、多目的型的机构。并且，开始运用高科技，实现数字化挑选和计算机控制。另一方面，也会同时设有被称为depot的负责小范围区域配送的配送中心”。

对于“仓库（depot）”的解释包括，“在英语中指储藏地、仓库、停车场，一般在物流中指小型的配送节点。虽然没有办法明确地与配送中心和储藏地加以区分，但大都指的是存放有限期库存品，在固定的区域内进行小额配送的基层物流中心”。可以推测，这里所提到的基层物流基本与最后一英里物流（last one mile 物流）概念相同。从中可以看出，配送业务发展多样化的动向。作为参考，最近时常在物流领域使用的“最后一英里物流”，用于指代送货上门等业务中送到最终顾客和最终使用者处的最后一英里（约1.6千米）的路线，共同配送被认为是最后一英里物流的集约方法之一。

此外，关于这些配送中心等的解释，在介绍关于美国混载的研究时，可以作为参考。

三、关于“共同”

“共同”，一般指“两人以上的人共同出力”和“一起齐心协力，互相帮助完成任务”（参考《广辞苑（第6版）》）。因此，可认为与最近使用频率较高的企业间的合作、协力、协作（collaboration）、又或是友好合作关系（partnership）等概念相似。事实上，2013年6月，在日本内阁会议上，通过了由国土交通省发布的第5次《综合物流实施大纲（2013—2017年）》，并可以看到如下的描述。

最初，对于物流的意义有如下解释。即，“物流是农业、水产业等生产者、制造商、批发商、零售商、消费者、物流企业和各个负责人所共同参与的过程，对产业竞争力的强化及实现富足的国民生活起支持作用，对经济社会来说是不可或缺的构成要素”。同时，指出“物流的效率化，不仅对于直接从事物流工作的相关人士，对于企业、一般国民，甚至对于日本全体来说都是一个重要的课题”。在此基础上，在该大纲后半段的“今后物流政策实施的方向性和任务”的部分中，有几处提出了与共同物流和物流合作等类似的说法。

第一，在“构筑能够支撑强大经济复苏与成长的物流系统”的项目中，出现了“必须在货主、物流企业等相关人士合理的工作分担下，推进物流合作和互动的任务”。

第二，在“通过货主、物流企业的合作，促进物流效率和事业的构造改善”的项目中，提出了“强化货主之间、货主和物流企业之间的合作”，“推进涵盖了不同业种之间的共同输送”等内容。另外，还提到“促进为了实现使用大型船只的安定且廉价的原材料进口，多个货主之间的散装货的实行共同配船”等内容，并提出了共同输送和共同配船的说法。

实际上，在日本经济新闻中也刊登过如下报道。最初是刊登于2014年5月22日的，以“空集装箱的有效活用”为标题的一文中，“日本运输开始了让货主企业之间共享集装箱进行循环输送的服务。根据国内进出口的各自需求进行斡旋，省去了将空集装箱送回港口的时间。以往货主企业为了在自己的物流节点和港口之间，运送货物需要考虑回程的运输。新的服务能够有效地利用空的集装箱，最大能节约20%的成本。预计第一年将在100家企业间实施”。而在2014年8月6日，发表的题为“集装箱货物的货流恢复”一文中提出，“对于日本邮船和商船三井等大型海运公司来说，集装箱船部门是占据了营业额近30%的主要事业。各公司为了改善收益都采取了一系列政策。包括，使用输送效率高的大型船、多家公司共同运行、为了减少燃料费而减速航行等”。

接下来在“为了进一步减轻环境负担的任务”的项目中，能够看到如下表述：“通过货主间、物流企业间、货主和物流企业间的合作、地方自治体提供的支援等，促进输配送的共同化”。此外，还有“在货主促进节能对策、抑制少量高频的输送、促进自营转换的同时，通过进一步强化货主和物流企业之间的合作关系，希望能进一步减轻环境负担”。这里出现的“自营转换”，指的是以提高装载效率为主的卡车的自营转换，具体来说通过多位货主集中运送等提高输送效率，将原本用来搬运自家的货物的私家卡车，转换为根据他人的需求有偿搬送货物的营业用卡车，而这不仅能缓解环境问题还能够降低成本。另外，“集中”指的是卡车运送时一种混载的状态，就是多位货主的货物混载在同一车辆上。

在“为确保安全、安心的工作”中，针对物流中的灾难对策有如下记录：“为了能确保在灾难时也能顺利地为消费者提供食物，要构筑一个从业者之间的互助合作体制，以备在灾难时能迅速恢复、维持食品的物流”。从长远来看，这意味着在食品或是原材料的供应链中，共同物流和共同配送很有可能作为灾害对策发挥作用。

如上所示，在概括该大纲时可以认识到，共同物流和共同配送并不仅仅是以往的提高物流效率的问题，在当今21世纪，可以作为减轻环境负担而提出的环境对策。另外，还在应对地震、海啸、台风等自然灾害时也有重要意义。

四、关于“共同配送”

在JIS（日本工业规格）的物流用语（Z0111：2006）中，对物流及现代物流管理有如下的定义。最初对物流（physical distribution）的定义是，“物资由供给者向需要者，在时间及空间上进行移动过程的活动。一般来说，包含了包装、输送、保管、装卸、流通加工及相关信息等若干项功能的综合性管理活动。有时，也根据特定的对象领域使用不同称呼。包括，采购物流、生产物流、销售物流、回收物流（静脉物流）、消费者物流等”。

此外，对于现代物流管理（logistics）的定义是，“提升物流各项功能的高度，整合采购、生产、销售、回收等领域。在追求需要和供给的优化的同时，提高顾客满意度，并且以有助于解决环境保护、安全对策等在内的社会性问题为目标的战略性经营管理”。但是，为了避免用语产生混乱本文将加上两点解说。

第一，有意见认为物流所对应的英语“physical distribution”在海外已逐渐很少使用，取而代之由“logistics”来表示“物流”的概念，但如果将“物流”的对应英语定为“logistics”，则会与日语中的现代物流管理相混淆，因此保留原本对应的“physical distribution”。

第二，在对现代物流管理的定义进行改正前，句末是将其定义为了“经营活动”。但有意见指出，应当将其列入实践活动的前提，即经营战略和经营管理的级别。因此，将其定义变更为“战略性经营管理”。

在JIS的物流用语中，将“配送（delivery）”定义为物流功能之一的“输送（transportation）”的一个环节。最初，对输送的记述是“将货物通过卡车、船舶、铁路、航空及其他的交通工具，从某一地点移动到另一地点”。而配送则记述为“将货物从物流基地送往收货人处”。此外，把发挥“保管（storage）”功能的“物流中心（distribution center）”定义为“拥有构成物流活动等若干功能的设施，也称为流通中心。其中，专门用于配送活动的设施被称为配送中心”，即将配送中心定义为物流中心和流通中心的下级概念，是专门用于配送活动的物流设施。

另外，在日本现代物流系统协会（JILS）出版的《基本现代物流管理用语辞典（第3版、2009年版）》中，对“共同配送（joint distribution）”进行了如下说明。“对分别进行配送的数家企业，通过共同化，将配送货物收集统一后进行配送的行为。方式多样实施有一定难度，但有希望进行普及。为进行共同配送而设计的物流节点，被称为共同配送中心”。可以说从2008—2009年，日本共同配送在实物性和理论性上才正式走上轨道。

此外，作为共同配送的相似词汇还记载着“共同信息系统（joint distribution）”，对其的说明为“并非每个企业分别构建、运营自己的信息系统。而是有数家企业共同使用一个系统。共同信息系统又分为两种情况，一种是只将某个别的功能部分（例如接单发货）进行共同化；另一种是将所有功能都共同化”。随着配送业务的共同化，物流信息系统的共同化也在不断发展。

而关于“配送（delivery）”一词，书中也有如下详细的记载。即，“输送指的是物流节点之间货物的移动，一般距离近、量少、时间短的货物移动被称为配送。一般来说，配送是在同一经济圈内（区域内）进行，多发生在城市内。日本国内输送量80%，都发生在城市内，而负责配送的交通工具几乎100%都是汽车。现在物流问题许多发生在输送途中，其中配送又占了绝大多数。物流费用的上涨以及物流效率的恶化，在配送问题中最为突出。从社会层面，考虑城市交通问题与大气污染也与配送相关”。如上所述，在共同配送问题中，日本城市的配送问题被认为是重要的课题。

第三节　共同配送的发展

一、从问卷调查中得到的启示

21世纪，对共同物流和共同配送的关心程度越来越高。2012年伊始，日本现代物流系统协会（JILS），针对JILS会员进行了问卷调查。从调查结果看，有关共同物流的实施状况包括以下内容。近年来，对“共同物流”等企业间合作的关心度日益升高，在对共同物流的实施状况进行讯问时（此次调查对象为货主或是货主的物流子公司。所以，仅有200份回答），回答“正在实施共同物流”占52%，超过了半数，证实了共同物流确实已经深入到了业界之中。在所关心的共同物流种类的问题中，回答最多的是“仓库等物流设施的共有、共通运用”（80份回答），接下来的几项分别是“卡车、船舶、集装箱等的集中利用”（76份回答）、“卡车、船舶、集装箱等的反复利用”（75份回答）。

另外，在2013年JILS出版的名为《今后的现代物流管理》的书籍中，针对2020年的50条措施中，第30项提出“通过企业间合作、共同化来适应市场变化”，明确表示人口、社会动态对物流的影响（物流量减少等），是会严重影响物流企业从业环境的要素，在竞争激烈的物流行业，能够针对预想中的变化采取相对的举措，在竞争战略上也拥有着非常重要的意义。此外，主张此时对策的方向性之一是扩大规模，并进行以下说明。

“当市场有缩小的倾向时，通过扩大事业规模来降低成本，在订货竞争中处于优势，这是十分常见的战略。尤其是物流受到经济规模变化的影响，当市场缩小时，规模越小的物流企业所受到的打击就越大。因此，具体来说除了与其他公司进行 M&A（合并收购）之外，还可以通过共同化等的企业间合作来寻找出路”。也就是说，可以分析出当以物流市场的缩小倾向为背景时，尤其对于小规模物流企业是一项有效的应对策略，是通过共同物流等企业间的合作来促进其竞争战略。

为了印证共同物流的实施效果，JILS 在 2014 年 3 月发行的《物流成本调查报告书（2013 年）》中，报道了关于降低成本的对策效果的调查结果。调查的形式，是让调查对象从各公司实施的降低物流成本的对策中选择一项“效果最明显”的对策，然后按照排列顺序，列出被选次数最多的 5 条。

第一位有 25 家企业选择了“改造物流基地（废止、合并、新建）”；

第二位有 24 家企业选择了“减少库存”；

第三位有 18 家企业选择了“提高装载率（混载化、利用回程车等）”；

第四位有 12 家企业选择了“改造输配送渠道”；

第五位有 10 家企业选择了“输配送的共同化”。

而第三位和第五位是广义共同物流范畴内的削减对策，如果将两者的被选次数相加为 28 家企业，也就是成为实际上的第一位。

在该报告书中，作为输配送共同化的努力案例，共举出了包括最初的同行业等共同化在内的 9 项案例。分别包括以下内容。

第一，执行与同行业其他公司的横向联合发展的共同配送同化；

第二，推进共同配送；

第三，实施与其他公司的物流共同化；

第四，实施与其他厂商的共同配送；

第五，实施老客户配送的厂家共同配送；

第六，实施在同一行业内与其他公司的共同配送；

第七，与其他公司合作进行共同配送；

第八，与相关公司的共同输送；

第九，利用集团基地的共同配送。

二、从共同配送到战略性合作

目前，共同物流和共同配送已经成为一个广为普及的内容。可以推测，也已经深入浸透到了实务领域。另外，关于日本实际上是从何时开始进行共同物流和共同配送的研究非常重要。关于这一点，可以参考《FLASH BACK》（2014 年中田信哉出版）的文献中，名为“共同配送的开始”的见解。根据文献中记载，日本于 1976 年，大和（YAMATO）运输开始了快递的服务。但是，早几年前的 1972 年，由东京纤维协会主导的共同配送就已经开始，并对当时的状况做了如下回顾。

“这种共同配送是由 10 家公司共同参与的，各自按照需要把货物发给远距离的货主，委托给卡车的货物集中在日通秋叶原支店的日通的车上，然后再转移给指定的路线卡车，送往近郊的配送由南王运送收集货物，以混载的形式进行输送。听说这是在久松警察局的要求下开始进行的。因为在掘留地区的交通非常拥堵。此外，在这一时期，浅草的鞋商社、大阪船场地区也开始了共同配送”。也就是说，日本从 1970 年起就开始实施共同配送了。

诚然，在日本各地开始的共同配送并不顺利，没有像想象中一样普及，但值得关注的是对于美国情况的以下言论。也就是说，美国并不存在共同配送的概念，因为卡车运送业的混载系统已经普及，人们觉得企业和其他公司的货物一起搬运时只要利用各种各样的混载就可以了。因此，共同配送在英语中被认为是“统一系统”或是“契约仓库”之类的商业模式。这样想来，共同配送就成为一个和英语中的统一（consolidation）和仓库（warehouse）息息相关的一个用语了。

尤其令人深思的是，共同配送实际的形式是混载输送，但这也就提出了一个问题，能不能将其定位为不仅是配送的共同化，更是几家企业的战略性合作（战略性联盟）。这样一来，重要的是如下的内容。即“有一种想法认为，这不仅仅是单纯的提高配送效率或是降低成本，而是有更深远意义的合作，其中共同配送这一形式是作为战略的一个要素而存在的。如果真的是这样，那么需要关注的不是效率的提高和成本的降低，而应该关注战略性合作的目的”。

简而言之，共同配送并不仅仅是一个提高物流效率来降低成本的对策，而是从战略性角度而言，要从其作为东日本大地震等的灾害对策的商业继承计划（BCP）以及日益严峻的温室效应等地球环境问题的对策的观点出发，必须从理论和实务双方面进行分析的极其重要的问题。

在以上前提性研究的基础上，下文对日本物流学会优秀论文加以分析。

第二章　共同配送的文献综述

第一节　物流共同化实地调查报告书（2008 年）

一、从调查研究报告书中得到的启示

2008 年 5 月，日本物流学会出版的《物流共同化实地调查报告书（2008 年）》，是关于共同物流及物流共同化进行调查研究重要的文献之一，在其“序言”中对物流共同化的发源有如下记载。“早在 1950 年中期（昭和 30 年代）在东京日本桥掘留街地区在警察部门的指导下，组织相关的商社同行们，就曾经尝试过向地方共同送货，向近郊共同配送。在第二次世界大战后复兴时，为了解决由于经济的快速成长而导致的城市中心地区的交通拥堵、以及应对企业物流能力不足的对应，开始了以‘合作处理事态’的方式进行输配送为主流的物流共同化”。这样一来，物流共同化在战后立刻以城市为中心展开。到今日为止，已经有半个世纪以上的历史了。

接下来，在叙述了“最初是从解决交通问题和提高物流效率的视点加以着手之后，加入了经营战略性的目标，现在环境问题也在其中占据了重要的位置”的基础上，谈到了以下的见解。“这 40 年间，虽然在全国策划、实验、实行了无数的物流共同化，但其中真正成功，稳定下来的案例却屈指可数”。该报告书认为，“投入了漫长的岁月、众多的劳动力、庞大的资金但时至今日依然未能确立物流共同化的普遍的方法、模式、理论”。

此外，该报告书的执行摘要中还出现了如下值得倾听的主张。即“物流共同化，在物流行政的执行过程中也是一个‘充满魅力的主题’。因此，也进行了数次的研究，但其结果都被作为内部资料，原则上是不公开的。此外，对于企业来说，这一对策的实施多少也有一些风险，且战略性高，所以积极地公开也就成了一个忌讳的话题”。在此基础上“毫无疑问，物流中的合作，在环境问题的对策、展开高度的企业战略等层面上今后将愈发重要。但是，物流共同化的研究者却少之又少，可以推断出研究质量的严重不足也将严重限制实业界展开勇敢的挑战。在国外，以往只有混载（consolidation）这一方式，但最近在 SCM（Supply Chain Management）的进化中人们开始探讨合作的重要性，而这也不再是我国所特有的研究领域”。

就像上文所示，该报告书在对物流共同化进行调查研究时是非常具有启发性的，在第I部的第 1 章中记载到日本的物流共同化诞生于 1965 年（昭和 40 年），也就是快速经济成长期的巅峰时期，而关于“物流共同化的进程”则按照年代不同进行了如下的详细分析。

二、第1阶段：经济快速成长期

日本经济以1950年为朝鲜战争提供特需为契机，在20世纪60年代至70年代中期迎来了经济快速成长期。这一时期的流通行政手段主要以对中小型流通企业的保护振兴为基本，例如，1956年施行的百货店法就是以保护中小型零售业为目的的。20世纪50年代超市诞生了，60年代初期批发商无用论广为流传，随着货物量的增加，中间流通的形式受到了人们的关注。到了80年代，超市引领了零售产业。也就是说，经济快速成长期在发展大量生产、大量销售的同时，还推行了中小型商业的保护政策。将第1期经济快速成长期，也就是20世纪50年代后半期到1973年第1次石油危机为止，物流的主要课题概括为以下两点，即加强物流处理能力和降低物流成本。因此，有许多观点都被相继提出，包括建设自己使用的配送中心、加强现有的中心、导入物流管理会计和设置物流子公司。

就像这样日本的经济高速成长，大幅增加了物流量，当在库货物数量激增和配送量增大的同时，由于输送车辆也大幅增加导致全国各地都发生了交通堵塞和停车难等问题。此外，大型店铺的重振旗鼓让交货条件变得复杂，商品的多样化使配送效率低下等问题的出现，要求我们必须重新改造物流系统。而其结果是1965年（昭和40年）前后，运送从业者不再是单独工作，而是几位从业者之间和货主（主要是批发商）之间通过合作组织进行了共同集配送、交货代行、共同送货上门、共同收货等物流共同化的举措。顺便一提1977年当时的运输省就已实施的共同物流进行的调查结果显示，运营主体较多为合作组合形式，而从业务来看共同集配送最多，超过了半数。

尤其是在东京和大阪等大城市，虽然有根据商品类别聚集着批发商的批发商街道，但由于建成时还都用的是人力货车，即台八车，所以道路非常狭窄。因此无法应对集配车和收货车的增加，在引起交通堵塞和停车难的同时还导致了输送效率的明显下降和输送成本的上升。为了改善这一事态，人们探讨并实施了物流共同化。同样的现象也出现在了地方城市，在城市街道上由于汽车运输的增加导致交通瘫痪，给集配业务带去了很大困难，因此实施了集配业务的共同化。

加之1965年前后（昭和40年代后期）出现了劳动力不足，人工费用高涨、道路拥堵导致配送效率低下等问题，现存送货上门的方式因此受到了质疑，为了解决这个问题百货店之间，或是百货店和超市、专卖店等店铺之间开始探讨通过共同送货上门来提高配送效率。尤其是送货给城市中心部的百货店时，由于交通堵塞等问题需要花上大量时间。另外，也有案例报告表明，由于交通堵塞和物价上升导致经营业务较大的中小型运送从业者无法单独推进事业的效率化，所以结成了事业工会开始实施共同集配送等物流共同化。

如此看来针对第1期的经济快速成长期的包括共同集配送在内的物流共同化，可以明确如下认识，即主要发生及开展在因作为人口密集地区而容易发生交通堵塞和停车难问题的城市中心地区。

三、第 2 阶段：经济稳定成长期

以 1973 年的第 1 次石油危机为界，日本经济的经济快速成长时代在 1990 年左右经历了泡沫经济的崩坏而进入了稳定成长的时代。其间零售业的连锁化逐渐发展，自 1974 年便利店的 1 号店开业以来，不仅是此类业态店成长迅猛，家用杂品中心、药局、折扣店等多种新形势的业态店也都陆续出现。

尤其是 1985 年，因通信线路的开放产生的企业间通信的自由化和随着 POS 系统的导入而产生的信息武装化席卷了整个流通业界。尤其是此类信息系统化的发展为单品管理提供了可能，以此为基础通过高频率少量配送和 JIT（准时制生产方式）来缩短订货至发货时间的方式也逐渐普及。另一方面也可以看出在经济快速成长期的后期出现的传统中小型零售业的减少趋势越发明确，构造变化逐渐鲜明。

经济低迷、竞争激烈等问题让企业所处的环境日益严峻，在物流方面人们需要的是以高频率、小批量、JIT 为代表的“细水长流型物流”。但是，要单独对应多品种、少量、高频率的配送会导致输送效率下降，企业经营难免受到压迫。因此制造商之间的合作，或是以输送从业者为主导的同业界的几家制造商共同进行输送的同业界之间的共同物流有所增加。明确说来，就是逐渐兴起了一种想法，即“竞争仅限于店面就好，在物流中不如还是合作起来降低成本，共享系统”。

这一时期的共同物流的案例，可以分为如下四种形态（如图 7－2－1 所示）。

第一种是发货主主体型的共同化，这又可以细分为 3 种。即与不同产业大型货主的共同化、系列集团内的共同化以及与相同产业其他公司的共同化；

第二种是收货方主体型的共同化；

第三种是物流企业主体型，第三种形态又可以分为共同配送和代理送货两种。

第四种是事业合作工会主体型的共同化。

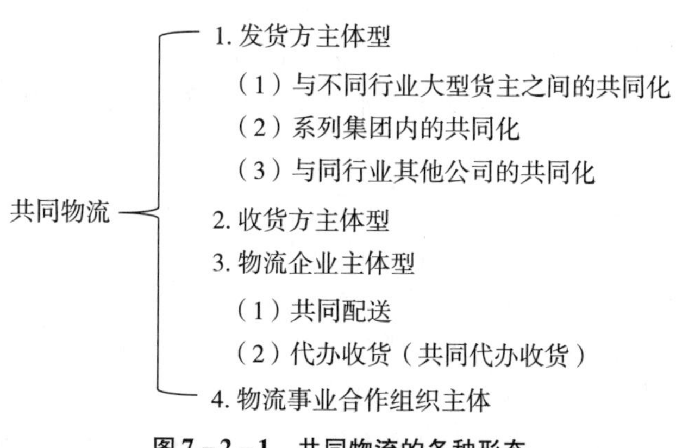

图 7－2－1　共同物流的各种形态

在《基本现代物流管理用语辞典（第 3 版）》中，对代理送货有如下的说明。代理送货又被称为共同代理送货，出现于 20 世纪 70 年代。主要指的是为百货店等店铺送货的运送从业者统一代理的服务，考虑到当时的社会背景，由于百货店的大型化，许多送货从业者需要送多种商品，导致百货店的送货口十分混乱，交通拥堵。

四、第3阶段：泡沫经济破裂后

1990年左右泡沫经济的崩溃，使日本陷入了长期的经济低迷之中。需求减少消费骤冷，在设备过剩和供过于求的背景下企业不得不面对激烈的价格竞争，被迫进行严酷的成本缩减。在流通方面，为了促进更加自由的竞争而实行了政策放宽，在选择与集中的名义下将非核心的业务进行外包、销售或撤退，又或是选择实施销售资产和削减库存，但削减库存主要是依靠汇总物流基地的方式来进行的。

大型零售商与制造商之间的制销同盟、伴随着价格破坏产生的交易条件的恶化、零售业主导的脱离批发商等问题让批发业进入了“严冬时代”，在受到批发业重组的冲击时实现了一些打破业界限制的预想之外的合并。而另一方面许多当地的著名批发商和与地区紧密相连的零售业者被迫倒闭，中小商业的衰退被进一步加剧。此外，还能发现这一动向与本文在第一章第一节中提及的历史性中间商人数的减少也相互论证。

这一时期货主企业的SCM（供应链管理）不断发展，置办、生产、销售、物流等全部进行了优化配置，在实现削减库存和减少采购时间的物流合理化进程中，外包和物流共同化的发展也有所加速。为了给无法应对多品种、少量、JIT交货等符合时代潮流的中小型批发商提供支持，1992年施行了中小型企业流通效率化促进法（中小型物流法），运用行政手段为中小型企业的不同业界的共同物流提供支援，主要在地方城市到2004年为止公开建成了15座不同业界共同物流中心。

而对于其中一个重要的特征，即同业界间的共同配送的数量有压倒性的优势这一点，进行了如下的分析。

第一，在零食产业、照相机销售业、纸文具产业、化妆品制造商等同业界的货主企业间的共同配送扩展顺利；

第二，在食品生产商、便利店、超市等需要高频率配送和冷藏、低温配送等高品质物流服务的业界共同配送正在逐渐发展，尤其是在大型便利店中日用百货和零食等常温货物也开始使用共同配送。

尤其是物流企业所推行的共同配送中，物流企业开始自己构筑共同配送系统，主动寻求多家货主企业的加入，面对21世纪后日趋严峻的环境问题，开始制定规则，进行指导追求绿色物流。例如开办于2005年的“绿色物流合作关系会议”，该会议旨在通过加深货主和物流企业之间的合作关系来推进物流的效率化，通过提供经费援助，为推进货主和物流企业双方共同进行的物流共同化的发展做出了巨大贡献。同样是在2005年，作为中小型物流法的替代出台了物流综合效率法（促进流通业务的综合化以及效率化的相关法律），由于这部新法的实施，不论规模大小，独资还是合资，所有企业都能够更加自如地推行物流共同化。

五、城市物流的共同化

在这里本文所关注的，是进入21世纪后，为了解决环境问题同时缓解大城市的交通拥堵，而诞生出的城市内物流这一新型物流共同化的动向。事实上其代表案例有以下3项。

第一，地下食品百货间的共同配送。一般来说，百货商场地下的食品卖场有许多家店铺，而给每家店铺单独送货需要多辆车辆容易导致百货商店周边道路的拥堵，而通过输送从业者一次性的送货就可以减少送货车辆。

第二，大型建筑内的楼内共同收送货化。通过楼内共同收送货公司统一负责楼内的收货送货，可以避免送货上门公司收货时占用楼内停车场导致拥堵的问题。

第三，商店街内的共同配送，在距商店街5分钟路程处设置了共同收货送货中心，在中心将所有货物分类后装入集装箱，通过共同配送车辆（天然气汽车）运送的环保集装站后，再通过运货车送往各家店铺进行货物收发。

似乎是为了证实这一点，2006年由城市工学系的专家们出版的名为《城市的物流管理》（苦濑博仁、高田邦道、高桥洋二编著）一书中，将共同配送作为了中心主题。究其背景，因为物流本身具有多面性且覆盖领域广阔，其中城市地区物流存在的问题尤为众多，错综复杂，引起了人们的问题意识。

在该书中对共同配送做了如下定义。即“将数家货主和运送从业者的货物汇集到流通中心，通过少量的货物车进行配送，在大规模的建筑物内根据不同楼层不同店铺将货物分类后统一配送”。在此基础上又分为了“城市内共同配送”“建筑物内共同配送”“城市内和建筑物内的一揽子共同配送”三类，此研究的特征为尤其重视“建筑物内的共同配送”（如图7－2－2所示）。

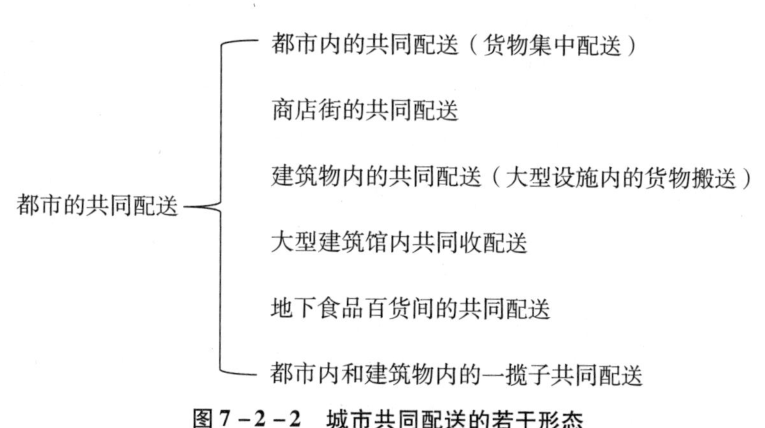

图7－2－2　城市共同配送的若干形态

此外，2014年出版的名为《从物流看道路交通计划》（苦濑博仁监修）的书中，在物流中心等进行进出货的操作场所的理货设施的计划菜单中作为旨在“减少（削减）”的计划菜单，提出了城市内和建筑内的共同配送，其概要为“将多批货物集中进行配送、搬运，来减少运货车的数量且缩短停车时间”。说明了通过共同配送可以减少运货车的数量，同时减少理货车的停车空间。此外书中还说明，这种共同配送又分为城市内共同配送和建筑内的共同配送两种，前者是将几家货主和运送从业者的货物集中在收发货基地再进行配送，后者则是在建筑物内的理货设施内操作区域将货物按照楼层和收货人进行区分，再一同送到建筑物内的收货方处。

在 21 世纪，这样的一种对日本城市中共同配送的理论构筑和实务案例的研究，地位越来越重要了。

六、成功与失败原因的分析

同样是该报告书中作为从实务层面对关注的案例进行分析的结果，在该报告书第 1 部的第 4 章“寻找成功要因与失败要因”中提出了以下 5 项成功要因。不过只有 14 个案例举行了听证会，且能保证水准达到研究素材的最多只有 10 个案例，所以无法进行数量分析，且没有办法将听证会上公布的所有信息全部公之于众，但其作为案例研究的成果还是有值得关注的内容的。此外，还需要追加一点，即这些成功要因有时会适得其反成为失败要因这一点，以及不仅仅是在物流共同化更是在整个经营都是一个需要研究的课题这一点，都被列入了“物流共同化的成功 5 要素”中（如表 7－2－1 所示）。

表 7－2－1　　物流共同化的成功要因

序号	内容
1	强烈的动机
2	充满挑战精神的领导者
3	涉及信息系统的高技术能力
4	确保能成为有战斗力的人才
5	接受与自己不同业务之间的互助与合作

第一，必须要有强烈的动机。也就是说，必须要意识到除了实现共同化以外再无其他解决方法的紧迫感，如果仅仅是以降低成本为动机的话会有太多的解决方法，推行物流共同化的动机就会不够强烈。这点在株式会社组织中有成功的案例，因此可以加以推测株式会社组织或许比合作组合组织更加优秀。

第二，需要有一个充满挑战精神的强大领导者。领导实务团队的队长自不必谈，还有经营者持久的支持和领导能力也是至关重要的。实际上，在失败的案例中经常能发现工作人员的种种不满，如“上头不做工作”“不下达决定”等。

第三，是否具有能最大化引出共同化效果的较高的技术能力是成败与否的关键点。尤其指出了信息系统的开发能力必不可少，在该报告的第 1 部的第 5 章“支持物流共同化的技术”中，作为信息系统的开发重点提及了 EDI 数据中的标准化，提及了以下内容。“共同物流的业务，始于接收到众多参加使用者的送货指示数据。此外，用户为了确认服务已经完成，希望能得到需要的报告数据。这里的这些数据中，必须将传输手续在内的一切流程都进行标准化。”还提到“物流企业要进行这种标准化流程是非常困难的。必须要请求业界 VAN 运行公司和流通指令中心的合作。可以说，交货方系统上能否顺利的统合，正是共同物流事业成败的关键”。

第四，前文已经提及最需要重视的是人才，而在这里要特意单独与第 3 点中提到的为了保证较高的技术能力而确保人才分开提出。概括来说，这里指的确保人才，是因为物流工作是在极其复杂的环境下为顾客提供服务的极其复杂的商业活动，所以能够交给零工和兼职员工的工作内容非常有限。这里介绍了一些案例，不分学历都让其体验现场操作，以备紧急时刻无论是谁都能随时随地变为战斗力，从平日开始就要进行教育和训练。

第五，必须要锻炼与自己不同的对手之间沟通的能力。这一点从根本上来说就是要认识到，物流共同化并不是在战术层面小范围的改善问题，而是在战略层面进行全局性的经营改革。因此需要强调的是，在这样一种复杂的环境下要想解决物流共同化这种复杂的问题，必须要在参与者和企业相互认同彼此之间的风土、文化和习惯的基础上进行合作和配合。

第二节　物流共同化实地调查报告书（2012 年）

一、新调查研究报告书的宗旨

在上述讨论的《物流共同化实地调查报告书（2008 年）》中收集了许多的案例，并将其分为了如下 5 类。

第一类，通过共同出资来设立共同物流运营公司的案例；

第二类，设立合作公会、联合来发展共同化的案例；

第三类，在流通业界中存在的所有物流的案例；

第四类，由物流企业主导的案例；

第五类，数家单独企业集合进行共同化的案例。

而其结果主要总结为以下三点。

第一，最多的是设立合作公会、联合来发展共同化的案例；

第二，由物流企业主导的案例也有不少；

第三，由于企业所处的环境日益严峻，所以数家企业为了追求提高效率而进行共同化的案例也不在少数。

但是，该报告书发布于 2008 年 5 月，而同年 9 月以美国发生的雷曼事件为导火线发生了国际性的金融危机，世界性的需求大幅减退全球金融都陷入了低谷，日本企业也面临着严峻的形势。加之 2011 年 3 月爆发的东日本大地震，地震造成的海啸给东北地区的太平洋沿岸带去了前所未有的巨大物资及人员的损失，且造成了核电站的核污染等严重问题，让人深切感到了自然的可畏。另一方面，在经济领域中随着中国等新兴国家的兴起，迎来了高度信息化社会的网络销售市场在世界规模内急剧扩张，为了进行相关配送产生了大型物流设施的建设热潮。

在这样巨大的时代变化的基础上，在《物流共同化实地调查报告书（2008 年）》公开 4 年后的 2012 年 5 月，日本物流学会公开了新的《物流共同化实地调查研究报告书（2012 年）》。在 2012 年版本的报告书的前言中，有与 2008 年的报告书完全不同的记载，具体内容如下："《物流共同化实地调查报告书（2012 年）》弥补前一份报告书的不完善，不充足的部分，并追加其后的新成果。与之前很大的区别在于，此次在东部和西部建立了研究会，在相互的配合之下进行了调查活动。因此，调查对象不会再偏向于某特定区域的某种规模的企业。此外，能够花更长的时间进行调查活动"。

在新的报告书的《卷首论功》中，对新的物流共同化的方向有所启示。即在以 2011 年 3 月的东日本大地震为契机，而摸索出的新物流系统的基础上，提出了如下主张。"如果仅仅是为了增加处理量，提高物流活动的效率，那么这种共同物流只是为了中小型企业而和大型企业是无关的。但是，在大型企业中，已经不再是'物流共同化'，而是进行着'关于物流的战略性合作'，是制造商之间的部分性的物流统一。关于进出口的海运集装箱在公路运输的共同运行也在不断发展。把物流共同化放在一个更大的目标之内，将其与物流网的重组挂钩这种想法是很新颖的。虽然，不知道能否顺利进行"。

也就是说，这种看法从根本上提出了一个富有创造性的认识，即共同物流和物流共同化已经不再仅仅是以中小型企业为对象而进行的。要从战略性的观点出发，将其看作大企业以及包含了陆、海、空货物运输以及物流在内的经营战略的一部分内容。

二、新调查报告书的关注点

在 2012 年版的新调查报告书第 1 部分的第 1 章中，提出"物流共同化的进程中有几点需要加以关注"，具体内容如下。

第一，1976 年召开的日美两国的运输部长会议（运输公开讨论小组）中，明确提出了两国政府间对于物流共同化的期待存在差异。也就是说，美国政府面对城市内交通堵塞的问题，曾经考虑过通过货主为中心的物流共同化来解决。但之后，因其拥有广阔的土地和富足的资金，所以选择通过建设绕城公路来缓解交通堵塞的问题，并未选择物流共同化。最后，会议主张"考虑到日本国土狭窄财政困难，无法采取与美国相同的解决办法，今后也必须要将物流共同化作为重要的实施对策加以探讨"。同时，这也突出了日美两国地区政策差异及财政条件的差异。

第二，同样是这一章中记载，1985 年的电气通信法改正，为日本的物流共同化带来了巨大的转换期。在那之后，大型企业参与的物流共同化频频出现。例如，以 VAN（附加价值通信网）为前提的最早的正式有制造商参与的共同物流，1989 年，有 10 家日用杂货制造商和 VAN 运行公司的 PLANET 股份公司共同出资设立的 PLANET 物流股份公司，开始提供日本化妆用品业界的共同物流。此外，如果只看最主要的案例，也有 5 家大型零食制造商（1998 年）、2 家大型打印机制造商（1997 年）、3 家冷冻食品制造商（2007 年）、2 家啤酒制造商（2011 年）等许多同一市场处于竞争关系的大型企业都实施了物流共同化。

另外，关于物流共同化案例的分类，除了上述的2008年的报告书中的五项分类之外，追加了一个大致区分为制造业和非制造业的第6项“业务合作、资本合作的结果、共同化实现的案例”。指出了一些在2008年的报告书中刊载的调查报告中，没有出现的新型物流公共化的潮流（如图7-2-3所示），具体内容如下所述。

第一，和上次调查相同，通过建立合作组织、团体、协商会等实现共同化的案例、由物流企业主导的案例以及几家企业集中进行共同化的案例很常见；

第二，许多案例中在业务合作、资本合作之后，都实现了共同化，可以了解到企业存在经营环境严峻追求经营效率化的现状；

第三，意识到环境问题的严峻性，有个别企业和同业界或是不同业界通过合作来推行共同化的倾向。

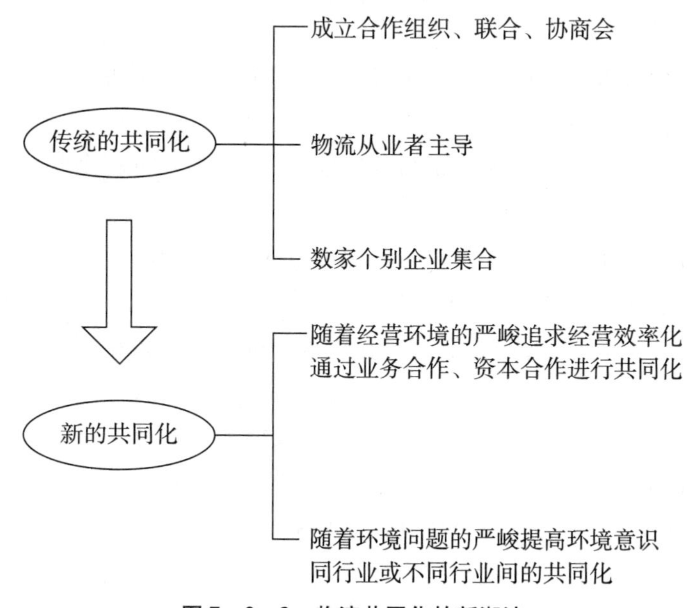

图7-2-3　物流共同化的新潮流

三、物流共同化外部环境的分析

2008年版的报告书和2012年版的报告书，都在第2部中以“物流共同化的周边”为题，在第5章中提到了“支持物流共同化的技术”。考虑到这些应从实务角度加以关注，所以本文将对较新的2012年版中提到的内容进行分析。

也就是说，2008年版的介绍中，将信息系统的开发、配送中心内的仓储设施和分选设备的物流共同化技术作为“共同化的支持技术”加以介绍。2012年版则从“混载的技术”这一观点出发加以整理，提出了以下观点：“在物流共同化中除了在个别企业使用的一般性技术之外，让参加者能通过‘一起工作’来获取利益的技术和系统也非常重要”。但是，一般不会将共同化产生的优势和弊端量化后提供给相关部门。因此，希望能构建一个符合相关部门需求的物流系统（如表7-2-2所示）。

表7-2-2　　物流共同化支持系统的要点

序号	内容
1	将物流共同化的优势和弊端进行量化
2	将物流共同化的费用进行合理分配
3	企业的经济效果和环境负荷减轻程度的合理量化
4	开发能够提供高效率高品质输送技术
5	灵活使用、管理托盘和送货箱的技术
6	灵活使用、管理集装箱的技术
7	推进RFID等相关射频信息技术的开发

第一，“共同化成果中分配技术的挑战”，这意味着要分别将每一位参加者的共同化参加前和参加后的优势和弊端进行量化。

第二，“将服务分区及费用体系相结合的技术”，这需要将利用共同化的费用按照提供服务时的负担大小进行合理的区分。

第三，“把握参加企业的经济效果、环境负荷的计量技术”。这是因为物流共同化与减少车辆数目和行驶距离、节约能源、减少二氧化碳（CO_2）排放量等息息相关。

第四，“输送技术的开发技术”。因为在物流业务中输送占据了很大的比重，所以非常重视能够提供高效率高品质的输送服务的相关技术开发。具体而言，除了不把货物储存在仓库迅速配送，即越库模式。还举例了牛奶取货和一次性交货等技术。而牛奶取货（milk run）又可译成循环取货，来源于来往于多个乳畜业者家中取牛奶的牛奶业者，指的是来往于多个发货店之间收集需要配送的货物的工作。

第五，“灵活使用、管理托盘和送货箱的技术”，因为作为输送辅助道具的托盘和送货箱虽然为提高物流效率做出了贡献，但使用后经常会因为回送、丢失、破损、修理等产生管理及成本问题。针对这一问题，有如下几点对策，包括：统一托盘的规格；将与交货时使用的托盘规格、品质相同的托盘取回；托盘由每家企业负责准备；在租赁托盘时使用租赁传票来进行出纳管理等。

第六，“灵活使用、管理集装箱的技术”。即便像JR集装箱和国际海运集装箱等双方都严格管理，能够追踪把握其所在位置，但很少会有来去时都装有货物的情况。因此，关于这一问题，很早就开始讨论其利用对策。

第七，“关于信息的技术”。介绍了利用射频识别人和物的认证技术RFID（Radio Frequency Identification），期待其进一步的开发成果。

另外，第2部分的第6章对“支持物流共同化的公众支援”进行了分析。从2008年版之后过了4年到了2012年版，并没有推出什么新的公众支援对策。因此，将要点简洁描述为以下内容：共同化无法由一家企业独自完成，但只要多家企业共同努力就能实现，在这一想法的基础上，将其作为中小企业的振兴对策沿用至今。

因为高速经济成长期，流通、物流的发展跟不上生产体系的扩大，培育、强化占据业界90%以上的中小企业已成了当前首要任务，合作组织共同强化基础的形式得到了进展。但近年随着国际化的深入，世界范围内的竞争与企业规模的相关性减弱，也出现了不考虑企业规模的公共支援。再加之对环境问题的对策，需要的不仅是企业规模更要求去掉不同业界之间的屏障进行合作和协助，从这一观点看来，公众支援的对象正在扩大。

第三章　共同配送的最新研究

第一节　两个实地调查的分析结果

日本物流学会发表的2008年版和2012年版的《物流共同化实地调查报告书》，可以评价为日本物流共同化研究的奠基之作，具有很大的先驱作用，其研究成果为探寻今后的研究动向起到了参考作用。事实上，在2013年5月，同样由日本物流学会发行的《日本物流学会志(第21号)》的研究论文中，刊登了《物流共同化案例的对比分析——以2008年和2012年的报告书为研究中心》以及《从18个案例分析物流共同化的关键——2012年物流共同化实况调查报告书》两篇论文，后一篇论文的内容可总结为以下分析结果。

在对第2次物流共同化实况调查的18个案例进行分层的同时，确认各案例的结果，明确了以下7点。

第一，对象产品中“食品”居多；

第二，对象领域中“销售物流”居多；

第三，运营主体中“物流企业”居多；

第四，不仅在物流量少、配送密度低、效率低的地区，大城市中也展开了物流共同化；

第五，物流共同化的契机是交货车辆的装载率低下；

第六，因为继续物流共同化所以可以享受经济优势；

第七，为了继续物流共同化，构建信息系统使其更有效率，相关人员之间的信息共享也非常重要。

在这之中，与2008年的14个案例相比，有相同观点的，包括了上述7项内容的3项(如表7-3-1所示)。

表7-3-1　物流共同化案例的分析结果

序号	内容
1	对象商品中食品多
2	对象领域中销售物流多
3	运营主体中物流业者多
4	在大城市圈中也在开展物流共同化
5	送货车辆的装载率低下是物流共同化的契机
6	继续物流共同化需要有经济方面的优势

第一，食品多；

第二，销售物流多；

第三，在大范围内推进物流共同化的案例很多。

特别是第三点，2012 年和 2008 年的案例出现了以下变化。那就是，物流共同化的对象地区和开展区域，发展到大城市圈和大城市圈以外的两个方面；在所有地区物流共同化都在进行，实施物流共同化的情况下开展区域不断扩大。

以上两个实况调查研究，分别于 2008 年和 2012 年进行。但是，在日本于 2011 年 3 月发生了东日本大地震，并由此引发的大规模海啸极大影响了物流活动。2011 年 8 月到 12 月，在许多日本企业开展事业的东南亚的泰国发生了大洪水，许多日本企业工厂所在的工业园区和曼谷等城市都发生了严重的水灾，导致了供应链中断的严重事态。因此，研究严重多发自然灾害发生时，产生了对物流共同化的影响变动。在 2012 年 5 月，发表的《物流共同化实地调查报告书》，一部分调研内容在时间上不可能得以实现。因此，此项调研需要今后进一步继续展开工作。

第二节　2012 年以后的物流共同化研究与实践

一、《物流共同化研究》的创刊

上述两个实况调查研究报告书中的研究成果，被关西物流共同化网络以《物流共同化研究》为题的电子杂志进行了刊登。在 2012 年 10 月 20 日发行的电子杂志创刊号中，在“第 2 次物流共同化研究的概要”中记录的“追求物流共同化的效果”可总结为以下内容。

即，关于物流共同化的效果，一直以来被定义为“提高装载率减少车辆数量”“减少交货数量提高接收作业的效率”“减少二氧化碳排放量”等，并没有进行定量的表示。因此，为了把握定量效果，在依靠各企业合作的基础上比较了单独配送和共同配送。以 1 天的共同配送的实际情况为基础，计算单独配送，也就是进行采购车辆的模拟实验，比较共同配送和单独配送的情况。

具体来说，在井阪运输、快餐食品服务、行星物流、若松包裹运输仓库 4 家公司中，进行一天采购物流的卡车运输模拟试验后，依照顺序出现了以下的削减率。

第一，关于车辆数量的减少，分别为 40%、25%、61%、50%；

第二，关于装载率的提高，分别为 17%、8%、22%、10%；

第三，关于二氧化碳排放量的减少，分别为 31%、26%、36%、61%。

虽然，企业之间有些许的差别，但是分析认为，总体上与单独配送的情况相比，共同配送是一种效果十分显著的商业模式。

另外，在“物流共同化的动向”项目中介绍了被媒体广泛报道的物流共同化的案例。下面，将列举其中引人关注的几点。最初，2011 年 10 月报道的资生堂、高丝、花王等在日本东北地区和北部地区的大型化妆品公司的共同配送案例。据这个报道介绍，各个公司的配送产品由配送运营公司进行汇总，然后配送至店铺，随着零售店收货业务的减少、上架业务次数减少，减轻了化妆品店铺的业务负担。同时，制造商通过配送一体化，在具体配送时，给两家以上店铺进行配送的比率达到了20%，提高了各公司对各店铺的配送效率。据悉，在降低全球变暖的最大原因，即控制二氧化碳的排放量方面，北部地区实现了降低10%以上。

接下来，在2012年3月，可果美、蜜柑、日清食品油3家公司，把共同配送扩大到九州地区，具体运营由Senkou公司来担任。这次共同配送的业务扩大区域达到九州全境，以这三家公司的常温流通产品为对象，这三家公司从客户收到订货数据后，通过VAN向运营公司的信息系统发送指令。运营公司，在这三家公司一体化数据的支持下，更有效率地安排日程，从共同仓库出货进行共同配送。据报道，共同配送的目的在于，依靠三家公司共同的物流品质管理系统，达到减少收货误差的目的。与实行单独配送相比，二氧化碳排放量降低了25%。

然后，在2012年4月，以货物汽车运输业为主的富名运输（富山县）的控股方，富名控股公司与第一货物（山形县）、久留米运输（福冈县）共同出资，三家公司联合成立一家新的物流公司。目的是，在卡车运输业确保货车司机安全和减少空货车成为可能时，利用新的物流公司，构筑一种使三家公司的货物能更有效率地进行运输的体制。

2012年5月，属大型家电专卖店的比酷电器以及小岛电器表示，在进行资本业务合作的同时，在物流系统方面的合作也在积极推进着。为了维持两家公司店铺品牌独特性的同时，共同实现合作效果，在物流系统方面进行合作，通过物流的共同化降低物流成本。共享两家公司物流操作的优势的同时，在必要的系统方面进行合作。

像这样，在2012年前后关于共同配送和共同物流的案例十分多见，可以看出物流共同化在日本的各个实际领域运用得越来越广泛。

二、2012—2013年的主要案例

2012年10月20日，发行了《物流共同化研究（第1卷第1号、创刊号）》。在这之后的2013年8月，每2个月发行1次（第1卷第2号至第1卷6号），共5次。其中，在“物流共同化的动向”项目中，介绍的共同物流以及共同配送相关案例，在把握共同配送的动向方面，具有较高的参考价值。其主要案例介绍如下。

最初，第1卷第2号（2012年12月10日）中，报道了爱普生销售和日本佳能市场营销，于2012年8月开始将两家公司在福冈地区的配送中心业务实施共同化的案例。他们希望通过充分利用日本通运的框架，将两家公司的配送中心进行共同化，在同一场所管理两家公司的产品，使仓库内的作业共同化，减少二氧化碳排放量，提高物流业务的效率。本次配送中心的共同化，也包括对顾客进行直接交货所必要的商业机器的配送，激光打印机，复合机等使用完的硒鼓进行回收的共同化，以其他的信息及其制造商为首对各类企业进行共同化的呼吁，以此提高物流的效率。

接下来，是关于2012年8月，笔记本电脑制造商富士通将本公司生产的笔记本电脑和其他家用电器（电冰箱、洗衣机、电饭煲）混合装载进行配送的案例。即，在配送家用电器的货车上，装载富士通的个人用笔记本电脑。其目的在于提高货车的装载能力，降低物流费用，检验物流品质和成本效果，顺利的话扩大对象渠道，将70%的装载率提升至80%。

第三个介绍的案例，是第1卷第3号（2013年2月10日）刊登的物流共同化案例。研究中的宝物流系统株式会社。这家公司作为宝酿酒公司的物流子公司，成立于1961年，与大冢仓库进行业务合作后，开始了京滋地区的共同配送。业务对象包括酒类（清酒和烧酒）、清凉饮料、加工食品等。交货地点一般是批发商店（包括一部分零售商店），各制造商在大批量的情况下，从各厂商的基地以货车为单位（不同于一个货物为单位，是一种包租一台货车的运输合同）直接送往交货地点，小批量基本使用共同配送。但是，关于共同配送存在两点问题。

第一，会发生各制造商延迟到货的情况，需要在紧凑的日程中加以调整；

第二，物流量变化大，有时需要紧急配置运送车辆。

第四个案例是第1卷第4号（2013年4月10日）刊登的行星物流株式会社。这家公司是于1989年成立的共同物流运营企业，在日本全国设立了6个物流中心，进行化妆用品（日用杂货）的共同保管和共同配送。共同配送是集中同行业的货物，将货物送往同一个送货地点，从而减少车辆数量、提高装载率、实现车辆大型化、降低燃料使用量、减少二氧化碳排放量。同时，该公司在进行了定量效果计算之后得出如下结果。即，车辆数量减少了61.2%、装载率提高了22.1%、燃料使用量减少了45.6%、二氧化碳排放量减少了36.3%。

该公司的共同物流的特点有以下几点。

第一，收支合算的基础货物由狮王提供；

第二，设定引导合理化的收费体系，创造新制造商容易加入的环境；

第三，为了获得参加制造商的信任要专注于物流品质；

第四，构筑共同物流信息体系，进行本地管理、出入库管理、库存管理、作业管理等，提高这一系列作业的效率，向参加的制造商正确并且快速地提供信息。另外，在推进有优越社会性的共同物流这一目的下，提出了以下6个运营原则。即，共存共荣原则、非利己原则、公平原则、促进合理化原则、守密原则、相互利用资源原则。

三、城市建筑物馆内物流的发展

第五个引起关注的是，在第1卷第5号（2013年6月10日）上刊登的题为《城市建筑物内的物流案例》的论文。据此，写字楼的物业公司对馆内物流产生兴趣是在2000年左右。主要原因，是要解决由于送货车辆造成的周边设施的交通堵塞和违法停车等问题。同时，交货方（批发商和物流公司）也想提高配送效率和集中货物的速度。并且，2001年9月11日美国发生的恐怖事件以后，又开始强调了加强馆内安全的重要性。另外，近几年货物用的电梯的使用频度降低，送货车辆减少等原因，从减轻环境负荷的角度来看也十分重要。这样一来，对写字楼物业公司来说，馆内物流随着交通堵塞和违法停车的解除产生了许多附加价值。包括，减少了周边居民和警察的投诉与不满。

对于大型设施，主要有送货上门的物流企业和其他送货车辆。其他送货车辆包括，送货方配置的包机、印刷企业和食品批发商的自家车辆、现金运送车、自动售货机的推销商等。物流量中大约70%是送货上门业者，其余30%由其他构成。但是，车辆数量的比例当中送货上门物流企业占30%，其他占70%。所以，送货上门车辆的装载数量多、效率高；其他车辆物量少、车辆数量多。因此，如何控制其他车辆是使馆内物流成功的关键所在。目前，馆内物流被认为是日本城市物流中必要的物流服务内容之一。

另外，2013年4月《物流共同化的动向》中也刊登了关于馆内物流的报道。即日本物流网络协会下属的66个会员企业，共同出资成立的合作投递公司的案例。该公司接受了位于东京都千代田区的大型设施，丸之内大厦和新丸之内大厦等东京都内5个综合型高层写字楼的馆内物流业务。这里的馆内物流包括，该公司一同接受入住者的货物，代为执行馆内的配送业务。同时，也收集各个入住者的货物并转交给各个运输公司。另外，该公司也在武藏野市的商业街进行共同配送。

除此之外，第1卷第6号（2013年8月10日）刊登的《物流共同化的动向》中，介绍了以下这个具有划时代意义的案例。题为“共同统一配送——扩大至全日本的西浓运输和福山运输”，这是与大型线路运输企业的一次合作。因此，引起了广泛关注。据此，以前是竞争对手的西浓运输（岐阜县大垣市）和福山运输（广岛县福山市），于2013年7月开始集中统一配送地点进行统一配送。以家电和食品等大宗产品为对象，在关东、中部、关西地区实验性地展开，并逐渐扩大顾客范围。这样的共同统一配送，目的在于降低卡车的废气排放量、缓和交通堵塞。

另外，作为战略思考下的物流改革案例，介绍了以面向物流业务的提案能力为基础扩充服务的一个环节。2009年，面向中小型点心制造商开始共同配送的丸红集团物流事业公司的案例。点心制造商的中小型企业居多，与大型企业相比产品的发货量很少。因此，在每次发货时都要委托运输公司，这样一来配送成本高。同时，由于多次的装卸也会造成产品的品质下降，产生许多令人担心的情况。

四、2013—2014年的主要案例

（一）日本物流共同化的时代

上述的《物流共同化研究》第2卷，于2013年10月开始每隔2个月进行邮件配送，到2014年8月为止，配送了第1号至第6号。其中，值得注意的主要案例如下所示。

最早在第2卷第1号（2013年10月），刊登的第30届日本物流学会全国大会（2013年9月召开）的自由论题中题为“物流共同化研究的历史分析和课题”的主要内容，并进行了如下表述。即，日本的物流共同化是在高度经济成长的环境下产生的，在经历了

经济的稳定期和低迷期的不到50年间，受到经济环境的各种影响展现了各种形态。其目的，为了提高日本物流的效率和降低环境负荷做出了贡献。这不到50年的物流共同化历史，可以简单地分为以下三个阶段。并且，在上述的《物流共同化实况调查研究报告书(2008年)》中也记载了同样的时代划分，但是由于已经过去了5年多的时间，所以在此进行时代的分析。

首先，关于日本物流共同化的发源有许多不同的说法，基本上认为始于1965年前后。第一个时期暂定，处于受到高度经济成长影响很大的1960—1977年，这个时期在高度成长的背景下物流量大幅增加，同时库存也大幅增加。特别是物流量的增加给大城市以及地方城市带来交通混杂、停车困难、运输效率低下等问题。结果，为了解决这些问题，作为经济中枢的批发商和商场不得不推进物流共同化。具体来说，推进了以下三方面的内容。

第一，批发物流的共同配送；

第二，向商场送货和送货上门的共同化；

第三，效率低下的终端运输的共同化。

其次，第二个时期暂定为1977—1998年，这个时期经历了石油危机，面对消费者日趋多样化的嗜好，必须进行多品种少量生产模式，物流也向多频度少量化倾斜。这种物流的多频度少量化模式导致运输效率低下，所以货主不得不削减物流成本。这样，从提高批发物流的效率向货主的物流共同化的转变开始，不仅同行业的公司开始进行合作，曾是竞争对手的公司也出现了共同化的现象。并且，这种动向也成为将物流效率化问题提高到经营级别的契机。另外，这个时期中，有实力的物流企业也率先开始家电和电子配件的共同配送。

最后，第三个时期是1998年以后至今的这段时期。这一时期，受到1992年地球峰会的召开和1997年京都议定书的影响。为了实现降低温室气体的目标，对包括物流在内的运输部门设置了一些限制，2005年节能法被修改，拥有200台以上卡车的物流企业和年运输量在3000万吨以上的货主企业成为能源规制的对象。这样一来，不仅货主企业，物流企业也必须承担减少温室气体也就是二氧化碳排放量的责任，以追求环境友好型的绿色物流。不仅如此，持续多品种少量化，缩短产品周期的生产模式，全球化背景下工厂的海外转移等，使得日本企业所面临的环境进一步严峻，从经营效率化这一观点来看也不能无视物流效率化。

此外，第三个时期的特点还有，在第三个时期的前半期出现了物流企业联合，后半期出现了同业配送和往返运输。并且，出现了馆内物流和地下商场共同配送、提高城市中心物流效率化等城市物流问题。加之出现了企业间的业务、资本合作，供给和物流方面的共同化案例也越来越多，这也印证了物流效率化成为企业经营的重要课题这一动向。

在这些物流共同化的新形态中，物流企业联合是指，以往各业者都单独推进共同物流，但是为了扩大共同化的效果，需要构筑一个网络来将物流企业们联合在一起。接下来城市内物流由于在城市内，送货汽车在马路上整理货物从而导致了交通堵塞，并且给行人造成安全隐患，整理货物空间不足的对策亟待提出，这一问题，也受到了人们的关注。特别是2006年6月起，实施的改正道路，交通法强化了对违法停车的管理，可以说提高了城市内物流的重要性。具体分为高层建筑的馆内物流、地区内共同运输配送、商业街的物流共同化等。然后是竞争对手联手实现共同配送。最后是往返运输，这是多个公司为了兼顾物流效率化和减少环境负荷而共同利用卡车和集装箱的案例，近几年来逐渐增多（如表7-3-2所示）。

表7-3-2　　最近的物流共同化事例的特征

序号	内容
1	根据构筑网络从而连接物流企业的共同化
2	在城市物流重要性日益增大背景下的共同化
3	往返于多个公司卡车运输和集装箱运输的共同化
4	竞争对手在物流领域合作的共同化
5	基于企业间业务、资本合作的物流业务共同化

（二）最新物流共同化的案例

据第2卷第2号（2013年12月10日）介绍，大冢仓库于2013年11月开始在中部地区开始饮料和速食面的共同物流。在这之前一年，大冢仓库与三洋食品在四国地区开始共同物流，配送卡车的装载率上升了约15%，由于实现了降低配送成本的目标，因此决定扩大至中部地区。大冢仓库调查了集团公司的大冢制药和三洋食品的物流特性，将与大冢制药的饮料（繁忙期为夏季且重量大）特性相反的三洋食品的速食面（繁忙期为冬季且重量小）进行组合，完善由于季节不同所造成的物量的变化风险，使有重量限制的配送卡车能够进行有效的活用。即，批发商和零售店等送货地点重复率高的地方，共同物流是对于两家公司来说会产生巨大的合力效果（乘数效应）的一种组合形式。

另外，作为2014年后刊登在《物流共同化研究》上的案例，介绍一下第2卷第3号（2014年2月10日）的两则报道。第一个是，东芝和美国大型化学公司杜邦在国内陆路运输的集装箱共同运行方面，防止往返集装箱空箱状态。这样一来东芝在往返的时候都能装载货物不会造成浪费，可以削减温室气体的排放量、每年还可降低约数百万日元的成本。第二个是大和运输开展面向公寓的馆内物流的案例。即，以大规模的公寓为对象，该公司收集并装载配送到各家各户的货物，进行统一配送的体系。在网上购物越来越普及，住宅货物量增加的背景下，可以使消费者在家时一齐收到多个配送公司货物，提高便利程度。

接下来介绍第2卷第4号（2014年4月10日）刊登的两则案例。第一个是roji partners，为了强化宠物食品领域的物流事业，开始了将多个宠物食品制造商的产品送往同一个交货地点的共同配送，今后将增加参与到共同配送的企业数量。第二个是青森县作为行政机关，在强化以农林水产业为基础的产业能力的同时，促进物流基地的发展，制定

“县供销（物流）战略”，构建共同物流。由于该县的农林水产业距离首都圈以及关西圈等大型消费地区较远，运输成本高，因此在该战略中依靠共同运输实现降低物流成本，保持新鲜度的高附加值物流，采取小批量混合装载的共同物流体系。

在第 2 卷第 5 号（2014 年 6 月 10 日）中，介绍了以下一则案例。久保田公司活用内陆地区的集装箱站，循环利用集装箱，从而提高物流的效率，降低二氧化碳的排放量。具体来说，将用于进口的空集装箱运往集装箱站的卡车，在运送完毕之后作为用于出口的集装箱进行使用。这样一来，集装箱站就不会有集装箱闲置，可以有条理地进行库存管理，减少二氧化碳的排放，减轻东京港和周边道路的慢性堵塞。另外，在东京货物站，以 SBS rojikomu 为中心运输公司相互合作，开始了集配业务等共同化作业。其目的在于，通过运输公司合作混合装载货物组合使用集装箱，以应对更多的铁路货物运输需求。

第 2 卷第 6 号（2014 年 8 月 10 日）中，介绍了刊登在 2014 年 6 月 12 日日本经济新闻中的题为《大和等 8 家公司开始共同运输》的报道。据此，大和运输、西浓运输、tonami 运输、名铁运输、中越运输、第一货物、神田集团等大型公司在内的 8 家物流公司，共同运行面向企业的干线运输卡车，在依靠长途卡车连接每个城市的干线运输中，由于在送达货物后容易出现空闲空间，因此以运输费用易变高的地方路线为对象，相互活用卡车的空闲空间和集配基地。

这种超越了企业的框架通过特殊的合作进行定时配送，维系服务品质，降低成本的背后，我们不能忘记由于经济状况的回缓而造成的人手不足，即无法确保卡车驾驶员的情况。现在，国土交通省已经于 2008 年发布了卡车司机的供给预测，如果在确保劳动力方面继续坐以待毙的话，预计到 2015 年度会造成最多 14.1 万人的人手不足。并且 2014 年 3 月国土交通省综合政策局物流政策课发布的《关于劳动力不足问题》一文显示，卡车司机的人手不足问题十分严峻。

作为参考，以上论述的日本共同配送历史过程可制作成表 7－3－3。

表 7－3－3　　日本共同配送的历史经过

时间	事件
1950 年	朝鲜特需使经济复苏
20 世纪 50 年代中期	各城市、各地区纤维方面的商社，开始向地方进行共同发送和向近郊的共同配送的尝试
1956 年	百货商店法开始了对中小零售商的保护政策
20 世纪 60 年代中期	高度经济增长开始
	物流量大幅增加
	发生交通堵塞和停车困难
	运输效率低下，运输成本上升
1965 年前后	物流共同化的开端

续表

时间	事件
1973 年	第一次石油危机
	从高度经济增长转向稳定增长
1974 年	第一家便利店开业
1976 年	宅急送诞生
1985 年	电气通信法修改，开放了电信行业
	导入 POS 体系
	多频度小批量配送和 JIT 物流普及
	同行业物流共同化增加
1989 年	共同物流运营业者的先锋
	行星物流（株式会社）成立
	根据货物汽车运输事业法，认可了全部卡车可以混合装载运输
20 世纪 90 年代	由于泡沫经济，稳定增长转变为低增长时代
	批发商和中小商业加速衰退
1992 年	支持中小批发商的中小企业流通效率化法（中小物流法）实行
	地球峰会召开
1997 年	京都协定书通过
21 世纪	环境问题日益严峻
	城市内物流诞生，对馆内物流的关注越来越大
	物流事业者联合出现
	物流高效化成为企业经营的重要课题
2005 年	绿色物流合作会议开始
	节能法修改，强化了对运输部门的环境限制
	物流综合效率化法实行，物流共同化扩大
2006 年	道路交通法修改，强化了对违法停车的处罚
2008 年	《物流共同化实况调查研究报告书（2008 年）》发行
	雷曼事件发生，世界需求减弱
2011 年	东日本大地震（3·11）发生
	共同配送和共同物流的事例增加
2012 年	《物流共同化实况调查研究报告书（2012 年）》发行
	《物流共同化研究》创刊
	爱普生销售和佳能市场营销开始了配送中心业务共同化
2013 年	西浓运输和福山运输开始共同配送
	《综合物流施策大纲（2013—2017 年）》发表
2014 年	东芝和美国杜邦开始国内内陆运输的集装箱共同运行
	大和运输等 8 家物流公司开始了面向企业的干线运输卡车共同运行
	卡车司机不足问题严峻

第四章　混合装载的分析

第一节　直接运输和混合装载运输

讲到物流、现代物流、供应链管理等领域的理论性以及实务性方面的时候，就必须要提及它们的发祥地，也是在学术方面和研究方面最先进的美国。实际上，在日本表示共同配送的英语“joint distribution”，在欧美出版的物流相关书籍中并不常见。但是，有人指出相当于日语的“混合装载”的“consolidation”，是最接近共同配送和共同物流的用语。因此，本文使用英语“consolidation”，或者表示合作的“collaboration”，表示运输的“transportation”，表示配送的“distribution”，表示仓库的“warehouse”等用语为中心进行分析。

并且，“consolidation”一般是指使事物发挥效果，易于操作，为此进行强化或者组合（to combine things in order to make them more effective or easier to deal with），即日语中的连接、统合、合同等意思。特别是在物流领域指将小批量货物从多个货主处进行收集成为大批量货物。比如，查阅在美国广泛普及的商业用语词典，除了“consolidation”之外，会出现“consolidator”“consolidated carrier”“consolidated container”“consolidated shipment”等索引项目。

最初在物流产业集群（logistics clusters）上，Sheffi（2012）研究中如下记载着运输经济（transportation economics）的项目。最为引导集聚供销的发展的几点都是来自运输经济问题，这里的运输可以分为直接运输（direct operations：DO）和混合装载运输（consolidated operations：CO）。前者直接运输是指运输人（carrier）从集合货物的地点到配送地点的两个地方之间将一个货物只运送一次的运输形式。与此相对，后者混合装载运输是指在一个地方将多个货物集中起来成为一个大货物进行混合装载，在目的地之间往返多次配送。因此，在运输途中，混合装载的货物会被分为多次分别进行装卸。即，直接运输是指中途没有停车在出货地点和目的地之间以最短的距离进行运输，而混合装载运输是指会在中途停车进行作业从而绕远路的情况。直接运输在一次的运输过程中会出现全部的成本，但是混合装载运输必须共有运输成本。

一般来说，运输成本在没有满载货物或者满载的情况下基本不变。并且，运输机关（conveyance）规模越大运输成本就相应越低。因此，货主（shipper）为了降低运输成本愿意选择混合装载。所以，货主如果有能满载拖车这样的运输工具的货物的话，货主就会和运输人订立直接运输（DO）合同。如果货主没有能够满载拖车的货物，就会选择能够和其他小批量货物混合装载以使拖车满载的混合装载方式。这类运输人包括LTT（less - than - truckload），这种运输形态被称为“合载运输”，在日本《基本供销用语辞典

（第3版）》中有以下相关解说。作为参考，“truckload”是指一台卡车能够装载的货物。

“将多个货主的货物集中于一台卡车上进行混合装载是混合装载的一种形态，主要是指用卡车运输的情况。以前的道路运输法中，原则上地区卡车不被承认合载运输，是路线卡车的特权。但是，在紧急情况和被委托了在路线中集中货物的情况下可以例外。其中，路线卡车的能力不足的情况下，地区卡车合载也会被认可。在进行共同配送的时候和加急邮件等情况下，也可活用这个合载许可。1989年的货物汽车运输事业法承认所有卡车业的合载运输”。

Benton（2014）的研究显示，货物运输的成本对制造业者来说十分重要，发货的频度、发货产品的类型、发货的尺寸都可能会给运输成本带来很大的影响。运输服务包括更多量的运输、UPS和FedEx等不适用的多频度的运输，发货的尺寸越大，每单位重量的运输费用就会相应下降。为了充分利用这个十分经济的费用制度，货主应当把货物混合装载，将每天发货的模式转变为将几天的货物累积起来一起发货的模式。

这样，美国的混合装载（consolidation）运输方式经常从运输的经济效益这一合理性观点进行讨论。

第二节　配送中心和混合装载仓库

Hugos（2011）关于配送基地（delivery sources）的研究中称，为顾客进行配送有两种方法，分别是一件产品基地（single - product locations）和配送中心（distribution centers）。前者一件产品基地是指，发出一件产品和其关联的小范围的产品的工厂或仓库，适用于需求很强的情况和发货单位很大的情况，如果高效地加以使用的话可以形成规模经济（economies of scale）。

相对于此，配送中心是指代行货物从一件产品基地集约的物流设施，供应商在距离顾客很远的情况下，配送中心提供规模经济。配送中心在准备发货的时候可以补充库存，主要用于越库配送。这种直接转运方法被沃尔玛所开发，是指一台卡车的一件货物达到之后在卸载的同时将大货物分成小份，与其他小货物混合装载向最终基地发货的体系。但是，直接转运方法是个十分费事的技术（demanding technique）。因此，在外部以及内部发货（inbound and outbound shipments）的时候需要进行很多调整（coordination）。

值得注意的是，案例当中，有同一个货主将产品送往同一个顾客的合作（collaboration）的案例，这种情况下合载货物（combined freight）这一新的解决方法（new solution）预计会使合作企业的总运输成本（total transportation costs）下降25%。

在此基础上，又指出“混合装载这一概念并不是新提出的，通过合作与竞争对手结为伙伴的时候企业往往会花费一些时间才能理解（The concept of freight consolidation is not new, but it is tricky for companies to grasp when they are being asked to partner with competitors in a collaborative way）”。但是虽然如此，分析认为“特别是由想减少进出配送中心的卡车数量的同一个零售业者进行配送的时候，和竞争对手结为伙伴是非常合理的（Working with competitors makes sense, especially when their deliveries are going to the same retailers who prefer to have fewer trucks pulling in and out of their own distribution centers)”。

接下来在 Mongan 等（2012）的研究中称，供应链的统合（integration）以合作（collaboration）为基础，但是统合指向产品和过程，合作则把重点放在关系（relationship）上，接着又论述了配送中心的作用。即，在过去的 30 年，供应链的轮廓由于达成了更高的供销成果和顾客服务而发生了变化。例如，20 世纪 70 年代和 80 年代零售商界导入了配送中心（distribution centers：DCs），零售商负责向各店铺配送。这里的配送中心市场被分为地区配送中心（regional distribution centers：RDCs）和全国配送中心（national distribution centers：NDCs）。配送中心是指大量产品被不同的供应商进行配送的仓库的一种形态（a type of warehouse），配送时最好一台卡车能够满载（full truck loads）。各配送中心向各地的很多小零售店铺提供服务，但是 20 世纪 90 年代混合装载中心（consolidation centers：CC）出现，可以混合装载（consolidate deliveries）多个供应商的配送货物，这样满载的货物被配送向各地的配送中心（RDCs）的情况也有很多。

并且，Jacobs&Chase（2011）的研究中显示，运输模式（transportation modes）可以分为高速公路（卡车）、水运（船舶）、空运（飞机）、铁路（火车）、管道（主要用于液体和气体）、当面交货（hand delivery）6 种。并指出，最后的产品面交给顾客属于劳动密集型且花费时间和成本。因此，对仓库的设计（warehouse design）进行了如下分析。

从各种基地收集到的载货（shipments）被集中为一个大的载货送往同一个目的地的情况下，会使用特别的混合装载仓库（consolidation warehouse），这会使系统整体的效率大大提升。在这些混合装载仓库中使用的是直接转运方法，不是制造一个更大的载货，而是为了能使大的载货在地区内进行配送而分割为小的载货。这是为了不使商品堆积在仓库中而进行的调整。实际上，零售业者在地区的仓库中接受来自很多供应商的载货，利用经计算机化控制系统调整后的直接转运系统即刻将载货送往各个店铺。

辐射状交通系统（hub - and - spoke system）是指混合装载的想法和直接转运的想法结合，将仓库称为中枢，其唯一目的在于商品的分类。入库的商品被立即分类到混合装载区域，从那里送往特定的地点。中枢被战略性地设置在距离目的地最短距离的地方。

关于混合装载仓库，直接转运方法，以及辐射状交通系统等的研究，从 Bozarth 和 Handfiled（2008）的研究中可以进行分析。作为参考，JIS（日本工业规格）的物流用语（Z0111）中对直接转运方法（cross - docking）做出了如下定义。即，“在物流中心，将货品按照事前发货通知辨别是保管还是发货，将货品送达收货地点”。

第五章　总结及展望

一、共同配送的研究与对策

2014 年 5 月，日本经济产业省宣布公开征集 2014 年“下一代物流体系构筑事业费用补助”相关的间接费用补助企业。其项目内容为：“在日本大地震以后，在必须彻底强化节能对策的背景下，占日本最终能源消耗量 20% 的运输部门的节能对策是最为受到重视的。此项目，将对仅依靠以往的对策不能彻底解决物流领域的节能，进行更有效的先行事业，目的在于根据其结果再实施更加彻底的节能对策”。

值得关注的是，作为事业的整体形象，为了与货主合作降低环境负荷以及提高物流效率而推进的举措当中与共同配送相关的有如下几点。

第一，“为了减少集装箱的空箱运输，在作为进口使用的海上集装箱在内陆变为空箱之后不要送回港口而是给临近的事业者作为出口使用”；

第二，“为了促进共同运输配送，要统一电子标签的格式体系，使共同运输配送时的信息识别清晰易懂”。可以说，这是作为降低环境负荷以及提高物流效率的对策离不开共同配送的一个印证。

另外，2014 年 9 月召开的日本物流学会的第 31 届全国大会中，有一份以“关于物流共同化成功关键词的一些分析”为题的最新的物流共同化相关研究报告，其中提及的 6 个案例有如下分析。

首先，物流共同化的契机包括以下内容。

（1）由于实施共同化之前地区配送密度很低，小宗交货增加等原因造成效率低下；

（2）复合大型大厦和商业设施的物流设施中设置的分拣货物场所和停车场、电梯等慢性堵塞等，有许多诸如此类的物理限制；

（3）货主削减物流成本的想法强烈；

（4）货主提高物流品质的想法强烈。

其次，物流共同化的关键点包括以下内容。

（1）在地区或对象商品等特定领域有实力的物流公司积极参与；

（2）参加共同化的货主多或在增加；

（3）装载率上升带来的成本削减、破损、开口、延迟等现象的减少，品质上升，检验以及收货业务效率提高、二氧化碳排放量减少、堵塞缓解、车辆减少等使环境负荷减轻；

（4）定期召开会议，组织体制健全。

在此基础上“物流共同化的契机是，不仅是提高效率以及减轻环境负担，也要应对司机不足的状况，增加一些新的视角”。

这种以配送为中心的物流共同化在日本越来越普及，将这些实务现象与其对应的理论加以链接的话，就会如表7－5－1所示。但是，日本的共同配送还处在不断进行案例研究的阶段，理论的建设还需要今后从多方面进行学术的研究成果的探讨。因此，本文作为总结，将关于日本城市共同配送实务和理论的展望记述如下。

表7－5－1　共同配送的实务和理论视点

实务课题	对应的理论领域
中小物流企业的对策	中小企业论
减少成本和追求效率	企业经营论
解决交通堵塞和停车困难	交通论
减少二氧化碳排放	环境经营论
卡车司机不足	人力资源管理论
共同配送的战略合作	经营战略论
在城市高层大厦中的配送	城市工学
提高共同配送的高附加值	现代物流管理、市场营销
自然灾害时的紧急应对	风险管理（危机管理）

二、城市共同配送的展望

在城市中的共同配送，由于小批量的送货地点多数都集中在比较狭小的地区。因此，有必要将配送至在特定地区的多个送货地点的货物集中起来，为此必须活用已有的物流设施和物流人才，确定送货车辆和司机，货主在削减配送成本的同时享受高品质的配送服务。

特别是实现城市中的共同配送的关键问题，包括以下内容。

第一，细化配送区域，根据类别分配配送车辆，因此为了使分类工作高效进行，必须事前设立基地和体制，针对这一点，在上述的美国合理且高效的混合装载体系极具参考意义。

第二，在城市中许多送货地点要求上午送货，会产生配送集中在上午的问题，因此必须要安排高效的车辆运行时间表。

并且，最近日本城市中的共同配送在以往的人口和商业设施密集区的水平方向或平面方向的同时，城市中高层写字楼的馆内物流等新兴的垂直方向或立体方向的配送需求也越来越多。因为城市中不仅人口密集，各种各样的设施也密集建设，配送区域被细化，配送频度变高。因此，今后比最后一英里（最后1.6千米）更短的最后500米的配送需求会越来越多。例如，为了提高运输模式中的当面交货（hand delivery）或者两轮车和手推车等依靠人力的运输手段在城市配送中的附加价值，需要各公司进一步采取措施。在这一点上，重视物流的现代物流·市场营销的想法十分值得参考。

日本城市已经迎来了老龄化社会，在这种背景下，被称作“购物弱者”，即对购物感到不便的老年人呈逐渐增长的趋势。农林水产省将“购物弱者”定义为，距离生鲜食品商店的直线距离在500米以上并且没有自行车的人们，为了把食品和日常必需品送到这些购物弱者手中，需要活用IT（信息技术），提高运输配送渠道的效率。因此，在老龄化社会下，应对最后500米问题，也和应对卡车司机人手不足问题一样，成为思考日本共同配送实务和理论时，一个新的社会性严峻课题。

第三，作为最近广受瞩目的一个案例，曾经是竞争对手的大企业实现共同物流和共同配送，从战略合作这一崭新的战略论的视角分析这个动向。原本战略合作的特点是，发挥合作对象企业的长处，战略性地结合人、物、资金、技术、信息等经营资源，使其成为一种乘数效应（合理效果）。但是，在共同配送设想战略合作的时候，不仅要相互活用合作对象企业的长处及优势，还要互相补充完善缺点以及弱势，并且进一步提高附加价值为企业带来更加有益的乘数效应。为此，需要制定有高度的经营战略，同时不论企业规模大小都需要变革型的领导才能（如图7-5-1所示）。

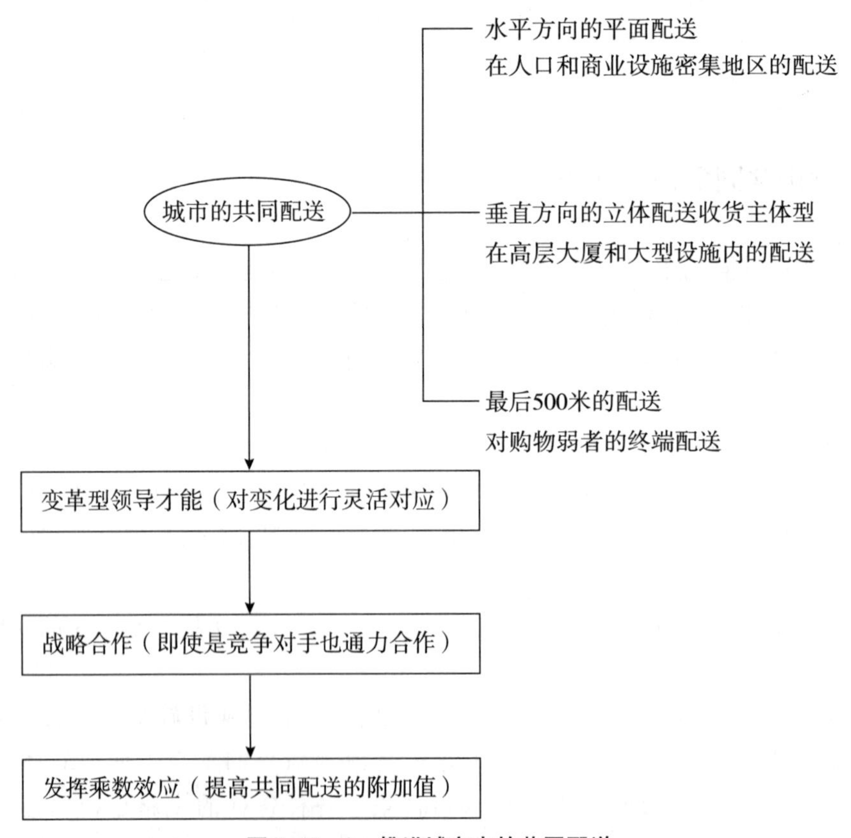

图7-5-1　推进城市中的共同配送

作为参考，变革型领导才能的内涵包括以下内容。即，“面向真正的无国界大竞争

（mega－competition）时代，经营环境日益变化，竞争越发激烈，企业自身的自我变革的能力成为重要的因素。将这样的自我变革作为企业文化加以传承，才是21世纪成为超优良企业生存的决定条件。并且，为了企业文化传承下去，需要将自我变革确立为新的企业理念，并加以渗透”。

总之，就如日本20世纪末提出的“控制物流的人是必将控制企业和社会”一样，21世纪城市配送的共同化现象无论从实务上还是理论上，都已不仅仅是物流领域的问题，已经上升到企业和企业集团整体的发展所必需的战略课题的高度，进一步继承关乎社会整体发展的重要政策性课题，可以说现在已经来到这样一个时代，必须对此有足够的认识。

撰稿人：日本爱知学院大学教授　丹下博文
译者：北京物资学院教授　姜旭

第八篇

优秀案例

案例一 上海安吉：海通物流“一体化”汽车物流供应链管理模式

一、企业简介

上海海通物流国际汽车码头/物流有限公司（以下简称“海通物流”），是上海口岸专业从事整车物流的公共物流服务商。海通物流集成口岸物流供应链资源，打造口岸整车物流平台，为客户提供一体化汽车物流解决方案。

整车物流平台已形成供应链管理、信息服务、码头装卸、整车检测、加装改装、售前检查、仓储管理、整车运输、进出口代理、国际中转等十大类服务产品。海通物流外高桥码头拥有岸线 1019 米，可同时靠泊 3 艘 5 万吨级以上滚装船和 1 艘 3000 吨级以上江轮，拥有场地 116 万平方米。海通物流洋山码头拥有岸线 318 米，可靠泊 1 艘 5 万吨级以上滚装船，拥有场地近 14 万平方米。海通物流太仓码头将于 2016 年建成，新增岸线 700 米、场地 50 万平方米。届时，外高桥、洋山、太仓三地码头合计年产能将达 210 万辆。海通物流目前拥有 3 座大型室内立体停车库（12000 车位）。

30 多家船公司在海通物流开辟的 20 多条航线通达全球各大口岸，每月超过 100 艘次的国内和国际班轮，能为客户提供便捷的江海联运服务。海通物流配备齐全的专业设备和经验丰富的专业团队可为客户提供各类特种车及重大件装卸服务。海通物流是国内同行中首家获得 CNAS 资质的企业，平均每天为超过 1200 辆汽车出具权威的检测报告，同时根据客户的要求提供各类增值服务。目前，海通物流为 40 多个世界知名汽车品牌提供港口和一体化物流服务，不断提升的服务能力将更好地为长江、中国沿海和全球客户服务。

海通物流致力于提供中国最好的口岸汽车物流技术服务和质量服务。目前在产品技术能力上，《滚装作业安全操作规程》已成为国家标准；参与主编的《滚装码头》成为国内第一本大学专用教材；拥有覆盖全部增值服务的符合厂商要求的技术工艺标准；自主研发的专业工具和设备获得了国家专利。

在信息技术能力上，整车物流平台拥有定制的 R - TOPS、LMP、VLMS 等系统。可视化信息系统，为客户提供船舶靠离港、作业计划、货物状态和位置等实时信息，实现物流供应链全程可视化管理，确保每一个物流环节的安全可靠。

在质量管理能力上，海通物流获得了挪威船级社管理体系认证，帮助公司持续推动质量和风险管理水平的提升。

海通物流正致力打造更适应行业发展需要的、更专业的技术和服务团队，始终满足客户新的需求，为客户赢得竞争力。海通物流目前正编制新一轮发展规划，致力打造与汽车物流相结合的汽车商贸服务平台；根据绿色物流的发展要求，打造新能源汽车和船舶的服务能力；追求客户服务的准确度和感受度，追求客户满意，实现客户价值。

二、实施汽车物流供应链的背景

随着国民经济持续快速增长和人民生活水平的不断提高，中国汽车消费迅速膨胀，汽车工业已成为国民经济的支柱产业，我国已成为全球世界第二大汽车消费国和第三大汽车生产国，国内汽车市场发展前景十分乐观。汽车市场的迅速扩展也拉动了汽车物流飞速发展，然而，我国属于发展中国家，相应的第三方物流的发展还处于起步阶段，汽车物流成本占到汽车工业总产值的约 10% 。

我国现行的主体汽车物流供应链模式是供产销一体化的自营物流，即汽车产品原材料、零部件、辅助材料等的采购物流、汽车产品的制造物流与分销物流等物流活动主要由汽车制造企业完成。汽车制造企业既是汽车产品生产活动的组织者、实施者，又是企业相应物流供应链活动的组织者和实施者。在这种模式下，随着物流供应链的不断扩大，供应链全球化和电子商务都对企业产品物流的信息化、自动化和柔性化提出了全新的要求。要求物流制造企业拥有更加强大的物流供应链整合能力，不断加大对物流供应链的投入以适应日益发展的电子商务的需要。这些变化对自营物流供应链的汽车制造企业而言，不但加重了资金负担，而且不能充分发挥市场经济中专业分工的优势，从而降低了汽车产业整体的物流效率。同时，自营物流由汽车企业自身掌控，往往会从自身角度考虑而导致资源分配的不均衡，造成社会资源的浪费。

随着整车销售量增加，汽车物流业务也相应增长，使得汽车整车厂原本资源不畅的物流供应链处于负压状态，导致高库存、高成本、资源利用率低。汽车物流供应链流程过长，导致汽车物流供应链物流效率不高，无法“增值”。迫切需要构建物流体系，整合供应链，提高供应链上各个关键环节的增值性。作为汽车物流供应链重要环节之一的港口生产服务业，伴随着汽车市场的迅速扩张取得了长足发展。从目前我国汽车物流提供的服务功能看，运输、仓储等传统基础性物流业务还占据相当大的比重，而相应的第三方汽车物流发展尚处于起步阶段，一些相对技术要求高、利润大的增值服务所占比重很小。因此，发展汽车增值服务业务受到越来越多的重视，对于提高我国汽车物流行业竞争力具有重要意义。

汽车物流在整车批量运输时，往往趋向水运，汽车物流的特殊性促进了港口的多元发展，给专业化汽车滚装码头的兴起创造了有利环境。欧洲丹麦、德国和比利时的汽车滚装码头实践应用起步较早，基础设施建设齐全，港口吞吐能力强，业务操作量大，服务功能众多，已呈现增值服务业务量大于吞吐能力的趋势。而德国不来梅哈芬港口更是拥有 18 个滚装泊位，具有一批稳定的客户和船公司，包括 WWL、CTO、CDMZ 等，对其提供针对性的增值服务，已成为世界汽车转运的现代化多功能港口。基于滚装码头的汽车物流平台提供从汽车原材料采购到整车分拨一系列标准化流程服务，具备供应链整合能力，为用户提供了高效专业的物流解决方案。

三、海通物流“一体化”汽车物流供应链的运作模式

（一）汽车物流供应链的运行目标

海通物流依托汽车滚装码头运营与汽车物流一体化的物流服务，致力于实现面向客户定制化服务需求的汽车物流供应链。通过对基于口岸汽车物流中心的布局规划设计、相应汽车物流业务流程的优化、定制化物流服务需求的响应与管理系统、公共信息服务及应用服务平台进行深入研究，实现基于口岸的汽车物流服务中心、汽车增值服务中心（VPC）、口岸汽车整车分拨中心的一体化全程服务，以此作为以汽车物流供应链在口岸的服务内容为基础，以客户的不同需求为出发点，形成独特的、有竞争力的“菜单式”服务模式，从而实现口岸汽车物流服务能力和服务品质的全面提升，建设差异化核心竞争力。

海通物流的整车分拨配送中心，降低物流运营成本，实现精准配送，优化整个汽车物流供应链的业务流程，将目前汽车物流分散的供应链充分整合为一体化的汽车物流供应链，建设面向客户定制化服务的敏捷汽车物流中心，以促进汽车行业的高速发展。

（二）汽车物流供应链的运行模式（如图 8 –1 –1、图 8 –1 –2 所示）

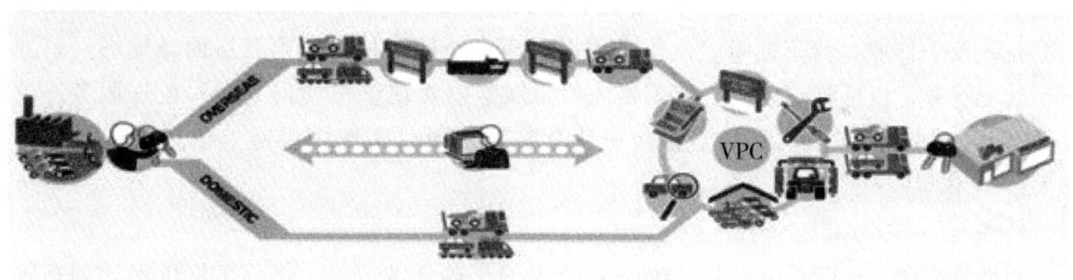

3.5days≤总天数Total≤6.5days

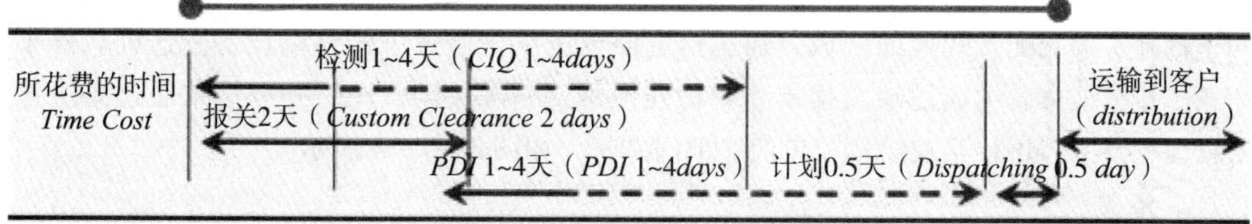

图 8 –1 –1 汽车物流供应链示意图（a）

根据欧美国家统计，在完全成熟的国际化汽车市场中，汽车的销售利润在整个汽车业的利润中仅占 10% ~20%，零部件供应利润占 20%，而 50% ~60% 的利润是从汽车服务业中产生的。

海通物流汽车物流供应链实现了三个层面的服务功能：第一层面是码头基础服务，

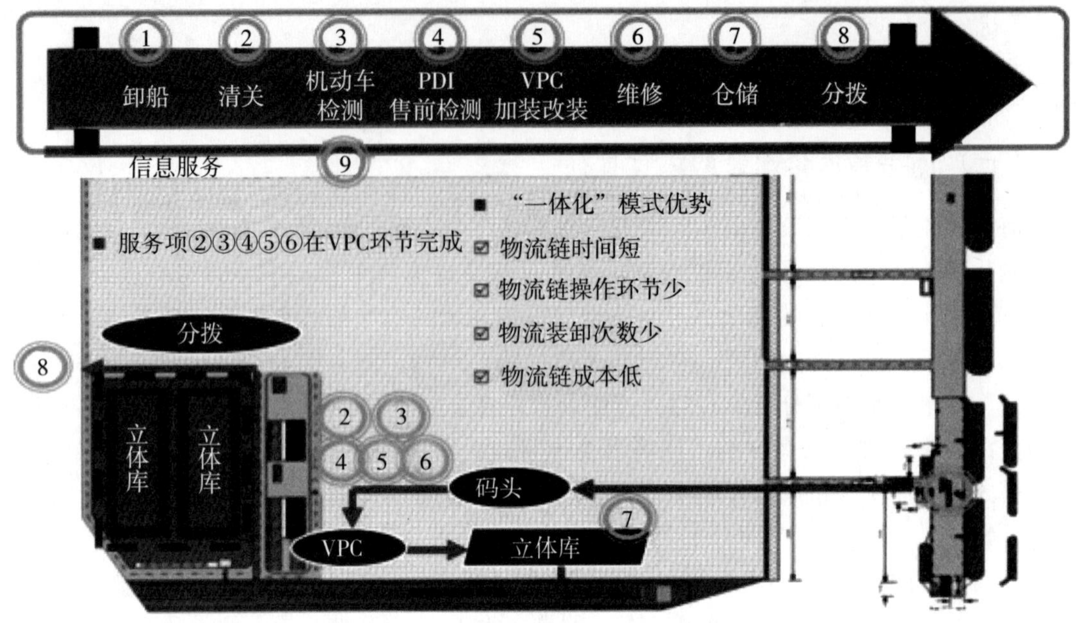

图 8-1-2　汽车物流供应链示意图（b）

包括船舶靠泊、装卸作业、车辆堆存管理、车辆冲洗和检查。这个层面是传统的码头车辆装卸服务；第二层面是为到港车辆提供一站式服务的汽车增值服务中心（Vehicle Processing Center，VPC），主要包含：机动车检测（CIQ）、PDI 售前检测、汽车个性化的 VPC 加装改装作业、汽车维修、汽车仓储以及库存车辆维护等；第三层面是提供一系列汽车物流服务，包括汽车分拨、汽车物流信息服务以实现整车"门到门"配送服务，设立汽车分拨中心，实现汽车物流供应链优化整合，同时实现供应链上信息的传输和共享等。

1. 卸船

根据滚装码头运营系统（R-TOPS）获得的车辆到港信息，提前做好堆场计划布置好堆场停车区域，同时海通物流为每台到港车辆准备好条码标签，粘贴在车辆钥匙袋上随车发送。卸船的车辆到检测区域进行交验，扫描车辆条码作为交验的记录，完成交验的车辆驶入预先配置的堆场区域，到达指定停车位后，通过手持终端设备发送确认停车信息。卸车结束后生成溢缺交接单、货物残损单，航次关闭，同时卸船结果通过海通物流管理平台（LMP）交换给相关单位、部门共享，如图 8-1-3 所示。

2. 清关

通过海通物流管理平台（LMP）从相关单位获得车辆装船等相关信息，船舶到港后，跟踪码头与船方就数量、外观质量交接，车辆卸船并将商品车移至监管区域状态，接受客户进口商品车报关、报检相关单证，及时审核查收正本单证后安排至船代处进行换单，跟踪报关报检状态，海关放行后及时通知客户安排付税。

3. 机动车检测（CIQ）

现阶段汽车从进口在口岸办理机动车检测业务时存在两大瓶颈。一是验车地点远离

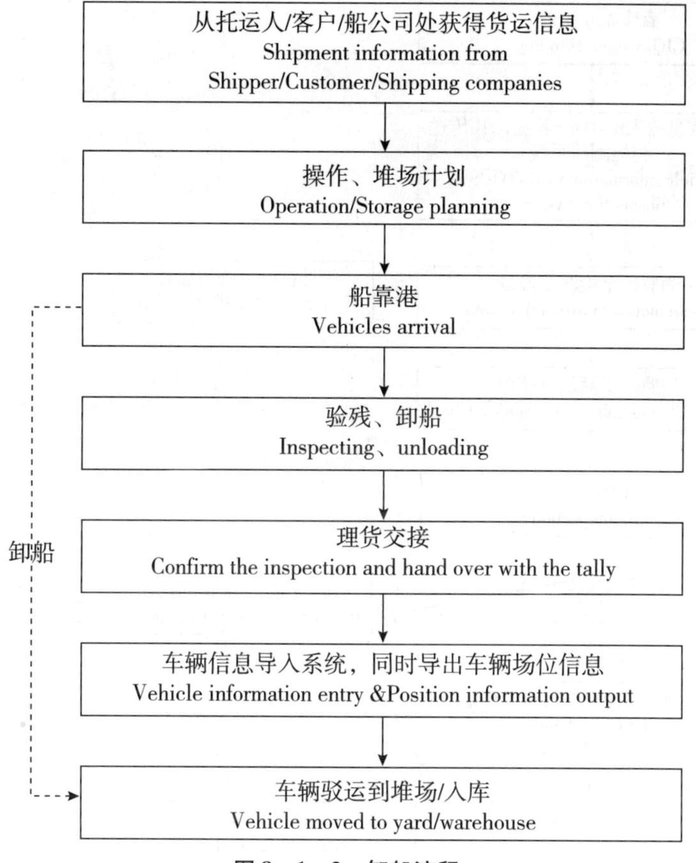

图8－1－3 卸船流程

码头和仓库，汽车企业将进口车送检要额外增加短驳和装卸费用，同时由于增加了物流环节也增加了因装卸导致车辆质损的风险。二是汽车企业在报关结束后才能验车并等待领取机动车检测证书，增加了一个工作日的流程时间。上述原因降低了口岸汽车进口的通过速度，不利于提高口岸企业竞争力。

通过建立机动车检测线，报关同时通过海通物流管理平台（LMP）将到港车辆信息包括《检测车辆信息表》，下达给整车检测系统（CIQ），通过该系统生成车辆检测作业计划，安排车辆直接在码头内进行机动车检测作业，整批车辆检测完成后海通物流可直接签发机动车检测报告，出入境检验检疫局按照机动车检测报告出具《进口机动车辆随车检验单》，如图8－1－4所示。

海通物流机动车安全检测线作为国内同行业中首家获得了中国合格认可评定（CNAS）质量体系认证的单位，严格依据国家《机动车运行安全技术条件》GB7258—2012、《机动车安全技术检验项目和方法》GB21861—2008、《机动车安全技术检验操作规范》DB31/619—2012等相关标准的规定，对到港进口车辆进行车辆尾气、车速仪表、刹车制动、轴重、灯光、底盘、侧滑、声级等方面的检测，并出具权威的车辆检测报告，确保符合标准的车辆进入市场。实现了大幅度减少汽车进口企业因车辆检测而需额外负担的短驳、装卸费用，并减少了进口车辆通关时间，提高了汽车进口的通

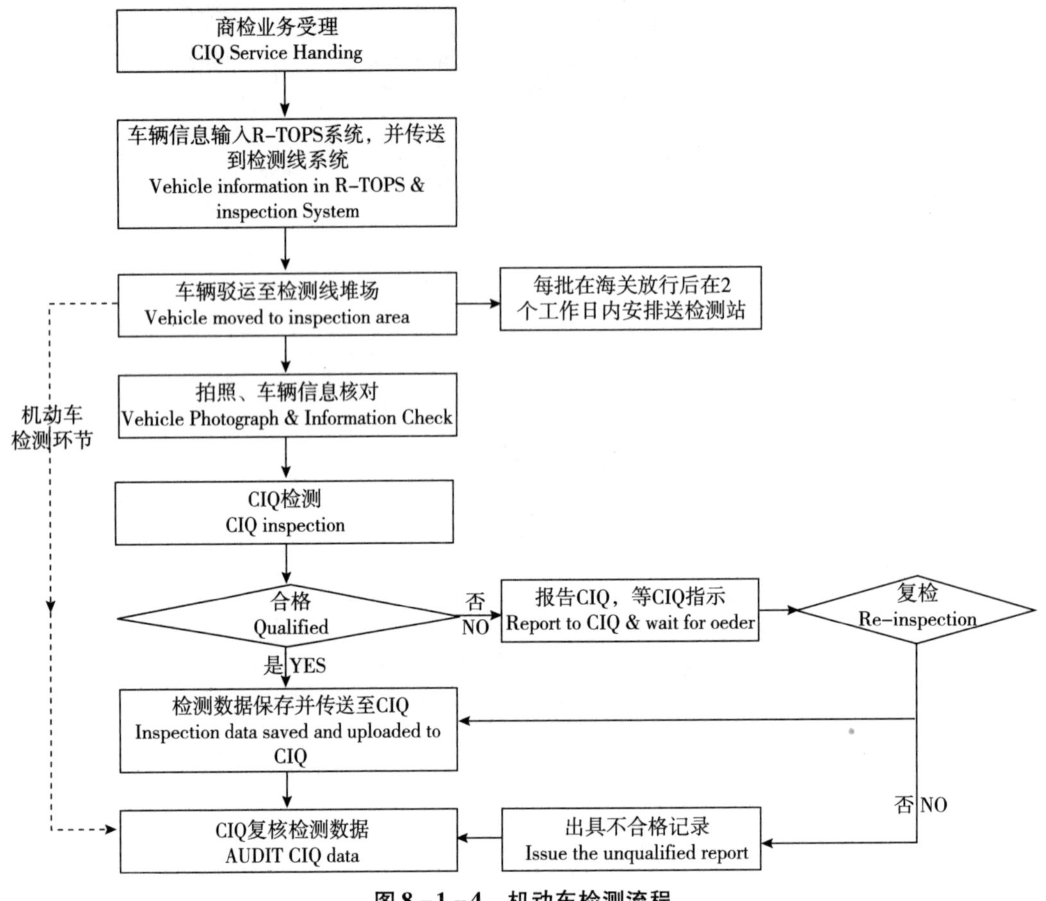

图 8-1-4　机动车检测流程

关效率。

4. PDI 售前检测

PDI 售前检测在口岸主要指在交车前对委托的商品车进行损坏、损伤、错装、漏装等总体方面的检查工作，包括外观检查、功能检查、随车附件核对等：根据检查表实行机械/电气装置工作状态、各种油/液状态、外观状态及行驶状态检查。整车消费市场的扩大，导致了 PDI 售前检测需求的迅速增长。海通物流建立先进的 PDI 售前检测流水线，大幅提高 PDI 售前检测效率，同时拓展了 PDI 售前检测功能，提高了检测过程质量。PDI 服务不但可以加快车辆进口流通速度，更实现了海通物流汽车物流业务的增值，并且伴随着 PDI 业务量的增长，成为企业的一个新的利润增长点，如图 8-1-5 所示。

5. VPC 加装改装、维修

海通物流汽车增值服务中心 VPC 还可以针对进口车到港后根据客户需要进行部分定制化的加装和改装、车辆去膜、加油、充电、故障诊断及消除、车辆系统升级等一系列服务，同时对汽车物流过程中出现的问题进行修复和维护。一方面，提高了汽车物流的服务质量，对在海通物流汽车物流供应链内经过 PDI 售前检测发现的车辆表面损伤，过去需要将这些车辆运输至码头外的 4S 店或整车厂设立的维修点，增加了汽车企业短驳、装卸的费用，同时增加了汽车流通环节，现在对于车辆表面普通质损的修理可以在海通

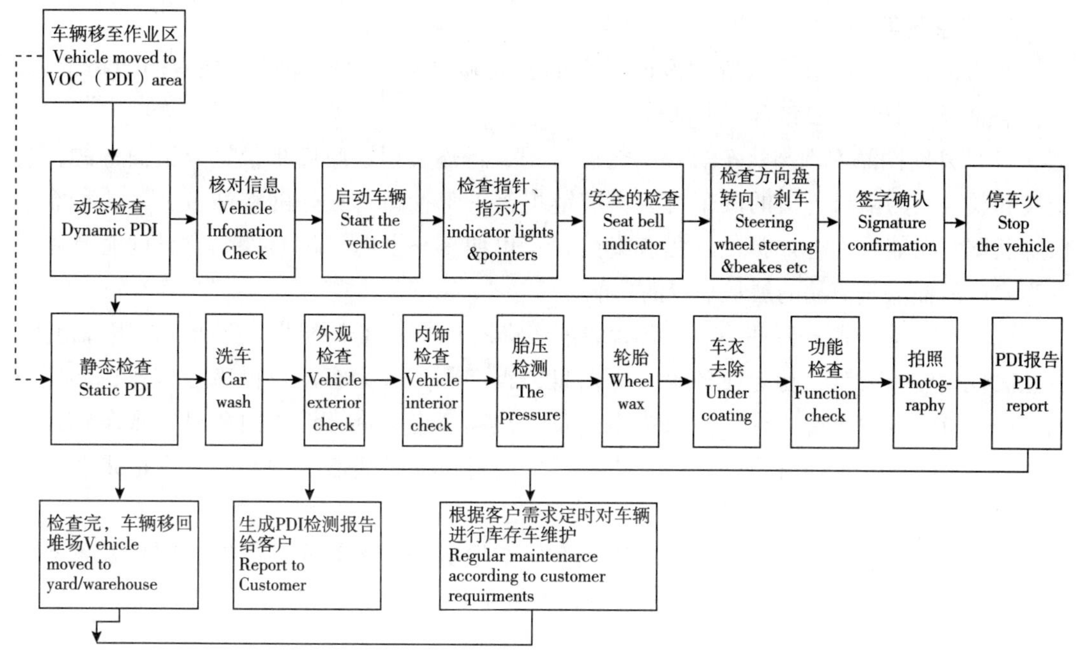

图8－1－5　PDI售前检测流程

物流内完成；另一方面，进一步拓展延伸了码头汽车物流供应链，实现了海通物流汽车物流业务的增值，成为企业利润增长点。

6. 仓储、分拨

海通物流管理平台（LMP）仓储管理实现可视化，堆存的车辆实行定制定位管理，通过管理系统可以查询车辆库存的实时状态，通过调取车辆条码查询每台车的型号、货主、目的港、库存及保养周期及状态等相关信息，并推送其他生产管理系统生成车辆维护保养作业计划、车辆配送发运信息等。

客户通过海通物流管理平台（LMP）发送准备进场车辆信息，海通物流审核后计划收发车辆的信息被录入系统，同时确认车辆停放场位，并做好收发车准备，车辆根据系统生成的计划被移到指定位置，库场员再对车辆进行收发确认，将收发车辆的信息录入《库场日志》，反馈给整车物流系统。

整车配送的经营管理和合理调度是海通汽车物流供应链管理系统的重要一环。以往，用于交通管理系统的设备主要是无线电通信设备，由调度中心向车辆驾驶员发出调度指令，驾驶员根据自己的判断说出车辆大概位置，在生疏的地方就无法判断自己的确切位置。海通物流先进的车队系统（TMS）利用GPS定位技术，给商品车运输车辆导航定位提供了具体的实时定位能力，通过车载GPS接收机，车队驾驶员可以随时掌握自己的具体位置，车队系统又将车辆信息实时传送给车队调度指挥中心，并对车辆进行监控、调度、定位导航等多项操作，同时向客户反馈运输车辆位置及到达预测等服务。

7. 信息服务

海通物流的生产管理系统为及时、全面、准确的网上服务提供了翔实的数据信息，综合信息服务平台主要包含三个部分：

（1）外网网站实现与汽车公司、船舶公司、运输公司、政府单位、分销商等的信息交换和整合，为港口码头的汽车物流供应链提供外部接口；在外网网站上展示各种企业信息及服务功能；为客户提供远程查询接口，以便客户及时了解货物信息，同时具备了为客户产品提供其商品的展示平台的功能。

（2）作为客户服务呼叫中心，包含售前咨询服务，为客户提供行业动态，服务范围、行业法规、业务政策、行业业务报表等信息；查询服务可为客户提供库存信息、调度车辆查询、货物在途运输查询、实时价格以及客户满意度查询；订单服务可实现车辆运抵通知、车辆运输预定、订单处理状况查询等；通过设立售后服务中心，接受记录客户各方面投诉并进行相应跟踪处理及反馈。

（3）海通物流微信平台作为外网网站和客户服务中心的补充，能够为客户及各类供方建立便捷的信息交流平台，提供车辆查询及其他物流信息跟踪服务。

（三）汽车物流供应链的管理平台（如图8-1-6、图8-1-7所示）

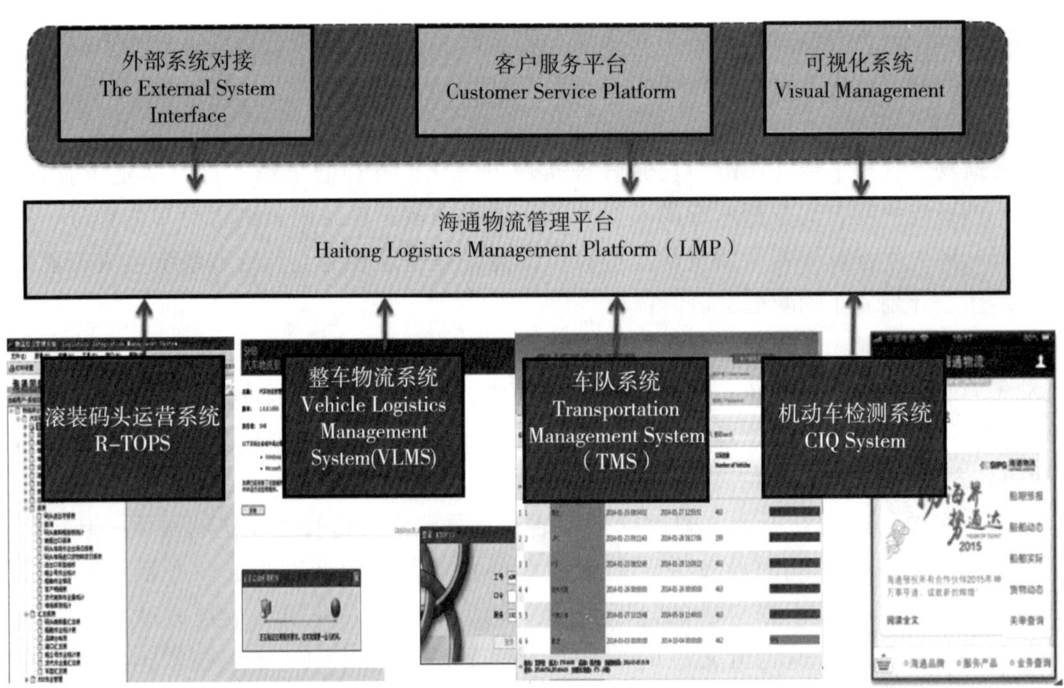

图8-1-6 海通物流管理平台示意图（a）

供应链一体化是海通物流实现汽车物流供应链物流的基础，对现有物流资源进行整合实现汽车物流成本与效率的优势，满足客户的需求。建立汽车滚装码头，改变原有汽车物流流程，设置不同的物流服务，进行合理的模块化、标准化，进行不同整合，满足客户的不同需求。

图8－1－7　海通物流管理平台示意图（b）

与海通物流汽车一体化服务配套的物流信息平台——“菜单式”服务为客户量身定制了物流解决方案，让不同客户的需求都能在海通物流的汽车物流服务中心得到满足。同时，海通物流“一体化”汽车物流供应链过程中，通过对到港车辆进行条码标识等操作，在海通物流管理平台（LMP）各个环节共享数据，贯穿整个流通过程，物流管理平台实现了货物的全程的实时状态跟踪，从全程起点到客户手中终点，可随时调取货物状态资料，通过客户端平台，一切尽在掌握，提供让客户放心的物流服务。物流管理平台通过对汽车条码信息数据的采集、反馈，提高了整个海通物流汽车物流供应链的效益。

与海通物流管理平台（LMP）连接的节点，彼此间实现信息交换，政府部门、企业等均可在此平台上发布信息，运行和掌握与自己相关的业务及对应货物信息。贸易企业或生产企业将国际贸易中的相关货物信息，通过物流管理平台发送给相关政府部门、运输企业；水运、公路、铁路等运输企业及码头、货运代理、仓储企业，通过该管理平台将运输信息传递给相关政府的监管部门或反馈相关贸易或生产企业；海关、检验检疫等政府部门，通过物流管理平台对企业申报信息进行审批，并将审批信息进行反馈。

利用先进的物流管理平台，充分整合、挖掘、信息资源，使得海通物流逐步实现与海关、机动车检测、海事局、交管局等政府监管部门，与船公司、船代、货主、货代、报关行、储运、运输车队等各类企业的联网，实现电子交换业务、无纸贸易及信息的增值服务，为用户提供一体化、个性化服务。通过海通物流管理平台（LMP）从相关单位获得船舶挂靠、舱单、船图等信息，根据获得的信息生成作业计划，并下达给包括滚装码头运营系统（R－TOPS）、整车物流系统（VLMS）、机动车检测系统（CIQ System）、车队系统（TMS）等生产管理系统，上述生产管理系统根据获得信息对现场作业进行实时管理。

滚装码头运营系统（R－TOPS）是基于以条码技术为基础对汽车进行管理的信息管理系统，主要对海通物流生产中汽车及件杂货的进出口整个流程进行动态实时地信息化管理，并提供公司管理决策所需的各类报表，通过外网向客户、供应商、上级管理公司提供相关信息服务，并进行必要的信息交换和共享。

整车物流系统（VLMS）是利用现代仓储理念和最新 IT，针对专业仓库所开发的整车仓库管理系统。系统涵盖了仓库管理、PDI 售前检测、VPC 加装改装、人力资源、客户服务、费收财务、系统配置等功能，为经营者提供了一系列、多层次的管理工具。该系统以客户为中心、以计划为主线对每批货物进行管理；以节约时间成本、减少人力成本，提高资源利用率为目的。在提供全面的系统功能基础上，保证可靠性、安全性和准确性。系统支持多仓库，只需在设置中增加仓库信息，选择指定仓库后，系统所有的作业都只限定在指定仓库中，真正实现多个仓库统一和各自仓库系统独立的功能。

四、经济效益与实践经验

（一）吞吐量持续稳定增长

海通物流码头自开埠以来，“一体化”汽车物流供应链管理模式受到了社会广泛认同，码头吞吐量连年增长，服务品牌逐步扩展，公司管理层提出了到 2020 年目标形成 300 万台吞吐规模的宏伟目标，如图 8－1－8 所示。

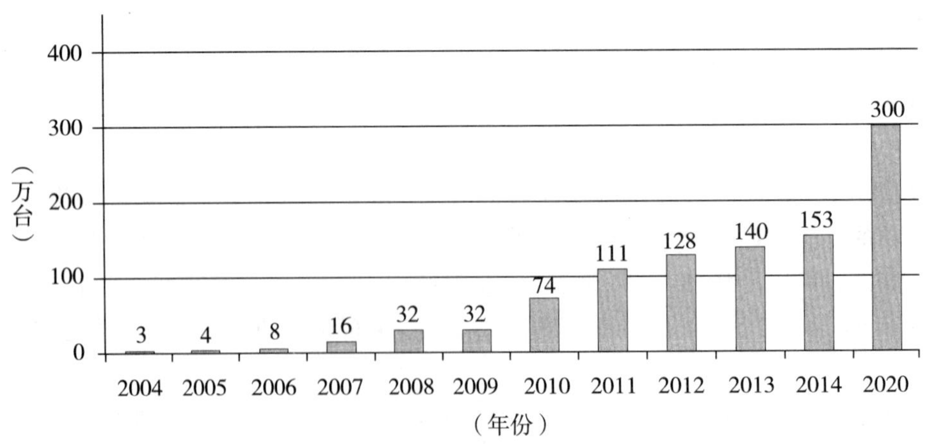

图 8－1－8　海通物流滚装码头吞吐量

（二）汽车物流服务产品不断拓展（如图 8－1－9 所示）

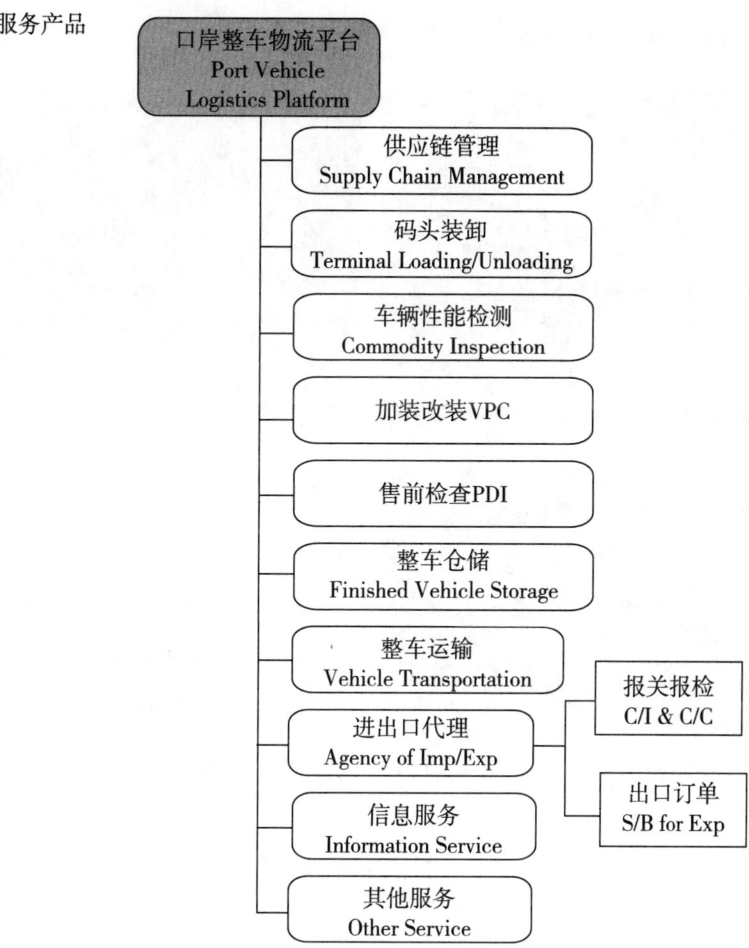

图 8－1－9　海通物流汽车物流供应链服务产品

（三）涵盖客户（如图 8－1－10 所示）

图 8－1－10　海通物流汽车物流供应链客户示意

目前，海通物流为近50个世界知名汽车品牌提供港口“一体化”汽车物流服务，不断提升的服务能力将更好地为长江、中国沿海和全球客户服务。

（四）设施环境（如图8－1－11所示）

图8－1－11　海通物流设施环境

（五）坚持建设企业文化与管理特色（如图8－1－12、图8－1－13所示）

公司提倡	感恩　诚信
干部提倡	担当未来发展的责任 创造员工发展的空间
员工提倡	创造岗位价值　追求客户满意
团队提倡	相互帮助　相互支持 相互关爱　相互欣赏
市场提倡	合作　追求客户价值
管理提倡	可持续　共同进步

公司愿景——建设差异化核心竞争力，成为具有国际竞争力的公共物流服务商

公司使命——为全体利益相关者共同创造价值

图8－1－12　海通物流企业文化

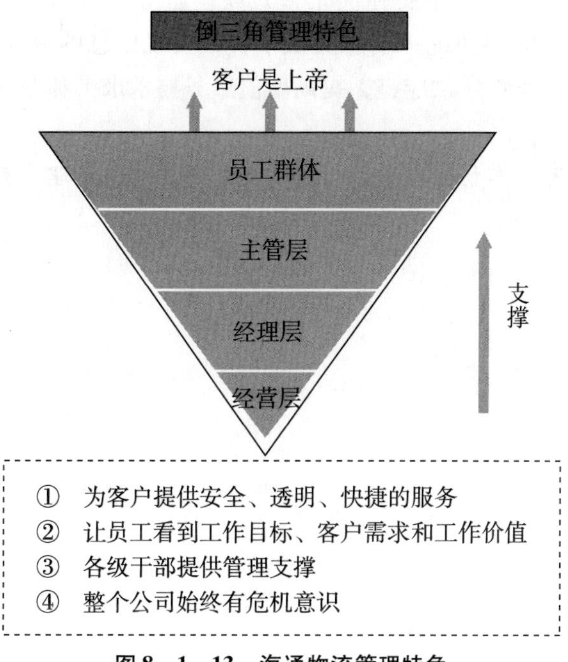

图 8－1－13 海通物流管理特色

（六）专业团队、组织架构（如图 8－1－14 所示）

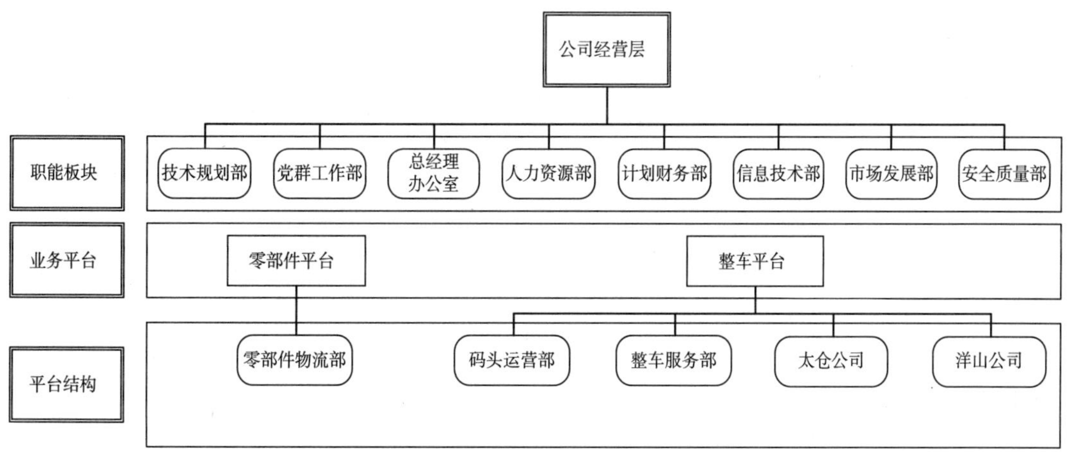

图 8－1－14 海通物流组织架构示意

（七）经验与打算

扎实推进“十大能力”建设，积极探索、不断创新，建设数字化、智能化汽车滚装码头，使海通物流的汽车物流供应链的功能更加广泛：不断完善汽车物流中心、信息中心、增值服务中心建设，持续为汽车整车提供中转、装卸、仓储、分拨、增值服务等优质高效的综合物流服务，大力拓展和优化多式联运服务；为用户提供方便的汽车运输、商贸和金融信息服务，完善和统一信息交换平台，实现信息的流通和共享；进一步拓展增值服务功能，延伸汽车物流供应链，提高增值服务技术水平和服务质量。

撰稿人：海通国际汽车物流有限公司技术规划部技术科经理　齐道清

案例二　深圳创捷：构造产业互联网+供应链金融生态圈的商业模式

一、公司简介

随着移动互联网的发展，全球一体化趋势更加明显，产业分工日益明晰并呈现出高度链式专业化，企业各自回归核心业务并构建战略能力，在全球产业链格局中形成错综复杂的关系。如何创新贸易新业态，充分利用新技术，将全球的采购、研发设计、生产制造、交付退运、融资结算协同起来，成为全球供应链服务面对的首要问题。

在贸易全球化的过程中，深圳及珠三角供应链服务行业实现了跨越式发展。根据2014年企业统计显示，深圳诞生了中国80%的供应链服务公司，这些供应链企业的模式创新是原创性的、世界级的、产业集群式的，主要包括三种类型：第一种是项目型，针对某一项目或流程提供专门BPO（Business Process Outsourcing）流程外包服务，这是供应链服务的基本形态；第二种是平台型，即供应链服务综合方案商，如外贸综合服务平台，他们针对某些流程或者组合提供一体化的解决方案；第三种则是生态型，站在世界产业链全局高度，协同各企业之间的流程与要素，基于不过分约束的伙伴关系的规则来服务顾客。生态型模式基于全球价值链网络协同治理，有别于传统市场和科层治理，也有别于前两种供应链服务方式。

深圳市创捷供应链有限公司（以下简称创捷）是生态型模式的典型代表。这一模式有如下四个特点：第一，针对链式专业化的各利益相关者，将供应链服务嵌入产业链，针对具体的产业特点提供服务；第二，将产业链上的利益相关者互联网化，实现信息协同与集成；第三，构建不过分约束的商业伙伴关系，推动产融生态圈的建立，最终促成产融一体化，解决产业链中小型成长企业融资难、贵、乱的问题；第四，协助产业利益相关者归核化、降低供应链交易成本、提高供应链绩效、解决资金难题，帮助更多中小型企业更好地服务全球客户，走向世界。

项目型、平台型、生态型这三种类型的供应链服务商，沿着各自的路径和方向发展，服务于不同的客户群。相比前两种模式，生态型模式在规模经济、范围经济、网络经济等方面更能充分体现供应链的价值，最终表现为供应链模式的先进性。这点也得到了国家领导人的关注和认可。2015年1月5日，国务院总理李克强在广州主持召开外贸企业座谈会，8家优秀企业参加。创捷作为唯一的供应链服务企业位列其中，向总理就产业生态圈经济发展建言献策。2014年9月11日，国务院副总理汪洋在创捷视察调研期间，充分肯定了创捷供应链“产业互联网+供应链金融”生态圈的商业模式，鼓励创捷供应链加快发展，力争在全国复制，助力更多中小企业转型升级。

创捷供应链成立于2007年，由创立于20年前的创捷科技进出口事业部发展而成，连续多年获得深圳海关“纳税大户”称号，是海关总署认定的“AA类企业”、深圳海关“客户协调员制度企业”，2014年上半年位列全国一般贸易出口企业百强第37位。

该公司专注于“产业互联网+供应链金融生态圈”的新模式，并与国际信息化咨询领军企业达成战略联盟，搭建了以“创捷供应链B2B电子商务平台”为基础的大型跨国商贸综合服务平台，是SAP全球标杆企业，所创新的商业模式入选众多知名商学院教学案例。

目前该公司与多家500强企业及中小成长型新锐企业长期保持战略合作关系，业务总额以年均60%的比率高速增长，已聚集超过3000多家全球供应商，100多家生产工厂，多家设计商和国内外多家客户。近5年来，为中小企业提供供应链金融融资突破400亿元。

二、创捷供应链的商业运作

（一）基于行业的供应链金融生态圈（如图8－2－1所示）

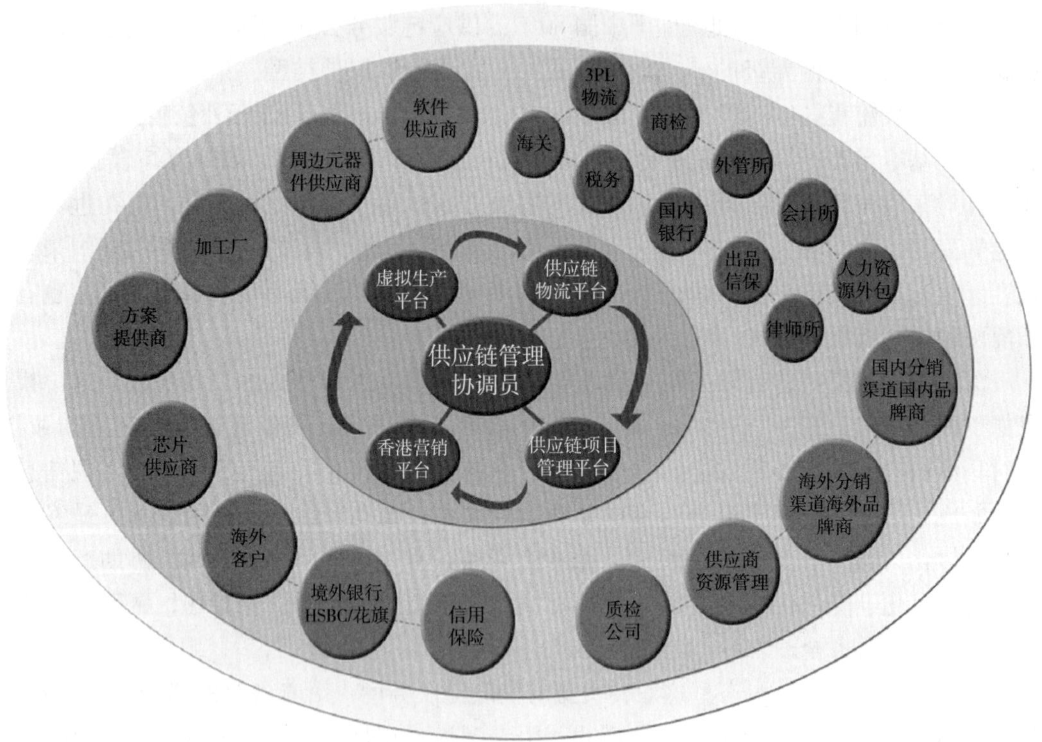

图8－2－1 创捷供应链金融生态圈示意

生态圈以创捷供应链网络为核心，以生产、运营、管理、融资为功能，打造四大服务平台：

1. 供应链运营平台

涵盖海关、税务、商检、物流、仓储、采购、生产、分销、保税仓储等环节，并形成第三方物流的集成解决方案。

2. 供应链信息平台

为一般的中小型企业提供信息化工作平台，创造接入即可享受的国际先进信息化管理工作体验。

3. 供应链金融平台

依托运营平台建立信用体系及支付体系，提供供应链融资及金融衍生服务。

4. 供应链关系链

构建“不过分约束伙伴关系”的社会化商业圈关系链。

供应链生态圈为圈内各企业带来的好处：

(1) 业务归核，帮助客户真正回归核心业务；

(2) 提升效益，整个供应链运营效益提高，流程时间缩短，商业关系链得到优化；

(3) 解决项目生产资金问题，实现供应链融资；

(4) 有效降低成本。

(二) 创捷供应链 B2B 电子商务平台 (如图 8-2-2 所示)

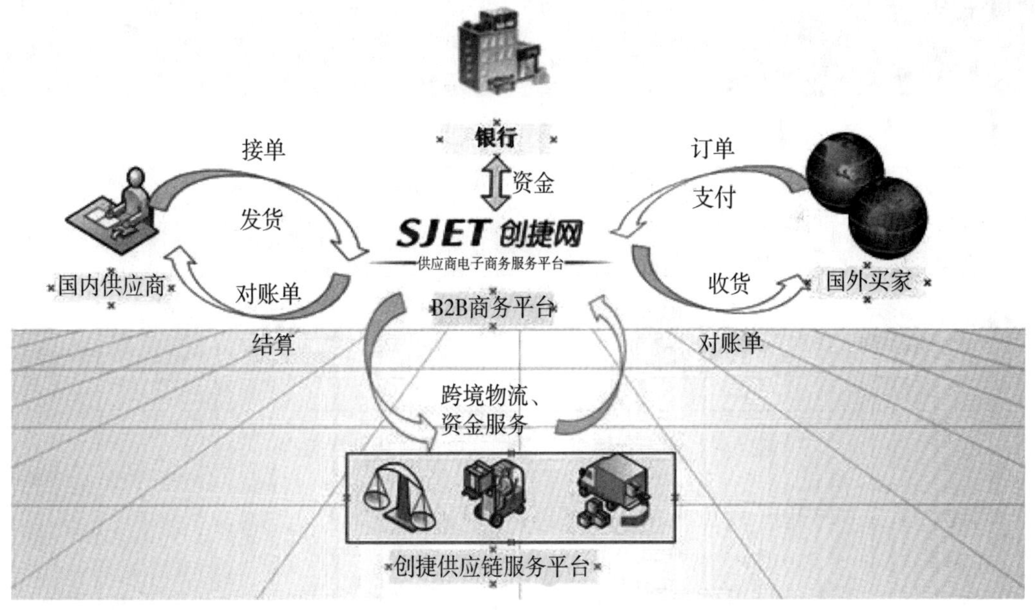

图 8-2-2 创捷供应链 B2B 电子商务平台示意

B2B 电子商务平台是基于国际贸易、供应链整合和现代服务业理念，自建了一个开放的生态平台，融合了“三大平台”：供应链运营服务平台、商务电子信息化平台、金控投融资平台。

创捷供应链的服务对象不是企业而是产业，聚焦的八大行业有 IT 及周边产品、通信产品、电子元器件、快速消费品、医疗器械、新材料新能源、消费类电子产品等。

电子商务平台与一般的 B2B 电子商务平台存在明显的区别。一般的 B2B 电子商务平台主要是提供交易信息与撮合，平台建设方并不提供诸如资金、进出口物流等服务；创捷供应链 B2B 电子商务平台作为供应链行业的“协调员”之一，服务金融、通关、退税、外汇、销售、物流等所有环节，并通过 B2B 电子商务平台聚集了众多的海外客户、供应商、加工厂、物流服务商、银行、税务、海关、商检等。基于供应链行业的电子商务平台新模式符合国家外贸政策，不仅是把电商平台向海外市场的拓展和延伸，更是对海外市场本地化运营的生动阐释，如图 8－2－3 所示。

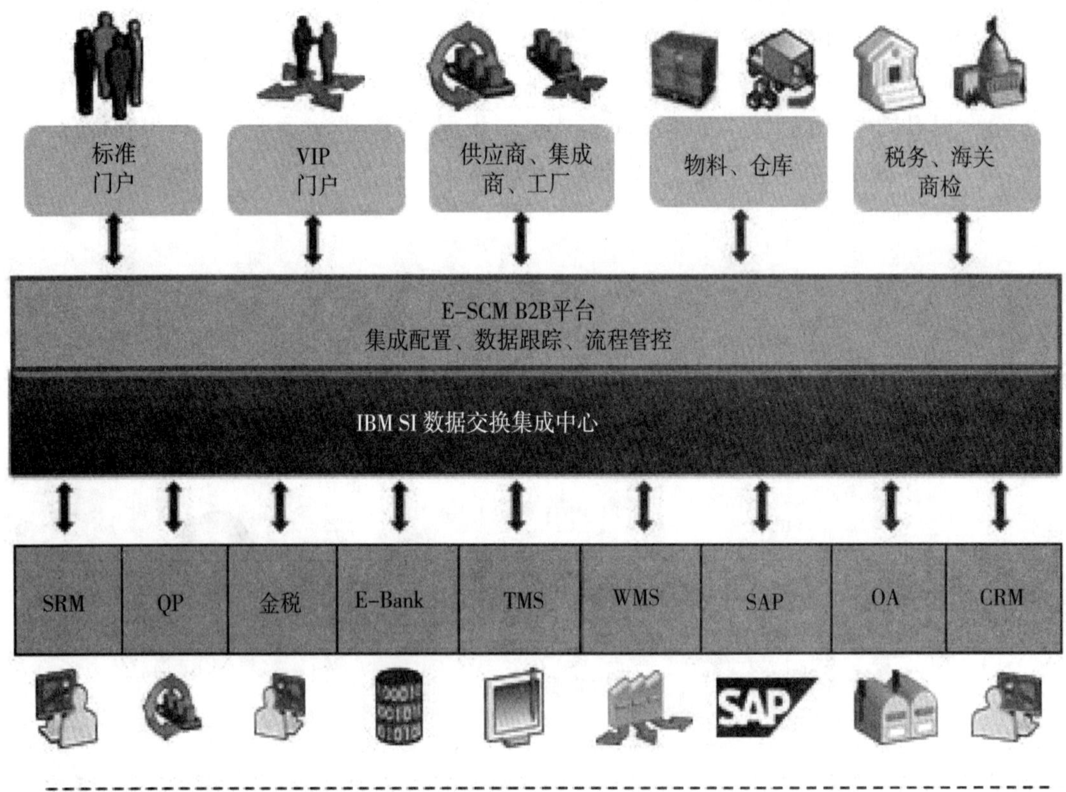

图 8－2－3 创捷供应链 B2B 电子商务平台架构

创捷供应链 B2B 电子商务平台服务案例：

案例 1

客户 A 是一家全球领先的无线通信技术产品和服务提供商，专业从事手机设计、手机整机业务、无线通信、数据产品、无线宽带技术，无线互联网应用等产品研发和服务，产品领域覆盖面广，涉及有移动终端、通信产品、消费电子、汽车产品、计算机等领域。总部位于上海，在北京、深圳、西安、中国香港、日本、印度、越南等地设有分支机构，研发中心及生产基地均设在深圳。该客户连续多年入选“中国高科技、高成长 50 强企业”和“亚太区高科技、高成长 500 强企业”。

客户 A 保持与国际通信领域顶尖企业密切合作，专注于信息产业领域的新技术和新业务开发，持续增强核心竞争力，不断创新，向其客户提供最全面的服务及提供最强有力的支持。

得益于近两年全球范围内3G、4G网络的不断完善，智能手机、平板等个人移动终端设备的需求不断增长，客户A的业务收入得到了较快增长。根据其公布的2012年财务报告显示，2012年与2011年业务收入同比增长8%。该客户3G、4G智能手机全球出货量在行业排名前列。

创捷供应链在采购执行、进出口及供应链金融等领域与客户A保持有长期的战略合作，A公司是创捷供应链电子商务平台的核心VIP用户。通过电子商务平台得知印度买家有手机需求后，在创捷供应链电子商务服务平台的特色服务下完成交易。如图8－2－4所示。

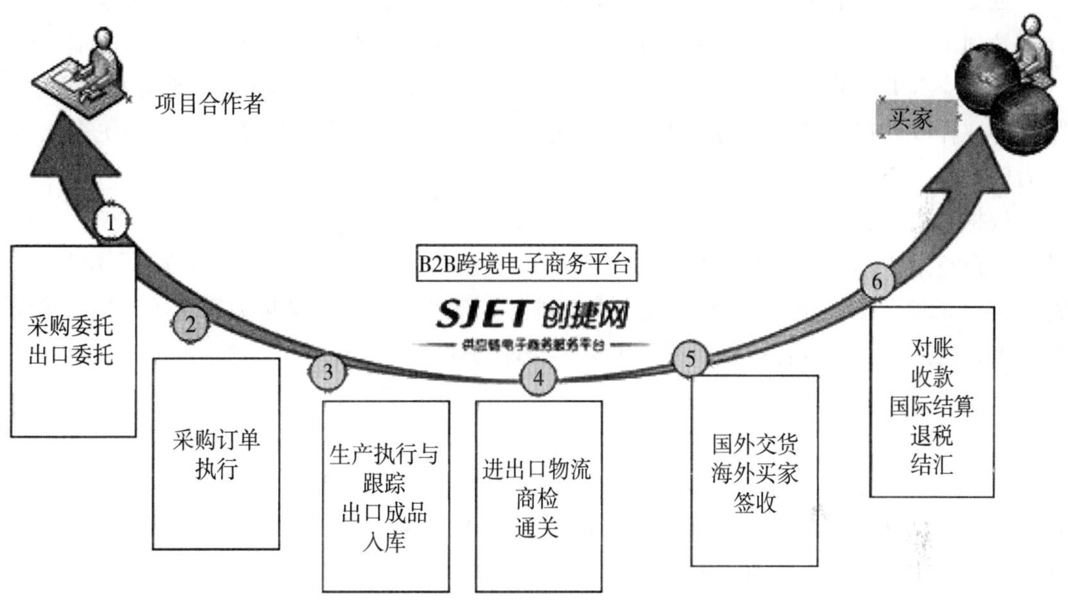

图8－2－4　创捷供应链B2B跨境电子商务平台示意

通过公司的B2B电子商务平台，客户A公司可自如地与印度买家等跨境国际客户开展贸易，满足各方所需，通过多年的合作，客户A公司在印度的手机市场占有率达到30%，每年贸易额达10亿美金，为国家创汇及纳税起到重要的作用。

创捷供应链与客户A自2011年合作至今，已配合其完成10亿元的业务量。创捷供应链B2B电子商务平台具有实时性高、交互能力强、数据准确度高、响应速度快等优点，使创捷供应链成为客户A的优秀合作伙伴，深得其信赖。

具体实施效果：

1. 人力成本

在创捷供应链为其实施供应链管理方案以前，客户A须在该项目供应链平台配置50人以完成该业务的操作。创捷供应链的方案实施后，客户只需6名操作人员，配合创捷供应链该项目组人员7名，共13名人员即可完成原来的任务，客户A的人力成本大幅下降。

2. 业务处理能力

在创捷供应链方案实施前，原50人的项目组完成3亿元的业务量；方案实施后13人可以完成5亿元的业务量，业务处理能力提高65%。

3. 运作成本及效率

由于信息支持到位、准确、及时，供应链流程整体效率提高，生产周期从原来35天缩减至25天；价格定位更加准确，由原来报价需时一周缩减为两天即可根据成本准确报价，提高客户商务谈判实力；库存监控决策系统进行了大量有效的即时数据分析，原材料备货量由原来60天减少50%至30天，盘活大量资金。

4. 帮助客户回归核心业务

创捷供应链方案实施前，客户A需要四地机构或部门配合，共同管理原料仓、成品仓以及加工厂，沟通成本及人力成本过高。方案实施后，客户由独立为其开放的端口进入创捷供应链B2B电子商务平台，监控管理统一在平台上完成，便捷有效地实施管理，帮助客户释放其在供应链上的管理成本，有效提高供应链决策准确率，能够将更多人力物力回归其核心业务。

根据客户A公布的2012年财务报告，2012年与2011年销售收入同比增长8%，分析结果为得益于3G智能手机需求增长，该集团对产品进行了优化以及上下游关系得到改善；与此同时，2012年与2011年营业成本同比下降27%，分析结果为得益于该集团优化其成本结构以及供应链管理环节进行了有效合理的优化。

案例2

客户简介：

客户B是一家快速崛起的移动通信产品ODM提供商，专业从事移动通信产品、智能穿戴设备等产品研发和销售，短短5年已经成为中国移动通信产品ODM行业的领军企业。总部位于深圳，在深圳、上海、江苏、香港、印度、越南、泰国、俄罗斯等地设有分支机构，研发中心及生产基地在深圳。该客户连续4年成为南亚、东南亚等地主流运营商、通路商的核心供应商，出货量行业领先。

得益于全球移动通信市场的蓬勃发展，客户B的业绩取得了飞速增长，2011—2014年，其年均销售收入增速高达61%。稳居移动通信产品ODM提供商前列。

客户需求分析：

目前手机市场竞争日趋激烈，尤其价格压力巨大。企业逐渐从研发竞争转向供应链竞争，以保证其产业链的综合竞争优势。

客户B在创立初期，即对自身优劣势进行了剖析并形成清晰认识：

客户B具备优秀的产品研发和市场开拓能力，但缺乏专业的供应链管理能力，急需建立一个适合其自身需求的具备敏感性（Agility）、实用性（Adaptability）、协作性（A-lignment）的供应链管理体系。通过数据的归集、整理和分析，降低外部因素对内部运作的影响，提高供应链的敏感性，能够对变化做出快速反应。产品在生命周期的不同阶段其供应链可能采用不同的运作模式，必须建立具有适应性和能够应对市场和客户变化的供应链。将供应链环节进行结构优化，在其供应链环节中需要转变上下游敌对状态，建立同盟关系，保持利益一致性，使整条供应链效益最大化。由于其产品具有更新速度快、生命周期短等特点，决定了其供应链要求速度更快、效率更高、决策能力更强，从而保证其供应链具备 3A 要素。具体需求体现在：

（1）快捷的通关及物流服务；

（2）先进的数据管理手段；

（3）实现价格全程监控、库存实时监控；

（4）实时货物在途管理；

（5）交易在线化；

（6）智慧化的数据分析能力；

（7）资金交易的透明化管理；

（8）高度集成、智能化的决策。

客户 B 与国外客户签订采购协议，采购国内外原材料送至工厂生产。工厂生产出成品后交回客户 B，客户 B 进而交付给其国外客户。在此过程中，客户 B 要负责研发与销售、原材料采购、进出口报关、国内外物流仓储、资金、生产品质管控、银行议付、退税等繁杂流程，相应会产生人力成本增加，并需要专业的供应链统筹管理能力。但客户 B 的核心竞争力是研发和销售，其他环节并非其核心能力，全程供应链如果由其操盘，则大幅提升运营成本，牵绊其整体供应链效率，为订单增加了不可预见的风险，降低了整体竞争力。

针对客户情况，创捷对症下药，为其量身打造了一套供应链管理解决方案：将其供应链中的采购执行、进出口报关、国内外物流仓储、资金、银行议付、退税等非核心业务承包，以创捷的核心竞争力支持客户的非核心业务，解放客户使其更专注于研发和销售。

具体合作模式为：客户 B 与创捷签订协议并提供生产计划物料清单（BOM），创捷依据 BOM 采购国内外物料并集货于创捷 VMI 仓库分拣、齐套后交付工厂。生产过程由客户监控品质。成品完成后由创捷交付给客户 B 的国外客户。

至此，通过创捷供应链基于产业生态圈的供应链综合管理平台，成功为客户提供了供应链优化和信息化增值服务。

客户收益表现为：

（1）降低了人力成本等综合运营成本（仅人力成本相对行业平均水平降低 65%）；

（2）提高数据、信息准确度，杜绝了人为判断或违法风险；

（3）提高了运作效率，例如生产周期从原来 40 天缩减至 25 天；产品定价周期缩短 5 天（时间缩短 70%），提高了客户商务谈判能力等；

（4）帮助客户聚焦于核心业务，即业务“归核化”，进而提升了客户的核心竞争力。

经过与创捷稳定互信的战略合作，该客户的发展突飞猛进。

2010 年合作以来，在创捷的支持之下，该客户已完成业务量 6.2 亿美元，在南亚、东南亚的手机市场占有率攀升至 19%，为国家创汇、纳税、就业等做出了重要贡献，成为了业内赫赫有名的后起之秀。

创捷也通过这种模式为通信行业的产业升级做出了扎实贡献。

历经多年的战略合作积淀，客户 B 与创捷建立了牢固的战略同盟关系，并分享双赢成果，成为业内供应链整合与产业升级的标杆案例。

（三）创捷供应链成功案例——手机产业生态圈发展模式

根据《中国手机市场发展及消费趋势调查报告》显示，2014 年全球手机出货量 18.9 亿部，增长 4.9%，我国共计生产手机 16 亿部，占到全球产量的 85%，其中，80% 的手机为深圳企业生产。根据预测，2015 年国内智能手机的增长将会减缓，但全球市场依旧很大并且不断增加，越来越多的国产手机品牌将会拓展国际市场。国产知名品牌会不断分化，寻找自己的发展空间，不少子品牌会不断兴起，终端换机热潮会爆发，价格战仍会持续。

手机已经是最大的个人信息、商务信息接收和管理平台；未来可能是：最大的信息发布平台；最大的结算平台；最大的信息交互平台；最大的商务对接平台；最大的娱乐多媒体平台；最大的游戏平台；最大的物品和个人身份识别平台；最大的监控和服务实施平台……也就是说，智能手机时代仍然会持续相当长的时间。

根据创捷多年手机行业发展研究，到目前，深圳行业存量资金是以亿为计量单位；深圳手机产业链日趋完善，不缺整合资源的环境；深圳也不缺创业的冲动和激情，涌入手机行业的人员也是以十万为单位来计算；深圳更不缺少吃苦耐劳的拼搏精神，为赶进度日夜操劳的老板和工作人员随处可见。

在此基础上，目前创捷供应链打造的手机产业生态圈已初具规模，已聚集大批产业相关上、中、下游企业，其中：导入项目上万个，总额近 100 亿美元；项目管理企业近百家；各类芯片、软件、配套供应商近 3000 家；制造商/加工厂近百家；方案设计商多家；辐射南亚、南美、非洲、东南亚、俄罗斯等新兴国家市场的海外客户多家（如图 8 –2 –5 所示）。

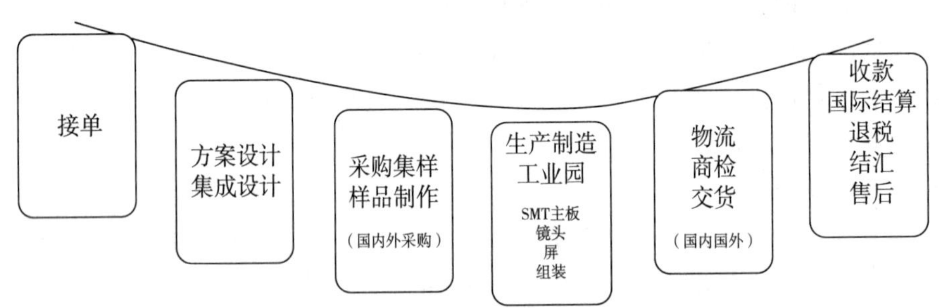

图 8 –2 –5　创捷供应链基于产业链的治理流程

（四）创捷供应链 B2B 电子商务平台核心竞争力

基于产业链的电子商务平台。创捷供应链电子商务平台根植于创捷供应链生态圈模式，以业务为主导，产业链贯穿其中，整合了上下游的需求与能力，能够实现需求的最大化满足，目前电子商务平台已聚焦深圳智能终端产业集群、珠三角光电产业集群等。

以大数据分析中心为架构的电子商务信息化平台。从B2B电子商务发展的历程来看，第一阶段以信息撮合机制为主，通过互联网特性有效地汇聚买卖双方信息；第二阶段以在线交易为主，信息展现模式、在线交易工具、配套服务产品的发展使得各平台都在想方设法解决在线交易问题；第三阶段即资源集聚为主，所谓资源集聚正是突出两个核心要素：数据穿针引线，服务本质所需。可见，如何布局大数据，以及在大数据基础上创新模式，成为B2B电商未来要思考的重要问题。整合全互联网的B2B数据，提升供需双方的信息匹配度，尽力提高交易效率。这是一个变革的时代，未来的竞争核心肯定是开放性的大数据，这决定了数据将成为一种重要的竞争力。因此，如何对海量的数据加以分析，提炼出有价值的信息，从中挖出金块，将会成为B2B电商争夺的新高地。

“信息流、资金流、物流”三流合一的电子商务平台。电商平台基于创捷供应链在供应链行业的深厚积淀，独创的供应链金融生态圈的模式，将“信息流、资金流、物流”实现三流合一，B2B电子商务“三流合一”的大环境下，物流合作、在线支付是重要的发展方向。中国B2B电子商务产业正由信息服务向交易服务方向转换。信息服务模式解决企业间信息不对称的问题，而交易服务模式更关注帮助客户实现在线交易，实现信息流、物流和资金流的三流合一。B2B电子商务未来发展趋势是服务精细化和盈利多元化。

（五）创捷供应链大核心优势

1. 人才团队优势

创捷供应链拥有众多行业精英加盟，涵盖金融、财税、运营、电商各个领域；现有管理团队均由从业8年以上，经验丰富的行业专家组成，大部分拥有硕士以上学历，为创捷供应链未来的持续发展提供可靠人才团队保证。

2. 商业模式优势

创捷供应链“产业互联网+供应链金融生态圈”的商业模式，已经在泛珠三角地区得到了充分的实践验证；当该模式逐步成功复制到其他产业集群地后，将引领中国供应链行业产融生态圈模式的未来走向。

3. 服务平台优势

深度的商务电子化，公司“E－SCM B2B平台＋IBM SI数据集成中心＋各个子系统”，实现了商务信息流的高度协作、集成；业务实时协同集成；匹配创捷在海关、税务、银行、运营领域的平台优势，真正实现共营链、共赢链。

三、创捷供应链发展愿景

当今，移动互联网浪潮席卷世界，全球一体化、产业分工愈加明晰，企业逐步选择回归核心业务并构建核心竞争力，在全球的产业链中逐步占据重要地位。作为供应链服务的综合方案商，创捷构建产业互联网+供应链金融的生态圈，服务更多企业转型升级。

站在世界产业链全局高度，协同各国家之间、企业之间的联动与衔接，以便更好服务客户，在这一过程中创捷供应链助力中国中小企业发展，帮助中国产品走向世界。

同时，创捷供应链积极引进更多海外优质产品，搭建国内外产品交流的桥梁，让更多海外优质产品惠及国内企业。

面向未来，创捷供应链有信心，有能力将供应链生态圈商业模式从深圳，复制到珠三角地区、全中国、乃至国际区域，覆盖更多行业，并将供应链服务嵌入产业链中，基于产业互联网，构建不过分约束的商业关系生态圈，实现全球产业的协同，真正帮助企业走向成功，并在这一过程中，实现自身的可持续发展，构建百年企业。

撰稿人：深圳市创捷供应链有限公司总裁　文健君

案例三　1 号店：大数据驱动供应链实施

一、企业简介

纽海信息技术（上海）有限公司（以下简称 1 号店）是国内首家网上超市，2008 年 7 月网站（www. yhd. com）正式上线，以每月业绩均 28% 的飙升速度增长，2013 年已突破 120 亿元销售额，已成长为国内领先的 B2C 网上购物平台。

1 号店一直坚持 IT 系统自建的做法，目前已成立一个约 1000 人的 IT 团队，独立开发了大量的供应链管理模型、技术和系统，在中国申请了多项专利技术，获得了 124 个软件著作权，为 1 号店持续迅猛发展奠定了坚实的信息技术基础和不可替代的优势。同时 1 号店依托股东旗下的上海传绩物流有限公司，在上海、北京、广州、武汉、成都分别建设了大型仓储中心，到 2012 年年底将再增加沈阳、西安两大仓储中心，仓储面积超过 22 万平方米，目前订单已覆盖到全国（除港澳台）。截至 2011 年 12 月 1 号店已经在 34 个城市实现自主配送，配送站点达 140 个，今年在全国范围将再建数百个配送站，构筑覆盖全国大部分地区的物流网络体系。

2011 年 5 月，1 号店与世界第一零售巨头沃尔玛建立战略合作伙伴关系。1 号店依托沃尔玛的供应商资源优势，已成为国内最大的基于线下零售网络的大型网上超市，目前在线销售逾百万种商品，涵盖食品饮料、美容护理、厨卫清洁、母婴玩具、电器、家居、营养保健、服装鞋帽等十三大类，为客户、供应商、店中店商家、配送商等提供电子商务、品牌推广、信息推送、在线软件及无线增值等一系列服务，在数据支撑及服务应用方面 1 号店在日用消费品电子商务领域处于领先水平。

1 号店的行业背景、股东实体市场的资源优势不可替代，其模式不可复制，在全国处于遥遥领先地位。

二、实施供应链管理的背景

1 号店董事长于刚在 2014 年全球供应链管理峰会上讲道：“零售不管前端是什么样的模式，通过什么形式展示商品，是在线上还是在线下，还是什么营销手段，但是它的实质是什么呢？它的实质就是把顾客想要的商品在他想要的时间和地点，保质保量的送到顾客手中，这是零售的实质，这一切不是靠前端完成的，最后还是要靠供应链管理，所以供应链管理应该是零售一个核心的竞争力。”

处在 B2C 零售榜首的天猫、京东无疑是这一观点的最好诠释。双方分别在供应链投以重金，打造供应链体系。菜鸟网络的注册资金为 50 亿元，前三期投资将合计 3000 亿元。菜鸟通过打造智能物流骨干网，对生产流通的数据进行整合运作，实现信息的高速流转，而生产资料、货物则尽量减少流动，以提升效率，因此看来阿里如此的大平台也并未放弃物流。

反过来，京东更加重视供应链体系建设；2009 年年初，京东商城斥资成立专门物流公司，布局全国物流体系。2010 年 3 月，京东宣布华北、华东、华南、西南四大物流中心建成。自建物流体系让京东开始有能力提供“个性化”服务。2010 年 1 月，京东获得老虎环球基金领投的 1.5 亿美元融资后，刘强东表示一半融资将用于物流系统，并将于 2010 年下半年陆续在北京、上海、成都三个城市兴建单体面积超过 10 万平方米的超大型物流中心（加上广州原有的物流中心，将达 4 个），同时将在全国范围内建立 15 ~ 20 个二级库房，城市配送站也将增加至 50 个城市以上。2011 年 4 月，京东完成 15 亿美元 C 轮融资，融资将几乎全部投入于物流和技术研发建设项目。京东宣布 2011 年将开工 7 个一级物流中心，未来 3 年共投资 50 亿 ~ 60 亿元人民币进行物流建设。京东同时披露，2009 年年初获得 2100 万美元 B 轮融资的 70% 资金已用于物流体系建设。

从战略思维上看，1 号店和竞争对手有共同的看法，供应链管理将是任何零售电子商务的核心竞争力。但是，1 号店作为以食品、百货为切入点的综合类电子商务零售企业，商品是大众所需，购买频次高，黏性强，获取顾客比较容易，而且都是一些忠实顾客。但从供应链角度，因为商品比较大，比较重，毛利不高，保质期短，易漏易损，各种各样的问题，所以 1 号店的供应链管理更为重要，也要求必须有自己的特点，这种突破将成为公司依赖的竞争壁垒。

综合以上因素：1 号店一直将供应链体系建设作为公司发展的核心手段，并且取得了很好的成绩。例如，库存周转期最初在 60 多天，后来逐渐改进到 50 多天、40 多天、30 多天、20 多天，到现在已经到了 18 天，今年的目标是做到 15 天。而传统的零售需要 30 天左右。仓库内平均拣选一个 DO 的时间是 50 秒左右，但是平均每个 DO 的 SKU 约为 10 个。这个数据约为京东每个 DO 的 6 倍；而类似垂直电商基本每个 SO 约为 1 个 SKU。这些背后就是我们对供应链管理工作进行深耕细作而取得的。以下我们可以详细解析其中的案例及其原理。

三、供应链管理的运作模式

对供应链管理而言，我们必须了解其组织原理以及其构成模型；在此基础上形成有效的理论优化思维，借助先进的 IT 智能以及相关设备技术，达到优化效果。一般情况下，供应链模型可以表示为如图 8－3－1 所示：

从图 8－3－1 可以看出，商品从制造端流向客户过程中需要层层转移，而转移就意味着成本；上图仅表示最理想情况。事实上制造商和批发商、批发商和零售商又有可能有多级转运。转运过程中运输费用、物流装卸、进入库操作都会形成商品的成本构成。到零售端，零售商的店面租金、工作人员也形成商品的成本。这些成本将最终转嫁到消费者身上。其成本线和价值流相比，成本容易在价值传递过程中不断叠加，大量价值损耗

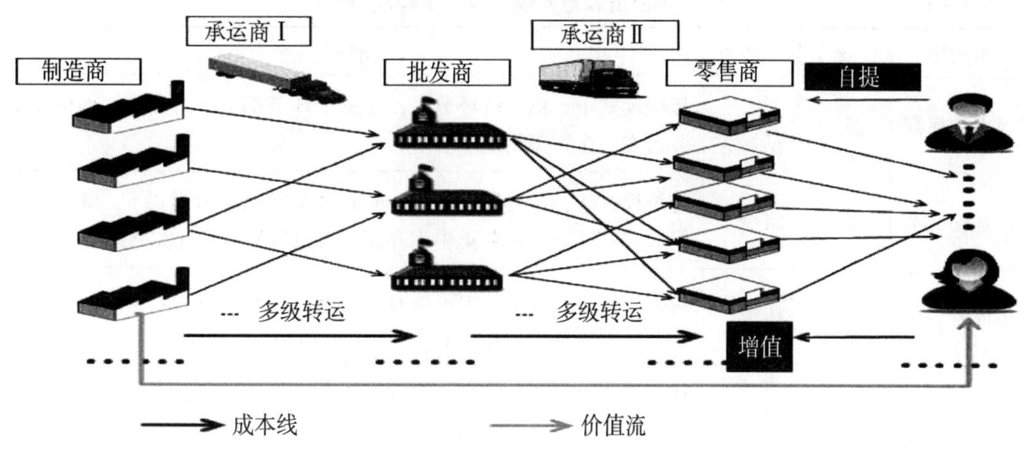

图8－3－1　传统供应链模型

在非增值工作项目上。

电子商务的诞生将颠覆类似传统的供应链体系，本质就是缩减非增值环节，利用高效IT为支撑，形成既能快速响应又能有规模效应的供应链体系。电子商务供应链模式如图8－3－2所示。

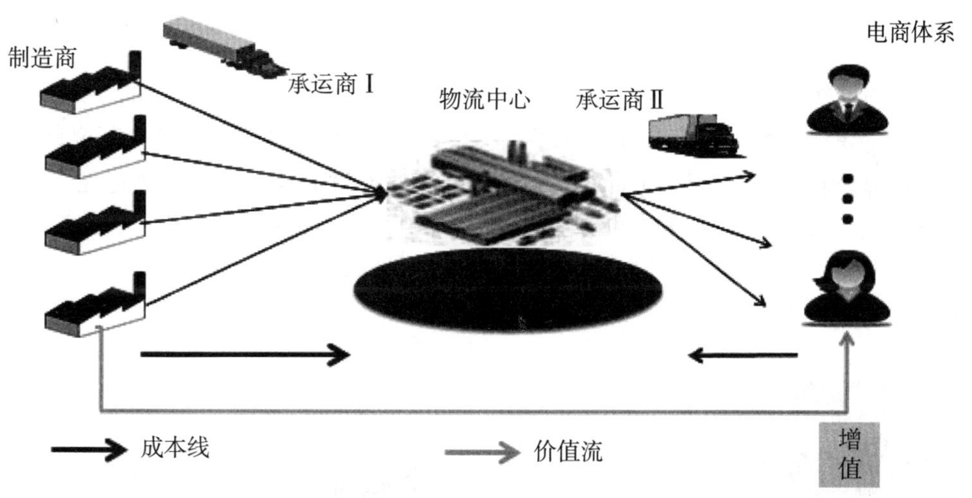

图8－3－2　电商供应链模型

通过对比，我们可以发现传统和电商的零售供应链体系中成本构成的区别，如表8－3－1所示。

当然，从实际过程中看，电子商务模式往往没有达到以上的理想程度。这也正是以下案例中，1号店通过不断努力，来改变其中存在的问题，优化供应链模式。

表 8－3－1　　传统供应链和电商供应链成本构成对比

成本类别	传统	电子商务	解释
多级渠道库存	多	少	传统模式下，供应链环节多，在每个环节都会留有库存。而电子商务仅在一个大型物流中心
多级运输成本	多	略少	传统模式下，需要层层分拨，同时多个中间环节模式下，降低了规模效应。而电子商务集中库存模式可以有效缓解此类问题
多级库存管理	多	较少	传统模式下，每个环节需配有对应的库存管理人员，而电子商务模式下节省了此类成本
渠道作业成本	多	较少	传统模式下渠道的转运，需进行必要的作业完成，电子商务因其环节的压缩，减少了成本
店面租金	多	极少	电商利用虚拟平台代替，成本低，边际成本更低
店面工作人员	多	略少	综合来讲，电子商务虚拟平台更有成本优势
最后一千米	极少	较多	传统模式需要顾客到店自提，实际上物流成本转移到顾客，而电子商务上门送货，成本相对较高。尤其现在社会物流不太成熟的情况下

（一）SLC

SLC 是为了实现对前端物流的整合（即供应商到 1 号店物流中心），由 1 号店协助管理，第三方提供操作，将供应商库存管理纳入 1 号店库存管理体系的服务。其全称为供应商物流中心（Supplier Logistic Center）。从目前电子商务发展速度来看，无论建多大的仓库，都无法满足日益增长的 SKU 和销售量。1 号店目前已经拥有将近 40 万平方米的仓库，但是商品仍然不断增加。SLC 的方案就是基于这种背景而产生的。

SLC 的物流模式如图 8－3－3 所示：

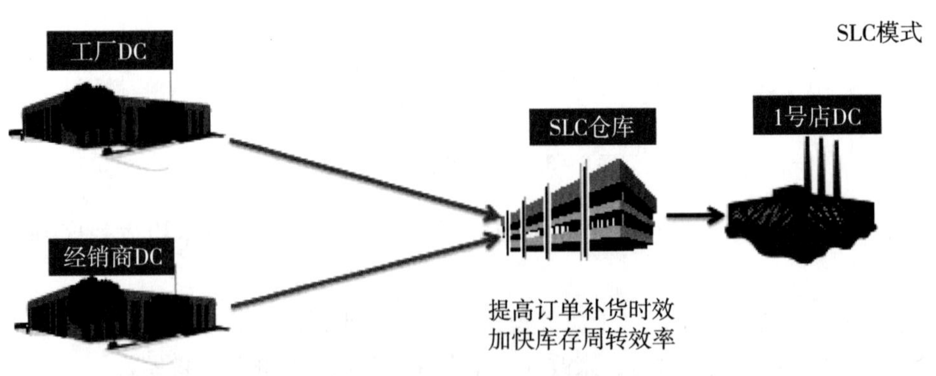

图 8－3－3　SLC 物流模式

其实质的效果等于把大量的供应商集中到了 1 号店物流中心附近，这种改造可以达到如下目的：

1. 提高库存周转率，降低库存周转天数

1 号店通过 SLC 模式拉近了供应商和 1 号店仓库的距离，实质上就是拉近了供应商和消费端的距离，这样就可以利用较低的库存储备量，即较少的安全库存，从供应链的核心指标来看，就是库存周转率。

2. 从本质上优化合作模式，提高收货效率

SLC 利用第三方的角色，扮演了类似支付宝的角色，从库存验收上为 1 号店形成了风险共担。而 SLC 和 1 号店的合作实现了规模化效应。如以前 1 号店需要面对多家供应商，在 SLC 模式下，1 号店只需要和 SLC 进行货物交接。但同样达到了多品类入库的目的。

3. 提升库存保障能力，减少脱销的冲击

供应商围绕在消费端附近的另一个优点就是快速响应；电商零售业普遍会不定期形成促销活动，唤起消费者的关注。这样其实很容易造成脱销或者高库存。SLC 的存在能使供应商和 1 号店建立快速响应的沟通渠道。

SLC 在 1 号店实施后取得了不错的成果；目前 1 号店供应商的平均送货时间（Lead Time）为 6 天左右；SLC 送货则为 6 小时；1 号店平均库存周转天数目标为 15 天（目前只有 18 天）；而 SLC 的库存一般仅保持 3 天。对 1 号店的资金流也有很大贡献。

需要说明的是，SLC 模式并非物流成本的完全转嫁；对于供应商而言，只是将部分库存存储在靠近消费者，SLC 仓库是专门为供应商成立的服务机构，供应商送货、存货成本都基于较低的成本加成。这种模式本质上从全局减少了非增值业务的发生。

在系统层面，1 号店提供了针对性的 WMS 为 SLC 三方公司使用，这个 WMS 和 1 号店的 PMS、WMS 形成信息闭环。信息流畅通，保证了相应的快速、及时、准确。

（二）托盘共用体系

托盘共用项目，又称带板运输项目，是指 1 号店与托盘供应商以及上游供应商联合，优化作业模式，采取托盘共用的模式，供应商送货时直接将商品和托盘一同交接给下游，实现上下游标准化运作，提高了 90% 的效率，降低了 50% 的货品破损。其原理就是本文开始论述的“渠道”内的作业成本。这部分成本在学术界称为非增值项目。托盘共用体系可以有效解决这一问题。一般来讲不同业务单元（例如供应商和中间商或 1 号店）进行货物交接会发生如下成本：货物装卸、货物清点或检验、货物入库以及货物再转移。这些成本大多和作业单位相关，并呈线性关系。如果以箱为单位，那么成本和箱数线性相关，如果是托盘就是和托盘线性相关。而且托盘可以利用机械作业，节约人力。这就是托盘共用体系的本质所在。在 1 号店这种运作模式如图 8－3－4 所示：

1 号店通过实践托盘共用体系，单对供应商而言，提供了如下价值：

1. 更宽松的预约时间

托盘共用体系形成后，装卸货速度加快，以一个 12.5 米厢式卡车为例，散货运输时装卸时间为 3～4 小时，托盘共用后装卸时间为 20～30 分钟，装卸效率提高 90% 以上；随之带来的是有限卸货垛口作业压力被大大缓解。占用时间减少，对于供应商来讲，往

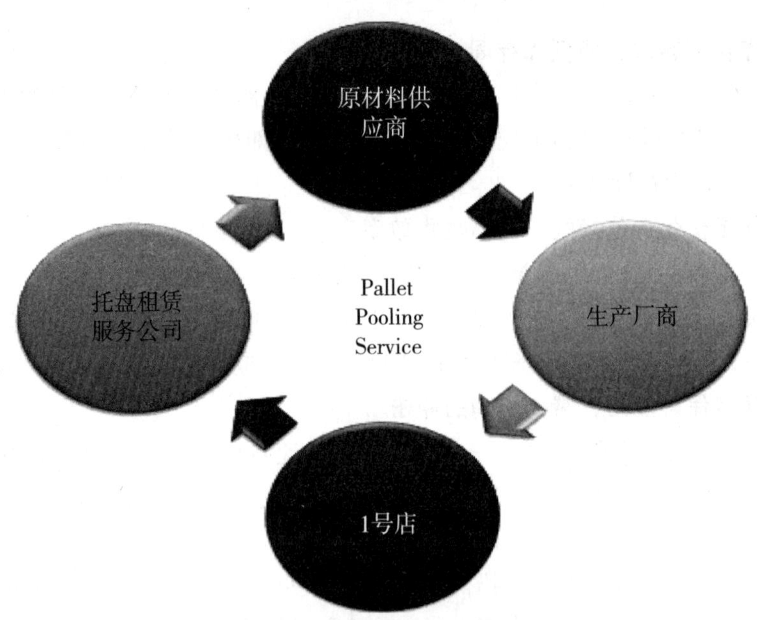

图 8-3-4　托盘循环共用体系

往会有更多的时间可以选择，安排更为灵活。

2. 绿色通道

在收货通道安排上，对于带板运输货物给予优先，加快车辆的周转。这也是 1 号店为推进托盘共用体系所做的“政策性”引导。

3. 搬运工具

1 号店同时为带板运输货物提供搬运工具，供应商可以利用有限的人力（一般自行携带员工即可）；而如果是散货运输，供应商需要在物流中心租用临时劳工，该模式的试用降低供应商卸货成本。

4. 验货方式

如上文所述，对于带板运输货物采取更加信任的方式，其中一个重要的方面就是托盘运输可以有效保障货物的完整性，减少破损。通过托盘共用中的机械化操作可有利于保护产品，有效实现降低货损，减少产品丢失。以某酒类企业实际运作情况为例，托盘共用后可使货损率由 2% 减低至 1% 以内；降幅达 50% 左右。加快了收货的速度，为供应商节省了时间，创造了价值。

当然，1 号店也在其中获得了益处，例如资源利用率的提高（装卸平台），人力成本的节约（减少收货作业人员等）。

1 号店其实做了很多努力，突破托盘共用体系的老大难问题。主要难点在于，托盘标准问题、回收问题、质量控制和维修。所以 1 号店和第三方托盘公司合作，托盘系统可以由一个托盘公司运作，它拥有一定数量的托盘，在全国各地建立托盘回收点，负责托盘的回收和维护。1 号店向托盘公司租用所需数量的托盘，在收货地点将空托盘还给就近的托盘回收点并付给必要的租金即可。这种方式克服了交换制的缺点，托盘全部归属于托盘公司，托盘的质量控制、维护修理都由托盘公司负责。制造企业、运输公司、1号店都不必拥有托盘，免去了管理托盘的麻烦。使用托盘的总量也大为减少。另外通过上文提到的措施，对供应商说服性谈判，以及“政策优惠”才逐渐取得一定成果。

目前加入1号店托盘供应链体系的部分客户如图8－3－5所示，经过1号店实际运作过程验证，以150千米范围内的托盘共用为例，通过托盘共用可为行业实现15%～20%的物流总成本节约。

图8－3－5　1号店托盘循环共用体系部分客户

（三）一起送

一起送是1号店又一个为前端物流整合而形成的方案。对照托盘体系项目来看，托盘一般是指在某个供应商合作形成，一起送突破了这种界限，将难以形成规模的供应商集中起来，1号店负责采购或推荐一批具有可靠质量的物流商，来做集中货物的工作，并运输到1号店物流中心。回到最开始的图解，类似完成了如图8－3－6所示的过程改变：

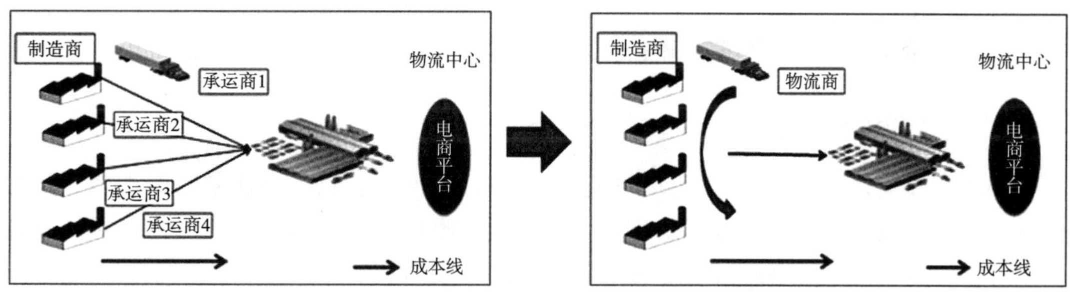

图8－3－6　供应商传统送货模式向“一起送”模式转变

这种模式的诞生可以为以下两种供应商带来价值：

1. 直送1号店但规模不大

这类供应商通过将货物移交物流商处理，物流商可以提供上门提货服务，这类供应商可以减少运输资源的持有，降低固定成本压力。另外，供应商减少和1号店预约，送货，排队等烦恼。

2. 通过转运送货至1号店

这类供应商一般规模更小，甚至需要自己将货物运输到零担公司，由零担公司代为转送至1号店。和上述类型来看，此时，该零担公司类似本模式的物流商的角色。但核心问题是该零担公司同样不能形成和1号店交货的规模效应。另外零担公司自身业务水平有限，作业不规范，服务意识不佳。往往造成送货延迟、破损等事件，带来很多额外成本。

1号店通过这种模式取得如下成果：

1.1号店和供应商的沟通成本

供应商约物流商送货通过邮件预约，物流商与1号店仓库预约也是通过邮件，这种邮件交流往往会形成遗漏或者反馈不及时的问题。1号店通过自身强大的系统研发平台，专门设计了与之匹配的系统（supplier portal ，SP）。1号店的系统通过将线下资源数据化，形成了供应商/物流商与1号店的实时反馈。并且这种反馈机制一般由系统完成，完全不需要人工干预，且能做到科学、精准。1号店在预约系统的优化上已经多达30多次优化，就是为了让系统能最大化减少人力工作。这个系统是供应商、物流商免费使用，和1号店交互的平台。

2. 对采购订单的实时状态反馈

供应商没有系统查询自身发出订单的作业进度，同时，1号店也无法知道供应商是否及时响应了采购订单。1号店每天有大量的采购单发出，靠人工监控订单的执行情况基本是不可能的。在SP平台上，这些信息都可以随时更新，并提供给决策人员查询。

3. 送货和仓库预约的矛盾化解

在该模式未形成前，供应商预约送货时间都是线下人工管理，供应商不愿意学习登录1号店的SP系统，仓库提前不知道物流商送货以及他们要送达的货物量，或者需要依靠物流商邮件后才能知道货物的具体物流信息，因此物流商经常在固定预约时间内无法预约到合适的送货请求，而1号店无法判断预约的条件。如供应商预约半天时间是否合理。

4. 规模效应形成（上文已经论述）

（四）Cross Dock

CDL物流英语全称Cross Docking Logistics，简称：CDL。物流因沃尔玛而出名，作为一种先进的物流配送战略和运作模式在西方发达国家已获得成功应用，与其他配送战略比较，CDL物流配送战略可以在时间、空间和成本上获得利益。“CDL物流实质上是在收货和发货之间直接地运送商品，取消了商品储存和选择的步骤。在发货区域，商品经过一个传送带直接流向每个拖车；在收货区域，产品从卡车上直接移到CDL物流传送系统。”

一般认为，在CDL物流系统中，仓库充当库存的协调点而不是库存的储存点。在典型的CDL物流系统中，商品从制造商到达仓库，然后转移到零售商的车辆上，进而尽可能快地运送给零售商。商品在仓库中停留的时间很短，通常不超过12个小时。1号店目前采用的CDL模式为终点站型。终点站型CDL物流（terminal cross—docking Logistics），即根据即将离开的运货卡车对订单进行分类和合并。这种类型的CDL物流要求从两个或多个制造商或分销商收到的订单能够同时发送到另外一个地点。终点站型CDL物流的特点是对到货的时间和欲发送的指定地点有严格要求。

一般来讲，1 号店多以上海、广州为中心，将终点站设为武汉、泉州、成都等前置仓库。CDL 模式的益处相对简单，其在 1 号店的效果也体现出了其核心优势：即供应商送来的货品不经过入库，直接送往发货区域或送至目的地的车辆上。但是 1 号店的 CDL 模式也有很多不同，主要是基于 1 号店内部的运作具体环境而言。例如这种 CDL 模式使用条件、考虑因素、相关团队如何配合的问题。

1 号店的 CDL 主要是围绕 PMS（Production Management System，生产管理系统）为指令中枢，任何作业团队接受 PMS 系统命令，完成任务。下面以武汉为终点站为例，解释智能 IT 在 1 号店 CDL 模式下的使用过程。首先，1 号店采购人员或系统发出采购需求，这个采购需求可能有多个供应商可以满足，PMS 需要根据系统内的相关数据选择采购对象。综合成本，到货期等因素，假如选择上海某供应商作为采购对象，那么 PMS 还需要根据调货时效以及车辆配置因素判断是否走 CDL 模式；例如进口食品为核心商品，走 CDL 时效过长，偏向于直接调拨。其次，PMS 如果经过大量计算，确定本次采购采用 CDL 模式，本次采购类型就会有对应的标识，这种标识会同时传给 WMS（Warehouse Management System，仓储管理系统），WMS 人员将从系统中体现本次订单收货的特殊性（只接受、不入库）；同时 TMS（Transport Management System，运输管理系统）接受到运输任务，可以根据计划做运输资源配置。最后，TMS 可以发出在途过程信息，这个信息也会给 PMS 并展示到采购负责人员，如果中间出现异常，可以进行临时干预。

由此我们看到，1 号店实施 CDL 模式是应用了大量 IT 支持，否则 CDL 也可能带来大量库存（供应商提前期是增加的）或者缺货成本的上升。这种模式最大化实现了集中采购，同时减少了直接从上海仓库调拨的业务模式。为上海仓库降低了压力。全局上压缩了成本。

四、实施供应链管理的绩效分析

通过 SLC、托盘共用、一起送、Cross Dock 等供应链创新模式的实施，1 号店在以下方面取得了重大成效：

（1）库存周转效率提升，平均周转天数大幅下降，从原先的 48 天下降到 18 天；而 SLC 的库存一般仅保持 9 天，对 1 号店的资金流也有很大贡献；

（2）缺货率下降，从原先的 16% 下降到 8%，Top 商品的缺货率从原先的 9% 下降到了 3%；

（3）供应商平均送货时间（Lead Time）明显缩短，普通供应商的 Lead time 约为 6 天；SLC 送货则为 6 小时；

（4）装卸货速度加快，以一个 12.5 米厢式卡车为例，散货运输时装卸时间为 3 ~ 4 小时，托盘共用后装卸时间为 20 ~ 30 分钟，装卸效率提高 90% 以上。

（5）仓库上架和拣货成本下降，Cross Dock 模式省去了需调拨到外地的货物的上架后又拣货的人工成本。

五、可提供的经验与下一步打算

（一）合作性计划、预测与补货（CPFR）

CPFR 通过一系列合作伙伴认同的业务流程，制订共同的销售和运作计划，并通过电子化的交流与沟通合作修改销售计划和补给计划，从而提高计划的前瞻性和准确性，有效地减少事后性修补带来的高成本。

简单地说，1 号店希望通过一些措施和供应商制订共同的商务计划，从而共同可以对市场的需求进行一些预测，从中识别销售预测中的例外事件。例如 1 号店的预测和供应商的看法是不同的，那么双方是否就太大的差异能够达成一致，最后达成采购订单的执行，最终形成良好的供应链指标。

1 号店处于电子商务高速发展的环境中，促销是经营过程中比较常见的商业行为，促销很容易带来不必要的供需错乱（如图 8－3－7 所示）。1 号店需要和供应商建立高效的协作通道，从商务计划开始，将促销活动信息及时向上游输送，争取完成规律性的商业活动，同时对例外情况能和供应商同时分享信息。1 号店通过建立 SP 系统和供应商在线信息共通，目前，有 5000 多供应商参与该平台，下一步将更加完善系统的功能。

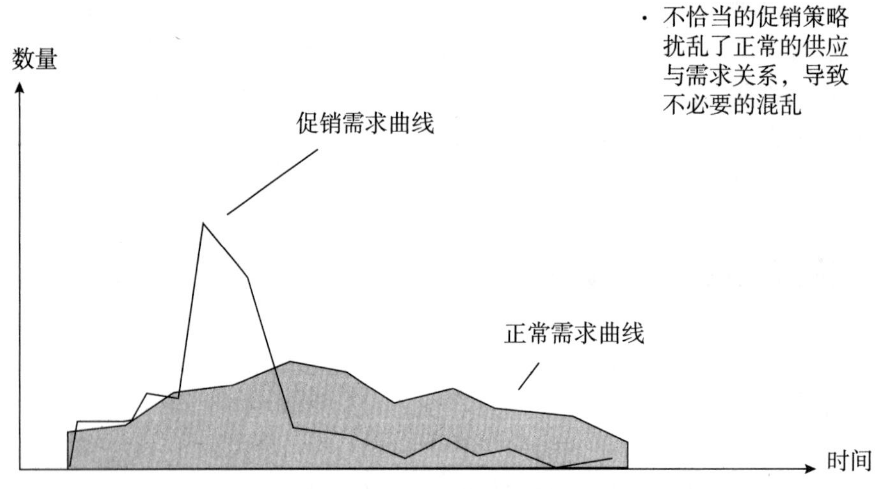

图 8－3－7　用户需求曲线

另外 1 号店业务快速增长下，区域的多级库存矛盾也逐渐凸显。1 号店的目标是前置仓库货物满足 80% 订单，20% 需要靠大仓（上海、广州、北京）共享解决。但是由于需求波动，会造成较大比例订单拆分，而很多供应商不具备全国送货的能力。造成了 1 号店营运成本提高。这也是需要和供应商协同，利用先进供应链策略去解决。目前，1 号店正在和沃尔玛考虑深度共享采购资源事宜。未来本战略构想将有助于解决 1 号店目前存在的问题。

（二）大数据驱动供应链

互联网时代带来了环境特征就是高度的不确定性，自从2009年以来，每年“双十一”演绎着新型的“曲棍球棒”效应。今年“双十二”又被市场所开发……1号店目标是面临这个不确定的市场提供最好的客户体验，这就是对供应链的深度挑战。

1号店目前拥有40万平方米的仓储物流中心，可以提供300万SKU（Stock Keeping Unit，库存量单位）供约7000万用户选择。1号店的供应链工作人员需要对这些商品的采购、库存、零售、送货、退货等进行管理，这每件看似独立的事件又在内部有很多关联因素。这对1号店的供应链人员提出巨大的挑战：

挑战一：数据大而杂，供应链人员很难分辨海量数据的重要性排序。管理人员会拥有很多的报表，很多的质量数据、效率数据；业务愈加精细管理，就会收集越多的数据；最后造成大量、复杂数据中，失去焦点，甚至忽略重点、舍本逐末。

挑战二：由于供应链本身的复杂性，工作人员面对的数据基本是从局部获得；很难得出决策信息。管理人员往往从某些点或者局部取得了数据，但很难得到结论，例如效率要和成本综合看，自己的效率要和同行对比才能看出优劣。

挑战三：数据没有有效的对比分析，工作人员无法决策是否要有专门的行动以应对。例如，对1号店来讲有些数据是合理的，例如10%左右的拆单现象。有些是暂时的，同时有可能是采取行动马上见效的，如我们发现仓库存货有一定比例的高库龄商品，如果能知道这个比例已经大大超过历史水平，就说明需要采取行动。

面对这些挑战，以及每天形成的海量供应链相关数据，这些数据从流程时效到作业成本，到质量描述，又包括了不同的作业单位。1号店将以大数据的思维去驱动供应链创造高绩效。为此，1号店建设了专门的供应链大数据分析平台，这个大数据平台的主要目标是：第一，把供应链的海量数据进行萃取、组合，从视觉上图形化，让管理人员快速、并作出正确的决策；第二，利用大数据相关性思维挖掘供应链各因素之间的管理关系，每个变量的值和相关变量的相关情况，给决策者全面的、系统的思维；第三，利用强大的数据实时监控功能，对供应链活动的战情实时可视反馈，及时控制正在糟糕的活动继续发展；第四，综合评估供应链改善过程中所实施的策略，根据数据分析结果，导向下一步提高，如图8-3-8所示。

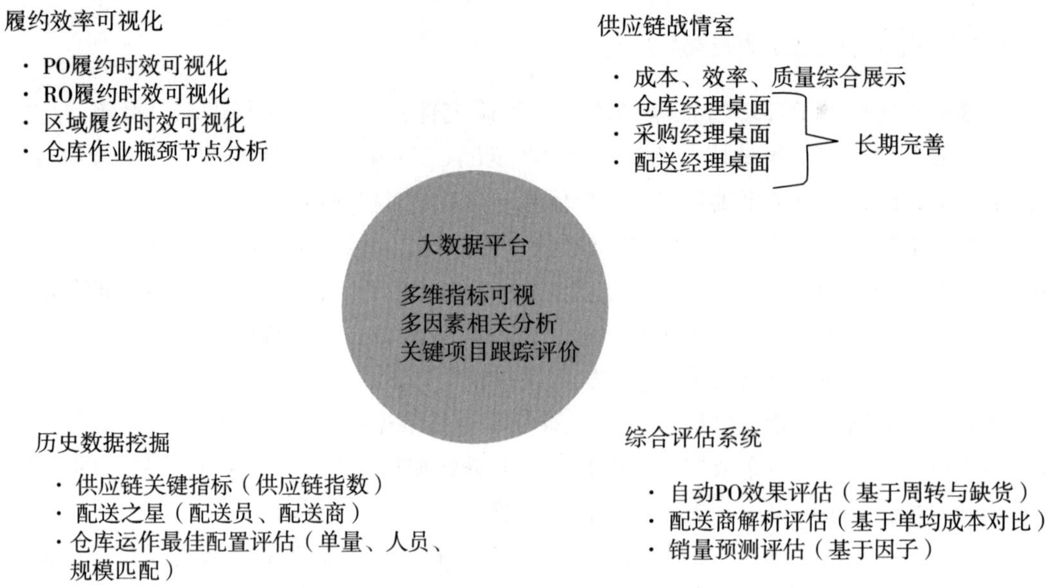

履约效率可视化

· PO履约时效可视化
· RO履约时效可视化
· 区域履约时效可视化
· 仓库作业瓶颈节点分析

供应链战情室

· 成本、效率、质量综合展示
· 仓库经理桌面
· 采购经理桌面
· 配送经理桌面

长期完善

大数据平台

多维指标可视
多因素相关分析
关键项目跟踪评价

历史数据挖掘

· 供应链关键指标（供应链指数）
· 配送之星（配送员、配送商）
· 仓库运作最佳配置评估（单量、人员、规模匹配）

综合评估系统

· 自动PO效果评估（基于周转与缺货）
· 配送商解析评估（基于单均成本对比）
· 销量预测评估（基于因子）

图8－3－8　供应链大数据分析平台规划

撰稿人：1号店（纽海信息技术（上海）有限公司）产品经理　田占昌
　　　　1号店（纽海信息技术（上海）有限公司）高级产品经理　张益刚

案例四　宏伟供应链：核电行业供应链管理的创新与应用

一、宏伟供应链简介

浙江宏伟供应链股份有限公司成立于2001年，是现代服务业中集产品供应链和服务供应链为一体的具有平台型供应链管理能力的创新发展企业。其主要服务于能源行业（核电、石化、天然气）和大型高端装备制造业（航空、机车、船舶），为工业客户量身定制工业物资供应链管理方案。

目前，宏伟供应链已具备13年核电行业服务经验，致力于搭建供应链集成服务平台，包括产品供应链和服务供应链。核心的业务模式包括工业物资供应、一站式采购/集成供应平台、技术研发平台、供应链管理咨询、仓储管理外包服务平台、工程现场服务平台、信息管理服务平台、供应链金融服务平台，如图8-4-1所示。

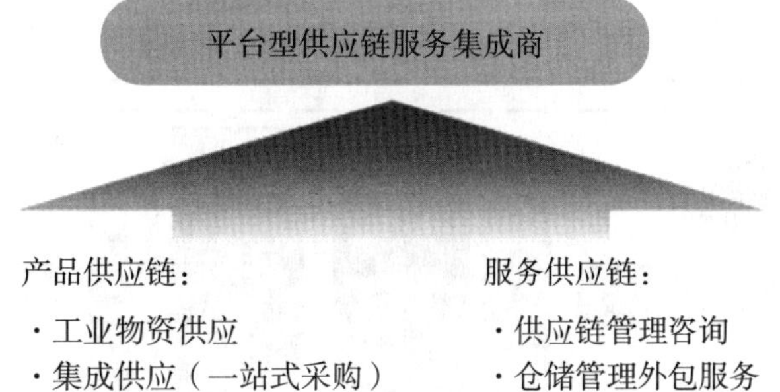

图8-4-1　宏伟平台型供应链模式

现宏伟公司员工总人数600多人，200多名销售人员，400多名仓储人员。2014年公司销售总额超过3亿元。自成立以来，公司在全国发展一站式连锁服务，目前已拥有宏伟工业总部、境内外两家全资子公司以及13家项目部，并通过兴原认证对公司质量管理体系、环境管理体系、职业健康安全管理体系的认证。在未来的发展中，公司将根据国家能源发展规划、现代服务业发展方向和装备制造产业政策，不断在工业客户中提升供应链服务的创新价值和能力。

在服务于工业物资供应管理的十多年来，宏伟供应链广泛与核电建设、安装、运营、设备配套厂、设计院及大型高端装备制造业等客户合作，拥有众多国内外知名品牌的代理权，并建立了强有力的销售网络和服务队伍，实现了物资采购、供应、检验、接收、保管、配送等一站式服务。十多年的供货服务经验以及完整、高效的采购、供应渠道优势，让宏伟供应链对核电行业不同建设阶段的物资需求把握更为精准，从而高效地为客户提供量身定制的物资解决方案并且在“供应链管理咨询”、“国内外采购外包服务”、“仓储管理外包服务”、“工程现场服务”、“信息管理服务”等服务产品体系上具有领先的优势，实现了降低客户各项成本，提升企业的核心竞争力的目标，如图8－4－2所示。

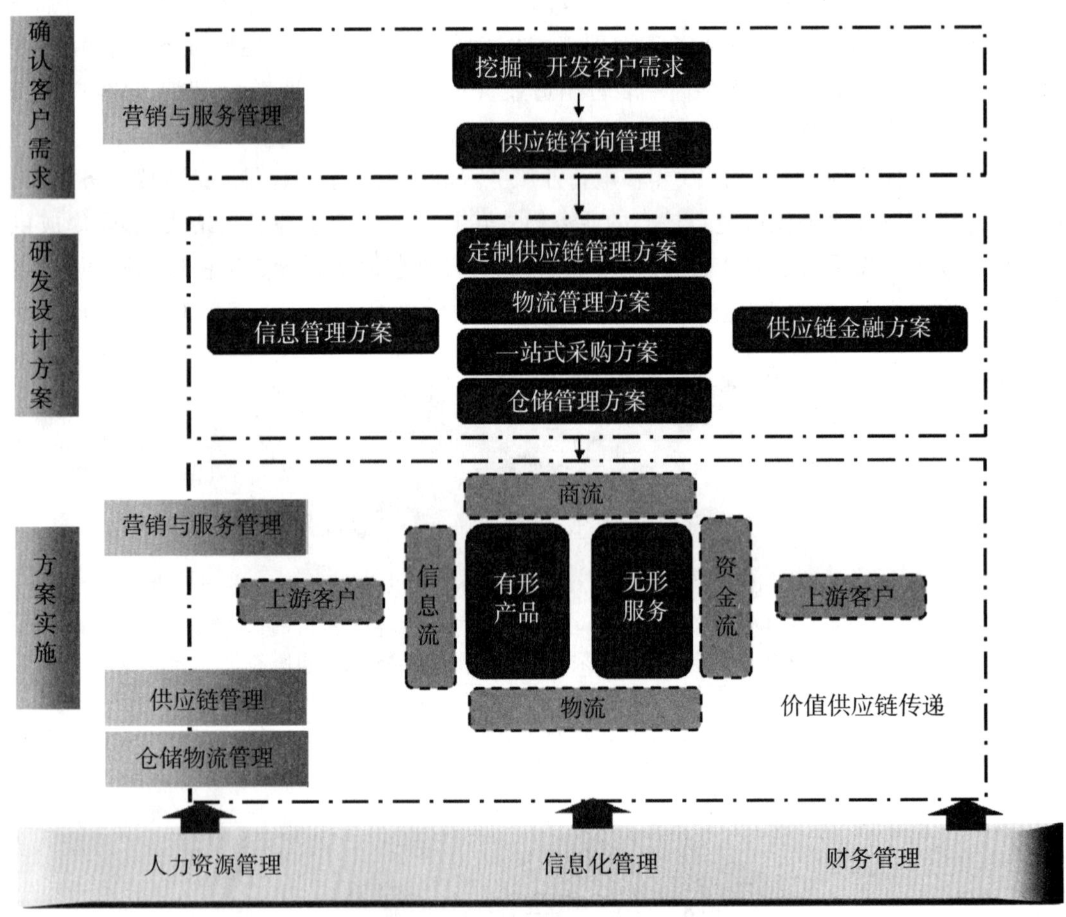

图8－4－2　宏伟供应链关键过程

宏伟供应链的众多服务模式得到了客户的广泛好评与认可，也不断得到成功复制。成功的案例有：深圳岭澳、辽宁红沿河、浙江秦山方家山、福建宁德、广东阳江、广东台山、广西防城港及海南昌江等核电项目以及上海电气、中核动力等众多大型高端装备制造厂。

宏伟供应链始终坚持以专业、安全、高效为服务宗旨，为引领供应链管理，助推民族工业的宏大目标而努力。

二、核电行业实施供应链管理背景

随着雾霾及环境问题的日益严峻，安全高效发展核电成为我国加快调整能源结构、增加清洁能源供给的重要战略选项，我国核电发展面临着良好机遇。截至2014年第三季度末，我国大陆投入商业运行的核电机组为20台，总装机容量达18127.58MW。在建核电机组29台，装机容量3168万千瓦，在建规模继续保持世界第一。由中国国家能源局发展规划司牵头完成的《中国核能发展战略规划》显示，至2030年，核电装机容量将达到1.2亿千瓦，至2050年核电装机总量争取达到3.5亿~4.5亿千瓦，占电力装机总量的15%，达到世界核电中等发达国家水平。这意味着未来30年内，中国将建设大约400台核电机组，是目前数量的20倍。

在国际上，由于拥有低排放、低能耗、高能效等优势，核电成为绿色能源典范，国际核电市场迅速扩容，包括中东、南非、巴西、土耳其等多个新兴经济体要求发展核电。

与国内外核电蓬勃发展机遇并存的是核电运营及建设过程中所面临的挑战。国内，根据国家发展战略，除三大核电巨头中核集团公司、中广核集团公司、国家核电外，还首次允许中电投、华能、大唐国际等电力集团投资核电建造和运营。在核电建安市场，尤其是核岛安装市场，越来越多的建安单位跃跃欲试，广东火电和浙江火电已经成功取得核岛安装资质。电力集团和建安单位纷纷计划对新一轮核电进行投资、运营和建造，他们的全方位进入，给我国核电的发展注入了新的活力，同时，也使得目前核电市场将由垄断进入市场竞争。国外，在“华龙一号”机组推出后，面临如何在与国际核电巨头竞逐中逆转取胜。

对于核电单位只有不断提高核心建造和运行能力及不断优化其建造成本，才能在竞争日益激烈的核电市场中占据更加有利的市场。随着核电行业竞争加剧，经营领域人为降低成本的空间越来越小，而在企业采购、库存、物资管理等环节，却有着极大的成本降低空间。尤其是，目前国内在建和运行的核电机组囊括CNP300、M310（改进型）、CPR1000、AP1000、VVER-1000、HTR、CAP1400、ACP1000、CNP600、EPR、华龙一号等众多堆型，以及国内、国际（巴基斯坦恰希玛、英国欣克利角核电项目和罗马尼亚切尔纳沃德核电站3、4号机组）等核电项目建设双线作战的局势。对于目前运行发电的核电机组，业主方面临着多基地、多机组的运营管理，不同业主方由于技术不统一、各自为政的分散管理形式，导致各自的运营和管理成本居高不下。

针对这种核电形势，宏伟供应链响应国家核电建设，作为核电供应链中的一个环节，浙江宏伟供应链股份有限公司在核电领域已有13年的供货经验。作为核能行业协会的一员深感行业的蓬勃发展和肩负的使命，现已成为众多核电客户（如中广核、中核工程公司、国核工程公司、中核二三、中核二二等）的战略合作伙伴，宏伟供应链将把握核电发展脉搏，充分发挥宏伟供应链的集成服务优势，希望能够在各核电项目尽到一己之力。

三、宏伟供应链在核电行业供应链管理的典型模式

（一）一站式采购服务/集成供应模式

长期以来，国内施工企业的物资管理基本上是围绕物资计划、采购、接收、保管、发放等基础工作进行。从供应方式上看，有的企业采取集权制，由企业总部设立物资公司，对本企业的所有工程项目物资进行集中采购和供应；有的企业采取放权制，由本企业的各个工程项目部自行组织采购和供应，企业总部只进行宏观控制。从管理手段上看，有的企业仍处于手工作业阶段；有的企业通过专门的物资管理软件，从物资需求计划、供应商管理、采购计划、验收入库、仓储、发放、库存信息、计量器具管理、固定资产管理等实行微机化管理，以及电脑打印料单（入库单、出库单等）和无账簿管理（电子账簿）等的实现，保证了物资数据的一致性并大大提高了工作效率和降低了物资管理成本。不管施工企业的物资管理水平多高，最后要解决的是库存物资问题。所以每一个工程完工后，物资管理部门就忙着“打扫战场”，这时的工程剩余物资就成了“鸡肋”：食之无味，弃之可惜。尽管每个企业各有各的招，但一番“劳民伤财”是免不了的。特别是国有企业，相关账务还比较难处理。

世界知名的柏克德公司这样解释：如果完成某项工作的成本由别人来做更便宜，那么就应当把这项工作交给外部更专业的产品、服务供应商。国外的施工企业中，值得借鉴的有美国的百克德公司和福陆丹尼尔公司。作为大型的国际施工企业，他们将工程施工和物资供应都进行分包，因此每个工程干完后剩下的只有钞票。

一般来说，对于采购物品，应从以下两方面给予重点关注：一是采购产品（或服务）支出（采购金额）占企业经营总成本或总收入的百分比；二是采购对达成企业目标的影响或风险。

综合考虑以上两个对采购物品关注的方面，可以将企业的全部采购物品分为四个类型：

（1）战略产品：采购的货物采购支出水平高，并且产品专业化程度高，供应风险高，即只有少数供应商能够提供的构成企业产品核心零部件的产品。

（2）杠杆产品：采购的货物采购支出水平高，但是该货物有较多的供应商能够提供，产品标准化程度高，供应风险低，这种物品是杠杆产品。一般有两种满足以上特征的采购物品可以归类为杠杆产品：一是单价价格低但使用量大导致采购支出大的物品；二是单价价格很高但使用量较少的物品。

（3）一般产品：采购的货物采购支出水平低，标准化程度高，供应风险低，具有多个供应商且服务较容易获得。

（4）瓶颈产品：采购的物品采购支出水平低，但是产品专业化程度高，供应风险高，只有少数供应商能够提供。

综合以上分析，可建立采购定位模型如图 8 - 4 - 3 所示。

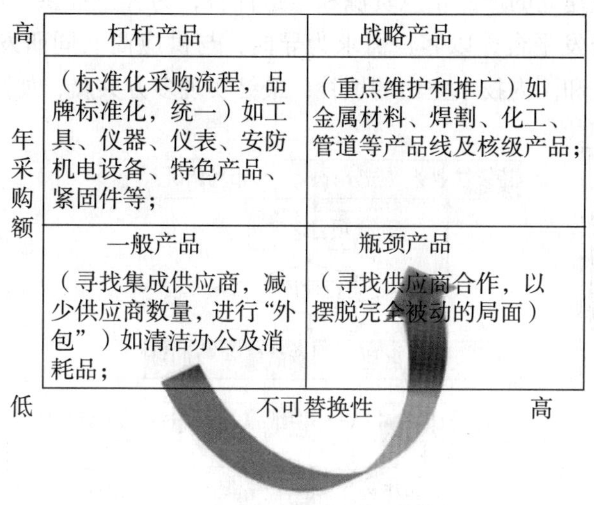

图8－4－3　采购定位模型

针对以上不同的产品类型，宏伟供应链为核电客户提供量身定制的物资解决方案：

（1）战略产品：宏伟为客户提供采购执行服务、框架协议采购服务和产品联合研发服务。

采购执行服务指：由宏伟与客户指定供应商签订合同且宏伟与供应商直接进行结算，但采购价格由客户与供应商直接确定，宏伟负责采购执行和配送至客户仓库，客户按需分批付款提货。宏伟仅收取资金占用费及仓储、物流费，宏伟不对供应商质量及生产过程负责，如图8－4－4所示。

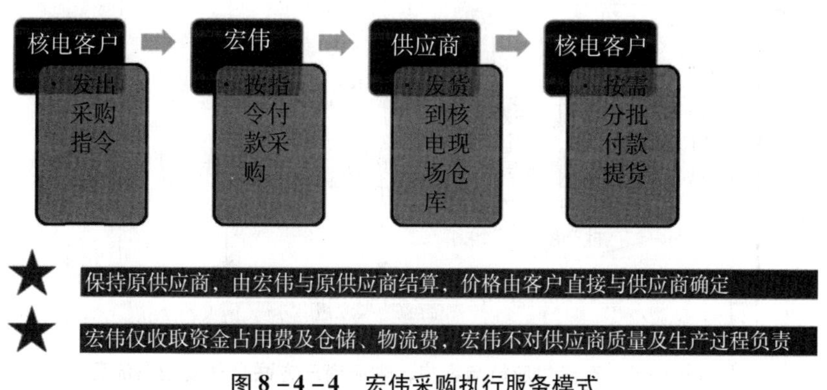

图8－4－4　宏伟采购执行服务模式

框架协议采购服务：通过集成一定时期的需求，经过技术与商务谈判形成采购框架协议，有效控制采购成本和采购风险。它着眼于通过有序竞争，形成相对稳定供需关系，实现供应链上企业之间的合作；以框架协议的形式将所需求物资向少数有实力的供应商集中进行采购，是集中采购理念的再实践、再提升；改造"一单一谈、一单一询、一单一签、一单一结"的传统采购模式，推动采购业务由操作性向管理型转变。

产品联合研发服务：针对战略产品中厂家垄断性产品，往往是进口品牌产品。宏伟根据自身在国内行业建立的产品信息资源和渠道优势，为客户提供产品国产化解决方案，并通过宏伟的技术研发平台，以客户需求为导向，与供应商共同研发核电专用产品，从而实现产品的国产化和国内技术空白的填补，最终实现多方共赢，如图 8－4－5 所示。

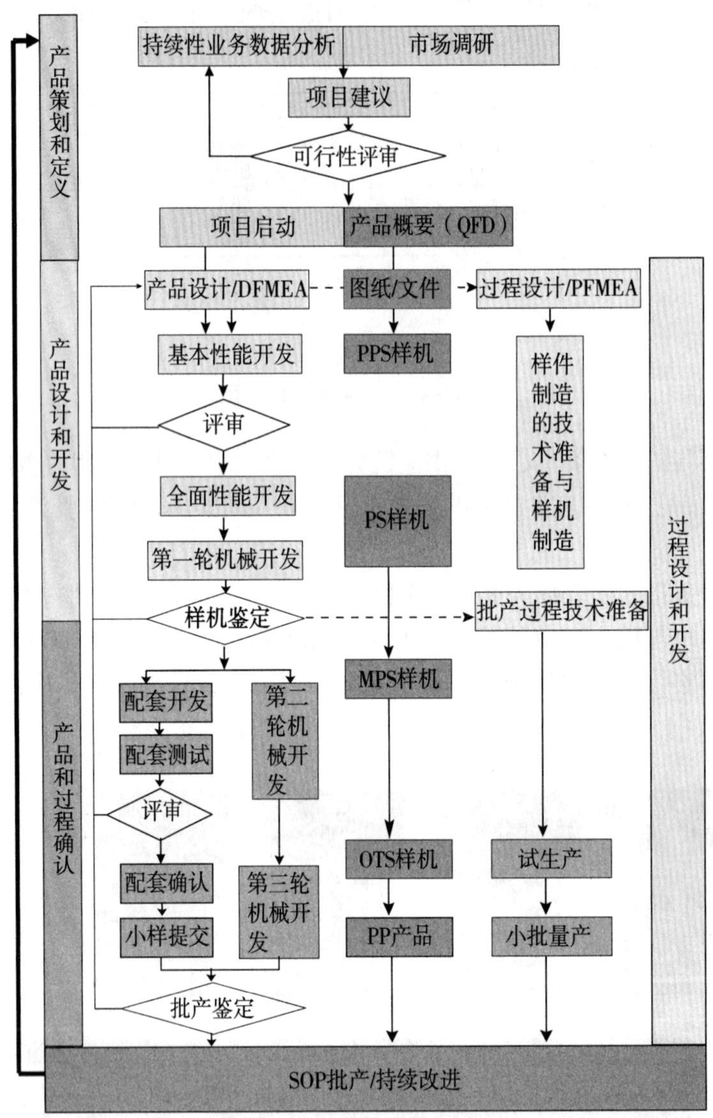

图 8－4－5　宏伟供应链与客户、供应商三方联合开发业务流程

（2）杠杆产品：宏伟为客户提供集中采购模式，即对于此类产品不再分散到各个项目部进行独立采购，而是成立集中采购中心，并且通过品牌的标准化、规范化和各项目部物料编码统一工作，达成规模采购的最大效益和多项目库存流通带来的库存成本降低的双向收益，如图 8－4－6 所示。

（3）一般产品：宏伟提供项目分包—零库存采购服务，即针对一般产品，各个项目部根据产品大类，与几家优势的分包商签订分包—零库存采购服务。分包商根据公司的采购需求计划，在规定的时间送货至仓库现场，公司按需出库，双方通过每月领料单进

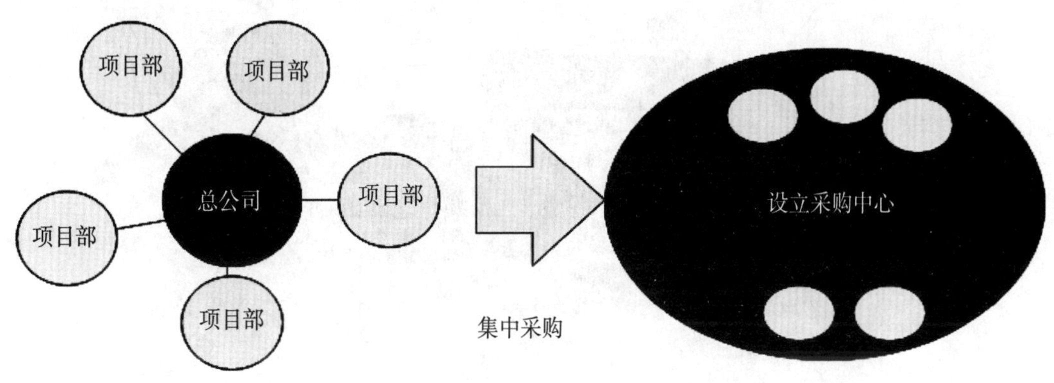

图 8－4－6 杠杆产品集中采购产生规模效应

行结算，结算的原则是领用即结算，不领用不结，以达成“零库存”目标，如图8－4－7所示。

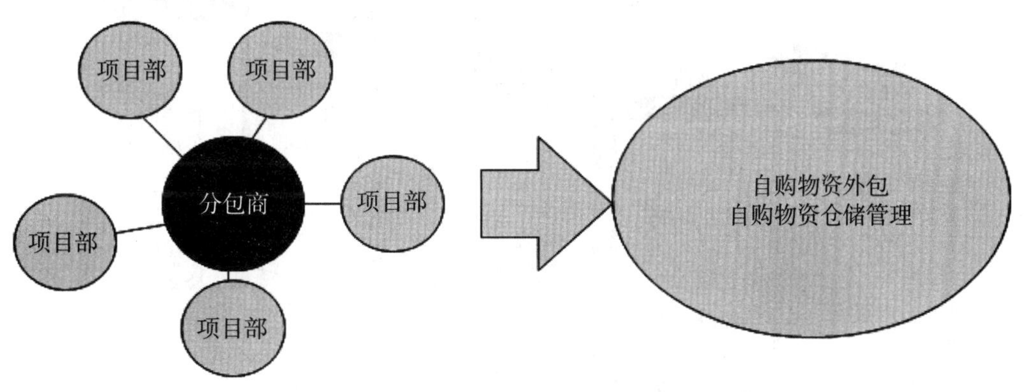

图 8－4－7 一般产品分包采购产生规模效应

（4）瓶颈产品：宏伟建议此类产品与一般产品或杆杠产品集成分包给相应的分包商，降低采购风险和采购成本，或者是通过在前端设计阶段，选择标准化产品替代瓶颈产品。宏伟通过丰富的采购渠道资源，可以根据客户需求，进行寻源和替换。

宏伟供应链经过 13 年的核电行业供应经验的积累，目前已形成 14 大类产品线系统，几十万种产品，包括金属材料、电气系统、仪器仪表、管道及其附件、泵阀类、通风保温、机电设备、工具、焊割系统、小五金、化工系列、安全防护系统、工程耗材、特色产品，能够满足不同工业客户的一站式物资采购需求，这一优势使得宏伟供应链成为核电客户采购优化的首选合作伙伴，如图 8－4－8 所示。

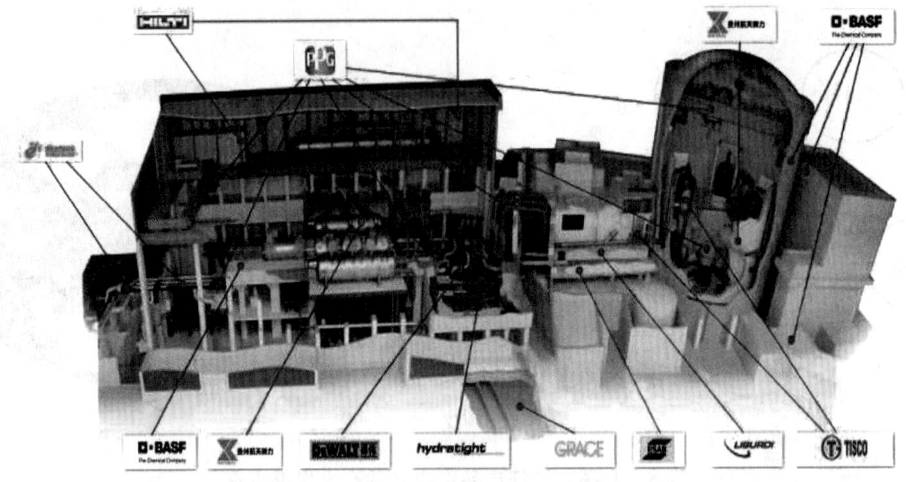

图 8－4－8　宏伟供应链覆盖核岛、常规岛全方位、专业、安全的物资集成供应

◆　订制——根据工程项目不同的施工阶段，提供不同的物资供应解决方案（如图 8－4－9所示）

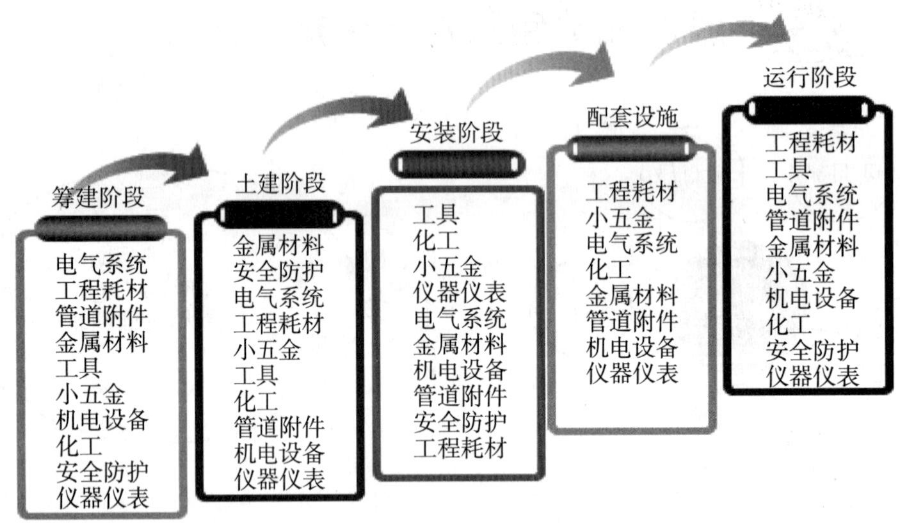

图 8－4－9　核电不同建设周期，宏伟可以提供一站式的物资供应

目前宏伟供应链在核电行业的“一站式采购服务/物资供应”成功案例（如图 8－4－10所示）：

◆　核电建安单位核级焊材、油漆、膨胀螺栓项目框架采购协议

◆　防城港阳江非能动保护装置国产化项目

◆　AP1000 海阳、荣成示范堆安注箱复合板国产化项目

◆　方家山、海南、福清核级仪表管阀件国产化项目

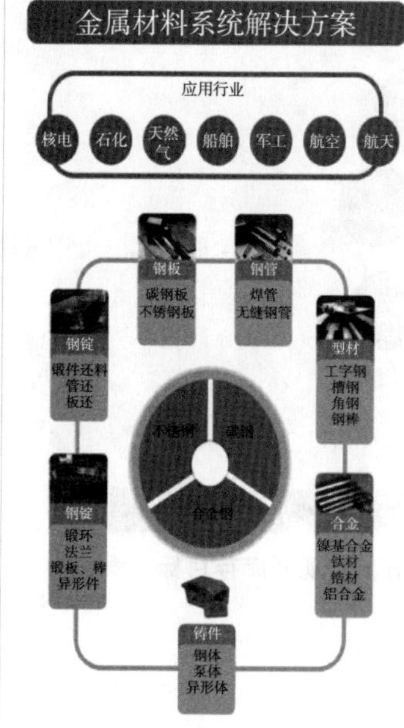

焊割系统解决方案

宏伟公司经过11年的积累，在焊接、切割领域拥有一批世界一流的焊接切割产品，能为客户提包括母材、自动化切割设备、自动坡口、焊接材料、焊接保护和防护、焊接标准化和自动化设备、打磨产品、探伤剂、标识、设备操作培训和焊接工艺指导在内的全面的焊接切割系统集成解决方案。

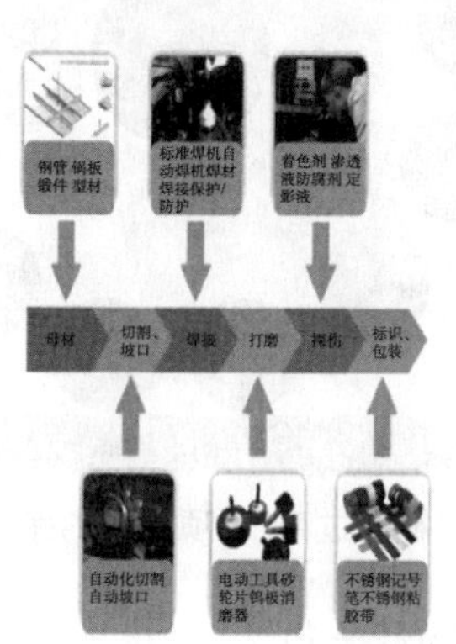

化工系统解决方案

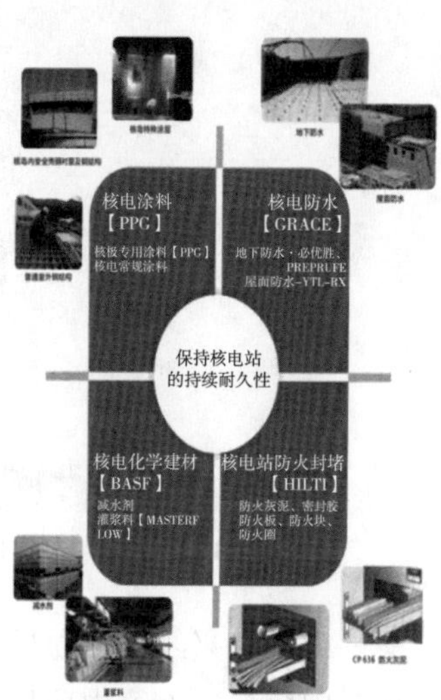

安防系统解决方案

工机具系统解决方案

宏伟特色产品

为满足核电需求，宏伟公司在11年的核电供货经历中，以客户的工程应用为基础，联合国内外众多高新技术生产厂家，逐渐开发一系列安全、可靠的核电特色产品，即核电建设过程中有特殊要求的消耗性材料，经中国科学院上海有机化学研究所、中国科学院广州化学研究所等国家权威检验部门出具正式的检验报告显示，此类产品在卤素、S、P含量等方面完全达到核电标准，并已在核电行业得到广泛的应用和一致好评，这些特色产品包括：

图 8－4－10　宏伟物资系统模块化供应

- 岭澳二期自购物资大包供应
- 红沿河核电自购物资大包供应
- 宁德核电调试工具及消耗品供货
- 阳江核电一期自购物资大包供应
- 台山核电自购物资大包供应
- 防城港核电自购物资大包供应
- 田湾核电电气耗材包供应

台山
红沿河
海阳
海盐
上海
三门
福清
宁德
大亚湾
昌江
连云港
阳江
防城港
滞销库存
通过十三个项目部跨平台、跨地域的资源调配平台，消耗现有滞销库存

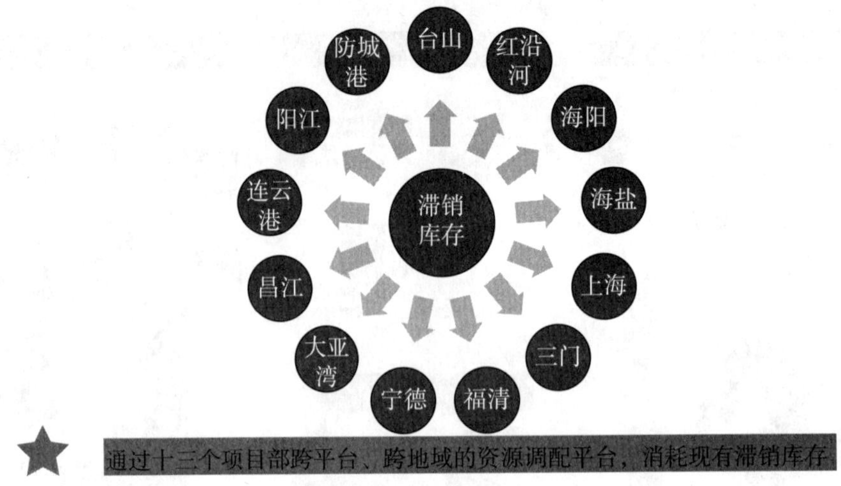

图 8－4－11　宏伟供应链通过 13 个项目部的库存调拨，实现零库存目标

◆　中核华兴红沿河项目部物资分包

◆　中核二二方家山项目物资大包方案

◆　海南昌江核电工程现场紧急需求物资框架合同

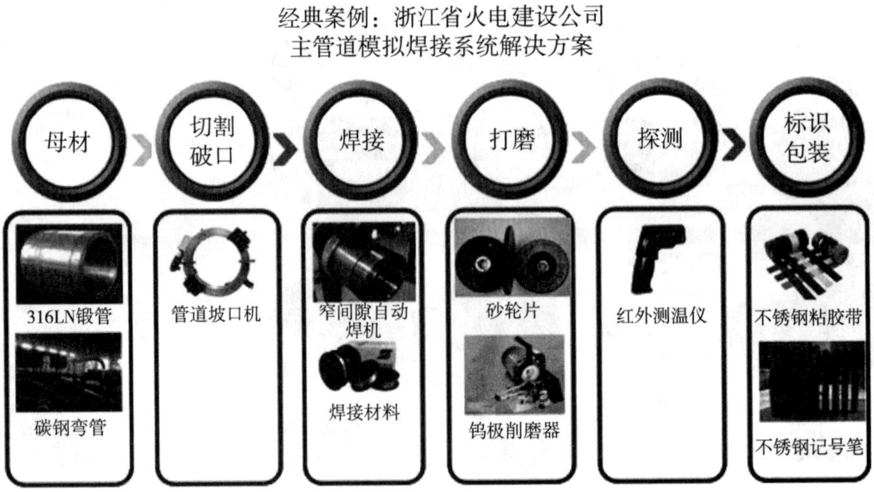

经典案例：浙江省火电建设公司
主管道模拟焊接系统解决方案
母材
切割破口
焊接
打磨
探测
标识包装
316LN锻管
碳钢弯管
管道坡口机
窄间隙自动焊机
焊接材料
砂轮片
钨极削磨器
红外测温仪
不锈钢粘胶带
不锈钢记号笔

图 8－4－12　宏伟主管道模拟焊接系统解决方案经典案例

（二）核电项目仓储物项管理服务模式

仓储及物流业务外包是企业业务外包的一种主要形式，是供应链管理环境下企业物流资源配置的一种新形式，为集中精力增强核心竞争力，而将其仓储及物流业务以合同的方式委托于专业的第三方仓储及现代物流公司运作，这是一种长期的、战略的、相互渗透的、互利互惠的业务委托和合约执行方式，是提升企业核心竞争能力的必要手段。简言之，仓储及物流业务外包是发包方或委托方与承包方或受托方之间基于契约合同而产生的一种紧密业务合作关系。

工业物资分包供应案例

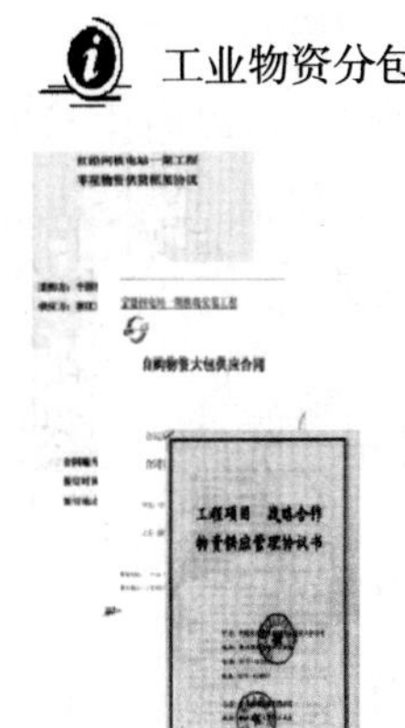

- 岭澳二期自购物资大包供应
- 红沿河核电自购物资大包供应
- 宁德核电调试工具及消耗品供货
- 阳江核电一期自购物资大包供应
- 台山核电自购物资大包供应
- 防城港核电自购物资大包供应
- 田湾核电电气耗材包供应
- 中核华兴红沿河项目部物资分包
- 中核二二方家山项目物资大包方案
- 海南昌江核电工程现场竞技需求物资框架合作

受控物资供应案例

- 核级焊材供应：核电现场、核电设备制造厂；
- 核级油漆供应：核电现场、核电设备制造厂；
- 核级膨胀螺栓供应：核电现场；
- 受控化学建材供应：核电现场；
- 受控防水材料供应：核电现场；
- 核级钢材供应：核电现场及核电设备厂等相关单位；
- 核级锻件、紧固件供应：装备制造厂……

图 8－4－13　宏伟工业物资分包案例

仓储及物流业务外包是企业管理方面一个新的理念：如果在供应链上的仓储及物流业务自营并不是最好的，而且它不是企业的核心竞争优势所在，同时外包后不至于使企业与客户分开，那么就可以把它外包给最好的第三方现代物流合作商去做。据美国《财富》杂志 2005 年 4 月报道：全世界年营业额在 5000 万美元以上的公司在 2004 年业务外包的开支上升 58%，比 2003 年业务外包的总开支增加 5779 亿美元。另外，据对欧洲发达国家统计，第三方仓储及物流占物流服务份额的比例为：德国 23.33%，法国 26.8%，英国 34.4%，意大利 12.77%，西班牙 18%，欧盟国家平均为 20% 左右，目前其需求仍呈增长趋势。这些都从一个侧面说明了仓储及物流外包在世界范围内的迅猛发展已经成为一种社会行业的发展趋势。

从长期意义来看，仓储外包服务是行业的一个发展方向，也便于业主专心做大做强主业、剥离辅业并社会化，培养一支有专业文化底蕴的潜在有资质的战略合作伙伴来完成是业主必选之路。

现有核电项目仓储物项管理方法主要有两种："按物项类别分化管理" 和 "仓储集中化管理"。

（1）"按物项类别分化管理" 是按物项类别的不同，由各承包商分别负责各类物项到货接收、开箱验收、入库管理、出库管理工作的方案；如在核电行业，物项是根据在核电站的安装位置来分类的，主要分为核岛的仓储物项管理、常规岛的仓储物项管理、BOP 的仓储物项管理三种。

（2）"仓储集中化管理" 是由一个承包商统一负责核岛物项、常规岛物项、BOP 物项的到货接收、开箱验收、入库管理、出库管理工作的方案。

"仓储集中化管理" 方案的优势主要体现在以下几个方面：

1）极大节约仓储面积

"仓储集中化管理" 方案把仓库资源进行了整合，极大限度节约物项储存面积，降低了仓储管理的成本；

2）大幅度减少人员投入

“仓储集中化管理”方案把人员利用率发挥到最大化，节约了人力成本；以海南核电项目部为例，高峰期仓储管理需求人员预计为120人，其中主要管理人员仅需32人，远远低于其他项目部“按物项类别分化管理”方案的仓储管理所需求的人员。

3）工机具投入

“仓储集中化管理”方案避免了仓储设备资源的浪费，把叉车、吊车、工具、办公设备等资源实现了利用最大化。

4）降低大型设备投入

与“按物项类别分化管理”的项目相比较，大型设备投入量较小而实际使用率增加，提高了现场施工工作效率，形成资源共享、信息共享，同时业主只需要针对一家施工单位进行安全、质量监督检查，减少了沟通环节和监督检查人员数的投入。

5）仓储管理系统软件投入

“仓储集中化管理”方案只实行一套仓储管理系统，减少了仓库管理系统开发和维护的费用。

6）分包商管理

“仓储集中化管理”方案由一家分包商集中管理所有物项，减少了仓储工作中复杂的工作关系，极大地提高了工作效率，保证了工程进度。

7）物项储存管理

“仓储集中化管理”对各等级物项的储存管理更加可控。通过这种方式可以把现在各区域的工程设备和物项统一进行管控。

8）接口与流程管理

“仓储集中化管理”对各接口单位、部门更加顺畅和高效。

9）质量安全管理

“仓储集中化管理”方案实施，可大幅度减少公司原对应系统的各岗位人员，对物项产品质量和作业安全管理可以更加高效。

10）库存动态数据共享

“仓储集中化管理”方案的数据共享度更准确。可以及时查阅和共享库存动态的各类信息。

11）专业化管理

“仓储集中化管理”方案的实施，可以让核电业主更加专注于核心领域，剥离不是他们核心业务的模块，真正实现专业化提升和管理，提升核心竞争力。

宏伟将采取以计划管理为中心，物项管理和仓储管理为两翼的管理模式，仓储物项管理从信息跟踪开始，经过接货、验收、入库、仓储、维护保养、计划出库，到物项出入库分析等全程管理方式。

宏伟将仓储管理作为项目建设准备的一个环节，力图让物项需求、到货验收入库、仓储管理、使用形成良性循环。在管理过程中，展现仓储物项管理的三大功能：①服务功能：以服务理念、服务质量、适应性、对外融通能力四方面来为特定项目建设服务；②系统效率

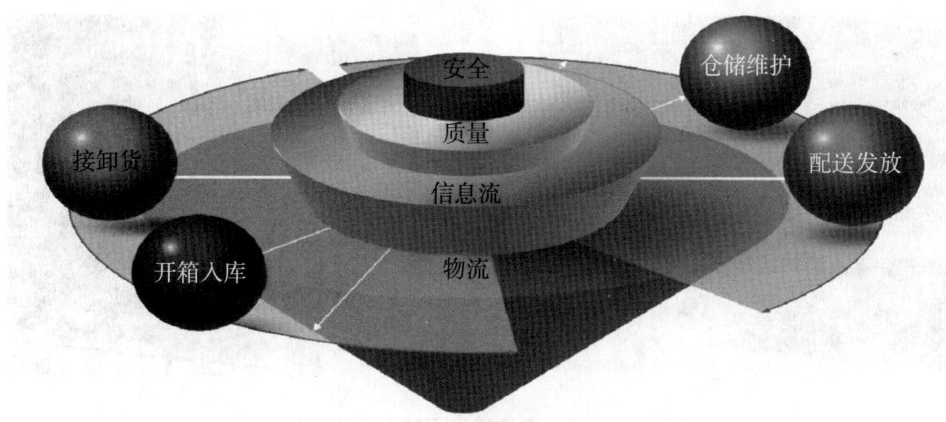

图 8-4-14　宏伟仓储物流管理模式

功能：以物项需求为目标，结合预到货情况和库存物资进行预备料，高效地为一线服务；③管理功能：通过专业的技术管理手段，努力打造一流的能源仓储管理样板工程。

自 2007 年起，宏伟供应链创新性地在核电行业开始提供仓储物流业务的外包服务，现管理的仓储面积达 100 多万平方米，管理的物资价值高达 100 多亿元人民币。通过此项服务，每个项目现场客户减少了上百人的仓储服务队伍，提升了竞争力。2014 年，宏伟公司实现了浙江永康 211 亩中央仓储物流基地的开工建设，正迈向现代化第四方物流基地的发展中。宏伟供应链先后被评为全国仓储服务与管理创新奖、中国仓储服务金牌企业、中国星级仓库等。

目前宏伟供应链在核电项目仓储物项外包管理案例：

- 上海电气核级焊材仓储管理
- 宁德核电 1～4#核电物项仓储管理
- 深圳惠州预制厂物项仓储管理
- 红沿河核电物项仓储管理
- 广东阳江核电物项仓储管理
- 广东台山核电物项仓储管理
- 广西防城港核电物项仓储管理
- 海南昌江核电工程设备仓储管理
- 连云港核电物项仓储管理

（三）核电项目信息化管理服务模式

为打造核心竞争力，形成科学管理体系，落地在先进 IT 系统是企业的转型重心。宏伟供应链以长期从事的供应链信息化系统为基础，又在从事我国核电企业的信息化建设过程中，积累了大量宝贵的经验，形成了极具核电及装备制造业供应链领域特色的信息化综合解决方案，为不同层次的用户提供了全方位实现信息化的可能性，在最大范围和程度上满足不同规模的供应链企业对信息化的需要。目前宏伟供应链可以为核电客户提供的信息管理服务包括：

图8－4－15　宏伟红沿河核电仓储现场

（1）提供一体化高效协同运作平台

（2）提供自主研发基于核电供应链仓储管理系统平台

（3）提供供应链管理咨询系统建设与实施

（4）提供信息化科技项目申报服务

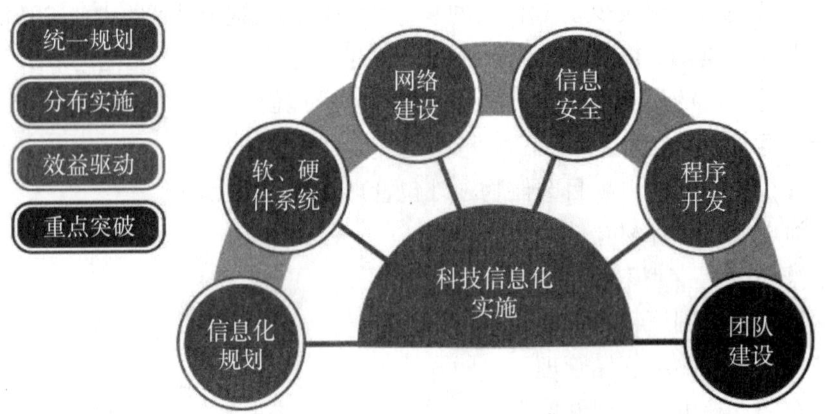

图8－4－16　宏伟供应链信息化服务模式

图8－4－17　宏伟自主研发基于核电供应链仓储管理系统平台

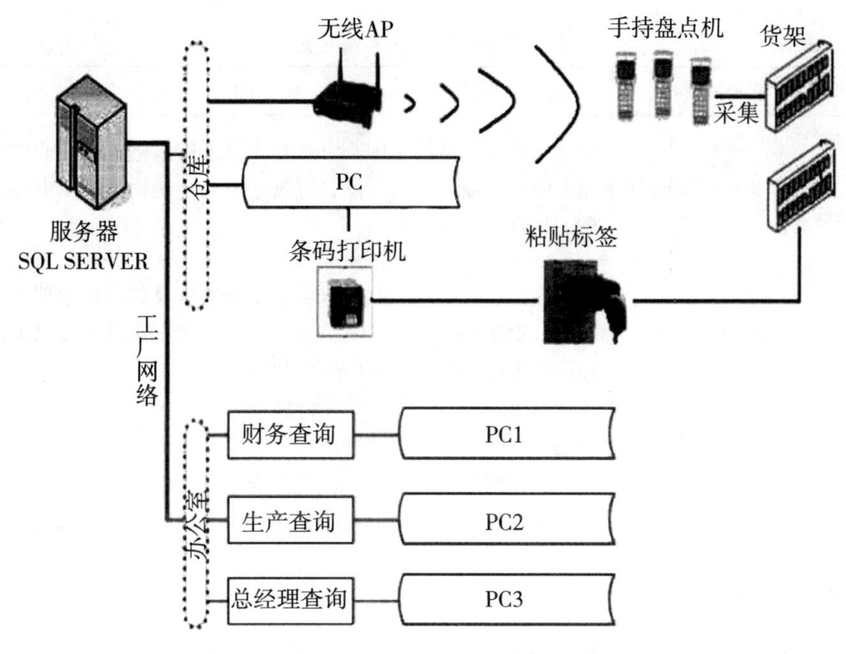

图 8-4-18　宏伟仓储管理条码系统

表 8-4-1　　宏伟核电仓储管理化提升计划表

目的	设备内容	更新渠道
仓储管理信息化现代化	条码系统	自主研发+采购设备
仓储管理信息化现代化	移动互联网系统	自主研发+采购设备
仓储管理智能化	物联网平台系统	自主研发+采购设备

表 8-4-2　　宏伟供应链信息管理系统

<table>
<tr><th>IT 核心系统</th><th>信息化战略合作方</th><th>主要输出内容</th></tr>
<tr><td>电子商务</td><td rowspan="7">IBM：是全球最大的信息技术和业务解决方案公司。
SAP：SAP 软件是国际信息化软件的领跑者。是全球最大的企业管理和协同化商务解决方案供应商。
一采通：是采购管理系统服务商，专注于“采购管理+IT 实现”</td><td>基于宏伟智慧工业供应链云从管理上梳理现有流程，建立科学标准化流程体系</td></tr>
<tr><td>销售管理</td><td>以 SAP 为核心后台的升级，建立财务业务一体化，并与云平台集成</td></tr>
<tr><td>研发管理</td><td>打造统一的供应链信息共享平台，实现客户订购、物流、仓储及供应商信息的准确、及时和全面共享</td></tr>
<tr><td>客户关系管理 CRM</td><td>以销售、采购、库存、仓储、物流、结算等端到端业务流程为纽带，建立服务于客户、供应商、第三方物流及内部员工的端到端协同工作平台</td></tr>
<tr><td>E-HR</td><td>梳理和细化销售、采购、库存等各阶段的业务流程和数据交换标准，建立规范化的供应链管理流程和协同工作环境</td></tr>
<tr><td>RTX、EFAX、OA、MAIL</td><td>通过与金融机构的协作，实现供应链电子支付、电子结算功能，并通过供应链金融服务体系的搭建，为中小供应商提供供应链金融服务</td></tr>
<tr><td>核心供应链一体化平台</td><td>通过建立供应链专家体系，为中小企业提供供应链咨询服务</td></tr>
</table>

表8－4－3　　宏伟供应链信息化系统规划

规划方向	规划时间	规划内容
智慧核电供应链	2014—2016年	建立核电大数据研究中心，参与永康市省核电关联产业中央仓储物流供应中心重点项目开发，对核电中央仓储物流供应中心大数据挖掘的整合、分析、利用
智慧五金供应链	2016—2018年	对大物流领域利用大数据分析应用技术涉及的利用地理信息、位置服务、物联网在物流领域里做信息系统化，建设成可以依据空间地理信息来统一协调监管的现代化物流
智慧宏伟供应链云	2018—2020年	收集和分析数据，了解客户的采购模式和消费体验，从而改进产品设计，调整电子商务策略，为金华本地区电子商务的发展带来新契机和巨大收益，通过捕捉和存储、刷选、分析来提供定制产品和个性化服务。

宏伟供应链已经独立承担建设完成“基于核电供应链仓储管理系统”自主研发项目，完成开发采购询价管理、报价管理、供应商管理、订单管理、运输、运单管理、仓储管理、质保管理和客户管理等供应链模块功能，通过信息互通、资源共享并统一调配，满足管理的需要。

通过近几年业务持续创新与项目申报，宏伟供应链在信息系统模块中荣获各项资质和荣誉：

（1）国家高新技术企业

（2）浙江省科技型企业

（3）金华市“两化”融合示范企业

（4）荣获十多项计算机软件著作权及两个计算机软件产品登记

（5）中国物流信息化优秀应用企业

（6）金华市高技术服务业企业技术中心

目前已拥有十多个信息化系统自主知识产权，现列举其中8个如下：

（1）和能物流资讯舆情分析系统V1.0（2011SR032320）

（2）和能物流短信管理软件V1.0，2011SR030241

（3）和能物流手机定位管理系统软件V1.0，2011SR030239

（4）和能物流运输管理系统软件V1.0，2011SR025790

（5）和能物流仓储管理系统软件V1.0，2011SR026607

（6）和能物流运单费用管理系统V1.0，2011SR026939

（7）和能物流运单管理管理系统软件V1.0，2011SR013249

（8）和能物流客户管理系统软件V1.0，2011SR027358

大数据与云计算已经成为推动社会创新的新动力，逐渐成为企业发展的趋势。在此背景下，自2013年以来，宏伟供应链股份有限公司与全球知名企业IBM即国际商业机器

（中国）有限公司建立了战略合作协议并启动“宏伟供应链云”项目，集成云计算，打造统一的供应链信息共享平台。宏伟工业物资供应以供应链云项目助推信息化开发与建设，致力于资源的不断整合和充分利用，实现企业内部与外部大协作，使企业高效实现按需索取、随需而变，为客户提供专业化、自动化、智能化的云平台服务。

四、核电供应链管理绩效分析

（1）提升客户的核心竞争力：核电供应链管理是行业的一个发展方向，也便于核电单位专心做大做强主业、剥离辅业并社会化，为客户培养了一支有专业文化底蕴的潜在有资质的战略合作伙伴。这种合作，有利于有效的沟通和增加服务附加值，结成战略同盟合作关系。

（2）将内部管理转变为市场化合同管理，可使决策和执行更加高效，并以结果为导向。通过分包将内部管理转变为市场化管理和运作，可以充分利用合同法律约束和管控工作；项目部各项决策可以快速高效的实施；以结果为导向，强调过程的管控，更有利于资源的统一调动和调配。

（3）客户角色转变到监管，体系更加健全，优质资源配置更为合理：可以利用客户丰富的管理经验，监督和指导分包商的工作；可以使客户将更多的优质资源抽调配置到其他模块；更有利于合作伙伴快速地培养和成长。

（4）采购和管理成本下降：核电客户只需要对口几家分包商，管理的标准容易统一，流程简化。原本管理数百家供应商的人员可以大批量减少，补充到其他待开发项目中。分包中，分包商更容易实现规模效益，降低采购成本，从而使采购方的总体采购成本降低（包括人员成本、管理成本、库存成本、资金成本等）。

（5）阳光采购、杜绝腐败：通过供应链的战略合作，使得物资管理活动始终透明化，始终是在阳光下运作，物资质量价格得到了很好的控制，杜绝了产生不正当交易的腐败温床。

（6）供应链信息管理系统建设：通过供应链信息管理解决平台为客户在供应链管理咨询及服务的基础上提供现代化的信息网络功能，以实现采购、物流跟踪、到货检验、进出库、库存预警等方面的信息流动态呈现和有效控制，从而使量身定制的供应链管理方案与信息技术完美的结合，满足核电客户不同阶段的自身特性及发展变革需求（如表 8－4－4 所示）。

表 8－4－4　集成供应物资质量和服务质量变化趋势

序号	主要绩效指标	分包前	分包后	变化趋势评价
1	采购成本下降率（%）	2.00	18.00	提升
2	库存成本下降率（%）	3.30	18.50	提升
3	一次交检合格率（%）	94.66	98.84	提升
4	全过程不良率（%）	2.96	1.55	降低

续　表

序号	主要绩效指标	分包前	分包后	变化趋势评价
5	准时交付率（%）	87.93	94.50	提升
6	不良品退货率（PPM）	348	205	降低
7	质量损失率（%）	1.56	0.76	降低
8	战略供应商占比（%）	10.4	15.00	提升

表8-4-5　　　　　　宏伟核电项目仓储管理绩效成果

序号	工作内容	分包前	分包后
1	配送范围广	局部重点配送（成品预制厂直接和施工队厂交接量占90%）	全面配送管理（成品存储面积是原来存储面积的6倍）
2	配送服务界限深	配送到分队	配送到班组
3	配送地点多	配送到四个区域大门	配送到指定地点
4	配送周期短	三天内配送	次日配送
5	现场存储条件严	存储一周至半月的材料	现场存储不超过三天
6	配送频率高	批量配送频率低	按需配送频率高出3倍

五、结语

21世纪的竞争不是企业和企业之间的竞争，而是供应链之间的竞争。在竞争日益激烈的市场环境下，供应链管理已成为企业的生存支柱与利润源泉。宏伟供应链致力于建立以产品供应链和服务供应链为中心的平台型供应链服务集成商。在核电行业蓬勃发展的今天，宏伟供应链作为一家专业的供应链服务公司，我们希望通过服务模式的创新应用，通过跨界互联网的思维，并应用四流合一的方式，从软件方面升级，为中国核电的快速发展助力。

撰稿人：浙江宏伟供应链股份有限公司常务副总经理　吕惠芳

浙江宏伟供应链股份有限公司合同及采购管理部高级主管　吴艳芳

案例五　上海钢铁交易中心：钢铁电商供应链探索历程

一、成立背景和发展历程

（一）国家政策环境

2009 年 4 月 29 日，国务院办公厅发布了《国务院关于推进上海加快发展现代服务业和先进制造业，建设国际金融中心和国际航运中心的意见》提出加快发展现代服务业和先进制造业，争取在“十二五”将上海基本建成国际经济、金融、贸易、航运中心和社会主义现代化国际大都市。精品钢材的基础制造业是优化发展的重点行业之一，大宗商品交易与定价中心是建设上海国际贸易中心的重要组成部分。

宝山区是钢铁产业的集中区，在全国钢铁生产和贸易服务方面具有独特的地位和优势，为上海钢铁交易中心的成立和发展提供了良好的基础和动力。业内常说：“世界钢铁看中国，中国钢铁看上海，上海钢铁在宝山。”在世界范围内，宝山在一定程度上已然成为了“钢铁城市”的代名词。宝山区作为世界 500 强企业——宝钢集团的所在地，同时作为国内钢材贸易、钢铁延伸产业、钢铁服务行业比较集中而且十分活跃的一个地区，具有世界范围内最大的钢铁产业优势和企业资源优势，对于钢铁产业的发展环境而言，具有良好的基础、独特的优势和巨大的潜力。

结合宝山区的区位优势，宝山区提出了建设“钢铁现代服务业示范区”的规划目标，提出由“交易中心”“资讯中心”“物流中心”“技术研发中心”“金融中心”组成，实现资金流、商品流、订单流、信息流、技术流、人才流等要素的流畅运行，形成立体式的钢铁现代服务的聚集区。

（二）钢铁整体行业环境

随着全球钢铁市场需求增长放缓，加上国内钢铁产能严重过剩，国内整个钢铁行业的竞争近年来始终保持着非常激烈的状态，钢铁企业的利润受到严重挤压。

中国钢铁工业协会最新统计数据显示，2013 年全国重点大中型钢铁企业盈利 228.86 亿元（2012 年同期亏损 12.7 亿元），从表面看，这一数据要明显好于 2012 年同期，如图 8－5－1 所示。但从总体上看，2013 年钢铁行业低效益的运营态势依然没有改观，如果剔除投资收益和营业外收支净额等，钢铁主业基本是盈亏持平。2013 年列入统计的会员企业销售收入利润率仅为 0.62%（同期，规模以上工业企业以利润总额计算的利润率为 6.11%），在全部工业行业中处于最低水平，这一数据也明显低于 2013 年规模以上的黑色金属冶炼和压延加工业以利润总额计算的 2.22% 利润率。

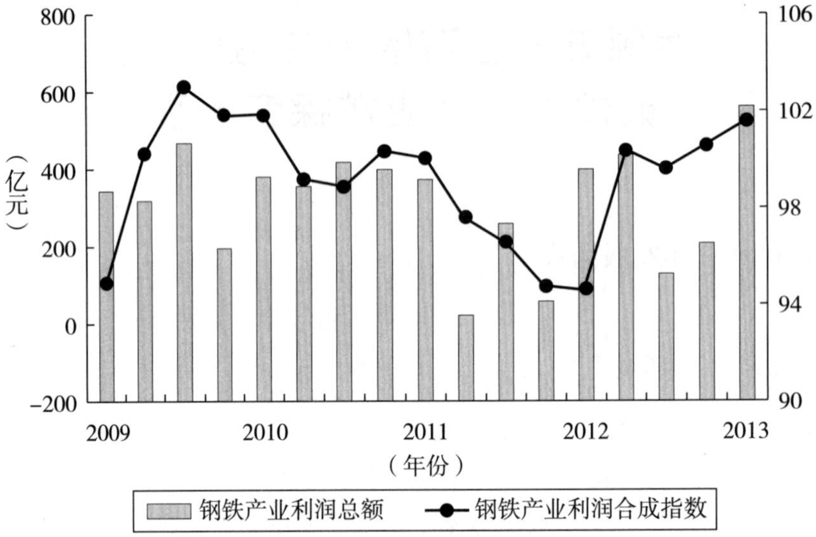

图 8－5－1　国内钢铁市场近年行情

尽管 2013 年重点钢铁企业全行业实现扭亏为盈，如表 8－5－1 所示，但企业亏损面仍高达 18.6%，全年累计亏损额达 118.25 亿元。从单月亏损额和亏损面来看，12 月重点钢铁企业的亏损额和亏损面都有不同程度的扩大，其中 12 月当月重点钢铁企业的亏损面继续加剧，达到 24.42%，环比增加了 1.16 个百分点，12 月当月的亏损额达到 31.59 亿元，创 2012 年 9 月以来单月亏损额的新高。由于 2014 年钢材市场开局不利，钢价低迷致使企业经营压力巨大，预计 2014 年 1 月重点钢铁企业延续亏损的态势难以改变，考虑到同期原燃料价格也有不同程度的回落，1 月重点钢铁企业的亏损额将有所减缓。

表 8－5－1　国内主要钢铁生产企业 2013 年度盈利状况

单位名称	总资产净利润率	同比增量	单位名称	总资产净利润率	同比增量
宝钢股份	2.19%	−2.56%	河北钢铁	0.08%	−0.18%
新兴铸管	1.30%	−1.43%	柳钢股份	−0.01%	0.83%
*ST 鞍钢	0.77%	3.99%	南钢股份	−0.08%	1.41%
本钢板材	0.72%	0.40%	三钢闽光	−0.15%	2.76%
武钢股份	0.67%	0.34%	杭钢股份	−0.22%	3.33%
八一钢铁	0.61%	0.10%	山东钢铁	−0.23%	4.42%
*ST 韶钢	0.51%	7.03%	马钢股份	−0.38%	3.48%
太钢不锈	0.47%	−0.45%	华菱钢铁	−0.39%	3.08%
酒钢宏兴	0.46%	−0.40%	新钢股份	−0.54%	2.01%
凌钢股份	0.36%	−0.69%	安阳钢铁	−1.17%	6.45%
沙钢股份	0.31%	0.89%	首钢股份	−3.05%	−0.05%
包钢股份	0.20%	0.06%	重庆钢铁	−5.43%	−1.27%

2013 年年末，重点钢铁企业资产负债率 69.36%，同比上升 0.64 个百分点，与行业效益最好的 2007 年年末相比，企业资产负债率上升了 11.28 个百分点。2013 年列入统计的 86 家重点大中型钢铁企业共负债 3.09 万亿元，同比增长 6.58%，其中银行贷款达 1.33 万亿元，其中，银行短期贷款占到了 73.3%，重点钢铁企业短期还款的压力倍增；同期资产的同比增长率为 5.60%，可见 2013 年负债增幅超过资产增幅，当前资产负债率已接近 70%，企业资金紧张状态仍未得到改善。

至 2014 年第一季度，重点钢铁企业实现销售收入 8688.87 亿元，同比下降 0.79%；实现利润负 23.29 亿元，同比减少 56.04 亿元，再次由盈变亏；累计亏损面 45.45%，同比增加 14.77 个百分点。

未来五年中国经济仍保持较快发展的前提下，中国钢铁需求的增长仍将拉动钢铁产能的上升，预计 2015 年中国粗钢产能将接近 10 亿吨。2011 年中国钢铁行业表观消费量在 6.40 亿吨，增速为 6.52%。2012—2015 年增速分别为 6.55%，7.91%，6.20%，7.17%。随着钢铁企业加速兼并重组，产业集聚效应凸显，这无疑将促进中国钢铁产业发展，增强钢铁企业在国际市场竞争力。加之国家在“十二五”期间，大力推进产业结构调整，老工业区转型、中西部开发、城镇基础建设等将在较长时间内支撑钢材的需求。因此，未来几年，钢铁行业总体发展水平在竞争格局下持续发展。

钢铁整体产业的微利甚至亏损在很大程度上源于国内钢铁产能的严重过剩和国内外钢铁市场需求的疲软，面对激烈的行业竞争，钢铁企业都在积极寻求新的商业模式，市场格局正经历着剧烈的变化。电子商务以其公开性、及时性、低成本和跨地域等特性逐渐成为传统钢铁交易发展的新方向。参与电子商务，能够节省时间、资金、库存和人力等方面的成本，拓宽企业的采购、销售的渠道和范围，成为钢铁企业变革、转型和发展的重要契机。

（三）钢铁电子商务交易市场发展趋势

1999 年的宝钢钢贸的“30030”网站拉开了国内钢铁电商发展的序幕，2003 年宝钢推出的宝时达作为第二方交易平台为宝钢的客户提供网上采购渠道。至 2008 年，国内不少钢铁企业建立了通过互联网销售产品的线上电商平台，但在钢铁供不应求的时代，电商对于多数钢铁企业而言更多的只是装饰意义，国内钢铁电商的发展非常缓慢。与之形成鲜明对比的是，提供钢铁资源搜索和相关信息服务的网站发展却相当迅速。由此可见，钢铁电商的发展离不开整体市场环境的支持，在先前钢厂占据了主导地位的卖方市场中，由于钢铁供应方占据了绝对的强势地位，B2B 电子商务这种便捷的电子化采购方式仍然难以得到发展。同时我们也可以看到，由于钢铁市场的波动性较大，买家始终存在对市场实时信息的旺盛需求。

随着钢铁供大于求的矛盾日益突出，钢铁企业对电商的需求也发生了巨大的转变。很多钢铁企业都认为，面对激烈的竞争和线下渠道的疲软，电商是承载战略高地的“救命稻草”，打造或者加入优质的电商平台，是钢铁企业借助信息化优势、迅速扩展渠道、争夺终端市场的有效途径。

当前，钢铁电商发展势头迅猛，在所有工业行业中位于前列，目前全国有超过100家全新的钢铁电子商务交易平台，工信部跟踪的钢铁电商已达到30多家。随着行业的不断发展，这些钢铁平台将找到各自成熟的商业模式，资源也会慢慢集中到少数几家平台之上。从当前市场的实际情况来看，根据其服务的供应商对象的不同，钢铁电商平台可分为第二方交易平台和第三方交易平台。

第二方钢铁交易电商平台往往是由拥有生产能力的钢厂创立并运营，目的是为钢厂提供新的销售渠道，抢占线上市场，树立、扩大和强化其品牌知名度。其代表平台包括东方钢铁在线、河北钢铁交易中心等。

第三方钢铁交易电商平台又称双边钢铁电商平台，其并不完全服务于某一家钢铁供应商，而是旨在搭建一个供需双方能够按其规则自由交易的公开、透明的网上钢铁市场，这一类型的平台包括上海钢铁交易中心、中金钢铁网、你的钢网、中国钢铁现货网等。

从竞争优势来看，第二方和第三方钢铁电商平台各具优劣。第二方平台的最大优势在于不需要在整合供应商方面花费巨大的成本和精力，特别是大型钢厂自建的电商平台，由于本身具有了巨量的忠诚客户，可以迅速形成稳定的流量来源。其不足之处在于很难引入同行入驻，从而无法形成规模优势以整合市场资源。对于第三方平台来说，最大的优势在于能够提供多方供应商资源，满足客户对于不同产品、供应方和物流等多方面的需求。但另一方面，由于B2B流通市场环境相对复杂，各钢铁供应商可能拥有截然不同的销售流程和技术标准，甚至对同类产品使用完全不同的命名规则，因此，上海钢铁交易中心要想真正为客户提供价值，必须坚持服务质量领先的战略，能够为客户无缝整合复杂的供应链资源和信息。

在这样的政策和经济背景下，上海钢铁交易中心于2013年5月31日在宝山区正式揭牌，以钢铁产品网上销售、物资采购、循环物资处理和供应链融资为主要功能。企业注册资本1亿元，而上海宝山作为中国钢铁产业的集中区域，在钢铁生产和贸易服务方面具有独特的行业地位和规模优势，成立当天平台的交易量即突破1万吨。

在股本投入上，上海宝钢国际经济贸易有限公司出资6000万元，东方钢铁电子商务有限公司出资3000万元人民币，上海钢铁金融产业园发展有限公司出资1000万元人民币。其主要股东情况如下：

1. 上海宝钢国际经济贸易有限公司

宝钢股份直属全资子公司，具有覆盖全国、面向用户的营销服务网络和完善的加工、物流配送体系，与客户建立了长期、广泛、稳定的经营合作关系和战略伙伴关系，为上海钢铁交易中心的服务能力建设提供了有力的支撑。

2. 东方钢铁电子商务有限公司

宝钢下属专业提供电子商务服务的公司，致力于协助钢铁及相关企业实施电子商务战略，提供基于共享平台的运营支持及增值服务，并面向钢铁流通提供第三方电子交易和网络中介服务，连续三年名列上海市交易规模最大的电子商务企业，是上海市高新技术企业和商务部电子商务示范企业。

3. 上海钢铁金融产业园发展有限公司

宝山区政府下属国有企业，代表宝山区政府进行各项战略投资。2011 年园区总产值突破 400 亿元，总税收达到 3.5 亿元，并连续第七次荣获宝山区优秀开发区称号，园区的各项工作成绩位列全区前茅，多次受到区、市有关部门领导的表彰。

经过半年的发展，至 2013 年年底，平台成交量突破 100 万吨，吸引客户 26300 余家，入驻供应商 523 家，其中，钢厂 32 家。在此期间，为了更好地满足更多客户的需求，进一步解决供应商的渠道压力，上海钢铁交易中心在传统现货业务的基础上，进一步试运行了期货业务，利用对客户信用和采购习惯的分析，提出杠杠交易等多项交易规则，满足条件的客户只需要在支付较小比例的保证金后即可达成订单，为信用好的小型客户提供充足的资金担保，保证客户能够安全、顺利、便捷地完成期货采购。

二、国内钢铁现货交易的困境

买方层面：

（1）由于 B2B 交易本身的复杂性，对于钢铁买方来说，传统线下采购过程非常烦琐。客户首先要通过电话、传真等方式对钢铁产品的特征、规格、价格、库存和物流等信息进行咨询，在反复交涉达成一致后再与卖方签订合同。钢铁产品本身和客户要求的复杂多样让该交易过程效率低下，无论是客户到供应商的办事处抑或供应商采用行商的方式上门为客户提供服务，达成交易都需要花费双方大量的金钱和时间成本。同时，在线下交易模式中，由于受困于精力、时间和地域的制约，一般的客户往往只能选择从固定的少数几家钢铁供应商处采购产品，缺乏对不同供应商产品的比较，难以以最优惠的价格买到最合适、放心的产品。

（2）采购物流成本很高。在我国，钢铁物流成本占到产品总成本的 20% 甚至更多，而世界发达国家该比例只有 8% ~10%。这一高物流成本产生的原因一方面是由于我国钢铁物流业普遍存在散、小、多、乱的情况，产业集中度非常低，难以形成网络规模效应；另外，大多数客户由于受到少数钢厂的锁定，其提货物流安排多数情况下难以达到社会最优，因此从整个行业看物流的效率很低，成为“微利时代”制约钢铁行业利润率的一大成本点。

（3）钢铁交易市场信息混乱。钢铁产品的高价值以及传统线下仓库管理的混乱为线上钢铁交易带来了额外的风险。出于管理不善等原因，有些钢铁产品根本不在仓库或者所有权早已发生了转移，但仍然出现在某些钢铁交易平台上。在单纯的线上撮合贸易中，买方需要承担该类不真实信息导致的风险，采购的安全得不到保障。

（4）钢铁市场的供应商拥有截然不同的销售流程和技术标准，对同类产品使用完全不同的命名规则，各供应商牌号体系不一、种类复杂，买方需要有专业的采购人员进行采购。一般来说，培养一个熟知市场行情的采购人员需要花费 2 ~3 年的时间加上不菲的资金成本，这对于小型客户也会有一定的压力。

卖方层面：

（1）当前，国内钢铁市场产能严重过剩，激烈的竞争让供应商难以单纯依赖于传统线下渠道扩宽市场服务面，而需要借助网上电商平台便捷地将产品传递给客户。打造钢铁电商的关键在于能为钢厂解决销售问题，优化电商销售的流程，将资源信息和实际产品有效地传递给潜在客户，展现电商平台的渠道优势。

（2）钢铁现货市场变化迅速，现货价格呈现出非常频繁的波动状态。对于并不处于市场强势地位的普通小型供应商来说，他们很难实时捕捉到市场行情的变化，从而有效地调整现货价格。一旦加入到更加开放、信息更为透明的网络平台，该类供应商在信息方面的竞争劣势将会被进一步放大，导致其丧失更多的市场机会。

（3）线下仓库管理混乱，部分钢贸商正是钻了这个空子，通过虚假仓单和重复质押等手段骗取贷款，严重损害了整个供应链融资环境。钢贸行业的信任危机，让银行对钢贸领域避之不及，加大了供应商融资的难度，对于那些需要资金的小型供应商来说无疑是雪上加霜。

三、上海钢铁交易中心的定位与业务模式

要想在竞争激烈的钢铁电商市场中占据先机，新成立的第三方电商平台要能够同时准确把握供应商和客户双方的真实需求。基于此，上海钢铁交易中心将自身定位为提供一站式交易服务和增值信息服务的全流程钢铁电商平台。

不同于一般的钢铁线上撮合平台，上海钢铁交易中心致力于打造一个钢材现货交易的网上 CBD，为供应链上下游客户提供在线交易、融资支付、仓储物流配送以及技术信息咨询等一站式服务，为整个交易流程提供支持和保障，如图 8 -5 -2 所示。

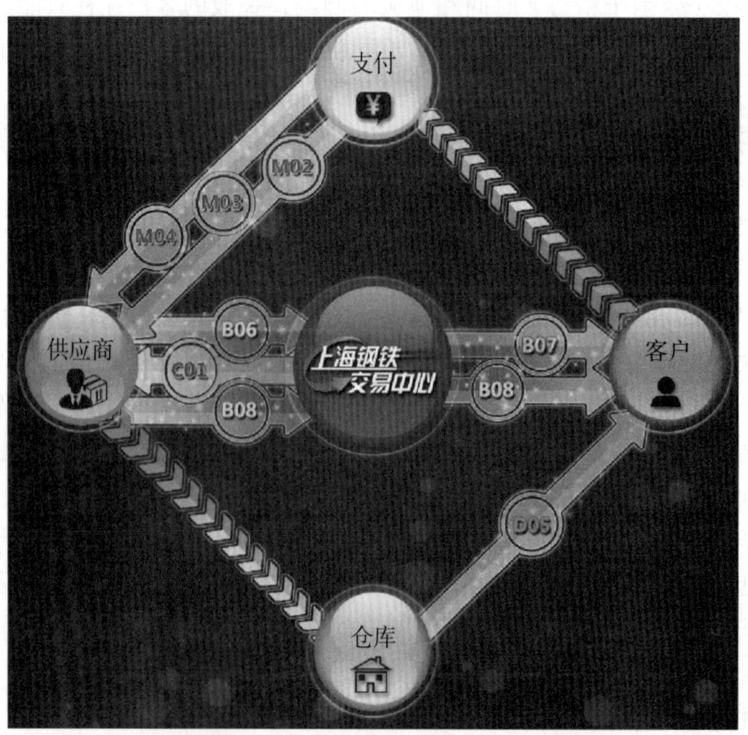

图 8 -5 -2　上海钢铁交易中心交易全流程

具体来说，其主要的产品和核心业务环节包括：

1. 钢材产品电子交易业务

以钢厂、贸易流通商和终端客户为目标客户，为钢铁物资提供挂牌、竞价、团购等多种电子交易模式及在线支付结算、物流配送等一站式服务。搭建各大钢材生产企业的网上交易市场，举办竞价拍卖活动，支持钢厂和大型贸易商开设网上品牌专卖店。

（1）为供方提供理货定价服务；

（2）为供方提供在线合同管理服务；

（3）为供方提供可视化交易管理服务；

（4）为客户提供智能搜索产品推介服务；

（5）为客户提供仓储视频看货服务。

2. 面向中小企业的供应链融资业务

依托交易平台的融资服务，引入银行、第三方支付等服务机构的金融产品，面向在线交易，为用户特别是中小企业提供全流程的供应链融资、质押融资、在线支付等金融服务。拓宽买卖双方的资金融通渠道，降低融资门槛和服务风险，扩大企业经营能力，降低整个供应链的融资成本。

3. 一站式仓储、加工及物流业务

交易中心通过标准化的技术手段和物流管理平台，为客户一站式交易提供标准化的物流服务，包括仓储、运输、加工等。根据客户委托和货物特点选择合适的第三方仓库及加工中心，满足客户的仓储和加工需求；根据买卖双方的委托，选择合理的运输工具和线路，及时、准确、安全、经济地完成运输任务。

相关增值服务包括：对于电子支付和融资平台相关资源进行第三方监管，通过东方付通提供运费代收代付服务，利用仓库库存信息为商情认证信息服务提供保障。

由于信息更新滞后以及线下管理混乱等多方面的原因，钢铁电商平台上容易出现诸多挂牌资源与实际资源不符的情况。这类不真实的信息一方面对买方的决策会存在干扰，同时还可能潜在威胁买方的钢铁资源采购安全，严重危害买方的采购体验。针对这一情况，交易中心设计了云端仓库验证系统，以仓库为单位对挂牌资源进行一一验证，并将问题资源信息反馈给潜在客户，以最大可能保证客户的交易安全。

具体来说，交易中心采用对接仓库的方式，对供应商在平台上挂出的资源进行了逐步验证，根据验证的情况对资源进行分类标记，并在交易平台上进行展示。

其中，绿色资源表示经仓库系统验证确实存在且货主正确的资源；黄色资源表示经仓库系统验证确实存在，但货主与平台显示货主不一致的资源；红色资源表示经仓库验证无法找到对应资源；白色资源表示仓库未与平台系统接通，无法云端验证。通过这一直观的显示，将仓库可能存在的隐患信息清晰地传递给客户。同时，针对不同资源采取不同的交易过户流程，对于验证信息与挂牌信息不一致的资源，要求交易双方就资源的实际信息进行沟通并达成一致后，经双方同意才能完成交易。这种从信息源以及交易流程同时着手的安全保障手段在保证资源真实性、可靠性以及用户知悉了详细的信息后再实行交易，最大可能地维护了客户的利益不受到虚假信息的侵犯，如图8－5－3所示。

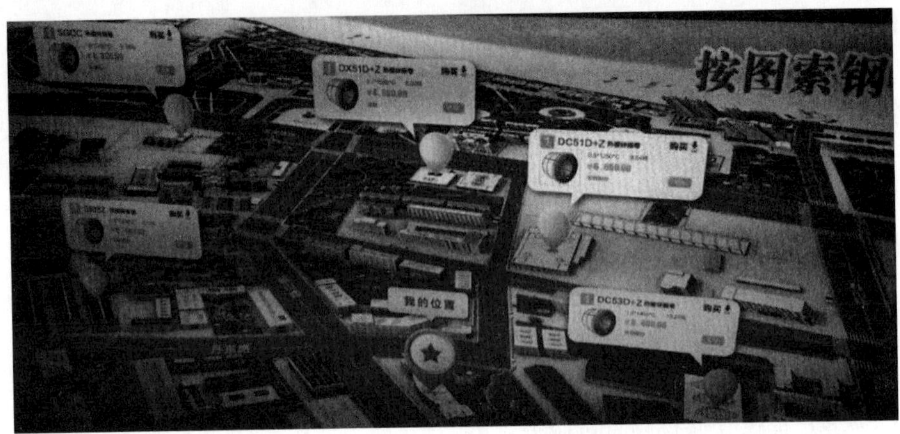

图 8－5－3　上海钢铁交易中心“按图索钢”功能

4. 以交易价格指数为核心的信息咨询业务

交易中心以真实有效的交易数据为基础形成钢铁行业的网上交易指数，同时基于指数提供市场分析、行业研究等信息资讯服务，为企业实施高效的网上交易业务提供决策参考和支撑。每日滚动发布全球钢铁行业信息，提供所有钢材市场和钢材品种的行情及述评，国内各钢材企业价格和政策，钢材、铁矿石、原料及产品的海关进出口数据，如图 8－5－4 所示。

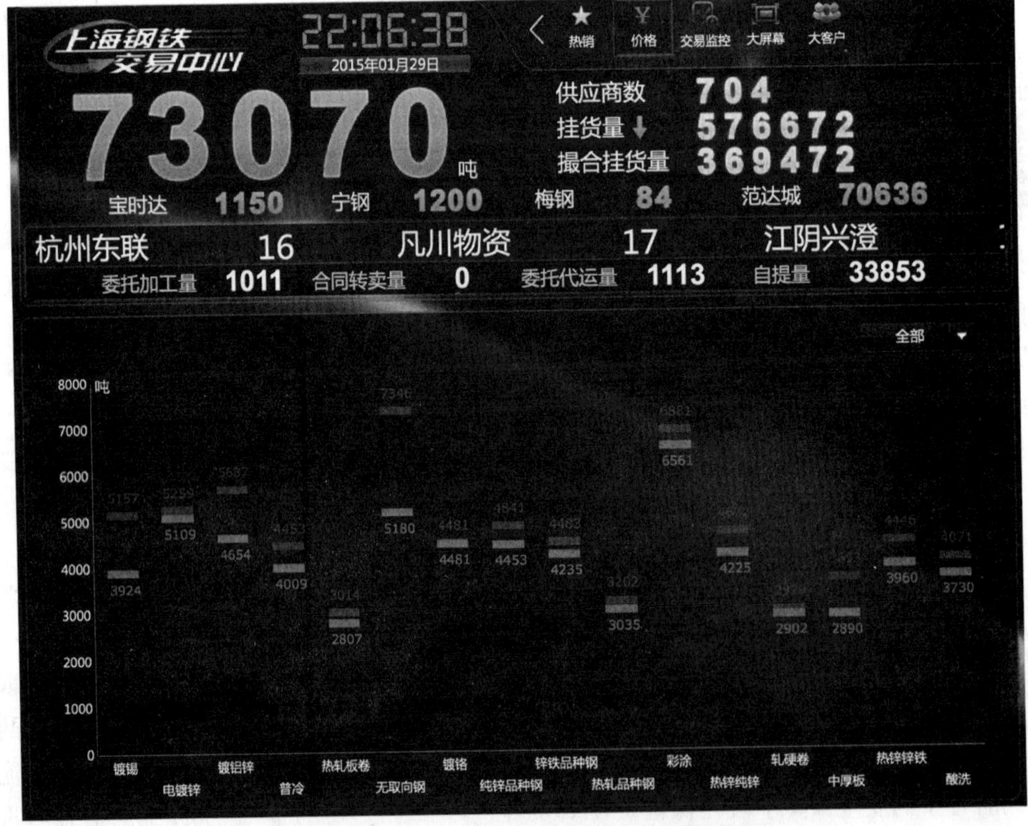

图 8－5－4　上海钢铁交易中心 VRM 监控系统

5. 盈利模式

在收入来源上，国内主流钢铁电商盈利模式包括：

（1）以资讯为主的会员+广告盈利模式（我的钢铁、钢之家为代表）。

（2）以主动营销（通过网站的人性化功能与服务帮助客户实现钢铁行业主动营销）为主的B2B电子商务盈利模式（以今日钢铁网为代表）。

（3）以电子交易为主会员+交割费盈利模式（斯迪尔钢铁、浙江钢铁网为代表）。

（4）以资源搜索为主的搜索引擎盈利模式（以中国钢铁现货网为代表）。

（5）以提供钢铁行业专业管理软件为主的盈利模式（以高达软件、钢软软件为代表），其中，多数钢铁行业网站仍旧没有脱离会员+广告的传统盈利模式。在当前的钢铁行业网络市场里，网站+渠道复合管理模式，是企业有效挖掘细分市场，应对竞争的战略型盈利模式。

四、平台企业的运营经验

经过一年多的发展，截至2014年5月31日，交易中心平台成交量达到241万吨，交易金额95亿元，吸引了3万多家客户。上海钢铁交易中心作为上海钢铁商贸服务功能区项目之一，于2012年加入上海市现代服务业综合试点项目（项目编号：020503），得到了国家商务部、财务部和上海市政府的高度重视，国家商务部、上海市政府、上海市商务委和宝山区领导多次莅临交易中心调研并指导工作。从中央到上海市、宝山区都给予了大力支持，为交易中心的发展创造良好的政策环境。在配套资金方面，国家商务部、上海市和宝山区政府以财政补助的方式落实专项资金。

上海钢铁交易中心充分利用中央与地方的政策合力，为钢铁供应链上下游企业搭建平台，推动钢贸企业从生产厂、贸易商到服务商的转变，形成以大生产、大物流、大市场为特点的现代化钢铁供应链服务体系，加快我国钢铁流通领域服务的发展。上海钢铁交易中心构建了现代化钢铁供应链服务体系，引领钢铁流通变革，提高钢铁流通效率，提升钢铁服务业水平，更好地集聚产业优势、资源优势和区位优势，充分发挥示范带动作用，以创新的商业模式拉动制造与服务的结合，实现“二、三产业联动”，引领中国钢铁工业转型升级。

同时，作为宝钢新一轮规划发展战略“一体两翼”中的“电子商务”一翼，上海钢铁交易中心聚合了宝钢的电子商务体系，与物流、加工、金融等配套服务相结合，以大力发展行业平台经济助推宝钢实现产业升级，践行数字化宝钢、绿色宝钢。

在此辉煌成果的背后，是交易中心卓越的战略决策和运营执行。总的来说，上海钢铁交易中心有如下经验值得同类企业借鉴：

（1）上海钢铁交易中心以多样的商业模式汇聚客户需求，促进钢铁供应链实现数字化经营。随着互联网的发展，国内无论大小型企业都越来越看重企业的商业模式，也越来越认知到商业模式对企业发展的重要性。而在美国，企业占60%的创新是商业模式的创新，40%的创新才是技术创新。应该说，商业模式的发展和创新对于企业成功具有不可替代的重要性。上海钢铁交易中心在传统现货交易的基础上，创新性地引入期货交易、撮合交易等多种交易模式，更好地满足客户多样性的需求，形成平台的规模效应，在钢铁电商大发展的今天抓住了先机。

（2）以创新的集成产品聚集服务：以云计算模式为基础，通过物联网技术的研发与实施，持续改善与提升客户的服务体验。技术创新是企业发展的另一大动力。云计算是基于互联网的相关服务的增加、使用和交付模式，通常涉及通过互联网来提供动态易扩展且经常是虚拟化的资源。它能在更快速、更安全地帮助交易中心进行系统实施的基础上，提升系统的可靠性，同时大幅度减少交易中心系统的运营成本。正如波特所示，低成本是竞争优势的重要来源之一，低成本高效率的云计算业务为交易中心的业务运行带来了新的核心竞争力。

（3）通过产融结合促进钢铁行业和中小企业融资环境健康发展。在钢铁行业，自从2012年钢贸危机之后，小型钢铁贸易企业的贷款问题就很难得到解决，在很大程度上抑制了正常的钢铁贸易，不利于钢铁行业的发展。本着客户的利益就是交易中心利益的理念，交易中心率先引入了融资贸易的业务做法，为符合资质但资金周转有困难的客户提供帮助，同时加强融资贸易的监控，更好地降低该业务的风险，在保证业务安全的情况下更好地促进交易中心钢铁贸易业务的发展。

五、目标和展望

上海钢铁交易中心立足华东、面向全国，通过整合供应链服务资源，为钢铁行业上、下游企业提供全流程、一站式解决方案，成为国内领先的第三方钢铁B2B电子商务平台。短期来看，通过对区域市场内物流服务商的整合、协调和监管，构建物流服务运营体系，在华东区域初步建成物流服务体系，为交易用户提供标准化的一站式仓储、运输、加工等物流服务。整合银行、第三方支付等服务机构的金融产品，基本完善融资服务模式，与3～5家主要银行形成紧密合作，为中小用户提供在线融资服务，拓宽融资渠道，降低融资门槛、服务风险和整个供应链的融资成本。重点推进对宝钢和宝山区的产品资源、物流及金融服务资源的整合，快速形成交易规模。分别在东北、华南、中部、西部地区设立4～5家分市场，全国范围内建成100家服务网点，成熟运作网络化服务体系模式，形成规模化覆盖。基于上海的钢铁交易中心，发展属地的业务拓展和服务创新。通过异地市场的建立扩大业务规模，规模化导入钢厂资源。

长期来看，力争实现年交易量1000万吨、年交易金额400亿元、交易会员数达50000家的目标。基于规模化的真实交易数据为基础，推出钢铁行业的价格指数。同时基于指数提供市场分析、行业研究等信息资讯服务，为企业实施高效的网上交易业务提供决策参考和支撑。通过对交易模式的创新，实现交易的高度信用化、信息化、标准化，获得规模经济优势，显著降低产业链交易成本，整体提升产业链间资源配置的效率，形成项目的核心竞争力，将上海钢铁交易中心建成为中国钢铁流通行业最具影响力的电子交易市场。

同时，在数据和信息服务方面，统领和指导资讯服务，提高客户服务深度水平。构建大型研究数据中心，购买整合国内外大宗商品最新市场信息数据，利用成熟的数据挖掘工具、本体知识分析工具、商业智能工具，开发上海钢铁交易中心数据模型体系，引领行业 B2B 电子商务由传统的商情服务为主的发展初期进入到以行业大数据分析处理以及围绕商品电子交易为核心的行业成熟电商阶段发展。

撰稿人：上海钢铁交易中心有限公司高级总监、高级工程师　张海峰
上海钢铁交易中心有限公司物流总监、高级工程师　强益
上海钢铁交易中心有限公司高级经理、工程师　秦钢
上海钢铁交易中心有限公司高级经理、工程师　刘晶
上海钢铁交易中心有限公司高级经理、工程师　张毅

案例六　九好集团：打造从供应商到客户三方共赢的供应链平台

一、企业概况

浙江九好办公服务集团有限公司成立于2007年，是一家专业从事后勤托管服务的大型企业集团。集团首创“后勤托管”模式，打造后勤托管服务平台，集结跨行业、跨品牌的众多供应商，为全国客户提供包括餐饮、物业、总务、办公一体化等全方位后勤托管服务，涉及医疗、卫生、教育、部队、党政机关、事业单位等各行各业。目前，集团在杭州（总部）、北京、上海、深圳、湖南（长沙）、江苏（南京）、四川（成都）、宁波、嘉兴、建德等地设有10家分支机构，拥有1300余家优质核心供应商，为3000余家客户单位提供托管服务。集团正在积极推进全国战略，计划于近年内建立起覆盖全中国的九大后勤托管服务区，努力实现“千亿平台”的目标。

九好集团以打造绿色、低碳的节约型办公文化为己任，以“专心做专业”为理念，致力于实现企业、九好、社会的三方共赢，致力于改造传统企业后勤模式，致力于提高中国后勤行业服务水平。

二、建设九好“后勤托管”模式供应链平台的背景

随着中国工业化、现代化进程的不断推进，后勤越来越成为影响企业经营的重要因素。九好集团立足于企业后勤外包业务，着力为企业打造省时、省心、省力的后勤服务。所谓后勤服务外包，就九好而言，是指把为企业价值创造过程提供支撑作用的后勤保障性服务，如保洁、考勤、保安、餐饮、会务、日常管理等进行动态的配置，引入企业外部相应的资源，为企业内部的生产和经营服务的业务类型，属于后勤保障型外包范畴。后勤服务外包行业就是拥有专业后勤资源，从而满足对方单位内部行政后勤需求，能够使企业内部的生产和经营更流畅的服务型行业。

（一）服务外包行业的发展现状及趋势

据商务部统计，截至2013年年底，我国服务外包企业24818家，共签订服务外包合同167424份，合同金额954.9亿美元，同比增长55.8%；2014年上半年我国共签订服务外包合同87507份，合同金额522.1亿美元，同比增长35.3%；执行金额372.0亿美元，同比增长36.2%。中国的服务外包业务近几年一直呈现良好的发展势头，在第三产业中所占比重也在逐步增加。其中，ITO（技术外包）依然保持稳定上升态势，在服务外包产

业比重最高；其次是KPO（知识外包），增速最高，大部分依靠医药等行业释放出的研发需求；最后是BPO（业务流程外包），虽然目前所占比重最低，但增速已超过ITO，说明BPO的业务量呈现递增，出现新的流程外包模式加快BPO的发展。

对于现代企业，后勤服务外包属于BPO中的企业转型外包范畴，是更加战术性的BPO模式的自然拓展，它涉及所有后勤功能的外包，以及全面的企业转型管理流程外包。它的目的是实现BPO运作长期利益最大化，进行全面的企业转型。后勤服务外包不是战术性问题，而是一种前瞻性的战略变革工具，但这里提到的转型并不是无法生存而做出的转型，而是为了提升绩效而做出的创新性转型。

随着后勤服务外包等创新外包模式的加入，未来中国服务外包市场结构必然产生变化。

（二）后勤服务外包行业的发展现状及趋势

随着服务外包市场规模的进一步提升，后勤在社会中的重要性与日俱增，后勤服务外包行业市场规模也在不断提升。由于大量政府或企业将后勤保障、员工满意度、运营成本和提升竞争力结合，后勤服务外包已经被广泛接受并渐渐成为许多企业的转型方针，除此之外，医疗机构，教育机构和政府事业单位对后勤服务外包的需求释放程度已经呈现飞速上涨。

发展趋势：

（1）科学化。现代后勤关注的点已经不单单是保障，还有如何支持等，如何配置后勤资源，什么时机调整后勤资源等均是现代后勤需要考虑的问题，后勤科学化即是指将后勤资源根据单位实际情况，合理地、人性化地、有预见性地配置，让其他职能在后勤方面毫无后顾之忧。

（2）正规化。正规化后勤指对任何的后勤资源选择，流程设定都有据可查，有法可依，这样不但能保证后勤工作执行的条理性，也可避免原来后勤人员调离后工作的紊乱。

（3）专业化。后勤专业化指后勤工作人员的专业技能、经验、对于服务的创新力等，上面的材料里说到后勤要站在全局的角度，先在思想上和精神面貌上做好准备。

（4）集中化。后勤管理切忌分权、分责、分散管理，后勤工作多数具有联动性，不能单一拆开看问题。集中化后勤就是让后勤工作串联起来形成一个有机的运作链，权力集散形成金字塔结构。

（三）“后勤托管”——供应链平台的建立

后勤服务外包并不是什么新鲜概念，众多国际国内企业早已敏锐地发现其中的商机并投身于彼此竞争的海洋。从可提供的服务项目进行分类，可将这些企业初步分为单一性后勤服务企业及整体性后勤服务企业。但面对中国企业级市场庞大的后勤需求，无论是单一性后勤企业还是整体性后勤服务企业都越来越力不从心。单一性后勤企业无法胜任其所在领域之外的后勤事务，而整体性企业虽然能够满足多样化的后勤需求，但越来越多的人力成本负担与后勤行业低利润率之间的矛盾，成为这类企业继续发展壮大的主要障碍。市场需要一种全新的后勤供应链模式，这个模式既能够提供全面的后勤服务，又不必承担庞大的人力成本，这就是九好的“后勤托管”模式。

所谓后勤托管，即为供应商（后勤服务提供方）及客户（后勤服务需求方）搭建一个整合平台，集结跨行业，跨品牌的众多供应商（后勤物联网），依托九好专业、系统的业务团队进行资源整合，为客户量身定制，提供包括办公用品、办公一体化、餐饮、物业、会务、礼品等22类项目（后勤集承）的全方位后勤托管服务，如图8－6－1所示。

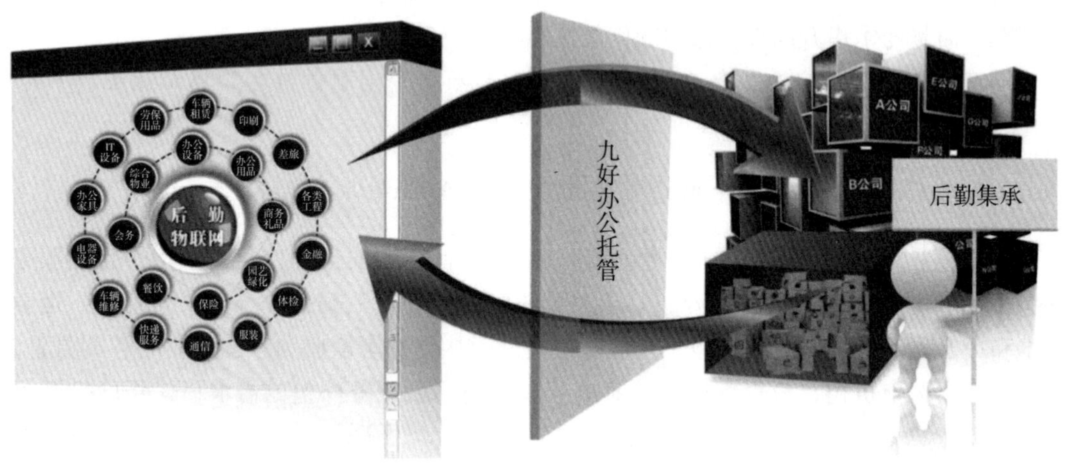

图8－6－1 后勤托管平台结构

后勤物联网：九好集团针对上游供应商首创“后勤物联网”模式。在九好物联网里，集合了各行业众多的供应商，进行产品互补和资源共享，从而突破单一行业限制，建立一个物物相连的供应商网络。

后勤集承：九好集团针对下游客户首创“后勤集承”模式。九好依托强大供应商网络，整合承包客户的所有后勤托管服务，服务范围包括餐饮、物业、总务、办公一体化等后勤项目。

三、“后勤托管”模式的管理运营

“后勤托管”作为一种全新的后勤服务外包模式，从供应商选择、供应商的资质认证到具体项目信息的调研等每个环节都毫无前人经验可循，九好集团通过不断地探索、改进创新，使“后勤托管”这一全新的业务模式得以实现规范化、标准化和市场化操作。

九好对于“后勤托管”供应链平台的定位：致力于为客户提供快速、便捷、优质的服务。从业务开发到方案制作，再到方案实施，形成一个完整的托管体系，并有完善的监督、投诉、反馈系统。科学严谨的服务方案将客户从繁杂的日常采购、后勤管理中解脱，管理并解决其除主营业务之外的所有工作，从而在根本上帮助企业优化人员配置，提高管理效率，缩减成本。在前期，严格筛选供应商进入我们的资源平台，匹配客户需求，为供应商提供更多客户资源；在为客户服务中，通过专业化的解决方案和完善的监督管理系统完善服务过程，提升供应商服务水平。

（一）后勤托管的业务体系（如图 8 -6 -2 所示）

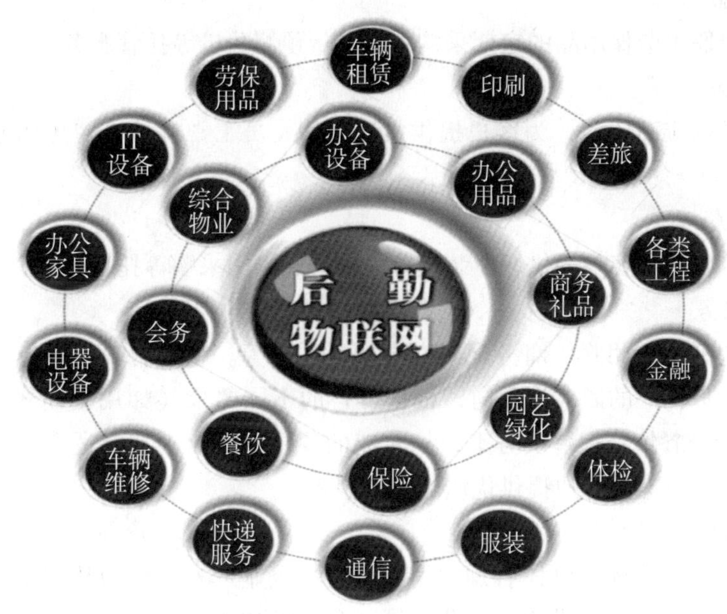

图 8 -6 -2　后勤物联网

1. 办公用品

办公用品项目致力于为大型企业客户量身定制办公用品采购的解决方案。我们的优势不仅在于为客户提供优质的产品，更在于为客户提供优质的服务。我们专业的客户服务团队致力于为客户提供全方位、多渠道、一体化的采购平台以及成本节约解决方案。我们提倡“一站式采购服务”的服务理念，满足客户办公所需，是我们永远追求的目标！

2. 办公家具

提供办公家具方案设计、采购及安装的全面托管服务。

3. 商务礼品

根据客户不同的用礼需求，制订相应的礼品方案。项目范围包括商务、公关、会议、庆典、福利等礼品的供应及服务，包括地方特色礼品、商务礼品、促销礼品、广告礼品、会议礼品、家庭实用品、赠品、纪念品等。

4. IT 终端及网络

为客户量身定制网络和设备服务方案，专业的项目团队结合客户的设备使用情况、人员配置等实际情况，实施从配置建议、采购、安装到售后维修等一条龙服务方案。

5. 办公设备租赁项目

主要针对政府机关，学校，医院，金融行业，工厂，写字楼等有办公场所的企事业单位，为客户提供设备采购、租赁等服务。

6. 办公设备维保项目

IT 项目服务是指客户企业将其非核心的设备维修业务外包出去，利用外部最优秀的专业化团队来承接其业务，从而使其专注核心业务，达到降低成本、提高效率、增强企业核心竞争力和对环境应变能力的一种管理模式。

7. 劳保用品

为客户提供职工劳保用品的定期采购、需求量预测分析等托管服务。

8. 体检服务

依托我们的供应商资源，为客户提供员工入职、员工常规检查、工伤鉴定等职业病委托体检服务。

9. 服装服务

依托供应商资源为客户提供职业装定位、设计和集中采购等托管服务。

10. 餐饮服务

服务范围包括企业团膳、商务配餐、高档自选餐等。我们的餐饮项目是针对企业单位的用餐问题，以客户的需求为导向，根据客户的不同要求（如用餐模式、餐标、人员配置等）量身定制餐饮管理解决方案，从专业的餐饮供应商中选择适合客户的供餐服务商，根据餐饮服务方案为客户提供优质的餐饮服务。

11. 园艺绿化

服务项目包括企业环境整体管理、植物租赁、企业户外绿化的整体维护、企业临时活动的绿化布置、花木代售供应、园艺附属产品的销售等服务。基本涵盖了普通企业单位对园林绿化方面的全部需求。作为一个服务性平台，我们有为客户改善办公环境，提高环境质量，保证植物品质，节约绿化开支为目的的专项管理部门，力求为客户寻找最为匹配的专业性服务供应商，为服务商提供大量优质的客户，同时在服务过程中起到监管与沟通的功能。

12. 综合物业

针对客户的物业需求提供全面的解决服务方案。服务范围涵盖了物业管理；安全秩序维护；工程、设施维修养护；客户特约服务等客户对物业项目的全部需求，我们将依据客户硬件设施标准，结合客户服务要求，制作符合客户需要的物业管理方案，并据此筛选服务商为客户提供优质服务。

13. 通信服务

内容涉及电信、移动、联通三大服务商，我们能够为客户提供固话及员工移动通信的整合打包服务。根据客户的人员及通信使用情况，制定客户全年通信保底费用。

14. 快递服务

针对客户需求，选择更具地域优势和价格优势的供应商，为客户提供长期稳定的快递、长期结算等增值服务。

15. 保险服务

保险项目就是根据客户自身的各类保险需求，为客户设计并提供各险种的保险服务方案。我们提供的保险包含财产险和人身险，服务内容涉及客户保险相关的风险识别、保险方案设计、市场询价或招标、投保安排，以及专业索赔服务。

16. 金融服务

主要为客户提供资金担保、小额贷款等服务。

17. 会务服务

无论是大型的政府剪彩服务，或是会所的浪漫 party，我们都积累了丰富的服务经验。通过我们的资源平台，可以在最短的时间内为各类会务提供最为快速与便捷的解决方案。

18. 车辆租赁

依托我们的供应商资源，提供车辆租赁咨询、车辆选择、应急车辆以及相关所有手续的办理的托管服务。

19. 车辆维修

对客户使用车辆提供保险、年检、检修、保修等一条龙全托管服务。

20. 差旅服务

为客户提供机票、酒店预订、服务流程全程监控、包年包月结算等与差旅有关的整体后勤托管服务。

21. 印刷

提供客户宣传单、内部操作手册以及 VI 系统整体印刷产品的方案咨询、风格设计和后期制作等托管服务。

22. 各类工程

提供与建筑相关的服务，如节能材料、建筑材料、装修材料等业务的托管服务。

（二）供应商管理体系

九好集团从“后勤托管”的业务体系出发，严格对供应商进行筛选、把控，建立完善的供应商准入及评估机制，力求保证供应商的高质量。

1. 供应商的开发及准入

九好集团的后勤服务供应商必须经过严格的初选过程，即对供应商的规模、服务质量、产品质量、供货能力进行有效收集之后，经过集团相关部门的审核判断其是否具有符合九好供应商的资格。其过程可分为：供应商自主报名、供应商信息收集、供应商筛选、供应商实地考察、供应商现场评审。

2. 供应商日常评估机制

九好集团在对供应商进行日常管理的过程中，按照一系列标准对供应商进行考核，并对不同考核结果的供应商进行分类处理。

（三）“后勤托管”项目管理运营

九好集团制定完善的项目运作、项目过程管理的项目运营系统，通过完善的项目前期调研，详细掌握每一个具体项目的细节，并根据已掌握信息推进项目按照高标准、高质量要求实地操作；通过严格的项目日常进度管控，掌握项目的实际进度，纠正项目实施过程中可能存在的偏差，确保项目目标的实现。

1. 项目前期推进

经过前期的项目调研，确定项目具有可实施性之后，由九好集团相关部门负责项目的具体推进工作。其具体过程可大致分为：项目启动会议召开、项目工作进度安排、项目提案、项目提案评审、项目实施。

2. 项目日常进度管控

九好集团建立进度统计报告体系，统计报告包括日报、年报、月度分析评估报告等，同时对项目实施过程中出现的关键路径或重要工作进度偏差进行专项分析报告。

统计日报重点反映前一工作日的执行情况，每天固定时间段，由项目部牵头召开由供管部和营销部人员参与的业务沟通会议，对所有项目进行进度节点跟踪，对异常情况进行预警。

项目进度统计月报是项目进行过程中最主要的统计报告，主要反映项目逐月实际进展情况，项目统计月报的内容如下：

（1）月度主要活动的统计概况，重要活动的统计结果描述。

（2）控制点与异常项目统计。

（3）项目立项、提案、合同签订、合同实施、验收信息统计。

（4）质量统计，包括纠正措施统计、不合格项统计等。

项目专项进度分析报告内容需突出反映关键路径或重要工作的推进情况及存在的问题，与专项计划进行比较分析，分析进度偏差，预测偏差影响，提出建议与措施。

四、九好“后勤托管模式”的优势

（一）免费的前期后勤管理咨询服务

后勤托管项目正式实施前，将免费对客户进行全面的咨询指导，安排资深后勤管理专家作顾问分析。

（二）业务范围的全面性

后勤托管以平台形式，整合了多领域供应商，为客户提供全面打包式的后勤托管服务，服务范围涵盖后勤的方方面面，客户只需找到我们集团一家就可以得到全面的后勤服务。

（三）项目团队的专业性

后勤托管并非简单的产品销售，它的核心是服务，是为客户解决实际问题，倡导服务的专业性，追求服务的深度与广度，配备项目所需的各领域专业人才，做到专心做专业。

（四）方案制作的针对性

为每一个后勤托管的客户量身定做服务方案，是基于每一个客户的自身特色及需求而制订的。每一个客户都将得到一份属于自己并符合企业实际的项目方案。

（五）托管流程的系统性

九好的后勤托管摒弃了单兵作战的传统模式，采用的是产业链式的操作模式，从最初的方案承接，到方案制作，再到方案实施以及之后与之相关的维修维护，采用的都是流水线系统性服务，环环相扣。

（六）全面优质的供应商网络

“后勤物联网”模式集结跨行业跨品牌供应商，让客户享受一站式采购服务，根据客户自身需求对供应商进行各种组合与调整。同时，制定了完善的供应商监督审查机制，从繁杂的市场里挑选出行业优秀供应商，并在其对客户进行服务的过程中进行监督。

（七）双重售后服务保障

作为客户的后勤管家，在项目服务中全程监管要求供应商按承诺兑现服务，并提供供应商＋我们集团双重售后服务保障。

（八）规模化操作的价格优势

后勤托管可以借助庞大的后勤集承达到一个规模化需求，从而使每个客户都可以享受到规模化操作后的价格优势。

（九）资源整合优势

（1）将最优秀的供应商纳入我们的平台，降低客户选择成本；
（2）凭借我们专业的团队为客户提供量身定做的解决方案，提升客户后勤服务水平。

五、“后勤托管”模式的绩效分析

九好集团全新的“后勤托管”供应链平台模式，从供应链的整体角度来看，存在着一个自成一体的生态链。正向生态链从上游供应商本身出发，九好集团依据供应商的自身产品、服务等特点出发，为其匹配下游后勤需求客户；反向生态链则从下游后勤需求客户出发，九好集团根据客户提出的后勤需求，并结合对该客户进行的后勤需求状况调研，从上游众多供应商中选取符合条件的供应商。“后勤托管”模式从供应商端，可以在很大程度上为供应商拓展新的销售渠道，降低营销费用；从后勤需求端，可以节约企业后勤成本，从而使企业能够集中更多资源用于主营业务的开拓。

九好集团“后勤托管”模式的成功运营，对于九好自身、后勤供应商、后勤需求客户、后勤产业都有极大的积极促进作用。

（一）客户绩效

通过九好平台的全面后勤托管，除了给客户带来一定的价格优势，节约企业后勤支出成本；此外，通过采用高标准的准入机制，保证平台供应商的品质，客户在收集、筛选、认证供应商过程中，降低对后勤人员较高的专业要求，从而降低企业人力成本。

以杭州北部软件园综合物业托管项目为例，九好从该园区现有物业管理中的问题出发，针对性地制定一系列改进措施，匹配优质供应商，最终实现该园区物业管理整体效用的提升。

1. 该园区综合物业管理综合情况调研

（1）人员管理不善，实际工作人员与配置岗位人员情况有出入，存在漏岗、串岗现象。

（2）服务技能培训不成体系，物业服务人员服务技能存在一定偏差。

（3）服务标准和规范不清晰。

（4）园区物业管理年度工作计划与成本管理不明晰。

2. 九好关于物业管理改进的对策

从人员管理、服务技能培训、服务标准及规范、工作计划与成本管理这四个方面提升管理水平与服务水平。

（1）制定管理承诺指标与具体措施（如表 8－6－1 所示）

表 8－6－1　　物业管理承诺标准与具体措施

序号	指标名称	承诺指标	内容与措施
1	建筑完好率	100%	落实责任人，实行巡视制度，建档记录，确保房屋完好，无违章搭建及损坏公共设施
2	维修急修及时率	100%	接到维修通知 5 分钟（夜间 15 分钟）内到现场，及时处理，并建立回访档案记录
3	报修维修合格率	100%	分项检查，一步到位，并进行回访制度，以确保维修工程合格，满足客户需要
4	绿化成活率	99%	负责物业内绿化质保期后的绿化养护工作，确保公共绿化绿地无破坏，无黄土裸露现象
5	保洁清洁率	99%	落实责任人进行日常保洁工作，并由领导监督执行，确保垃圾日产日清，设施完好
6	道路完好使用率	99%	由工程技术人员负责道路的养护工作，以确保道路完好、畅通，定期对道路标色进行油漆翻新，确保道路完好，使用正常
7	重大责任治安事件发生率	0	秩序维护员经培训考核后上岗，落实岗位职责，明确责任，实行 24 小时固定岗值守及巡逻检查制度，以确保物业的公共秩序良好

续　表

序号	指标名称	承诺指标	内容与措施
8	设施设备完好率	100%	落实责任人，实行巡视制度，建档记录，并定期维护和检修以确保消防设施完好，正常使用
9	用户有效投诉率	0.1%以下/月	做好各项管理工作，加强与用户沟通，了解用户的愿望和要求，满足用户的需要，发生投诉及时处理并记录，同时建立档案跟踪处理结果
10	管理人员培训合格率	100%	员工分别进行常规培训，并予以考核，不合格者予以淘汰，确保培训合格率100%
11	用户满意率	95%以上	在日常工作中及时收集客户的需求信息，尽可能地满足客户的需要，加强沟通，确保用户对物业管理工作的满意率达到要求

（2）制定服务标准化流程及方案

1）公共秩序维护方案

采取“区域协防，重点防范”和人防与技防相结合的公共秩序维护策略，与业主和物业使用人共同建立起大厦一体化的安全防范体系，确保秩序维护管理目的实现，如图8－6－3所示。

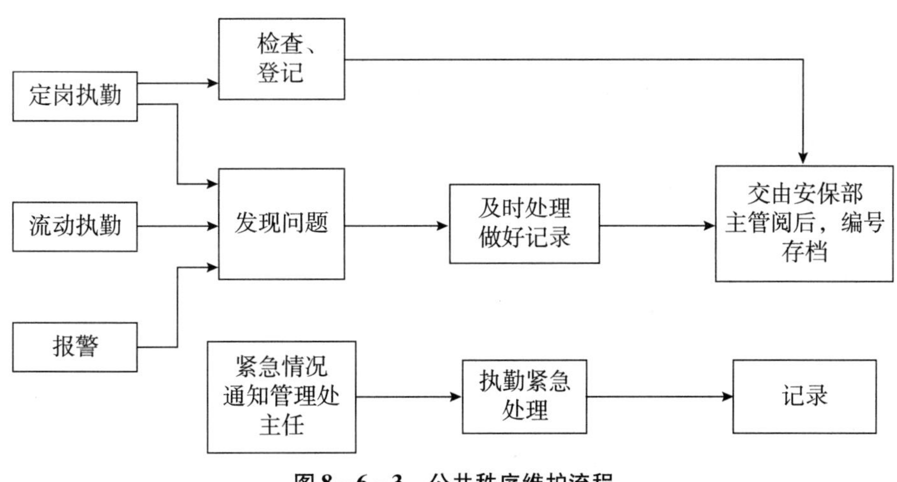

图8－6－3　公共秩序维护流程

2）车辆管理方案

该园区停车场分为地下停车库和路面停车场。地下停车库主要供业主方使用，实行一车一位、刷卡进出、按车位停放。路面停车场为外来车辆停放处，实行秩序维护员集中统一管理，如图8－6－4所示。

3）消防系统管理方案

贯彻“预防为主，防消结合”的工作方针，实行技防、人防的有效结合。以消防监控中心为指挥中心，借助先进的消防监控系统和消防设备设施，做好日常消防防范工作。

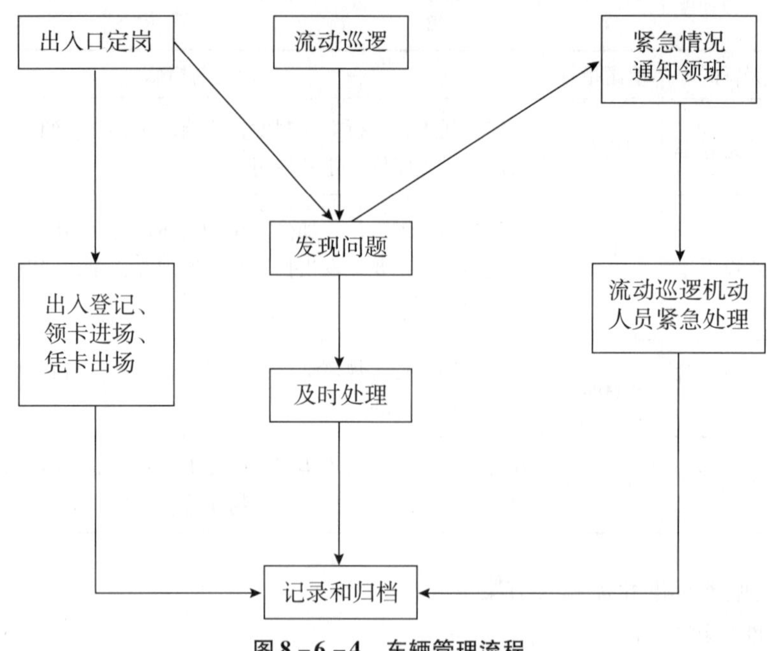

图 8-6-4 车辆管理流程

组建一支反应迅速、技术过硬的义务消防队，按时对消防报警系统进行联动测试，定期进行消防演习，提高员工防火、灭火技能。

4）保洁工作流程与标准

通过对生活垃圾、公共场所垃圾等的处理方式、作业频率、作业时间、质量要求等制定出不同的标准要求，做到当日产生垃圾的即时有效处理。

5）绿化服务标准

对园区所有草坪、灌木、乔木、花卉、盆栽植物等进行分门别类，并对不同种类植物按照标准化绿化方案进行操作。

（3）制订咨询管理方案

1）强化人员管理：加强人员管理及考核

2）加强培训：提升服务意识、服务技能、礼仪礼节

3）计划管理及成本核算：制订全年各项工作计划及财务预算报告

3. 改进效果追踪

（1）人员管理趋于完善，漏岗、串岗现象鲜有发生，岗位在岗率达到95%以上。

（2）服务技能培训渐成体系，物业服务人员服务技能显著提高，综合物业服务技能满意度达到96%。

（3）服务标准和规范明晰，服务人员根据各自岗位不同，按照各自服务标准以及服务规范提供物业综合服务。

（4）园区物业管理年度工作计划与成本管理明晰，各项物业服务按照年度计划有序开展。

（5）综合客户满意度：通过客服回访总结，该园区对于物业管理的综合满意度达

到95%。

（二）后勤供应商绩效

1. 拓展销售渠道

依托九好庞大的客户资源网络，让供应商拥有与几千家千万级规模大企业的合作机会。

2. 降低营销费用

九好举办的各类市场活动，为供应商提供一个集产品展示、产品销售、品牌宣传于一身的展销平台。全面降低营销关系成本、沟通成本、人力成本，降低供应商的营销成本。

3. 精准匹配客户

经过九好专业的项目团队精细匹配，确保为每一家供应商提供最适合的客户。

4. 优化产品库存

通过九好平台实现产品销售，实现“零”库存。

5. 信息资源共享

通过人脉、产品、服务等全方位共享，建立行业间及跨行业沟通平台。

6. 提升管理水平

九好专业的供应商考核和监督体系，有助于提升供应商自身的管理水平。

7. 提升技能水平

依据九好标准、优质供应商的专业资源，提高供应商服务的专业水平。

8. 降低产品退换货率

九好完善的项目服务标准，有助于提高供应商产品质量管理水平，降低产品退换货率。

9. 提升品牌知名度

面对数万客户，通过九好平台全面推广，提升供应商品牌知名度。

（三）九好绩效

通过“后勤托管”模式的专业化经营，近年来，九好实现了跨越式发展。

2014年，九好后勤托管商务平台经济规模达到了100亿元；截至2014年12月，客户数量达到3070家，供应商数量达到1352家，累计利税总额达到1.4亿元，年均利润增长率达53%，平台后勤托管年均增长率达150%，单笔托管合同价值最高达到1.4亿元。

（四）产业绩效

1. 优化后勤服务产业资源

九好集团建立高于一般市场标准的服务标准，培养供应商共同成长，优化整合后勤服务产业供应商资源。

2. 创建公开透明的服务环境

九好集团为后勤服务产业创造一个科学的、公开透明的竞争环境，打造绿色环保的商业平台。

3. 节约社会资源

九好集团整合资源，极大降低交易、沟通、人力、关系成本等，积极创建节约型社会。

4. 引领后勤产业发展

九好集团走在产业前沿，不断总结管理经验和技术服务标准，以产业发展为己任，引领产业更好发展。

撰稿人：九好集团市场部营销策划　阮成裕
九好集团市场部市场专员　金泽晖
九好集团经营管理部业务数据分析员　潘小鹏

案例七　山东邮政速递：打造中国重汽生产供应链优化模式

一、企业简介

（一）山东邮政速递物流公司

山东省邮政速递物流公司于2009年1月2日正式组建，注册资金24500万元人民币，隶属于中国邮政速递物流公司。

中国邮政速递物流股份有限公司（简称中国邮政速递物流）是经国务院批准，中国邮政集团于2010年6月联合各省邮政公司共同发起设立的国有股份制公司，是中国经营历史最悠久、规模最大、网络覆盖范围最广、业务品种最丰富的快递物流综合服务提供商。中国邮政速递物流在国内31个省（自治区、直辖市）设立全资子公司，并拥有邮政货运航空公司、邮政速递物流有限责任公司等子公司。截至2010年年底，公司注册资本80亿元人民币，资产规模超过210亿元，员工近10万人，业务范围遍及全国31个省（自治区、直辖市）的所有市县乡（镇），通达包括中国港、澳、台地区在内的全球200余个国家和地区，营业网点超过4.5万个。中国邮政速递物流主要经营国内速递、国际速递、合同物流等业务，国内、国际速递服务涵盖卓越、标准和经济不同时限水平和代收货款等增值服务，合同物流涵盖仓储、运输等供应链全过程。拥有享誉全球的“EMS”特快专递品牌和国内知名的“CNPL”物流品牌。

山东邮政速递物流公司下辖18个市级分公司、100余个县营业部，组成了覆盖全省、遍布城乡的物流配送网络。自2004年起多次被中国交通运输协会评为“中国物流百强企业”。公司依托中国邮政“两网三流”优势（两网——实物网、金融网；三流——实物流、信息流、资金流），以“至诚至信，精益求精”为理念，以多批次、高时效、高附加值、小批量、小体积、小重量的物品为主，重点为IT（电子、电信）、医药、出版、汽车配件、高档消费品、烟草、电子商务等行业的国内外大中型制造企业、品牌流通企业和电子商务企业提供定制化的、高层次精益物流服务。

公司资源：继承发扬中国邮政“全程全网、联合作业”的优良传统，发挥专业人才能力，建立了政令统一、调度有力、信息畅通的省、市、县三级网络调度系统，能充分利用企业内、外资源对项目运行进行指挥调度、协调组织、管理监督以及应对各类异常突发事件，并且在济南、潍坊、青岛三个集散中心，配备了种类齐全、数量众多的装卸、搬运设备；建立健全了严格的规章管理制度和服务准则，能为客户提供精准贴身的服务。山东省邮政速递物流有限公司拥有功能齐全的物流配送信息管理系统，并已实现物流货物的条码化管理，能在货物收寄（提货）、发运、中转、投递等环节提供信息跟踪查询服务，让客户通过互联网就能随时了解货物的运行状态。山东省邮政速递物流有限公司承运及配送车辆种类齐全，为特制全封闭箱式邮政货车，使货物在防雨、防水、防盗等安全方面得以保证；同时拥有经验丰富的司机队伍、固定的运输线路、严格的运输载货标准、切实可行的规章管理制度。货物运输过程实行安全铅封制度，确保货物的运输过程安全。在独立封闭的分拨场所进行理货，理货场配备有监控设备；交接现场均实行明确的交接验收制度，并实行交接双方指定专人进行货物的交接，确保货物经转过程中的安全。经验丰富且相对稳定的作业人员，严格的货物操作制度，货物的装卸尽量采用机械及托盘装卸，防止人为装卸造成的货物损坏。山东省邮政速递物流有限公司拥有覆盖全省的配送网络、高效运转的省、市、县三级网络调度系统、全国统一的 11183 客户服务热线，对于紧急事务及特殊运输要求，有足够的人力资源和运能资源予以支持，可以在 1 个小时内做出反应，制订紧急运输计划，保证服务到位。基于客户服务，量化服务指标，按照客户的服务指标对配送服务的全过程进行定量的控制和评估（包括计划执行率、订单准时完成率、货损率等），追踪检查已实施的物流服务的效果，并定期向客户做物流服务报告。公司主要客户：公司运用先进的物流理念和技术手段，为客户提供定制化的物流服务，得到了众多大公司的肯定，主要客户包括中国重汽、海尔、山东移动、中国重汽、山东中烟、新华制药等知名企业。

（二）中国重型汽车集团有限公司

中国重型汽车集团有限公司（以下简称中国重汽）的前身是济南汽车制造总厂，始建于 1956 年，是我国重型汽车工业的摇篮，曾在 1960 年生产制造了中国第一辆重型汽车——黄河牌 JN150 八吨载货汽车；1983 年成功引进了奥地利斯太尔重型汽车项目，是国内第一家全面引进国外重型汽车整车制造技术的企业。2001 年改革重组后的中国重汽正式成立，经过十多年的发展，已经成为国内外知名的重型汽车研发制造企业集团。2007 年中国重汽在香港主板红筹上市，初步搭建起了国际化平台；2009 年成功实现了与德国曼公司的战略合作，曼公司参股中国重汽（香港）有限公司 25% +1 股，中国重汽引进曼公司 D08、D20、D26 三种型号的发动机、中卡、重卡车桥及相应整车技术，为企业长远发展奠定了坚实的基础。目前，中国重汽已成为我国最大的重型汽车生产基地，为我国重型汽车工业发展和国家经济建设做出了突出贡献。改革重组以来，中国重汽始终坚持自主创新，大力实施技术领先战略，以自主知识产权构筑企业核心竞争力，是中国汽车行业拥有专利最多的企业。中国重汽技术发展中心是全国第一批国家级企业技术中心，拥有中国实验室国家认可委员会认可的检测实验室，具有整车、发动机、零部件、材料工艺等全方位的研发和检测能力，拥有各种加工、试验、测试等高、精、尖设备，发动机、整车、部件振动、强度测试等设备均达到世界先进水平。2009 年，经国家批准，国家重型汽车工程技术研究中心在中国重汽正式揭牌成立，承担着我国重型汽车行业技术研发、应用示范、成果推广和技术服务的职能。中国重汽主要组织开发研制、生产销售各种载重汽车、特种汽车、客车、专用车、发动机及机组、汽车零部件、专用底盘，整车制造企业主要有济南卡车股份有限公司、济南商用车公司、特种车公司、济宁商用车公司、轻卡部；发动机有济南动力有限公司和杭州发动机公司；车桥有济南桥箱公司；变速箱有济南变速箱部、大同齿轮公司，形成了拥有汕德卡（SITRAK）、HOWO、斯太尔、黄河、金王子、豪瀚、王牌、福泺、威泺等品牌的全系列商用汽车企业集团，是我国卡车行业驱动形式和功率覆盖最全的企业。中国重汽制造的国内先进水平的D10、D12柴油发动机，T10、T12燃气发动机，国际先进水平的MC05、MC07、MC11、MC13达到欧Ⅱ－欧Ⅴ排放标准的发动机，功率覆盖140～580马力；世界级水平的系列化单级减速桥、轮边减速桥以及16.5～22.5英寸盘式制动器；系列化的单中间轴带同步器变速器、双中间轴变速器，5、6、7、8、10、12、16挡手动以及手自一体AMT变速器等重要组件，构成具有世界先进水平的发动机、拉式离合器、变速箱、驱动桥组成的黄金动力产业链。中国重汽还拥有3条自动化车身冲压线、8条驾驶室焊装线、12条驾驶室涂装线以及9条整车装配线，装备达到国际先进水平。中国重汽在重型汽车行业具有明显的技术和市场领先优势，产品畅销国内外，出口世界90多个国家，被国家发展改革委和商务部确定为国家汽车整车出口基地。企业还先后被授予全国先进基层党组织、全国文明单位、中国名牌产品、中国优秀创新型企业、全国最佳诚信企业、全国首批质量信用管理AA企业等荣誉称号。

二、项目实施背景

2010年4月27日，中国重汽集团和中国邮政集团签署战略合作框架协议，双方将建立长期稳定的全面战略合作关系。山东省邮政速递物流有限公司下属重汽物流事业部（以下简称邮政速递物流）就是中国重汽集团与中国邮政集团公司开展战略合作的专门执行部门。

面对国内经济结构调整，汽车市场竞争日益激烈，汽车制造企业利润率降低的现实，卡车公司整合企业资源，对生产物流实行流程再造，减少物流成本，成为提高卡车公司经济效益，在激烈的汽车市场竞争中脱颖而出的重要手段。在卡车公司物流改革浪潮中，邮政速递物流积极参与，与卡车公司并肩完成整合物流资源、再造生产物流流程的责任和任务。

山东邮政速递物流公司针对中国重汽集团二级机构众多、物流管理分散、管理水平参差不齐、服务标准不统一、效率低下等供应链管理问题，以重汽供应链流程优化为主要目的，与中国重汽集团开展合作。通过双方的不断沟通，2010年1月，确定以重汽商用车售后备件运输业务为合作突破，承运中国重汽商用车济南中央库到全国30个中心库的售后备件运输业务，并逐步向其逆向物流、仓储管理拓展。2010年4月，集团公司与中国重汽签署了《战略合作框架协议》，双方不断深化合作，2010年7月，对济南老屯仓储中心和借用的邮政机械厂投入资金进行改造，顺利接管配件仓储业务。2010年9月开始与济宁商用车公司洽谈入厂物流业务，10月达成合作意向。2011年，山东邮政速递物流公司被中国重汽确定为唯一的领导型物流服务商，2012年1月，山东邮政速递物流公司又启动了中国重汽集团核心制造工厂——卡车公司的发动机变速箱装配、入厂物流和部件制造部外运业务。几年来，陆续同其下属的22个二级单位建立了业务合作关系，服务内容涉及入厂物流、整车物流、售后物流等多个领域，实现了对重汽供应链上下游全环节的覆盖。

三、供应链管理的运作模式

邮政速递物流基于物流优化技术、VMI管理库存控制、信息预警机制、管理体系构建四个方面配合卡车公司进行生产物流流程再造，从而改善卡车公司生产物流流程管理，提升管理水平。

基于物流优化技术的生产物流流程再造

1. 工位器具优化

工位器具优化方面，实行零部件随同工位器具直接仓储或上线，实现精益化管理，推行器具标准化与闭环管理。首先对工位器具设计上，通过对工位器具信息调研，运营三位一体器具设计原则，确定常规件三位一体器具、特殊件三位一体器具和非三位一体器具三种，分别采取不同运营模式。其次，对工位器具管理上，根据工位器具运作流程，邮政速递物流对器具实行物料化管理，将工位器具管理纳入质量安全管理体系管理，进行定期、不定期的检查，同时辅以相应的考核机制，对问题实施跟踪处理，同时，辅以相应维修申报等制度进行全流程的闭环管理，如表8-7-1所示。

表8-7-1　工位器具运作流程

仓储小组	器具入库流程
	器具出库流程
	单据制作及保管流程
	单据交接流程
	台账管理流程
	器具摆放及装卸流程
	出门证管理流程
	叉车安全驾驶流程
	信息系统操作流程
	盘点流程
	差异处理及上报流程
	安全管理流程

续　表

现场管理小组	装卸流程
	入厂接收流程
	出厂管理流程
	盘点流程
	车辆调度流程
	日清空流程
	安全管理流程
	入厂制度培训流程

2. 配送模式优化

配送模式优化方面，邮政速递物流按照最短物流路线、人流及物流分开、保证零件按照先进先出原则出货、物流成本最低的物流原则，结合卡车公司生产布局对总装车间进行生产线工艺布局。按照卡车公司 3 + 3 生产计划，组织编排及物流组织模式，如图 8 – 7 – 1所示。

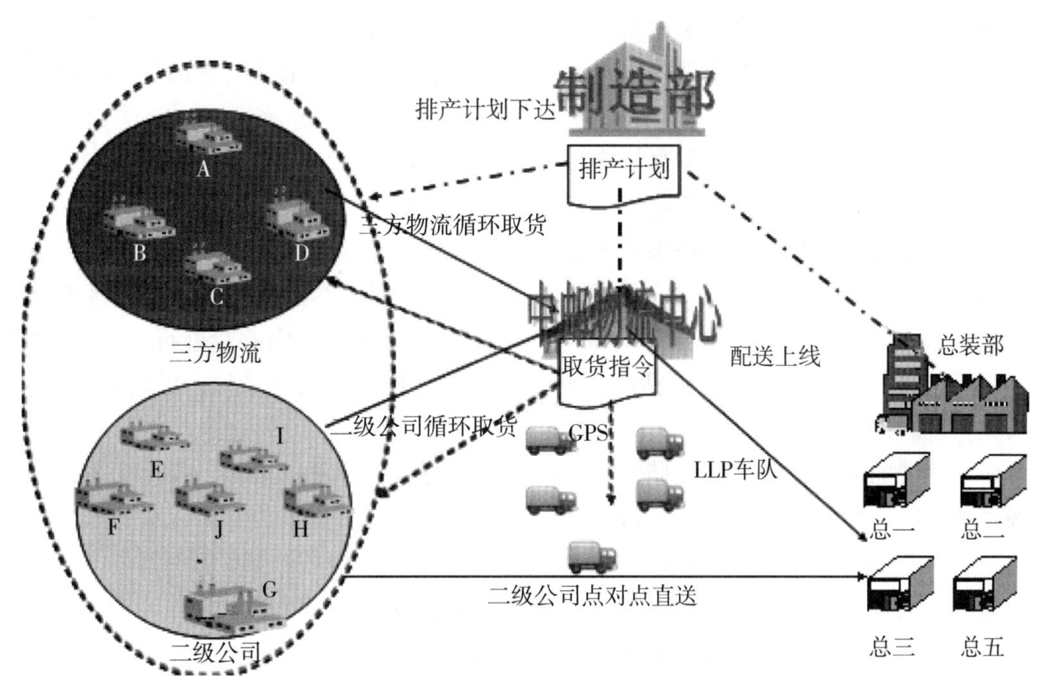

图 8 – 7 – 1　取货配送示意

因卡车公司采用混线生产模式，邮政速递物流根据卡车公司的生产组织计划采用叉车配送、人工搬运、牵引车配送、SPS、顺引物流配送模式。

（1）看板物流配送模式

看板物流配送模式适合体积小、用量大的产品件，目前邮政速递物流实现了标准件、标准类产品的看板配送上线。

（2）SPS 物流配送模式

SPS 物流配送模式按照生产线边装配工位进行零件分拣配套供应，能够实现 JIT 配送、提高装配效率、双重确认防止零件错装、漏装，提高品质水平。

（3）顺引物流配送模式

顺引物流配送模式适合体积大、价值高的产品件。目前邮政速递物流已经实现了发动机、变速箱、车身、车架、车桥等总成件的顺序上线。

（4）指示纳入物流配送模式

指示纳入物流配送模式作为以上三种配送模式的有效补充，对看板件、顺引件、外饰件之外的其他产品进行配送上线。

邮政速递物流与卡车公司实行基于战略联盟的业务合作，基于 VMI 理念进行库存控制。卡车公司根据 3 +3 生产计划生成需求计划；将需求计划发送至邮政速递物流和供应商；邮政速递物流将库存信息或安全库存信息共享给供应商和卡车公司；邮政速递物流根据当前库存量以及安全库存水平向供应商发出补货要求，以保证安全库存水平；制造商将订单发给邮政速递物流，邮政速递物流根据卡车公司需求计划进行零配件接收、入库、保管、分拣、出库、配送上线等一系列物流活动，实现了零库存管理。

另外，邮政速递物流对多家零散物流仓储配送资源进行有效的整合，实行循环取货的运输模式，由规范化管理的邮政速递物流配送中心按订单需求进行零部件分拣排序配送至物流工序，提升物流效率和配送水平。

根据卡车公司供应商分布明显的区域特征，邮政速递物流计划在供应商相对集中的济南周边、胶东和长三角分步骤进行集拼运输或循环取货，整体降低源自这些区域的运输仓储库存成本。首先，进行济南周边循环取货，包括各类装饰件、散热器总成、悬挂总成等物料品种，以党家庄为中心，进行集拼/循环取货；其次，进行胶东地区循环取货，包括散热器总成、横梁总成、支架等物料品种，以莱阳为中心，进行集拼/循环取货；最后，进行长三角区域，包括内外饰件、开关、轴承等物料品种，以丹阳为中心，进行集拼/循环取货。

邮政速递物流通过完成从仓储到配送的整合，有效减少对口单位，强化卡车公司对物流商的管理。在前端运输环节，通过锁定一个目的地使集拼成为整合，实行循环取货管理，实现运输整合；在厂边库运营环节，把所有物料进入一家仓库集中管理，节约仓储与管理成本；在厂内配送环节，配送指令由邮政速递物流配送中心统一调拨，管理一体化，并且可以通过零部件拼车降低运输成本，如图 8 -7 -2 所示。

为及时了解重汽生产、物流、发运等信息，对信息传输过程出现的问题做到事前控制，提高信息的及时性和有效性，保证信息渠道的传递畅通，引入与重汽对接的 WMS、TMS 信息系统，并对信息传递过程建立预警机制，成立预警小组。

预警小组充分利用重汽一线通系统，及时了解重汽采购、物流、生产制造等信息，按照重汽卡车公司 3 +3 生产计划的下发，对在组织供应商货物接收入库、分拣排序、配送上线等一系列物流运作过程中可能存在的问题进行分析，提出预防措施以及问题发生

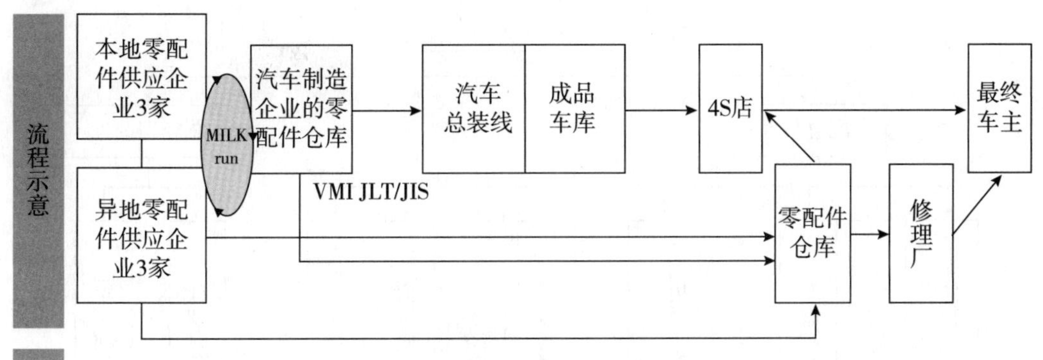

图 8－7－2　VMI 流程示意

时行之有效的应急计划、补救办法和改进方案等处理措施，如图 8－7－3 所示。

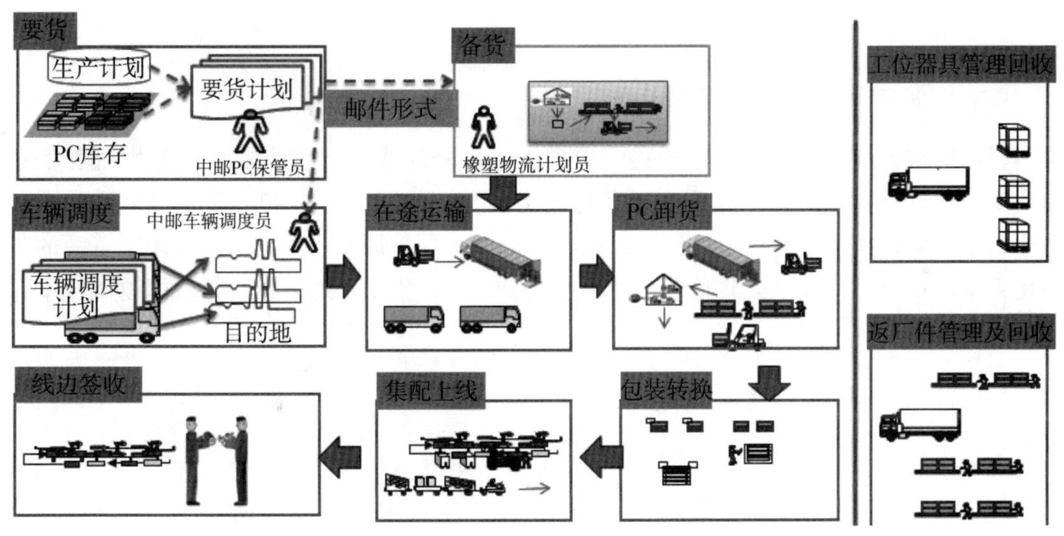

图 8－7－3　生产物流流程示意

为配合卡车公司生产物流流程再造，邮政速递物流设置扁平化组织架构与卡车公司进行对接，减少中间管理层次，加快信息传递速递，降低管理成本，提高组织效率。同时明确供应链成本结构，了解、监控、追踪各项费用，建立物流全成本监控体系，对供应链中的薄弱环节进行优化，实现供应链的有效降本。同时，建立贯穿筛选、监控、考核、淘汰的物流商管理体系，从而实现对物流商有效管理和整合，如图8－7－4 所示。

◆ 基于管理体系构建的生产物流流程再造

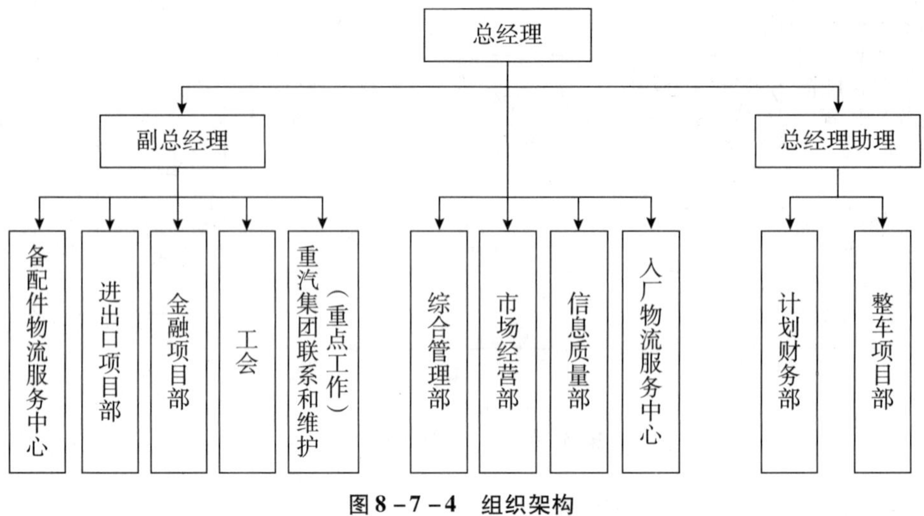

图8－7－4 组织架构

四、实施供应链管理的绩效分析

（一）整合资源，节约成本

资源的整合和集中管理有助于提高管理效率，降低成本。因此邮政速递物流着手对原有资源进行整合，例如针对重汽原有仓储场地零散的问题，山东邮政速递物流公司改造原山东邮政机械厂院落供项目使用，用以整合重汽配件原有8处仓储，实现了资源的集中化管理。项目运作以来，共整合场地7万余平方米，集中管理运作，重汽的物流成本有了显著的节约。

（二）流程再造，提高效率

重汽集团各个子公司的物流需求，涵盖了汽车供应链上采购、入厂、生产、售后、逆向等全部环节，且具有汽车行业本身的复杂特点。为制订合理优化方案，达到最好的优化效果，邮政集团派请物流专家对重汽集团物流管理体系和网络布局进行“体检”，制定了重汽集团物流发展战略及系统规划。后又引入了国际咨询公司罗兰贝格，与项目专业团队一起对重汽23家二级子公司、30余家配套企业和16家第三方物流公司进行了深入的调研与数据采集，并通过与行业对标、系统分析等方式处理数据，制订了重汽物流改造实施方案。通过方案的落地实施，对中国重汽供应链进行了流程再造，有效提升了重汽的生产效率。以卡车公司为例，极具个性化的销售、极短的交货周期、生产计划不锁定、场地不足等问题，导致了存储资源浪费、交通拥堵、安全隐患等问题。为此，从建立“3+3”生产模式入手，进行物流改革。通过锁定生产计划和节拍，根据产品属性及上线特点，推行顺引、看板、指示纳入三种上线模式，并按线边装配工位需求进行零件分拣配套供应，实现JIT配送，提高装配人员的工作效率，并有效防止零件错装、漏装，提高品质水平。厂外，采取巡回取货的方式进行物料取货。一系列的改革，在简化作业流程的同时，提高了生产效率。

（三）整合服务，改善管理

重汽原有物流服务商众多，山东邮政速递物流公司从重汽集团整体物流需求及供应链优化需求出发，经慎重考虑，决定采取对重汽原有物流服务商进行整合的方式进行业务切换。最终从原有136家物流公司中选择了具有一定规模的19家进行合作，由邮政进行统一的管理。物流服务的统一管理有效提高了重汽生产作业的效率和环境。例如通过解决卡车原有入厂物流因多物流商运作，无法统一调度导致的线边拥挤、次序混乱、器具丢失等问题，使其车间日生产能力提升至45~60台，缩短了生产时限，生产能力提高了30%，单辆份物流成本降低500元，并全力保障了重汽生产，生产线停产时间为零。

（四）提高了客户满意度

通过卡车公司生产物流流程再造，卡车公司经济效益得到了很大提升。以总五车间的入厂物流业务为例，展开物流业务改革后，单车零件成本减少了2%，产能提升30%，因物流原因影响总装停线时间为零，安全事故为零，工位器具使用后供应商物质品质提升10%，形成持续改善机制，三年提升30%，取得了较好的经济效益，赢得了较高的顾客满意率。

（五）开创了国有大型制造企业和物流企业合作的典范

客户说“企业合作须强强联合，在中国国有体制情况下，国有企业的抗风险、投资能力、企业管理标准化等综合实力远远强于民营企业、个体”。“我们把上百亿元的商品车交由物流公司运输，物流公司所缴纳的风险保证金远远不够，之所以选择中邮，是因为中邮这样国企的抗风险能力较强。”这充分说明重汽集团对邮政速递物流工作的认可，邮政速递物流已成为重汽集团最信赖和认可的合作伙伴。

五、可提供的经验与下一步打算

重汽项目为中国重汽集团和中国邮政速递物流公司双方带来了显著的经济效益和社会效益。一是有效提升了邮政品牌的社会影响力，提高了邮政速递物流在物流业的行业地位和品牌效应。二是大力推动了邮政速递物流软实力的提升。该项目在专业团队建设、方案设计、损益核算、项目运营、流程优化、资源整合等方面进行有效的实践和创新，取得了较好成效，具有较强的推广价值和示范作用。三是全面改善了重汽供应链运作效果。该项目采用先进物流理念与技术，对重汽供应链流程进行了全面再造，既改善了生产物流流程、提高了生产效率，又降低了入厂、售后等各环节的流通费用，为重汽节约了成本，同时还解决了生产厂区线边混乱、交通拥堵、人员复杂、器具丢失等问题，改善了生产环境及交通状况。一系列的再造，完成了重汽多年来想变又不敢变的愿望，打破了原有格局，成功实现重汽物流的转型与优化。四是对物流业与制造业联动取得了典型示范作用。重汽与邮政速递物流的强强联合，为速递物流开展物流业与制造业联动发展、整合社会物流资源建立了示范样板，奠定了基础；同时，符合国家关于加快物流业发展的要求，得到了各级政府对邮政速递物流的支持。下一步邮政速递物流将继续深入合作，将合作范围进一步向供应链上下游拓展。

撰稿人：山东省邮政速递物流有限公司副总经理　杨冠立
山东省邮政速递物流有限公司　于明强

案例八　京东商城：“自建物流体系”的供应链管理模式

一、企业简介

京东是国内首家自建物流体系的电商企业，是中国最大、全球前二的自营 B2C 网络零售商，通过内容丰富、人性化的网站（www. jd. com）和移动客户端，京东以富有竞争力的价格，提供 13 大类超过 4000 万 SKUs 具有丰富品类及卓越品质的商品和服务，以快速可靠的方式送达消费者，并且提供灵活多样的支付方式。2013 年，拥有近 5000 万活跃用户，交易额达到 1255 亿元人民币。目前，京东有超过 5000 万家合作伙伴。自 2004 年涉足电子商务以来，经过十年的发展，京东形成了技术创新、电子商务、互联网金融和智能物流“四驾马车”驱动的业务体系。

京东拥有中国电商行业最大的仓储设施。截至 2014 年 6 月 30 日，京东建立了 7 大物流中心，在全国 39 座城市建立了 97 个仓库，总面积约为 180 万平方米。同时，还在全国 1780 个行政区县拥有 1808 个配送站和 715 个自提点、自提柜。2014 年 10 月 20 日，京东位于上海的首个“亚洲一号”现代化物流中心（一期）在双十一大促销前夕正式投入使用，这是当今中国最大、最先进的电商物流中心之一。亚洲一号（上海）的投入运营，意味着京东在一线城市的高标准自建物流网络布局真正开始落地。亚洲一号物流中心由于其整个系统更加智能化、现代化，整个仓库的利用率会大大提高，操作更简单便捷，效率大幅提升。此外，未来将对第三方商家逐步开放，将有效地提升京东平台上的第三方商家的用户体验。

为全面提升配送质量及速度，京东商城于 2009 年年初成立了“京邦达快递有限公司”，并首创“211 限时达”服务，客户上午下单当日即可送达，成为国内首家实现配送半日达的电子商务企业。目前，京东专业的配送服务不断创新，为消费者提供一系列专业服务，如：次日达、夜间配和三小时极速达，GIS 包裹实时追踪、售后 100 分、快速退换货以及家电上门安装等服务，保障用户享受到卓越、全面的物流配送和完整的“端对端”购物体验。2014 年 8 月 2 日，京广、京沪两列高铁一站直达式特快电商快递专列开通，京东成为登上该批电商快递专列的唯一一家电商企业。

京东商城优秀的管理团队，博取众家之长，将京东物流打造成具有鲜明京东特色的企业：

（1）辐射全国的枢纽中心：京东物流在全国 39 个城市设立近百个商品调配中心（包括一级调配中心和二级调配中心）。可提供覆盖全国 34 个省、市、自治区的商品存储、订单生产、包裹分拣服务。目前，日订单处理能力超过 300 万单。

（2）四通八达的运输线路：京东物流目前拥有超 700 条自营线路，超 300 条的支线线路，将包裹运输到全国各地，同时配有 1000 多台装备车载 GPS 监控的运输车辆，充分满足现有货物的干、支线运输。

（3）遍布全国的网点覆盖：截至2014年6月，京东物流在全国1780个区县设有超过2500个配送站点或自提点（其中包括高原之上的拉萨、深入边疆的乌鲁木齐、极寒之地的双鸭山、海南岛最南端的三亚天涯海角）。

（4）完善的信息系统平台：京东拥有行业领先的自主研发信息系统，海量订单及时、准确的信息传递与环节、时效的信息监控，超过万台的一体机进行信息采集与提供代收货款的刷卡服务。技术平台日处理订单量最高可达3000万单，并可记录15亿个SKU的状态。

（5）丰富的电子商务经验：京东物流承载京东商城数百万种商品的仓储、分拣、配送任务，丰富的电子商务B2C运营经验，遥遥领先于其他电子商务公司。

（6）追求卓越的专业人员：凭借覆盖全国的物流配送设施以及4万名的物流人员，京东可以在全国111个区县提供“211限时达”服务，并在另外622个区县提供次日达服务（截至2014年6月30日）。

二、实施“自建物流体系”的背景

电子商务是包含信息流、资金流、物流“三流一体”的整合运作，在线上完成商业交易后，通过物流配送将商品转移到消费者。整个流程中，物流是商流的后续服务者，物流配送效率是客户评价电子商务满意程度的重要指标。

配送及售后服务一直是电子商务发展的瓶颈，京东持续高速的发展正是得益于配送及售后服务等方面的主动提升。自2004年成立以来，京东电商业务发展迅猛，当时的物流配送市场刚刚起步，各个快递配送企业的模式、体制和服务水平参差不齐，提供的服务与电子商务企业需求不能完全相匹配，在某些环节上差异较大，不能完全使用或依赖第三方物流完成配送。由于“最后一千米”是电商企业的工作人员与客户直接面对面的时机，第三方物流也无法完成品牌传播和售后服务等工作。由于我国的物流基础设施及服务水平远远落后于电子商务发展速度，第三方物流的服务水平低、成本高严重影响电子商务提供的消费者体验。

京东致力于为上游的供应商和卖家提供一个优质的服务平台和多元化的仓配服务，为下游的消费者提供丰富优质的产品、便捷的服务、实惠的价格，致力于打造一个受广大用户信赖的优质网络入口。随着京东电商业务的高速增长，为了达到线上线下一致性、可承诺、可信赖的用户体验，提高商家和客户黏性，京东加大基础设施投资，2007年开始自建仓储、干线运输以及配送体系。

三、京东实施供应链管理的主要做法

（一）坚持自营物流体系建设

1. 建立了覆盖全国的物流体系

京东自建物流体系的搭建是基于线上电子商务业务的快速发展，消费者在京东平台下订单的背后是采销、仓储、配送、售后一系列服务的支撑，京东供应链体系要实现海量订单下供应商与消费者的协同、线上与线下的协同。

京东自建了覆盖全国的物流体系，一方面通过干线运输连通全国七大区，另一方面借助支线运输建立区域内微循环。京东仓储是供应链网络的重要节点，仓库规模、数量和布局、设备自动化水平及信息化程度决定了整体服务反应速度及服务水平。如图8－8－1所示，截至2014年6月，京东在39座城市建立了97个大型仓库，总仓储面积达180万平方米。京东自营干线运输车队投入运营，为京东“货通全国，物畅其流”提供了强有力的支撑，集中全供应链的优势实现用户“端到端”服务提升。

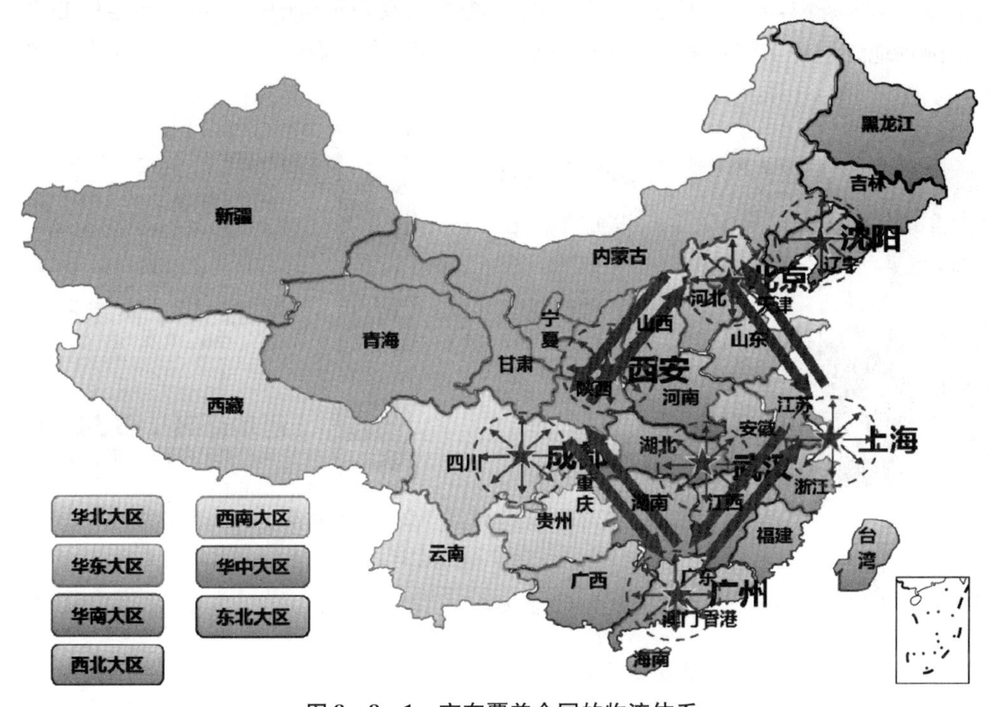

图8－8－1 京东覆盖全国的物流体系

2. 打造了一体化的供应商开放平台系统

京东打造了一体化的供应商开放平台系统，定位于“卖家整体解决方案提供商”，将技术、服务、财务和自有物流支持打包，致力于提升京东的整体规模、优化用户结构、提高用户黏性。在技术方面，京东重视商家系统的改进，对店铺系统、商家助手、IM“咚咚”等多个产品进行升级优化；在服务方面，依托京东集团强大的资源优势，结合传统金融业务与互联网技术，京东为供应商提供安全、定制化的“供应链金融服务”，根据供应商在京东的信用记录，为供应商提供无抵押的贷款服务，实现三分钟到账，可以随时还款；在财务方面，京东精简商家财务审批流程，实现订单完成后即时到账；在物流方面，京东将自建物流体系开放给第三方卖家，用市场化的价格向入驻商家提供物流服务，帮助入驻商家解决物流问题，控制物流配送服务质量。

3. 实施了供应商入库的分级管理

为了提升供应链效率，京东对供应商进行了分级管理，将供应商分为AAA、AA、A三个等级。对于AAA级别的供应商，下调抽检比例，提供紧急预约服务，实现绿色通道入库；对于AA级别的供应商，按照正常流程入库；对于A级别的供应商，上调抽检比例甚至全检。通过差异化分级管理体系，保证优质供应商的快速入库，提升了供应链的效率。

4. 提供了供应商商品转运增值服务

目前，京东在全国建立了北京、成都、广州、上海、沈阳、武汉、西安、南京八大转运中心（Transfer Center，TC），供应商可以将产品放到转运中心，再由转运中心直接发送到全国各地，避免了供应商向全国各地仓储中心铺货，降低了供应商铺货成本和运输成本，如图8－8－2所示。

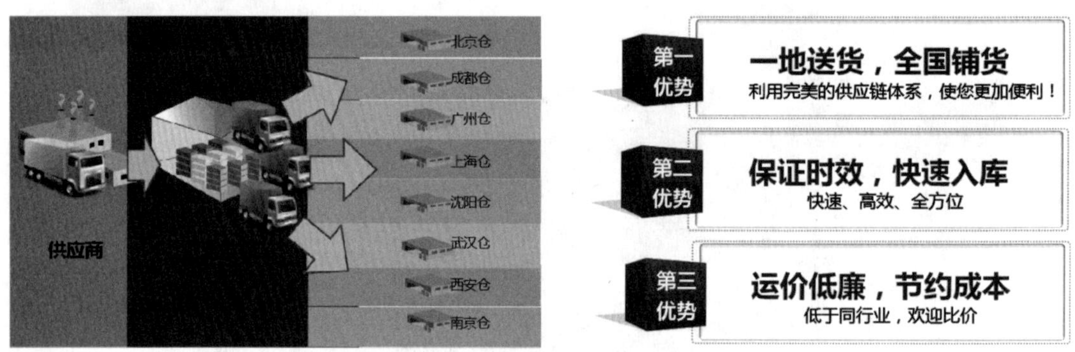

图8－8－2　京东八大转运中心及服务优势

（二）实行推—拉结合的供应链策略

1. “推—拉结合的供应链策略”

即在供应商端使用预测推动的库存策略，降低成本，在客户端采用订单拉动的库存策略，快速响应，如图8－8－3所示。需求预测是所有供应链活动的基础。在供应商端，可以利用规模效应降低产品开发、采购、生产、入场运输的成本，集中预测还可以提高预测的准确性；在客户端，可以快速响应客户订单，及时获悉需求的变动。

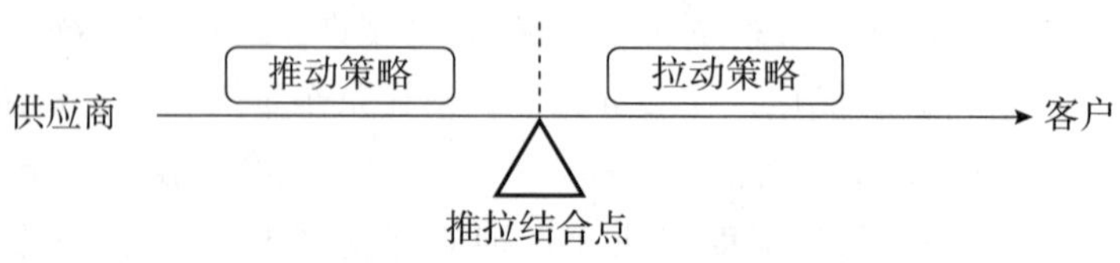

图8－8－3　推—拉结合的供应链策略

2. 自营电商供应链模型

如图8－8－4所示，供应商端是需求预测推动商品的流动，即基于预测的备货。需求端是客户订单拉动商品流动，即基于订单交付的备货。推拉结合点（三角形）是部署库存的地方，目前集中在仓储体系。推拉结合点（即库存部署点）到客户的物理距离决定了订单交付给客户的响应时间，进而决定了配送服务方式，如距离客户 50 千米，配送服务方式是半日达；距离客户 500 千米，配送服务方式是次日达。

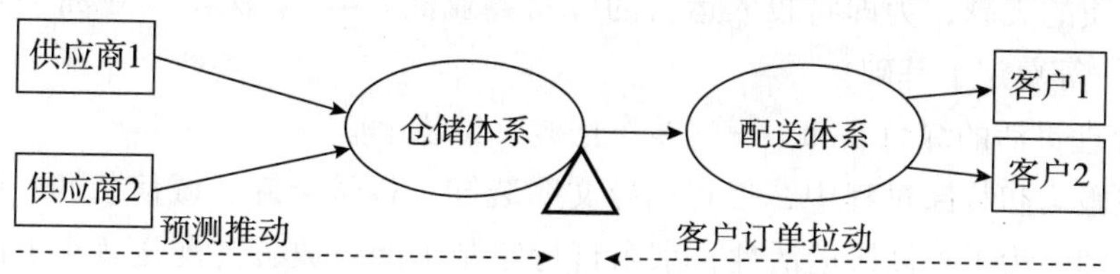

图 8－8－4　京东自营电商供应链模型

推动式供应链：企业的生产和分销的决策是根据需求预测推动的供应链模式。

推动式供应链是以制造商为核心，产品生产和分销建立在需求预测的基础上，并在客户订货前进行生产，产品生产出来后从制造商、分销商逐级推向顾客。

推动式供应链的不确定性很低，但提前期较长，按库存生产是主要的生产方式。推动式供应链具有一定的生产和运输的规模效应。但该方式对市场变化反应迟钝；需要维持大量的安全库存。

拉动式供应链：企业的生产和分销是由最终客户订单拉动的供应链模式。

拉动式供应链是以客户为中心，并根据客户需求组织生产和分销。在这种模式下，供应链各节点集成度较高，通过减少整个供应链库存来降低单价商品成本。有时为了满足客户差异化需求，不惜追加供应链成本，属买方市场下供应链的一种表现。

拉动式供应链需求明确，变动性小；可以维持很低的库存水平。但当提前期不能缩短时，拉动式系统很难实现；并且难以利用生产和运输的规模优势（如表 8－8－1 所示）。

表 8－8－1　　推动式供应链和拉动式供应链对比

内容	推动端	拉动端
目标	最小化成本	最大化服务水平
复杂程度	高	低
重点	资源配置	快速反应
提前期	长	短
流程	供应链计划	订单满足

（三）构建了技术创新驱动的智能物流体系

1. 智能仓储系统

（1）亚洲一号——亚洲最大最先进的仓储中心

京东位于上海的“亚洲一号”现代化物流中心是当今中国最大、最先进的电商物流中心之一，一期于 2014 年 10 月 20 日正式投入运营。上海亚一（一期）的仓库管理系统

（WMS）、仓库控制系统（WCS）和分拣和配送系统（TMS）等整个信息系统均由京东自主开发，拥有自主知识产权，所有从国外进口的世界先进的自动化设备均由京东进行集成。高度自动化的上海“亚洲一号”的投入运行，标志着京东的仓储建设能力和运营能力有了一个质的飞越，为即将投入运行的广州“亚洲一号”、沈阳“亚洲一号”和武汉“亚洲一号”等奠定了基础。

（2）合理灵活的绿色装卸——“笼车摆渡、集装运输”

京东在搬运和装卸过程中，一直倡导文明装卸、科学装卸、诚信装卸，坚决反对和杜绝野蛮装卸。为了提高搬运活性，京东自行定制了能够放置在配送货车上的“小型集装箱”，如图8-8-5和图8-8-6所示，改变了原有的散装方式，大幅提高了搬运装卸效率及出库入库效率，减少货损的同时也降低了装卸搬运中的粉尘对环境的污染；为了便于配送、周转货物，提高运输便捷性，减少反复搬运，京东采购了多台物流笼车，用于货物的单元移动集装，提高了搬运、装卸的灵活性，大量减少反复搬运，降低了工作强度，实现了快装快卸。

图8-8-5 京东定制的小型集装箱

图8-8-6 京东小型集装箱的平台装车

2. 智能运输系统

（1）创新协同的车辆管理系统（VMS）

京东一直积极致力于物流技术的科技创新，在每个车辆上都安装了360度监控摄像头，保障驾驶安全及在途货物的安全；京东购入多辆安装了生态驾驶系统的奔驰半挂车，对驾驶员行为进行节能矫正和监控，降低油耗，同时采用油料监控体系实现对油耗的合理管控；京东在所有车辆上装载了与GPS、GIS、车辆管理系统协同的语境系统，可以实现路况信息的实时通报、业务信息的及时传达、车辆行驶线路的优化及载货运行轨迹的展现。通过这些车辆管理系统，京东的油耗率和货损率大幅降低，时效性和实载率大幅提高，做到了节油减污、减少碳足迹。

车辆管理的技术创新：

- 360度监控摄像头
- 生态驾驶系统
- 油料监控体系

- 结合 GPS、GIS、车辆管理系统的语境系统

（2）科学高效的运输方式——甩挂运输、车型轻量化

京东新增了多条陆运干线线路及不同时段的航空线路，在北京、上海、广州、武汉等地的干线运输网络采用了甩挂运输的方式，减少了装载环节，提高了货物的运载率；货损货差降低了 20%，节约了大量的理赔金；降低平均油耗，通过运输的网络化、信息化、组织化、集约化，实现了经济、社会效益双赢。在运输车型上，京东采用了全铝半挂车，改“铁箱”为“铝箱”后车身自重减轻三吨，大幅降低油耗和燃油开支，而且铝箱美观可回收，降低了长期成本。

3. 智能配送体系

（1）高效智能的配送网络——扩干线、提时效

京东自建了我国电商中规模最大、服务最好、效率最高的智能物流配送网络。在充分保障用户隐私的前提下，京东对用户购买习惯、购买频次、配送地址等信息进行大数据分析，预测出每个小区、办公楼的每日配送量，进而优化物流配送网络，实现对用户的高效覆盖。用户下订单后，从库房到发货只需要 40 分钟，做到了快速、准确、高效。通过打造布局合理、动态优化的配送网络。2013 年，京东仅用 1000 辆物流车就完成了 1000 亿元的商品配送。相当于减少市民驾车外出超过 1.6 亿次，减少车辆行驶里程约 2600 万千米，减排二氧化碳 31 吨、碳氢和氮氧化物 28 吨、可吸入颗粒物超过 3 吨。

（2）低碳环保的配送模式——新能源汽车、移动自提车项目

新能源汽车配送项目。京东自营配送模式、“点对点”的运输方式十分适合新能源汽车的推广应用。2014 年 3 月，京东与北汽在战略、业务层面达成多项合作和资源共享，共同为推进新能源普及，京东积极探索电子商务末端配送的纯电动车应用模式，制订了面向整个电商配送链条的纯电动车配送系统方案，用规范的电动车配送替代传统的不合规车辆终端配送。京东的新能源汽车配送系统方案贯穿了摆渡、传站、终端配送全流程作业环节，实现了从库房到库房的摆渡、从库房到站点的传站、从站点到客户的最后一千米配送。

新能源汽车配送的全流程作业环节：

- 从库房到库房的摆渡
- 从库房到站点的传站
- 从站点到客户

移动自提车项目。为了方便城郊、农村、厂区等偏远地区的货物配送，京东自己设计定制了移动自提车，如图 8-8-7 和图 8-8-8 所示，将配送车辆改造成流动站点，自提车设置了展示货架、窗户、流媒体电视、iPad、空调、配电设备、室电系统、保险柜、监控摄像头、对讲系统、喇叭、遮阳棚、雨篷等设施，最大限度地方便用户的同时，展示京东企业形象。如成都富士康位于郊区偏远地带，交通不便，员工多且集中，京东采用自提车的方式，每天分时段流动三个社区，用户可以直接通过移动自提站点的 IPAD 下单、取货，最大限度地提高了用户体验，在改善居住环境方面创造了社会价值与社会效益。

图8－8－7　京东的移动自提车外观展示

图8－8－8　京东的移动自提车内部展示

四、实施供应链管理的绩效分析

（一）实现了对电商业务的有力支撑

如图8－8－9所示，截至2013年年底，京东仓配体系已经服务数万家供应商，包括13大类数万个品牌超过2570万个SKU优质商品的存储和生产。

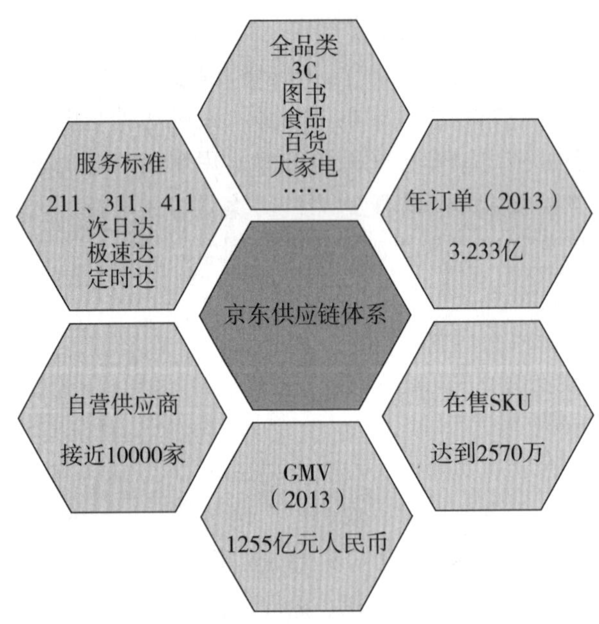

图8－8－9　京东供应链体系支撑业务情况

（二）保证和提升了用户体验

京东通过覆盖全国的物流网络和卓越的履约能力重塑了消费者对电子商务的用户体

验。京东极其重视订单履行的全过程，从用户下单开始，京东以高品质的服务和更快速的响应来保证用户体验，通过多级物流中心将服务延伸到用户所在地，采取自营、社区合作、校园合作以及便利店合作等方式，满足消费者不同的配送需求，实现了对用户服务的一致性、可承诺、可信赖，积累了广泛的顾客群体和良好的口碑。

（三）形成了差异化竞争优势

如图 8－8－10 所示，相比竞争对手，京东供应链体系在平台资源、物流实体能力、数据驱动业务等方面具有显著差异化竞争优势。

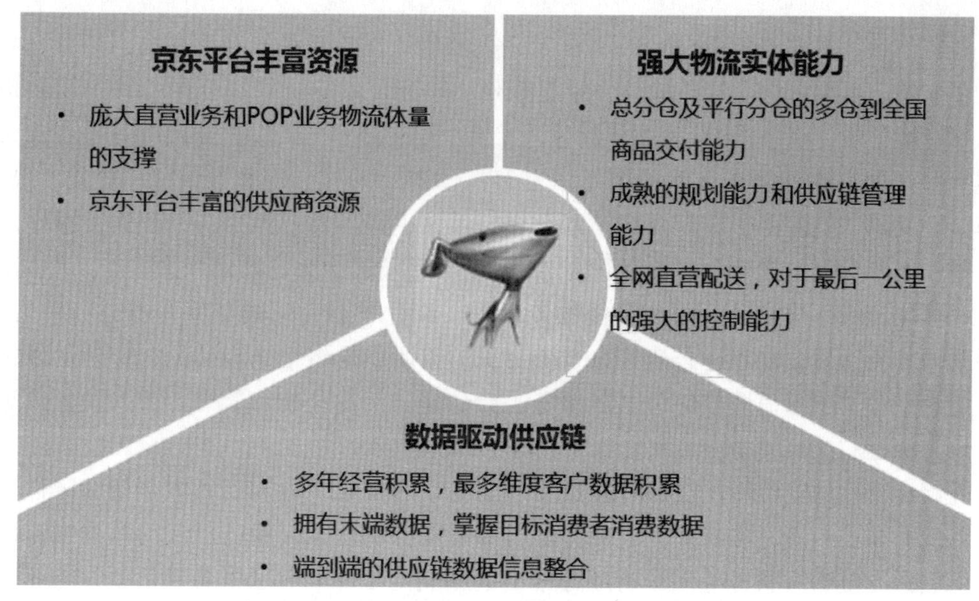

图 8－8－10　京东供应链体系的差异化优势

五、下一步打算

京东以自营物流服务为标杆，建立生态圈，整合社会资源，为供应商和消费者提供一体化的综合服务。作为技术驱动的电商企业，京东通过整合、对接上下游资源，减少中间环节，打造了线上线下协同的采购、入库、仓储生产、配送、售后等全流程的闭环供应链体系。同时，京东为第三方卖家提供在线销售平台和物流等一系列增值服务，实现从平台支撑到技术和管理服务的输出。京东将继续增强供应链平台实力，提升内部运营效率，为合作伙伴提供从线上到线下的卓越服务。

撰稿人：京东集团政策研究室高级研究员　李秋迪
京东集团仓储物流部库存与计划管理部总监　高峰

案例九　锐特信息：与 TCL 速必达联手打造 O2O 供应链管理服务创新模式

一、企业简介

锐特信息技术有限公司 SinoServices 是领先的物流供应链信息化服务商，拥有自主研发的供应链上下游一体化管理软件，涵盖 CHAINWORK 供应链管理套件、CHAINLINK 电子数据交换平台、CHAINPARK 物流园管理平台、CHAINFIN 供应链金融服务平台四大产品线；并在多个细分领域里深耕细作，为 3PL、4PL、冷链、电商、快递、危化、快销、汽车、物流园、供应链金融等众多知名企业提供深度顾问和长期服务，积累了很好的用户口碑。案例典范包括顺丰电子商务协同管理，DHL 转运中心自动化分拣平台，太古冷链仓配一体化，快行线食品仓干配冷链物流管理一体化平台，天地华宇分布式订单管理，欧尚逆向物流管理，TCL 速必达家电 O2O，美的集团供应链上下游协同，中外运危化品物流管理平台，中国信联供应链金融服务平台，盛丰一体化物流管理，长安民生汽车物流管理，福建省交通厅物流公共信息平台等。

锐特对自己的定位不仅仅是一家 IT 企业。它一直非常专注对行业发展的前瞻性把握和顾问式的知识传递，不断提升产品方案与项目服务的价值。锐特已参与电商物流配送服务、餐饮冷链物流服务等多个行业标准的起草制定工作，并通过各项活动，与业内保持积极互动，推广项目经验和成果，让更多的企业能够快速、有效地导入先进信息技术和最佳行业应用实践。

TCL 集团股份有限公司是中国最大的、全球性规模经营的消费类电子企业集团之一，目前已形成多媒体、通信、华星光电、家电集团、通力电子五大产业以及系统科技事业本部、泰科立集团、新兴业务群、投资业务群、翰林汇公司等业务板块。目前，在全球数十个国家和地区设立产销体系，通过全球的七大研发中心、十七个制造基地、四万个销售网点及“四条供应链”管理，即产品设计与制造链、物流供应链、质量保证链、产品创造与支持链，实现了全球资源高效配置。

2014 年，TCL 集团以用户为中心，推进“智能 + 互联网”战略转型，建立“产品 + 服务”新商业模式。构建面向未来的经营体系，提升技术能力、工业能力、全球化能力，强化以用户为中心的运营与服务能力。

深圳速必达商务服务有限公司（以下简称“速必达”），成立于 2004 年 7 月，为 TCL 集团下属全资子公司，公司致力于成为受人尊敬和行业领先的综合物流解决方案提供商，是经中国物流与采购联合会认证的 4A 级物流企业。

速必达凭借十多年的物流运作实践，吸收和沉淀了供应链及物流运作丰富的管理理念和运作经验。速必达以其独特的革新供应链运作模式、先进的 IT 系统和专业严谨的标准流程管理体系为基石，建立了领先的线上线下供应链一体化管理模式。

速必达充分利用集团丰富的网络资源、联动上下游企业，以集约化的组织管理及流程标准体系，通过运作过程监控及供应链风险管理建立了快速安全的供应链服务网络。根据 TCL 集团各业务线的供应链运营特点，设计最合理的供应链解决方案和物流运作模式，提供采购、分销、零售及电商等多品类多渠道的供应链一体化运作管理方案，以降低物流成本，提升供应链环节资金周转率，满足客户对高效物流服务的需求，提升企业市场竞争能力。

二、实施供应链管理的背景

随着经济的持续增长和电子商务的迅猛发展，家电需求的增长点逐步从一、二线城市向三、四线城市和农村扩展，为家电企业带来丰厚利润的同时，也带来了家电分销零售供应链的挑战：传统的物流网络和服务无法快速适应庞大复杂的销售模式和渠道下沉的网络压力；物流配送不够高效，无法适应多品种、少批量生产形式的转变和零售形式的多样化；传统的供应链模式难于及时获取终端市场信息，无法快速响应最终消费的多样化服务需求等。TCL 在 2014 年年初宣布启动 O2O 平台项目，推进“智能 + 互联网”的战略转型，建立“产品 + 服务”的商业模式，即“双 +”转型战略，这个“双 +”转型战略是以用户为中心，基于智能技术、宽带互联网、大数据及云计算，以市场的需求和用户体验驱动产品和应用的创新，通过 C2B 模式驱动，重组供应链、重构产业生态圈、重建新的企业核心竞争力。基于 TCL 集团 O2O 项目的启动，速必达面临着从 B 网供应链服务向 C 网供应链服务延伸转型、从物流管理型企业迈向服务管理型企业的挑战。为了快速构建 C 网物流运营体系及供应链服务体系，速必达与锐特信息技术有限公司 SinoServices（以下简称“锐特”）强强合作，通过创新的供应链网络优化和先进的信息技术应用，实现 C 网供应链物流与 B 网供应链物流的融合，并为后续加强 C 网物流实体体系的建设提供标准化依据。

利用锐特提供的运营规划、流程优化和信息化平台建设，速必达已构造了完善的物流网络运营体系并拥有成熟的运作管理团队，管理着 TCL 几千个服务站点和门店的高效运转，为集团“双 +”战略打通了物流网与服务网、销售网的大融合：

（1）以 RDC + DC + HUB + 门店为节点建立 B 网及 C 网的物流网络融合与物流资源整合，快速提升 TCL 终端的物流配送及服务能力；

（2）融合 TCL 的庞大的售后服务网及销售体系，实现终端服务的多样化，如送装调一体化、定时配送、预约自提等服务；

（3）构造以用户体验为中心的核心价值链、服务体系及数据中心，为用户提供更为丰富的产品与服务。

三、供应链管理的运作模式

（一）整体运作模式的理解

TCL O2O 运营项目以实现 TCL 集团线上线下销售一体化、线上线下物流一体化及线上线下服务一体化作为整体的目标，通过线上线下产品整合及销售模式创新改变传统的产品服务模式。O2O 运营项目以提升面向用户的销售、物流及服务体验为目标，为消费者提供“社交化、本地化、移动化、个性化、精准化”的服务。

TCL O2O 作为供应链管理核心环节之一，速必达需要从 B 网物流跨向 C 网物流、从物流管理型企业迈向服务管理型企业。速必达在传统的供应链网络的基础上规划建立了以 RDC、DC、HUB 及门店作为物流网络节点，以干线运输、支线运输、城市配送和社区配送作为物流网络血脉的 C 网供应链体系，以实现网络下沉及服务转型的目标，具体的供应链网络优化策略如下：

（1）建立 O2O 平台的 C 网运营与服务体系，梳理 C 网运营流程与标准；

（2）实现 C 网物流与 B 网物流的融合，提升物流资源的利用率；

（3）融合 C 网的实体店与服务站点，打造 C 网终端本地化的物流宅配能力；

（4）建立以用户体验为中心的 C 网订单全程跟踪追溯及服务体系；

（5）建立 B 网和 C 网的物流费用核算管理体系；

（6）建立全网的物流资源能力管理模型，满足后继持续发展需求。

（二）C 网供应链网络模式

传统家电的销售体系错综复杂，需要整合的资源多样化，终端资源管理难度大。速必达在构建 TCL O2O 运营平台的物流网络过程时面临问题：①传统家电的销售体系错综复杂，需要整合的资源多样化；②终端资源管理涉及面广，难度较大；③TCL 业务模式复杂，每种业务类型都要兼顾到；④C 网物流体系的如何构建与管理；⑤C 网物流体系与 B 网物流资源的垂直整合。

针对上述问题并根据速必达物流现有供应链网络现况，锐特与速必达制订了以下四大转型升级策略：

1. 建立扁平化的运营组织管理

打造灵敏和高效率的组织，对变化的市场需求快速做出反应，并提升客户的服务质量。包括建立扁平化的服务组织和集中式订单处理中心，区域化运作与一体化经营的协调，并通过整合与收购加强网络终端的服务能力和控制力。

2. 梳理 C 网运营管理标准与物流作业流程

建立一套完善的 C 网运营管理标准与作业流程，以支持创新的服务模式和运营管理转型，包括：

（1）C 网物流体系的运营规划；

（2）C 网物流体系的组织职能；
（3）C 网客户服务流程与标准；
（4）C 网落地配承运商管理标准；
（5）C 网接力转运站作业标准；
（6）C 网终端配送站管理标准；
（7）C 网物流费用结算管理标准；
（8）信息化规划和分步实施方案。

3. 打造多层级多维度的 KPI 考核体系

围绕运营管理和用户服务目标，对各相关部门人员和组织机构实行多层级多维度的 KPI 考核体系，如订单处理准时率、订单差错率、订单缺货率、紧急订单达成率、客户投诉率、投诉处理率、出账单准时率、回单维护准时率等。

4. 创新家电行业的物流资源整合和服务体系

（1）整合内外部资源，构建 C 网供应链网络，采用定时班线与接力转运模式实现商品快速流转；

（2）以用户与订单为中心，组建 B 网与 C 网融合的客户服务体系，实现服务的一体化管理；

（3）将服务网点、物流网点及线下门店三网合一，并结合最后 100 米的社区物流，最终形成“3 + 1”的 C 网配送合力，最终完美打造 C 网的最后 1 千米解决方案。

具体解决方案如图 8 – 9 – 1 所示，从“CDC→干线运输→RDC→HUB→落地配三网（服务网、物流网、门店）→最后 100 米社区物流”完整解决仓储物流的问题。售前咨询及售后问题通过 B 网 C 网统一的客服中心一并解决，相关物流计费信息与集团财务无缝对接，最终实现“物流、信息流、资金流”三流合一的供应链网络模式。

（三）融合 C 网和 B 网物流资源

C 网物流与 B 网物流存在着物流运营与服务模式上的差异，C 网物流要求更能贴近消费者的体验习惯，从物流时效、过程跟踪及现场服务等方面为消费者提供个性化及精确化服务，从而提升 TCL 产品 + 服务的体验效果；而 B 网物流更注重大批量的商品安全、准时，快捷的运输交付。目前，C 网物流与 B 网物流的融合更多是业务协作层面的融合，为加速该融合的过程，锐特与速必达共同打造 B 网 C 网资源整合平台，从而实现 C 网与 B 网的快速融合（如图 8 – 9 – 2 所示）。

1. 建立 C 网与 B 网的物流资源能力库

物流资源能力管理涉及物流资源的物流线路、时效、限运、服务及价格等因素的管理，C 网能力库资源管理包括：干线路由与时效、配送网点和线路，落地配承运商服务能力、接力转运网点服务范围和能力以及宅配人员等。B 网能力库资源管理包括：干线线路优化，干线承运商能力管理，以及配送承运商能力管理等。

2. C 网与 B 网共享资源能力库

建立统一的 C 网与 B 网的供应链物流资源平台，实现 C 网与 B 网的商品库存、物流

<table>
<tr><th>家电物流资源</th><th>运营组织</th><th>O2O物流职能</th><th>运营模式</th><th>绩效</th><th colspan="3">客户体系</th><th colspan="3">财务体系</th></tr>
<tr><td>CDC+
电商总仓</td><td>仓储部</td><td>1.采购入库
2.货权转移
3.O2O出库
4.退货处理
4.回单管理</td><td>自营</td><td>1.人均订单出库数
2.订单差错率
3.退货处理及时率</td><td rowspan="8">客户服务质量</td><td rowspan="8">订单监控与跟踪</td><td rowspan="8">异常处理与投诉</td><td rowspan="8">计费与结算管理</td><td rowspan="8">到付款管理</td><td rowspan="8">发票管理</td></tr>
<tr><td>干线运输</td><td>B网</td><td>1.承运商管理
2.干线线路优化与排程
3.车辆调度</td><td>外包</td><td>1.线路运费达成率
2.干线送货及时率
3.商品破损率</td></tr>
<tr><td>RDC</td><td>仓储部</td><td>1.调拨入库
2.O2O出库
3.退货处理
4.回单管理</td><td>自营</td><td>1.人均订单出库数
2.订单差错率
3.退货处理及时率</td></tr>
<tr><td>配送物流</td><td>B网</td><td>1.承运商管理
2.配送线路优化
3.车辆调度</td><td>自营+外包</td><td>1.配送时效达到率
2.单车配载门店数
3.商品破损率</td></tr>
<tr><td>城市HUB</td><td>C网</td><td>1.转运入库
2.转运出库
3.退货处理</td><td>外包+自营+经销商加盟</td><td>1.日均中专吞吐量
2.商品破损率
3.日均滞留件数</td></tr>
<tr><td>落地配</td><td>C网</td><td>1.门店配载
2.落地直配</td><td>外包+经销商加盟</td><td>1.配送时效达到率
2.单车配载门店数
3.商品破损率</td></tr>
<tr><td>社区配送站</td><td>服务站
自营门店
经销商门店</td><td>1.转运入库
2.转运出库
3.退货处理</td><td>自营+经销商加盟</td><td>1.配送时效达到率
2.单车配载门店数
3.商品破损率</td></tr>
<tr><td>宅配</td><td>服务网点
门店
社会加盟</td><td>1.宅配
2.附加服务
3.增值销售</td><td>自营+
经销商加盟+
社会加盟</td><td>1.到门及时率
2.客户投诉率
3.附加服务价格标准</td></tr>
</table>

图8-9-1 构建C网供应链网络的模式

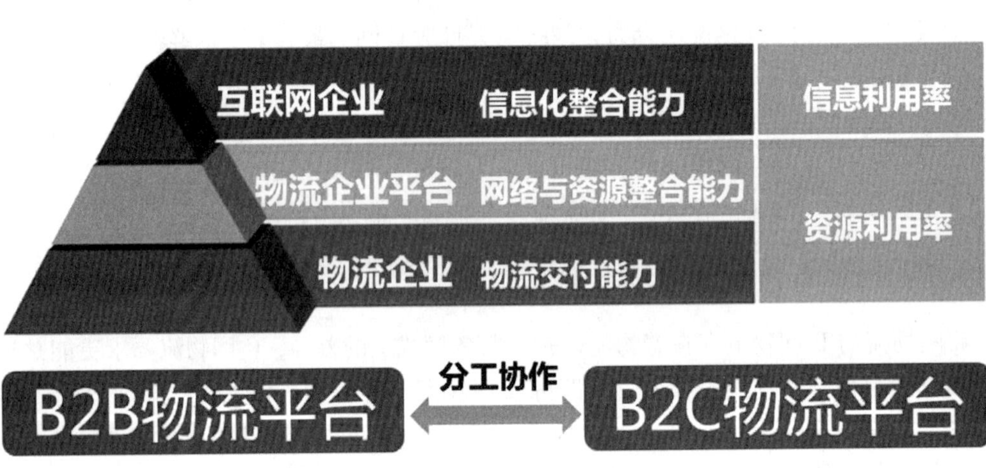

图8-9-2 C网与B网物流资源融合

资源、售后服务资源等共享，通过智能的资源优化分配引擎实现资源的统一管理及智能调度。

3. C 网与 B 网双向协同

C 网物流平台与 B 网物流平台通过业务协同方式，实现 C 网物流资源与 B 网物流资源共享，即 B 网物流平台可委托 C 网物流平台进行终端配送，C 网物流平台也可委托 B 网物流平台进行干线运输及物流配送。B 网、C 网的大物流体系最终构成速必达资源整合的统一平台，该平台内物流信息、物流资源共享，较好地利用了平台内的资源，降低了成本，提高了服务时效。

4. C 网与 B 网订单融合管理（如图 8－9－3 所示）

（1）C 网与 B 网订单的融合管理，共享库存资源，优化运输网络。通过资源与订单的集中管理使各种供应链资源能在统一的平台上实现优化。

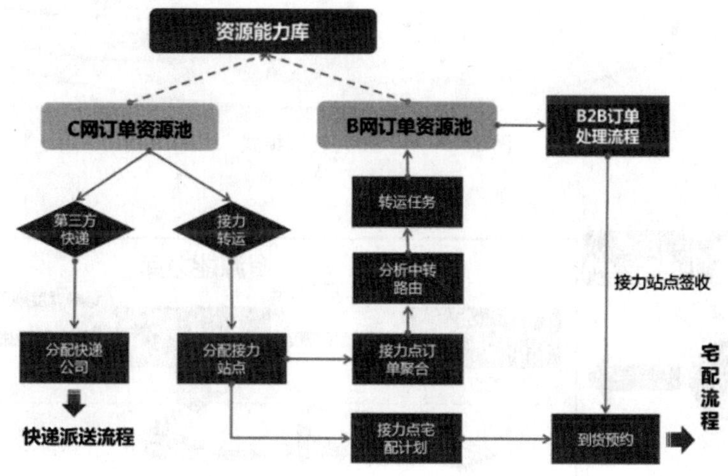

图 8－9－3　C 网与 B 网的订单融合管理

（2）C 网订单资源将根据接力转运的服务范围进行分单，如果不在服务范围内，则指定相应的快递公司进行委托派送；如果在服务范围内，则将为订单分配接力站点。

（3）分配完接力站点后，系统将根据订单内容作任务拆解，分为干线运输与接力宅配任务。

（4）如接力站点的订单在时效内订单量满足干线运输的要求，则进行订单合并，并把运输指令同步到 B 网干线运输进行承接；同时把接力宅配任务指令下发给接力站点，并生成到货计划。

（5）系统实时跟踪订单任务的执行状态，当订单到达接力站点，转由接力站点进行宅配作业。

（四）打造 C 网终端物流宅配能力

速必达主要采用网络下沉及接力转运模式实现供应链的优化，在传统供应链网络的基础上规划建立了以 RDC、DC、HUB 及门店作为物流网络节点，以干线运输、支线运输、城市配送及社区配送作为物流网络血脉，融合 TCL 集团各销售公司实体店，售后服务站点和其他加盟点的 C 网供应链体系，打造接力转运的运输模式和终端配送能力，即干线中转、物流配送、落地配及宅配等多段运输组合的模式，其业务核心的关键在通过地址库定位配送站，再通过干线优化分析始发站到配送站的转运线路，最终通过落地配或宅配模式进行终端派送，如图 8－9－4、图 8－9－5 所示。

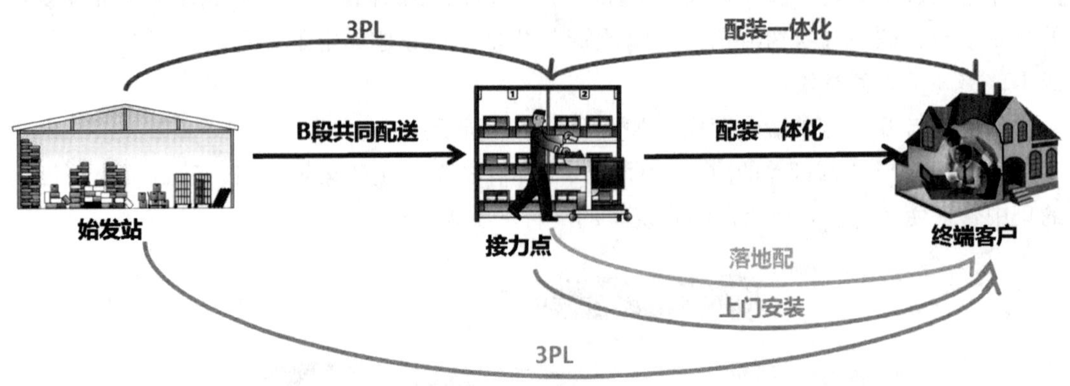

图 8－9－4　接力转运模式

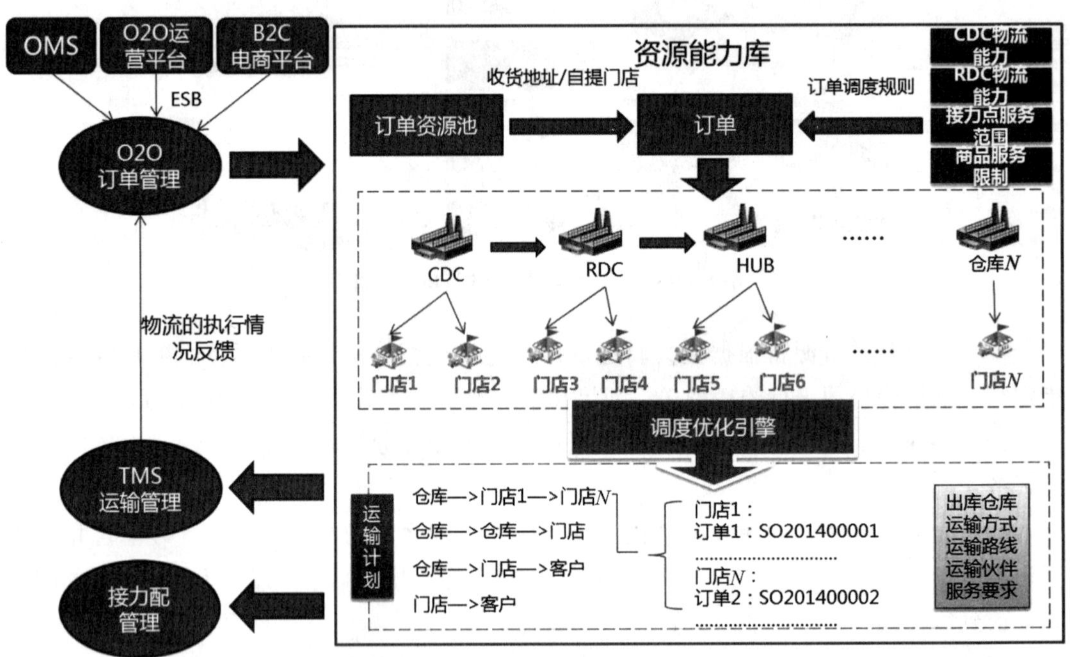

图 8－9－5　接力转运模式主要管理环节

速必达利用多种方式建构终端物流宅配能力，例如：

（1）采用网格化划分法，细化实体店和售后服务站点所覆盖的范围。

（2）细分产品以及对应的服务，例如空调需要配送和安装，小家电只需配送等。

（3）采集各实体店和售后服务站点的服务能力，打造终端服务能力一览表。

（五）建立订单全生命周期的管理

建立速必达订单全生命周期的管理体系，汇集各业务作业系统反馈作业执行状态，提供全局可视化跟踪，监控订单处理状态，对订单状态及时效进行全面的跟踪监控管理，如图 8－9－6 所示。

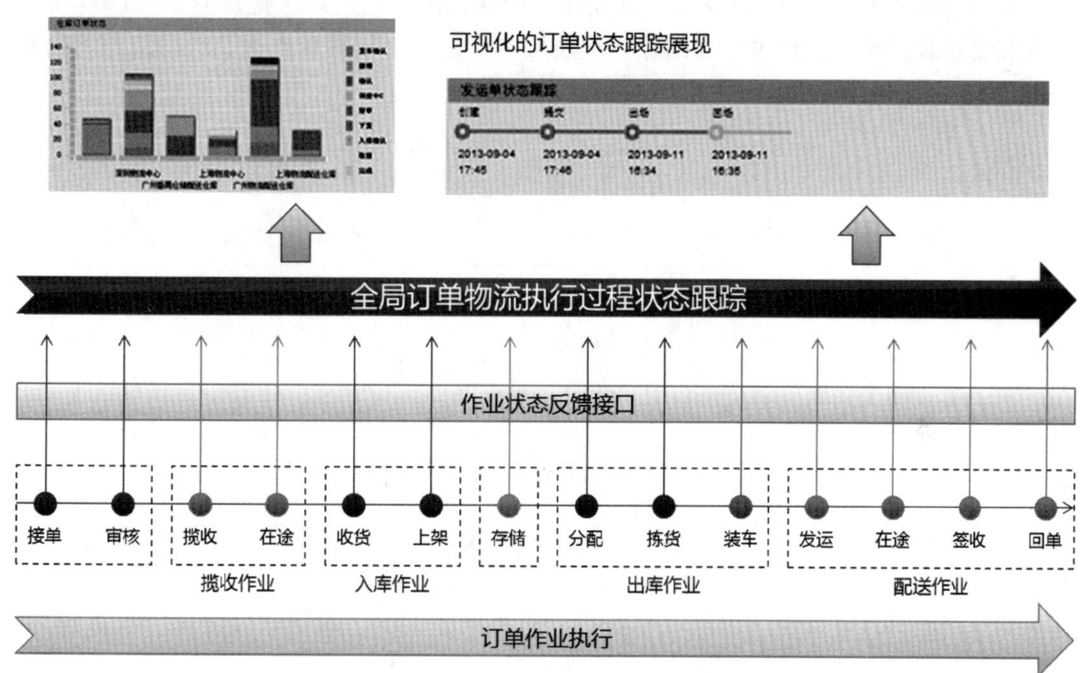

图 8－9－6　订单全生命周期管理

1. 订单任务分派和跟踪

速必达可全面跟踪订单各阶段的任务执行状态，包括 C 网订单任务合并到 B 网进行干线运输时，整个 B 网干线运输过程需要合理有效跟踪以达到全过程可视化跟踪。当订单任务到接力站点后，可跟踪订单在接力站点执行效率，来提高客户的体验度，提升 TCL 的整体服务能力。

通过订单作业分解策略的灵活配置，实现订单作业任务的自动分解分发，满足不同类型订单的不同作业执行步骤需求，应对业务的变更的扩展。

对订单承运商的分发选择，按照实际的业务规则为订单作业分发合适的承运商，实现最优承运商的选择。

2. 订单异常处理

在订单的执行处理过程中监控各种异常情况，如时效、缺货、客户投诉等，并及时进行处理与跟踪。对于订单的异常，系统能够及时有效地进行预警，并以各种方式向用户发出警报。

3. 订单的分析统计

对订单执行过程中反映的不同维度的运营信息进行管理，并提供相应的分析统计，例如货物类型、处理时效性、客户需求响应、区域C网订单量占比、每订单或者某周期订单所产生的成本及利润、订单在每个接力站点的执行能力统计与分析等。通过对订单不同维度不同视角的分析，为TCL运营提供更有力的决策依据。

（六）构建C网物流服务体系

为终端消费者建立一个社交式、移动化、个性化的，以用户体验为中心的O2O统一展示和交互服务平台，订单全程跟踪追溯及服务，提供包括订单查询、状态跟踪、网点查询及用户在线互动等应用，如图8－9－7所示。

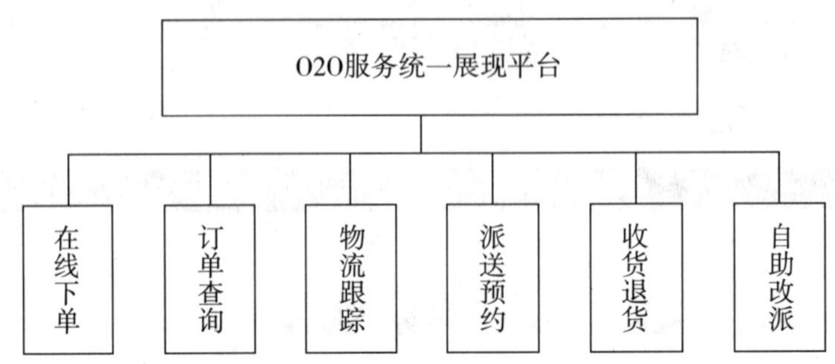

图8－9－7　O2O统一展示和交互服务平台主要功能

在C网供应链体系中的订单全程跟踪追溯及服务不仅包括订单的物流状态跟踪，还包括宅配服务范围查询、自提点查询与消费者交互式的物流协同服务，让消费者可以通过网络进行收件地址维护、跟踪订单执行、自提网点定义、送货时段设定、收货预约、自助改派、退货申请等操作，同时整合TCL O2O项目的各个系统的数据资源给用户提供多样化的信息展示平台，以改进客户的体验度，提升TCL的服务体系。

O2O统一展示和服务平台整合TCL O2O项目各个系统的数据资源给用户提供多样化的信息展示，并在此基础上扩展用户交互平台。统一展示平台的结构划分如图8－9－8所示。

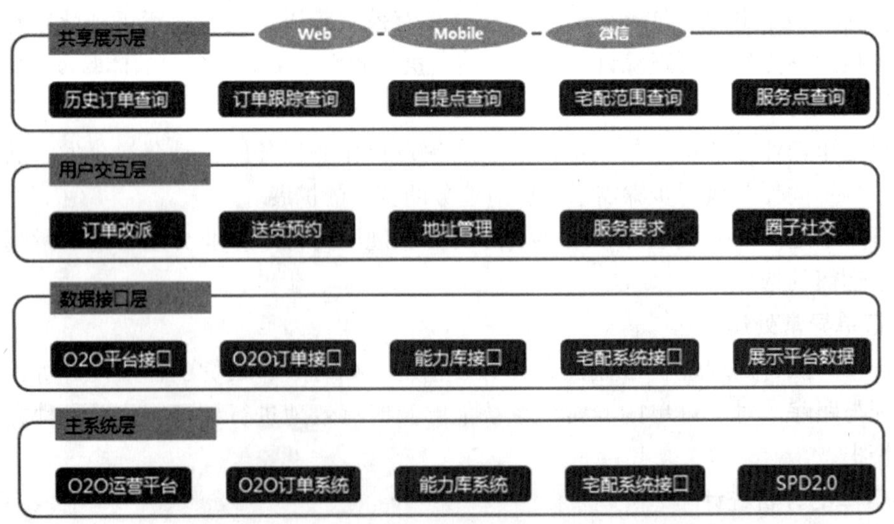

图8－9－8　O2O统一展示和交互服务平台架构

（七）智能供应链管理和优化体系

1. 可视化的供应链管理中心

C 网供应链网络比 B 网供应链网络的层级更深、管理难度也更大。为了保障 C 网供应链的执行过程高效快捷，速必达采用了供应链管理中心的模式，对线下几十个 RDC 及数千个服务网点实现集中管控。同时，为了使供应链中心的管理更加透明，通过大数据及互联网技术对供应链的订单、库存、资源及过程实现可视化管理。可视化的供应链服务中心实现复杂结构数据的集中管理与智能化分析，降低了速必达的供应链管理成本。

2. B 网与 C 网订单的融合管理，共享库存资源，优化运输网络

复杂供应链管理的核心是网络运作的优化，以提升供应链运作效率及降低运作成本。在速必达的供应链体系中主要采用网络下沉及接力转运模式实现供应链的管理优化。接力转运的运输模式是干线中转、物流配送、落地配及宅配等多段运输组合的模式，业务核心的关键在于通过地址库定位配送站，再对始发站到配送站的转运线路进行干线优化分析，最后通过落地配或宅配模式进行终端派送。

3. 供应链执行智能优化

为了实现供应链的客户响应度与成本控制，在供应链优化方面采用基于锐特技术自主研发的供应链智能调度算法，从四个层次对供应链的执行体系进行优化调度：

（1）多仓库存分配优化：实现 RDC、DC、HUB 及门店的库存智能化调拨，分析消费者对不同商品的消费习惯，选择对应的交付模式；

（2）接力转运的运输优化：对各类订单进行统一的智能配载调度，实现商品发运、转运、调拨及配送的成本控制；

（3）多环节的时效控制：基于消费者的时效选择，智能选择最佳送货路线；

（4）门店调拨优化：基于门店性质将消费者的订单自动转为门店配送订单，并保障异常问题的快速处理。

（八）接力转运成本核算体系构建

速必达配送的主体活动主要涉及干线运输、DC 作业、最后一公里配送（落地配、门店配送），在每个环节又会出现多票合并操作的情况，这时产生的成本为多票共有成本，所以需要对每个环节的成本进行单票分摊，再把该单票所经历的环节相加，得到该单票的最终成本。图 8－9－9 是配送过程中四个主要过程的共同成本计算方式以及分摊逻辑：

（1）干线运输成本：干线运输基本上是多票合并运输，根据运输的距离、件数、重量、体积得出该趟次总运费，再根据每个单票的吨公里分摊到单票上，得到该单票的干线运输成本。

（2）落地配成本：通过外部承运商来完成最后配送的成本，这部分成本可能直接是单票成本，也可能是多个订单共有成本，对于共有成本，可以按照件数/重量/体积/吨公里来分摊到单票上。

（3）DC 作业成本：转运中心操作的成本，主要包括作业成本和材料成本。作业成本

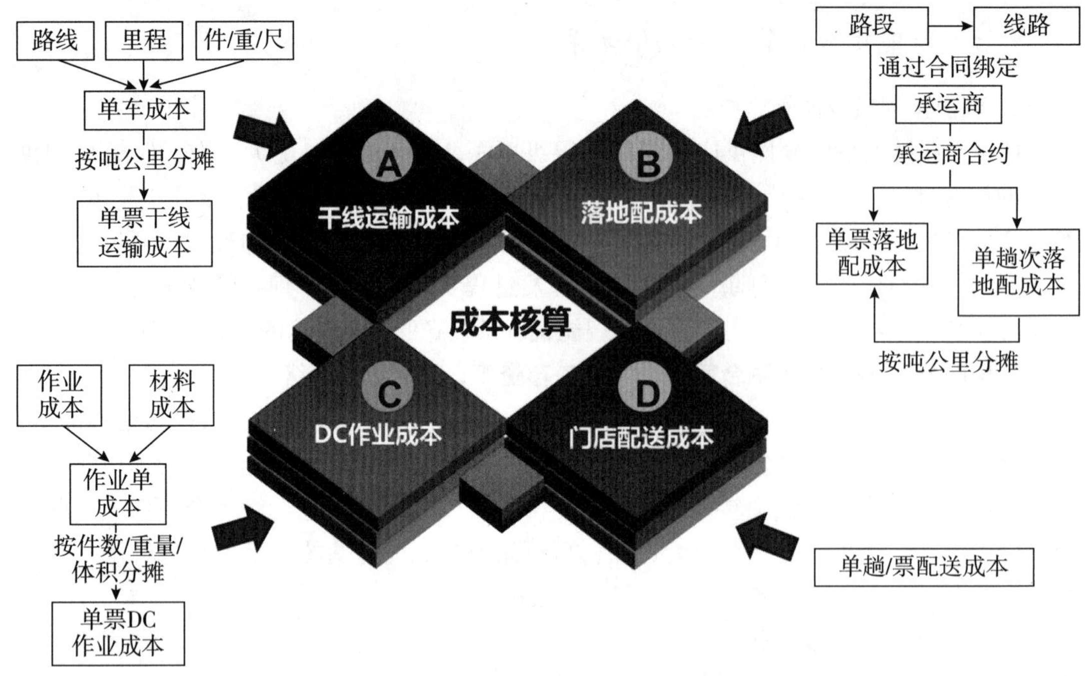

图8-9-9 接力转运成本核算体系构建

包括每个工班装卸费用、操作费等。材料成本包括打托费用、标签费用。每个作业成本可能包含多票同时作业，所以可以按照件数/重量/体积分摊到单票上。

（4）门店配送成本：由门店配送到客户所产生的成本，这部分成本大部分为单票成本。如果出现多票合并配送的情况，也可以按照件数/重量/体积/吨千米来分摊到单票上。

（九）建设高效的供应链信息化管理平台

作为速必达的长期信息化合作伙伴，锐特信息基于CHAINWORK供应链管理套件和CHAINLINK电子数据交换平台等先进的软件产品和丰富的行业实践，打造TLC速必达O2O供应链信息化管理平台，并为TCL速必达提供长远的运营规划及信息化规划咨询服务。

信息化建设项目以实现实体网与物流网双网融合发展，B网物流与C网物流运营结构清晰，加强终端消费者体验性为目标，融合TCL线下服务资源、门店资源及广泛的社会落地配服务商打造家电行业的送装调一体化服务标杆，通过网络优化及线路规划为终端用户提供约时达、定日达的家电宅配服务，建立线上线下统一的服务管理解决方案及全网物流能力库优化的创新管理方案，并着重打造和推广家电行业的供应链创新运营模式。

锐特一直积极推进面向O2O创新运营模式构建和信息化平台建设方案，帮助企业实现线上和线下商业运作的深度融合，为用户提供完整的体验以及以需求为导向的定制化服务，并在此领域积累了丰富的经验和案例。本次与TCL速必达的合作，再次表明行业领头羊对锐特实力的认可，同时也为未来 O2O 物流平台行业应用典范的推出奠定了坚实的基础。

四、实施供应链管理的绩效分析

TCL 速必达通过实施供应链管理服务创新与信息化建设，在如下方面实现了运营管理的提升和服务品牌竞争力的打造（如图 8－9－10 所示）：

1. 供应链管理及服务圈的打造

迅速搭上 O2O 这列电商快车，通过线上线下两条路径无缝链接，充分发挥供应链协同效应，将“物流服务、门户入口、售后保证、交易结算”等供应链服务断开的节点有机结合，最终形成一个闭环的供应链管理及服务的生态圈。

2. 全网物流资源、线下门店及售后网点整合，确保供应链成本最低

迅速响应 TCL 集团“智能＋互联网”及“产品＋服务”的“双＋”战略布局，根据自身 B 单和 C 单的业务特点制定相应的应对策略，将原来分散的物流资源与现有的线下门店、售后服务网点进行整合，信息互动，资源共享，最大程度降低供应链运营成本。

3. 升级信息化系统，实现多节点、多屏幕信息互动

基于全网整合及物流网点下沉后物流服务提升的需要，速必达投入大量资源快速升级目前的信息化技术，形成了“门户接单、订单拣货、路由跟踪、商品送达、安装调试、费用结算”等全程信息化系统处理，整个过程一“幕”全览，极大地提高了作业时效和用户的体验。

4. O2O 线上线下结合，行业领先的信息化技术应用，打造独特的竞争力

送、装、调一体化，提高订单履行效率，提升用户体验；构造以用户体验为中心的核心价值链、服务体系及数据中心，为用户提供更为丰富的产品与服务。

五、可提供的经验与下一步打算

TCL 集团经过 30 多年的发展，今年重新梳理了企业未来 3 年的发展战略，即 3043 计划。

速必达物流作为 TCL 集团全资子公司，成立 10 年来伴随着集团发展不断地成长壮大，过程中不断学习、吸收、创新，为物流业同行提供了较多、较好的经验借鉴及案例分享。随着集团“智能＋互联网”及“产品＋服务”的“双＋”战略布局提出，速必达物流结合目前市场的需求及自身的优势，工作思路也进一步清晰明确。

1. 强化供应链协同管理

适应经济全球化和供应链竞争模式转型的要求，积极参与供应链企业之间的协同，提高供应链整体的竞争能力，实现共赢。从供应商—采购—仓储配送—售后服务的整个供应链以提高最终用户服务水平和降低总的交易成本为目标，强化关键资源的控制，实现供应链资源的集中管理。

图 8－9－10　实施供应链管理的效益

2. 加大物流资源整合力度，打造速必达物流品牌

吸纳整合更多优质社会物流资源，不断提升部门快速、全面服务能力，打造行业内速必达物流品牌。

3. 完善物流网络体系建设，全面提升物流供应链集成服务能力

持续对现有网点、线路及运作模式进行优化组合，最终实现“多・快・好・省”的服务目标。

4. 实现物流服务能力的提升

搭上“O2O 农村电商”快车，将物流服务网络覆盖能力向三、四线城市及农村下沉，提供更多除仓配装以外的其他附加服务。

5. 持续投入并优化信息化技术水平，为供应链服务能力提升保驾护航

持续投入信息化建设，提高供应的效益和效率，从而提高企业效益和竞争力。

撰稿人：锐特信息技术有限公司副总经理　许志涛
锐特信息技术有限公司咨询总监　李培杰
锐特信息技术有限公司项目总监　李悦

案例十　苏州南环桥：农产品从田头到餐桌的供应链集成

苏州市南环桥农产品批发市场自2006年整体搬迁至东方大道的新市场以来，坚持“服务三农、服务消费”的正确方向，在政府有关部门和社会各界的支持帮助下，通过市场的改造、设施的完善、管理的提升、秩序的整治、渠道的拓展、队伍的建设等，凸显了省、市农业产业化经营龙头企业功能作用的同时，社会公益性功能作用的发挥进一步显现。我们在强化“菜摊子”平台建设、丰富市民“菜篮子”供应的同时，多形式、多渠道组织蔬菜产销对接，有效地推进了农民“菜园子”的进步发展。我们的主要做法是：

一、纵向横向整合资源，把市场变成供应链集成平台

一是整合农产品经纪人，进行传导联结。经过多年市场培育，我们通过重点扶持、辅导培训、表彰奖励、政策优惠、信息提供、服务援助等系列手段，打造了一支成熟的蔬菜客商经纪人队伍，目前市场经纪人有600多人，其中，蔬菜经纪人有一半以上。由于蔬菜经纪人的传导和联结，市场先后与80多个无公害基地建立了产销合作关系，共联结省内外基地75万亩，带动农户53万户。其中苏州市范围联结基地14个、联结基地种植面积6万亩以上，带动农户3万户左右。

二是整合经销队伍，实施配送经营，推进蔬菜产销对接。在有关部门的指导帮助下，公司配送中心先后与相城望亭镇新埂村、苏州苏越农业生态园、常熟海明蔬菜园艺场、董浜现代农业园等建立了紧密的产销合作关系，形成了品牌蔬菜产销经营的强强合作，联结无公害蔬菜基地近万亩，实现了“收购、检测、加工和配送”以及“基地+农户+公司”产销经营模式的互补和双赢。由挂钩基地提供的无公害品牌蔬菜，全部经定点收购、检测、整理、加工和包装，并贴有“南环桥”牌商标，向宾馆、饭店、院校、部队、卖场和企业团伙食堂近100家单位实行专供配送。

三是整合外部资源，建设省内外网络，拓宽产销渠道。公司领导亲自带队，每年多次组织蔬菜业务骨干奔赴省内外蔬菜产地，进行探访调研和沟通联络，已成为南环桥市场经营业务的一项常规性工作。通过生产一线调研掌握信息、把脉行情、跟踪反馈、加强沟通、增进感情、发展客户；根据第一手资料，及时调整上市品种、购销布局、门面摊位、信息服务等经营结构，形成了蔬菜批发经营良性发展的大好局面。太仓双凤铃朱云娥大户蔬菜种植面积5000多亩，以生产萝卜、韭芽、菠菜等地菜为主，但多年打不开蔬菜销路，后与我们市场签约建立合作关系后，扩大了蔬菜销售，打开了蔬菜销路。

四是整合市场要素，调整蔬菜结构。苏州原郊区梅巷农民徐天生，在我们南环桥市

场从事蔬菜购销，长期收购专营从上海空运调拨的精细品种蔬菜。为减少环节、降低成本、增加效益、保证质量，在市场的大力支持、引导和帮助下，依托南环桥市场的平台，徐天生投资100多万元，建立了苏绿蔬菜园艺场，租用苏州相城渭塘省级标准的现代农业示范园200亩土地，搭建了300个蔬菜钢管大棚。聘用当地失地农民40多人，专门生产种植空心菜、杭尖椒、荷兰黄瓜、草头、香菜等绿色精品蔬菜；还专门聘用了南通的农业技术员指导生产种植。徐天生以公司加农户的经营模式进行基地蔬菜直销，丰富了市场供应同时，增加了经营收入。

2014年我们以“保供稳价”为方向，推动了各项工作的健康顺利发展，全年实现交易总量210.32万吨，比上年增长7.8%；实现总交易额210.78亿元，比上年增长4.85%。按照政府有关部门部署要求，我们加大推进了蔬菜产销对接和流通建设工作力度，充分发挥龙头批发市场的中坚和主导作用，直供直销惠农惠民，创新实践成效明显。

二、实现农批对接，使农产品前端一公里货畅其流

我们从2011年起采取多种方式，通过拓宽地产蔬菜产销渠道，进一步密切了与地产蔬菜基地、种植大户和蔬菜经纪人的沟通联系，为扩大地产蔬菜进入市场参与批发经营，提供了坚实的购销平台和良好的经营环境。经过努力，几年下来特别是到2014年的下半年，南环桥市场地菜经营商户从原不足300户增至近500户；地产蔬菜的批发交易量从原来每天200吨增至每天300多吨，最多一天达400吨。我们的主要做法：一是调整扩大地菜经营区域。强化管理，划定和规范经营摊位，保证了区域内通道的畅通。同时对经营场地进行整合，压缩了水果和炒货摊位经营面积，扩大了地产蔬菜的批发经营交易场地。二是设立地菜种植大户经营窗口。以协议形式邀请地产蔬菜规模生产大户和种植基地，在南环桥市场设立批发交易经营档口。三是提供全方位优惠服务。对凡持有村委会、农场提供的地菜生产上市证明的规模种植大户，优先提供经营场地、免收进场停车费、义务提供磅秤服务，同时实行交易服务费减半收取的优惠办法。四是拓宽直销直供渠道。与常熟董浜、吴中临湖等基地联手，向苏州大学等食堂进行直销配供，由2011年年初的3个食堂的配送业务，发展为目前的19个食堂；蔬菜配送从最初每天不到1000斤，现已发展到超过10吨，占配供总量的八成。市场为扩大地产蔬菜批发销路，帮助菜农组织调剂青菜、韭菜、水芹等地产蔬菜向江阴、嘉兴等地进行运销。为进一步加强与地菜基地和大户的沟通联系，2014年市场多次组织骨干力量，分赴产地进行走访，商讨对接办法，与昆山周庄双庙村、屯村、吴江合心村种植农户签约了产销对接协议面积近千亩。

苏州地产菜产销合作名单

太仓新湖村惠民蔬菜专业合作社

角直众仕达蔬菜食品有限公司

青浦区重固横泾村香花桥农业发展有限公司

角直镇甫南村土地股份合作社

昆山千灯施家泾村委会

常熟董浜蔬菜合作联社

吴江市绿洲农副产品有限公司

昆山周庄双庙村村委会

角直镇车坊江湾村村委会

经典合作案例：

（1）龙山百合：湖南龙山百合长三角直销中心落户南环桥市场，首批15吨优质龙山百合从产地直接进入苏州市场，改变了以往多重环节的销售模式，苏州百合批发价格猛降30%。

湖南的龙山百合有半个多世纪的栽培历史，培育出的百合个型肥大，吃口香糯，产量占全国总产量的六分之一。这车百合是9日凌晨从湖南龙山发车，行驶了30小时1000多千米的路程，直达苏州。每斤批发价4～6元，而此前苏州市场上的批发价为每斤7.5元，价格一下子便宜了30%。

百合具有滋阴清热、润肺止咳、清心安神等作用。苏州并不产百合，但是消费需求却很旺盛。以前苏州市面上的百合大多从湖南空运至上海，再由分销商销往苏州。“现在产地直接到苏州市场，中间零环节，大大降低了运输成本，市民可以吃到质优价廉的百合了。”

（2）冷水茭白：2014年9月18日，浙江景宁畲族自治县大漈乡举办第四届高山冷水茭白节，会上，我南环桥市场总经理助理、苏州蔬菜流通协会会长孙素健为大漈乡授牌，将大漈乡确定为苏州南环桥市场茭白直供基地。

景宁“云中大漈”在海拔1030米的中高山盆地内，年平均气温13℃，依托得天独厚的地理环境和冷水资源，让高山反季节茭白种植成为当地的支柱产业。大漈乡全乡种植茭白面积5000多亩，年产量7000吨左右，标准化高山冷水茭白无公害栽培技术体系，培养出绿色生态、无公害的茭白品种，并通过省相关部门的无公害产品论证和基地认证。

大漈茭白品质上乘、肉质翠嫩、味道香甜、洁白如玉，还可以生吃。畅销上海、江苏、江西、青岛、杭州、温州、宁波等大中城市，是茭白收购商的首选。量产的时间可以从每年的7月初直到10月初为止，填补了以往6月以后新鲜茭白的“断档期”，延长了茭白销售时间，丰富了城市伏缺期间蔬菜供应品种。通过和南环桥市场的产销对接，减少了流通环节，降低了流通成本，让消费者和茭农都得到更多实惠。

三、推进社区平价直销订单配送，打通农产品最后一公里

2011年6月以来，南环桥市场在市物价、商务、工商、农委等部门的推动和指导帮助下，秉承“献上政府关爱之心，献上南环桥感恩之心，共造社区和谐之心”的社区经营理念，打破了传统的销售模式，采用了“预约订购、定量包装、社区设点、净菜配送、直供直销”的快捷、安全、低廉的贴身式服务，深受广大社区居民的欢迎。先后在苏州

城区范围居民社区内建成了50家平价农产品社区配送店。配送店销售的品种从最初的30多个，发展至今有260个；蔬菜销量从最初每天2000多斤，现已超过100000斤以上；日平均销售额超过5万元，受惠小区居民从最初300多户，现已超过6000户，受惠居民在20000人左右，“订单配送”模式广受社区居民欢迎。

社区配送店坚持在实践中不断探索和创新，走出了一条以“预约订购、定量包装、平价直供、社区配送”为经营模式的新路子，凸显了“少环节、少损耗、少成本”的经营特色，充分发挥了龙头批发市场“价格低廉、品种齐全、安全检测”集散市场的功能。配送店蔬菜的平均零售价比市物价部门定期公布市场均价低20%左右，受到了社区消费者的普遍欢迎。因蔬菜价格低廉、品种齐全、安全放心，配送店的建设受到了社会各界的普遍支持和好评。南环桥市场社区配送店每天供应的副食品大类有蔬菜、鲜肉、水产、禽蛋、豆制品、调味品、冷冻品、水果、粮油食品等，具体品种多达228个，其中蔬菜品种保持在每天70个左右。据统计50家配送店全年配供蔬菜量4000吨以上，年总销售额近2500万元。社区配送店本着薄利多销、便民惠民的经营理念不仅保证了店面的正常运转，更赢得了广大市民的信赖和称赞。50家社区配送店提供的农副产品，已惠及苏州城区万户以上的社区居民，特别是在气候变化大、节令蔬菜菜价波动较大的情况下，南环桥市场农产品社区配送店坚持平价直销，因而备受社区消费者的欢迎。

为认真贯彻《苏州市新一轮菜篮子工程建设实施意见》精神，全面落实省、市物价部门关于“农产品平价商店建设推进”实施方案，我们采纳了公司员工的大胆创意，认准了社区“订单配送”模式的基础条件和可操作性，对操作队伍和平台资源进行整合，规范了采购、检测、加工、配送等整个操作流程，加强了组织领导和人员调整，在实践中不断探索、完善和提高，从树样板抓试点开始逐步拓展，借助政府的支持推动和社区的配合帮助，实际成效得到了社会各界的充分肯定。特别是政府组织召开的平价商店建设推进会后，南环桥市场的“订单配送”模式受到了社会各方面关注和重视，省、市物价部门组织了省8家媒体记者进行采访和推广，市政协、省物价等部门专门进行实地调研和督察验收，省内南京、连云港等地物价部门和农批市场领导莅临现场观摩，增强了我们进一步推进建设发展社区配送店的信心。

社区平价农产品配送店的具体运作流程是：社区居民根据直销中心每天在各社区配送店点上公示的菜单，在规定时间内（一般为早上6点~9点）直接进行选购付款预订，工作人员根据居民订购所需农产品开具提货单据；居民次日在规定时间内凭单据在配送店提货，居民可同时预订次日所需蔬菜副食品；直销中心根据各站点居民订购品种数量当天进行数据汇总，安排人员当天（主要在夜间）在南环桥批发市场内或向挂钩种植基地进行采购、订约、安全检测、加工整理、定量包装，次日凌晨由菜篮子工程专用车辆分发配送至各社区配送店。各配送店一般安排工作人员1~2名；另发货人员3名左右，由社区物管会或业管会安排小区居民担任义工，一起参与站点上的配菜发货。义工劳酬给予一定的劳务补贴。直销中心先后和各站点所在社区签订了合作协议，明确了各自应承担的责任和义务。

社区平价农产品配送店运作以来，实践证明了“订单配送”的模式是一种创新，符合社情民意，顺应了政府对民生事业重视和发展的要求。“订单配送”模式以“预约订购、定量包装、净菜配送、社区直销”的服务形式，实际体现了对小区百姓的惠民（蔬菜菜价低于市场平均价格20%以上，每天的菜价依行情变化，及时调整并当天在配送店上进行公示）、便民（新鲜蔬菜经加工整理后，将净菜进行定量包装，每天定时送达社区配送店居民家门口）、利民（直销70多个蔬菜、菌菇类、豆芽菜商品，全部经检测合格，检测报告每天在配送店上进行公示）。配送店提供的农产品大类，从最初的蔬菜现已增加了豆制品、冷冻海鲜、品牌猪肉、地产大米、冻鸡冻鸭、时令水果、鸡蛋等，提供了“一站式”服务，能够让居民在小区家门口不仅买个廉买个便，还能买个全。

社区农产品平价配送店建设是件新生事物，政府大力推动，深受百姓欢迎，这是我们不断推进和成功运作的重要基础，我们一开始确立的理念就是：要做久，不作秀。把好事做好做到底。在平价配送店的开办中，我们坚持了三个开办原则和三个要点掌控。三个原则一是不用秤具。实行定量包装，根据居民需求按照不同季节商品，全部进行加工整理后计量袋装。二是不租门面。同社区协商因地制宜，在小区居民出入方便的场地，搭建简易彩钢板等棚屋。三是科学布点。事前作可行性调研，征得社区居民同意后进行科学布点，相对既便利大多数居民又远离集贸市场，以避免与菜市场商户产生矛盾。三个要点掌控是我们在运作中再三强调的十分重要的生存原则，是决定平价配送店存亡的命脉关键。即一是菜价必须低廉，凸显平价的意义。现在的实际菜价低于市场平均价（按物价部门菜价公示）20%以上；二是质量必须保证，确保菜品质量，斤两必须准足，以零差错率为标准，严把食品安全检测关；三是服务必须周到，尽最大可能做到供应品种多样化，以满足小区居民的购买诉求，保持沟通联系及时进行信息反馈，做好咨询服务工作，广泛听取居民意见和建议，不断改善经营服务。

为进一步提升惠民服务水平，强化经营管理，不断规范操作流程，南环桥市场配送店建设再次迈出新的步伐。先后多次与中国联通、苏州广电总台等媒体通信平台沟通联系，就探索通过电子网购的营销模式来扩大便民惠民的范围进行交流和磋商，制订切实可行的操作实施方案，以便让苏城更多社区居民家庭能够从中受惠。2013 年 9 月 11 日，南环桥市场与联通苏州分公司正式签署《合作框架》协议，通过协议的具体实施，双方将不断合作深入探索，并适时启动网络订购交易的电子商务服务平台。2014 年 6 月以来南环桥社区配送店“食为天”电商平台率先在园区湖左岸店试运行，并将在市区其他 37 家社区配送店陆续上线。

南环桥配送公司电商平台上线后，互联网用户只需登录“www. szswt1688. com”，手机用户下载 APP 后，便可在每日零点至 20 点间，通过上网订购次日所需的食材。

四、创新“食为天”供应链运作模式

南环桥市场坚持农批零产销对接，充分发挥龙头市场在蔬菜副食品品种、质量和价格上的优势，“产销少环节、经营少成本、蔬菜少浪费”特点明显，为配送店正常运作和稳步发展奠定了基础。

业务流程如图 8－10－1 所示：

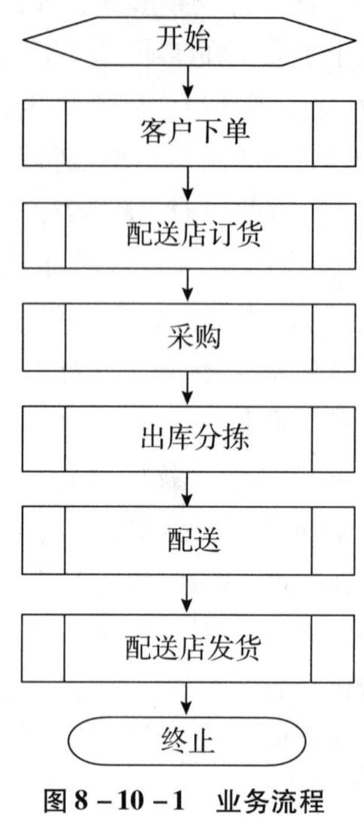

图 8－10－1　业务流程

下面结合具体的流程分别予以表述。

（一）客户下单

实际业务涉及三种客户群体：社区居民、小团体和团膳。

社区居民下单和提货流程如图 8－10－2 所示。

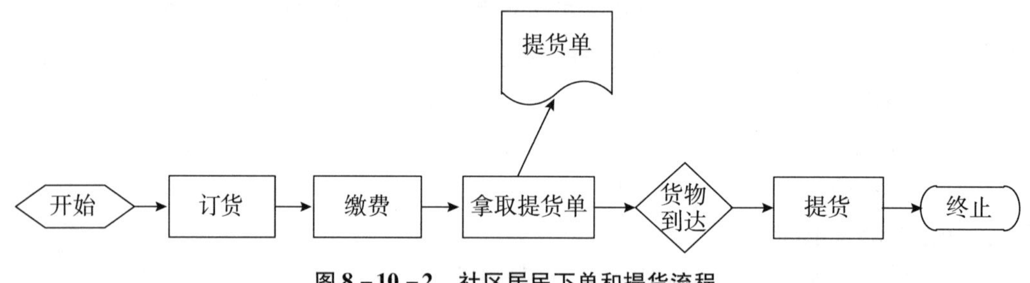

图 8－10－2　社区居民下单和提货流程

客户至最近配送店提交购货需要并足额缴纳货款，凭配送店打印的提货单于第二天准时前来提货。若未能按时前来提货，损失由客户承担。客户在订货时，若数量较大，需提供纸质的清单，便于配送店工作人员快速输入和核对。

小团体客户下单和提货流程如图 8－10－3 所示。

团体客户也需至最近配送店提交购货需求，与社区居民所不同的是小团体客户当场不需要拿取提货单。统一由总公司打印送货单，小团体客户在提货时凭送货单点验货物。

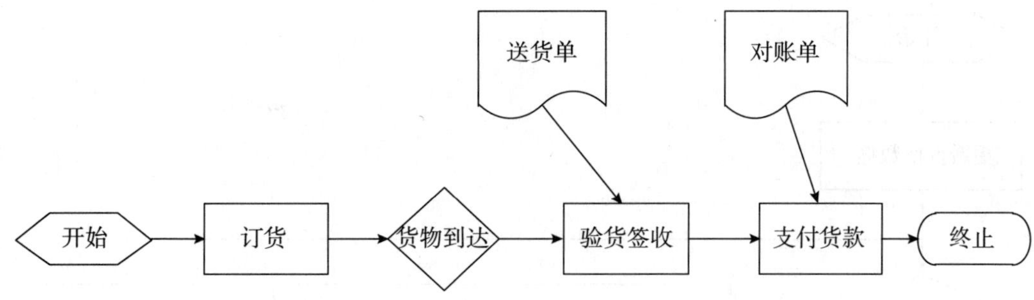

图 8－10－3　小团体客户下单和提货流程

团膳客户下单和提货流程如所图 8－10－4 所示。

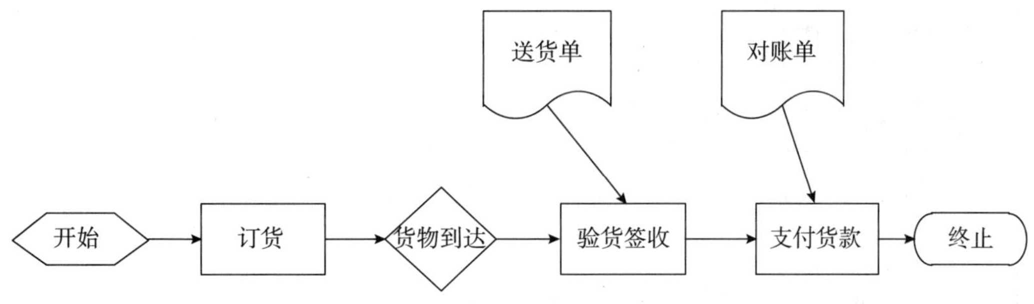

图 8－10－4　团膳客户下单和提货流程

团膳客户通过电话、邮件、传真等方式向配送中心提交购货请求，由客服录入系统，不经配送店。

（二）配送店订货

配送店工作人员登录系统开始接受客户订货之前，需更新当前最新的菜品目录和价格数据，否则不能接受订货。工作人员根据客户需求在系统中填制订货单。对于社区居民订货时即可告知客户最终费用，在客户足额缴纳款项后，开具提货单给客户作为第二天的提货依据。工作人员逐一处理客户的订货要求，全部处理完毕后，核对数据，清点款项并上传订货数据给总站。

对于小团体客户，不需要开具提货单。工作人员在核对钱款时，仅需核对与社区居民客户订货相关的数据。

若总站系统发生故障或网络异常导致不能上传，可将订货数据导出为 Excel 文件通过邮件发送至总站指定的邮箱。总站通过邮件接收到订货数据后，可直接导入总站系统。

配送店订货工作流程如图 8－10－5 所示。

（三）采购

总站采购发货的工作流程如图 8－10－6 所示。

总站可查看各配送店当天订货的进展情况（是否已上传）。在各配送店订货工作结束并已全部上传数据后，总站工作人员进行汇总。此时直销系统将与系统发生交互，直销

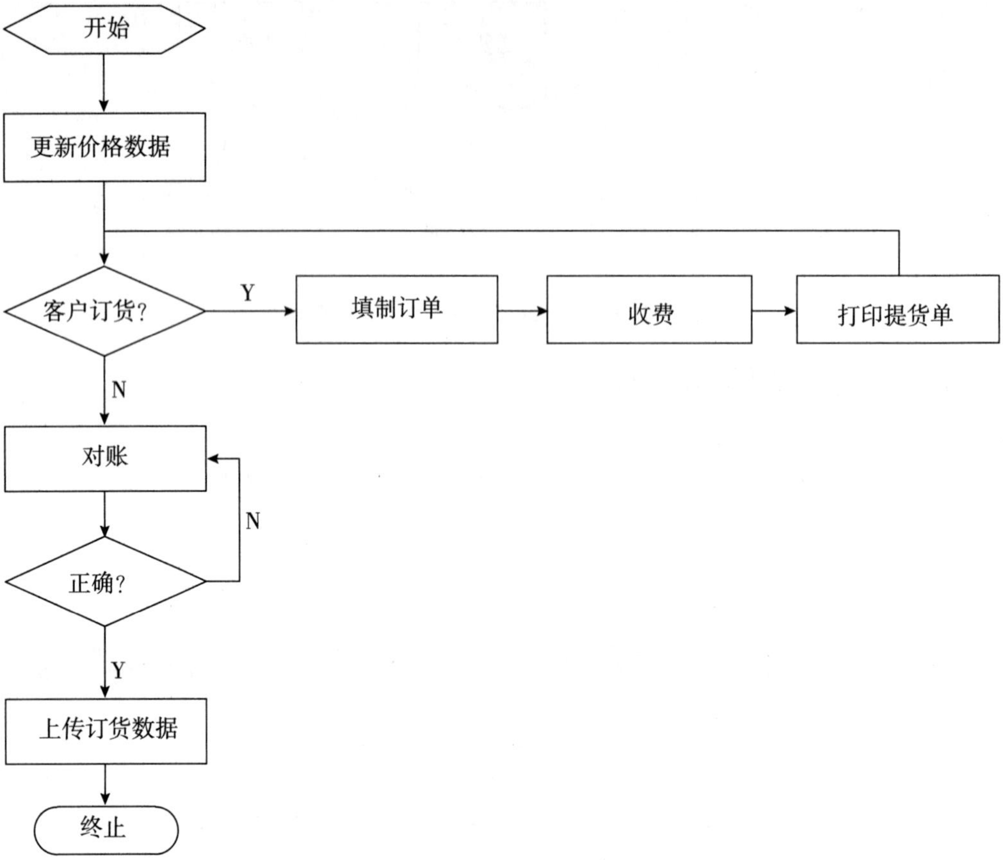

图 8－10－5　配送店订货工作流程

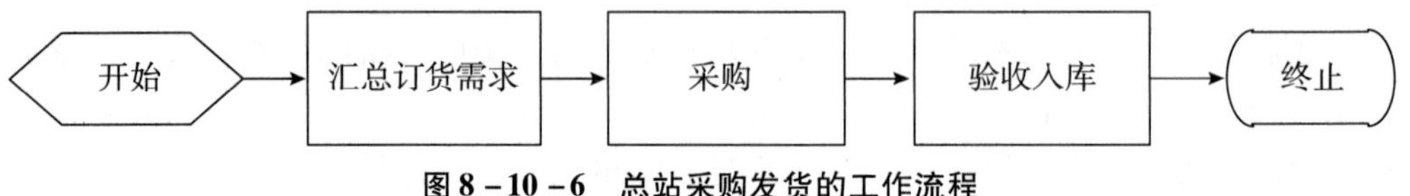

图 8－10－6　总站采购发货的工作流程

系统的客户订货信息将在系统中形成销售订单，每个客户的订货数据将形成一张订单。客户订货数据汇总的结果在系统中按品种形成采购订单，每个品种对应一个供应商。

采购人员依据采购清单联系供应商供货。供应商货物送达后，由质检组织验收，验收合格的做入库处理，在系统中形成采购入库单。

总站按需要进行发货，在系统中形成销售发货单。仓库依据发货需要进行发货，在系统中形成销售出库单。

（四）出库分拣

工作人员按照订货要求进行出库分拣工作，工作流程如图 8－10－7 所示。

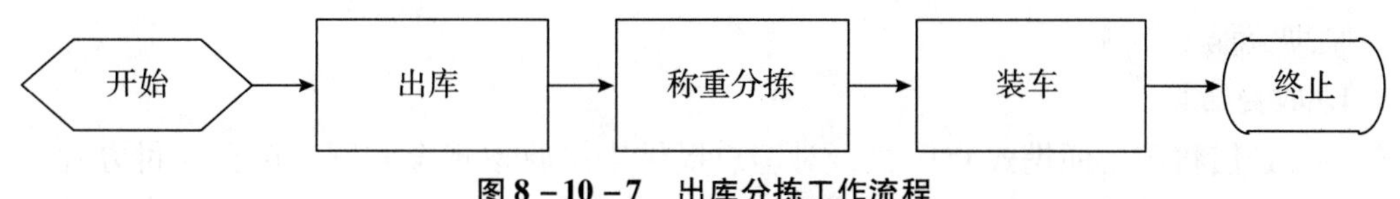

图 8－10－7　出库分拣工作流程

（五）配送

本次方案设计有专门的配送管理模块，可管理配送车辆、人员等信息，并可将配送信息及时发布给各配送店，起到预先通知和准备的作用。可实现多种发布方式，可选方式有系统发布、短信通知、邮件通知等。配送工作流程如图 8－10－8 所示。

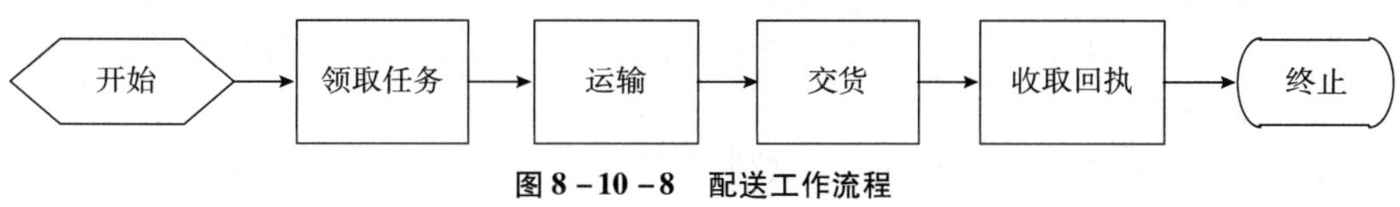

图 8－10－8　配送工作流程

货物在总站进行装车安排配送。总站需提供配送人员本次配送的任务单。任务单上需注明配送地址、联系方式、配送司机、车牌牌号等必要信息以及货物清单。配送人员领取任务单后，方能进行运输。配送至配送店后自行卸车，给该站留下本次配送汇总表。

（六）配送店发货

配送店按规定时间准时开始发货，逐一处理客户的提货。提货的客户需持有效的提货单，配送店工作人员利用扫描枪扫描条码予以验证。发货人员按照清单逐一点数发放。现场客户全部处理完毕后，核对订货单与提货单，确认是否所有客户已经前来提货。对于尚未前来提货的客户，通过电话进行问询，直至全部客户处理完毕。提货结束后上传提货数据给总站。

对于前来配送店提货的小团体客户，配送店提供其发货单，由客户点货验收并当场结算费用。

配送店发货工作流程如图 8－10－9 所示。

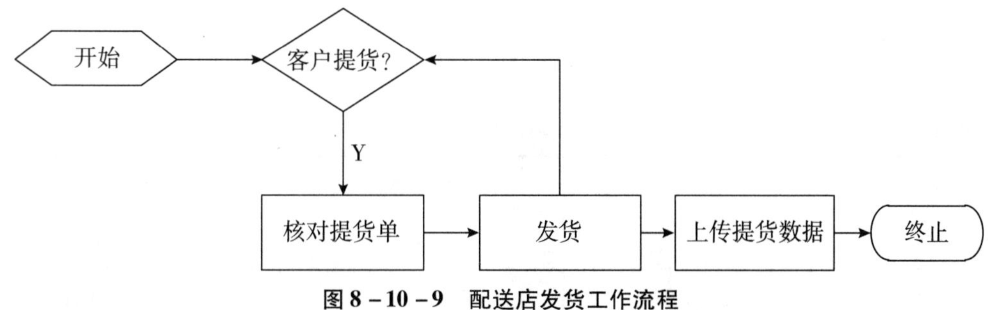

图 8－10－9　配送店发货工作流程

辅助流程：

1. 收费结算

各配送店将配备便携式 POS 机，对客户提供直接收取现金和刷卡两种支付方式。鉴于有部分配送店与总站距离较远，为便于管理，对于收取的现金要求配送店开票人员先行存入其个人的银行卡中，然后通过 POS 机划拨费用给总站。

对于尚未配备便携式 POS 机或者 POS 机出现故障不能接受刷卡的站点，开票人员仍需至总站结算费用，此时需在系统中打印出当天的收费清单作为缴费依据。总站财务在接收货款时，需核对该站提交的收费清单，若无误则予以签收。

发生退货时，规定只能以现金方式退款给客户，以便于管理。

2. 批量打印

不提供单据批量打印功能，所有的单据批量打印要求由社区配送直销管理系统支持。

3. 报表统计

在社区配送管理系统传送各种交易数据至系统后，系统能提供各种业务环节的标准化报表。能够自动形成凭证，大幅减轻财务的工作量。

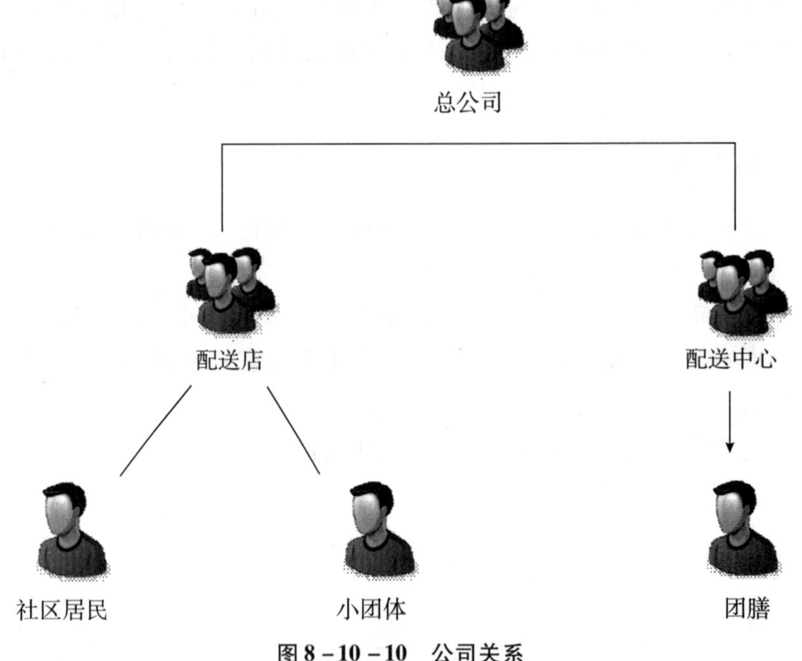

图 8－10－10　公司关系

表 8－10－1　各环节关系

	社区居民	小团体	团膳
订货地点	配送店	配送店	配送中心
订货方式	配送店下单	配送店下单	电话\ 传真\ 邮件
是否开票	否	是	是

续　表

	社区居民	小团体	团膳
是否打印提货单	是	否，公司统一打印发货单	否，公司统一打印发货单
储运方式	不区分	按客户区分，单独分装	按客户区分，单独分装
取货方式	配送店凭提货单取货	配送店取货/送货上门	送货上门
付款方式	预付	货到付款/月结	月结

五、绩效分析

三年以来的运作实践，回顾总结我们南环桥市场农产品平价配送店工作，惠民服务已显现的主要经营特色为：一是经营环节减少。由直销中心直接在南环桥市场内进行采购和加工配送，实现了批发直销基地直供，减少了经营环节。二是费用成本降低。不租用店面省去了租金，因地制宜设立站点，省去了水电等开支。社区安排义工进行协助，人力费用减少。三是商品质量稳定。当夜在市场内进行采购加工包装，一早送达配送店，保证了菜品新鲜安全，定量包装保证了斤两的准足。四是品种齐全丰足。供应大类基本齐全，做到了荤素搭配，为居民提供了“一站式”服务，方便了购买。五是环保卫生洁净。净菜定量包装，每天按照居民预订数量进行配送，做到了日销日净，没有一片烂菜叶，既环保又维护了小区的卫生环境。由于政府的推动和扶持，社区百姓的欢迎和协助，加之上述的经营特色，社区配送店的“订单配送”模式，具备了可持续发展的优势，按照目前15%以上稳定的毛利收入，配送店是有长久的生命力的。

综上所述，苏州市南环桥农产品批发交易市场从田头到餐桌这完整的购销衔接中做出了有效的探索：

（1）彻底打通了从田头到餐桌的全产业链解决方案。最大限度地减少中间环节，将传统农产品销售环节中所造成的损害降到最低。

（2）为政府提升食品安全水平，改革和健全食品安全监管体制，加强综合协调联动，落实从田头到餐桌的全程监管责任，加快形成符合国情、科学完善的食品安全体系提供了真实可行的解决方案。

（3）为平衡鲜活农产品易损耗、易腐烂、保质期短；生产分散；季节性特点突出；价格无序波动；地域差异明显等鲜活农产品交易中的先天劣势提供了整体改善方案。

（4）同时给困扰多年的“菜贱伤农，菜贵伤民”的怪圈，提供了新的思路。

（5）给农产品标准化 & 中小城市的农贸市场发展和生鲜配送指明了发展方向。

进一步加强蔬菜购销衔接和产销对接，通过减少经营环节和降低运销成本，从根本上来有效应对当前蔬菜产销市场中出现的矛盾和症结问题，科学推进和努力完善蔬菜流通体系建设，是我国社会经济形势进一步发展的需要。蔬菜产销衔接有多种形式，其中农批零对接的形式，作用最为明显和有效。农产品批发市场特别是龙头市场在其中的地位功能作用，十分重要而且是其他形式难以取代的。同其他各种形式对接和直供直销的模式相比较，我们南环桥市场通过社区“订单配送”模式的实践，龙头批发市场的蔬菜副食品品种齐全、蔬菜批发价格低廉直供、地产蔬菜生产基地渠道联结、食品安全可追溯的规范检测等优势作用发挥得到了充分显现。我们决心继续创新实践，奋发努力，为苏州新一轮“菜篮子工程”建设健康快速平稳发展，作出我们新的更大贡献。

撰稿人：江苏苏州市南环桥市场发展股份有限公司董事长特别助理　刘军
江苏苏州市南环桥市场发展股份有限公司信息部主管　刘中豪

案例十一　欧浦钢网："实体物流与电子商务"双驱动供应链集成服务商

一、企业简介

（一）企业情况

广东欧浦钢铁物流股份有限公司成立于2005年，于2014年1月27日成功登陆深交所中小板（股票代码：002711），是国家高新技术企业、国家AAAAA级物流企业，中国物流示范基地、省现代产业500强企业，位于全国唯一的"国家级电子商务试点"乐从镇，是一家集"实体物流"与"电子商务"为一体的国内商贸流通业的领先型企业。

在考察了国外先进经验及技术的基础上，结合国内及华南钢铁市场的现实情况，开辟了欧浦（国际）物流钢铁交易中心和全国首家钢铁现货网站欧浦钢网。目前，欧浦钢网已推出了欧浦商城、欧浦家具网等极具影响力的电商平台，以线上电子商务平台为依托，线下实体供应链配套为支撑、金融服务为增值引擎，全流程为供应链上下游提供全方位"一站式"的通流服务。

多年来，欧浦钢网凸显物流仓储优势，创新机制、提升内涵，探索出了一条"天网"、"地网"、"金网"纵横交织促进电子商务优质发展的O2O特色之路，有效地提高钢铁及延伸产业电子商务的安全性和资金链。目前，"天网"、"地网"、"金网"三网相互编织，既集成联动，又各有侧重，已经逐步形成各自独立又互相映射的优势。在自主创新发展的道路上，欧浦钢网创新经营模式，整合产业链优势资源，聚力打造钢铁业、家具业及探索发展新兴产业，为各行业企业的发展和产业升级树立了新的服务标杆及起到引领示范的作用。

公司自成立以来，得到中央政治局常委、十二届全国人大常委会委员长张德江，中央政治局委员、国务院副总理汪洋，海峡两岸关系协会会长陈德铭，广东省省委副书记、省长朱小丹等广大政府领导的高度评价。如今，欧浦钢网正稳步走向成熟发展之路，业务渠道不断拓展。公司也将继续以"成就员工忠诚、客户信赖、社会认同、政府支持的大型现代流通企业"为愿景；以"上市"为契机，秉承"服务树立品牌，科技创造价值"为经营理念；致力成为国内外具有较强发展能力、盈利能力和国际竞争力的知名商贸流通业服务商。

（二）行业情况

近年来，钢铁业现状不容乐观，受成本高企，利润微薄，供需不平衡等因素影响，钢铁行业困难重重。有的企业破产重整，有的转业经营，各种跑路纷纷上演，官司不断。接踵而来的更是银行业收紧贸易的信贷，一度让行业众多钢贸企业陷入了困境，都被挡在了银行的大门外。在这样的大背景下，钢贸商要想继续生存，必须改变现状。为适应当前钢铁业的发展，行业出现了一些像欧浦钢网这样的新兴电商，新金融融资模式，这种新兴电商的扩张给行业发展注入了活力，在新兴电商企业的带动下，行业发生了一系列的转型升级，模式创新等发展新方向。如：钢企由重生产向重服务转型；钢贸商由重销售向重销售与服务相结合转型；第三方物流企业向产业链服务转型等。这些谋求转型的企业及新兴电商的出现正是当前钢铁行业发展形势下的产物。

二、实施供应链的背景

（一）行业及市场竞争现状要求

“只要市场有需求，钢贸就有利润空间；只要有创新变革，市场就会被激活。”这是形容市场最贴切的诠释。中国是钢铁产业大国，处于发展中国家的中国，房地产、建筑等行业对钢铁有着很大的需求，但受市场竞争、产能过剩、国际铁矿石价格等因素影响，钢铁行业已不再是十年前的高利润状态，这就要求企业关注市场，重视客户需求并不断地创新求变，才能迎合“微利”时期的钢铁行业。

（二）终端客户个性化、多样化要求

首先，在市场经济下，钢铁供过于求，竞争激烈。能否顺利转型升级，实施资源整合并提升服务，提高利润空间成了各钢企和大钢贸商持续生存的最大考验。其次，消费者和终端客户对钢铁材质、加工、服务均有不同程度的要求；钢材属大宗商品，在交易过程中伴有加工、配送、转货、融资等多个环节。在解决当前行业盈利和配套服务的问题上，就需要满足客户个性化、多样化、专业化的新兴企业来完成这个产业链全程化的服务。

（三）信息化高技术时代创新要求

伴随互联网信息化、高新技术的不断更新和应用。步入 21 世纪以来，过去靠实体经济发展壮大的企业，如今为适应市场，已不能再像过去那样追求单体的经济了，取而代之的是实施了企业信息化管理、产品创新升级、电子交易、服务提升、品牌升级等一系列与信息化和互联网相关的动作。对钢铁行业而言，铺上信息化、走电商转型的企业已屡见不鲜。如：钢企旗下电商融资平台、第三方融资平台、P2P 个人贷等适应钢铁贸易发展的新兴钢铁电商，这一批新兴电商的出现，从源头上改变并突破了当前行业的发展瓶颈，引领行业的发展方向。

（四）企业持续经营，降本增效需要

钢铁属大宗产品，不像快速消费品那样易于交易和买卖，过去店里看货，店外送货，

相比旧的贸易模式，现在的线上看货，线下送货的模式得到了认可，但消费者不满足于当前的模式，在“微利”的新常态下，客户更需要产业链的配套全流程服务，从采购、加工、配送到融资“一站式”的服务。基于此，钢铁新兴企业就要围绕客户的要求，在重视行业盈利、仓储物流、融资和信用等问题协同发展的同时，为客户提供专业化、个性化、多样化的服务，这正是企业持续经营和降本增效的体现。

三、供应链的运作模式

（一）订单集成管理

现下实体物流区别于其他企业的优势方面，实体物流包括：仓储中心和加工中心，其中，欧浦钢铁交易市场拥有八个区域共77座仓储存量为150万吨的五星级仓库、年加工能力达200万吨的大型钢铁加工中心，还有九江仓储加工中心、华东仓储加工中心及多家加盟仓，这为客户仓储、加工服务需求提供了保障。该项运作模式有如下两种：

仓储订单：客户转仓（转货）需求—业务员接单—进销存排单—任务通知—司机接单（转货无须此环节，只是货权转移）—仓库收货确认—客户收到信息反馈。

加工订单：客户加工需求—业务员接单—进销存排单—任务通知—班长终端—机长终端—司机接单（配送）—收货确认—客户收到信息反馈。

欧浦仓储、加工体系已以订单和客户个性化需求为中心，为客户提供从下单到收货全流程的服务，提高了集成运作的高效性和协同性。

（二）供应商集成管理

欧浦公司与上游钢企建立了长期供应的战略合作，共同探索不同的销售模式和合作模式，通过厂家直销模式，减少了供应链全过程的交易环节，节约了各环节成本，最终让利给终端商，这一模式的普及改变了过去传统的多级代理模式，对在产能过剩、利润微薄的当前行业来说，是发展的必然趋势，上游供应商、物流第三方、终端客户三方利益共赢，集中交由中间商提供销前代理、订货，销中（质押融资、加工服务）和销后服务，“一站式”为终端用户定制的供应链服务，确保了货源的真实性、仓储加工服务的质量，通过交易环节缩短，降本增效显著；这种简短的销售模式，以“金字塔”坚固式的架构，从上游供应商直达下游贯穿交易全过程的供应链模式，实现了高效的运行，如图8－11－1所示。

（三）物流集成管理

订单集成与物流集成相辅相成，以客户为中心的订单需求直接决定了物流需求的方向。欧浦钢网“一站式”的物流体系满足了客户的要求，目前公司已引入物联网技术，提出打造“智慧物流”的线下战略，旨在通过高效的物流运行，实现信息化、智能化，方便、快捷的配送体系，搭载了物联网的仓储物流更加高效，欧浦钢网已在全国各地布

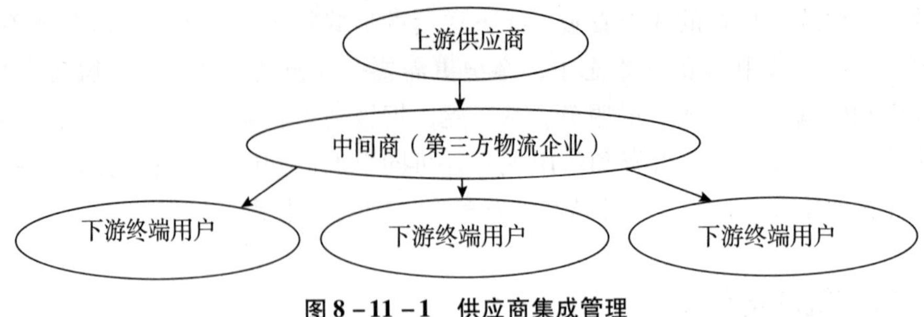

图 8－11－1　供应商集成管理

局网点，开设线下仓储、加工、配送、金融等综合服务，在欧浦公司信息化的作用下，实现智能物流的普及，这将满足更多客户对智能物流服务的需求。在订单驱动物流运作模式中，欧浦钢网负责统筹规划整个物流系统的业务流程，控制和协调各成员企业间的运作，以使物流各个环节能有效地衔接，从而实现物流资源的最有效利用和服务质量整体最佳，并负责制定统一的服务标准、操作规程、管理规范等，如图 8－11－2 所示。

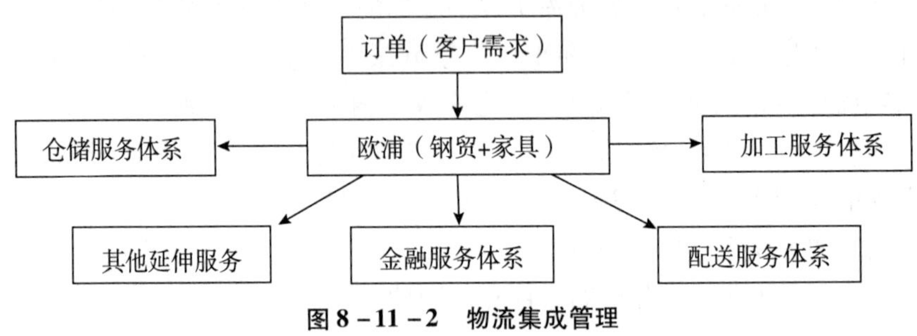

图 8－11－2　物流集成管理

（四）融资集成管理

供应链金融，是欧浦钢网致力打造的核心战略方向，当前，欧浦钢网正全力推进线上电商平台和线下实体物流的建设，依托线下优势的仓储物流及加工核心竞争力，实现早期客户快速积累；依托线上成熟的电商运营，整合线下优势，为客户提供多盈利模式的融资服务，目前，欧浦钢网已推出“网上贷”（如图 8－11－3 所示），“欧浦商城”购货贷款（如图 8－11－4 所示）等服务模式，贷款范围普及到全国钢网所有会员，在满足客户线下需求的同时提供以线下动产质押为前提的线上金融服务，为客户定制个性化的融资要求。

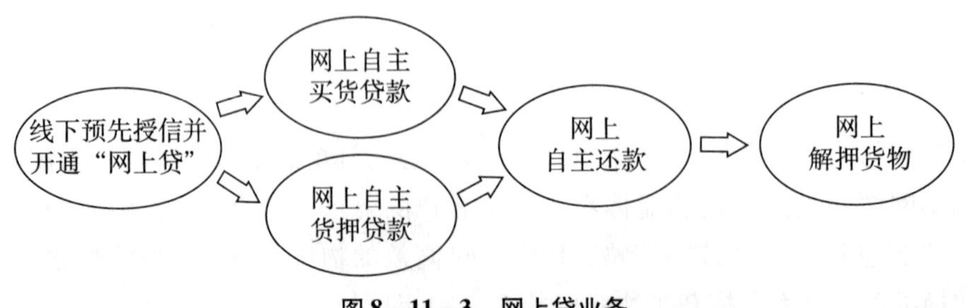

图 8－11－3　网上贷业务

"卖货贷款"是指买家可以通过贷款方式购买欧浦商城中符合质押基准品的货物，买家自付三成货款，其余七成通过贷款支付给卖家

图 8-11-4　商城购货贷款业务

（五）信息化集成管理

欧浦钢网自成立以来，一直注重信息化的建设工作，在信息化的探索道路上获得了广东省电商100强企业、广东省电子商务示范企业、中国电子商务运营模式创新奖、广东企业技术中心等多项殊荣，作为乐从电子商务试点重镇的龙头企业，欧浦钢网的信息化建设有序的推进，在电子商务、物联仓储、智能化加工、移动终端、线上融资等都取得了显著的成绩，"电子商务+实体物流"双驱动的作用下，企业转型升级及模式创新取得了质的飞跃，如图 8-11-5 所示。

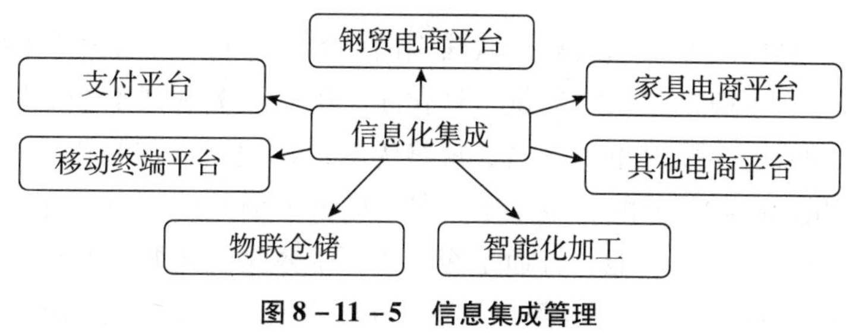

图 8-11-5　信息集成管理

四、"三网合一"供应链管理的绩效分析

（一）天网：全力打造欧浦钢网、欧浦商城、欧浦家具网等线上电子商务平台

在天网方面，公司把多年对欧浦钢网电商的运作经验应用到其他电商，于2014年推出了"欧浦商城"、"欧浦家具网"，其中，欧浦商城于2月26日正式上线，首日交易量就突破了13782吨，欧浦商城的成功上线，扩大了钢材销售渠道也打破了过去多级代理的销售模式，缩短了供应链环节，让利终端商，成效显著。12月19日，公司又乘电商的东风，根据公司发展需要，结合乐从的区位优势，推出了欧浦家具网，欧浦家具网发挥了欧浦钢网的原有配送优势，行业首创全国免运费，45天无理由退换货，试运行当天点击率破3万，有近100家供应商等待战略合作，开启了家具行业全网链服务新模式。欧浦家具与欧浦商城协同发展，加快了欧浦钢网信息化的建设，欧浦钢网线上平台的延伸推出，一来，实现了向家居跨界式的发展；二来，培育了欧浦钢网新的盈利点，这对公司信息化建设注入了强劲的活力。

（二）地网：通过引入物联网技术，加快“智慧”仓储、加工、配送等线下服务建设

2014 年，欧浦商城登陆华东，步入正轨化运营，以华南总部为中心，辐射全国布点已提上日程。在华南基地方面，公司通过物联网技术的深入研发与全面应用，大幅提升了仓储、加工信息化水平及管理效率；生产管理实施 5S 规范作业，水平全面升级；隶属欧浦钢网的九江码头及九江欧浦仓储加工基地也步入正常运营，在优化提升公司整体运营能力，降低客户采购、运输成本方面得到了根本性的改变。另外，在供应链物流方面，公司今年展开了深入探索，并在供应链物流集中地深圳占据了一席之地，注册成立了深圳市前海供应链物流公司。欧浦钢网通过线下进行布网，加固实体物流的竞争优势，为进一步推进智慧物流打下了基础。

（三）金网：提供线上融资服务、第三方支付等服务

为加快欧浦商城模式的全国战略，欧浦钢网已着手进行线下基础性的布点；欧浦钢网通过供应链整合，为商家和买家提供多样化线下配套服务和线上金融服务，欧浦钢网依托线下支撑，和线上多模式电商平台，最终为客户构建一个定制化、专业化的供应链金融服务，实现供应链各环节的利益共享。在供应链金融方面，2014 年，欧浦钢网推出欧浦商城线上购货贷款业务功能，打通了客户以低成本融资进货的渠道；为家具供应商提供 20 亿元反向保理融资额度的服务，此外，欧浦钢网第三方支付牌照申请已进入审核阶段。公司提出在未来的发展最终将回归到“互联网金融服务”上，线下实体服务是基础、线上是业务扩大的平台，线下线上均为金融服务做铺设，在平台完成聚集商家和消费者后，欧浦互联网金融服务将推广至供应链各环节，并延伸到钢铁、家具以外的各个产业，最终让商家和消费者受益。

五、可提供的经验与下一步打算

（一）经验总结

前面提到过，天网、地网、金网“三网合一”这是未来发展的大方向，基于欧浦钢网运作模式和“三网”的分析得出：当前，国内经济形势多变，欧浦钢网唯有与时俱进，从战略大局出发，逐步推进和凸显天网、地网和金网三网的布局发展，抓住上市大好机会，不断探索和培育新兴的电商平台和新的商业模式，最终以“互联网金融服务”服务全供应链各环节，综合提升企业盈利和市场优势竞争力。

（二）下一步计划

接下来，欧浦钢网将在采购货源、对外投资、新技术的研发、品牌宣传等加大投入，紧紧围绕公司“三网合一”发展战略部署，推进各供应链节点建设：第一，重塑战略合

作伙伴，联手国内强企，加强多渠道战略合作，培育新的项目，提升企业品牌影响力；第二，引入战略投资方或专业合作团队。为公司发展提供不断的资金支持和团队力量；第三，加快线下实体配套全国布点，突显优势面，增加与上游厂家的采购谈判筹码。

不论是钢贸、家具还是新兴产业，企业生存的竞争已不是产品的竞争，也不是市场占有率多少的竞争，而是商业模式的竞争和供应链系统集成化的竞争。未来，欧浦钢网将继续探索属于自己、与时俱进的创新模式，做大做强企业，致力成为跨行业、双驱动（实体物流＋电子商务）的供应链集成服务商，成为国内外知名的商贸流通业服务商。

撰稿人：广东欧浦钢铁物流股份有限公司董事长　陈礼豪

案例十二 余慈物流：用供应链思维打造化纤生产供应链升级版

宁波余慈物流有限公司自2004年起正式涉足化纤企业的生产供应链物流整体外包服务，业务范围涵盖化纤生产企业的产、供、销业务全过程，并在设施与技术整合、信息共享等方面不断拓展，最终形成集供应链金融、集成采购、产供销物流一体化服务等为一体的供应链一体化服务优势，帮助相关客户企业通过供应链系统优化进一步挖掘“利润源泉”、提高市场竞争能力，实现了相互得益、共同繁荣的两业联动发展新局面。

一、企业简介

宁波余慈物流有限公司起步于1985年，1988年通过整合社会运力资源，为“余姚塑料一条街”提供60%以上市场份额的整车运输服务，成为余慈地区专业从事规模运输服务的龙头企业，企业掘到发展的第一桶金。2004年开始进行制造业物流总包服务的探索，为宁波当地规模型化纤制造企业提供集采购物流、生产物流、销售物流等为一体的物流总包服务，取得成功。2006年通过设立宁波定邦国际物流有限公司，打通化纤企业原料进口及部分产成品外贸出口等国际物流服务环节，建立起集国内国际物流为一体的一站式物流集成总包模式，之后总包物流业务迅速壮大，逐步成为公司业务核心，相关产值占到公司年产值的80%左右。

2012年年底，公司确立了基于“物流总包”的供应链一体化服务发展方向的战略定位，2013年年初正式成立浙江定邦全球供应链有限公司，开始供应链一体化业务的拓展和运作，为众多的化纤制造企业提供基于“物流总包”服务模式的供应链融资、集成采购、仓单质押等供应链增值服务，公司发展再启新程，公司2013年产值突破8亿元大关，其中物流业务产值约为3亿元，供应链增值服务类产值约为5亿元，2014年预计物流业务产值可达5亿元，供应链增值服务类产值可达20亿元。

目前，公司拥有散货配载基地50亩，自有高端仓储配送中心62亩，整合制造企业仓储面积42000平方米，MEG运输槽罐车18辆，可直接调配干线运输车辆500多辆，自有进口林德品牌燃油叉车68辆、电瓶叉车16辆，企业资产1.68亿元，正式员工180余人。

二、基于物流总包的供应链服务模式发展背景

宁波地方经济发达，规模化制造企业众多，基础物流发展水平较高，地方政府政策支持，为发展现代高端化物流服务提供了优质土壤。

20 世纪 90 年代以来，经济面临进一步全球化，社会分工日益精细，市场竞争加剧，消费者需求进一步多样化，生产企业为了进一步降低物流成本、实现对顾客的快速反应、提高企业的竞争力，纷纷选择将有限的资源集中在核心业务上，而将自身不具备核心能力的业务以合同的形式外包给外部组织承担相关服务，与上下游供应商等外部组织走向了合作，以供应链管理的思维来指导企业的生产经营活动。企业通过与外部组织协调，实现对整条供应链的计划共享，从原料采购、加工生产、分销配送，到商品销售给顾客的物流过程进行协同规划取得竞争优势。在经济全球化、信息化加快推进的背景下，供应链竞争已成为市场竞争的重要形式，宁波的当地企业已经越来越认识到供应链管理的重要性，对物流外包服务的需求持续旺盛并不断释放。

余慈物流就是在这样的大背景下，抓住了企业升级发展的历史性机遇，走出了一条以“物流总包”为业务核心和依托、逐步转型升级到供应链一体化服务的企业发展之路。与余慈物流进行“供应链一体化服务模式”战略合作的主要客户有浙江华鑫化纤、浙江康鑫化纤、韩国 SK 振邦化纤、宗盛化纤、金盛化纤等十多家当地知名化纤企业。

三、“供应链外包集成服务”案例介绍

浙江华鑫化纤有限公司成立于 2003 年，注册资本 2350 万美元，主要生产涤纶长丝和聚酯切片，由于浙江华鑫化纤有限公司前期生产物流部门运作的不成功，使得余慈物流取得了物流总包合作尝试磨合机会，在 2004 年，也就是“华鑫化纤”成立的第二年，双方正式建立了物流总体外包战略合作伙伴关系，具体方式为：余慈物流全权担当大中型制造企业物流职能部门的角色和作用，派驻专业物流管理运营及操作团队入驻制造企业从事制造企业的日常物流管理和现场作业活动，业务范围贯穿企业产供销等整个生产经营活动，集“采购物流、生产物流、销售物流、外贸物流、仓储物流、配送物流”等为一体。当时的物流外包服务，尚属新生事物，几乎没有任何行业先例可循，复合型专业物流人才的匮乏也使得余慈物流在物流外包业务起步阶段举步维艰，余慈物流创始人陈虹先生凭着一股对物流外包服务发展方向的信心和事业追求的精神，带领项目团队攻克了一道又一道难关，帮助华鑫化纤实现企业内部和供应链上下游企业的良好对接，实现了“华鑫化纤”物流活动过程中涵盖采购物流、生产物流、销售物流、回收物流的全程供应链一体化管理，华鑫化纤也因此省去了对生产过程中绝大部分物流资源投入，企业得以专注于企业研发、生产、市场等核心能力建设，企业发展速度和运营管理效益显著提高，短短几年内，华鑫化纤的年产值突破 30 亿元大关，成长为“宁波市百强企业”“外商投资十佳企业”。

物流外包战略的成功实施让华鑫化纤与余慈物流双方得益，双方合作关系不断深化，现合作内容主要包括：

（1）原材料代理采购及进口报关报检；

（2）PTA 拖卡运输、MEG 罐装运输及原料卸载入仓管理等作业；

（3）生产辅料的代理采购及 VMI 集中供应及相关物流服务；

（4）按厂家规定比例进行生产投料；

（5）产品包装服务及产品信息的 RFID 电子标签写入和管理；

（6）半成品、成品的入库、库存管理和分拣出库作业；

（7）销售产品的订单组配、装车、运输、配送及外贸出口的代理服务工作；

（8）产品包装容器的设计、投入、管理、优化和回收等作业。

化纤行业制造业物流总包业务作业场景如图 8－12－1 所示。

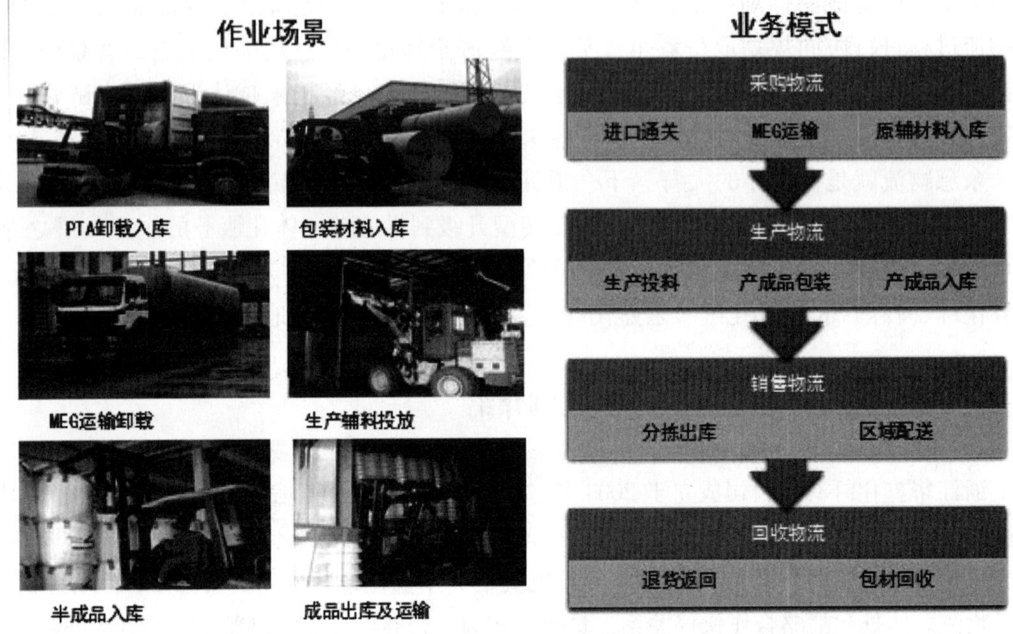

图 8－12－1　化纤行业制造业物流总包业务作业场景

“专业物流外包服务”发展战略的实施是余慈物流 2004 年由传统物流向现代物流转型升级的重要标志，公司针对余慈地区支柱型行业生产经营特征，为其提供集采购物流、生产物流、销售物流和回收物流为一体的专业物流服务，未来将延伸至原材料集成采购、包装整体解决服务、供应链金融、信息化服务、供应链方案设计五大供应链管理服务领域。

化纤行业制造业物流总包业务服务模式如图 8－12－2 所示。

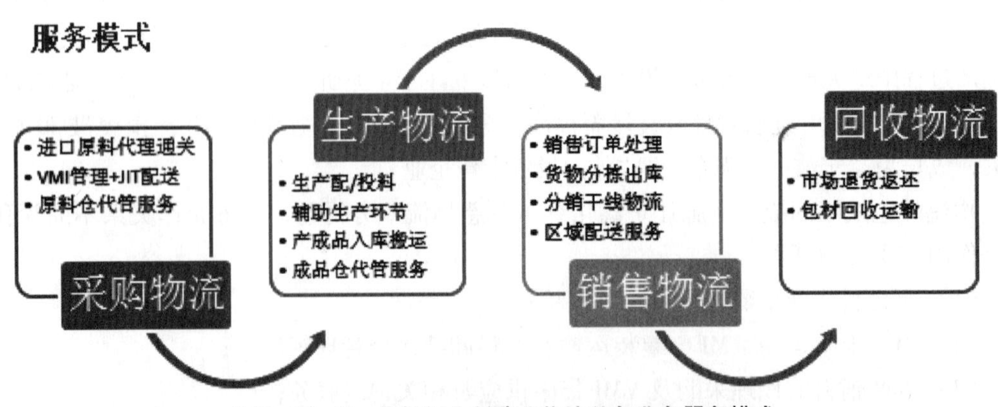

图 8－12－2　化纤行业制造业物流总包业务服务模式

基于供应链一体化物流的服务要求，我们正着力开发满足物流信息管理操作的ERP信息管理系统，通过“信息集成交互平台、RFID无线射频识别技术、GPS跟踪定位技术”等多种高新技术手段的运用，实现智能仓储、配送的信息处理流程，并与企业及企业的上下游客户达成数据实时交互和信息共享，提高物流信息的及时性和可视化服务水平，创造物联网和互联网条件下的智慧物流新模式。

RFID是一种非接触式的自动识别技术，它通过无线射频信号自动识别目标对象并获取相关数据，还可识别高速运动物体，无须人工干预，高效快捷，应用方泛。我们基于对制造企业物流活动的深刻了解和服务经验，推动了化纤企业RFID智能托盘循环使用项目应用，通过为企业生产量身定制的高耐磨高抗压高环保RFID智能塑料托盘，灵活调配、密集周转、循环使用，提升产品包装形象及防护性能，降低产品因仓储、运输、周转造成的损耗损坏，并且通过托盘内置的RFID电子标签和信息管理系统对接，实现对产品全天候、全自动定位跟踪。经初步测算，该项目在提高物流信息处理水平的同时，在“仓储成本控制、人力成本控制、产品包装损益”等方面，可为生产企业降低综合物流成本20%左右，该项目被宁波市发改委列为“宁波市智慧物流示范应用试点项目”，如图8－12－3所示。

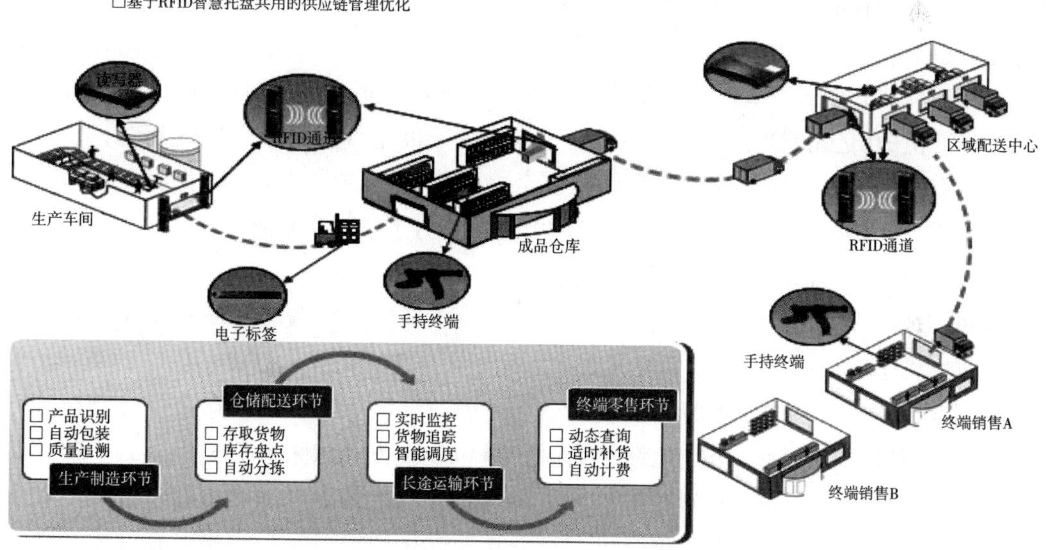

图8－12－3 基于RFID智慧托盘循环共用的化纤企业供应链智能化管理模式

余慈物流通过对现代信息技术的不断应用，与各大余慈物流服务的生产制造企业的ERP系统进行物流信息实时对接、信息实时共享，打造一体化物流信息管理平台，最大程度实现双方合作过程中无缝对接，为客户创造一体化供应链服务外包信息增值服务，保障和助推客户商业价值不断提升（如图8－12－4所示）。

四、供应链服务模式实施效益分析

以华鑫化纤为例：华鑫化纤将采购、生产和销售中所包含的所有物流活动统一外包

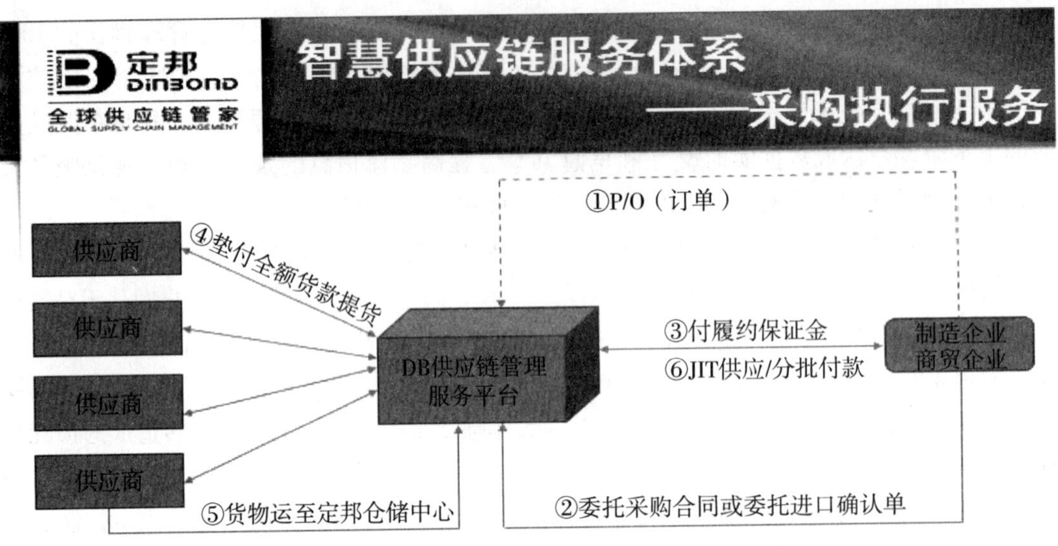

图8-12-4　余慈物流供应链管理之采购执行服务

给余慈物流后，余慈物流得以在华鑫化纤整条物流链上进行优化和严格的品质把控，通过物流公司专业化运作和规模化经营，将华鑫化纤的综合物流成本总体下降30%左右，华鑫化纤也节省下了绝大部分物流专业设备成本投资，企业得以专注于自身核心生产环节和市场运营，企业经营效益明显提高，企业增长速度提升10%左右，短短五年时间就成长为年产值30亿元的当地明星制造企业，被评为宁波市百强企业。2013年起，宁波市余慈物流有限公司为华鑫化纤提供集供应链金融等为一体的供应链一体化服务，为华鑫化纤解决进一步扩张产能所带来的企业流动资金紧张打下了坚实基础。

2014年9月，华鑫化纤占地1000亩的新生产基地投入使用，企业年产量从25万吨提升至80万吨，产值即将突破100亿元。余慈物流为华鑫化纤设计科学精细的供应链金融服务方案，争取银行融资支持2亿元，大大缓解了华鑫化纤扩大产能后面临的流动资金紧张的问题，华鑫化纤的发展将再启新程。与此同时，余慈物流还根据多年化纤行业厂内物流专业服务经验，建议华鑫化纤改变原先料包袋装方式和采购原材料方式，改用罐车直接运输PTA散装原料并直罐投放，大大降低了华鑫化纤原料采购中的包装成本和相关物流装卸成本，顺势推动华鑫化纤应用自动化前端生产设备建设水平，企业生产效率进一步提高，成本进一步下降，据相关测算，可综合为华鑫化纤降低物流成本10%左右。另外在上煤和包装环节中，余慈物流也提出半自动化和自动化改造建议。预计在上述改造完成后，可以为华鑫化纤每年节约5000万元左右生产物流成本，极大地提高了华鑫化纤的市场竞争能力和企业经营效益。通过上述技术改建活动及供应链服务模式的嵌入，余慈物流的LNG专业车辆运输及供应链金融等专业物流服务和增值物流服务得到进一步延伸，企业产值每年可提升至15亿元左右，经营效益预计可提高5%左右。创新的供应链服务模式使得合作双方互利共赢，也为余慈物流下一步在更多客户群体中推广供应链服务模式打下口碑影响和市场基础，获得了当地政府、银行和制造企业的好评。

通过与包括华鑫化纤在内的多家颇具规模的化纤企业的合作，余慈物流在助推这些制造企业降低生产物流成本、提高经营效益等方面做出了突出贡献，先后被当地政府评为“慈溪市商贸流通服务业先进企业”“宁波市品牌示范性先进物流企业”“宁波市服务业名牌企业”“浙江省服务业名牌企业”“浙江省十二五物流业规划重点培育发展物流企业”等多项荣誉称号，公司于2013年当选浙江省物流与采购协会副会长单位。

五、其他服务项目简介

（1）供应链金融：由2013年成立的浙江定邦全球供应链有限公司负责开展此类业务，主要为总包客户、制造企业的原材料采购、产品分销、仓储客户的存货质押等提供配套融资支持。2013年的定位是服务产品的摸索期和操作团队的培育期，项目类型有前端采购、大宗物资的供应链金融等，也有一些应收账款质押类型的服务与商贸企业的供应链金融项目，从2013年5月与京东商城正式合作开始，全年实际运行7个月，实现产值5亿元，客户类型包括原有物流总包客户及京东商城等部分电商平台企业，预计2014年可实现20亿元产值。

（2）大众汽车园区物流服务：2013年年底，上海大众杭州湾汽车制造基地正式投产，由于余慈物流多年的制造业专业物流总包服务经历，顺利被大众汽车列为指定的园区物流供应商，公司目前已投入30多辆12米双启翼专用配送LNG车辆为上海大众（斯柯达）杭州湾汽车制造基地提供汽车制造配件的园区JIS \ JIT专业上线配送服务，未来将逐步拓展至VMI仓储管理及供应链金融仓储服务领域，预计可新增产值2～3亿元。

六、公司下一步发展思路

随着经济社会对物流服务的广域化、多样性、一体化服务要求不断提高，以及客户端的多变性和复杂性，目前，物流行业的发展已进入到更加理性、务实、更加需要创新思维的行业发展转型新阶段。

余慈物流目前自建的供应链仓储配送中心实际占地62亩，当前已完成前期规划、环评和设计等工作，进入施工阶段。基本的经营规划是为本区域中小型生产及商贸企业提供以仓储为支点的供应链一体化服务，构建更紧密的物流服务联盟关系。我们计划利用供应链仓储配送中心的现代化仓储资源优势和信息化服务优势，为当地各原材料相似的化纤、家电、汽配等区域性集聚生产企业提供原材料集中采购、按需配送的供应链集成服务，发挥批量集中采购的议价优势和库存灵活调剂的整合功能，帮助生产企业降低采购成本、盘活流动资金、破解当前形势下企业融资难、融资贵的问题，在当前深刻变化的国际国内形势中继续做强做大。

余慈物流集仓储、运输、配送、信息处理、方案设计等为一体的物流外包服务模式进入市场时间比较早，积累了一定的物流总包服务经验，公司内部培养出了一批专业从事外包服务管理和操作的精英团队，现基于物流总包服务模式成功转型而来的供应链一体化服务模式经市场一年的推广和历练，证明具有较好的市场认可度和成长性。余慈物流下一步将继续利用自身独特优势，遵循物流行业发展规律，积极构建“线上＋线下”紧密结合的供应链一体化综合服务平台，为广大客户提供高质量高效益的供应链一体化服务，以供应链思维打造生产供应链联动升级版，为区域经济的升级版发展做出贡献（如图8－12－5所示）。

图8－12－5　余慈物流一站式供应链管理服务发展战略

撰稿人：宁波余慈物流有限公司副总经理　盛海锋

案例十三　安徽商之都：数据分析模型优化供应链管理

安徽商之都股份有限公司（以下简称商之都）隶属于中国500强企业、国家重点培育的15家流通企业安徽省徽商集团，主要从事百货、超市、电器销售连锁经营。作为安徽本土最早成立的商业连锁企业，19年来已发展成为拥有“百货、电器、超市、自有品牌、糖酒批零、电子商务”等多业态、多门店综合性商贸企业，规模位列全国连锁商业企业前20强。商之都拥有78家门店，主要分布于安徽省内各市县。其中，直营店75家，包括12家商之都百货门店、38家红府超市门店和22家国生电器销售专业店；加盟店3家，全部为百货加盟店。

零售连锁企业发展到一定规模，商品数量迅速增长，上联国内外数千家供应商，下接数以百万的消费者，相应的供应链、物流运输、捡配作业、逆向物流就自然增大。供应链就像纽带，也仿佛管道，一旦处理不当，就会出现纠结，就会在日益激烈的竞争市场中成为企业致命伤；而如果在供应链管理上下功夫，妥善运用高效、可靠、精准的大数据分析，就会理顺经纬脉络，提高效率，降本增效。

商之都近些年在供应链管理方面一直立足于数据模型的创建运用，如“门店选址数据模型”“商品品类数据分析模型”“人力资源绩效考核模型”“VIP客户价值分析模型”，从“选店址、选商品、选人才、选客户”四大关键环节形成闭环。本文重点就“商品品类数据分析模型”，通过信息化管理系统大数据分析实现实用性强、控制成本佳、数据使用科学、运行精益化的供应链管理展开描述。

一、创建“商品品类数据分析模型”优化供应链模式的背景

（一）零售业适应新常态的需要

由于零售业是完全竞争行业，商战硝烟异常浓烈。产品生命周期缩短，消费者偏好百花齐放，更加追求理性化、个性化、绿色环保以及高性价比，大大增加了企业的生产经营活动所面对的不确定性和复杂性。为获取竞争优势，对市场需求做出及时准确的响应，降低市场风险，企业间加强了合作紧密度，将整个价值增值链上所有成员企业的集合当作一个虚拟实体，实行供应链管理。零售商处于商品流通的最后一个环节上，连接着生产市场与消费市场，其最基本的功能就是将商品直接出售给消费者，以满足消费者生产与生活的需要。相对来说离得最近，看得更清。

商之都作为零售商，对内需要科学地进行品类和品牌分析，优化商品布局和品类、

品牌结构；对外，在市场需求多样化的基础上，创新营销方式，合理评价促销效果。然而不管是内部管理和外部营销，都需要充分挖掘经营数据，掌握先进的数据分析与决策能力。一方面，想方设法把顾客引进门，“投其所好”让进店的顾客能满意地买到想要的东西；另一方面，供应链模式由传统的制造商推动的推动式逐渐转变成以零售商拉动的拉动式，不断增强零售商在供应链中的主导地位。

（二）企业自身升级转型的需要

如何从海量信息中挖掘出有用信息，需要构建科学合理的经营数据分析模型，把“数据坟墓”转化为“信息宝藏”，以此诊断零售企业在品类管理中的现状和问题，发现能够影响消费者的营销行为和提升经营业绩的有效方法，从而帮助企业经营决策者进行营销战略与策略的调整，指导营销策划和执行人员完成精准营销，在“红海”市场中提升竞争能力。

“用数据说话”在管理和营销中的作用日益体现。商之都对此也做了大胆的尝试与创新，结合自身多年的零售经营经验，分别建立一套以百货、电器、超市为模板的经营数据分析模型。突破传统的定性为主、静态分析的定式，实现了动静结合，连锁数量与质量结合，多品类与多门店结合的分析模型。通过该模型，科学指导商场内部的商品布局、优化品类分布与品牌结构、创新营销方式，实现精准化服务来不断提升门店运营质量。

1. 分析维度

最理想的分析维度常以单一商品销售量、单位时间为维度来分析某商品每日市场表现情况。但由于商品种类以及数据信息繁多，商之都品类数据分析只进行将单一商品和每日状态调整为某品类和每月的次优选择，如此更加实际和实用。

2. 分析体系

主要包括三大体系：重点品类分析、异动品类分析、促销敏感度分析。

重点品类分析和异动品类分析包括：①绝对数量分析：销售收入、毛利、客单数；②相对数量分析：坪效、坪利。

促销敏感度分析包括：促销系数分析。

重点品类异动分析和异动品类分析，可以了解某品类在市场的表现情况，通过量、质两方面指标，来指导优化百货门店的商品品类采购、配送和布局，有效地根据市场需求进行动态管理。

通过促销敏感度分析，可以在合适的时机，采取不同的促销方式，避免盲目性，提高促销活动效果并对其进行有效评价。

3. 品类分析具体做法（举百货为例）

（1）重点品类分析

商之都百货卖场商品按照商品属性划分为33个品类，如表8－13－1所示。

表8－13－1　　品类划分与品牌、业务部对应一览表

序号	品类	品牌（专柜）名称	序号	品类	品牌（专柜）名称	序号	品类	品牌（专柜）名称
1	化妆品类		12	精品男装		23	青春牛仔	
2	男女佩饰A		13	绅士正装		24	时尚休闲	
3	男女佩饰B		14	绅士休闲		25	羊绒毛衫	
4	男女佩饰C		15	都市休闲		26	童装童鞋	
5	玉器银器		16	男女裤品		27	儿童用品	
6	钟表照材		17	精品女装		28	文体用品	
7	绅士男鞋		18	休闲女装		29	烟酒杂货	
8	休闲男鞋		19	时尚女装		30	床上用品	
9	女士鞋类		20	少淑女装		31	文胸内衣	
10	时尚女鞋		21	中老年装		32	家居饰品	
11	箱包皮具		22	运动户外		33	季节商品	

商之都总部每年对上一年度所有品类销售和毛利进行统计，按照销售占比50%＋毛利占比50%的方法计算出各品类重要度，将重要度排名前12名品类作为本年度重点品类进行分析，如表8－13－2、图8－13－1所示。

表8－13－2　　年品类毛利和销售排名表

排序	品类名称	毛利（万元）		销售（万元）		重要度（销售占比50%＋毛利占比50%）
		本期金额	占比（%）	本期金额	占比（%）	
1	A		12.86		11.13	11.99
2	B		12.17		10.44	11.30
3	C		7.68		7.05	7.37
4	D		3.34		9.28	6.31
5	E		5.38		6.02	5.70
6	F		5.81		4.88	5.34
7	G		5.07		4.78	4.92
8	H		2.96		4	3.48
9	I		3.33		3.3	3.32
10	J		3.22		3.33	3.27
11	K		3.6		2.88	3.24
12	L		3.13		3.3	3.22
合计			68.55		70.39	69.46

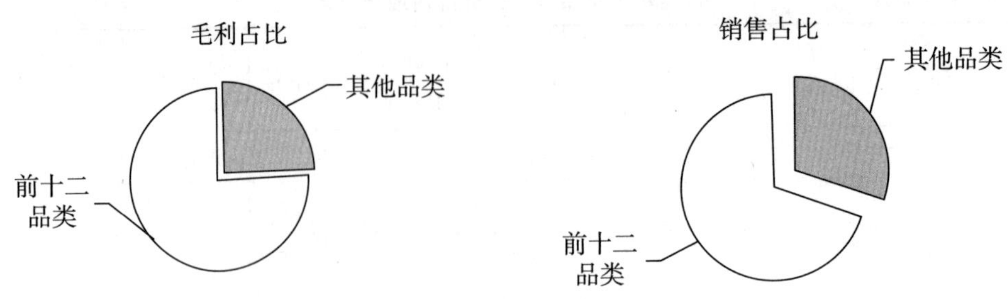

图 8－13－1　年品类毛利和销售占比

商之都建立了以商品为基点，将门店和楼层因素作为辅助因素的品类分析模型。该模型通过绝对数量指标和相对数量指标，进行“多门店分析＋多品类分析”。绝对数量指标包括各门店或品类销售收入、毛利、客单数等反映某门店或某品类的市场份额；相对数量指标包括各门店或品类坪效、坪利、坪单等反映某门店的运营质量或某品类的市场表现。通过上述各指标分析，可以优化品类布局，指导采购和商场经营结构调整。

（2）异动品类分析

每月对33个品类商品的坪效、坪利进行统计，将坪效/坪利同比增幅或者降幅较大的品类确定为异动品类，并结合该品类的毛利、销售进行分析。对坪效较低、且增长持续下降的品类中的品牌进行末位淘汰，对坪效较高、且销售势头良好的品类中的品牌给予重视，为优化门店品牌、布局调整提供依据。

（3）促销敏感度分析

促销的效果如何不能只凭感觉，必须通过数据分析来验证。促销敏感度分析表是反映促销活动对各个品类商品的销售额影响情况的表格。通过对促销活动期间的日均销售额、促销活动前后5天日均销售额的对比，可以看出促销活动对各品类销售的影响情况，敏感系数高的品类说明促销活动对其销售影响较大，否则反之。因而通过促销敏感度分析能对特定品类制定特定的促销活动，提高促销活动的针对性和有效性，同时对评价商场促销活动有着积极的指导作用。

以某商厦在2014年5月1日—5月3日3天所做的促销活动对各品类的销售影响情况为例来进行分析，如表8－13－3所示。

通过敏感度分析表可知：促销活动对A、B、C等品类销售拉动较大，这些品类对促销活动具有高的敏感度；促销活动对D、E等品类销售拉动一般，此品类对促销活动的敏感度为一般；促销活动对F、G、H等品类销售影响较小，这些品类对促销活动敏感度低。在日常经营活动中可针对敏感度高的品类制定针对性的促销活动，而对敏感度低的品类可不做或少做促销活动。

日常经营活动中有多种促销方式如买赠、满减、打折、电子币等，为全面完整评价促销活动的效果，一方面是一种促销方式对不同品类的影响程度；另一方面是同一品类对不同促销方式的反应情况。为此，可建立如表8－13－4所示的表格来进行综合分析，针对不同品类选择不同的促销方式，以获取最大的促销效果。例如，“幸运30分，购物不花钱”“零利风暴”“卡宴”“国宴”等商之都原创性营销活动深入人心，享誉安徽商界。

表 8－13－3　　敏感度分析

门店	某商厦	时间	5 月 1 日—5 月 3 日			单位:	万元
		选项①	选项②	选项③	④	⑤	⑥
	品类	促销活动期间销售额	促销活动前后 5 天的销售额（不含促销活动期间）	促销天数	①/③	②/10	④/⑤
1	A	48.35	31.88	3	16.12	3.188	5.05542
2	B	14.01	9.28	3	4.67	0.928	5.03233
3	C	19.4	14.74	3	6.467	1.474	4.38716
21	D	113.56	154.2	3	37.85	15.42	2.45482
22	E	13.23	18.1	3	4.41	1.81	2.43646
29	F	17.06	32.65	3	5.687	3.265	1.7417
31	G	13.76	29.7	3	4.587	2.97	1.54433
32	H	0	0	3	0	0	0
总敏感度		869.98	1072.8	3	290	107.28	2.70314

表 8－13－4　　促销敏感系数分析

品　类	买　赠	满　减	打　折	备　注
敏感系数最大的 5 个品类的名称及系数				
敏感系数最低的 5 个品类的名称及系数				
总体促销敏感系数				

说明：1. 选取 3 个力度较大比较明显的促销活动来进行对比分析。

2. 促销敏感系数是指促销活动期间日均销售与促销活动前后 5 天（可根据各门店实际情况合理选择，如 ± 30 天、± 15 天等）合计日均销售之比。

二、数据模型优化供应链管理的整体做法

（一）上控资源，下建网络

1. 与优质供应商建立紧密合作链条

供应商选择零售商，零售商也选择供应商。商之都经营定位是高中端客群，在当前政策面、市场面的影响下，将进一步拉宽价格带，除旗舰店之外，各个门店和业态都在向中端和大众化转型，相对应的品牌资源支持必不可少，精准的数据模型分析对上控适卖资源，将进一步发挥导向功能。我们在33个百货品类中会进一步提升前12个品类的经营占比，在这12个品类中会增加畅销品牌的经营占比，在畅销品牌中会增加适宜价格带的款式、规格的经营占比，例如不断增加女性商品品类、品牌和品种，对处于上升状态的小众品牌优先引进、倾向性培育，加大高性价比的特卖资源争取、增加人气；国生电器制定出了明确的供应链导向，即“重点品牌重点合作，重点门店重点关注”，例如格力电器市场，国生电器在省内的份额已经达到近10%；红府超市以数据说话，对上千家供应商分为A、B、C三大类，对销售数量大、毛利率高的A类供应商，实施预付款政策合作；糖酒公司锁定茅台、五粮液和省内名酒古井贡酒批零代理，而不是贪大求全、兼收并蓄。感情的谋合、政策的配套、共赢的理念和数据的分析对上控资源作用显著。

2. “门店选址数据模型”指导下建网络

安徽商之都“门店选址数据模型”是4大数据模型的重要组成部分。主要是通过宏观选址（区域选址）与微观选址（商业生态选址）两方面，揭示项目选址的自身规律。商之都分别制定完善了百货选址模型、电器选址模型和超市选址模型。以百货为例：

宏观选址是指寻找和确定目标区域，它是从现有市场饱和度和未来市场发展潜力入手对目标区域进行分析与判断。为此我们参照全省最新统计数据，以城镇人口数、人均社会零售额、人均可支配收入为主要参数，分别建立零售饱和指数数据模型（如表8－13－5所示）与可支配收入数据模型（如表8－13－6所示），两种模型的主要原理说明如下：

表8－13－5　三个城市的零售饱和指数测算

项目	地区		
	A市	B市	C市
需要该商品的顾客购买人数（人）	30000	15000	5000
顾客平均购买额（元）	20	24	30
经营该商品的营业面积（平方米）	15000	10000	2500
零售饱和指数	40	36	60

注：零售饱和指数越高，表明市场未饱和程度越高，从计算结果看，C市的零售潜力高于A、B两市，是零售商开设连锁店较为理想的地区。

零售饱和指数数据模型推算原理：目标城市一定时期内现有社会商品购买力条件下商业经营面积饱有量，通过饱有量与现有百货经营面积存量与之差额算出可增（减）百货面积，基础公式：$IRS=(H1\times RE1)/RF1$，IRS = 商圈饱和指数；$H1$ = 选取目标城市城镇居民人口数（反映市场总量大小）；$RE1$ = 选取目标城市人均社会商品零售额（反映现实购买力强弱）；$RF1$ = 选取目标城市现有百货商场面积总量及人均面积（反映商业化程度高低）。推算办法：由选取的目标城市以上各指标代入基础公式算出目标城市的商业零售饱和指数；目标城市饱和指数与全省指数对比，得出目标城市的调整系数；目标城市现有商业面积乘以调整系数得出饱和商业面积。

可支配收入数据模型推算原理：通过人均可支配收入以测算出城市一定时期内商业潜在经营面积可达量。通过现有存量与可达量之差算出可增（减）商业面积，基础公式：$I=MS/QS$，I = 人均可支配收入调整系数；MS = 目标城市人均可支配收入（反映目标城市潜在购买力水平高低）；QS = 全省人均可支配收入（反映全省购买力水平）。推算办法：目标城市可达商业面积 = 城镇人口总量 × 人均可支配收入调整系数 × 全省人均现有商场面积；目标城市可增商业面积 = 目标城市可达商业面积 − 目标城市现有商业面积。

表 8-13-6　　三个城市可支配收入数据测算

城市	城镇人口（万人）	百货商场现有面积（万 m^2）	人均面积（m^2/万人）	人均可支配收入（元/人）	人均可支配收入调整系数	应有商场面积（万 m^2）	可增百货商场面积（万 m^2）
A	185	21.62	0.12	11013	1.11	16.48	-5.14
B	83	2.4	0.03	9807	0.99	6.58	4.18
C	55	1.98	0.04	9042	0.91	4.02	2.04
全省合计	323	26	0.08	9954			

微观选址是指目标店址周边的商业系统环境即商业生态。主要包括：①商圈形态与级次是中心商圈、次级商圈还是边缘商圈。②周边人口数量、密集度及其购买水平，生活习惯与消费倾向。③功能互补、业态相容、共生的其他服务业的集中度与耦合度，如大卖场、专卖店、银行、干洗店、餐饮娱乐等服务配套设施等。④同业态规模相当的竞争对手情况与未来潜在竞争情况。⑤交通的便利性：公交、小汽车、摩托车、自行车等交通工具来往畅通、易达、停放快捷便利等。综合考察以上各因素后确定商场最佳位置。

2007 年年底，数据模型初步成型后，我们对持续跟踪的安徽南方城市黄山和池州，北方城市蚌埠和阜阳等目标城市逐一对照模型提供数据同时结合每个城市形态，加以综合评估。例如：二套模型提示黄山市可增 0.72 万 ~1.23 万平方米的百货商场，而池州市的二套模型提示当期可增商业面积为 0.94 万 ~1.24 万平方米；由于黄山市人口集中度不高，生活习惯以生活必需品为主，属典型的旅游城市；我们选取了池州为江南开店区域城市。二套模型都提示阜阳市可增商业面积为 -2.52 万 ~ -1.6 万平方米；蚌埠市二套模型都提示可增商业面积为 0.95 万 ~1.22 万平方米。我们选取北方城市蚌埠作为开设新门店的区域城市，然后依据微观的商业生态法，选定池州的长江路与百牙路交口和蚌埠的胜利路与中山路交口的位置作为新门店的选址。目前池州购物中心已于2009年年底开业，蚌埠购物中心于2011年年底前开业。此外，被二套选址模型提示不宜进入的阜阳、黄山等城市，至今尚无大型百货商家进入，个别进入的商家也一直是亏损经营。

与此同时，我们还锁定省城政务区板块的崛起，在2013年11月成功开业商之都合肥百货三店——新华店；红府超市2009年以来新开门店24家，国生电器2011年以来在全省新开门店4家。可以说，商之都管理团队花大功夫创建的选址数据分析模型，既有理论依据又有实战佐证，也得到了回报，就是指导了实际选址，促进了企业健康发展。

（二）数据模型引导“以自营的思维做好联营”

1. 大力发展“自有品牌”

连锁规模发展到一定阶段，探索“自有品牌”开发运营，是企业应对同质化诟病、提高毛利率、优化供应链、增强核心竞争力的重要手段。开发自有品牌，有利于零售企业资源优势的整合，减少中间环节，掌控经营自主权。在欧美发达国家，商业企业探索自有品牌营销已有几十年历史，如英国马狮百货、泰国中央零售企业尚泰百货、美国沃尔玛、法国家乐福等公司，自有品牌商品比重有的近达40%，毛利率保持25%～30%较高水平。随着经济的快速发展，竞争的骤然加剧，国内不少零售商也纷纷涉足自有品牌的开发，如大商集团、杭州银泰、山东利群等，产品涉及食品、日用生活品、珠宝、服装等多个种类，涵盖广、品种多，渐成知名零售企业的新宠。目前，安徽省内自有品牌的建设步伐较慢，发展方式也各有不同。一种是面向超市业态的自有品牌，主要集中在日常生活品，如徽商红府、百大合家福；另一种是获取品牌区域、渠道销售代理权利的形式，主营国内外知名品牌，如安徽商之都。

商之都自2007年起，内设了品牌开发中心、外组徽之尚贸易有限公司，正式启动自有品牌建设，以发展二级市场为重点，多品牌、多品类同步发展，寻求经济效益最大化的自有品牌发展思路。目前已成功涉足3个品类5个品牌的自有、自营业务，合作的固定厂商39家，商品涵盖毛衫、床用、裤装等，先后注册了“秋域”“沁竹”“西羚”“印士高”“优逸空间”五个自主知识产权品牌，并有8个国际品牌经销业务、10个国内品牌代理托管业务。自有品牌依托省内各地的连锁终端资源，截至目前在11个市县12个门店共铺设85个营业专柜。自有品牌逐渐成为商之都“挖不走”“能血拼”的优质商品资源，提高了供应链的效率；订单生产进行贴牌省去了商品设计和开发过程；独有品牌有效减缓零售商间的竞争程度，提高了公司的毛利率和净利润，增强了消费者对商之都品牌的忠诚度，加强了零售商在与品牌制造商谈判中的话语权。公司的目标是力争到2020年，实现自有品牌销售在百货中占比达15%～20%。

2. 以自营的思维做好联营

零售业经历了几十年的发展，合作模式几经变化，由最初的自采经营，发展为当前占据主流的联营。这种变化使得商场从日益繁多的商品中解脱出来，管理职责也从商品管理变为品牌管理，所带来的好处是，减少了人员成本，提升了劳动率，降低了自身的风险。但是联营管理的一些弊端也逐渐体现，管理上着力点转移，粗放管理、本位主义，与顾客之间增加了促销员屏风，导购作为厂商的人员，我们更多是对其日常劳动纪律的要求，很少在提高其销售服务技能，调动其积极性上强势管理。有时商场没有服务好促销员，有时促销员不能服务好顾客。“以自营的思维做好联营”，就是让我们保持高效管理的同时，以自有员工的心态关切促销员，加强促销员培训、强化销售管理以及促销员自我销售能力提升，增强促销员归属感和积极性、主动性，并且更加贴近商品，力戒“二房东”的管理模式，要帮助供应商分析货品结构、营销手段、SKU 更换、找准竞品差距、加强单品管理、做出市场区分度，把供应商的事当作商场的事，紧急处理滞销、库存积压问题，自我突破建立和谐共赢的商业生态。

就利润而言，联营模式中，销售一定情况下，利润分配是此消彼长的，甲、乙双方往往容易站在自己的立场上，依靠主观经验或者惯例，进行合作谈判，缺乏深入的沟通与换位思考，即便有所改变，也是基于话语权局势的强弱，而非理性的分析、判断。倘若是自营，我们便能清晰掌握乙方的人员成本、货品成本、物流成本等，就能避免数据盲区，从而主动地建立合理的利润分配，让客户感受到我们的诚意。反之，对于客户运营过程的理解，也会使我们在合作中更为专业。在逆市中，让利是常有的事情，如何让利，让利多少，没有对客户运营成本的充分考量，多则滥，少则不足。所以以自营的思维经营联营，就是要求我们不能固守本位主义、经验主义，更积极地深入到客户的经营过程中去，了解客户、支持客户，以主动的姿态促成新的供应链模式释放活力，如图 8 -13 -2所示。

（三）数据模型优化供应链管理的实际运用

1. 数据分析指导百货采购与品牌调整

品牌组合常变常新，要根据每个店主力客群需求的变化保持适时的调整，这是商业公开的秘密，也是商业最难拿捏的秘籍，商之都“商品品类数据分析模型”的目的就是通过真实数据的分析，每年对每个门店 33 个品类排名最后 4 名的品类进行淘汰和优化。为此近年来，商之都百货一直保持着每年 10% 的品牌淘汰率，10% ~15% 的新品引进。例如：2009 年、2010 年合肥旗舰店、东门店、六安商厦、宣城商厦、滁州商厦等都是通过品类分析排出产效低的品牌与品类，淡季时予以专柜品牌调整，既有国际一线品牌兰蔻、欧米伽的引进，又有一批滞销品牌的退出，并在调整后显现了较好的经营效益；2011 年、2012 年重点开展了巢湖店、池州购物中心、霍邱店、淮南店的布局调整和品牌、品类组合；2013 年、2014 年紧跟“八项规定”“四风建设”带来的消费变化，及时调整了商品结构，控制了奢侈品牌、高价商品的采配量，加大了省辖市、县级商厦中端乃至平民化的商品采配量，使得商品价格带快速、主动下浮，加快了撤柜区域向餐饮、娱乐、家教、影院等业态的转型，肯德基、必胜客、大地影院等多家门店的进驻。

2. 数据分析助力国生电器“高新特奇”经营特色

与百货有不同之处，家电消费升级方兴未艾，大家电日趋高端化，智能、新奇家居家电成市场主流。国生电器 2009 年、2010 年对六安店、宣城店、滁州店、合肥东门店通

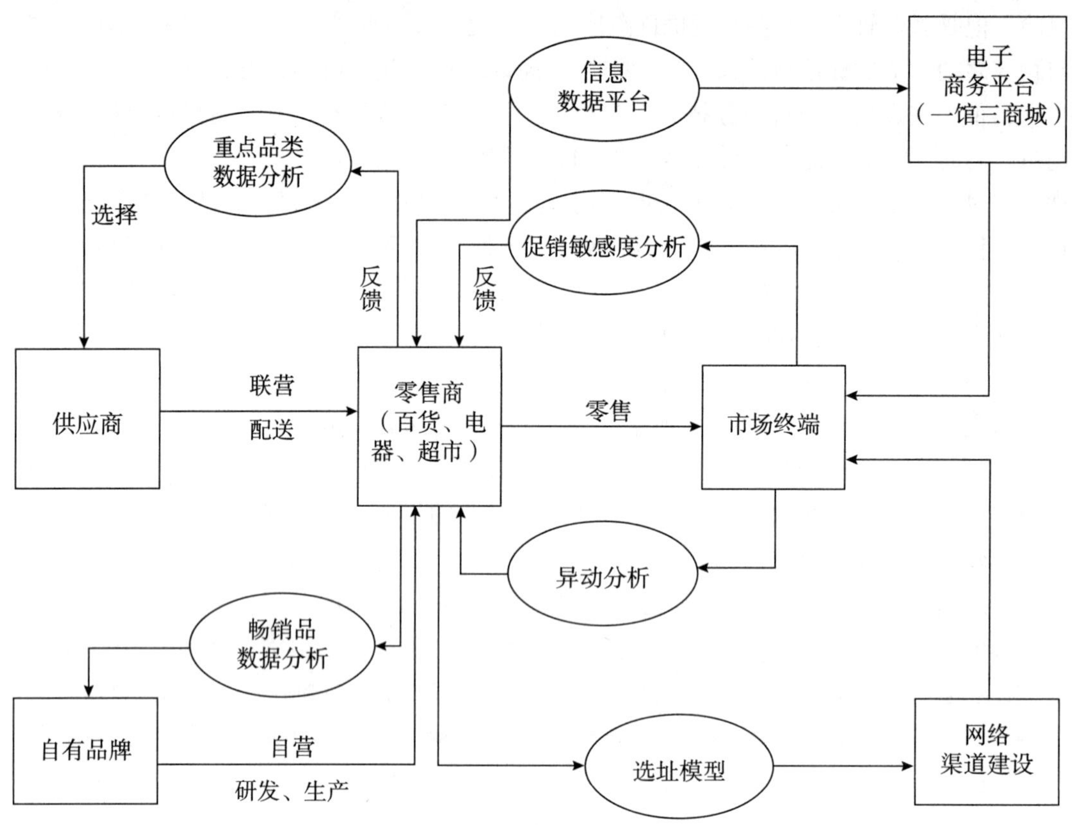

图 8－13－2 自营网络供应链思维模型示意

过品类分析淘汰产效低的品牌与品类占 1/3，2012—2013 年确定“重点品牌重点合作、重点门店重点关注”的经营思路和加强“高、新、特、奇”经营特色，供应链管理、上下游优化、物流配送共同朝着这个目标发力。以 2014 年国庆长假为例：公司整体销售同比增长 8.10%，品类中三增二降（空调、冰箱、小家电上升，彩电、3C① 下降）。其中增幅最大的是空调品类，得益于高端、变频空调的销售火爆，零售量同比增长 190.32%，零售额同比增长 153.24%，销售占比已达 90%；其次是冰箱、洗衣机、小家电分别增长 10.44% 和 10.46%，冰箱、洗衣机主要得益于高端冰箱四门、五门冰箱的普及，高端品牌西门子占比达 42%，四门冰箱零售同比增长了 45%，零售额增长 51%，是传统大家电品类中增长最高的产品；小家电则成为家电利润增长的亮点，高端锅具品牌中，双立人销售额增长 14%，已经连续 4 年保持两位数增长，毛利同比增长 9%；随着消费者对空气环境和健康的重视，智能、新奇家居家电消费者普遍看好，品牌进驻商场也日益丰富，国生合作品牌已有 19 家，国庆期间净化器、净水机的销售成倍翻番；健身器材加强了 BH 按摩椅、跑步机的上样，7 天销售同比增长 141.21%，“高新特奇”特色更加凸显。

---

① “3C 产品”，就是计算机（Computer）、通信（Communication）和消费类电子产品（Consumer Electronics）三者结合，亦称“信息家电”。

3. 数据分析推动红府超市“四轮驱动”

“大城市开小店，小城市开大店”是超市演化中必然的过程，经过市场调研和内部数据分析，红府超市明确了“四轮驱动”的发展战略：一是精品超市。这是红府超市立足市场的“最具杀伤力的武器”，红府品牌在安徽尤其在合肥区域已深入人心，“精品超市”已成为“红府”品牌的代名词，集聚了一批高中端优质供应链资源，也赢得了“红府超市无假货”的口碑，一定程度上领导安徽超市新潮流。二是社区店。这是红府超市立足市场的“拿手好戏”。由于城市容量的扩大，城市人口的增多，生活节奏的加快，为社区店的繁荣提供了最为有利的条件，目前网点基本遍布合肥大街小巷，为低成本物流和连锁功能的发挥创造了条件。三是学院店。这是红府超市立足市场的“独门绝技”。“学院店”是校企合作项目，也称“校中场”，目前有合肥陆军军官学院店、8 中店、安徽工商学院店，具有很多优势，由于消费人群主要是学生，而且年龄段不同，所以可针对这一固定人群进行各种商业研究，模拟各种业态组合，进行营销的求新求变，对于那些成功的案例，可以在别的门店进行复制，而复制正是连锁的本质。可以说，学院店是红府城市未来发展的“研发中心”，承载的是一个个课题的研究，属于“智库”性质的探索，承担商业模式、管理经验、营销网络、信息系统、风险防控、体制机制等商业要素的创新创优。四是大卖场。这是红府超市立足市场的“必由之路”，也是支撑超市规模的压舱石，红府超市将顺势而为，目前拥有宿州路旗舰店、合作广场店，二里街项目也即将全面装修。“正如一辆汽车一样，四轮驱动，可以互为补充，当一个轮胎遇到阻力时，发动机将输出扭矩分配给其他轮子，以获得必要的动力。红府超市也一样，会将这四种模式进行有效整合，最大限度地发挥合力。”

4. 数据分析推进电子商务成为主业

商之都 2010 年开始拓展电子商务，率先在安徽省内建成了传统零售业首家综合性网购平台——徽之尚商城；2011 年创建唯一的天猫卖场型旗舰店——徽商红府官方旗舰店；2013 年“借势发展”，成为淘宝网省级战略合作伙伴，创办“特色中国·安徽馆”平台；2014 年 6 月新添天猫电器 O2O 专营店——国生电器专营店。商之都经过慎重分析，先后开设“一馆三店”，在全国传统商业企业中是不多见的，被授予“国家级电子商务 100 强示范企业”，安徽省到目前为止仅 2 家。

商之都一方面促进 O2O 商业模式落地，另一方面作为安徽省网商协会会长单位，配合省商务厅，重点以优质农产品电子商务为抓手，整合全省各地市资源，建平台、创特色、树品牌，改变了以往在电子商务领域安徽农业企业或农户单打独斗的局面，走出了一条特色化的升级赶超之路。根据阿里研究院最新发布的《阿里农产品电子商务白皮书(2013)》，安徽农产品网商卖家数居全国第 10 位，农产品销售居全国第 8 位，增幅分别为 24% 和 273%，两项均居全国各省区首位。

5. 数据分析引导会员及自媒体营销

开发上线的 CRM 系统，为规范会员管理和提升服务宽度、深度创造了条件。将原来百货、超市和家电的会员进行了统一的整合，体现在会员介质——会员卡片的统一、积分通用互兑、会员的信息共享三个方面。会员资源的整合，给商之都的会员联动营销带来了方便，会员数据更加集中，分析使用的价值度也在提高，也使得国生、红府的品牌归属更加明确，有益于“商之都”品牌的传播和溢价。从顾客方面来看，提供的是便利，在同一个商场里不用再携带不同的会员卡分别积分，兑换积分也更为便利，通过三个业态的任何一个收银台均能当作现金随时使用。CRM 二期加强了数据的分析开发，通过 CRM 可以进行顾客消费频次、喜爱品牌、消费金额等多维度的查询分析，为营销活动提供更为精确的消息推送对象。2014 年，商之都的微信服务平台与 CRM 系统打通后，会员的用卡服务进一步扩展，会员可以通过微信了解上线门店的楼面布局、品类品牌、促销、会员消费以及积分明细等信息的推送，顾客也可通过微信平台申领会员卡，将会员的拓展由实体店延伸到线上；会员卡的积分，可以任意在徽之尚电子商务网站中换商品，如图 8 - 13 - 3 所示。

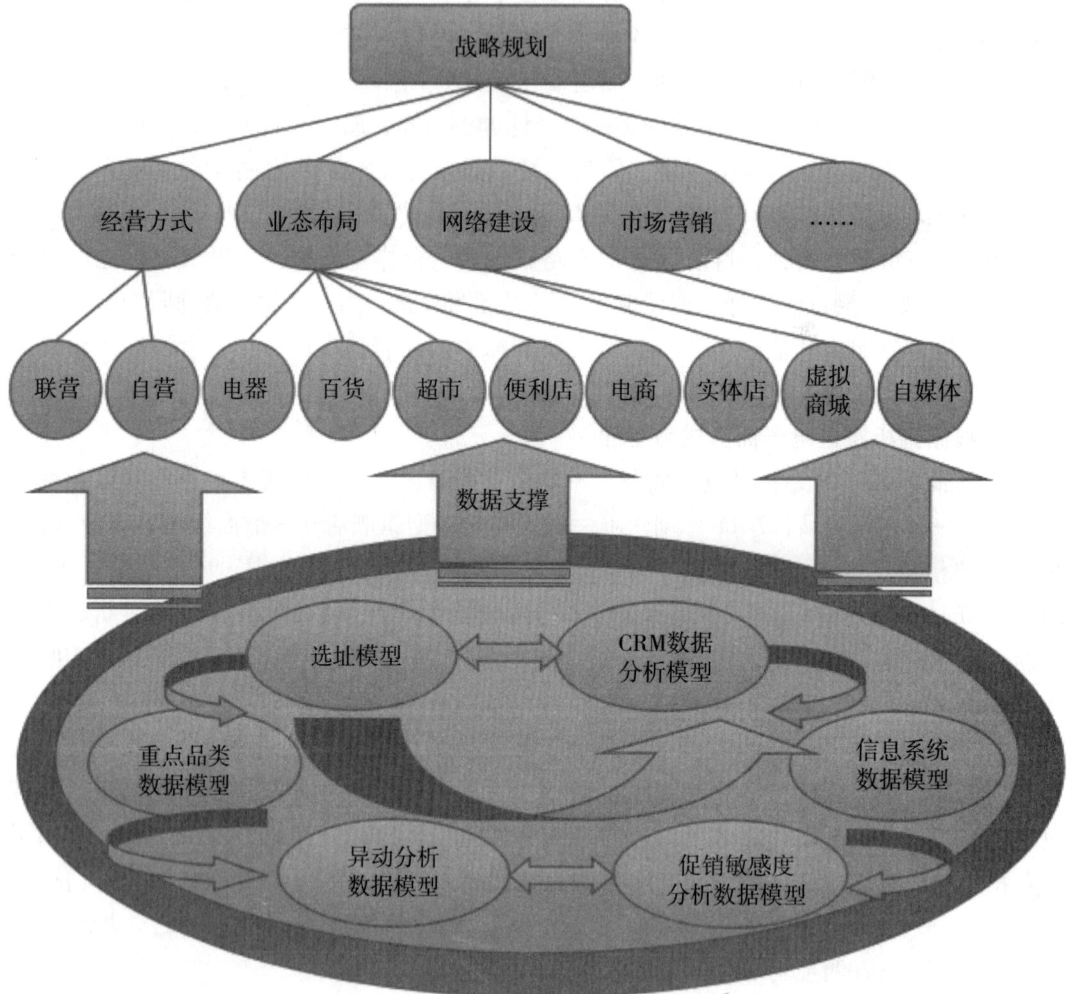

图 8 - 13 - 3　数据模型对供应链的支撑作用

三、数据模型优化供应链管理的绩效影响分析

新常态之下，现代商业零售企业正在转变静态经营为动态管理，以适应瞬息万变的市场环境变化，毫无疑问通过现代技术建立起能追踪产品库存状态和销售状态的信息和数据系统，掌握在售商品的销售量、库存量和利润贡献率等信息，了解主导客群最需要什么，什么商品最畅销等，从而实现供应链上下游各环节的优化和流程再造，提高企业的整体绩效，在激烈的市场竞争中立于不败之地成为当务之急。

（一）以顾客为中心的绩效影响

商之都通过数据模型对供应链中自有品牌占比、联营商品结构、价位组合、综合业态分布等进行实时动态调整，不断优化商品结构和业态组合，改善设施设备硬件环境，不断推行增值服务提升服务软环境。通过近3年第三方机构组织的顾客满意度调查，商之都顾客满意程度在安徽同行业中为领先水平，3年来顾客满意率调查均达到“三标一体化”贯标工作的标准，超过95%，且呈逐年上升趋势。2014年满意度更是达到98%以上。

（二）以供应商为中心的绩效影响

通过数据分析模型商之都对供应链上游供应商进行甄选，在与供应商建立良好关系的基础上规范动态管理体系，稳定坪利、坪效“双佳”品牌供应商，扶持有潜力品牌供应商，淘汰末尾品牌供应商，近年来公司品牌组合不断优化，品牌质量得到有效保障，品牌竞争力区域内持续领先。

（三）以市场和财务为中心的绩效影响

（1）市场占有率。商之都在区域内市场占有率不断提升，从1995年的单体店迅速发展为拥有12家百货商场和购物中心、3家加盟商场、38家红府超市门店和22家国生电器的综合商业零售企业，发展势头强劲。商之都的知名度、影响力和商誉不断扩大。

（2）财务指标。与区域内竞争对手标杆相比，商之都的主营业收入、投资收益、利润总额、总资产贡献率、资产负债率、流动资金周转率等财务指标均名列前茅，反映了供应链优化有效保障了运营效果及财务指标健康。

（四）以管理为中心的绩效影响

随着供应链的整体优化，商之都管理经验、流程、服务规范等得到了质的提升，2010年年底在国内同行业首家通过GB/T 19001—2008/ISO9001：2008《质量管理体系要求》、GB/T 24001—2004/ISO14001：2004《环境管理体系要求及使用指南》、GB/T28001—2011/OHSAS18001《职业健康安全管理体系要求》三个管理体系标准即三标一体化认证，体现了公司整体管理的规范、高效和先进性。

四、未来打算

（一）建立立体数据模型体系，丰富供应链优化管理

商之都通过商品品类数据模型、选址数据模型等数据模型建设，在供应链优化中发挥了至关重要的作用。公司将围绕不断提高企业自主创新能力，以连锁信息化为支撑，致力于形成布局合理且形成合力的门店网络体系、半径合理且成本低廉的物流体系、符合业态需求且高效领先的信息体系、体现商业综合体综合功能的运作体系、抢占新兴市场先机的电子商务体系、战略人才体系等立体创新数据模型体系，加强创新能力建设，推进管理创新，以立体数据模型不断优化供应链管理。

（二）加速电子商务创新转型，助力供应链拓展

商之都利用淘宝特色中国·安徽馆、徽之尚商城、红府天猫旗舰店、天猫国生电器专营店四个平台和商城立体、多维切入电子商务业态。正在制订电子商务相关标准，严把控制标准，确保源头产品质量安全，确保对产品质量的可溯源以及可监控，借助红府超市线下资源，对接基地、店铺、线上、售后等具体环节，引入好评率、投诉率、满意率等评价体系，高质量地开展电子商务业务，同时进一步整合利用电子商务平台、微信微博新媒体营销平台，在目前线上销售、线下体验的基础上逐步实现线上线下同步联动营销的一体化电子商务体系，实现电子商务转型，不断完善和拓展供应链体系，形成商业经营发展新格局。

（三）推进物流园基地建设，促进供应链延伸

物流配送是商业连锁发展的大动脉，也是供应链优化和延伸的必经之路，早期商之都的百货、电器、超市的物流总体是单独运行的，尽管有时也适当地整合，但是基于仓库分布在合肥城市的三个行政区，规模优势没有完全发挥，信息化程度不高，人工操作、手工分拣的比重约三成。2013 年 1 月，公司正式与合肥市包河区物流园签约，商之都包河现代物流中心项目取得实质性进展。该项目用地面积 109 亩，约为 7.26 万平方米，计划总投资 2.28 亿元，建筑面积 9.8 万平方米，容积率 1.35，包括物流车位在内有 600 个停车位。项目即将建设为百货、超市、电器、电商、自有品牌等多业态物流配送中心，信息化设备设施及软件的投入占据总投资的 1/5。基地建成后将物流配送水平覆盖至安徽省内广大农村市场，降低和缓解配送压力和成本，势必加速商之都百货、红府超市、国生电器服务全省城乡市场步伐，商之都在迎来现代化大物流的同时，也迎来了进一步优化、延伸供应链管理的挑战。

撰稿人：安徽商之都股份有限公司办公室副主任　朱本红

安徽商之都股份有限公司营运管理中心副经理　徐兴俊

案例十四　一达通：外贸综合服务平台——电商金融新业态

一、导言

随着近年来人民币的波动，原材料价格上涨，用工成本攀升，以及国际市场疲软，欧债美债危机等因素，导致我国中小微企业的外贸十分不景气。同时，严峻的资金短缺等促使中小出口型企业生存更加艰辛。随着中国外贸进入微利时代，价格优势已不在的时候，服务对外贸的作用将会从初期的忽略不计到产生决定性影响，而金融是最重要的服务之一。过去中国外贸出口的最大优势在于价格便宜，但现在中国制造业低成本的时代一去不复返，参与国际竞争就需要深化服务。而目前中国90%的中小外贸企业仍拒绝或无法提供赊销，这就使得在当前欧美买家资金链紧张的大背景下，金融服务缺失成为严重制约外贸发展的障碍。

外贸形势的深刻变化，就像中国经济转型一样，将会是长期且不可逆转，以B2B外贸电商平台为代表的一些新型业态的诞生和发展也不可避免。

（一）电商金融浅谈

从形式上分大致有：金融机构（银行、保险）涉足电商（网络），如传统网银、超级银联，当然也有银行自建电商平台等；电商平台涉足金融，如电商平台设立支付系统、成立小贷公司、担保公司等准金融机构等；金融机构＋电商平台合作提供电商金融服务等。

从功能上分大致有：支付结算类、直接融资类、间接融资类等。

总之，一切借助电商手段提供金融服务的机构或组合都叫电商金融。

如果把金融机构比喻为金融产品“工厂”，那么，电商就是销售产品的“商店”，“工厂”可以直销自己的产品，也可以借助“商店”渠道来销售。二者不相抵触而是相互补充，在于是哪种方式风险更低，效率更高。两者之间的合作模式主要有以下几种：

1. “介绍式”合作

银行＋电商“介绍式”合作模式，其主要特点是：由电商平台向银行推介客户（电商平台提供客户数据，承担少量责任），不介入银行贷款流程，融资风险主要由银行承担。无抵押担保的情况下，贷款额度偏小，流贷资金贷款属性较强，这也是目前较为普遍的合作模式。

2. “介入式”合作

银行＋电商“介入式”合作模式，其主要特点是：由电商平台判断客户融资需求介入银行贷款流程并承担融资全部风险，在无抵押担保的前提下，贷款额度较大，贸易融资贷款属性较强，例如一达通。也有把这种模式叫供应链融资，电商平台要为银行掌控贸易融资的第一还款源（应收账款或货物），这就要求电商平台介入客户流通服务之中，而不是介绍包括银行在内的基础服务商。“外贸国六条”中明确的“外贸综合服务企业”就属于此类新业态电商平台。

3. “混合式”合作

银行+电商“混合式”合作模式，其主要特点是：结合“介绍式”和“介入式”两种合作模式的特点，用混合的方式满足客户更多融资需求，比如，由“介入式”电商平台承担客户贸易融资风险，而银行根据电商平台实际贸易流通数据，为客户降低流动资金贷款门槛，并由电商平台承担少部分坏账风险等。

由“介绍信任”到“承载信任”。无论以上哪种模式，银行+电商的合作都要归结于如何降低融资风险和成本或如何提升风险控制和实际操作效率上来。电商平台作为“金融渠道”，要由“介绍信任”向“承载信任”上转变，金融机构需要加强创新符合市场需求的金融产品并善于发现和利用好的“金融渠道”特别是电商渠道去推广。

（二）一达通平台——承载信任的桥梁

在外贸形势深刻变局下，中小微企业缺乏金融服务是他们在海外竞争要面临的最大门槛，而银行一直缺乏有效供给，使得中小微企业不得不放弃优质的大订单，为了资金周转而争抢容易变现的低利润小额订单。虽然多家大型银行均已经推出了贸易融资、供应链金融等业务，然而中小微外贸企业还是面临着不能直接从银行获得贷款现状。核心问题在于融资渠道难！银行的风险和成本的难以控制。一方面银行无法直接参与贸易，使其无法了解中小微外贸企业的贸易真实性，而大大增加了融资的风险，导致风控成本太高；另一方面中小微企业的融资金额较低，放贷银行的收益根本无法覆盖成本。此外，中小微企业的外贸融资需求具有散、小、快的特征，银行现有产品及流程也较难贴合企业需求。

打通中小微企业和金融机构之间的障碍，让中小微企业也能够得到优良的金融服务，单纯依靠中小微企业自身是很难实现的，必须通过类似一达通这样的第三方电子商务服务平台来整合资源，为中小微外贸企业提供通关、物流、退税、外汇等外贸交易环节服务，通过介入中小微企业的整个交易环节，掌握企业真实的业务信息及海关交易记录，而且贷款企业的货款，必须经我们的账户结算，从而确保贷款的安全性；通过集约碎片需求“化零为整”，将中小微企业的需求打包给银行，然后再零售给中小企业，为银行解决了贷前、贷中及贷后的运营成本难题，最终让中小微企业顺利与金融机构实现对接。

二、一达通概况与发展历程

阿里巴巴一达通（简称一达通）成立于2001年，是我国第一家面向中小企业的外贸综合服务平台，并于2014年加入阿里巴巴，成为阿里巴巴全资子公司。一达通开创了将国际贸易与流通服务分离的外贸服务新业态，采用标准化、专业化、网络化的手段为中小微企业提供通关、物流、退税、外汇、融资等一站式外贸综合服务。通过高效整合中小企业外贸流通服务资源，从而降低中小外贸企业运行成本，改善了交易服务条件，特别是金融服务条件，有效地扩展了中小企业生存发展空间，让小企业享受大服务；同时也增强了中国外贸在国际金融、物流、渠道、品牌等服务业的话语权和贸易盈余。一达通自创立以来经历了以下几个阶段。

（一）初步创业期（2001—2003 年）

2001 年创立于深圳，创业者多数来自于传统外贸公司，他们以推动传统外贸经营服务模式创新升级为目标，一开始就成立电子商务平台，成为专注于向中小微企业提供进出口流程服务外包的外包服务型企业。成立之初就开始开发国内第一个在线进出口服务系统（1 – T IEPM System 软著登记 031185 号）并于 2003 年投入使用。2002 年，开发出国内第一个进出口环节管理专业标准（1 – T IEPM Standrad）。2003 年，与中国银行深圳分行开发出国内第一个进出口资金监管系统 。

（二）业务拓展和实现盈利期（2004—2009 年）

基于前期建立的服务平台和管理体系，2008 年一达通开始逐步拓展多方面业务，市场份额和营业收入快速提升，并创新了供应链商业融资网络。一达通与中行深圳分行联合开发出中小企业外贸融资系列产品《外贸融资易》，无须任何抵押和担保。2009 年，推出国内第一个免费的在线外贸成交数据认证。经历连续 7 年的亏损后，一达通在 2008 年国际金融危机中抓住危中之机，凭借价格和服务优势赢得市场，逆势扩张，2009 年一达通业务经营达到了盈亏平衡点，并开始取得持续盈利。

（三）战略转型期（2010 年至今）

以 2010 年阿里巴巴并购一达通为转折点，打通了电子商务从“找订单”到“做订单”的全程贸易链，打造了“信息服务 + 交易环节服务”的新型 B2B 服务平台，标志着一达通进入新的战略转型期。2011 年，一达通完成系列自主知识产权的管理软件开发，包括：报关管理系统、客户关系管理系统、外汇管理系统、物流管理系统、退税管理系统、人事薪资管理系统、融资管理系统，实现了内部管理的重构与创新。2014 年，一达通加入阿里巴巴，成为阿里巴巴全资子公司，开启了外贸综合服务行业的新纪元。

三、一达通商业模式的创新

（一）基本的经营定位及盈利模式

一达通相比传统的供应链企业，有着自己独特的经营模式，可以概括为“以中小企业为服务对象，以电子商务为工具，以进出口业务流程服务外包为内容，以综合服务平台为依托的整合型全程外贸服务平台和创新型企业”。企业的基本业务定位是：专业为中小企业进出口提供全面的外包服务，是对传统外贸公司代理服务的全面升级，既有别于传统的电子商务企业，提供买卖咨询，为企业找订单，也有别于传统的供应链，而是依托电子商务平台，利用自身开发的进出口交易系统为客户提供一站式进出口服务解决方案和融资服务（如图8－14－1所示）。由于中小企业面临较大的成本控制压力和资金缺口，因此有着相对强烈的进出口服务外包需求，这也就成为一达通公司选择市场和业务定位的直接原因；同时，由于要利用信息化专业化手段提供全程外包服务，一达通相比传统的供应链企业有着更强的资源整合能力，形成相对较高的经营优势和服务能级。

图8－14－1　一达通外贸综合服务平台服务模式

一达通的盈利模式也具自身特色，有别于其他传统供应链和贸易公司，不以服务费、佣金为主要赢利来源，也不赚取商品差价，赢利主要来自集约外贸各类流通服务规模，赚取“服务产品”的差价。就如同沃尔玛，靠集约商品采购规模再零售商品获益，一达通外贸综合服务平台则是依靠集约服务产品采购规模再零售给中小商户获益，犹如一个“综合服务批发超市”。自2014年5月13日起，中小企业通过一达通进行出口，每出口一美元，最高能获得3分钱人民币的外贸服务补贴，且免收代理费。

（二）创新的网络融资通道

一达通通过综合服务平台与银行信贷平台相结合，为中小企业客户提供融资通道，集退税融资、电子商务、支付结算于一体，为中小企业提供全方位、多层次的综合金融服务方案。一达通外贸供应链平台运用自身系统处理能力，将监管、申请、投放、还款、放贷等相关融资工作纳入一个统一的信息化网络处理平台，较好满足中小企业外贸供应链融资小额、动态的特点，为解决中小企业融资难问题找到一个可行的解决方案；2008年，一达通与中国银行合作推出“中小企业外贸融资易”产品，提供进出口综合贷款、出口信用证贷款、出口退税融资三大类服务。2011 年年初又开发了五款“中小企业外贸融资宝”产品，创新订单融资、打包贷款、退税融资、赊销贷款、外汇保值；同时，还为进出口企业提供外贸保险服务。2014 年，一达通又推出网商贷高级版，为平台的中小企业提供无抵押、无担保的纯信用贷款。一达通通过掌握整个贸易流程、控制贸易风险，在国内出口商与国外客户及双方银行之间，扮演了重要的中介担保作用，帮助国内中小企业解决融资难的难题。

（三）平台的创新与升级

一达通外贸综合服务平台在诸多方面进行了新探索，形成了自己的特色：一是明确以中小外贸企业为服务对象的市场定位；二是实现了电子商务与供应链服务平台的对接，第一个将线下传统进出口搬上互联网，可以不分地域、不分外贸种类提供公共化服务；三是建立了基于真实交易数据的中小外贸企业调查系统，定期发布专业化中小外贸企业调查报告。与传统的外贸公司、电子商务模式相比，一达通在以下方面实现了创新升级：

（1）推进传统外贸服务模式的创新。传统的外贸服务企业，以服务大企业为主，采用一对一或多对一的客户服务模式。一达通模式以中小微企业为服务对象，以电子商务为工具，采用流程化、标准化的服务，打造“$N+1+N$”的服务模式。一方面通过向中小企业提供一站式的通关、物流、退税、外汇等政府性服务，减轻企业经营压力，降低企业外贸成本。另一方面向中小企业提供物流、外汇、保险、融资等商业性服务，解决企业融资难题，提高企业经营利润。该服务模式一方面有利于服务规模的扩大，适合于中国中小企业数量巨大的实际；另一方面有利于根据流程环节建立服务模型，满足中小微企业千差万别的业务需求。

（2）推进传统电子商务平台的升级。传统的 B2B 电子商务平台，主要是解决资讯不对称问题，实现撮合交易的作用，不能深入企业交易过程，持续性满足企业生产性服务的需求。一达通平台，深入企业交易流程，集约化地提供完整的生产性服务，解决“交易实现和发展”的问题。同时，基于交易流程介入，进行企业贸易真实性验证，完成企业贸易数据库建立，解决企业与外界资源方（例如银行等）经营信息不对称问题，解决中小企业融资难等的问题。

四、金融产品介绍

在线供应链金融或叫贸易金融服务是一达通面向中小外贸企业提供通关、退税、结汇等基础服务外的重要增值服务之一，也是公司主要的收益来源，如图 8－14－2 所示。

一达通主要金融服务产品：

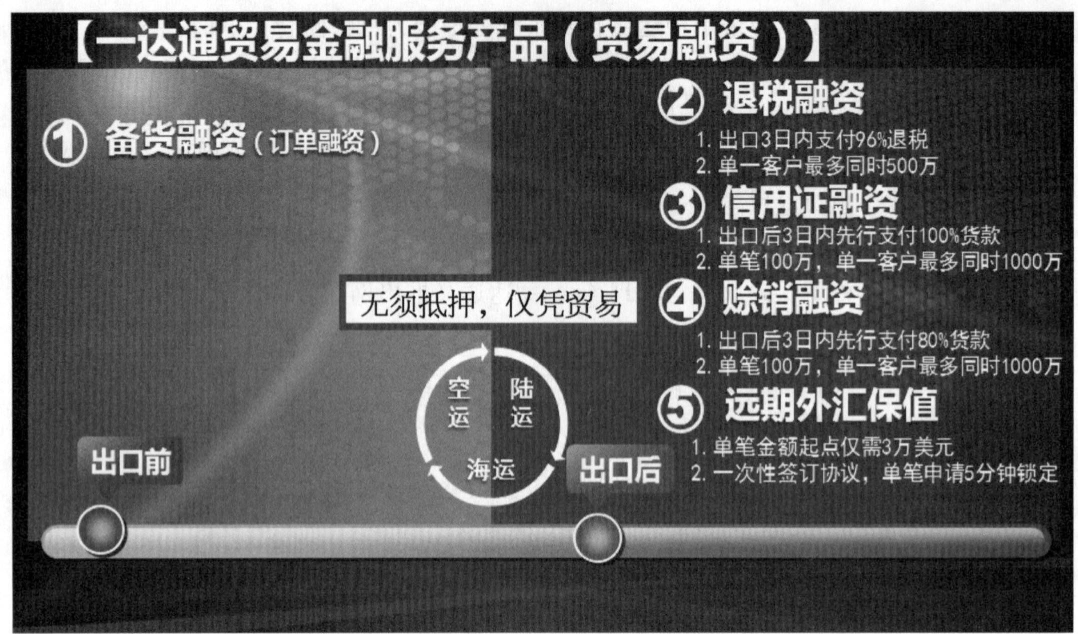

图 8－14－2　一达通贸易金融产品

（一）赊销保

随着国际贸易市场的疲软，欧债美债危机的持续影响，海外的买家手里的资金远没有过去充裕，在欧盟市场，赊销占到贸易支付方式的半数以上。由于没有金融的支持，中小企业往往迫于自身的资金压力，对这类优质的订单有心无力，眼看着到手的生意白白溜走，甚至有时一再压低自身的利润换取买家的现金支付。赊销保帮助中小企业接以前不敢接的优质大额赊销订单，发货交付全套单据，3 个工作日就可以收到 80% 的货款，无须等待漫长的账期，快速回笼资金，减轻资金周转压力，进一步提高企业利润和订单，该服务由阿里巴巴联合中国银行和中国出口信用保险公司共同推出，如图 8－14－3 所示。

图 8－14－3　赊销保

（二）信融保（获2013年十大金融创新案例奖）

在国际贸易中，信用证支付占比很高，因为资金压力和审证风险，中小企业往往有心无力，眼看着送上门的大额订单而不敢接。一达通信融保能够帮助广大中小企业敢接原来不敢接的信用证订单，通过专家团审证让中小企业省去了烦琐的审证工作，完全消除企业因信用证不符点而被拒付的风险；打包贷款解决了中小企业无定金备货的难题，让他们轻松开工；信用证买断缓解了企业的资金压力，让中小企业的资金快速回笼，能够顺利地与国外大客户合作，帮助他们把订单越做越大。一达通一站式外贸综合服务帮助广大中小企业降低外贸交易成本的同时解决贸易融资难题，提升企业竞争力，如图8－14－4所示。

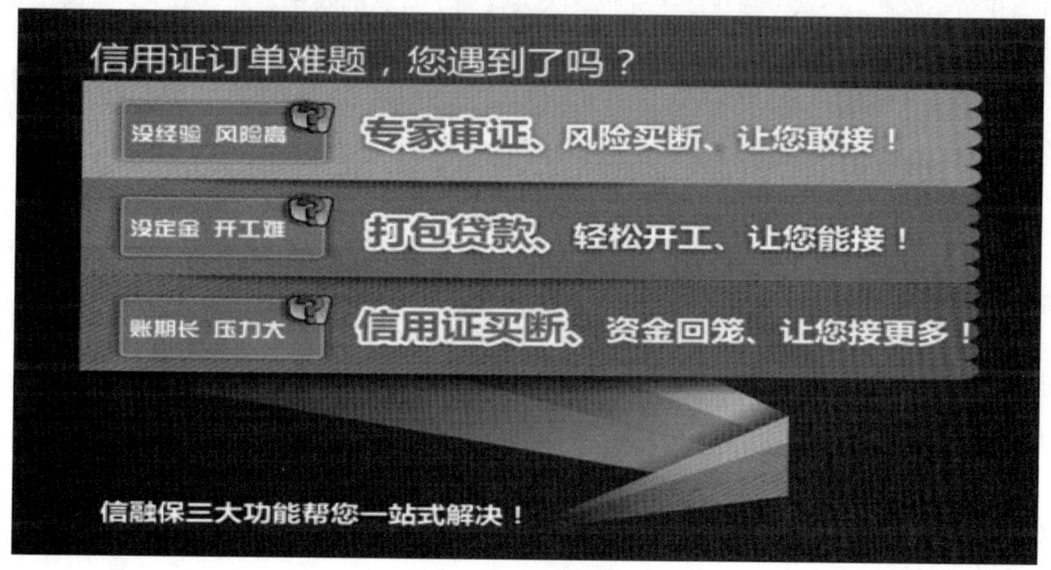

图8－14－4　信融保

（三）退税宝

合规办理，安全顺畅。可提供垫付退税增值服务，垫付退税服务费为退税款的4%，单据齐全后3个工作日内即可获得垫付退税款，加速企业资金周转。

（四）外汇宝

远期外汇保值服务，是指通过约定未来结汇或售汇的外汇币种、金额、汇率及交割日期，从而提前锁定企业的利润，减少汇率变动的企业利润损失。

近年随着人民币的不断升值，让中小外贸企业更加举步维艰。根据中小企业的实际困难与需求，一达通的外汇保值业务给广大中小微外贸企业提供了方便快捷的避险工具。汇率提前锁定，避免被动接受汇率波动风险成本、将利润提前锁定；有利于企业进出口成本、利润核算，在汇率锁定的情况下帮助企业扩大接单能力。一达通外汇保值能够锁定 12 个月的汇率，且办理外汇保值最低金额只需 3 万美元，而一般银行的最低金额高达上百万美元。同时，客户只需通过一达通综合服务平台就可办理业务，能够免去银行办理外汇保值业务的大量时间和烦冗的审单程序。

（五）网商贷高级版

阿里巴巴联合中国银行、招商银行、平安银行等多家银行共同推出全新 B2B 互联网金融产品——网商贷高级版，该产品是以阿里巴巴平台大数据为基础的纯信用贷款产品。产品主要面向使用阿里巴巴一达通出口基础服务的客户（包括自营出口的准客户），以出口额度积累授信额度的无抵押、免担保、纯信用贷款服务。根据出口企业在一达通平台上最近 6 个月出口记录，每一个美元贷款一元人民币，最高可贷款 1000 万元。且随借随还，申请、放款、还款全部在线上完成，大大提高了贷款的效率、降低成本，解决了中小企业融资难的难题。

一达通贸易金融的运营原理，如图 8－14－5 所示。

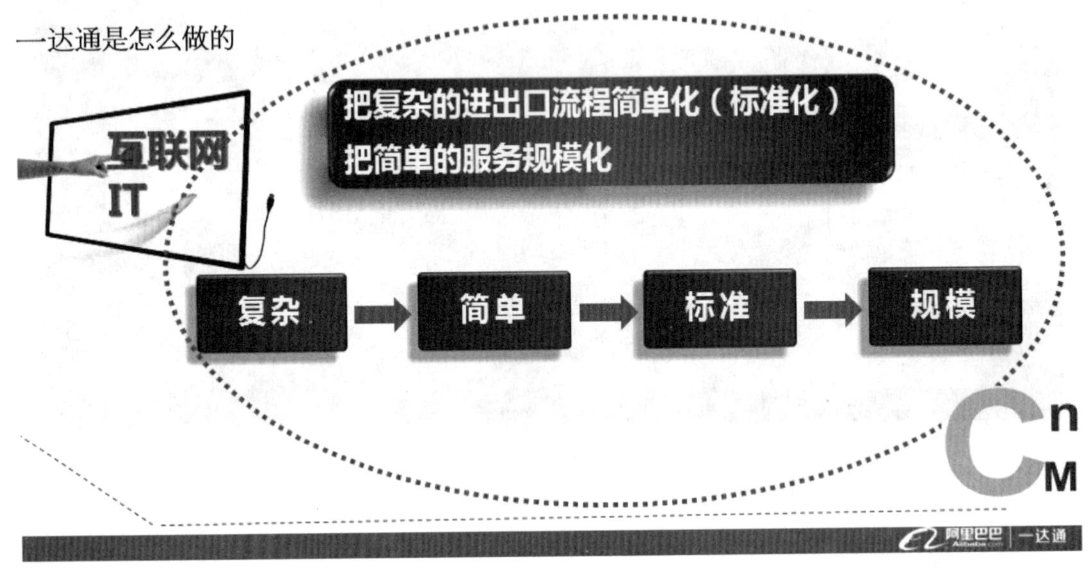

图 8－14－5　一达通运营原理

一达通从成立之时起就利用互联网/IT 技术将复杂的进出口业务逻辑标准化、在线化、规模化，开创了以外贸综合服务平台为核心的“N＋1＋N”中小企业在线供应链金融模式（如图 8－14－6 所示）。

与传统的围绕产业核心企业的“1＋N”供应链金融模式不同，一达通是以服务为核心，实现了不分行业地域、贸易规模大小的中小企业国际贸易金融服务，并由外贸综合服务平台承载银行及客户的融资责任，是“买断式”（风险）的供应链金融服务，如图 8－14－7、图 8－14－8 所示。

一达通的风险控制原则是做小不做大，用“大数原理”，用收益覆盖风险。

以不同行业大宗商品的大额贸易融资，容易产生由行业变化导致的系统风险和道德

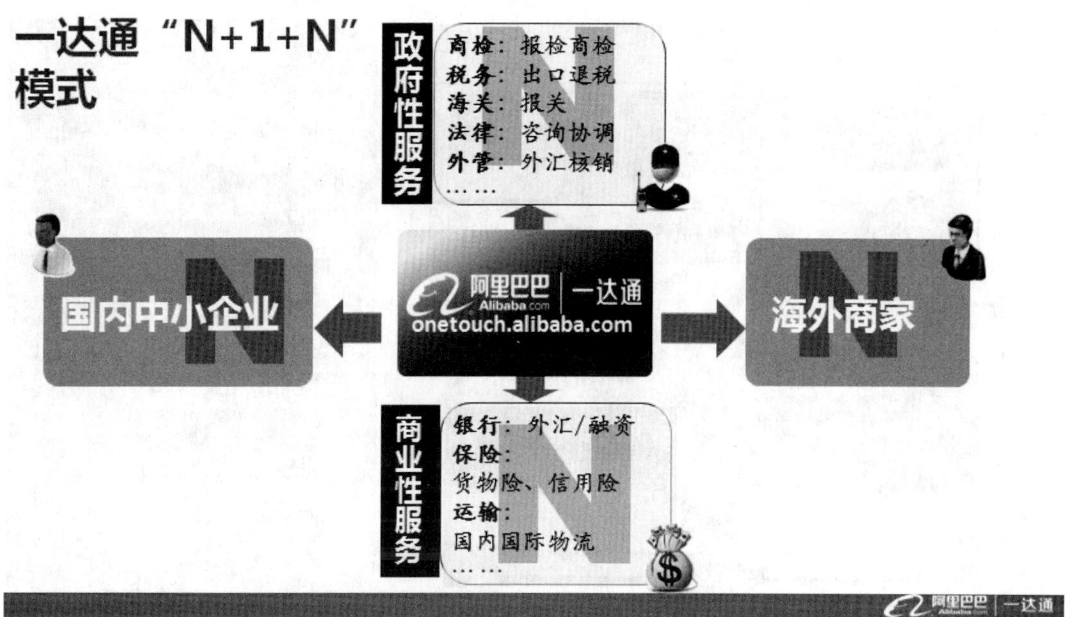

图 8-14-6 一达通 N+1+N 模式

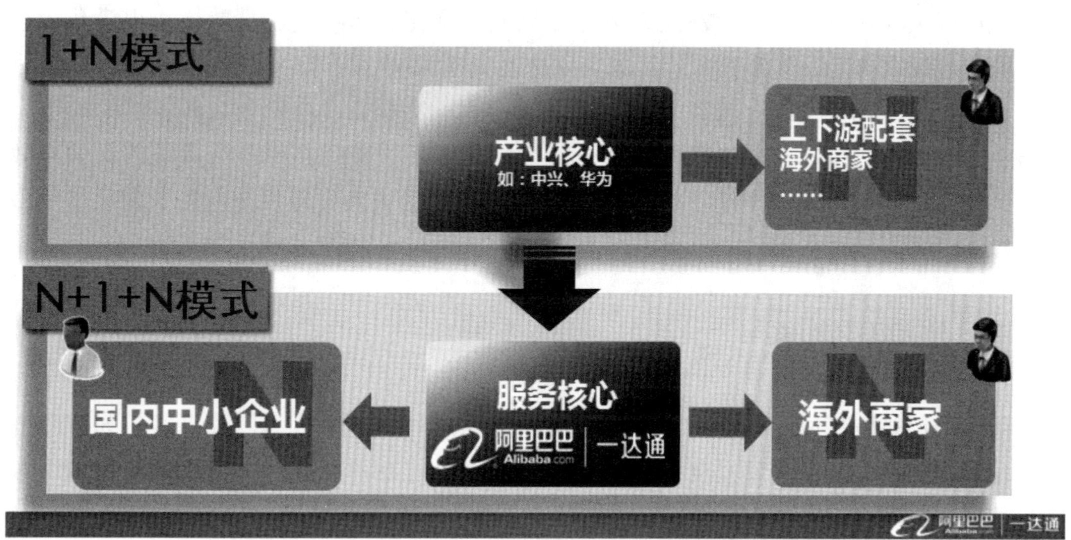

图 8-14-7 N+1+N 模式与 1+N 模式的区别

风险；而小量、多笔的贸易融资可以分散系统风险及道德风险。

由于一达通介入贸易流通服务环节，通过多维度贸易数据，判断贸易真实性，同时，掌控贸易融资第一还款源（应收账款或货物），大大降低了融资风险，此外，通过标准化、集约化、在线化运营降低融资成本。

大数据的应用将突破中小企业流动资金贷款难题，促进实体经济发展。比如，基于外贸综合服务平台的交易数据、贸易融资数据，金融机构可以推出更加便捷和低门槛的流贷产品。

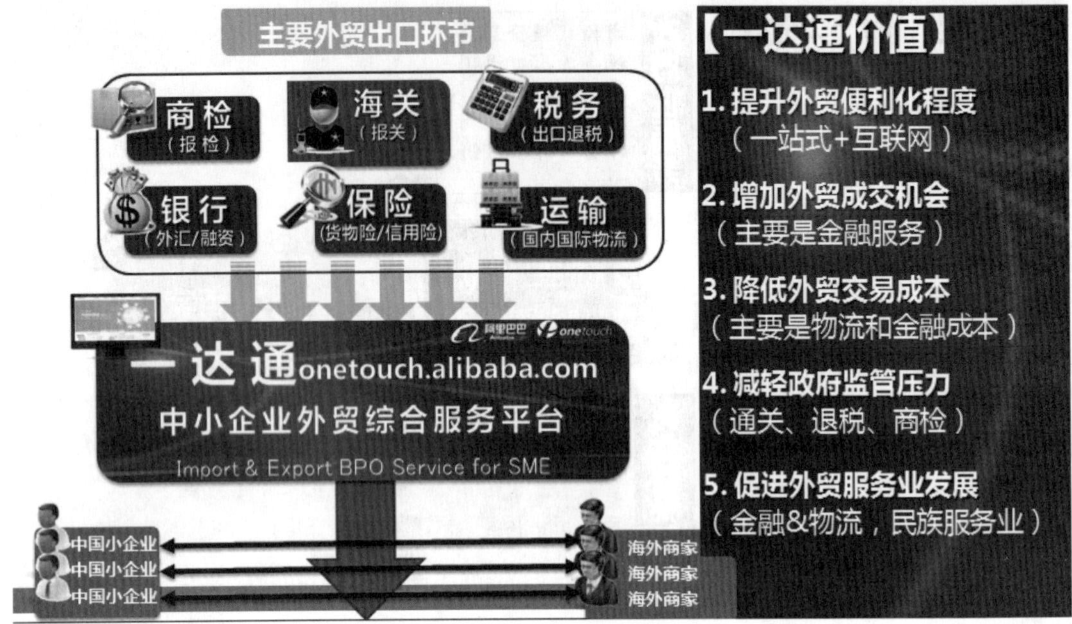

图 8－14－8　一达通的价值

供应链金融或贸易金融，首先需要业务流程标准化、在线化、高效化、规模化，这样才能有效控制风险，降低成本。其次，一达通案例说明，基于互联网技术/IT、以“服务”为核心链主的外贸综合服务平台，比以“产业”为核心、大企业为链主的供应链金融服务，覆盖面更广、门槛更低、系统风险也相对更小，是解决中小企业贷款难的有效手段，此外，基于外贸综合服务平台的有效“大数据”，也为金融机构向企业发放信用贷款提供了依据。

五、信用保障服务

阿里巴巴携手供应商打造信用体系，供应商在国际站上的行为以及真实贸易数据等相关信息将作为其信用保障额度的累积依据，阿里巴巴在特定条件下帮助供应商向买家提供跨境贸易安全保障。主要作用有以下两点：

1. 彰显信用

获取信用保障额度且可不断累积（最高 100 万美元），并用独特标识在全网彰显，让信用看得见，帮助卖家提升在国际市场上的竞争力。

2. 促进交易

帮助卖家向买家提供跨境贸易安全保障，让买家更放心，帮助卖家更快达成交易。

信用保障额度主要根据每个供应商在国际站上的基本信息和贸易交易额等其他信息综合评定并给予一定的信用额度，其中贸易交易额主要包含两个方面：

（1）最近 6 个月通过阿里巴巴一达通外贸综合服务出口的数据；

（2）按照阿里巴巴要求提供自营进出口数据，阿里巴巴验证 6 个月的数据真实性后也可以积累额度。

信用保障体系本质是运用大数据将传统外贸过程中产生的单据变成数据。在传统的贸易中，每一笔交易产生的单据除了锁进抽屉没有别的价值，也无法带来新客源，而交易线上化后，单据就成了“活”的数据，积累数据越多，交易评价越多，信用保障额度越高，买家越信任，接单成交越容易，这样一个良性循环对促进中小企业发展并拉动出口，真正实现信用等于财富。

六、电商金融创新的意义

根据一达通统计的数据显示，平台上服务的中小微企业目前融资的企业将近 15000 家，这些中小企业在做外贸过程中，99.9% 的企业都是完全靠自身资金实力来做外贸的。企业大多都是先要求买家把钱打给他，再去生产，再发货。特别是在当前国际市场疲软的情况下，中小微企业的外贸真的是举步维艰。

面对先打款后生产、发货的流程，不论是美国人、日本人、欧洲人都很难接受，因为这对于买家来讲，在资金风险以及资金周转压力方面的压力都非常大。这是导致外贸订单越来越少，订单价格越来越差的原因。因此，电商金融超市是一个十分独特的金融渠道创新模式，在这种有效的金融渠道支持下，将会让金融产品非常顺畅地输送给中小企业，帮助他们更好地开展外贸交易。

但是，当前很多中小企业对于这样的金融服务还缺乏意识。当前外贸金融支持，在某种角度来讲，已经不是简单的贷款问题。比如，一家企业需要 40 万元才能把一个订单做下来，如果没有 40 万元，这订单就难以完成，有了 40 万元，企业的收益可能是 10 万元，但是如果没有这资金支持，那么可能整个订单都会丢掉。所以，从这个角度来看，这已经不是简简单单的企业贷款，而是经营和交易的一个概念。这个概念对企业的限制非常大，且会越来越大。随着中国制造成本越来越高，这对整个外贸的压力是巨大的，同时，在金融上压力也会越来越大。在成本比较低情况下，海外的买家可以不在乎付款方式，但是在成本越来越高时，买家则越来越不能承受先付款再发货的方式。

一达通的电商金融是一种渠道创新，给中小企业带来更多的市场、更多的机会。但是，也给银行、保险公司等带来了更大的挑战。一达通这种模式是全球性的模式，规模越大，对银行、保险公司的要求也越高。就像沃尔玛，沃尔玛对消费者是不会有条件的，但却对厂家的要求非常高。即：第一，产品品质要过硬；第二，价格要低；第三，流程对接要顺畅。

电子商务对金融业所起到的作用是里程碑式的。在电子商务的支撑下，金融服务的半径会不断扩大，这将把金融服务区域性特点打通。一个在深圳的银行可以服务全球的客户，其次，电子商务拥有大量数据信息，它可以为企业提供金融支持，在金融服务的关键点上，起到决定性作用。

同时，这一模式并非为了中国外贸量身定做的，由于电子商务的批量化、规模化的特点，在内贸交易或者企业资金交易过程中，同样可以覆盖运用。在我国，想要真正突破中小企业的发展困境，金融机构的服务水平一定要提高，而这一点单靠金融机构本身，无论是从他的服务能力、数据信息能力，还是覆盖能力都难以达到。只有通过电子商务这种手段才能够去深化所有的服务，使所有的中小微企业得到更好的服务。

七、一达通平台风险与成本控制

外贸电商平台又如何实现对中小微企业的风险控制呢？核心就是介入贸易。

一达通综合服务平台一站式为中小微企业提供通关、退税、外汇、物流、金融等业务，除了生产，中小微企业整个外贸过程中的物流、资金流、信息流等都能控制在一达通平台上，还有大量历史交易数据可查，从而实现了有效的风险控制。即便是这家外贸企业倒闭，但只要这笔贸易还存在，就不会出现大的坏账。

传统的供应链管理公司，往往提供个性化方案服务于几家大型企业，而一达通外贸电商平台主要针对中小微企业提供标准化服务。传统的供应链管理公司从银行抵押贷款，然后通过自己的风控审批团队，再垫资给企业去采购。一达通外贸电子商务平台更像是代销银行现有的融资产品，通过对一达通平台上的中小微企业数据的分析，能够有效地控制中小微企业融资风险，使得银行通过外贸电商的平台业务对中小微企业放贷成为现实。通过介入中小微企业外贸交易环节，掌握贸易的真实性，能够严格地控制贸易融资的风险。2013 年，一达通平台融资金额达 55 亿元，且几乎没有一笔坏账产生。

一达通与中国银行等银行研发出通过互联网为金融机构和企业构建一个信息化的处理平台，采取集约中小微企业需求的方式，整个打包给银行进行批量化处理，能够满足中小微型企业贸易融资小额、频繁的特点，让大规模批量做小额贸易融资成为现实，有效解决银行发放程序、环节运营成本过高的问题。由于能够全面而真实地了解平台内企业对外贸易的状况，银行采取先放款，事后抽查的方式，根据平台企业的历史数据和现在的模式数据对企业进行随时跟踪和实时监控。现在，一达通每天早上 10 点钟将融资需求打包传送给银行，下午 4 点半中小微企业就能拿到贷款资金，这在以往是完全不敢想象的。

八、经济成效与带动效应

一达通平台自 2001 年从服务于 7 家企业开始，运行至 2013 年服务于 15000 多家中小微企业，营运效果明显。

（一）一达通平台经济成效明显

截至 2013 年年底，平台服务中小微企业达 15000 多家，企业范围遍及珠三角、长三角、中西部等外贸发达和发展中区域。近年来，实现进出口单量与进出口额的几何倍数增长：2010 年至 2012 年，进出口单量增长连续 3 年超 200%，2012 年进出口单量 50000 多单，贸易额 18 亿美元，为 2011 年进出口单量和进出口额的 300% 以上，截至 2013 年上半年位列全国一般贸易出口十强第5位，一年半的时间排名上升89位。公司平台为中小微企业提供贸易融资额从2010年的1.6亿元，上升至2012年的22亿元。2013年年底公司贸易额达到40亿美元，为中小微企业提供融资达55亿美元。预计到2017年平台贸易额达到1000亿美元！

（二）支持金融、物流等基础服务业做大做强

贸易融资的特性决定了融资是以贸易真实发生为前提，而贸易的产生必然是以实际生产经营为依托，因此最大限度地确保了资金的实体经济流向。一达通平台一方面帮助中小企业评估融资需求、梳理融资信息，标准化申请流程；另一方面为金融机构进行信息采集，提供有效的贷款依据，降低贷款风险，并且跟进贷后资金运营监控，保证资金应用方向。在有效缓解中小企业生产运营资金压力的同时帮助银行等金融机构金融产品落地，改变“存贷差”为主的盈利模式，扩大银行业务对象和范围。平台还汇集广大中小外贸企业物流环节需求进行集合处理，也有助于提升物流行业的运转效率。

（三）有利于中小企业商业信用的建立

企业商业信用，尤其是中小企业商业信用缺失一直是中国社会经济的一个难题，也是中小企业融资难的根源所在。一达通平台深入到中小企业对外贸易各个关键环节中，采集最为真实全面的交易信息，并将这些宝贵的信息传递给银行用于融资分析和执行。随着企业交易的重复进行，这些信息得到不断累积和完善，从而有助于建立起一套动态可监控的企业商业信息系统，形成中小企业商业信用基础，可全面激活中小企业的融资系统。

（四）帮助中小企业降低成本，做精做细

作为专业的进出口流程服务外包企业，一达通公司拥有专业的通关、物流、税务、金融、法务人员400多人，为企业处理通关、物流、外汇结算等全套业务流程，极大地提高了中小微企业进出口业务处理能力，提升了外贸效果。依托平台整体规模优势，通过对物流、金融、保险等各方资源的整合，改变中小微企业个体规模小、需求分散，金融、物流、通关、渠道等服务环节严重缺少议价能力的现状，降低中小企业外贸交易成本。通过服务引入企业经营中的方式，帮助企业返回核心业务，专注于本职，做精做细。

九、打造外贸综合服务平台的意义

我国已进入经济转型和产业升级的关键期，类似一达通这样的外贸供应链服务平台未来有着大展身手的机会，企业通过整合资源、创新交易模式、提供进出口流程服务外包，帮助制造业特别是中小企业实现业务管理流程升级，重塑核心竞争力，带动第三方服务业，提升中国产业国际竞争力和定价话语权，发挥助推产业转型升级的引擎作用，从中拓展出巨大的市场发展空间。

（一）帮助中小企业提升核心竞争力

据统计，非制造成本占到我国企业经营成本中的45%，外贸出口中综合物流开支占比高达30%，是国外的一倍以上，严重影响了市场竞争力。中小企业在外贸洽谈过程中最重要的三个要素分别是：产品价格、付款方式、交货期。目前中小企业生存状况恶劣，主要是因为缺乏议价能力、无法通过自身实力降低物流成本。

外贸服务供应链平台以电子商务平台为载体，为中小企业提供进出口贸易过程中的“通关、物流、金融”等具有共性的交易流程外包服务，提升通关效率和交运时限，标准化、信息化的操作模式可提升服务效率，“化零为整”、服务外包，能降低企业运营成本，加快资金流转，提高中小企业自身的核心竞争力。具体来看，实施供应链管理外包可以将运输成本下降5%～15%，将整个供应链的管理运作费用下降10%～25%；最高资质的通关速度能规避交期延误的风险，可使企业的准时交货率提高15%，订单处理周期缩短25%～35%。

（二）推进区域经济布局的优化

我国外贸企业主要集中在沿海发达地区，珠三角、长三角占比达70%，土地及人工成本增长将必然使得生产企业向内地转移，而内地服务业落后是制约其外贸发展的重要因素，一达通模式可大范围辐射内地市场，优化区域经济布局，缓解其服务业落后的瓶颈制约。

对于进口，亦可通过类似一达通这样的专业进出口服务平台，解决海外企业对华出口，不熟悉中国的法律、进出口规则等难题，使得海外商家开展对华出口与对西方其他国家一样方便。

（三）助推第三方服务业发展升级

一达通打造了国内第一个进出口服务管理系统，作为类公共平台，服务流程环节通过互联网接驳到各监管部门，涉及银行、海关、商检、国税等。通过IT化的模式，完成进出口服务的电子化操作。整合外贸、金融、物流等服务资源，用信息化工具吸引信用认证、法律支持、外贸咨询、供应链管理等更多的贸易配套服务资源，通过服务接包和转包，助推我国第三方专业化服务业的发展壮大，并通过打造“虚拟国际贸易服务中心”，掌握物流、结算话语权，助推国际物流中心和金融中心建设。

（四）研究平台为宏观调控和政策制定提供参考

一达通不仅仅是一个商业性的平台，同时也承载着社会性研究服务平台的属性。一达通平台掌握大量中小企业进出口真实数据和信息的服务平台，兼具类公共平台的属性和价值，通过统计、分析和研究大量的、频繁的、真实的动态数据，监控中小企业在对外贸易活动中的状况，掌握中小企业动态的外贸景气状况和资金压力状况。这是国内唯一一家能做到通过真实的中小企业进出口数据信息发布的针对中小企业“外贸景气指数”

和“资金压力指数”的报告，并连同阿里巴巴集团研究部的数据定期一起呈交到国家相关部委做研究参考。

十、一达通创新模式客户案例介绍

（一）“信融保”助力家电企业接大单

公司客户A公司主要是生产小家电，由于工厂初始规模属于较小规模，出现资金链断裂风险很高，资金周转困难，有时候连生产备货资金都存在问题。在与西班牙买家第一次合作中，对方要求60天100% LC的付款方式，一方面由于之前从来没有操作过信用证，没有专业人员审查信用证，也不懂具体规范；另一方面担心不符点风险及资金周转压力，订单迟迟未能谈下来，一度差点放弃；恰巧一次偶然听朋友谈到“外贸服务专家”——深圳市一达通企业服务有限公司，接触了解到一达通有专业的金融服务产品——“信融保”，服务涵盖审证制单，打包贷款，信用证买断三大模块，并可按照企业自身实际情况灵活选择。客户认为拿下这笔订单有很大希望，该公司老板亲自上门考察了一达通，跟一达通专业的进出口顾问深入交流后，十分认同公司的信用证产品和服务模式，完全可以放心地把订单交给一达通操作。信用证打包贷款门槛低，只需要凭借真实的贸易订单即可获最高300万元融资额度，让企业轻松备货。该客户跟一达通达成协议，解决了备货资金不足的难题。一达通帮客户审核信用证，第三方资信现场调查，通过审批后，很快把备货资金打到了客户账上。而且备好货之后，凭借一达通优质的通关物流资源，很顺利地把产品按时按质地送达到买家手中。不久，客户凭借质量过硬的产品，成了这个西班牙买家的长期供货商。

已经有了充足的备货资金，该客户对应的一达通专业进出口顾问通过长期跟客户的接触了解到客户现阶段的对金融服务产品需求已经有所改变，我们很及时地给客户介绍了信融保下的另一个产品——“信用证买断”。由于前期跟一达通有大量接触，该客户很快地提交了信用证买断所需单据，3个工作日就收到了该笔信用证100%款项，真正做到为客户省心省力，客户也真心感谢一达通帮助他们实现了从小订单到大订单的转变。

该客户逐渐做强做大，短短2年时间不到，在一达通的累计出货金额就做到了600多万美元，相比合作前翻了3番。其中有将近2000万元人民币是用到了一达通的“信融保”服务。同时在此期间，客户逐渐将新开拓的其他海外买家也通过一达通来合作，轻松接下了所有信用证订单。

在普遍使用OA或LC等信用支付的国际贸易环境里，因为资金压力和审证风险，中小企业往往有心无力，眼看着送上门的大额订单而不敢接。通过一达通的“信融保”下的各类金融服务，解决了中小企业的融资难题，让中小企业能够快速地接到订单，且接到更优质的订单，从而减轻企业的经营压力，帮助企业降低外贸成本，提升企业竞争力。

（二）赊销保客户案例

当前外贸市场的竞争越来越激烈，中小外贸企业想要获得更多更大的订单，必然要顺应海外结算趋势，敢于尝试、接受赊销等其他方式的订单。

B 公司在与一达通合作之前，几乎只敢接 T/T 订单，可这样单一的结算模式，完全制约了他们的发展，订单小而少，利润更是屈指可数。在一次展会上意外接到一个赊销 90 天、160 万美元的大订单，在以前是他们想都不敢想的。可惊喜之余，问题也随之而来，赊销？如何保障公司的利益？不可控因素太多，风险太高，让他们进退两难。

阿里巴巴一达通外贸服务团队通过对该企业的调查和审核，推荐该公司使用“赊销保”，所有的风险由一达通买断，并承诺在收到全套协议文件，最快提单日后的 3 个工作日内，即可给到 80% 的应收货款。在一达通的担保与专业操作下，B 公司信心满满地接下了这笔赊销订单，而事实证明这次合作让他们赚得了很高的利润。如今，该公司更加积极、主动地接赊销订单，之后的两个几十万美元的赊销订单也是通过一达通走货，一达通的金融服务能使中小企业降低经营风险，提升企业利润，让中小企业的外贸之路越走越容易。

（三）网商贷高级版客户案例

客户 C 公司主要生产手机移动电源，正在开发智能家居等产品，出口日本，东南亚、西欧、南美各国，年销售额达 2800 万美元。

2009 年开始和一达通平台合作，用了这么多年感觉很顺利，公司不用找专门的报关员等，只需要一个助理对接，做出口很快捷方便，下游客户也很满意。

作为消费类行业，C 公司前几年日子过得很顺利，但是近两年，遇到了和大部分中小企业一样的难题。

“整个行业市场竞争无序，水平高低各层次都有，国内其他竞争对手的冲击。比如大小规格一模一样的同款产品，价格范围从 2～200 美元都有，那么我们的客户在选择时可能会选择中间价格的，30～50 美元的，但是有自主知识产权的、高附加值的产品卖不起高价，只能跟着大部分厂商往中间价格走，把利润压到最低。这让 C 公司举步维艰。”

一方面是利润进一步下滑，另一方面是企业要转型创新，开发新的领域和产品，需要更多资金采购新设备，C 公司面临双重的资金压力。

“以前也有去银行申请贷款，但是银行对企业的资产要求和个人信用要求高，很难达到，没能成功。”

2014 年 4 月，C 公司知道了阿里巴巴网商贷高级版的产品，通过验证资质和在一达通平台上以往的贸易数据，在阿里巴巴的推荐下，来到银行，提供了真实的通关信息和贸易资料，顺利拿到了 500 万元的流水贷款。

“这次贷款的速度和便利是我之前没有想到的，非常顺利！”

（四）信用保障服务客户案例

1. 小企业接大单信保服务快速打消客户顾虑

1 月 20 日，对于温州客户 D 公司的外贸负责人陈小姐来说，是忙碌并充满惊喜的一天，经过几天密集的沟通洽谈，4 笔订单在一天之内痛快敲定，共计 70 万元，且每笔订单都使用了信用保障服务。

谈到接单过程，陈小姐这样告诉我们，“有一笔订单本来还挺悬的，客户在正式下单前来我们这儿看厂，因为我们厂规模小，他感觉不太满意。后来，我们拿出产品给他看，过硬的产品质量让他稍微放心了，价格也有很大优势，同时，恰好我们开通了信保服务，我主动建议他使用这个服务，客户马上打消了顾虑，下了单。”

2. 彰显信用“信保”为我们吸引了更多客户

“信保服务对我们来说最大的作用就是证明了我们的信用，给我们带来了更多的客户”，陈小姐说，“在买家和我们沟通和下单的过程中，是否真正用信保并不是关键，当买家看到了我们的信保标志和金额，就对我们很信任了，因为这后面有阿里巴巴在担保嘛，很多买家看到这个就放心了。”

因为对“信保服务”很重视，所以自从开通后，D 公司就很重视信保额度的积累，持续通过阿里巴巴一达通平台走单，在不到一个月的时间里，该公司的信保额度就从 1 万多元涨到了 2 万多元。“以前我们都是通过代理公司走货的，2014 年 11 月开始我们通过一达通出口，到现在算下来节省了至少 10000 元的成本，而且服务好，资金安全有保障，更重要的是买家喜欢我们通过一达通走货，这样他们更放心。”陈小姐这样说。

3. 以“信”为本我们公司才能持续成长

“没有信用，怎么做生意啊！”有着悠久外贸历史的温州商人，对“信用”的价值非常重视，因此“信保服务”一上线，D 公司就意识到了这个产品对他们的重要性，成为第一批开通信保的企业。

陈小姐告诉我们，虽然是小企业，但是他们对企业信用十分重视，对公司上游的材料供应商，费用都是按月准时结算，从未拖欠，即使是在买家货款没有及时到位的情况下，他们也会先垫付材料费。而正是这种对信用的坚持，让他们的买家客户也非常稳定，80% 的订单都来自老客户。此时正值节前淡季，他们的生产线却异常忙碌，七八笔订单正在排队加紧生产。

“质量和信用是我们企业最重视的，包装行业竞争压力大、利润薄，我们希望企业接更多的订单，不断壮大，有能力去做更多创新，这样才能做得长久。”

撰稿人：阿里巴巴外贸综合服务事业部（深圳一达通企业服务有限公司）副总经理 肖锋

案例十五 太原钢运物流：与太钢深度融合的供应链物流服务实践

现代物流在国民经济中的基础性、战略性、支柱产业地位，决定了其主体服务对象为生产性服务的基本特征。现代物流的魅力，并非一个物流企业从自身出发考量降低了多少成本，实现了多少利润，而是其是否能在实现与其所在的供应链盟主企业深度融合的基础上，进而实现在制造过程、工艺流程、运作管理和面对供应链终端客户提供优质服务等方面的无缝对接；更为重要的，相对独立于盟主企业，突破性地创新建立物流服务体系和服务标准，依靠自身信息技术实力创建信息服务平台，并将此服务标准和信息平台成功嵌入盟主企业的整体供应链管理系统，不断完善物流的功能，使物流真正成为企业的第三利润源泉。太原钢运物流股份有限公司在长期服务供应链盟主企业——太原钢铁（集团）的供应链物流实践中，为此做出了具有前瞻性的富有成效的探索。

一、企业概况

太原钢运物流股份有限公司的前身是太原钢铁（集团）有限公司下属的汽车运输分公司，2007 年 7 月，按照建立现代企业制度要求，太原钢铁（集团）有限公司汽车运输分公司整体改制成为太原钢运物流有限公司，2014 年 11 月进行了股份制改造（简称钢运物流）。钢运物流为太原钢铁（集团）有限公司（简称太钢）提供供应物流、生产物流、销售物流、废弃物流服务，现已成为集货运、仓储、配送、客运、机械装卸、汽车修理、机动车检测、信息管理于一体的现代化物流企业，形成了以供应物流、生产物流、销售物流、废弃物流为核心的四大业务格局。

公司拥有中国物流与采购联合会常务理事单位、中国物流与采购联合会“AAAA 级综合服务型物流企业”、中国物流与采购联合会“企业信用评价 AAA 级信用企业”，中华人民共和国“普通货物运输许可证”、“道路危险货物运输许可证”、中国物流学会产学研基地、中国物流与采购联合会科学技术进步奖、中国物流与采购信息化优秀案例奖、山西省运输管理局“一类汽车维修企业”，山西省科技厅、财政厅、国税、地税局认定的“高新技术企业”、山西省纳税信用 A 级单位、山西省道路运输行业节能减排示范企业、太原市城乡管理委员会“天然气汽车加装（维修）企业”、太原市“两化融合”示范企业等资质和荣誉称号。

公司自主独立开发的信息技术平台是钢运物流的核心竞争力。公司设立了以信息网络管理为主导的车辆调度指挥中心，建立了 GPS 卫星定位系统监控平台，营运车辆全部装备 GPS 接收装置。各货运分公司及配载网站实现了计算机联网，货运信息交换应用了

EDI 电子数据技术，货运信息及车辆管理已经迈上了高度集成的自动化、网络化轨道。将 APP 个人手机终端成功植入公司业务的即时运作管理，实现了业务流程清晰可控，从作业指令的发布、确认，作业实施过程的可视化监控，到作业完成质量数量的绩效确认考核，到作业计酬等，全部实现了即时的全方位的透明化管理。

二、深度融合的背景

（一）太钢整体提升的需要

太钢集团是集铁矿山采掘和钢铁生产、加工、配送、贸易为一体的特大型钢铁联合企业，目前已形成了以不锈钢、冷轧硅钢、高强韧系列钢材为主的高效节能长寿型产品集群，具备年产 1000 万吨钢（其中 400 万吨不锈钢）的能力，营业收入连续七年超过 1000 亿元人民币，是目前全球最大、工艺技术装备水平最高、品种规格最全的不锈钢企业。

太钢坚持绿色发展，先后成功实施了高炉煤气联合循环发电、高炉煤气余压发电、饱和蒸汽发电、钢渣处理、城市生活污水处理、酸再生、冶金除尘灰资源化、钢渣肥料制造等节能环保项目，万元产值能耗、吨钢综合能耗、新水消耗、烟粉尘排放、二氧化硫排放、化学需氧量排放等主要指标居行业领先水平。

在生产组织上实行准时制生产模式，工艺质量推行六西格玛管理，基础管理实施 5S 管理，对第三方物流环保、安全、市场化竞争力要求日益提高。

（二）太钢降低物流成本，提升市场竞争力的需要

太钢作为资源密集型产业，其多渠道的大宗原材料、燃料、冶金辅助料及备品备件的采购特征和大批量、多品种的产品多分销网络成了与其他行业不同的物流管理体系，其运作模式和管理思想更加符合供应链管理环境下的物流管理。要树立物流管理不仅是服务也是创利性工作的观念。必须确立公司物流系统不仅是一个服务配套体系，更是一个产业化运作，作为企业的“第三利润源”。在当前的原料供应和产品市场竞争条件下，降低物流成本必然会成为企业发展过程中降低产品总成本、提高产品竞争力的一个新的值得关注的亮点。所以太钢企业集团必须把分散的物流运作实施集中化管理，疏通企业“血脉”：通过规范进厂物流、厂内物流、出厂物流，全面提高太钢企业投入、产出的总体运营效率，降低库存、盘活资金；提高市场反应速度，提升太钢的市场竞争力。

（三）太钢实施供应链管理的需要

供应链管理环境下的物流系统模型和传统的纵向一体化物流模型相比，信息的流量大大增加。需求信息和反馈信息不是逐级传递，而是网络式传递的，企业通过 ERP/Internet 可以很快掌握供应链上不同环节的供求信息和市场信息。因此在供应链环境下的物流

系统有三种信息在系统中运行：需求信息、供应信息和共享信息。共享信息的增加对供应链管理是非常重要的。由于可以做到共享信息，供应链上任何节点的企业都能及时地掌握到市场的需求信息和整个供应链的运行情况，每个环节的物流信息都能透明地与其他环节进行交流与共享，从而避免了需求信息的失真现象。归纳起来，供应链环境下的物流管理的特点可以用如下几个术语简要概括：信息—共享、过程—同步、合作—互利、交货—准时、响应—敏捷、服务—满意。

钢铁企业供应链物流管理是用供应链管理思想实施对供应链物流活动的组织、计划、协调与控制。作为一种共生型物流管理模式，供应链物流管理强调供应链成员组织不再孤立地优化自身的物流活动，而是通过协作、协调与协同，提高供应链物流的整体效率，最终达到供应链成员整体获益的目的，如图 8－15－1 所示。

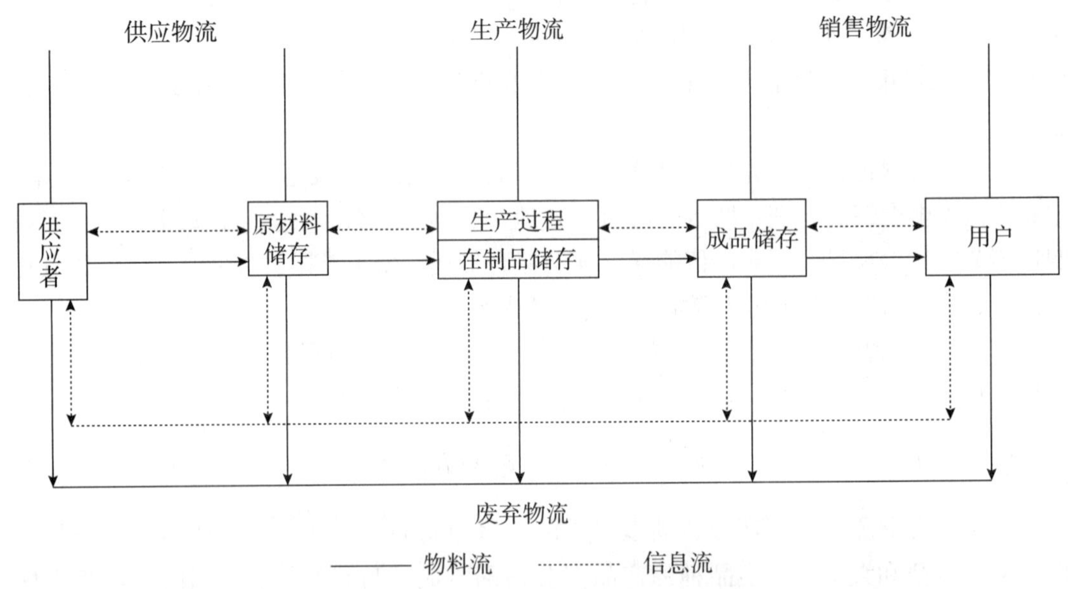

图 8－15－1　太钢供应链管理物流系统模型

三、钢铁供应链深度融合的创新发展模式

钢铁行业供应链管理系统的目标是将上端钢厂、钢铁流通企业、物流配送体系、下端客户和供应商进行交流和协作，实现钢铁行业从钢厂到终端用户的整个体系中业务的统一流程化管理，降低运营成本、增强工作效率、实现利润最大化。因此，现代钢铁企业对物流供应链管理系统提出了符合实际操作的更高的要求：重视物流供应链管理，更新运输管理思想理念，不断完善钢铁物流的功能，使物流真正成为钢铁企业的第三利润源泉，为钢铁企业创造更多的经济效益并实现共赢。

（一）制造工艺与物流技术的融合

制造工艺中物流技术的应用如下：

烘送 700℃ 保温车辆技术应用（如图 8－15－2 所示）。

1200℃ 模铸节能运输项目（如图 8－15－3 所示）。

区域内铸余专用车辆技术应用（如图 8－15－4 所示）。

工艺间物流的限时周转（如图 8－15－5 所示）。

以往钢坯、钢锭采用裸露运输，运输过程中钢锭温度下降明显，损失大量热量，而后道工序轧钢前又需对钢坯、钢锭升温，造成加热时间延长，增加了燃料消耗。保温烘送减少了后续加热时间，节能降耗作用明显。

图 8－15－2　烘送 700℃ 保温车辆技术应用

图 8－15－3　1200℃ 模铸节能运输项目

（二）信息化物流技术的应用与融合

太原钢运物流股份有限公司综合信息管理平台 V2.0，广泛应用于太钢生产单位、调

图 8-15-4　区城内铸余专用车辆技术应用

图 8-15-5　工艺间物流的限时周转

度指挥中心和能源环保等部门，是太钢推行的唯一指定物流信息管理平台。

公司 2007 年成立物流技术部，并颁布了科研人员绩效评价制度。研发服务于钢铁运输物流企业的信息技术系统及平台。目前已拥有功能完备的具有钢铁运输物流专业特色的综合信息系统平台和网络系统。

实时化特色：满足客户准时制需求，实时提供客户和企业管理层当前实时数据信息，便于快速做出正确决策。

流程化特色：信息化管控流程符合钢铁制造工艺物流业务流程管理特色。

自动化特色：明确客户和企业关注，精心设计自动预警提示系统。

普及化特色：实现基层操作岗普及使用，提升现场管控度。

与钢铁产量联动，动态实时展示公司总体经营、成本及效率动态，体现信息化管理的实时性。

驾驶员运行信息采集系统：

APP（手持终端）系统利用二维码技术实现驾驶员及车辆的身份识别验证，完成交接班及出车管理，利用3G网络通道实现调度任务的实时下达，现场车辆执行任务动态的实时反馈，同时完成收入、效率信息的实时采集，为平台实时分析决策提供及时有效的依据，并解决操作岗位对按工作量的量化透明管理，如图8－15－6所示。

信息化作业流程图　　　　　　　　方案示意图

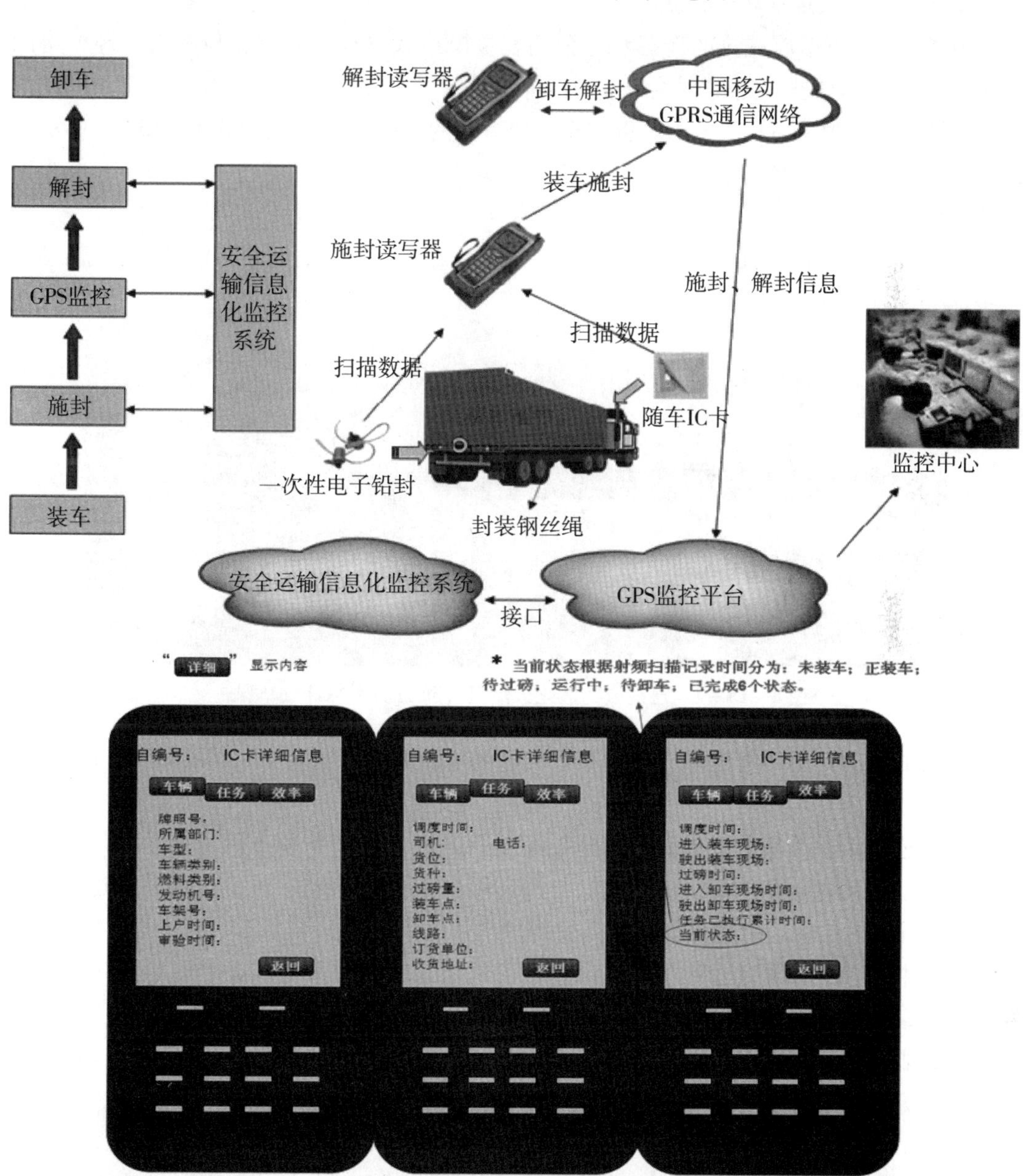

图8－15－6　驾驶员运行信息采集系统

（三）基于环保高效的物流技术的应用与融合

节能减排是国家实现可持续发展的一项重要工作内容，各级政府均给予了高度的重视并相继推出了一系列鼓励和限制的政策法规。生产企业作为实施节能减排工作的主体，则必须考虑如何落实国家的政策法规要求，努力探索节能减排的方法，从而实现可持续发展。太钢公司已是一家年产销钢铁1000万吨的大型钢铁生产企业，在公司所在地山西省的工业企业中产值和利税目前均居于首位，但同时也是工业企业的耗能和污染物排放大户，被列为省政府重点耗能、污水排放、烟气排放企业监控单位。

1. 推进天然气燃料环保物流

为了应对太钢节能减排的新形势，公司积极响应太钢环保要求，与制造业环保协同发展，“以科技为先导，推进绿色物流”，持续投入天然气燃料车辆，有效控制与治理汽车尾气排放和烟尘污染。建成山西省首家资质齐备的LNG加气站（如图8－15－7所示），在区域内推广使用天然气燃料（LNG）货运、客运汽车，减少机动车排放污染。成为太钢节能减排推广项目。

2011年成为山西省首家高新技术物流企业和山西省道路运输行业节能减排示范企业。

图8－15－7　已建成的液化天然气（50立方LNG）加气站

2. 推广使用厂区甩挂运输，实现高效便捷的物流融合（如图8－15－8至图8－15－12所示）

甩挂运输，即用车头（牵引车）拖挂车至目的地，将挂车甩下后，换上新的挂车运往另一个目的地的运输方式，它集运输与装卸甩挂作业技术于一体，是道路货运业组织化、规模化、网络化、信息化和标准化发展水平的集中体现。

太钢本着减少区域内运行车辆，设置专门的通道，实现了甩挂技术在生产工艺间的穿插应用，减少车流量、节约厂区道路资源、企业和社会效益的显著提高。

统计表明，实行甩挂运输后，企业可减少50%以上的车头购置成本，提高车辆平均运输生产力50%，降低成本40%，油耗下降30%。

牵引车和挂车的数量之比为1:3。甩挂运输的推广极大推动运输效率的提高和运营车辆的结构优化，物流效率大幅度提升，空驶现象和车等货现象减少，大大提高车辆的使用效率。

图 8－15－8　太钢供应链物流需求投入的长途配送 LNG 半挂牵引车

图 8－15－9　太钢供应链物流需求投入的甩挂牵引车（LNG 燃料车）

图 8－15－10　甩挂车辆在生产现场作业

图 8 – 15 – 11　车辆甩挂技术应用的主要生产现场

图 8 – 15 – 12　车辆甩挂准时制下线产品的交付

四、绩效分析

1. 推行甩挂技术应用效果显著（如表 8 – 15 – 1 所示）

表 8 – 15 – 1　推行甩挂技术数据对比

项目	原有情况	使用甩挂	运行结果
作业区运行车辆	108 台	31 台	↓ –70%
劳动生产率	30 万元/年・人	48 万元/年・人	↑ 60%

运输业务百元变动成本（如图 8 – 15 – 13 所示）。

管理人员人数（如图 8 – 15 – 14 所示）。

年吨位收入贡献（如图 8 – 15 – 15 所示）。

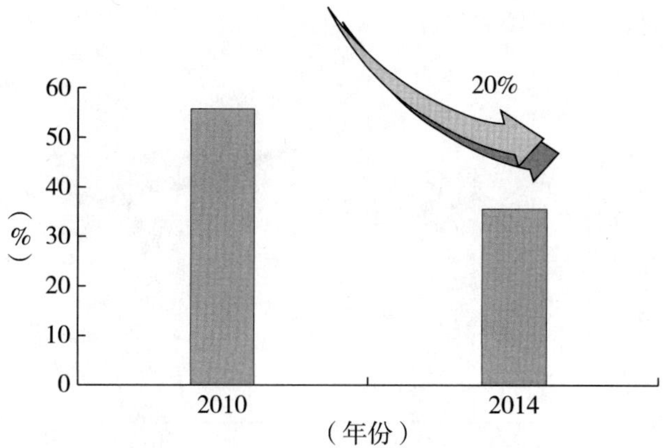

图 8-15-13　百元变动成本降低

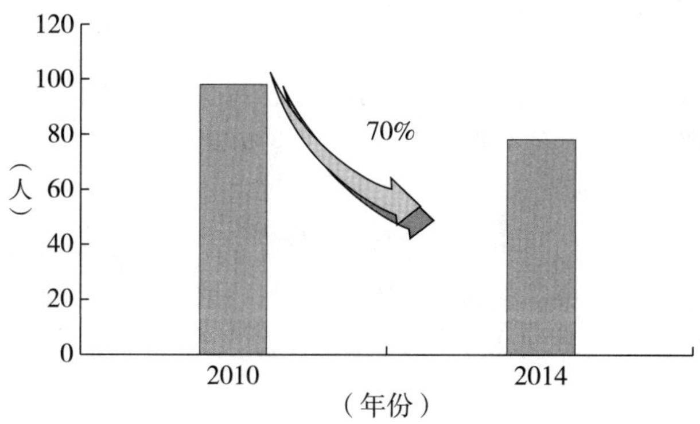

图 8-15-14　管理人员人数降低

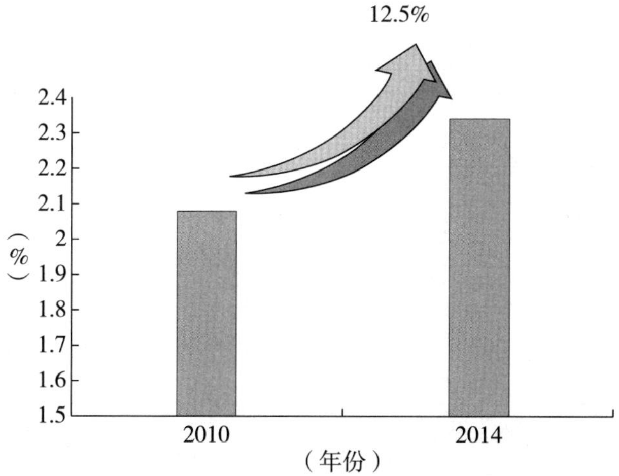

图 8-15-15　年吨位收入增长

运输成本（如图 8－15－16 所示）。

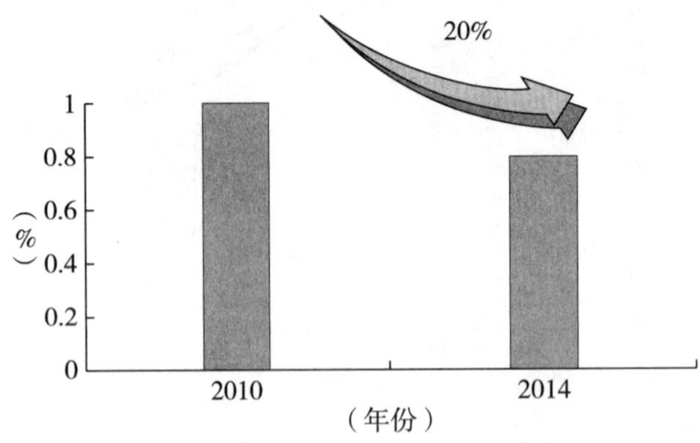

图 8－15－16　运输成本降低

2. 整体物流成本有所降低

满足了太钢的各种物流需求，实现从降低某一个或几个物流环节的费用向降低物流总体成本转变，有效地帮助太钢降低了库存水平，减少了浪费，提高了资金利用率，为太钢创造了经济价值。同时一体化服务能力有了快速提升。

3. 信息化物流技术融合

有利于提高运输组织化程度和物流效率，实现了高效率、多样化、专业化的物流服务。钢运物流近年来在为太钢提供服务的信息化领域取得具备自主知识产权的现代物流管理系统或平台技术成果及专利技术 17 项，如表 8－15－2、表 8－15－3 所示。

表 8－15－2　近年来获得的实用新型专利证书

序号	实用新型专利名称	证书编号	授权日期	专利号
1	半挂车用气动支腿	2300096	2012－7－11	ZL 2011 2 0480300. 6
2	一种热钢坯运输半挂车	2431161	2012－10－3	ZL 2012 2 0014574. 0
3	一种钢卷运输半挂车	4326609	2012－10－3	ZL 2012 2 0014581. 0
4	摆臂牵引车油缸保护装置	3218126	2013－10－13	ZL 2013 2 0263842. 7

表 8－15－3　近年来获得的自主知识产权汇总

序号	授权项目名称	类别	授权日期	授权号	获得方式	所属项目编号
1	钢运物流配送管理系统软件 V1. 0	软件著作权	2011－4－13	2011SR020005	自主研发	RD01
2	钢运物流生产调度信息管理系统软件 V1. 0	软件著作权	2011－4－13	2011SR020003	自主研发	RD02
3	钢运物流生产用燃油管控系统软件 V1. 0	软件著作权	2011－4－13	2011SR020014	自主研发	RD03
4	钢运物流车辆维保管控系统软件 V1. 0	软件著作权	2011－4－13	2011SR020013	自主研发	RD04

续　表

序号	授权项目名称	类别	授权日期	授权号	获得方式	所属项目编号
5	钢运物流专用维保备品流转管理系统软件 V1.0	软件著作权	2011－4－13	2011SR020015	自主研发	RD06
6	钢运物流基于 GPS 车辆速度监控系统软件 V1.0	软件著作权	2011－4－13	2011SR020007	自主研发	RD07
7	钢运物流货运车辆自卸状态监控系统软件 V1.0	软件著作权	2011－4－13	2011SR020000	自主研发	RD08
8	钢运物流基于 GPS 货位信息数据采集与分析系统软件 V1.0	软件著作权	2011－4－13	2011SR019996	自主研发	RD09
9	钢运物流生产信息采集与决策管理系统软件 V1.0	软件著作权	2011－4－13	2011SR020010	自主研发	RD10
10	钢运物流单标信息交换管理系统软件 V1.0	软件著作权	2011－4－13	2011SR019999	自主研发	RD11
11	钢运物流实时播报系统软件 V1.0	软件著作权	2012－11－2	2012SR104027	自主研发	RD14
12	钢运物流小区域 GPS 监控系统软件 V1.0	软件著作权	2013－1－23	2013SR007513	自主研发	RD12
13	钢运物流甩挂技术车辆高度信息管理系统软件 V1.0	软件著作权	2013－1－24	2013SR007619	自主研发	RD015

4. 节能环保有了新的突破

推行 LNG 车辆运行效果，公司 2013—2014 年消耗天然气 814 万标方，按照 1.2 的替代比，替代柴油 680 万升。相对于国Ⅲ标准限值，两年度 CO_2 减排量 150 吨，NMHE 减排量 20.4 吨，CH_4 减排量 28 吨，NO_x 减排量 60.6 吨，烟度颗粒物减排量 10.2 吨。有效控制与治理汽车尾气排放和烟尘污染，优化能源结构，建设低碳企业，改善空气质量，提升了公司品位和形象。

五、几点体会

制造业与物流业融合联动发展实质是供需双方的市场行为，随着制造业的转型升级，对物流业的精细化要求日益提高，同时也推动了物流业跨越式的发展。

在发展过程中，制造业自身发展问题和承担的社会责任日益突出，对服务商的安全、环保和规范性提出更高的要求，作为物流企业提升服务质量、服务水平、服务创新能力和专业化技术是与制造业融合联动发展的核心内容。

物流专业公司作为制造主业的协力队伍，面临着劳动密集型人工成本的增长，燃料成本居高不下，议价能力薄弱，资金需求量大等需要优化解决的问题。如何将物流技术融合到制造业，实现制造业与物流业的融合联动发展正在考验着物流企业的智慧和能力。

撰稿人：太原钢运物流股份有限公司董事会秘书　张晋锋

日日顺 大件物流领导品牌

日日顺品牌是**海尔集团独立子品牌**，是海尔电器集团的渠道综合服务业务品牌，定位为互联网时代用户体验引领的开放性平台。日日顺品牌的**核心业务是四网融合的平台型业务**，单元包括：**日日顺渠道业务、日日顺物流业务、日日顺服务业务、日日顺其他辅助渠道业务**。

渠道 解决方案平台
- **虚实融合渠道**
  - 无缝覆盖 销售到村
  - 汇聚名牌 众多选择
  - 家电、家居、家装、家饰一站体验

物流 解决方案平台
- **大件物流**
  - 极速送装
  - 无处不达
  - 覆盖全国

服务 解决方案平台
- **金牌服务**
  - 送货到门 服务到户
  - 免费测电测水质
  - “1+5”增值服务

虚网 O2O开放平台
- **互联网平台**
  - 交互平台
  - 交易平台
  - 交付平台

日日顺作为海尔电器集团的主要组成部分，品牌定位为互联网时代用户体验引领的开放性平台。为了满足用户需求，日日顺在集团“三化”原则指导下，通过构建虚实融合的全流程用户体验驱动的竞争优势，打造最后一公里的竞争力。2014年营业收入671亿元。同年，日日顺品牌以142.86亿元的品牌价值入围第20届中国最有价值品牌榜，成为行业首个品牌价值过百亿元的物联网品牌。

日日顺
RRS.com

日日顺物流 你需要 我送到

日日顺在**大件物流送装方面具备核心竞争力**，目前已建立中国最大的全国性物流网络之一，尤其在三、四级市场拥有绝对优势，真正做到“**销售到村，送货到门，服务到户**”。

93 93个智能TC库
大件物流完美下探

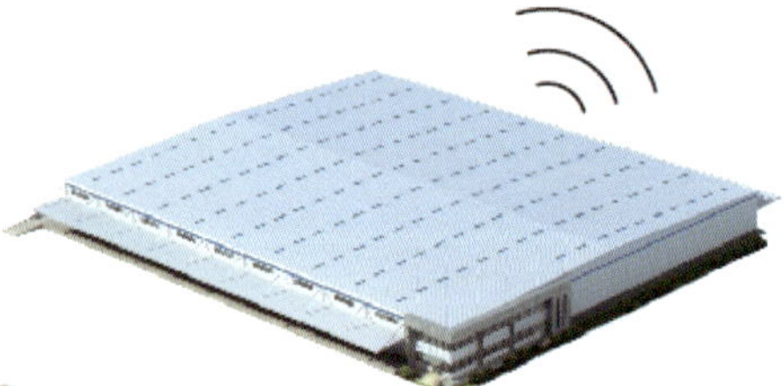

750个HUB转运中心，
合理转运、高效配送 **750**

2800
2800多个县级物流配送站，覆盖全国区县

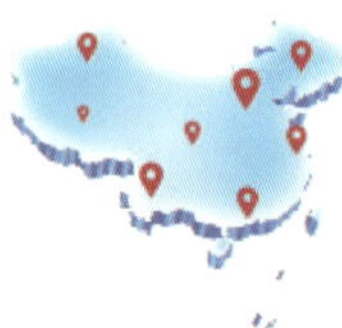

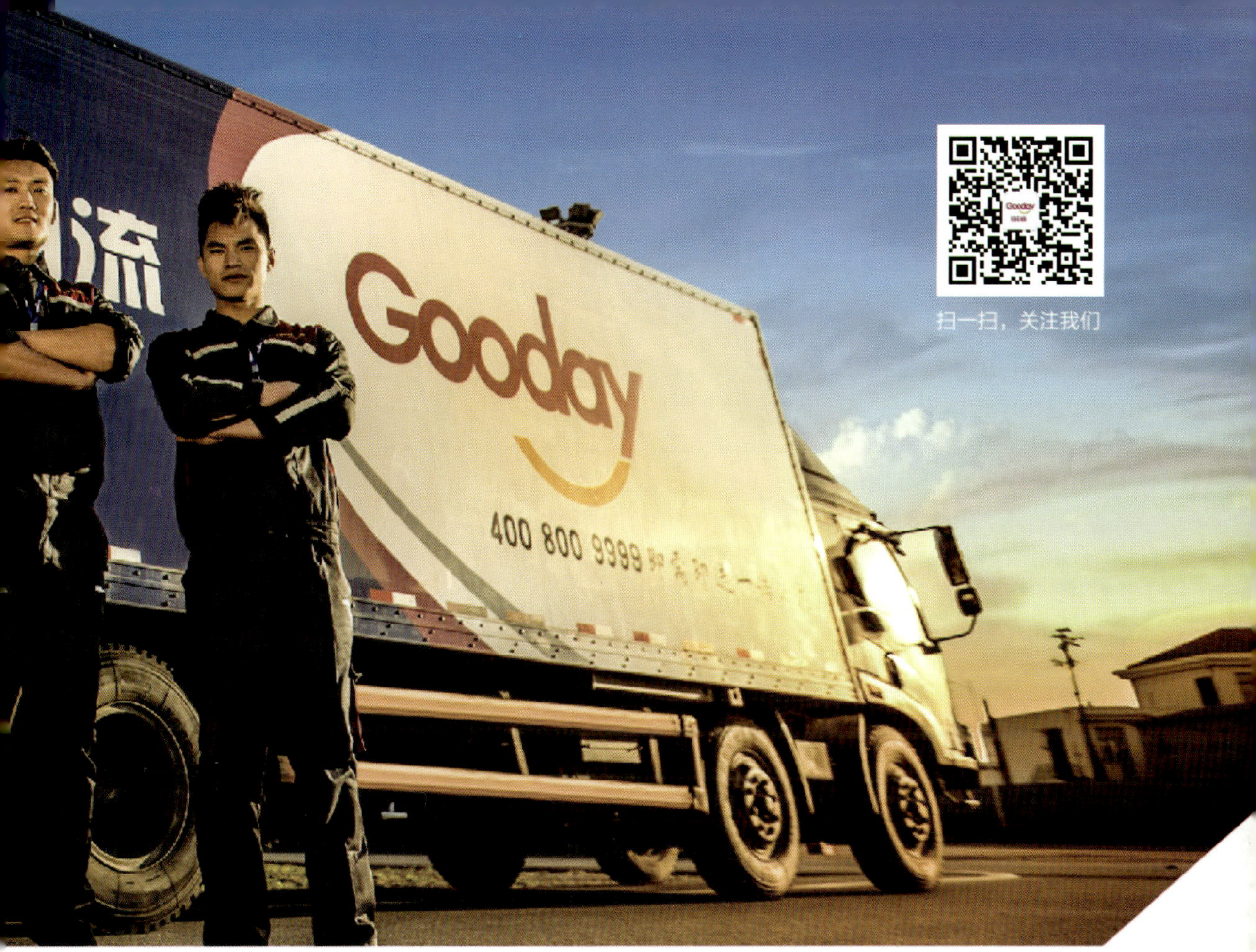
Gooday
400 800 9999
扫一扫，关注我们

100000

100000服务兵，极速送装、无处不达

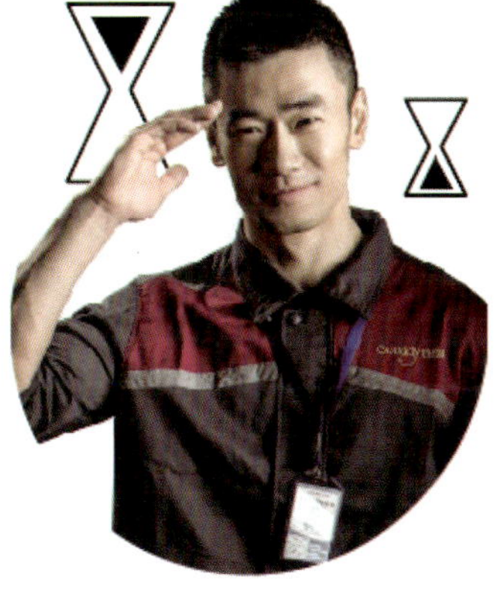

90000

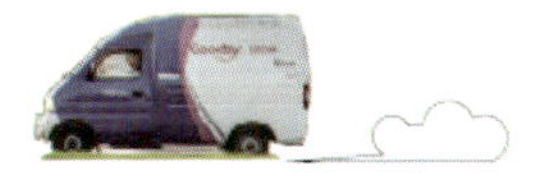

90000车小微，实现配送和服务的“最后一公里”

Haier
Haier
Haier

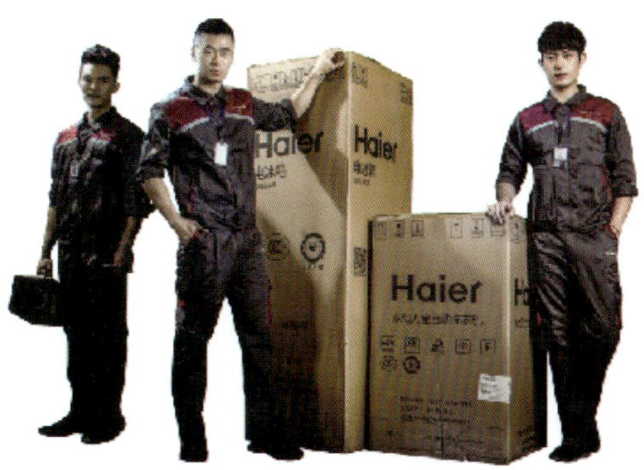

6000

6000多个社会化服务网点

1000

1000个家居送装服务网点

打造大件物流服务体验引领平台

极速送装 无处不达

广深远 Deep

- 全国2800多个区县零盲区覆盖
- 配送深度可实现进区、到村、入户

速度快 Speed

- 全国1800个区县“24小时按约送达、超时免单”
- 独创DTD模式，3小时极速达

体验好 Experience

- 6000多家服务网点
- 极速送装服务、“1+5”增值服务

低成本 Cost Effective

- 3300多条班车循环专线，9万车小微
- 多元化配送服务模式
- 配送效率提升至区域内一日两配、一日三配

轻资产 Ecosystem

- 创新车小微模式，搭建车货交易平台，吸引9万车小微加入
- 充分利用社会资源，提升整体物流效率

发展中国商贸业务的最佳合作伙伴

冯氏集团

贸易

物流

分销

零售

冯氏集团业务遍布全球，**2013**年度总营业额超过**226**亿美元；集团全球员工**45800**名。

冯氏集团与中国相关的采购、物流、分销及零售业务达**127**亿美元；集团在中国市场员工约**29800**名。

查询冯氏集团业务详情，请浏览**www.funggroup.com**

冯氏集团早于**1906**年在广州创办出口业务，现已发展成为一家以中国香港为总部，通过贸易、物流、分销及零售等核心业务，为客户提供全球供应链管理服务的跨国商贸集团。

总部设于中国香港的冯氏集团拥有：

- 遍布全球超过350个办事处及配送中心组成的环球网络
- 全球11个区域总办事处，包括中国香港、上海、深圳及中国台湾

利丰有限公司

（联交所股票代码：00494）

贸易　物流

冯氏集团的贸易及物流业务由利丰有限公司主理。利丰是专为世界各地的零售商和品牌致力提供消费品设计、开发、采购及物流服务的知名企业，通过遍布超过40个国家的15000家供应商所组成的环球采购网络，专为付货期短且大量生产的消费品提供可持续供应链管理；同时亦为客户提供贴身的物流方案，从仓储管理、运输管理、再包装及清关，以及货运、物流枢纽及整合、订单管理和其他增值服务等。

www.lifung.com

（联交所股票代码：00787）

分销

冯氏集团为品牌服装及相关时尚产品提供的分销服务由利标品牌有限公司经营。利标品牌为多元化的品牌客户提供商品设计、开发、推广及销售服务，在全球开展新机遇及新产品类别，以及为品牌作全球性的市场拓展。

www.globalbrandsgroup.com

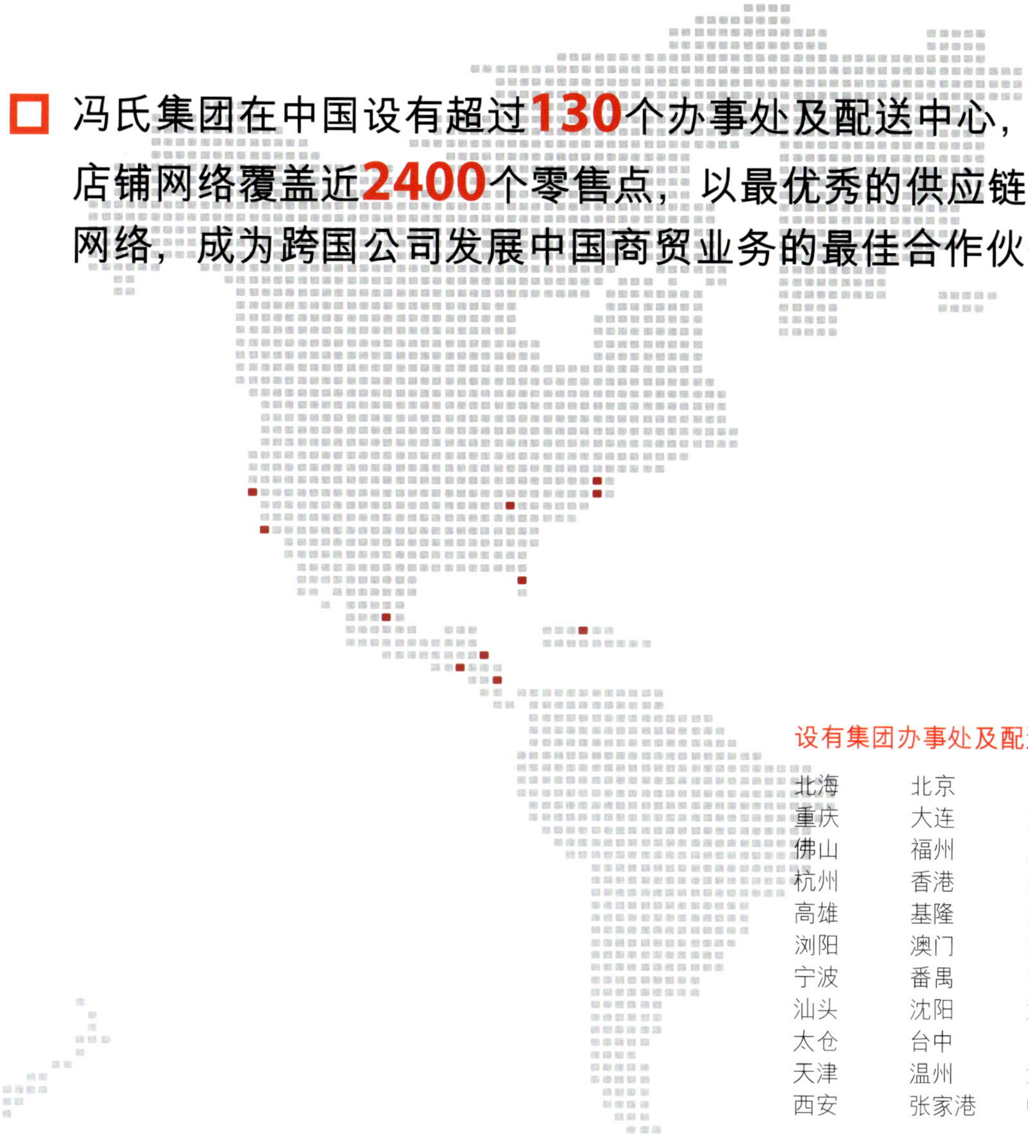

冯氏集团在中国设有超过**130**个办事处及配送中心，零售店铺网络覆盖近**2400**个零售点，以最优秀的供应链管理网络，成为跨国公司发展中国商贸业务的最佳合作伙伴。

设有集团办事处及配送中心的城市：

北海	北京	长沙	成都
重庆	大连	大园	东莞
佛山	福州	广州	海湖
杭州	香港	嘉定	锦江
高雄	基隆	昆山	林口
浏阳	澳门	南京	南港
宁波	番禺	青岛	上海
汕头	沈阳	深圳	苏州
太仓	台中	台北	桃园
天津	温州	武汉	厦门
西安	张家港	中山	

冯氏零售

:集团的零售业务由冯氏零
团有限公司统筹，旗下的
上市公司及五家私营公司
独立经营不同范畴的零售
，店铺网络覆盖近3300个
点，其中约2400个零售点
全球增长最快的中国市场。

香港联交所上市业务：

交所股票代码：00831）

零售有限公司旗下业务包括
利店及圣安娜饼屋两大连锁
牌，在华南珠三角地区拥有约
分店网络。所有店铺均由公
资拥有及管理，确保全线店铺
务运作步伐一致，为顾客提供
量的服务。

.cr-asia.com

Trinity Limited
（联交所股票代码：00891）

利邦控股有限公司在中国香港联交所上市,主要在大中华及欧洲市场从事高级至奢华男士服装的零售业务,并在全球以特许方式经营主要品牌,包括自有品Kent & Curwen、Cerruti 1881、Gieves & Hawkes，以及其他国际男装品牌D' URBAN及Intermezzo等,在全球拥有约450家门店,现已发展成为大中华区最大的男装零售网络之一。

www.trinitygroup.com

私营业务：

BrandedLifestyle

利时控股有限公司专攻时尚休闲服装及配饰，包括著名休闲服装品牌Hang Ten、Roots、Arnold Palmer、韩国快速时尚品牌H:CONNECT及时尚男装品牌LEO等，在大中华市场、韩国、东盟及其他地区总共经营1000多家自营店及特许经营店的零售网络。

info@brandedlifestyle.com

Fung KIDS

利童(控股)有限公司目前在中国香港、新加坡、马来西亚及汶莱经营美国知名童鞋品牌Stride Rite；另在中国内地、中国香港及中国澳门经营Toonsland童装及配饰的连锁专门店零售业务。业务模式涵盖零售、特许经营及电子商贸，拥有约600个零售点的零售网络。

fkinfo@fungkids.com

亚洲业务

玩具"反"斗城业务成立于1986年，是集团与Toys "R" Us, Inc.合资的私营业务，现在亚洲区经营约200余家零售店铺，包括大中华区市场、新加坡、马来西亚、泰国、印度尼西亚、菲律宾及文莱。

www.toysrus.com.hk

SUHYANG networks

Suhyang Networks是韩国知名婴儿及儿童服装零售商,在韩国经营超过230家设于百货公司内的店铺。旗下名牌包括Bluedog、Bluedog Baby、Minkmui、R. Robot、Denim in the Box、Lulabee、talescoop、b. bear及pony pompom。

contact@suhyang.kr

UCCAL Fashion Group成立于1999年，店铺网络覆盖中国内地市场，有150多个零售点，专注于在中国内地市场经营国际知名时尚品牌的零售业务，包括奢华品牌、高端名牌及中档优质品牌。以销售鞋、手袋、配饰及内衣为主要类别。

www.uccal.com

利丰有限公司是中国消费品的主要采购商之一，为客户提供快捷、准时、高价值的采购服务。中国是利丰有限公司最主要的采购市场，**2013**年公司在中国的采购额占公司总采购的**50%**。

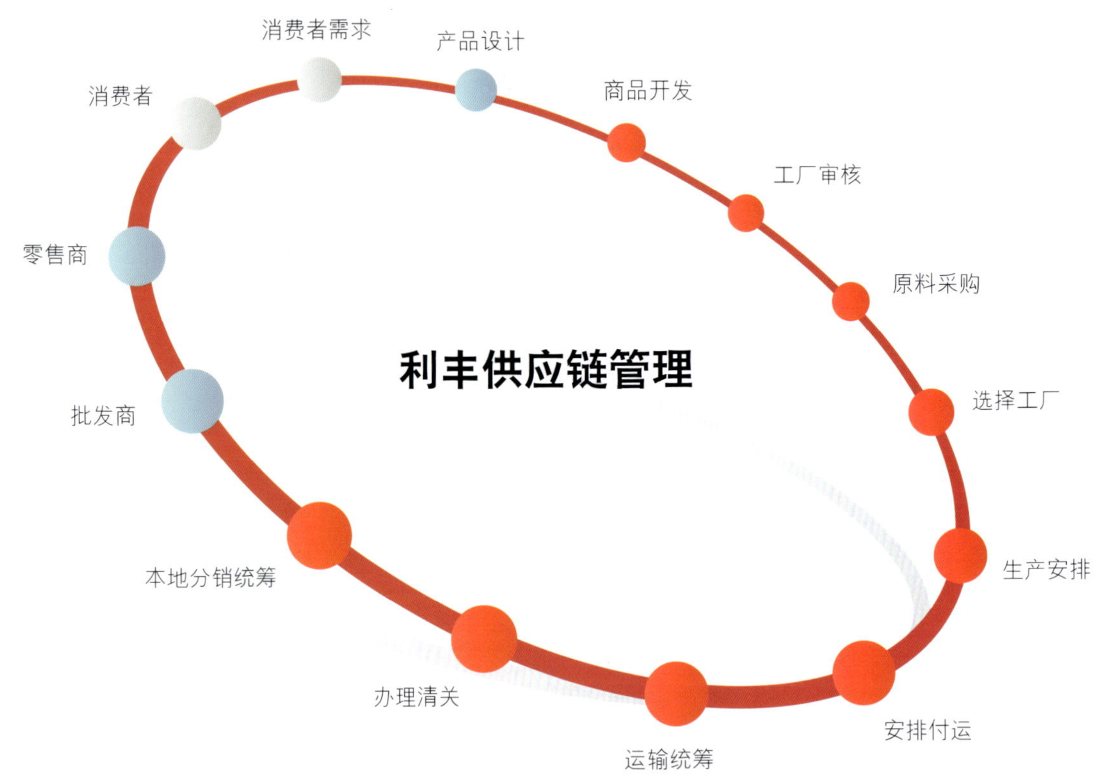

利丰有限公司根据个别客户的需要，提供一站式供应链解决方案。

由产品设计、原料采购、生产管理、质量控制、物流到付运以及其他关键性功能服务，利丰有限公司的服务项目涵盖一站式的供应链管理，运用其庞大的环球网络、丰富的市场知识、先进的技术及资讯系统，灵活快速地响应瞬息万变的消费潮流。

欢迎联络冯氏集团各业务单位，查询相关业务详情：

冯氏集团
网址：www.funggroup.com

利丰研究中心
网址：www.funggroup.com
电邮：lfdc@lf1937.com

冯氏（1906）慈善基金
网址：www.funggroup.com
电邮：info@fungfoundation.org

利丰有限公司
网址：www.lifung.com
电邮：ir@lifung.com.hk

利标品牌有限公司
网址：www.globalbrandsgroup.com
电邮：business@globalbrandsgroup.com

利亚零售有限公司
网址：www.cr-asia.com
电邮：enquiry@cr-asia.com

利邦控股有限公司
网址：www.trinitygroup.com

利时控股有限公司
电邮：info@brandedlifestyle.com

利童（控股）有限公司
电邮：fkinfo@fungkids.com

Toy“R”Us (Asia) Limited
网址：www.toysrus.com.hk
电邮：hk.star@toysrus.com

Suhyang Networks
电邮：contact@suhyang.kr

UCCAL Fashion Group
网址：www.uccal.com
电邮：info@uccal.com